담배라는 창으로 내다본 역사와 문화

흡연의 문화사

SMOKE:A Global History of Smoking
edited by Sander L. Gilman, Zhou Xun
Original Copyright ⓒ 2004 Sander L. Gilman, Zhou Xun
This original edition was published in English by Reaktion Books, UK
Korean translation Copyright ⓒ 2006 Imago Publishers, Inc.
This Korean edition was published by arrangement with Reaktion Books
through Best Literary & Rights Agency, Korea.
All rights reserved.

담배라는 창으로 내다본 역사와 문화

흡연의 문화사

초판 1쇄 인쇄일 • 2006년 9월 5일

초판 1쇄 발행일 • 2006년 9월 11일

지은이 • 샌더 L. 길먼 • 저우 쉰 외

옮긴이 • 이수영

펴낸이 • 김미숙

편집 • 여문주, 권효정

디자인 • 박선옥, 엄애리

마케팅 • 김남권

관리 • 박민자

펴낸곳 • 이마고

121-838 서울시 마포구 서교동 408-18 space빌딩 5층

전화 (02)337-5660 | 팩스 (02)337-5501

E-mail : imagopub@chol.com

출판등록 2001년 8월 31일 제10-2206호

ISBN 89-90429-52-8 03900

● 값은 뒤표지에 있습니다.

● 잘못된 책은 바꿔드립니다.

Necotiane

― 인디언 담배가게는 초기 담배장수들의 원형이 되었다. 가게 안쪽에서 끽연을
  즐기는 초기 담배장수들.

담배라는 창으로 내다본 역사와 문화

흡연의 문화사

SMOKE

A Global History of Smoking

샌더 L. 길먼 · 저우 쉰 외 지음 | 이수영 옮김

이마고

시대와 문화를 반영해온 흡연의 격동사

세계보건기구는 2005년 현재 전세계 흡연인구를 약 13억 명으로 추산한다. 지구에 살고 있는 사람 수가 현재 65억에 가깝다고 하니, 지구인 다섯 명 가운데한 명이 담배를 피우고 있는 셈이다. 사람의 입과 코를 통해 소비되는 상품 가운데, 주식과 부식의 범주에 속하지 않고 다만 기호품에 지나지 않으면서도 이렇게 많은 사람들의 사랑을 받고 있는 품목은 다시없을 것이다.

과거에 흡연자였으나 여러 가지 이유로 현재 금연자가 된 이들, 담배를 피운적도 앞으로 피울 의사도 없지만 옆에서 날아오는 담배 연기를 맡고 있는 간접흡연자들까지 포함하면, 흡연 인구는 13억을 훨씬 웃도는 수치가 될 것이다.

세계보건기구의 활발한 금연 캠페인 덕택에 오늘날 선진국에서는 흡연인구가상당히 줄어들었다. 전 세계 흡연인구의 80퍼센트 이상을 개도국이 차지하며,선진국에서는 흡연인구의 대부분을 저소득층이 차지하고 있다.

이렇듯 21세기를 사는 많은 현대인들은 담배를 가난의 상징, 각종 질병과 사망의 원인으로 생각하고 있다. 한때 부와 지식의 상징으로 화려한 시절을 보냈던담배는, 오늘날 건강이라는 법정에서 과거에 밝혀지지 않았던 온갖 추악한 죄과를 폭로당하는 피고인 신세가 되었다.

그러나 외부의 압력에 굴하지 않는 담배 예찬론자들, 담배의 죄를 알면서도 담배에 대한 절절한 사랑을 끊지 못하는 애연가들, 담배를 공공의 적으로 인식하고 사회에서 추방하고자 하는 공격자들 모두 담배라는 자력에서 벗어나지 못하는 철가루와 같다. 담배에 대한 인식이 어떻게 변화되었든 담배는 여전히 강력하게 수많은 이들의 관심을 끌어당기고 있는 거대한 자석인 것이다. 이 책은 바로 그와 같은 관심에서 비롯되었다고 보인다. 담배라는 사물과 자신과의 관계에 대해 한 번쯤 의문을 품어보았던 또는 품고 있는 독자라면 선뜻 이 책을 집어 들어 즐거운 책읽기에 빠질 수 있다.

독자들은 '담배'라고 하면 대부분 가늘고 흰 궐련을 생각할 것이다. 소수의 독자들은 영화 속에서 마피아나 기업가들이 물고 있던 굵은 여송연을 떠올릴 것이다. 그러나 이 책을 읽다보면, 우리가 책과 여행을 통해 읽거나 본 적이 있었으면서도 어느새 기억 속에 희미해진 코담배, 씹는담배, 물담배 파이프 같은 사물들이 새로이 담배의 목록에 저장되는 즐거움을 얻게 된다.

또한 흡연이라는 의미도 새롭게 다가온다. 흡연이란 말뜻 그대로 '연기를 마시'는 행위이다. 따라서 궐련이나 여송연을 입에 물고 피우는 것만이 흡연이 아니라, 그릇에 담고 태우면서 연기를 피우는 것도 흡연의 범주에 들어간다. 담배라는 식물뿐 아니라 말린 쑥이나 다양한 약초를 태워 연기를 마시는 것 또한 흡연이다. 예로부터 다양한 문화권에서 의학적·제의적 목적에서 담배를 입으로 피우기도 했지만 태워서 나는 연기를 마시는 방법도 이용했다는 것을 알게 된다.

담배는 시대와 문화에 따라 변화되어 왔다. 이 책은 그 세세한 모습과 변화를 놓치지 않고 담아내려 했다. 아메리카 대륙에서 원주민들이 의학적·의례적으로 사용하던 담배라는 잎사귀가 콜럼버스의 신대륙 발견 이후 전세계로 전파된 경로, 아시아와 아프리카, 유럽 대륙에서 정착하는 과정, 각 문화별로 나타나는 특징과 의미 그리고 그 변화상, 담배의 세계 정복사와 그 쇠락의 과정과 서로 다른 글쓴이들이 분야별로 광범위한 지식과 정보를 서술하고 있다. 또한 아름다운 흡연용품들, 미술, 음악, 문학, 영화에서 그려지는 흡연, 마약류에 대한 정보들은 담배 주변부의 이야기이지만 담배에 대한 독자들의 관심을 사로잡고 담배의 의미를 완성시키는 매혹적인 이야기이다.

　처음 만났을 때, 혹시 이 책이 나를 흡연의 수렁으로 끌고 들어가는 것이 아닐까 하는 두려움을 잠깐 가졌다. 그러나 과거와 현재의 세계인들이 피운 담배 연기를 우리말로 옮기는 과정에서 이 책은 한번도 흡연을 강요하지 않았다. 오히려 마지막 부분을 옮기는 동안, 이러한 나의 심리상태가 어디서 비롯되었는지 해답을 알려주었다. 독자들도 나처럼 담배에 대해 궁금한 많은 것들을 여기서 발견하고 즐거워할 것이라 믿는다.

2006. 8.

이수영

신사의 머리 모양을 한 해포석 파이프로 흡연하는 사람. 알프레드 던힐의 파이프 개인컬렉션. 2004.

차례 CONTENTS

004 옮긴이의 글 _ 시대와 문화를 반영해온 흡연의 격동사 □ 이수영

011 들어가며 _ 매혹의 향기, 세상을 사로잡다 □ 샌더 L. 길먼 · 저우 쉰

제1부 흡연의 역사와 문화 ▧

044 고대 마야 의식의 필수품 □ 프랜시스 로빅섹

056 담배의 찬반 논쟁으로 뜨거운 근세 영국 □ 타냐 폴라드

074 아프리카 남성들의 특권, 흡연 □ 앨런 P. 로버츠

094 국민적 상품으로 자리 잡은 이란의 담배 □ 루디 매티

112 아유르베다 의학의 연기 이용법 □ F. 람 마노하르

126 담배와 다도가 만나다 □ 바르나바스 타츠야 스즈키

138 담배, 중국 대륙을 사로잡다 □ 티머시 브룩

152 에도의 유흥가 요시와라의 필수품, 담배 □ 티몬 스크리치

166 담배를 위한 디자인과 예술 □ 벤 라파포트

178 아편의 아름다운 시대 □ 조스 텐 버지

196 빅토리아 시대의 은밀한 치부 □ 배리 밀리건

212 사교의 꽃, 담배 □ 매튜 힐턴

226 아바나 여송연과 서구의 상상 □ 진 스터브스

238 정향담배의 세기 □ 마크 하누스

244 구원과 저항의 상징, 마리화나 □ 에드워드 챔벌린과 배리 체반스

264 흡연과 올 댓 재즈 □ 스티븐 코트렐

274 역사의 격동을 불러온 위험한 유혹 □ 저우 쉰

290 깨끗한 흡연에서 예의바른 흡연까지 □ 대니얼 길먼

302 담배에 정복당한 카자흐스탄 □ 루스 만델

318 코카인 체험 □ 알베르토 카스톨디

332 흡연과 사교

■ 제2부 **예술과 문학 속의 흡연**

그림으로 읽는 흡연의 상징성 ▫ 베노 템펠 340

동양의 규방을 엿보는 서구의 눈 ▫ 이반 데이비드슨 칼마르 356

오페라 속의 흡연 ▫ 린다 허천과 마이클 허천 372

니코틴 찬양 ▫ 유진 엄버거 382

바이마르에서 할리우드까지 영화 속의 흡연 ▫ 노아 아이젠버그 400

공허의 상징, 흡연 ▫ 던 말런 412

흡연과 미술 428

■ 제3부 **성(性) 그리고 민족성의 차이**

유대인과 담배 산업 ▫ 샌더 L. 길먼 442

담배를 통한 흑인의 희화화 ▫ 돌로레스 미첼 454

담배 피우는 여성 ▫ 돌로레스 미첼 466

동성애의 은밀한 상징, 담배 ▫ 로빈 L. 쉬프먼 482

흡연과 민족성 492

■ 제4부 **불붙은 흡연 논쟁**

우리는 왜 담배를 피우는가? ▫ 레슬리 이버슨 502

공공의 적, 담배 ▫ 존 웰시먼 514

갈수록 정교해지는 마케팅 전략 ▫ 앨런 M. 브랜트 522

말보로맨의 몰락 ▫ 패트릭 W. 코리건 544

흡연과 광고 562

부록_조선 후기 담배 문화의 멋과 여유 573

참고문헌 587

글쓴이 소개 590

사진저작권 594

찾아보기 595

- 흡연자 한 사람이 50년 넘게 피운 담배의 양을 나타내는 엄청난 크기의 여송연.

매혹의 향기, 세상을 사로잡다

샌더 L. 길먼 | SANDER L. GILMAN
저우 쉰 | ZHOU XUN

■□ 1492년 11월 6일 콜럼버스의 선원 두 사람이 쿠바 내륙을 탐사하고 돌아왔다. 그들은 콜럼버스가 한 달 전, 1492년 10월 15일에 선물로 받았던 것과 비슷한 마른 잎사귀를 피우는 원주민들을 만났다고 보고했다. 이 불타는 잎사귀 연기를 마신 루이스 데 토레스(Luis de Torres)와 로드리고 데 제레스(Rodrigo de Jerez)는 담배를 피운 최초의 유럽인이 되었다. 이로써 두 흡연 문화의 교류가 시작된 것이다.

선교사 바르톨로메 데 라스 카사스(Bartolome de Las Casas)는 1514년에 콜럼버스 여행기의 분실된 부분을 편집했다. 바르톨로메는 그들이 발견한 원주민들이 '어떤 풀을 가지고 연기를 내는 것'을 알았다. 그들은 "(그) 한 끝에 불을 붙이고 다른 쪽에서 씹거나 빨거나 숨으로 들이마신다. 그 연기를 마시면 살이 무감각해진다. 흥분제인 듯, 사람들은 그 연기를 마시면 피로하지 않다고 한다."[01] 마른 잎은 니코티아나 타바쿰(콜럼버스가 받은 선물, 남아메리카 상반부, 중앙아메리카 그리고 카리브 제도에서 재배된다)이라는 식물의 잎이었다. 그러나 에스파냐 사람들은 그 고유 이름을 타바코(tabaco)로 잘못 들었다. 사실 타바코란 인디언들이 그 식물을 피우던 관이나 파이프를 가리키는 말이었다.[02] 이미 니코티아나 루스티카가 북부 멕시코에서부터 남부 캐나다에 이르기까지 아메리카 대륙에서 널리 재배되고 있었다.

담배는 오랫동안 북아메리카와 남아메리카에서 의식의 일부로 흡연되어 오다가 기원전 5000년에서 3000년 사이에 재배되기 시작했다. 마야, 아스텍, 카리브 제도 사람들 그리고 서반구의 수많은 다른 민족들은 저마다 어떤 종류의 담배를 피웠다. 담배는 씹을 수도 있고, 차로 마실 수도 있고, 가루로 흡입할 수도 있고(코담배), 관장액으로 삽입할 수도 있고, 젤리로 먹을 수도 있었다. 하지만 질병을 진단하고 치료하며 질병을 일으킨 것으로 여겨지는 악귀들을 물리치는 성스러운 의식의 일부가 된 것은 담배를 태워서 연기를 내는 방법이었다. 흡연은 중독 상태를 일으켰고, 그것은 의식에 필수적인 과정이었다고 지롤라 베논지(Girola Benonzi)는 1565년 그의 저서 《신세계의 역사(History of the New World)》에 기록했다. 연기는 무당의 몸에 들어온 영혼들의 양식이기도 했다. 연기는 거룩하면서도 실재하는 것이고, 현실이면서도 환상적이며, 현존하는 것이면서 초월적이고, 흡입할 수 있는 것이면서 중독을 일으켰다. 연기는 유럽 사람들의 상상력을 사로잡았다. 그것은 유럽 사람들의 어휘로는 표현할 수 없어 새로이 의미를 부여해야 하는(그리고 계속 부여하고 있는) 경험이었다.

흡연하는 마야의 사제. 팔렌케에 있는 신전의 조각에서. 멕시코.

연기는 치료제였지만 곧 유행이 되었다. 자극제를 종교적이거나 의학적으로 이용하는 대부분의 경우가 그렇듯이, 이는 얼마 지나지 않아 상류층이 쾌락을 위해 흡연하게 되었음을 뜻했다. 남아메리카와 북아메리카 민족들 사이에서도 이런 현상이 벌어진 듯하다. 의식과 의술(가끔은 이 둘이 똑같기도 하지만)로 시작한 것이 상류 문화의 일부가 되고, 마침내는 사회 전체에서 채택되었다. 유럽 사람들에게 흡연은 불타는 물질의 부산물을 도구를 사용해서 흡입하는 새로운 경험이었다. 월터 롤리(Walter Raleigh) 경(전형적인 흡연자)에 관한 이야기 하나가 18세기에 처음 떠돌았다. 그는 영국에 돌아오자마자 말없이 파이프를 피우고 있었는데, 주인 얼굴에 불이 난 줄 안 하인이 그의 얼굴에 맥주를 끼얹었다는 것이다. 흡연은 새로운 생각, 새로운 경험으로 받아들여졌고 그것을 할 여유가 있는 이들, 바로 상류층의 오락으로 여겨졌다.

그러나 그 호사는 곧 다른 계층까지 퍼져 나갔다. 중앙아메리카와 남아메리카의 토착민들이 흡연한 궐련은, 사제의 의식과 관계가 없는 사람들에게까지 이용이 확산되었다. 담배의 화학적 성분들이 주는 즐거움을 누구나 금세, 손쉽게 누릴 수 있었다. 담배는 말리는 것만 빼고는 특별한 준비 없이 흡연할 수 있었다. 폐조직 깊숙이 연기를 들이마시면 일정한 양의 니코틴과 다른 화학 성분들이 곧바로 혈액에 침투했다. 코담배도 관장액도 차도 담배 젤리도 흡입만큼 빠른 효과를 나타내지 못했다.(니코틴과 니코티아나는 장 니코의 이름을 따서 지어졌다. 그는 포르투갈에 파견된 프랑스 대사로, 16세기 중반에 담배와 흡연을 의술의 방편으로 프랑스 궁정에 소개했다.)

유럽인의 '신세계' 발견에 관한 많은 이야기들이 전해져 왔지만, 그들이 처음으로 경험한 흡연과 마법의 연기에 대한 그들의 반응에 대해서는 알려진 바가 거의 없다. 라스 카사스의 기록은 19세기에 와서야 출간되었다. 1557년 앙드레 테베(Andre Thevet)는 '신세계' 사람들의 매우 매력적인 흡연 관습을 '구세계' 사람들에게 알려주었다. 그 이야기는 다음과 같다.

(담배)가 마르면 일정한 양을 더 넓적한 야자잎으로 싼다. 그리고 양초 길이 정도 되게 만다. 그 한 끝에 불을 붙이고 코나 입으로 연기를 들이마신다. 그들은 머리에 남아 있는 습기를 몰아내고 말리는 게 좋다고 한다. 또 이렇게 하면 어느 만큼 배고픔과 갈증을 견딜 수 있다. 그래서 그들은 자주 흡연을 하며, 서로 의논을 할 때에도 연기를 마신 다음 말을 한다. 그리고 전쟁터에서도 흡연을 한다고 한다. 흡연이 전쟁터에서 매우 쓸모가 있다는 것이다. 여자들은 흡연하지 않는다. 이 연기나 냄새를 너무 많이 맡으면 그것이 머리로 들어가서 독한 술냄새를 맡은 것처럼 취하게 된다.[03]

1571년 세비야의 이름난 의사 니콜라스 모나르데스(Nicholas Monardes)는 '거룩한 풀' 담배의 '장점'과 '위대함'을 구세계에 알렸다. 담배는 만성질환을 치료하고 사기(邪氣)를 물리칠 수 있다는 것이었다. 사실 "이 약초는 매우 보편적이어서 환자뿐 아니라 건강한 사람들도 이용할 수 있다." 그는 또 담배 흡연이 피곤을 감소시키고 사람을 이완시킬 수 있다고 했다.[04] 물론 담배는 신세계에서 수입된 또 다른 큰 질환인 매독의 치료제로 여겨졌다! 1535년 콜럼버스의 발견 뒤 히스파니올라(Hispaniola)의 총독이었던 곤잘로 페르난데스 데 오비에도(Gonzalo Fernandez de Oviedo)는 원주민들의 담배 이용을 비난했다. 그는 그것이 사람들을 게으르고 무기력하게 만든다고 생각했다. 그러나 그는 '일부 기독교도가 이미 그 습관을 가지고 있다. 특히 매독에 감염된 이들이 그러한데, 연기가 주는 황홀감 속에서 그들은 더 이상 고통을 느끼지 않기 때문'이라고 시인했다.[05] 흡연은 유능한 화학 물질인 니코틴을 효과적으로 전달하는 방법이다. 그러나 흡연 자체에 신비한 아우라(aura)가 입혀진 듯했다. 지롤라모 프라카스토로(Girolamo Fracastoro)는 1530년 '매독'이라는 말을 처음 만들어낸 사람이었다. 그는 병원균이 공기를 통해 전파된다면 연기가 그것을 치료할 수 있을 것이라고 생각했다.

1586년 토머스 해리엇(Thomas Hariot)은 랄프 레인(Ralph Lane)의 북아메리카 탐험에 동행한 영국인 과학자였다. 그는 항해에 모나르데스의 책 한 권을 가져갔고, '거룩한 연기'의 치료 능력에 놀랐다.

흡연자들은 연기를 마시거나 점토로 만든 파이프로 연기를 빨아들여 그들의 위장과 머리로 보낸다. 연기는 위장과 머리에서 잉여의 사기나 더러운 체액을 정화하고, 신체의 모든 구멍과 통로를 열어놓는다. 이렇게 함으로써 장애물로부터 신체를 보호하며, 설사 장애가 생기더라도 곧 그것들을 물리쳐 오래 지속되지 않게 한다. 이렇게 그들은 신체를 건강한 상태로 유지하며, 우리가 영국에서 자주 감염되는 심각한 많은 질병들을 알지 못하고 지낸다.[06]

해리엇은 신비한 연기에 매혹된 나머지 흡연자가 되어 코암으로 죽었다.[07] 흡연은 생명을 위협하는 것이지만 유럽 상류층의 오락이 되었다. 당시만 해도 희귀하

– 왼쪽. '담배풀과 흡연의 기능에 대한 서구 최초의 기록', 1570년.

– 오른쪽. 지롤라마 벤조니(Girolama Benzoni)의 《신세계의 역사(Dell' histoire del mondo nuove)》에 묘사된 니코틴 중독, 1565/1572년, 베네치아.

고 값비싼 담배를 구할 수 있는 이들은 해리엇과 에스파냐, 포르투갈, 프랑스의 상류층이었기 때문이다. 안소니 추트(Anthony Chute)는 1595년 담배만을 다룬 최초의 영어 저술을 완성했다〔제목은 당연히 《담배(Tobaco)》였다〕. 그는 담배를 약초로 다루었고, 누구보다도 모나르데스를 인용했다. 그러나 1626년 그의 책 여섯번째 판에서 그는 흡연이 소모적이고 해로운 오락에 지나지 않는다고 표현했다.[08]

16세기 마지막 무렵에 영국 사람이 최초로 백토(white ball-clay) 파이프를 생산했다. 이는 새로운 흡연 도구가 신세계에서 유럽에 도착했음을 알리는 증거였다. 전해지는 말에 따르면 파이프를 들여온 것은 월터 롤리 경이었고, 그는 1618년 참수형에 처해질 때 단두대에도 파이프를 가지고 올랐다고 한다. 담배의 신비한 연기는 곧 유럽 사람들을 사로잡았고, 1598년 즈음에는 유럽 문학과 미술에서 흡연의 묘사가 나타났다. 유행은 곧 대륙과 나머지 세계로 퍼져 나갔다. 로버트 하코트(Robert Harcourt)가 1613년 "이 담배란 물건(사람들이 즐겨 찾고 가지고자 하는 것)은 매우 큰 이로움과 이익을 줄 것이다.……에스파냐 사람들이 인도

제국을 통틀어 가장 품질이 좋고 가장 매장량이 풍부한 은광에서 얻은 이익에 견줄 만하다."[02]고 한 말은 매우 정확했다. 그러나 필수품으로서 담배에 대한 흥미를 이끌어낸 것은 연기였다. 피어오르는 연기가 없었다면 담배는 광범위한 질병을 치료하는 약초로만 남았을 것이다.

그 뒤 50년 이내에 담배는 시베리아부터 자바, 서아프리카, 티벳에 이르기까지 세계 대부분의 지역에서 재배되었다. 그리고 세계 구석구석은 그 신비한 연기에 사로잡혔다. 아메리카 대륙과 카리브 제도에서 의례와 의술로 시작되었던 것이 담배와 다른 많은 물질들의 소비에서 우선적인 형태가 되었다. 담배는 신비한 연기를 통해 세계를 정복했다.

오늘날 흡연이 없는 세계는 거의 상상하기 힘들다. 우리는 담배를 피우고, 또 여러 다른 물질들을 피운다. 어떤 것은 합법적이고 어떤 것은 불법적이다. 신비한 연기의 정령은 신세계 발견보다도 훨씬 전, 태초부터 사람의 정신과 몸에 씌었다. 그것은 잃어버린 세계를 코와 후각으로 그리워하는 일이다. 후각은 우리의 기본 감각 가운데 하나이다. 연기는 향긋한 냄새에 대한 욕망을 충족시키고, 피부를 덥게 하고, 마음을 위로하며, 슬픔을 가라앉히고, 달콤했던 어린 시절의 추억으로 데려간다. 흡연은 언제나 문화의 일부였다.

이집트, 바빌로니아, 힌두 사람들은 그들의 신에게 향을 공양했다. 아메리카 원주민들은 담배를 피우며 정령과 대화를 나누었다. 예루살렘의 사원에서, 향불은 지성소 바깥에서 밤낮 피어오른다. 유대인들이 생명을 위협하는 역병에서 벗어났던 것도 하느님에게 향을 피워 올렸기 때문이었다.[10] 향을 피우는 관습을 유럽 전체에 퍼뜨리고 그 뒤로 '신세계'에도 퍼뜨린 로마 가톨릭 교회는 장엄 미사 때마다 향을 피웠다. 웅장한 중세 성당들은 향 연기가 가득했다. 향은 콜럼버스의 항해에도 동행했다. 한편 고대 중국에서는 쑥을 피워 악귀를 물리치고 건강을 지켰다. 고대 그리스에서도 연기 흡입은 널리 추천되는 치료 방법이었다. 또한 의례적으로도 이용되었다. 델포이의 신탁(Oracle at Delphi) 같은 그리스의 예언적 성전(聖傳)을 최근에 해석한 것을 보면, 여사제는 땅에 뚫려 있는 구멍에서 나오는 연기를 마시고, 약물 연기 속에서 매우 중독된 상태로 예언을 들려주었다고 한다. 그러나 그리스 사람들에게 이 의례적 형태의 치료는 또한 쾌락의 원천이기도 했다. 헤로도투스(Herdotus)에 따르면, 고대 스키타이인(Scythian)들은 대마 씨를 그들의 움막으로 가지고 들어가 달구어진 돌에 던졌다. "곧 연기가 피어오르며 증기가 퍼져 나갔다. 그리스의 증기목욕도 그만큼 증기를 피워내진 못했다. 스키타이 사람들은 그것을 너무 좋아하여 즐거워하며 웃었다."[11] 유럽 사람들은 신세계를 '발견'했을지는 모르지만, 흡연을 '발견'하지는 못했다. 그들은 연기 나던 세계를 기억할 뿐이었다. 그들을 놀라게 한 것은 약물 전달방식이었다. 연기가 가득한 방은 더 이상 찾아볼 수 없었다. 개인들은 궐련 또는 파이프로 연기를 마셨다. 자크 카르티에(Jacques Cartier)는 1535년 이로쿼이(Iroquois)족(오늘날의 캐나다)이 흡연하는 것을 보았고, 그 자신도 해보았다. 그에게 연기는 '그것〔파이프〕을 후춧가루로 채운 듯 매우 매웠다.'[12] 유럽 사람들은 곧 이러한 흡연 방식에 익숙해졌다.

흡연의 확산에는 그것이 치료 능력이 있다는 소문도 한몫했다. 흡연 역사의 많은 부분이 담배라는 신비한 식물에 관심을 기울였지만, 흡연의 매력─당시 진기한 행위였던─과 그 효과에 대해서는 거의 관심을 기울인 바가 없었다. 구세계가 담배를 놀라워한 이유가 그 식물을 피우면 놀라운 치료 효과를 얻을 수 있다는 믿음 때문이라는 데에는 의심의 여지가 없다. 그러나 흡연이 위안과 이완, 행복감을 느끼게 한다는 것 또한 사실이다. 무엇보다도─처음부터 잘 알려진 사실이지만─흡연은 배고픔을 달래고 사람들을 더 열심히 더 오래 일하게 하는 듯했다. 그러나 담배가 정복자가 된 것은 흡연이라는 방식을 통해서였다. 약초에서 향까지, 담배에서 대마초·캣(qat, 예멘에서 커피가 이용되기 전에 널리 사용하던 자극제이자 각성제─옮긴이) 그리고 그밖의 물질들까지 인류는 흡연과 함께 살아왔다.

17세기 유럽 상인들은 신세계에서 발견된 그 물건의 이용에 무한한 잠재성이 있음을 알아챘다. 또한 그들은 '경질 수목(iron-wood)'을 수입하여 매독을 치료했지만 그 방법은 실패했고 이 시장은 곧 고갈되었다. 흡연과 함께 살아온 인류는 끊임없이 값싼 만병통치약과 쾌락의 원천을 찾았다. 따라서 흡연할 수 있는 신비한 치료제 시장은 꾸준히 성장했다. 담배는 전 세계에서 재배되었으므로, 흡연─관습이자 의례이자 약물 전달방식인─은 생활에 쓸모 있게 전환되었다. 담배가 인도제국의 모든 은보다 더 많은 부를─처음에는 에스파냐와 포르투갈 사

'오니오스헤이지(Onneiotheha-
ge)족 미개인', 《코덱스 캐너
덴시스(Codex Canadensis)》에
실린 그림. 1700년. '그는 담배
를 피우며 태양에 경의를 표한
다. 태양은 그의 특별한 신으
로 그의 숭배의 대상이다.'

람들, 심지어 종교재판을 통해 포르투갈과 에스파
냐에서 추방된 유대인들에게, 그 다음으로는 네덜
란드 사람들과 영국 사람들에게—만들어내는 동
안 흡연은 널리 퍼져 나가 유행이 되었다. 유럽에
서 파이프 연기는 '신사의 냄새'로 여겨졌다. 1600
년대에 런던을 여행한 독일 사람 폴 헨처(Paul
Hentzer)는 부유한 이와 가난한 이, 남자와 여자 할
것 없이 당시 거의 모든 사람들이 긴 점토 파이프
를 뻐끔거리고 있다고 기록했다.[13] 1618년 런던을
찾은 호레이셔(Horatio Busion)는 도시의 파이프 관
습을 인상적으로 기억했다.

사람들은 낮에만 파이프를 피우는 것이 아니다. 밤에도
베개 밑에 끼워두고는 욕구를 만족시킨다. 그들은 우아
하게 토스트를 돌리고, 마치 좋은 기분을 나누듯이 파이
프를 돌려가며 한 사람씩 피운다. 더 흔하게는 맥주를 함께 마신다. 또한 상류층 여성
과 기품 있는 여성들은 흡연을 의술 차원에서 행하는데, 사적인 장소에서 한다. 다른
사람들은 오락 목적으로 흡연을 한다.[14]

그러나 신분이 다른 사람들은 다른 환경에서 다른 파이프로 다른 담배를 피웠
다. 흡연 문화가 확산되면서, 흡연 소도구는 더욱 정교해졌고 다양한 재료로 만
들어졌다. 흡연 공예품 문화가 발전했다. 평범한 사람들은 소박한 점토 파이프
를 피웠지만 화려하게 조각되고 장식된 파이프들, 심지어 은으로 만든 파이프도
등장했다. 나무, 금속 또는 상아처럼 이국적인 재료로 만든 담배함도 빼놓을 수
없는 소품이 되었다. 담배함은 부싯돌, 부시, 깜부기불 부젓가락 그리고 물론 담
배 같은, 흡연에 필요한 모든 부속물을 담는 용기였다. 담배함은 곧 우정 또는 외
교의 상징으로 증정되는 것이 되어, '거룩한 연기'와 '거룩한 풀'과 함께 큰바다
를 건너 멀리까지 전해졌다. 17세기 초반 즈음, 예수회 전도사 자코브 발데(Jakob

Balde)가 1658년에 쓴 흡연 반대 논문에서, '마른 취기(Dry Drunkenness)'라는 말이 처음 쓰였다. 모든 사람들이 하고 있는 것이 '흡연'이었다. 하지만 그 말이 정착하기까지 거의 200년이 걸린 것이다.

유럽 바깥으로 오토만 영토를 지나 아시아와 아프리카에 이르기까지, 흡연은 급속하게 퍼져 나갔다. 그것은 최신 유행이었다. 몽골의 땅이었던 중앙아시아와 인도에서는, 매우 독창성 있는 예술 형태로서 흡연을 받아들였다. 그들은 담배가 아닌 친숙한 잎사귀들과 향신료, 백단을 혼합했고, 후카라는 물담배 파이프로 흡연했다. 물을 지나면서 연기는 식게 되는데 이 찬 연기는 더운 기후에서 매우 반가운 것이었다. 후카는 곧 장식품으로 발전했다. 파이프 흡연은 포르투갈과 프랑스 상인들에 의해 아프리카 대륙에 급속하게 퍼졌다. 16세기 마지막 무렵, 파이프 흡연은 이미 풍부한 토착 흡연 문화를 낳아, 사회 의례(예를 들자면 결혼식)와 종교 의례에 이용되었다.[15]

일본의 기록에 따르면, 파이프 흡연은 1600년 4월에 영국인 여행자 윌리엄 애덤스(William Adams)와 함께 일본에 들어왔다.[16] 10년 뒤인 1615년 즈음 남자, 여자는 물론 어린아이들까지 흡연에 익숙해져 있었다.[17] 일본의 미술 양식인 초기 우키요에(浮世繪, 1650~1765)는 흡연 행위를 고급 매춘부 세계의 일부로 묘사했다. 오쿠무라 마사노부(奧村政信)가 1740년대 중반에 고급 매춘부를 묘사한 판화에서 대각선으로 놓여 그림을 반으로 가르고 있는 긴 파이프는 여성의 관능성을 강조한다. 그보다 앞서 쿄토의 오모리 요시키요(大森義淸)의 작품에는 밀회 장소 묘사가 나온다. 그곳에 놓인 파이프와 담배 쟁반은 그곳이 매음굴임을 알려준다.[18]

에스파냐와 포르투갈 사람들은 남중국해와 일본을 거쳐 담배 흡연을 중국에 전파했다. 중국은 이 새로운 관습에 금방 빠져들었고, 그것이 중독 증세를 낳는다는 것을 알았다. 흡연은 하루 아침에 기존의 차 문화에 없어서는 안 될 일부가 되었다. 사회 상류층은 말라리아 예방부터 류머티즘과 일반 감기의 치료에 이르기까지, 흡연의 의학적 효능을 더 예찬했다.[19] 중국의 흡연 문화가 모든 것을 집어삼키는 데는 한 세대도 걸리지 않았다. 유명한 작가 쳰주왕(全朝望, 1705~1755)은 담배에 관한 유명한 논문에서 "담배 연기의 정수는 온기를 제공하는 데 있지 않고

- 자코브 발데의 〈만취(Die tru-
nckene Trunkenheit)〉 판화 표
지, 1658년, 뉘른베르크.

순수한 기쁨과 정신적 극치를 주는 데에 있다. 침울할 때 그것은 기분을 북돋고, 기(氣)를 이끌어내며, 영적인 통로를 연다.……취기 그리고 중독을 가시게 한다.……또 권태와 걱정을 쫓아낼 수 있는 일상생활의 필수품이다."[20]고 했다. 연기가 현대적 삶의 체제의 일부이고, 현대적 삶이란 신체·질병·슬픔·취기에 대해 통제력을 발휘할 수 있는 삶이라는 관념은 중국에서처럼 서구에서도 강하게 나타났다. 1700년 한 프랑스 논문은, 담배 흡연이 "뇌와 신경을 더 건조하고 더 안정되게 한다. 이는 더욱 건강한 판단력, 더 명쾌하고 더욱 신중한 추론 능력, 더욱 지조 있는 정신을 낳는다."[21]고 했다. 서양과 동양은 흡연의 윤택한 영향을 똑같이 인정했다.

일상의 필수품, 멋스러운 여가 활동 그리고 만병통치약인 흡연은 17세기 중반 즈음 사회 계층을 급속히 초월하며 토착화되었다. 그것은 또한 아편 흡연의 길을 닦아놓았다. 아편 흡연은 중국을 세계 최고의 흡연 인구 국가 가운데 하나로 변화시켰다. 유럽 사람들이 아메리카의 흡연 방식을 다른 세계에 전파시키면서, 흡연은 얼마 지나지 않아 세계적인 관습이 되었다. 모든 대륙에서 사람들은 더욱 정교한 그들의 흡연 기술, 방법, 기법을 실험하고 형성해갔다. 그들은 흡연을 그들의 문화에 통합하고, 흡연이 그들 고유의 전통과 의례에서 기능할 자리를 내주었다. 지리적 거리, 종교, 관습, 사회 지위로 다양하게 구분된 세계에서 흡연은 많은 이들의 공통적인 관습이 되었고, 사회 교류를 촉진시켰다.

흡연은 문화적·사회적 장벽을 융해하는 동시에 그것을 강화했다. 흡연이 보통 사람들의 삶에 더욱 깊숙이 통합됨에 따라 문제가 발생했다. 그것은 즐거움과 관련된 문제였다. 흡연이 주는 즐거움은 특권 계층과 상류층이 누리는 것이었지, 절제하는 노동계급이 누리는 것이 아니었다. 노동계급의 첫째 관심사는 일하는 것, 생산성 그리고 절제였다. 담배 흡연이 노동력을 증가시킨다는 주장에 대해 흡연은 노동자들을 태만하게 하는 여가 활동이라는 반박이 맞붙었다. 다수의 쾌락은 사회 질서에 대한 매우 큰 위협이고, 잠재적으로 사회 불안을 일으킬 수 있는 사회 안의 '위험 요소'였다. 지배적인 질서가 도전을 받고 있거나 몰락의 길을 걸을 때는 특히 그랬다. 흡연과 담배의 해로운 영향을 둘러싼 의학적 논쟁들은 17세기 이후 유럽과 아시아에서 전개되어왔다. 그러나 음주와 마찬가지로 문제는 어디에나 있었다. 자코브 발데의 책자에서처럼 음주와 흡연의 부정적 영향들은 똑같은 것으로 여겨졌다. 두 가지 모두 공손하고 예의 바른 노동자들을 자신의 즐거움에만 관심을 쏟는 개인들로 바꾸어놓았다. 국가는 종종 쾌락을 일으키는 그런 물질들을 규제하여 사회적·경제적 안정을 보장하려 했다.

오토만의 술탄 무라드(Murad) 4세(1623~1640 재위)는 흡연을 금지한 최초의 통치자에 속했다. 그는 흡연을 도덕과 건강에 대한 위협으로 보았다. 심지어 흡연자들이 모이는 커피점도 폐쇄하려고 했다. 중국에서 숭정제(崇禎帝, 1627~1644 재위)는 명조의 쇠락을 슬퍼했다. 그는 농민 반란군이 황궁을 포위하는 것을 지켜보면서 만세산 꼭대기에서 목매달아 자살하기 두 해 전에 담배 흡연을 금하는 칙령을 발표했다. 칙령을 위반하는 '평민'들은 '야만인들에게 내리는 반역죄와 비슷하게 처벌받을 것'이라는 내용이었다.[22] 만주족이 세운 다음 왕조에서도 비슷한 금지 조치들이 반복되었다. 흡연은 '궁술을 게을리하는 것보다 더 흉악한 범죄'로 여겨졌다.[23] 1634년 모스크바의 총대주교(Patriarch)는 담배 판매를 금지했고, 흡연을 한 남자들과 여자들의 코를 베어버리거나 등가죽이 다 벗겨질 때까지 채찍으로 다스리라고 판결했다. 1642년 우르반(Urban) 7세는 교황 교서에서 흡연을 힐난했다. "남자와 여자들 그리고 사제들과 성직자들이⋯⋯장엄 미사를 거행하는 동안⋯⋯입이나 코로 담배를 피우는 것을 삼가지 않는다."(그러나 시간이 지나 교회는 담배 독점권을 형성했고, 교회 영향권 안에서 흡연 반대 문헌의 배포를 금지했다.)

영국에서 제임스 1세는 1604년에 이미 다소 비슷한 논리로 흡연을 비난했다. "거칠고, 불경하고, 비굴한 인디언들의 야만스럽고 미개한 관습"에서 비롯된 흡연이 비난받아야 하는 이유는 영국이 이전의 영광을 잃은 듯했기 때문이다. 담배 때문에 성직자들은 방종하게 되었고, 귀족들은 게을러졌으며, 서민들은 급속히 도덕적으로 타락했다. 1621년 벤 존슨에 따르면 그것은 악마의 방귀였다. "여기저기에서 나는 연기 냄새, / 섬의 거의 모든 곳이 냄새로 가득하네. / 담배, 교양 있는 사람들은 알지, / 오래 전부터 시골과 궁정과 도시에서, / 마귀의 반짝거리는 파이프, 그 연기로 / 단정한 여자와 단정치 못한 여자 또 신사와 평민의 코에 연기를 피우는 것을."[24] 당시 런던에 담배를 파는 곳이 7,000곳이 넘었던 것을 생각하면, 이 주장은 사실일지도 모른다! 그러나 당시 소책자는 외국 담배를 영국 제품으로 바꿀 것을 촉구했다. '영국 대마초에 질식하는 것이, 인도 담배에 중독되는 것보다 낫다!'[25] 흡연은 담배반대론자들에게도 하나의 선택권이었던 것이다.

그러나 국가 활동을 위협하고 신체적으로 해를 입힌다는 금지 주장들도 사람들의 흡연을 막지 못했다. 대중은 통치자들이 생각했던 것만큼 온순하지 않았다. 그들은 언제나 선택을 했다. 그들은 지도자를 선택할 수 없을지라도, 적어도 조롱할 수는 있었다. 모세가 십계명을 알려주어도 사람들은 언제나 '너는 길을 찾으라'는 열한번째 계명을 따랐다. 일단 쾌락을 맛본 대중은 쉽게 그것을 포기하지 않는다. 담배에 대한 억제가 강화될수록 사람들의 흡연 욕망도 커졌다. 흡연을 억제할 수 없었던 통치자들은 방향을 바꿔 국가 독점을 통해 담배를 관리했다. 담배와 흡연의 독점은 통치자들에게 부를 가져다주었고, 사회 긴장을 완화하고 지배권을 강화했다. 모든 사람들이 행복했다. 표트르 대제(Peter the Great)는 러시아의 봉건 상태를, 서구의 양 날개인 계몽주의와 담배의 도입을 통해 발전시키는 정책에 흡연을 포함시켰다. 영국에서는 1689년에 시작된, 오렌지 공윌리엄(William of Orange)과 메리(Mary) 부처의 통치 기간 동안, 네덜란드 조신들과 함께 네덜란드의 흡연 방식이 수입되었고, 네덜란드 화풍도 수입되었다. 오스타데(Adriaen van Ostade)의 작품과 공식적인 초상화에서는 파이프가 등장하지 않는 경우가 드물다. 파이프 또는 여송연은 중류계급 남성들과 여성들을 묘사하는 장면의 주요 요소였다. 제임스 길레이(James Gillray)의 런던 상류층 캐리커처도 마찬가지였다. 흡연과 담배가 국제 무역과 계약을 촉진했고, 그에 따라 세계가 현대화로 전진했음은 의심의 여지가 없다.

그러나 18세기에, 흡연되는 대상으로서 담배는 근대의 약물 전달방식과 관련된 일용품이었다. 흡연의 형태로 유럽에 소개된 담배는 아메리카 대륙에서 이용했던 광범위한 소비 방법을 무시했다.(유럽에서 담배 관장제를 좋아했다는 기록은 전혀 없다!) 그즈음 담배 흡연은 더 이상 유행이 아니라 일상의 것이었다. 그리고 이의 경쟁자인 코담배—흡입하는 담배—가 어느 날 갑자기 나타나 당시의 유행이

- 푀엘(J. K. Föhl), 〈파이프와 담배 묶음이 있는 정물(Still Life with Pipe and Tobacco-Packet)〉, 1789년, 수채.

되었다. 파이프 흡연자들은 고급한 취미를 이어갔다. 윌리엄 쿠퍼(William Cowper)는 1782년 파이프 흡연자의 숨결이 "바람에 실려오는 장미꽃 내음처럼 달콤하지, / 당신(코담배 흡연자)은 어딜 가든 성가신 존재야, / 코를 훌쩍거리고 킁킁대니까, / 그 소리만 들으면 누구라도 토하고 싶어……"[26]라고 썼다. 훌쩍거리고 재채기를 하는 유행보다 생각과 저술에 도움이 되는, 소리가 나지 않는 파이프 흡연이 훨씬 낫다는 말이다.

여송연은 담배가 스스로 재발명되어 다시금 세계를 사로잡음을 보여주는 훌륭한 사례이다. 그 뿌리에는 독창적인 소비 방식 가운데 하나가 있었다. 여송연은 먼저 에스파냐에서 유행했고, 그 뒤 영국과 유럽 다른 나라로 퍼져갔다. 여송연이 처음 만들어진 곳은 쿠바였고, 에스파냐 사람들에 의해 멀리 필리핀까지 퍼졌다. 쿠바 사람들이 콜럼버스의 선원들을 만났을 때 피웠던 방법과 그다지 다르지 않은 여송연은 순수한 연기라 할 수 있었다. 장식된 파이프, 단단한 해포석 또는 브라이어 파이프와 달리 여송연은 몸뚱이 자체가 연기가 되어 날아갔다. 그것은 스스로 연기로 변했다. 본질이 순수한 사물이었던 것이다. 19세기는 코담배의 세기라고 하지만 19세기 초 여송연의 등장은 몹시 화려하여 유럽 곳곳에 흡연실이 등장했다. 바이런 경은 "최고의 담배! 동양에서 서양까지 / 뱃사람의 노동과 투르크멘의 휴식을 위로하네…… / 그러나 그대를 참으로 사랑하는 이들은 더욱 예찬하네 / 그대의 순수한 아름다움을. 내게 여송연을 주시오!"[27]라고 1823년에 썼다. "문명이 가장 진보한 곳에서, 예스런 관습과 현대적 기호는 흡연

- 영국 흡연 클럽 판화, 1792년.

자 전용 공간에서 적절히 조화를 이룬다."[28]는 표현도 있다. 여송연은 날이 갈수록 귀족, 특권층, 부유층, 상류층 신분의 표시가 되었고, "지저분한 낡은 파이프' 또한 대중들 사이에서 다시 유행했다. 여송연과 파이프 말고도 유럽 사람들은 곧 궐련을 피우게 되었다. 이즈음 흡연의 성별 분리는 사라지기 시작했다. 남성이나 여성 모두 코담배를 (다른 방식으로 다른 장소에서 다른 도구를 사용하여) 피우면서부터였다. 벤 존슨의 《바르톨로뮤 축제(Bartholomew Fair)》(1614년)에서 우르술라(Ursula)는 "난 이것과……담배 한 모금이 있어야만 삶과 영혼을 유지할 수 있어. 내 파이프 어딨지? 아직 담배를 안 채운 거야? 이 바보 같으니!"라고 말한다. 시간이 흐름에 따라 여송연과 궐련 흡연은 남자들하고만 관련되거나, 가정과는 다른 곳에서 일하는 특정 직업의 여성들의 표시가 되었다. 흡연과 성은 긴 역사를 지닌다. 윌리엄 메이크피스 새커리(William Makepeace Thackeray)는 『피츠부들 신문(Fitzboodle Papers)』(1842~1843)에서 대담하게 말한다. "여송연은 사실 여성들의 경쟁자이다. 그리고 그들의 정복자에게도 경쟁자이다." 찰스 램은 그의 마지막 여송연을 결혼의 종말에 비유했다. "남자들이, 가장 사랑했던 것과 /

헤어질 수밖에 없을 때…… / 마치 그것 때문에 죽을 것만 같은 기분, / 어쩔 수 없이 이별하게 되더라도, / 슬픈 이혼의 기억이 아니길. / 그대, 담배를 위해, 나는 / 죽지 않으리……" 램이 그만두려는 경험을 정의하는 것은 연기이다. "그 구름으로 그대가 우리를 감싸 / 우리 적들이 우리를 찾을 수 없네…… / 모든 사람들이 연기를 뿜어 올려, / 마치 증기를 뿜는 에트나 산(Etna, 이탈리아의 활화산-옮긴이) 같네……" 담배 연기는 헤어져야 하지만 끊임없이 욕망하는 연인이다. 여성들은 거의 여송연을 피우지 않았고, 그들의 구혼자들만 여송연을 피웠다. 찰스 디킨스는 1846년 제네바에서 있었던 어느 저녁의 일을 기록했다. 그는 여송연을 피우는 프랑스와 미국 여성들과 함께 있었다. 그리고 "나는 예전에 본 적이 없었다. 어머니나 집시가 담배를 피우는 모습을!" 하고 결론짓는다. 예의 바른 영국 사회에서는 그렇지 않았겠지만 19세기 초반 미국에서는 모든 계급의 여성들이 흡연했다. 앤드루 잭슨(Andrew Jackson) 대통령과 재커리 테일러(Zachary Taylor) 대통령의 영부인들도 백악관에서 담배를 피웠다! 그러나 여송연이 흡연을 정복했을 때 그것은 남성들에게만 해당되는 이야기였다.

그동안 현대 유럽 바깥에서 중국은 아편 흡연 방식을 완성했다. 자바 사람들로부터 담배와 아편 혼합물 흡연을 배운 중국 사람들은 곧 아편을 선택했다. 중국 왕실에서 담배 흡연을 금지한 것도 아편 흡연이 발달한 부분적인 이유였다. 더 중요하게는 아편 흡연이 더욱 강한 쾌락을 주었고, 흡연자의 건강에 훨씬 이로워 보였기 때문이다. 생활 예술의 개선에 초점을 맞춘 기술적 천재성으로, 중국 사람들은 아편 흡연을 견줄 데가 없는 현실의 예술로 변화시켰다. 흡연은 신비한 아편 연기 소비자들의 의례가 되었다. 의례에는 용구들이 따른다. 고급 아편에 대한 많은 수요와 엄격한 준비 절차는 따로 살펴보겠지만, '스모킹 건(Smoking Gun)'이라고도 알려진 아편 파이프는 매우 독특하다. 그것은 물질을 태우기보다 증류하기 위해 만들어졌고, 이에 따라 흡연관과 증류 대통 또는 증류 '방'의 두 부분으로 이루어진다. 심지는 알맞은 불꽃을 일으키도록 적당히 자른다. 대통은 불꽃에서 적당한 거리와 각도를 유지해야 한다. 흡연자는 파이프를 알맞게 잡아서, 아편환이 타지 않고 천천히 증발하도록 해야 한다. 이렇게 하면 대통에서 특유의 지글거리는 소리가 난다. 아편은 천천히 증발하면서 짙고 파르스름한 흰 연기가 되어 환에 나 있는 작은 바늘구멍을 지나 대통에 고인다. 뜨거운 연기가 솟아나다가 대통 속에서 갑자기 식으며 연기에서부터 고체 상태로 응결된다. 겉이 딱딱한 '찌꺼기'가 된 것이다. 그럼 나머지 연기는 아편에서 가장 휘발성이 크고 가장 향기로운 요소만 남는다. 이 부드럽고 향기롭고 위안을 주는 연기가 흡연자의 입술을 지나 폐로 내려간다.[29] 순수한 연기가 주는 즐거움이 최종 결과물이다.

서구 유럽에서 흡연 의례는 런던과 베를린의 흡연자 클럽에서 알 수 있듯이 개인 흡연자들의 사교와 훨씬 밀접한 관계가 있었다. 프레데릭 1세(1701~1713 재위)와 프레데릭 빌헬름 1세(1713~1740 재위)의 베를린 궁 클럽 같은 곳에서, 흡연은 매우 정교한 의례였다. 그러나 대부분은 중류계급의 의례였다. 18세기와 19세기에 이들 클럽은 간식거리로 커피나 초콜릿, 술 두 잔을 제공했다. 파이프를 다지고, 닦고, 불붙이고, 다시 붙붙이는 일이 의례로 자리 잡는 동안 흡연실은 더 큰 의례를 제공하는—대화와 독서와 식사를 하는 곳—환경이었다.[30] 노동계급에게는 선술집, 주막, 간이식당이 같은 기능을 했다. 흡연은 유럽과 북아메리카 노동계급의 음주 문화에 포섭되었다. 1888년 폴 고갱은 밤새 영업하는 아를(Arles)의 술집 주인 마리 지누(Marie Ginoux)를 그렸다. 그 유명한 그림〈밤 카페〉에서 마리는 철학적인 자세로 바에 기대어 있고 실내는 고객들이 뿜어내는 연기로 가득하다. 연기는 술만큼이나 음주 세계를 정의했다.

이슬람과 인도에서 흡연자들은 후카가 내는 찬 연기를 즐겼다. 약초와 식물에 대해 해박한 지식을 가지고 있던 그들은 다양한 종류의 대마와 캣 또는 담배를 기호에 따라 그리고 구입할 수 있는 종류에 따라 번갈아 이용했다. 특히 대마와 캣은 시, 음악, 건축, 사교, 결혼식, 장례식, 행과 불행, 실내장식, 옷, 음식, 섹스에 중추적인 역할을 했다. 흡연은 그 어느 때보다도 삶의 방식으로 굳게 자리 잡았다. 카이로에서 대마초 흡연 장소는 모든 사회적 사건이 일어나는 공간의 사례일 뿐이었다.

식사, 음주 그리고 대부분의 다른 즐거운 활동과 마찬가지로 흡연은 관습으로 형성되고 있었다. 우리는 음식 없이 살 수 없지만 현대 세계는 빵과 물 이상의 것을 요구하기 때문이다. 우리는 숨을 쉬어야 하지만 불타는 물질의 찌꺼기를 들이마실 필요는 없다고 빌 클린턴은 역설했다. 그러나 우리의 의존성이란 순전히

- *위*. 프러시아 '담배 클럽'(1701~1713)의 프레데릭 1세, 베를린의 궁에서.

- *아래*. 마닐라의 아편굴, 1924년, 필리핀.

생리학적인 것인 만큼이나 상당 부분 우리 문화가 강요한 것이며 아마 그보다도 현대화의 결과라고 하는 것이 더 맞을 것이다. 개인의 자유는 민주주의에서 표출되지만, 사람이 이렇듯 '자유 선택'의 세계에 갇힌 적은 없었다. 일용품은 더 이상 즐기는 사물이 아니다. 일용품은 삶을 변화시킬 수 있는 힘을 가지고 있다. 소비 세계에서 삶은 구매를 통해 풍부해질 수 있다고 여겨진다. 그 사람이 소비를 통해 더 가난해지는 현실과는 상관이 없다. 중요한 것은 가장 빠르게, 가장 직접적으로 즐거움을 주는 물건을 구매하는 것이다. 이처럼 친구들과 함께 하는 흡연은 함께 나누는 즐거움 이상으로, 유행이 만들어내고 부러움이 이끌어가는 매혹적인 일이다. 당신을 부러워하는 이들과 함께 경험을 공유함으로써 당신은 견줄 데 없는 자신감을 가지게 되고, 따라서 행복해진다. 물론 대부분의 사람들은 대마나 담배나 아편 같은 물질을 흡입하는 바로 그 행위에서 즐거움을 얻는다. 사람의 능력에서 돈이 핵심이 됨으로써 흡연에 소비하는 능력도 흡연자들의 삶을 정의하는 힘이 되었다. 그러므로 흡연은 멋진 삶(good life)을 산다는 상징이고, 노동계급에게는 '신데렐라의 꿈'이다(1888년 윌스(W. D. & H. O. Wills)는 영국 최초의 기계 생산 궐련 브랜드를 출시했는데, 그 이름이 '신데렐라'였다). 이러한 이미지는 연기 자체만큼이나 거룩한 것이었다.

흡연에 대한 의존성은 과거에도 지금도 담배 산업과 담배 거래에 의해 조장된다. 거래에서 발생한 이익은 산업의 성장을 촉진한다. 산업이 성장할수록 제품의 다양성은 더욱 커지며, 따라서 흡연자 곧 소비자가 많아지고 이윤은 더욱 커진다. 19세기 마지막 무렵, 흡연은 큰 산업이었다. 1889년 제임스 뷰캐넌 '벅' 듀크(James Buchanan 'Buck' Duke, 미국의 담배왕이라 불린다—옮긴이)는 세계에 그의 담배를 알리는 데에 80만 달러를 썼다. 그는 다른 누구보다도 담배에 대한 욕구를 창조해낸 사람으로 알려져 있다(그의 회사 아메리칸 타바코 컴퍼니를 통해). 그는 또한 수집할 수 있는 담배 카드를 끼워넣는 것을 비롯하여, 광고가 제품만큼 중요함을 최초로 인식한 사람이었다(카드는 부드러운 담뱃갑을 빳빳하게 만드는 역할로 1885년에 등장했지만, 그것을 '수집품'으로 변모시킨 이는 듀크였다). 듀크는 새로운 본새크 자동화 기계로 궐련 생산을 기계화하여, 10시간에 12만 개비를 생산할 수 있었다. 이는 40명의 노동자가 1분에 궐련을 다섯 개비씩 마는 속도로

10시간 동안 생산할 수 있는 양이었다. 그러나 궐련 흡연에 대한 관심이 폭발적으로 늘어난 것은 현대 광고의 탄생 덕임은 의심의 여지가 없다.

1880년대에 수송과 생산량 그리고 포장의 진보 덕택에 똑같은 브랜드 제품을 미국 전역에, 더 나아가 전세계에 판매하게 되었다. 따라서 광고가 탄생했다. 광고회사들이 야생화처럼 피어났다. 19세기 전반에 걸쳐 가장 광고를 많이 한 제품은 만능약과 '만병통치' 특허 의약품들이었다. 그러나 담배 제품들은 세계적 판매라는 새로운 추세에 맞는 최고의 제품 가운데 하나였다. 흡연은 모든 사람들에게 그리고 모든 곳에서 유행이 되어야 했다.

현대 광고의 능력은 현대의 진보적인 심리학과 사회학 이론에 뿌리를 두고 있었다. 광고는 값싼 신문과 잡지, 거리의 광고판과 샌드위치맨이 달고 다니는 광고판의 폭발적인 증가를 이용하여 그 메시지를 전달했다. 담배

˜ 흡연자의 교과서.

광고 초기 방법 가운데 가장 인상적인 것이 『코프의 타바코 플랜트』였다. 이는 1870년에서 1884년에 코프 담배회사가 런던에서 펴낸 정기간행물이었다. 가장 중요한 것은 이 잡지가 담배 흡연을 다루는 정기간행물 이상이었다는 것이다. 여기에 보들레르의 수필 〈대마에 대해서(On Hasheesh)〉가 1875년 영어로 실렸고, 테오필 고티에의 〈아편에 대해서(On Opium)〉가 한 달 뒤에 실렸다. 이 간행물은 신사들이 하고 있는 모든 방식의 흡연을 다루었다. 이들 기사는 교외 또는 지방의 신흥 중류계급을 겨냥한 것들이었다. 1865년에 발표된 루이스 캐럴의 《이상한 나라의 앨리스》는 중류계급의 자아상을 중심적으로 다루었다. 존 테니얼(John Tenniel, 《이상한 나라의 앨리스》의 삽화가—옮긴이)은 다음 장면에 특이한 이

미지를 묘사했다. "애벌레와 앨리스는 잠깐 동안 말없이 마주보고 있었다. 마침
내 애벌레가 입에서 물담배 파이프를 빼냈다."

　광고는 자본주의 번성기에 현대 문화의 삶과 꿈이 되었다. 자본주의는 다수가
그들의 관심을 가능한 세밀하게 정의하게 함으로써 생존한다. 새뮤얼 곰퍼스는
1873년 미국에서 여송연 노동자들을 조직할 때 이를 깨달았다. 현대 미국 노동
운동의 발단은 담배에서 비롯되었다. 그러나 여송연 노동자들조차 그들의 운동

내용을 알리고, 그들이 생산하고 있는 제품을 판매하기 위해 광고에 의지했다. 광고를 통해 모든 소비자는 만인에게 필요한 것으로 정의되는 제품을 추구하는 대열로 단결한다. 이처럼 똑같은 브랜드를 피움으로써 흡연자들 곧 소비자들의 모든 희망이 모이고, 같아지고, 단순해진다. 브랜드는 담배 제품이 아니라 흡연 행위 자체를 정의하는 데에 이미지들이 이용되도록 하는 수단이다. 광고의 심상은 지위, 매력 또는 즐거움을 제공하는 흡연의 능력에 관한 21세기의 공상이 정의되는 장소가 되었다. 모든 구매를 통해 소비자들은 강렬하면서도 모호하고 신비하면서도 반복되는 약속을 듣는다. 그들도 광고 속의 흡연자들처럼 될 수 있다는 말이다. 다른 종류의 희망이나 만족이나 즐거움은 더 이상 그려질 수 없다. 이들 이미지를 보면서 느끼는 향수는 더 이상 흡연의 따뜻함이나 인간적 즐거움이 아니라 현재를 지배하며 미래를 위해 사거나 파는 능력이다. 이처럼 여송연은 막강한 고대 군주들을 자칭하며 팔렸고, 퀄런은 '웨딩 케이크'를 약속했다. 한편 중국의 아편제는 불멸을 보장하는 전통직 연금술 악으로 위장하고 투여되었다.

존 리치(John Leech), 〈블루머리즘(Bloomerism)—미국적 관습〉, 1851년 펀치의 카툰. 런던 거리에 튜닉과 바지를 입고 나타난 일부 미국 여성들, 뻔뻔스러움의 전형을 묘사한 그림.

현대 광고는 여성들과 아동들도 신비한 연기의 잠재적 소비자로 변모시켰다. 이는 아이러니하게도 흡연을 통한 자유, 오늘날 '자유의 횃불'로 알려진 이미지를 제공함으로써 이루어졌다. 여성들이 적어도 19세기 초반까지 남자들처럼 공공연히 흡연했고, 그 뒤로 은밀하게 흡연하게 되었다고 주장할 수도 있다. 그러나 여성들이 공공연히 흡연한다는 것은 전 세계에 걸쳐 사회적으로 용인되지 않고 거부감을 주는 행동이었다. 19세기 후반에 흡연 여성의 이미지는 난교와 매춘과 밀접하게 연관되며 서유럽(그리고 아메리카 대륙)과 중동에서 문학적·예술적 영감을 사로잡았다. 제1차 세계대전이 일어나고 참정권 문제가 유럽과 아메리카 대륙에서 중심 문제로 떠오르면서 이러한 태도에 변화가 일어났다. 여성 흡연 문제는 여성 해방을 위한 투쟁이 벌어지는 영역이 되었다. 1840년 뉴욕 세니카폴스(Seneca Falls)에서 처음 열린 여성의 권리(Women's Rights) 회의는 웃음거리로 이야기되었다. 참석한 많은 여성들이 노예제 폐지론자이면서 금주 옹호론자였는데도, 캐리커처는 흡연의 권리를 주장하는 것으로 묘사되었다. 흡연은 클라라 블루머(Clara Bloomer) 같은 여성들이 주창한 의복 개혁처럼, 여성의 권리가 남성의 전통적 활동을 침해하는 위험물이라는 상징이었다. 물론 19세기 마지막 무렵에는 흡연의 평등화 효과를 나타내는 이미지들이 수없이 쏟아져 나왔다. 여송연을 둘러싼 국제적 갈등도 해결되었다! 평등은 많은 사람들에게 좋은 것이었고, 평등이란 흡연을 뜻했다. 〔1899년 시카고에 흡연 반대 연맹(Anti-Cigarette League)을 설립한 루시 페이지 개스턴(Lucy Page Gaston)은 절대 동의하지 않았다.〕

궐련이 여송연을 대체했을 때, 다양한 사회계층의 여성들도 흡연하기 시작했다. 1900년 대영제국에서 흡연되는 담배의 5분의 4가 여송연이었다. 1950년에는 5분의 4가 궐련이었다. 담배 소비자들도 급격히 변화했다. 상류와 중류계급 여성들의 궐련 소비가 나날이 늘어났다. 하지만 이들은 사적인 공간에서 흡연했다. T. S. 엘리엇이 1915년에 쓴 시는 '신여성'의 상징이었다. "낸시 엘리콧(Nancy Ellicott) 양이 담배를 피웠다 / 그리고 모든 현대적인 춤을 추었다 / 낸시 이모들은 기분을 뭐라 설명하기 힘들었다 / 하지만 그것이 현대적이라는 것을 알았다." 1928년 아메리칸 타바코 컴퍼니의 사장이었던 조지 워싱턴 힐(George Washington Hill)은 전면적인 운동을 통해 여성들을 회사가 생산하는 럭키 스트라이크 담배 흡연자로 끌어들이기로 했다. 사회공학자인 에드워드 버네이스(Edward Bernays, 지그문트 프로이트의 조카)의 도움으로, 럭키 스트라이크는 여성들에게 '자유의 횃불'로 환영받았다. 여성들은 그들에게 강요된 '어리석은 편견과 맞서 싸워야' 했다. 1929년 버네이스가 고용한 10명의 뉴욕 신인배우들이 럭키 스트라이크를 피우며 뉴욕 피프스 애비뉴를 행진했다. 여성들에게 "사

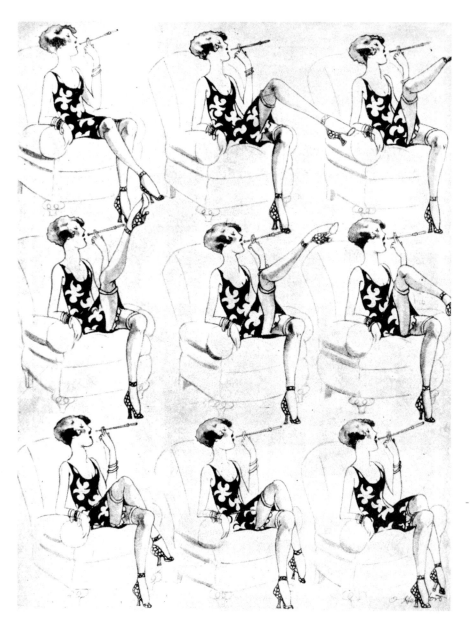

〈다리를 꼬는 존 헬드 걸(John Held Girl)〉(카투니스트 존 헬드가 창조해내어 1920년대에 인기를 끌었던 말괄량이 신여성 이미지 - 옮긴이)의 슬로 모션 그림, 『라이프(Life)』에 실린 올리버 허포드(Oliver Herford)의 카툰, 1927년.

탕 대신 럭키를 집으라."는 광고도 했다. 이는 흡연이 체중 감소 또는 적어도 허기를 없애는 데에 도움이 된다는 오랜 믿음을 굳혔다. 날씬하고 양성적으로 보이는 외모가 '신여성'의 또 다른 상징이었으므로, 결과는 적어도 회사에는 대성공이었다. 럭키 스트라이크 매출은 3년 전의 137억에서 432억으로 뛰어올랐다. 럭키 스트라이크가 여성에게 '자유'를 약속한 뒤로 흡연은 '해방된' 여성의 '필수 항목'이 되었다.

이와 동시에 압박이 커지는 현대적 삶 속에서 흡연자들은 필사적으로 담배를 피우며 일상의 긴장을 털어내려고 했다. 흡연을 즐거움이나 치료법으로 보는 이들과 악습이자 질병의 원인으로 보는 사람들 간에는 언제나 갈등이 빚어졌지만, 19세기에 와서 건강에 미치는 담배의 위험이 의료기관에 의해 분명히 알려졌다. 담배가 다른 주요 수입품 다시 말해 매독의 개선된 형태로 여겨지기도 했다. 19세기 후반 이탈리아에서 최초의 현대적 전염병인 매독이 나타난 때부터 그것이 성관계로 전염된다는 짐작이 널리 퍼졌다. 하지만 과학이 그 실제 연관성을 입증한 것은 20세기 초반이었다. 담배가 건강하지 못한 것으로 인식된 이유는 그 생리학적 중요성보다도 도덕적 중요성 때문이다. 17세기에 제임스 1세는 흡연을 주제로 옥스퍼드(Oxford)에서 토론을 벌였다. 여기서 반대자들은 위험을 입증하기 위해 흡연자들의 검게 변한 뇌와 내장을 내보였다. 그러나 제임스 1세의 반대는 무엇보다도 도덕적인 것이었다. 흡연에 대한 도덕적 공격과 별개로 그 위험성은 꾸준히 알려졌다. 1761년 존 힐은 특히 흡연과 비강암을 연관지었고, 이는 곧 널리 알려진 '사실'이 되었다. 1830년대에 오노레 드 발자크(Honore de Balzac)는 평생의 연작소설《인간희극(La Comedie humaine)》의 이론적 장식물인, 유명한 '사회생활의 병리학(Pathology of the Social Life)'에서 가장 긴 장을 담배 이야기로 채웠다. 그는 담배가 모든 사회 계층을 초월하여 모든 사람에게 무한히 매력적이지만, 흡연자의 코와 목에 치명적인 영향을 미친다고 적고 있다.[31] 몽펠리에(Montpellier)의 에티엔-프레데릭(Etienne-Frederic Bousisson) 같은 과학자들이 구강암(흔히 흡연암이라고 불린다)과 파이프를 연관짓는 유행병학 연구를 시작한 것은 19세기 중반이었다. 19세기에 과학은 담배 흡연이(그리고 다른 것들이) 건강에 미치는 영향을 연구하기 시작했다. 닐(B. Neil)은 보험회사들이 '계약자가 습관적이고 만성적인 흡연자인지……물어서 경계를 할 것인지'의 문제를 『랜싯(Lancet)』에서 제기했다. 세포 단위의 변화에 초점을 맞추자 흡연이 일으키는 유기체의 변화는 더욱더 공중보건의 문제로 자리 잡았다. 흡연자들은 흡연의 위험에 관해 의혹이 커지는데도 아랑곳하지 않았다. 다음은 19세기 후반의 많은 담배 명시선집 가운데 하나에 실린 것이다.

우리끼리 말이지만, 내 주치의는 너무 구식이야
사소한 즐거움에도 병리학적 꼬리표를 달아놓지
조그만 악덕도 참아주지 않고, 기분 나쁜 예언만 늘어놓지
내가 그 지겨운, 이로운 식이법에서 벗어나기라도 하면.

내 정신이 다 흩어지고, 기억은 사라지고, 신경조직이 손상되고,
손은 떨리고, 심장이 두근거리고,
소화기관에서 내가 먹는 빵과 버터를 거부한다는
무시무시한 경고는 상관없어.

이 부드러운 아바나를 피울 때 재가 점점 길어지면,
나는 용기가 솟아나고 결심은 강해져……
난 담배를 피우겠어, 난 너를 예찬하겠어, 내 여송연, 나는 네게 불을 붙이겠어.
너를 반대하는 박식한 도덕가들이 쓴 담배 혐오 책자들이 판친다 해도![32]

19세기 후반, 흡연이 다양한 형태의 세포 변이와 관계가 있다는 인식이 커졌지만 그래도 도덕적 문제가 강하게 남아 있었다. 건강 개혁가 켈로그(J. H. Kellogg)는 1903년 이렇게 말했다. 흡연은 "가장 확실한 방법으로 건강과 도덕을 모두 파괴한다.……그것은 단 하나의 장점도 찾아볼 수 없는, 아메리카 야만인(이 소개한) 미개한 관습이다."[33] 보이스카우트 창설자 베이드 포웰(R. S. S. Bade-Powell)이 흡연을 비난했음은 말할 필요가 없다. "스카우트는 흡연하지 않는다. 흡연이 그다지 멋진 일은 못 되지만 소년이라면 누구든 흡연할 수 있다. 그러나 스카우트

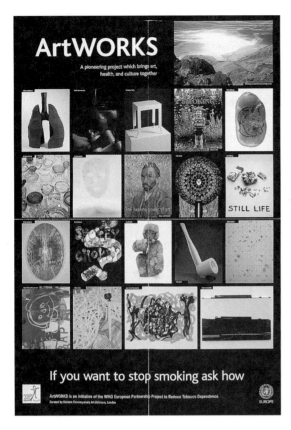

- 한 선전용 자료집(Press packet)의 포스터. 세계보건기구가 주관한, 흡연에 대한 아트웍 프로젝트 참가 작품.

는 그렇게 어리석지 않기 때문에 흡연하지 않는다." 이는 1909년의 《보이스카우트(Scouting for Boys)》에 실린 글이다. 도덕적·과학적 논쟁이 이어졌지만, 흡연이 건강에 미치는 해로운 영향에 대해 리처드 돌(Richard Doll) 경이 연구하기 시작한 것은 제2차 세계대전 뒤인 1948년이었다. 폐암에 관한 그의 계속된 유행병학 연구 덕택에 영국과 미국 보건 당국은 (모든 물질의) 흡연이 건강에 나쁘다고 확신하게 되었다.

이로부터 흡연 반대 운동이 시작되었다. 그것은 20세기 초에 벌어진 다른 약물 반대 운동과 부합한다. 20세기 초반에 유럽과 미국에서 약물반대법이 등장했다. 아편 흡연은 저주로 여겨졌고, 마리화나 흡연은 이미 1930년대에 비도덕적이고 생명을 위협한다는 꼬리표가 붙었다. 마리화나는 반드시 헤로인 주사로 이르게 하는 악마의 도구였다(이보다 앞서 마리화나는 대개 약으로 여겨졌고, 천식 환자가 약국에서 추출물을 구입하거나 궐련 형태로 흡연했다). 해리 앤슬링어(Harry Anslinger)는 타협의 여지가 없는 미국마약국(United States Bureau of Nacotics) 국장이었다. 그는 1953년 "아편은 이용 방법에 따라 축복이나 저주가 될 수 있다. 그러나 마리화나는 희생자들을 정신적으로 도덕적으로 훼손하고 타락시키는 천벌일 뿐이다."[34]라고 했다. 무엇을 피우든 흡연은 나빴다. 담배, 마리화나, 아편은 이제 개인과 국가의 건강에 위험을 끼치는 원천이었다. 1969년 미국에서 마리화나 판매를 조직적으로 억압하기 시작하자 마약 거래상들은 1970년대와 1980년대에 흡연 종류를 바꾸었다. 흡연할 수 있는 코카인이 발달했다. 흡연 반대가 거세어지고 약물에 대한 우려가 커지면서 '크랙 코카인(crack cocaine)'은 흡연하는 물질이라는 이유로 공중보건의 유행병이라는 꼬리표가 곧 붙게 되었다.[35]

2000년 즈음에는 11억 명이 흡연을 했다. 남성 흡연인구는 여성 흡연인구의 세 배가 넘는다. 오늘날 흡연자 수가 가장 많은 나라는 중국으로 3억 4,000만 명이고, 한 해 평균 흡연량은 1,791개비이다. 중국은 그 어느 때보다도 20세기에 흡연을 많이 했다. 1902년에 3억 개비를 피웠고, 1924년에 40억 개비, 1928년에 280억 개비를 피웠다. 많은 담배가 브리티시 아메리칸 타바코 컴퍼니(British American Tobacco Company) 합작회사를 통해 팔렸다.[36] 그리고 1996년 중국예방의학아카데미(Chinese Academy of Preventive Medicine)의 조사에서, 중국 흡연 인구의 대부분(61퍼센트)이 흡연이 거의 해가 없다고 믿는 것으로 밝혀졌다. 그러나 정부는 1997년 5월, 대부분의 공공장소에서 흡연을 금지했다. 그리고 3년 전, 정부의 명령으로 전자매체와 인쇄매체에서 사실상 모든 광고를 금지했다. 세계보건기구가 이 해에 추진하기 시작한 국제적 흡연반대협약이 2003년에 공식적으로 채택되었다. 많은 나라들은 전부터 이미 흡연자들을 고립시키거나 흡연을 금지하기 시작했다. 흡연 반대 운동은 흡연을 때로 도덕적으로 거부했고, 자주 시각적 심상을 활용했다. 이런 현상은 21세기까지 이어진다.

– 한센(Knut Hansen), 〈재의 수요일(Ash Wednesday)〉, 1890년대 캐리커처.

"예술이 당신의 흡연을 막을 수 있을까? 예술가들이 세계보건기구를 위해 창작하다."는 세계보건기구 유럽 지부의 보도 자료 문구이다.[37] '무라노(Murano, 고급 유리 공예품을 생산하는 이탈리아 브랜드—옮긴이) 유리 재떨이 100개[스테파노 아리엔티(Stefano Arienti)], 수를 놓은 햄 한 조각[윔 델보예(Wim Delvoye)], 파란 벨벳으로 인간의 폐를 나타낸 거대한 조각[밀레나 도피토바(Milena Dopitova)]은 모두 어떤 공통점을 지니고 있을까?' 2000~2001년에 런던과 그밖의 유럽 수도들에서 열린 세계보건기구 전시회는 '흡연의 위해성과 금연의 이로움, 성공적인 금연의 어려움 그리고 금연에 도움을 주는 기관들에 대한 인식을 높이기 위한' 행사였다. 예술은 건강 정책의 도구가 될 수 있을까? 또는 치료 능력이 있을까? 이 전시에 참여한 작품들은 목표가 뚜렷하다. 이 작품들은 지극한 아름다움이나 탁월함을 드러내지 않는다. 오히려 딱딱한 통계적 증명을 내세운다. "연구에 따르면 영국의 1200만 흡연자 가운데 70퍼센트가 금연을 바라고 있다." 그들의 금연 노력을 돕는 데에서 예술의 역할은 무엇인가? 그것은 '담배 의존적 흡연자들의 담배 관련 사망과 질병을 감소시키고 비흡연자들이 흡연하지 않도록 예방' 하는 것이다. 다국적 담배 기업이 이미지들을 통해서 우리에게 흡연을 판매해 왔다면 예술적 이미지들은 우리를 담배로부터 떼어놓지 못한다는 논리가 성립된다. 여기서 포스트모던 예술은 광고 대행자 노릇을 하는가? 앤디 워홀(Andy Warhol) 같은 20세기 화가는 흡연 광고를 포함한 광고 예술 장치들을 패러디했다. 그 목적은 광고가 어떻게 이미지들을 창조하여 우리에게 영향을 끼치는가를 조명하는 것이 아니라, 우리가 우리 행동을 통제하도록 이미지들을 통해 우리에게 권한을 부여하는 것이다. 이를 위해 이 전시회 작가들은 우리에게 '금연을 위한 최고의 조언' 을 제공한다. 그것은 '혼자서 하려고 하지 말라' 는 것이다. 그리고 당신이 의지해야 할 사람은 '당신의 주치의, 변화가의 약사 또는 그밖의 전문가' 이지, 당신이 사는 고장의 화랑이나 그림책 인쇄업자나 공연예술가가 아니다. 정말 이상하지 않은가. 예술이 치료를 한다니? 그러나 다른 인쇄물은 '담배 대체 요법' 또한 효과적이라며, 담배 중독에 일종의 의학적·심리학적 치료를 옹호한다.

그림을 보면 저녁 식사 뒤 업맨(Uppman) 여송연을 피우고자 하는 욕구가 해소될까? 게빈 터크(Gavin Turk)의 비디오와 흡연하는 원숭이 인형 사진들을 보면 '(1) 원숭이들도 중독될 수 있다, (2) 여송연을 거부하지 못하는 이는 원숭이와 다를 바 없다, 또는 (3) 그들은 합리적인 선택을 통해 금연의 이로움을 알 수 있으므로 원숭이보다 낫다' 는 생각을 가지게 될까? 이 예술 작품들이 정말 1950년대의 필립 모리스 광고만큼 큰 효과를 발휘할까?〔당시 초기 텔레비전 시청자들은 자신들이 정말 비싼 호텔에 앉아 그(필립 모리스 최초 광고방송의 등장인물을 말한다—

옮긴이)가 "필립 모리스를 불러냅시다." 하고 외치는 소리를 듣고 있는 '멋쟁이'라고 착각했다.〕이 예술 작품들이 오늘날 '연기 구름 가득 한 '붉은 탑산'을 오르고 있는' 세계 담배 소비의 일인자인 중국을 설득할 수 있을까?〔홍탑산(紅塔山)은 중국에서 가장 유명한 담배 브랜드이며 중국 주식 시장에서 최고의 기업이다.〕

담배를 비롯해서 사람이 어떤 물질을 흡연하는 것을 막지 못하는 것을 보면 예술은 치료제가 아닐 수도 있다. 바르톨로메 데 라스 카사스는 1535년《인도제국의 역사(History of the Indies)》에서 이렇게 기록했다. "흡연이 악습이라고 내가 (흡연자들을) 꾸짖자, 그들은 흡연을 그만 둘 수 없노라고 대답했다." 흡연은 즐거움이자 악습이며, 크나큰 위안과 상당한 위험의 원천이다. 1923년 위대한 이탈리아계 유대인 소설가 이탈로 스베보(Italo Svevo)는, 유명한 소설《제노의 고백(Confessions of Zeno)》에서 주인공의 금연 이야기를 이렇게 썼다. "난 늙었고 아무도 내게서 어떤 것을 기대하지 않기 때문에 나는 담배를 피웠다가 금연하기를 반복한다. 오늘날 그런 금연 결심이 무슨 소용이 있는가? 어쩌면 나는 골도니

(Goldoni, 18세기 이탈리아의 극작가—옮긴이)가 그린 신경질 많은 늙은이와 비슷하다. 평생 병만 앓다가 건강한 채 죽기를 바라는 그런 사람과." 그러나 그는 한 모금 더 빨고, 흡연 반대 작품들을 바라볼 것이다!

의례에서든 일상생활에서든 쾌락이 목적이든 치료가 목적이든 흡연 찬성이냐 반대냐의 상반된 태도는 시초부터 우리의 감수성을 괴롭혀 왔다. 1501~1502년에 에스파냐에서 쓴《예언서(Book of Prophecies)》에서 콜럼버스는 아메리카 대륙을 발견한 항해의 출발점을 이야기한다. 그것은 그가 금광을 찾아 에스파냐가 성지(Holy Land)를 탈환하는 새로운 성전(聖戰)의 자금을 마련할 수 있을 거라는 신비한 예지를 경험했기 때문이다.[38] 그조차도 자신의 또 다른 수입품인 담배가 가지고 있는 부와 영향력과 불가사의함을 깨닫지 못했다. 사람들은 오랜 세월 동안 불붙은 약초를 흡입해왔지만 담배 흡연은 역사상 다른 어떤 것과도 견줄 데 없는 발명이었고 문화였으며 상상력의 발견이었다. 그로부터 우리는 다양한 때와 장소에서 광범위한 다른 식물들과 물질들을 흡입한다는 상상을 하게 되었다. 그것이 만병통치약이든 독약이든 상징물이든 일용품이든 흡연의 신비함과 그것을 둘러싼 이미지들은 세계에 대한 우리 인식의 변화에 따라 계속 형성되고 또 변형될 것이다.□

||| 주

01. Las Casas의 기록은 콜럼버스의 일기(Madrid, 1825)가 출판되며 처음 나타났다. 이를 근거로 하고 있는 기록이 많다. 예를 들어, Jerome E. Brooks, 《대단한 잎사귀 : 담배의 역사적 고찰(The Mighty Leaf : Tobacco through the Centuries)》 (London, 1953), pp. 12-15.

02. Iain Gately, 《담배 : 담배가 세계를 유혹한 이야기(Tobacco : The Story of How Tobacco Seduced the World)》 (New York, 2001), pp. 1-20.

03. Sarah August Dickson, 《만병통치약인가 아니면 값비싼 독약인가? : 16세기 문학에 나타난 담배(Panacea or Precious Bane? : Tobacco in Sixteenth Century Literature)》 (New York, 1954), p. 119.

04. 같은 책, p. 95.

05. Gately, 《담배(Tobacco)》에서 인용, p. 27.

06. T. De Bry, 《새로 발견된 땅 버지니아에 대한 짧고 사실적인 보고서(A Brief and True Report of the New Found Land of Virginia)》 (Frankfurt am Main, 1590), p. 16, Alexander von Gernet, 담배의 꿈 : 동북 아메리카에서 담배의 선사시대와 초기 역사(Nicotian Dreams : The Prehistory and Early History of Tobacco in Eastern North America)', 《소비 습관(Consuming Habits)》에서, Jordan Goodman, Paul E. Lovejoy 그리고 Andrew Sherratt 엮음 (New York과 London, 1995), pp. 74-5.

07. J. W. Shirley, 《토머스 해리엇 : 전기(Thomas Hariot : A Biography)》 (Oxford, 1983), pp. 432-4.

08. Dickson, 《만병통치약인가 아니면 값비싼 독약인가?(Panacea or Precious Bane?)》, p. 98.
09. James Walton 엮음, 《흡연(The Faber Book of Smoking)》(London, 2000)에서 인용, p. 22.
10. Numbers 16:46-50.
11. Herdotus, 《역사(The Histories)》, Aubrey de Selincourt 옮김, (London, 1927), p. 295.
12. Gately, 《담배(Tobacco)》에서 인용, p. 31.
13. Jasper Ridley, 《튜더 시대(The Tudor Age)》(London, 1988), p. 333.
14. Jordan Goodman, 《역사 속의 담배:의존의 문화(Tobacco in History:The Culture of Dependence)》(London과 New York, 1993), p. 66.
15. Thurstan Shaw, '아프리카, 유럽 그리고 아메리카의 초기 파이프(Early Smoking Pipes in Africa, Europe and America)', 『대영제국과 아일랜드 왕립인류학회 저널(Journal of the Royal Anthropological Institute of Great Britain and Ireland)』, 90호 (1960), pp. 272-305 그리고 John Edward Philips, '아프리카 흡연과 파이프(African Smoking and Pipes)', 『아프리카 역사 저널(Journal of African History)』, 24호 (1983), pp. 303-19.
16. Barney T. Suzuki, 《일본 최초의 영국 파이프 흡연자:도선사 윌리엄 애덤스와 히라도 영국교역소, 1600-1621(The First English Pipe Smoker in Japan / Le Premier Fumeur de pipe anglais au Japon:William Adams, the Pilot and the English Trade House in Hirato, 1600-1621)》(Paris, 1997), pp. 5-11.
17. 같은 책, p. 15.
18. Timothy Clark 등 엮음, 《초기 우키요에, 1650-1765; 보스턴 미술박물관의 초기 우키요에 작품들(The Dawn of the Floating World, 1650-1765; Early Ukiyo-e Treasures from the Museum of Fine Arts, Boston)》(London, 2002), pp. 109, 195.
19. Li Zhiyong 엮음, 《張景岳 의학 논문(Zhang Jingyue yixue quanshu)》(Beijing, 1997), p. 1546; Fang Yizhi, 『물리소식(物理小識) Wuli xiaoshi』 '자연에 대한 지식(Knowledge regarding nature)' (Taiwan, 1974), p. 237.
20. Zheng Tianyi와 Xu Bin, 《흡연 문화(吸煙文化 Smoking culture)》(Beijing, 1992)에서 인용, p. 62.
21. Wolfgang Schvelbusch가 인용, 《낙원의 맛:향신료, 자극제, 마약의 사회사(Tastes of Paradise:A Social History of Spices, Stimulants and Intoxicants)》, David Jacobson 옮김 (New York, 1993), p. 103.
22. Ye Mengzhu, 《열세편(閱世編, Yueshi bian)》 '시대 고찰(A collection of observations)', (Shanghai, 1981), p. 167.
23. L. Carrington Goodrich, '중국과 만주의 초기 담배 금지(Early Prohibitions of Tobacco in China and Manchuria)', 『미국동양학회 저널(Journal of the American Oriental Society)』, 58호 (1938), p. 651.
24. Walton, 《흡연(The Faber Book of Smoking)》에서 인용, p. 33.
25. 《굴뚝 청소부를 위하여; 또는 담배 상인들에게 주는 경고(Work for Chimny-sweepers; or A warning for Tobacconists)》(1601; 재발행 London, 1936), 표지.
26. Walton, 《흡연(The Faber Book of Smoking)》에서 인용, p. 53.
27. 같은 책에서 인용, p. 60.
28. 이름 모름, '상주하는 관리(A Resident Officer)', 《1835년 마드리드(Madrid in 1835)》(London, 1836), 1권, p. 242.
29. 아편 파이프와 아편 흡연 방법에 대해 더 자세한 설명은 Peter Lee, 《큰 연기:중국의 아편 기법과 기술(The Big Smoke:The Chinese Art and Craft of Opium)》(Thailand, 1999), pp. 34-65.
30. Roy Porter와 Marie Mulvey Roberts 엮음, 《18세기의 즐거움(Pleasure in the Eighteenth Century)》(Houndsmills, 1996).
31. Edgar Pankow 엮음, 《오노레 드 발자크:사회생활의 병리학(Honore de Balzac:Pathologie des Soziallebens)》 Christiana Goldmann 옮김 (Leipzig, 2002), pp. 176-84.
32. Arthur W. Grundy, 'My Cigar', Joseph Knight 엮음, 《파이프와 쌈지:흡연자의 시집(Pipe and Pouch:The Smoker's Own Book of Poetry)》(London, n. d. [1894?]), pp. 2-4, 여기서 pp. 2-3.
33. J. H. Kellogg, 《살아 있는 사원(The Living Temple)》(Battle Creek, MI, 1903), p. 453.
34. William McAllister, 《20세기 약물 외교:세계 역사(Drug Diplomacy in the 20th Century:An International History)》 (London, 2000); Jan-Willem Gerritsen, 《취기와 황홀감의 제어:술과 아편제 규제의 사회학적 역사(The Control of Fuddle and Flash:A Sociological History of the Regulation of Alcohol and Opiates)》(The Hague, 2000).
35. Paul Gootenberg 엮음, 《코카인:세계의 역사(Cocaine:Global Histories)》(London, 2000); Joseph F. Spillane, 《코카인:중세의 경이에서 현대 미국의 위험물로, 1884-1920(Cocaine:From Medical Marvel to Modern Menace in the United States, 1884-1920)》(Baltimore, 2000).
36. Howard Cox, 《세계의 담배:브리티시 아메리칸 타바코의 기원과 진화, 1880-1945(The Global Cigarette:Origins and Evolution of British American Tobacco, 1880-1945)》(Oxford, 2000).
37. 흡연에 대한 아트웍 프로젝트의 선전용 자료집(Press packet)은 세계보건기구 유럽 지부에서 후원했다. (2000년 11월).
38. Steven Fanning, 《기독교 전통의 비전(秘傳, Mystics of the Christian Tradition)》(London과 New York, 2001), p. 137.

_제1부

흡연의
역사와 문화

SMOKING IN HISTORY AND CULTURE

고대 마야 의식의 필수품

프랜시스 로빅섹 | Francis robicsek

■□ 유럽 언어로 쓰인 담배에 대한 최초의 기록은 크리스토퍼 콜럼버스의 기록이다. 그는 1492년 10월 12일의 일기에 산살바도르(San Salvador) 해안에 도착하자 "원주민들이 과일, 나무로 만든 창 그리고 특이한 냄새가 나는 말린 잎사귀들(담배)을 가져왔다."고 썼다. 에스파냐인들이 무력과 교활한 술책을 동원해 신세계로 뻗어나갈 당시, 그들은 어디를 가든 담배를 피우는 관습을 목격했다.

새로 발견된 식물인 담배는 중앙아메리카의 사회활동에서 중요한 노릇을 하는 사치품에 불과한 것이 아니고 일상생활에서도 널리 이용되었다. 예수회 역사학자인 프란시스코 하비에르 클라비헤로(Francisco Javier Clavijero)에 따르면 저녁 식사 뒤 담배를 피우는 관습은 이미 콜럼버스 이전부터 있었으며, 아스텍의 왕들은 식사 뒤에 '담배를 피우며 잠을 청하는 것으로 마음을 가라앉혔다.' 고 한다.[01]

담배와 마야인들

에스파냐 정복 시기에 마야인들의 담배 이용에 관련된 초기 기록들은 점잖게 표현하더라도 매우 의문스럽고 때로 혼란스럽다고 할 수 있다. 마야인들의 흡연 습관을 최초로 서구 언어로 기록한 관찰자는 후안 디아즈(Juan Diaz)였다. 그는 후안 데 그리할바(Juan de Grijalva, 에스파냐의 탐험가—옮긴이) 원정대의 목사로, 1518년에 유카탄 해안에서 조금 떨어져 있는 코수멜 섬에 도착했다. 디아즈는 원주민들이 '불을 붙이면 약하게 냄새가 풍기는'[02] 갈대(reed)를 그리할바 대장에게 선물했다고 썼다.

- 라칸던 인디언

처음으로 마야인을 만난 이 무렵 에스파냐인들은 마야인들이 오늘날 라칸던 인디언(Lacandon Indian)들이 피우는 것과 비슷한, 길고 두꺼운 잎사귀로 만든 원시적인 여송연을 피우는 것을 보았다. 중앙아메리카에서 선호하는 여송연은—지금처럼 당시에도—세 부분 즉 속대잎, 속말이잎, 겉말이잎으로 구성되어 있었다. 속대잎은 여송연의 몸뚱이와 생김새를 이루는 속대이다. 속말이잎은 '여송연 묶음(cigar bunch)'이라고 불리는 잎사귀이다. 겉말이잎 또는 겉싸개는 속말이 둘레를 나선형으로 싸는 띠 모양의 잎사귀이다.

고대 마야인들의 흡연 습관은 아마도 주술사나 사제가 향을 피우던 의식에서 비롯되었을 것이다. 파이프로 담배를 피웠던 북아메리카 원주민들과는 달리 마야족은 여송연과 궐련만을 피웠다. 마야 문명에 파이프가 존재하지 않는다는 사실은 예술품이나 고고학적 유물에서도 확인할 수 있다.

초기 기록에는 몇 가지 다른 종류의 여송연이 언급되어 있는데, 그 가운데 몇 종류는 순전히 담배로만 만든 것이고 나머지는 다른 식물들의 잎사귀로 말아서 만든 것이다. 궐련으로 눈을 돌리면, 유럽에서와 마찬가지로 고대 중앙아메리카에서도 가장 먼저 나타난 담배 이용 방법은 여송연 형태였다. 그리고 거기에서부터 궐련이 진화되어 나왔다고 보는 것이 쉽게 추측할 수 있는 진화 과정일 것이다. 그러나 도자기에 남아 있는 그림들은 마야 사람들이 고전기(Classic times)에도 궐련을 피웠을 수도 있다는 사실을 증명한다.

- 다색 꽃병. 마야 문명, 고전 후기(800~900년), 과테말라 페텐 지역에서 출토. 복잡한 신화적인 장면이 그려져 있는데, 왕으로 보이는 인물이 앉아서 궐련을 피우는 모습이 보인다.

이 토착 궐련은 담배 속대잎을 옥수수 잎사귀로 싼 것인데, 옥수수 잎사귀는 오늘날까지도 중앙아메리카에서 널리 이용되고 있다. 또 다른 종류의 토착 궐련은 이른바 줄기 궐련(cane cigarette)이라는 것인데 이는 마야 영토에서만이 아니라 마야 북쪽의 이웃, 아스텍에서도 인기가 있었다. 이 '궐련'은 짧은 갈대 또는 나무줄기의 속을 담배 가루로 채워 만든 것이다. 그리고 헝겊 끈이나 실을 담배에 묶는데, 실이 늘어지도록 남겨두어 손으로 잡을 수 있게 했다. 어떤 이들은 줄기 궐련을 초기 여송연과 담뱃대 사이의 매개물로 보았지만, 그것은 아마도 한 특정 지역의 독자적인 산물일 것으로 짐작된다.

오늘날 마야인들의 흡연 습관은 급속히 변화하고 있다. 많은 이들이, 특히 도시와 도시 주변에 사는 이들은 상업적인 담배를 피운다. 그러나 고산지대 마야족 사람들 가운데에는 오늘날에도 담뱃대로 피우는 이들이 있다.

중앙아메리카의 풍습과 종교에 나타난 담배

신세계의 원주민들은 사용자의 정신 상태를 변화시키는 식물들에 초자연적인 능력이 깃들어 있다고 항상 생각해왔다. 담배를 비롯하여 그러한 식물들은 의례와 풍습에서 중요한 노릇을 했다. 담배는 종교 의식에 매우 적합했다. "담배는 향내가 나므로 향으로 쓸 수 있었다. 빨갛게 타들어가는 모습은 아름다웠다. 그리고 정화제인—불에 의해 스러져갔다. 그것은 신들과 죽은 영혼들의 거주지인 막막한 허공으로 신비롭게 사라졌다. 그들에게 날아간 담배 연기는 향긋했으리."[03]

담배는 아마 처음에는 비의적인 것으로 무당, 사제, 주술사들만 쓸 수 있는 물건이었을 것이다. 그 식물이 의례의 울타리를 벗어나 널리 이용된 것은 나중의 일이었다. 사람들의 이주, 담배가 풍부했던 일부 지역에서 비롯된 흡연 관습의 종족간 교류, 흡연 행위는 배우기가 쉽다는 점 그리고 유럽의 영향을 통해서 담배 이용이 확산되었다.

담배는 아스텍 사람들에게 중요한 의례 용품이었다. 아스텍 사람들은 담배를 여신 시우아코아틀(Cihuacoatl, 생식과 출산의 여신. 시우코아틀이라고도 한다—옮긴이)의 화신으로 보았다. 그들은 그 여신의 몸이 담배로 이루어졌다고 믿었고, 전

- 왼쪽. 다색 꽃병. 과테말라 티칼(Tikal) 지역, 마야 문명, 고전기 중반(600~800년). 앉아 있는 왕이 궐련을 피우는 모습이 묘사되어 있다.

- 오른쪽. 멕시코 유카탄의 대접. 마야 문명, 고전 후기(900~1000년). 앉아서 궐련을 피우는 사람이 그려져 있다.

쟁의 신 우이칠로포치틀리(Huitzilopochtli)를 기리는 의식에서도 담배를 사용했다. 담배, 담배박(tobacco gourd), 담배쌈지는 다른 중앙아메리카 민족들 사이에서도 신성의 상징으로 묘사되어왔다. 담배박은 여신 토시(Toci, 할머니 여신이자 대지의 중심이며 신들의 어머니—옮긴이)에게 희생자를 제물로 바치는 아스텍 사제들의 예복의 일부였다.

멕시코 종족들 가운데에서도 쿠이카텍족(Cuicatecs)은 종교 의식에 야생 담배를 사용했다. 의식은 대개 동굴이나 언덕 꼭대기에서 행해졌고, 신에게 기도를 하거나 기원을 빌었다. 담배는 미초아칸(Michoacan)의 전쟁 선언 의식에서도 중요한 노릇을 했다. 또 다른 중앙아메리카 인디언 종족인 마사텍족은 치료사(curandero, 무당이나 민간 의사를 일컫는 말—옮긴이)가 '담배 가루와 석회를 이겨서 임신한 여자들이 마법에 걸리지 않도록 하는 데에' 이용한다. 아스텍 사람들은 담배를 마법에 대한 보호책으로 이용하는 것 이외에도 담배를 이용하여 주문을 걸 수 있고 야생 짐승으로부터 자신을 보호할 수 있다고 믿었다. 담배는 전갈이나 뱀처럼 독을 뿜는 짐승을 막는 데에 특히 효력이 있다고 여겨졌다.

| 마 야 의 종 교 와 풍 습 에 드 러 난 담 배

우리가 고대 마야의 제의에 관해 다 알지는 못하겠지만 담배는 마야 역사의 시
초부터 종교 의식에 사용되었으리라 짐작된다. 아직도 고대의 방식을 이어가고
있는 몇백 명의 마야 인디언 라칸던족의 제의에서 오늘날에도 담배는 중요한 노
릇을 한다. 그들은 담배를 재배하고, 선반에다 담배를 말리고, 커다란 깔때기 모
양으로 묶어 담배를 저장한다. 점령기 이전의 《코덱스 빈도보넨시스 멕시카누스
(Codex Vindobonensis Mexicanus)》(15세기 이전의 믹스텍족의 역사책—옮긴이)에는 이
와 비슷하게 생각되는 담배 묶음이 나온다. 성스러운 버섯, 담배 그리고 귀중한
물질들과 관련이 있던 중요한 신 세븐 플라워(Seven Flower)에게 이 담배 묶음을
바치는 것이다.

라칸던 마야인들은 흡연광으로 그들이 만든 겉말이한 여송연을 이웃 마을과의
거래 물품으로 이용하기도 한다. 담배 수확철에 라칸던 사람은 담배 의식을 거
행한다. 처음 수확한 담뱃잎으로 여송연을 말아서 수정 렌즈로 햇빛을 모아 생
긴 '새 불'로 여송연에 불을 붙인다. 먼저 여송연을 성스러운 오지냄비(olla) 앞에
놓은 다음 향로〔신의 단지(god pot)〕에 모습이 장식되어 있는 신에게 그것을 바친
다. 신은 대개 담배를 피우거나 대지(caban)의 상징물에 앉아 있는 모습을 하고
있다. 과거 촐티(Cholti) 어족의 라칸던 마야인인 한 종족은 익시온(Hicsion)이라

는 '여송연 축제'를 연다. 이 종족은 명칭은 똑같이 라칸던이지만 사는 곳은 다른 종족이다. 이 의식은 세 선교사가 1696년에 쓴 에스파냐어 문헌에 설명되어 있다. 이 문헌은 축제를 사실적으로 묘사했을 뿐 아니라 매우 민주적인 토착사회를 엿보게 해준다.[04]

'늙은 신들'에게 공식적으로 담배를 바치는 모습은 오늘날 라칸던과 유카텍 밀파(milpa, 숲이나 덤불을 태운 뒤의 땅에서 옥수수를 경작하는 밭—옮긴이) 의식에서 거의 찾아볼 수 없다. 그러나 현대 마야 풍습에서, 옥스축(Oxchuc) 첼탈(Tzeltal) 마을의 신년 축제와 같은 의식에는 아직도 포함되어 있다. 이들 의식에는 13개의 담배박(calabashes of tobacco)을 바치는 순서가 있다. 초칠족이 사는 찰로(Chalho), 차물라(Chamula), 우시탄(Husitan), 판텔로(Pantelho), 베누스티아노(Venustiano), 카란사(Carranza), 시나칸탄(Zinacantan)에서는 토종 담배가 전통적으로 불가사의한 악의 힘을 막는 방책으로 여겨진다. 라라인사르(Larrainzar, 예전의 산 안드레스 이스타코스톡)의 초칠족은 아직도 담배에 신비한 능력이 있다고 여긴다. 그들은 병이 깊은 이의 가슴과 얼굴에 담배 가루를 뿌려서 죽음의 악령 푸카(Pucah)로부터 자신을 보호한다. 초르티(Chorti)족 또한 그들의 담배와 담배 용구를 매우 경외한다. 그들은 사람이 숨을 거두면 그것들을 무덤에 같이 둔다.

초르티 마야의 아 우트(ah huht)는 특이하고도 매우 불결하게 느껴지는 민간요법인 담배 요법을 행한다. 아 우트를 말 그대로 풀이하면 "뱉는 사람"이라는 뜻이다. 아 우트는 특히 어린 아이들의 발작을 치료하고 흉안(evil eye)을 물리치거나 '건강한 피'로 만들어주는 일을 하므로 일종의 소아과 무당이다. 아 우트는 여러 종류의 약초, 이를테면 루타, 세이지, 쑥 그리고 흔히는 담배를 씹고 나서 씹은 것을 환자의 머리부터 발끝까지 뱉어낸다. 병이 매우 심각할 때는 담배를 씹은 침을 머리부터 가랑이까지 그리고 어깨에서 어깨로 십자 모양으로 뿜어낸다. 아 우트는 환자가 회복되거나 죽을 때까지 이 처치를 되풀이한다. 이와 비슷한 관습이 아마존 밀림의 인디언들 사이에도 존재한다. 거기서는 무당 치료사가 나테마(natema)를 마시는데, 그것은 담배즙에 피리피리(piripiri)라는 약초 추출물을 섞은 것으로 치료사가 환자의 몸이 '유리라도 된 것처럼' 속을 환히 들여다볼 수 있게 한다. 치료사는 환자의 몸에 그것을 다시 게워내어 질병을 쫓아낸다.[05]

담배는 또한 초르티 점쟁이 아 킨(ah q'in)의 마법 도구이기도 하다. 아 킨은 미래에 일어날 일을 예견하고 잃어버린 물건이나 동물을 찾아내고 병의 원인이 마법에 있는지 자연발생적인지를 알아낸 다음 가장 좋은 치료법을 알려주는 전문가이다. 그는 또한 자상한 태양신으로부터 직접 능력과 가르침을 전해받은 선량하고 존경할 만한 사람으로 여겨진다. 사람들이 그에게 부탁하는 것은 마법사들이 걸어놓은 악의적인 주문을 무력하게 해달라거나 비가 올 것이며 얼마나 올 것인지 예견해달라거나 농사가 잘 될지 예측해달라거나 하는 일이다. 일을 수월하게 하기 위해 아 킨은 동화 속의 알라딘처럼 그만의 요정

- 십자가 신전에서 바라본 모습,
멕시코 치아파스 주 팔렌케.

(genie) 사오린(sahorin)을 오른쪽 다리에 가지고 다닌다. 사오린을 불러내는 것과 매우 비슷한 관습이 콜럼비아의 치브차 인디언과 푸이나비(Puinavi) 인디언들에게도 있다. 그러나 그들은 몸에 담배를 문지르지 않고 담배를 먹는다. 그리고 나서 몸의 어떤 관절이 움직이면, 이를 행―또는 불―운이 있다는 징표로 받아들인다.[06]

약으로서의 담배

고대의―그리고 어느 정도는 현대의―삶에서 인간, 종교, 미신 그리고 약은 완전히 분리될 수 없다. 담배를 연관시켜보아도 이는 분명히 맞는 듯하다.

에스파냐인들이 유카탄에 도착했을 때, 그들은 마야인들에게 풍부한 민간의학

지식이 있음을 알게 되었다. 마야인들은 그들의 죄악에 대한 벌로 초자연적인 힘이 병을 내린다고 믿었기에, 치료를 위해서 신에게 빌었다. 마야인들에게 종교과 약, 사제와 의사는 나뉘질 수 없었다. 마야 의술에 대해 상당히 많은 의학 문헌이 쓰였으나, 불행히도 남아 있는 가장 이른 기록은 18세기의 것이다. 신체 질병과 정신질환의 치료제로서 담배가 언급되어 있는 문헌은 《프린스턴 코덱스(Princeton Codex)》 또는 더 잘 알려진 이름으로는 《바카브 의례(Ritual of Bacabs)》이다. 그 내용은 주문과 간단한 약재 처방으로 이루어져 있다. 이 책은 치통, 오한, 폐, 신장, 눈질환 등에 담배를 권한다. 발진, 열병, 발작에 꿀 약간과 담배즙 약간을 고추 두 개와 함께 먹으라고 처방한다. 또 다른 이름난 마야 의학 논문은 《유카탄의 약초와 마법의 주문(Yerbas y hechicerias del Yucatan)》[07]이다. 이 문헌에서 담배, 특히 담배의 푸른 잎사귀는

죽음의 신이 담배를 피우며 춤을 추는 모습으로 꾸며진 빨간 바탕의 다색 꽃병. 마야 문명, 고전 후기(800~950년) 과테말라 북 페텐.

원기 부족, 뼈의 통증, 뱀에 물린 상처, 복통, 심장의 통증, 반복되는 오한, 경련, 실어증, 눈병, 사타구니 임파선종, 각종 발진, 폐뇨와 같은 병증을 치료하는 다양한 조제약의 재료이다. 또한 담배를 석회와 섞어서 배에 펴 바른 다음 마사지하면 유산을 예방할 수 있다고 되어 있다.

마야 공동체인 참 콤(Cham Kom)에서는 오늘날에도 치료 의식에서 담배가 이용되고 있다고 전해진다. 페텐(peten)을 여행하는 이들은 담배가 들어가는 '치료법'이 페텐에서 널리 행해지고 있음을 알게 된다. 담배는 전갈과 독거미에 쏘인 상처에도 훌륭한 처방으로 여겨진다.

| 설명하기 힘든 담배의 효능

담배를 피운 이들의 만취 상태를 묘사한 초기 관찰자들의 일부 기록은 알쏭달

쑹하다. 오늘날에도 수많은 이들이 이런 증상 없이 피우고 있는 니코티아나 타바쿰(N.tabacum)이라는 식물이, 어떻게 인디언들이 '취하고' '우스꽝스럽게' 행동하고 '판단력을 잃고' '죽은 것처럼 꼼짝 못하고' '마귀를 불러들이게' 할 수 있었다는 것인가?[08]

이 명백한 모순을 설명하기 위해서는 몇 가지 가능성이 고려되어야 한다.

1. 마야인들이 오늘날 상업적으로 거래되는 종자보다 훨씬 진한 담배를 피웠을 수도 있다. 상업적으로 재배되는 니코티아나 타바쿰은 2~3퍼센트 정도의 니코틴을 함유하고 있지만, 마야인들에게 매우 친숙한 종자인 니코티아나 루스티카(N. rustica)는 잎사귀에 10퍼센트에 이르는 니코틴을 함유하고 있다. 또한 담뱃잎의 생체활성 물질은 니코틴 말고도 또 있다.

2. 마야인들이 오늘날 소비되는 담배와 똑같은 종을 피웠지만 훨씬 많이 피웠을 수도 있다. 인디언들이 34~75센티미터 길이의 여송연을 피웠다는 기록들이 남아 있다.

3. 마야인들이 비약리적 방법으로 담배의 효능을 증강시켰을 수도 있다. 마야의 무당들이 반향음, 노래, 춤 그리고 다른 형태의 음악을 이용하여 무아지경과 같은 상태를 야기했거나 강화했음을(그리고 일부 지역에서는 아직도 그렇게 함을) 보여주는 민속학적 증거는 풍부하다. 더욱 중요하게는 고대에 마야인들 사이에서 금식 및 회개를 위한 고행이 널리 행해졌음을 알려주는 자료들이 있다.

4. 마지막 가설이 가장 가능성이 높다. 마야인들이 담배가 아닌 향정신성 성분이 들어 있는 약초를 담배와 함께 아니면 담배 대신 피웠을 수도 있다. 초기 에스파냐인들은 이들 약초에 대해 잘 몰랐을 것이다. 그런데 그들이 처음 와 본 카리브 제도에서 담배를 피우는 것을 보고 마야인들이 피우거나 씹는 것이 모두 담배라고 생각하고 그렇게 단정했을지도 모르는 일이다. 그러나 일부 초기 역사가들을 무능한 관찰자라고 비판하는 것 또한 부당한 일일지 모른다. 오히려 우리가 비난해야 할 이들은 현대 학자들일 수도 있다. 많은 현대인들이 상당히 자의적으로 고대 에스파냐 문헌들을 해석했기 때문이다. 그들은 '갈대를 피운다' '향기로운 약초' 그리고 '피운다'와 같은 에스파냐어 표현을 마음대로 '담배'로 번역했다. 이로 인해 원주민들이 오로지 담배만 피웠다는 인상을 주는 것이다.

| 담배를 피우는 마야의 신들

고대 마야인들은 흡연광들이었고, 그들의 신들 또한 마찬가지였다. 담배를 피우거나 여송연을 쥐고 있는 신들의 모습이 문헌 및 도기류의 그림과 석조 건조물의 조각과 같은 고고학적 유물에 많이 나타나 있다. 이 가운데 초자연적 존재가 이 인물상들의 일부인지 대부분인지 전부인지는 오래된 논란거리이고 지금도 결론이 나지 않았다. 문헌에서 담배를 피우고 있는 인물상들은 분명히 신들이지만 많은 도자기에 표현된 흡연하는 군주의 그림은 인간의 특징을 보이고 있다. 이들은 아마도 통치자와 그 측근들일 것이다.

신들 가운데에서 L 신은 흡연광으로 보이고 A, B, D, F, N 신들은 가끔 피우는 신들이라고 이야기할 수 있다. 신화의 동물들 가운데에서는 원숭이가 흡연의 일인자이고 재규어가 이인자, 개구리가 좀 거리가 먼 세번째이다.

- 왼쪽. 패각, 사슴 머리장식을 쓰고 있는 마야의 왕. 하이나 섬, 멕시코 유카탄 주. 현재 시카고자연사박물관 소장, 고전 후기(800~950년).

- 오른쪽. 담배를 피우고 있는, 사슴 머리장식을 쓴 마야의 왕. 하이나 섬, 멕시코 유카탄 주. 마야 문명, 고전 후기(800 ~950년).

　사람들은 고전기의 다양한 석조 건조물에 표현된 기묘한 작은 신들에 대해 해석해왔다. 불의 신(Flare God)— 쉘하(Schellhas, Paul Schellhas, 마야의 신들과 그 이름에 해당하는 문자들을 밝혀냈으나 이름을 해독하지 못하여 신들의 이름을 알파벳 순서로 나열했다—옮긴이)의 K 신—은 처음에 그 긴 코 때문에 주목을 받았다.[09]

　그러나 최근에는 관과 돌돌 말린 이마 장식에 관심이 모아지고 있다. 아마도 관은 여송연을 관에서부터 솟아오르는 불꽃 같은 부속물은 연기를 나타내는 것으로 짐작되며 이는 권능과 신성을 암시하는 시각 예술적 합성물일 것이다. 이 매우 흥미로운 여송연 가설의 복잡한 그림들이 —현대의 여송연같이 막대 모양으로 그려진 것도 있고 깔때기 모양, 마름모 모양도 있다—고대 마야 유물과 도자기에 매우 다채롭게 표현되어 있다. K 신과 같은 신은 아마도 자신의 뜻대로 다양한 장식을 할 수 있고 경우에 따라 짧은 여송연, 긴 여송연, 연기가 나는 여송연, 횃불 또는 부싯돌이나 다른 물건들을 이마에 둘 수 있었음이 분명하다. 이마 장식의 생김새, 크기, 동일성이 그 신의 특정 역할을 반영한다고도 생각할 수 있다. 짧고 둥근 여송연 장식의 K 신이 어떤 뜻을 나타낸다면 크고 연기가 나지 않는 도끼 모양 장식의 똑같은 신은 다른 뜻을 —또는 다른 인물을 —나타내는

것인가? 이 모든 의문에 대한 내 대답은 조심스럽지만 그렇다이다.[10]

담뱃잎을 쥐고 있는 늙은 신의 형상이 새겨진 작은 그릇(독약). 온두라스 또는 과테말라의 몬타구오 골짜기. 마야 문명, 고전 후기(800~950년)

맺음말

민족학 자료와 역사 자료에 따르면 담배 흡연은 고대 마야의 종교, 풍습, 의술에서 중요한 노릇을 했다. 마야 예술과 고고학적 장식물들은 담배와 흡연 행위가 고대 마야인들의 삶에서 깊은 신앙적 의미를 지닐 뿐 아니라 예술에도 깊이 침투하여 시각 예술에서 중요한 의미를 지님을 뚜렷이 증명한다. 명백하게 신분이 높은 이들의 흡연 행위는 아마도 오락 행위가 아니라 매우 중요한 활동이었을 것이다. 오락을 위한 흡연 또한 고대 마야 사람들 사이에 널리 퍼진 관습이었을 가능성에 대해서는 그렇다고 할 수도 없고 그렇지 않다고 할 수도 없다. 보통 사람들의 삶은 후세를 위해 기록되고 보존될 만큼 중요하게 여겨지지 않았기 때문이다.▫

||| 주

01. Bernal Diaz de Castillo, 《새 에스파냐의 정복(The Conquest of New Spain)》, J.M. Cohen 옮김 (Harmondsworth, 1963), p. 227.

02. Juan Diaz, 《유럽에서 새 에스파냐 발견의 첫번째 소식:후안 데 그리할바 대장의 탐험 여정(La primera noticia del descubrimiento de la Nueva España en Europa:el itinerario de la espedición del Capitán Juan de Grijalva)》(1518년) (Merida, 1958)

03. G. Arents, 《담배(Tobacco)》(New York, 1936) 1권, p. 23.

04. A.M. Tozzler, 《마야인과 라칸던 인디언의 비교 연구(A Comparative Study of the Mayas and Lacandones)》(New York, 1907)

05. M.J. Harner, 《환각제와 샤머니즘(Hallucinogens and Shamanism)》(New York, 1969)

06. C. Wisdom, 《과테말라의 초르티 인디언(The Chorti Indians of Guatemala)》(Chicago, 1940)

07. R. Asado, 《유대인의 책(Libro de Judeo)》(미국 하버드대학교 피보디박물관, 연대 미상)

08. G. Benzoni, 《신세계의 역사(Historia del Mundo Nuovo)》(Venice, 1568)

09. P. Schellhas, 《마야 문헌에 나타난 신들의 모습(Representations of Deities in the Maya Manuscripts)》(Cambridge, MA, 1904)

10. Francis Robicsek, 《담배를 피우는 신들:담배와 마야 예술, 역사 그리고 종교(Tobacco in Maya Art, History and Religion)》(Norman, OK, 1978), p. 62.

담배의 찬반 논쟁으로 뜨거운 근세 영국

타냐 폴라드 | Tanya Pollard

▪▫ 영국에서 16세기 후반에 담배 흡연이 시작된 것은 역사적으로 중요한 위치를 차지한다. 영국 문화에서 약물의 의학적 이용과 오락적 이용의 복합적 수렴이 시작되었기 때문이다. 오늘날의 관점에서는 이상하게 보일 수도 있지만 흡연은 무엇보다도 의학적 효능이라는 웅변술을 통해 영국에 도입되었다.[01] 그것이 삽시간에 인기를 얻은 것은 대체로 그 중독성 쾌락에 이유가 있을 것이다. 흡연의 대중화는 당시 의술과 문화에서 약물의 역할이 변화하고 있다는 징후였다. 이와 동시에 그 변화가 더욱 광범위하게 이루어지게 되는 원인으로 작용했다. 담배는 외국에서부터 도입되어 의학적 목적에서 오락적 목적으로 그 쓰임이 변화한 첫번째 약물이었다. 담배를 시작으로 해서 이와 비슷한 약물들이 줄지어 들어왔다. 차, 커피, 코코아, 증류주 그리고 아편이 곧이어 자리 잡게 되는 밑바탕을 마련한 것이 담배였다.[02] 새로운 물질은 대중을 사로잡았지만 심각한 의학적·도덕적 논란에 휘말리기도 했다. 그 의학적 효능에 대한 터무니없는 주장들은 회의론, 비판, 부작용에 대한 두려움을 불러일으켰다. 담배는 남성다움과 권위에 대한 상징이기도 했으나 담배가 쾌락적 중독과 연관되면서 거꾸로 비난의

화살을 맞았다. 그 중독 성분과 마약 성분이 일으키는 여성적 수동성과 무력함을 많은 이들이 비난한 것이다. 한편 그 특이함과 이국적 기원은 두렵고도 새로운 본성에 대한 관심을 증폭시켰다.[03] 의술과 오락의 경계를 무너뜨리고 신체와 정신에 새로운 변화를 일으킨다는 점에서, 흡연은 근세 영국에서 약물의 지위를 드러내는 축소판이다.

담배의 도입과 함께 흡연은 영국에서 관습으로 굳어졌다.[04] 1492년, 콜럼버스와 함께 신세계에 도착한 선원들의 눈길을 사로잡은 뒤 담배는 16세기에 천천히 유럽으로 전파되었다. 1560년대에 영국에 들어간 담배는, 1590년대에 폭발적인 인기를 모았다.[05] 영국 흡연자들은 아메리카 대륙에서 전해진 관습을 그대로 따랐다. 담배를 말리고, 파이프(주로 흙으로 만든 것)에 담배를 넣어 불을 붙이고, 그것을 흡입하거나 '연기를 마시는' 담배 소비의 가장 흔한 방식을 따른 것이다.[06] 담배는 약으로 도입되었기에 의사의 처방에 의해서 또는 약제상에서 구입할 수 있었다. 담배에 대한 도취성 찬양이 쏟아져 나오면서 그 효능이 널리 알려졌다.[07] 세비야(Seville) 출신의 의사 니콜라스 모나르데스(Nicholas Monardes)는 《새로 발견된 세계에서 전해지는 반가운 소식(Joyfull Newes out of the newe founde worlde)》(1577년, 에스파냐어 원본 1571년)에 이렇게 썼다. "몸 또는 몸 어느 부위의 어떤 고통이든 그것은 도움이 되었다.……그것은 감탄하지 않을 수 없으리만치 고통을 씻어버렸다."[08] 그 뒤로 논문들이 이어지며 모나르데스의 명언을 되풀이했다. 1587년 자일스 에버라드(Giles Everard)는 담배를 오랫동안 찾아 헤맸던 만병통치약이라 단정 지으며 모든 병을 치료한다고 했다.[09] 담배는 담배를 신앙처럼 떠받드는 신도들을 얻는 영광까지 얻었다. 1610년 의사 에드먼드 가디너(Edmund Gardiner)는 이렇게 썼다. "이것 덕택에 우리는 신의 아름다운 작품들을 감상할 수 있다. 신이 얼마나 독특하고 훌륭하게 만물을 만들었는지 그것들이 사람의 머리로는 얼마나 이해하기 어렵고 불가사의한지 알 수 있다."[10]

흡연이 건강에 이롭다는 주장들은 대부분 체액병리론에 근거한다. 체액병리론은 갈렌(Galen)과 고대 그리스 의학으로부터 전해지는 지배적인 의학 철학이다.[11] 갈렌 이론은 신체가 덥고, 차고, 습하고, 건조한 체액으로 이루어져 있으며, 건강의 비결은 이들 반대되는 성질들 사이에 균형을 이루는 데 있다는 것이다. 그러나 어떤 균형은 다른 균형보다 더 많은 영향을 끼친다. 차고 습한 체액은 여성과 연관되면, 정체되면서 건강을 악화시키는 특징을 보였다.[12] 흡연은 불이라는 매우 건조하고 뜨거운 열을 사용하는 것이다. 따라서 흡연이 몸을 덥게 하고 말려서 남성처럼 원기왕성한 상태에 이르게 하고 모든 종류의 병을 퇴치하는 것으로 이해되었다.

담배 흡연의 대중화는 어느 만큼은 연기의 의학적 이용이라는 기존의 관념에 기대어 이루어졌다. 의사 윌리엄 바클레이(William Barclay)는 1614년 "훈증 또는 연기 쐬기는 새로 발명된 치료법이 아니다. 그것은 예로부터 많은 질병에 효험이 있다고 알려진 입증된 치료 형태이다."고 주장했다.[13] 그의 주장은 1616년에 출간된 존 디콘(John Deacon)의 《담배의 괴로움(Tobacco Tortured)》에서 흡연 지지자인 등장인물 카프니스투스(Capnistus)의 목소리로 전해진다. 카프니스투스는 "의사들이 발명하고 전수한 연기 종류가 많다."[14]며 비슷한 주장을 펼친다. 바클레이는 관동, 사향, 호박(amber), 경면주사(cinnabar) 연기를 의학적으로 이용한다고 설명한다.[15] 그리고 카프니스투스는 이밖에도 빨간 비소, 수은, 웅황(orpiment)을 목록에 덧붙였다.[16] 다른 의학 저술가들도 이러한 주장들을 뒷받침한다. 르네상스 시대에 많이 인용된 히포크라테스는 여성의 생식기 근처에 연기를 쐬면 히스테리를 치료할 수 있다고 했다.[17] 이탈리아 의사 레오나르도 피오라반티(Leonardo Fioravanti)는 '생식기에 연기를 쐬는' 것을 경면주사 이용의 한 방법으로 소개하고 있다.[18] 모나르데스는 내친 김에 호박(amber) 연기의 의학적 이용까지도 설명했다.[19] 이와 같이 연기는 구멍이나 틈을 통해 치료제를 신체 내부로 전달하는 효과적인 전달 수단으로 이해되었다.

그러나 연기를 의학적으로 이용한 역사가 있었다고 해도 대중적이고 오락적인 행위로서의 흡연은 새로웠고 분명히 그랬다. 초창기에 리처드 탈튼(Richard Tarlton)이 담배 피우는 것을 본 두 남자는 "이전에 그런 모습을 본 적이 없었기에 매우 놀라워했다. 그들은 탈튼의 코에서 김이 나는 것을 보고는 불이야, 불이야 하고 소리치며 탈튼의 얼굴에 컵에 든 와인을 뿌렸다".[20] 더 나아가 담배는 매우 덥고 건조하다고 알려진 약물로서 체내 체액의 균형을 맞추는 의학적 효능을 증대시키는 연기로 이해되었다.[21] 1621년 의사 토비아스 베너(Tobias Venner)는 다음과 같이 썼다.

담배 흡연은 지나치게 차고 습한 뇌에 도움이 된다.……그것은 머리의 습과 풍을 제거하며, 뇌와 근육을 진정시키는 역할을 한다. 뇌와 근육에 있는 불필요한 사기(邪氣)를 녹이고 소모하기 때문이다.……그것은 체내의 습사(濕邪)를 말림으로써 체액이 부패하는 것을 방지한다. 또한 냉기를 없애는 데에나 위장, 유방, 폐의 모든 냉증과 습증에 매우 이롭다.[22]

행위를 나타내는 동사(돕다, 제거하다, 방지하다)들을 거듭 사용함으로써 베너는 암시적으로 담배 연기를 의인화하여 담배 연기가 강력한 힘을 가지고 있는 듯이 보이게 한다. 그의 주장은 담배가 가지고 있는 건조한 열의 효능에 관한 일반적인 주장을 반영하고 있다. 한기와 습기의 영향을 신체 기능을 방해하는 문제인자(부패, 사기)로, 정련된 열을 정화제로 바라보는 것이다. 이 경우 연기는 체내에 침투하여 몸을 변화시키는 것으로 여겨진다. 체액의 불순물을 없애고 정화하는 것이다.

담배가 의학적으로 이롭다고 주장하는 들뜬 목소리들은 금세 비판의 여지를 준다. 무지한 애연가들이 삽시간에 영국 문학의 모든 장르에 등장했다. 도시 신사들을 등장인물로 삼은, 벤 존슨(Ben Jonson)은 특히 담배와 애연가들을 마음껏 조롱했다.[23] 《십인십색(Every Man in his Humour)》(1601년)에서, 보바딜 장군(Captain Bobadill)은 특히 과대망상적인 주장을 펼친다. "그것은 해독제이기도 해서, (만약 이탈리아를 통틀어 가장 치명적인 독초를 먹었다면) 담배가 식은 죽 먹기로 그 독을 물리치고 정신을 되찾게 할 것이다.……나는 담배의 효능에 대해 내가 알고 있는 것을 말할 수 있다." 그의 말은 이어진다.

담배는 습, 오염된 체액, 사기, 어혈 등 수많은 것들의 작용에 효능이 있다. 나는 결코 사기꾼이 아니다. 다만 그렇게 대단하다는 것이다. 나는 헤라클레스를 걸고 확신하며 또 단언하는 바이다.……담배가 여태까지 땅에서 나서 사람에게 쓰인 약초 가운데 가장 탁월하고 값진 것이라고.[24]

우스꽝스럽기는 해도, 보바딜의 과장된 칭찬은 담배의 효능에 대한 찬가에 가깝다.[25] 베너처럼 그는 냉하고 습한 체액의 산물—습, 사기 그리고 어혈—에 미치는 담배의 효능을 찬양의 근거로 삼는다. 그러나 보바딜의 화려한 단언과 형용어구는 극중에서 그가 임대료를 내지 못하는 등의 약점으로 인해 훼손된다. 존슨은 담배의 그 고귀한 연기와 예찬론자의 허풍을 동일시함으로써 전형적인 냉소주의를 드러낸다.

존슨의 풍자에서 알 수 있듯이 담배에 대한 과장된 주장들은 회의론을 낳았다. 가디너는 그 자신이 흡연을 예찬했으면서도 담배에 대한 비현실적인 주장들이 오해와 오용을 낳을까봐 걱정했다. "사람들은 지나치게 담배를 찬양한다. 담배의 효능이 무수히 많고 탁월하다고 믿는 것이다. 하지만 어느 한 가지 약초에서 그런 모든 효능을 발견하기란 불가능에 가까울 것이다."[26] 1601년 조셉 홀(Joseph Hall)도 이와 같은 의견을 제시했다. 그는 "신발 한 짝이 모든 사람의 발에 꼭 맞을 수 없는 것처럼 모든 질병에 들어맞는 치료약이란 없다."고 설파했다.[27] 아이러니하게도 담배의 수많은 효능과 때로는 상반된 효능에 놀란 사람은 담배의 극렬 반대자였던 제임스 1세였다.

자극적인 맛이 나는 담배가 그렇게도 만능이라는 말인가. 언제든, 어떤 종류든, 모든 사람의 질병을 치료한다니(여태까지 이런 약은 없었다)……담배는 발의 통풍을 치료하고, (신기하게도) 가벼운 그 연기가 머리로 날아드는 바로 그 순간, 강력한 효능이 발끝까지 흘러내려간다니.……그것은 취한 사람을 깨어나게 한다. 지친 사람이 기운을 되찾게 하고, 배고픔을 느끼게 한다. 자기 전에 담배를 피우면 깊이 잠들 수 있다. 하지만 졸리고 나른한 사람이 담배를 피우면 머리가 맑아지고 두뇌 활동이 빨라진다고 한다.[28]

담배 효능에 대한 왕의 익살맞은 설명은 담배가 가진 상반된 속성의 모순을 지적하고 있다. 왕의 묘사대로라면 담배 연기는 거의 마법과 같은 능력을 지닌 존재로 의인화되어 있다. 그것이 머리에서 발끝까지 몸속을 돌며, 서로 무관하고 심지어 상반되는 속성을 지닌 문제들까지 모두 해결하고 다니는 것이다.

조롱과 비웃음을 담고 있기는 해도, 담배의 만능에 대한 풍자적 비판들은 약의

- 빌렘 부이테베히(Willem Buytewech), 〈즐거운 모임(Merry Company)〉, 캔버스에 유화, 1617~1620.

본질에 대한 진지한 물음을 이끌어냈다. 어떻게 한 가지 약이 어떤 작용을 하면서 그와 동시에 그 반대의 작용을 할 수 있는가? 어떻게 머리와 발을 동시에 치료하고, 어떻게 포만감을 주는 동시에 허기를 느끼게 하며, 어떻게 머리를 맑게 하는 동시에 깊이 잠들게 할 수 있다는 말인가? 의학적인 약물은 신체 이상기능을 물리치도록 만들어진, 강력한 변형작용제로 이해되었다. 따라서 전반적인 건강과 즐거움을 위해 지속적으로 약물을 이용한다는 생각은 우려를 낳았다. "약은 효력이 있다."고 제임스는 썼다.

> 사람이 약을 찾을 당시의 상태에 머물게 하지 않는다는 것이다. 약은 아픈 사람을 건강하게 하지만 건강한 사람을 아프게도 한다. 약은 때로 꼭 필요한 힘을 빼앗아가기도 하므로 지속적으로 사용하면 본래 가지고 있는 힘을 약화시킨다.[22]

그러므로 아프지 않을 때 약을 이용한다는 것은 예측할 수 없고 위험한 결과를 낳는 것이다. 담배를 의학적으로 지지한 베너 같은 이도 이와 같은 생각이었다. "담배는 약으로 허용될 때에만 이용되어야 한다. 즐거움을 위해서나 관성적인 습관으로 이용해서는 안 된다."[30] 약의 기본적인 모호성에 대한 제임스의 우려가 중요한 이유는 그것이 당시 약에 대한 넓은 문화적 불안감을 대표하기 때문만은 아니다. 당시 약에 대해 혼란이 일어나게 된 데에는 배경이 있다. 신세계에서 새로운 질병과 식물이 소개되고, 고전 의학 서적이 새로이 번역되었으며, 파라켈수스(Paracelsus)와 유럽 과학자들이 만들어낸 화학 약제들이 눈부시게 성장했다. 따라서 약은 전보다 훨씬 강력해지고 훨씬 불확실해졌으며, 그 이로움과 위험성 또한 더 커졌다.[31] 흡연이 폭발적인 인기를 끌었다는 것은 매우 건강한 이들이 이 치료제를 복용하고 있었음을 뜻한다. 바나비 리치(Barnabe Rich)는 이렇게 비웃었다. "모두가 병이 들어서 담배를 이용해야 하는 것이라면, 맙소사, 질병은 이미 퍼질 대로 퍼진 것이다. 이 왕국에 건강한 백성은 손가락으로 꼽을 정도이다."[32] 이렇듯 약물은 위험하고 알 수 없으며 비극을 불러올 수 있는 것으로 여겨졌다.

사실 이러한 변화의 본질을 두고 큰 논란이 벌어졌다. 가장 문제가 되었던 담배에 관한 의학적 주장들 가운데 하나는 주기적으로 걱정이 커지는 병인 우울증을

담배 모종과 담배 피우는 원주
민 얼굴, 로벨(Matthas de L'
Obel)의 초기 《식물지(Planta-
rus seu stirpium Historia)》에서
변형한 그림, 1570년.

담배로 치료할 수 있다는 것이었다.[33] 몸에 이로운 만큼이나 위안을 주는 것으로
알려진 담배는 우울증에 딱 알맞은 짝으로 보였다. 우울증은 신체의 병과 정신의
병의 경계를 넘나드는 병이기 때문이다. 많은 이들이 그랬듯이 바클레이는 "담배
와 우울증은 서로 너무나 다르기에, 본성적으로 잘 어울리는 세상에서 하나뿐인
약이 담배이다."[34] 하고 주장했다. 그러나 담배에 관한 다른 주장들처럼, 이 주장
은 지지만큼이나 많은 반박을 불러일으켰다. 홀은 담배 흡연이 "우리의 우울증을
더욱 증가시키고 모든 우울한 느낌과 그러한 체액의 작용 결과에 신체가 반응하
기 쉽게 한다."[35]고 주장했다. 베너도 이와 같은 의견으로, "우울한 상태인 모든 사

람들은 궁극적으로 담배 흡연을 피해야 한다."[36]고 충고했다.

우울증에 미치는 흡연의 영향을 둘러싼 논쟁은 담배에 관한 주장들이 가진 모순점을 분명히 드러낸다. 우울증은 냉하고 습한 체액의 산물로 이론적으로는 연기의 덥고 건조한 작용에 반응한다. 하지만 이밖에도 담배의 막강한 효능을 설파하는 주장이 있었다. 담배가 망각과 마취를 일으킨다는 것이다. 가디너는 담배가 '아편을 흡입한 것처럼 취한 듯한 증상과 많은 잠'[37]을 촉발했다고 썼다. 헨리 버츠(Henry Buttes)는 담배가 "둔하고 무감각하게 만든다. 졸음을 일으킨다. 감각을 혼란시키고 무디게 한다. (이를테면) 취하게 한다."[38]고 썼다. 베너는 "담배가 평정심을 잃게 하고, 이해력을 손상시키며, 감각을 어지럽힌다. 머리가 몽롱해지고 몸 전체가 무뎌진다."고 했다.[39] 건조한 열이라는 남성적 활력을 암시하고 있으면서도, 담배는 그와 동시에 습하고 마비된 상태를 없애는 것이 아니라 강화하는 것으로 이해되었다. 이 상태가 더 발전하면 담배가 정복하리라고 기대한 바로 그 수동성이 퍼지게 되는 것이다. 바클레이는 담배의 모순점들을 의문과 호기심으로 바라보았다. "이처럼 담배는 뜨겁다. 열을 가지고 있기 때문이다." 그는 다음과 같이 썼다.

> 그러나 담배는 차다. 마취와 마비를 일으키기 때문이다. 담배는 취하게 하고 다시 깨어나게 한다. 배고프게 하고 배부르게 한다. 목이 마르게 하고 갈증을 해소한다. 마지막으로 사람을 건강하게 하고, 여러 가지로 그 모습을 바꾼다. 유피테르가 변신을 해서 여신들을 범했던 것처럼…….[40]

담배를 유피테르(Jupiter)의 매혹적인 변신과 동일시한 바클레이의 묘사는 담배의 수많은 모순점들을 신비화하고 덮어준다. 효능과 신성성을 갖춘 담배가 정상적인 행동의 잣대에 들어맞을 리가 없다. 그러나 이 묘사는 문제가 있다. 담배가 유피테르라면 흡연자는 그의 여신 가운데 하나이다. 담배와 흡연자의 관계는 결국 강간과 동일한 것이며, 매우 불평등한 권력 관계 다시 말해 신들의 제왕 대 유한한 존재 또는 나약한 신의 관계가 된다. 담배의 남성성이 흡연자에게로 흘러들어가 재생산된다고 생각하는 이들이 많지만 또 다른 이들에게 그것은 정확히 그 반대의 위험을 가져오는 것이다. 연기가 그 희생자를 나약하게 하고 힘을 빼앗고 불구로 만드는 것이다. 우울증을 둘러싼 논쟁은 권력화와 노예화의 특성을 모두 지닌 담배의 양면성을 부각시켰다.

담배의 마취 효과를 둘러싼 우려와 그 의학적 효능을 둘러싸고 나날이 격렬해지는 논쟁은 흡연자들이 어느새 의학적 필요에 의해서라기보다 즐거움을 위해서 담배를 찾기 시작했다는 사실을 드러냈다. 담배는 약제상에서부터 사교 공간으로 급속히 퍼져 나갔다. 1599년 바젤(Basle)에서 온 토머스 플래터(Thomas Platter)는 "술집에서 돈만 내면 담배나 서양톱풀의 일종을 살 수 있다. 그 가루를 작은 파이프에 넣고 불을 붙이고, 연기를 입으로 빨아들인다. 침이 가득 고이면 에스파냐 와인을 한 잔 마신다."[41]고 설명했다. 플래터가 말한 바와 같이 담배는 삽시간에 술집과 사교를 뜻하게 되었다. 바클레이도 이와 비슷하게 '담배가 가장 쓸모가 있을 때는 우정과 사교의 의미로 사람에게서 사람으로 건네질 때'[42]라고 했다. 담배의 건조한 열이 생리학적으로 남성성을 의미했다면, 그 사교적 이용은 남성적 유대를 강화했다. 몸 안으로 담배 연기를 빨아들이는 능력은 사람 사이의 장벽을 허무는 능력을 반영하는 듯했다. 그러나 이렇게 보편적인 사교는 그 자체로 어떤 이들에게는 고역이었다. 제임스 1세는 "이제 한 사나이는 친구를 따뜻한 마음으로 맞아줄 수가 없다. 그 대신 손에 끊임없이 담배를 들고 있어야 한다."[43]고 했다. 담배는 날이 갈수록 친목 모임에서 빼놓을 수 없는 필수품이 되었다. 소박한 사교 관계를 대체한 담배는 일상생활이 담배 없이 이루어질 수 없는 지경을 만들어놓았다.

담배의 비판자나 지지자들은 모두 중독이라는 근세의 담론에 기대어 흡연 동기를 설명했다. 제임스는 이렇게 썼다. "이 왕국의 많은 이들이 이 불쾌한 연기를 끊임없이 들이마시고 있다. 이제 그들은 늙은 주정뱅이가 맨 정신 상태를 오래 버티지 못하는 것처럼 곧이어 담배를 찾는다."[44]

이런 경향을 더욱 자세히 설명하면서, 가디너는 "담배가 터무니없이 사람을 홀리고, 욕구를 과도하게 불러일으킨다. 사람들은 달리 할 일이 없을 때 절대적이거나 필연적인 요구가 있어서가 아니라 그저 방종하고 싶어서 많은 것들 가운데에서 담배를 선택한다."[45]고 걱정했다. 베너는 이와 비슷하게 "연기를 들이마시는 이 관습이 여태까지 많은 사람들을 홀려 왔다.……사람들은 자주, 즐거움을 위해 무절제하게 담배를 피우며 그 속에서 크나큰 만족을 느낀다. 또 그저 담배에 취해 멍하게 있으려고만 한다."[46]고 걱정했다.

가디너와 베너는 담배가 마법의 경지('터무니없이' '홀려')에서 그리고 관능적이고 더 나아가 성적인 즐거움('욕구' '방종' '만족')의 견지에서 흡연자들을 장악하는 것으로 그리고 있다. 흡연이 그 '홀리는 성질'[47]로 흡연자들을 노예로 만든다는 제임스의 주장도 이런 생각을 드러낸다. 이와 동시에 지지자들과 비판자들 모두 경외감과 황홀감이 담긴 목소리로 흡연을 묘사했다. 시인 존 보몬트(Sir John Beaumont)는 "인간의 달콤하고 하나뿐인 즐거움, / 모든 지상의 기쁨 가운데 지극한 기쁨"[48]이라고 선언했다. 바클레이는 "어떤 감미로운 성질이 있어 의식적인 망각으로 사람의 감각과 영혼을 즐겁게 한다. 그것은……모든 슬픔과 비탄을 잊게 한다."[49]며 그 효능을 설명했다. 1612년 의사 존 코타(John Cotta)는 흡연이 '어떤 여유로운 느낌을 주고, 또 잠시 고통에서 해방된 듯한 기분'이 들게 한다고 썼다. 그는 이러한 효과가 담배의 실질적인 효능이라기보다 흡연자의 감각('느낌' '기분')에 더 많이 기인하는 것으로 보았다.[50]

담배의 최면 효과와 흡연자들의 경외적인(미망일 뿐일지라도) 종속에 대한 서술들은 의학적인 효능과 종교적인 효능의 경계를 허물어버렸다. 아메리카 원주민들의 담배 이용에 관한 기록에서 모나르데스는 원주민들이 급한 문제들을 최고 주술사에게 가지고 갔다고 썼다. 그러면 주술사는 담배 연기를 들이마시어 영감을 얻고는 했다고 한다.

연기를 들이마시고 그는 땅에 쓰러져 죽은 사람처럼 가만히 누워 있었다. 들이마신 연기의 양에 따라 쓰러져 있는 시간이 달랐다. 담배가 효력을 나타내면 그가 다시 정신을 차리고 사람들에게 답을 주었다. 그가 본 환상이나 환영을 이야기하는 것이었다. 그에게 가장 좋아보였던 것 또는 마귀가 그에게 이야기해주었던 내용 그대로를 사람들에게 풀어서 이야기했다. 그가 들려주는 대답은 어정쩡한 것뿐이었다. 그 대답대로 이루어졌다고 해도, 사람들이 그 말대로 되었다고 해도 결국 사람들이 해내는 일만 대답했던 것이다.[51]

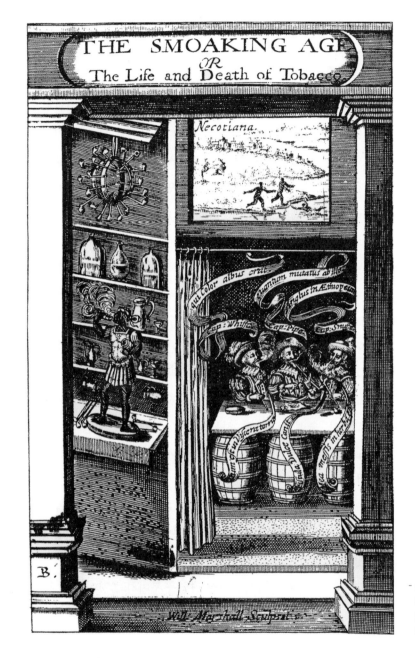

THE SMOAKING AGE
OR
The Life and Death of Tobacco.

- 윌리엄 마셜(William Marshall),
  리처드 브레이스웨이트의 〈흡
  연 시대(The Smoking Age)〉,
  목판화, 1617년, London.

모나르데스의 예화는 영국의 담배 평론가들에게 강한 인상을 주었음이 분명했
다. 많은 이들은 이 예화를 표현 하나 고치치 않고 그들의 저술에 그대로 옮겼
다.[52] 연기를 마시고 의식 불명의 상태에서 마귀가 씌었다는 그의 묘사는 일종의
표현 방식으로 보인다. 마약 의존증과 수동성에 대한 두려움을 영혼 탈취의 이

야기로 탈바꿈시킨 것이다. '땅에 쓰러져 죽은 사람처럼 가만히 누워 있는' 흡연자의 모습은 담배의 위험스러운 최면 효과에 대한 비난이면서 그것에 대한 공상적인 설명이었다.

이 비유는 널리 알려졌다. 원주민들과 예언적 제의와의 연관성은 다신교와 낯선 신들에 대한 다양한 비난으로 이어졌다. 담배를 '신성한' 약물로 경외한 당시의 표현들이 문구 그대로 받아들여졌다.[53] 담배를 비판하는 많은 사람들은 담배를 인간의 영혼을 빼앗는 사악한 반신반인으로 그려냈다. 담배의 기원을 말하는 리처드 브레이스웨이트(Richard Braithwait)의 특이하고 흥미로운 신화에서, 담배는 프로세르피나(Proserpine, 로마 신화에서 농경의 여신—옮긴이)의 혼외 아들로, 그녀의 남편인 하계의 신 플루토(Pluto)의 노여움을 산다. 그러나 그 아이에게 죽음의 왕국을 확장할 능력이 있음을 알게 되자 플루토는 상황을 받아들이게 된다. "너는 플루토를 섬겨 내가 널리 통치할 수 있도록 하라. 네 연기는 그 냄새를 맡은 탕자들을 연기 가득한 내 영토로 끌어올 것이다."[54] 다신주의에 대한 비난은 대개 가톨릭과 우상 숭배에 대한 비난과 맞물려 일어났다.[55] 조슈아 실베스터(Joshua Sylvester)는 담배를 묘사하기를 "잡초 / 우상들, 다신들의 제물이 되고, / 기독교도가 숭배하다시피 하는……."[56]이라고 했다. 조지 채프먼(George Chapman)의 올리브 씨(Monsieur D'Olive)에는 한 청교도가 '그것은 이교도의 풀, 이단의 잡초/ 너무도 죄스런 연기'[57]라고 말하는 장면이 있다. 조셉 홀은 담배를 '너희의 이단의 우상, 황갈색의 풀' 이라고 일컫고, "이 최초의 창조자와 발견자는 악마였고, 이 최초의 이용자들은 악마의 주술사들이었으니, 우리 기독교도들이 이용하지 말지어다."[58]라고 했다. 이와 같은 사례에서 알 수 있듯이, 강박관념에 가까울 만큼 담배에 유사종교적 권능을 부여하는 것이 보편적이었다. 좋든 나쁘든, 담배에 입혀진 권능은 끊임없이 초자연적인 매력으로 돌아가기를 요구하는 듯했다.

또한 이처럼 다신교와 우상 숭배가 거듭 언급되는 데에서 알 수 있듯이 담배의 오싹한 종교적 지위에 대한 선정적인 서술은 그 신비한 효능에 근거할 뿐만 아니라 근세 영국의 격렬한 논쟁의 배경이었던 외래 기원에 근거했다. 담배와 '서구의 인도'인 신세계[59]의 명백한 동일시 그리고 '야만인'[60]들 사이에서의 유행이라는 것이 찬사와 우려 모두의 근거였다. 불가사의함, 신비함, 이국성이 있는 신세계는 분명 큰 매력이 있는 만큼이나 큰 비난거리였다.[61] 리치는 '하느님의 이단자이면서 세상의 폐물로밖에 여겨지지 않는 한 민족이 풍기는 신비함에 매혹되는 무분별과 어리석음'[62]을 슬퍼했다. 욕망, 신기함, 위험한 이국성에 대한 배척은 많은 이들도 공감한 것이었다. 제임스도 이와 비슷한 질문을 던졌다. "우리가 날마다 보지 않는가, 어떤 이가 바다 건너편에서부터 새로운 형태의 옷을 들여오자마자, 곧 그것과 똑같이 차려입지 않는 사람은 양식 있는 사람으로 여겨지지 않는다는 것을. 그렇게 사람에게서 사람으로 퍼져 나가 모두가 똑같이 입기에 이른다. 그렇게 하는 것이 값진 것이어서가 아니라 그저 유행이기 때문에……."[63] 호기심이 앞서 신기함에 이끌리는 것을 비판하는 제임스는 새로운 것에 대한 욕망이 어리석음에서 비롯되는 것이라고 조심스레 질타한다. 그러나 다른 비평가들은 더욱 깊이 파고든다. 그들은 이국적인 신비함에 매혹되는 것을 자기파괴적 욕망과 동일시했다. 조셉 홀은 "연기를 피우는 우리 신사들은 오랫동안 이웃 나라들의 겉치레와 유행을 좇아왔으면서도 아직도 신기한 것에 욕심을 낸다. 하지만 인도까지 가서 달콤한 독약(Dulce venenum), 그리스의 헬렌, 음탕한 메살리느(Messaline, 고대 로마 황제 클라우디우스의 세번째 부인—옮긴이)를 가져오거나 독을 쏘는 독사를 품어오지는 않는 모양이다."[64]라며 혹평했다. 그의 눈에 담배의 흡인력은 독약, 독사 그리고 헬렌의 위험한 유혹과 똑같은 것이었다. 한 번 맛을 들이면 또 다른 트로이 전쟁이 벌어지고, 또다시 에덴동산에서 추방당하게 되는 것이었다.

담배의 이국적 분위기에 대한 리치, 제임스, 홀의 걱정 어린 목소리는 새로운 약물들과 외국 문화에 대한 더 넓은 근심으로 나아간다. 모든 새로운 약물과 마찬가지로 담배는 신세계의 물품으로서 외국 문물의 가능성과 위험성을 내포하는 상징적 대리물이 되었다. 연기는 담배가 소모되는 첫번째 형태로 경계와 장벽을 슬며시 넘어섬을 뜻하게 되었다. 흡연 효과는 연기가 몸속으로 침투해야 일어나고, 흡연의 즐거움은 친교를 맺는 것을 포함한다. 따라서 흡연에 대한 비난은 그 침투와 오염에 맞추어졌다. 제임스는 남자들이 "서로 담배 연기를 내뿜어 더럽고 냄새나는 연기가 요리 위로 풍겨 나오고 공기를 오염시킨다."[65]고 힐난했다. 한편 디콘은 이와 비슷하게 '이 냄새나고, 전염성 있고, 해로운 연기를 인도라는 머나먼 곳에서부터 가져와서 많든 적든 몸 바깥으로 체액들을 배출하게 한'⁶⁶ 영국 사람에 대해 목소리를 높였다. 전염이라는 공통성 때문에 제임스는 흡연을 매독에 비유했다. 매독은 당시 신세계에서 막 수입된 것이었다. "그들에게서부터 기독교국으로 처음 들어온 가장 혐오스러운 질병과 마찬가지로, 그들에게서 도입된 것이 담배 이용이다."⁶⁷ 도덕적 · 신체적 · 문화적 오염은 서로 부추기며 심해졌다. 디콘은 '(신앙과 예의범절과 관련하여) 우리 정신과 몸이 더럽혀진 것은 다른 나라들의 타락과 관습을 너무 부주의하게 받아들인 탓'⁶⁸으로 여겼다.

담배의 의학적 위험성에 대한 초기 물증들—1599년 플래터는 "사후에 사람의 정맥 안에 굴뚝처럼 검댕이가 낀 것이 발견되었다."⁶⁹고 썼다 — 과 결합되면서 담배에 대한 비난이 강해졌다. 하지만 놀랍게도 담배의 인기는 식을 줄 모르고 치솟았다. 1604년 제임스 1세는 담배에 부과하는 세금을 4,000퍼센트나 인상했지만 담배는 여전히 인기가 있었다.⁷⁰ 비난, 비싼 가격, 억제책에도 불구하고 근세 영국에서 흡연은 꾸준히 퍼져 나갔다. '황홀하도록 편안한 느낌'을 준다며 소비자들을 현혹시킨 신기한 효능과 유행의 선두, 담배에 담겨진 이국적인 신세계의 매력은 흡연 비판자들보다 강력했다. 4세기 전, 흡연을 둘러싼 논쟁은 당시의 의학적 · 문화적 논점에 단단히 뿌리박고 있었고 그 유산이 오늘날까지 그대로 이어지고 있다. □

||| 주

본 연구를 지원해 준 런던 소재 유니버시티 대학의 웰컴 의학역사연구소에 감사드린다. 그리고 본 논문에 값진 도움말을 준 Roy Porter, Katherine Craik 그리고 Will Sternhouse에게 감사드린다.

01. 담배의 의학적 효능에 대한 주장의 개요에 대해서는 Grace Stewart, 《담배의 의학적 이용의 역사, 1492-1860(A History of the Medicinal Use of Tobacco, 1492-1860)》, 《의술의 역사(Medical History)》, 11/3, (1967), pp. 228-68; Sarah Augusta Dickson, 《만병통치약인가 아니면 값비싼 독약인가?:16세기 문학에 나타난 담배(Panacea or Precious Bane?:Tobacco in Sixteenth Century Literature)》 (New York, 1954); 그리고 Jerome E. Brooks, '들어가며(Introduction)', 《담배:조지 아렌츠 주니어 도서관의 서적, 필사본, 판본들을 통해 알아본 역사(Tobacco:Its History Illustrated by the Books, Manuscripts and Engravings in the Library of George Arents Jr)》 (New York, 1937), 1권, 특히, pp. 29-43.

02. Rudi Matthee는 담배가 세계적으로 널리 퍼진 수많은 '항정신성 물질' 가운데 최초의 것이라고 밝히고 있다; '외래 물질:16세기부터 18세기까지 담배, 커피, 코코아, 차 그리고 증류주의 도입과 세계적 정착(Exotic Substances:The Introduction and Global Spread of Tobacco, Coffee, Cocoa, Tea and Distilled Liquor, Sixteenth to Eighteenth

Centuries)', 《역사 속의 약물과 마약(Drugs and Narcotics in History)》, Roy Porter와 Mikulaáš Teich 엮음 (Cambridge, 1995), pp. 24-51, 참조; 당시 아편의 이용에 대해서는, 예를 들어, Angelus Sala Vincentinus Venetus, 《아편을 위한 변명(Opiologia)》; 또는 《아편의 본질, 속성, 이상적인 조제 및 안전한 이용 그리고 투여에 관하여(a Treatise concerning the Nature, properties, true preparation and safe use and Administration of Opium)》, Thomas Bretnor 옮김 (London, 1618) 참조. 당시 의학 저술들은 돌림병의 치료제로 아편을 자주 언급했다.

03. David Harley는 담배를 둘러싼 논쟁이 '외래 향정신성 물질에 대항한 영국 최초의 운동이었다.'고 설명한다; 담배 논쟁의 시작:청교도, 제임스 1세 그리고 왕실 의사들(The Beginnings of the Tobacco Controversy:Puritanism, James I and the Royal Physicians)', 《의학 역사 소식(Bulletin of the History of Medicine)》, 67/1 (1993), pp. 28-50; p. 50 참조. 외래품에 대한 거부와 약물의 동일시에 대해서는, Jonathan Gil Harris, 《외래품들과 국가:근세 영국의 사회병리학 담론들(Foreign Bodies and the Body Politic:Discourses of Social Pathology in Early Modern England)》 (Cambridge, 1998) 참조.

04. 담배라는 표현은 조금 다른 두 가지 식물, 니코티아나 타바쿰과 니코티아나 루스티카를 모두 아우른 것이다. 일반적으로 트리니다드 산인 타바쿰이, 북아메리카와 멕시코에서 널리 발견되는 루스티카보다 우수한 것으로 여겨진다. 둘 사이의 차이에 대해서는, Brooks, 《담배(Tobacco)》, p. 13 참조.

05. 유럽에 담배가 처음 들어왔을 때의 역사에 대해서는, 특히 Dickson, 《만병통치약인가 아니면 값비싼 독약인가?(Panacea or Precious Bane?)》와 Brooks, 《담배(Tobacco)》 참조.

06. 예를 들어, 1574년 William Harrison의 '그것(연기)이 입에서부터 머리와 뱃속으로 들어가게 되는 작은 국자처럼 생긴 도구'로 담배를 피웠다고 한 묘사 참조. '연표(Chronologie)', 《셰익스피어 청년 시절의 영국에 대한 해리슨의 묘사(Harrison's Description of England in Shakspere's Youth)》, Frederick J. Furnivall 엮음 (London, 1877), 1권, p. 55; Anthony Chute도 '흙 또는 은담뱃대로' 흡연한다고 서술하고 있다.《담배:그 다양한 본질과 특성에 대해 최근에 최상의 의사들이 저술한 특징적인 견해 몇 가지(Tabacco:The distinct and seuerall opinions of the late and best Phisitions that haue written of the diuers natures and qualities thereof)》 (London, 1595), p. 15.

07. 이 시기 약재상과 그들에 대한 평판에 대해서는, 2001. 2. 14. 옥스퍼드 웰컴의학사연구소 연구 포럼에 제출된 논문, Patrick Wallis, '부정하고 퇴폐적이고 왜곡된:약재상의 약, 공포 그리고 세속적 문화(Bad, Corrupt and Falsified:Medicines, Fear and the Material Culture of Apothecaries' Shops)' 참조.

08. Nicholas Monardes, 《새로 발견된 세계에서 전해지는 반가운 소식, 내과뿐 아니라 외과적으로도 쓰임새가 있는, 다종다양한 약초, 나무, 오일, 식물 그리고 광석의 특이한 효능을 설명한 글(Joyfull Newes out of the newe founde worlde, wherein is declared the rare and singular vertues of diuerse and sundrie Hearbes, Trees, Oyles, Plantes, and Stones, with their aplications, as well for Phisicke as Chirurgerie...)》 John Frampton 옮김 (London, 1577), fol. 35r.

09. Giles Everard, 《만병통치 약초, 그밖에 담배 종류에 대한 짧은 설명(De herba panacea, quam alii tabacum, alii petum, aut Nicotianum vocant, breuis commentariolus)》 (Antwerp, 1587) 첫번째 영어판은 1659년에 간행되었다.

10. Edmund Gardiner, 《담배를 음미함. 담배의 값어치가 가장 적절하게 표현된 글:약초의 이름, 본성 그리고 품질을 지닌; 이상적이고 올바른 복용법에 따라 모든 질병에 이용되는 약초 그리고 계절과 절기에 따라 이용되는 약초(The Triall of Tabacco. Wherein, his worth is most worthily expressed:as, in the name, nature, and qualitie of the sayd hearb; his speciall vse in all Physicke, with the true and right vse of taking it, aswell for the Seasons, and times)》 (London, 1610), fol. 3v.

11. 전해지는 의학적 신조와 풍습에 대해서는, 특히 Nancy Siraisi, 《중세와 르네상스 시대의 의학(Medieval and Renaissance Medicine)》 (Chicago, 1990) 참조.

12. 차고 습한 체액과 여성과의 관계에 대해서는, 예를 들어, Aristotle, 《동물의 발생에 대하여(On the Generation of Animals)》, A. L. Peck 옮김, 《그리스와 로마 여성들의 삶(Women's Life in Greece and Rome)》, Maureen B. Fant와 Mary R. Lefkowitz 엮음 (London, 1982), p. 84 참조. 담배에서 비롯된 젠더 분화에 대해서는 특히 Joan Pong Linton, 젠더, 야만, 담배:소비를 위한 시장들, 《신세계의 낭만(The Romance of the New World)》 (Cambridge, 1998), pp. 104-30 참조.

13. William Barclay, 《진통제; 또는 담배의 좋은 점(Nepenthes; or, The Vertves of Tabacco)》 (Edinburgh, 1614), sigs A8r-v.

14. John Deacon, 《담배의 괴로움; 또는 정련된 담배의 지독한 연기:담배 연기를 들이마시는 것은 신체에 매우 유해하고; 값이 매우 비싸며; 일반 계층에 가장 유해함 등의 모든 주제에 대하여(Tobacco Tortured; or, The Filthie Fume of Tobacco Refined:shewing all sorts of Subiects, that the inward taking of Tobacco fumes, is very pernicious vnto their bodies; too too profluuious for many of their purses; and most pestiferous to the publike State)》 (London, 1616), p. 51.

15. Barclay, 《진통제(Nepenthes)》, sigs A8b-B1r.

16. Deacon, 《담배의 괴로움(Tobacco Tortured)》, p. 52.

17. 예를 들어, Hippocrates, '여성 질환에 대하여(On Diseases of Women)', 2.126, 123과 '여성의 본성(Nature of Woman)', 8, 3, Mary R. Lefkowitz 옮김, 《그리스와 로마 여성들의 삶(Women's Life in Greece and Rome)》, pp. 93-4; 또, Hippocrates, '여성 질환에 대하여', A. Hanson 옮김, 《징후들(Signs)》, I, (1975), pp. 567-84 참조 Heinrich von Staden은 '여성과 타락(Women and Dirt)', 《헬리오스(Helios)》, 19 (1992), pp. 7-30에서 이러한 형태의 치료법을 이야기하고 있다.

18. Leonardo Fioravanti, 《합리적인 비방(秘方)집, 덕망 있는 나이트작이자 가장 훌륭한 내과 및 외과의사인 레오나르도 피오런트의 비방들 요약(A Compendium of rationall Secretes, of the Worthie Knight and moste excellent Doctour of Phisicke and Chirurgerie, Leonardo Phiorauante)》, I. Hester 옮김 (London, 1582), pp. 130-31.

19. 많은 양의 액체 호박이 에스파냐에 도입된 이야기를 하면서, 모나르데스는 이렇게 쓰고 있다. '연기와 냄새가 혼연일체가 된 듯했다. 사람들이 그것을 단 냄새가 나는 설탕 절임이나 그 비슷한 것에 붓고 불을 붙였다……그것은 치료에 많은 도움이 되었고, 큰 효과를 나타냈다……', 모나르데스, 《반가운 소식(Joyfull Newes)》, fols 6v-7r.

20. 《탈튼의 재미난 이야기(Tarltons Jests)》(London, 1611; 1638 재출간), sig. C3V. 이 자료를 소개해준 루시 먼로(Lucy Munro)에게 감사드린다.

21. 모나르데스는 '그 성질은 조금 덥고 건조하다'고 잘라 말했다. (《반가운 소식(Joyfull Newes)》, fol. 34V) 그 뒤 담배를 주제로 글을 쓴 저술가들이 이 주장을 되풀이했다; 예를 들면 Gardiner, 《담배를 음미함(The Triall of Tobacco)》, fol. 9r. 참조

22. Tobias Venner, 《담배 연기 흡입에 관한, 짧고 정확한 글(A Briefe and Accurate Treatise, concerning the taking of the fume of Tobacco)》(London, 1621), sigs B3r-V.

23. 수많은 비평가들이 이 당시 문학에 그려진 담배에 대해 분석했다. 특히 Jeffrey Knapp, '거룩한 담배(Divine Tobacco)', 《미지의 제국: 영국, 미국 그리고 유토피아에서 템페스트까지의 문학(An Empire Nowhere: England, America and Literature from Utopia to the Tempest)》 (Berkeley, CA, 1992), pp. 134-74; Craig Rustici, '담배 피우는 소녀: 담배와 메리 프리드의 초상(The Smoking Girl: Tobacco and the Representation of Mary Frith)', 《문헌학 연구(Studies in Philology)》, 96/2 (1999), pp. 159-79; 그리고 Linton, '젠더, 야만, 담배' 참조 담배의 문학적 연대기 작가로서의 중요성에 대해서는, Dickson, 《만병통치약인가 아니면 값비싼 독약인가?》, p. 190 참조 이 당시 담배에 대해 쓴 수많은 풍자시를 알게 해준 Michael Clark에게 감사드린다.

24. Ben Jonson, 《십인십색(Every Man in his Humour)》, (London, 1601), sig. GIR.

25. Henry Buttes는 이렇게 쓰고 있다: 담배는 냉기와 풍에서 비롯되는, 특히 머리나 유방의 통증, 아픔, 답답함, 농양, 또는 어혈을 치료했다: 담뱃잎은 두통, 배탈, 신장병, 치통, 갑작스러운 경련, 구취, 저림 또는 화끈거림에 좋다……'; Henry Buttes, 《소박하게 차린 상(Dyets Dry Dinner)》(London, 1599), sig. P4V 참조

26. Gardiner, 《담배를 음미함(The Triall of Tobacco)》, sigs A2V-a3.

27. J. H. [Joseph Hall], 《굴뚝 청소부를 위하여; 또는 담배 상인들에게 주는 경고(Work for Chimny-sweepers; or, A warning for Tobacconists)》(London, 1601), sig. B.iii.V.

28. 제임스 1세, '담배를 반대함(A Counterblaste to Tobacco)' (1604), 《가장 고귀하며, 대영제국, 프랑스, 아일랜드의 왕이신 제임스 왕의 서(The Workes of the most high and mighty Prince Iames, by the grace of God Kinge of Great Brittaine France & Ireland Defendor of the Faith &c)》 (London, 1616), pp. 219-20. 많은 부분이 담배를 향한 제임스의 적대감에 뿌리를 두고 있다; 예를 들어, Harley, '담배 논쟁의 시작(The Beginnings of the Tobacco Controversy)' 그리고 Susan Campbell Anderson, '권위 문제: 제임스 1세와 담배 전쟁(A Matter of Authority: James I and the Tobacco War)', 《종사제: 중세와 르네상스 연구(Comitatus: A Journal of Medieval & Renaissance Studies)》, XXIX (1998), pp. 136-63. 참조

29. 제임스 1세, '담배를 반대함(A Counterblaste to Tobacco)', p. 220.

30. Venner, 《짧고 정확한 글(A Briefe and Accurate Treatise)》, sig. D3r.

31. 의학적 불확실성에 대해서는, 예를 들어, Andrew Wear, '근세 영국의 인식론과 학문으로서의 의학(Epistemology and Learned Medicine in Early Modern England)', 《지식과 학술적 의학의 전통(Knowledge and the Scholarly Medical Traditions)》, Don Bates 엮음 (Cambridge, 1995), pp. 151-73 참조 파라켈수스에 대해서는, 특히 Walter Pagel, 《파라켈수스: 르네상스 시대 철학적 의학 개론(Paracelsus: An Introduction to Philosophical Medicine in the Era of the Renaissance)》 (Basel, 1958), Charles Webster, 《파라켈수스에서 뉴튼까지: 마법과 현대 과학의 성립(From Paracelsus to Newton: Magic and the Making of Modern Science)》 (Cambridge, 1982) 참조 파라켈수스가 영국에 미친 영향에 대해서는, Allen Debus, 《영국의 파라켈수스 학파(The English Paracelsians)》 (London, 1965), Paul Kocher, '영국의 파라켈수스 의학(Paracelsan Medicine in England)', 『의학사 저널(Journal of the History of Medicine)』, II (1947), pp. 451-80 참조

32. Barnabe Rich, 《아일랜드 소동; 또는 영국 대소동(The Irish Hubbub; or, The English Hue and Crie)》 (London, 1617), p. 46.

33. 우울증을 둘러싼 근세의 편견에 대해서는 예를 들어, Robert Burton의 《우울증의 해부(Anatomy of Melancholy)》

(Oxford, 1621); Lynn Enterline, 《나르키소스의 눈물: 근세 영국의 우울과 남성성(Tears of Narcissus: Melancholia and Masculinity in Early Modern England)》(Stanford, CA, 1995); Juliana Schiesari, 《우울증의 성(The Gendering of Melancholia)》(Ithaca, NY, 1992) 그리고 William Engel, 《유한성의 측량(Mapping Mortality)》(Amherst, MA, 1995) 참조.

34. Barclay, 《진통제(Nepenthes)》, sig. A4r.

35. Hall, 《굴뚝 청소부를 위하여(Work for Chimny-sweepers)》, sig. F4V.

36. Venner, 《짧고 정확한 글(A Briefe and Accurate Treatise)》, sig. D2r.

37. Gardiner, 《담배를 음미함(The Triall of Tobacco)》, fol. 9V.

38. Buttes, 《소박하게 차린 상(Dyets Dry Dinner)》, sig. P5V .

39. Venner, 《짧고 정확한 글(A Briefe and Accurate Treatise)》, sig. B3r.

40. Barclay, 《진통제(Nepenthes)》, sig. A7r.

41. 《토머스 플래터의 1599년 영국 여행(Thomas Platter's Travels in England 1599)》, Clare Williams 엮고 옮김, (London, 1937), pp. 170-71.

42. Barclay, 《진통제(Nepenthes)》, sig. A4r.

43. 제임스 1세, 담배를 반대함(A Counterblaste to Tobacco)', p. 222.

44. 같은 책, p. 220.

45. Gardiner, 《담배를 음미함(The Triall of Tobacco)》, fol. 19r.

46. Venner, 《짧고 정확한 글(A Briefe and Accurate Treatise)》, sig. B2V.

47. 제임스 1세, 담배를 반대함(A Counterblaste to Tobacco)', pp. 220-21.

48. John Beaumont, 《담배의 변형(The Metamorphosis of Tabacco)》(London, 1602), sig. B1r.

49. Barclay, 《진통제(Nepenthes)》 sig. A4r.

50. John Cotta, 《영국의 일부 무지하고 무분별한 의료시술자들이 미처 알지 못한 위험 발견 몇 가지(A Short Discoverie of the unobserved Dangers of seuerall sorts of ignorant and vnconsiderate Practicers of Physicke in England)》, (London, 1612), p. 5.

51. Monardes, 《반가운 소식(Joyfull Newes)》, fol. 39r.

52. 예를 들어, Gardiner, 《담배를 음미함(The Triall of Tobacco)》, fol. 20v; Venner, 《짧고 정확한 글(A Briefe and Accurate Treatise)》, sigs. B2r-V 참조.

53. 담배에 거룩한'이라는 형용사를 쓰게 된 데에 대해서는, Knapp, 거룩한 담배(Divine Tobacco)', p. 134 참조.

54. Oenoz Thopolis [Richard Brathwait], 《흡연 시대; 또는, 안개 속의 사람: 담배의 삶과 죽음에 대하여(The Smoaking Age; or, The Man in the Mist: with The Life and Death of Tobacco)》(London, 1617), p. 152.

55. '두 종류의 의례적 태도'의 융합에 대해서는, Knapp, 거룩한 담배(Divine Tobacco)', p. 167 참조

56. Joshua Sylvester, 《비난 받는 담배; 그리고 비난 받는 파이프, 천하고 야만스러운 잡초를 무턱대고 숭배하거나; 공허하기만 한 것을 지나치리만큼 사랑하는 것에 대하여(Tobacco Battered; & The Pipes Shattered, About their Eares that idly idolize so base & barbarous a weed; or at least-wise ouer-loue so loathsome vanitie)》(London, 1614), p. 82.

57. George Chapman, 《올리브 씨(Monsieur D'Olive)》(London, 1606), sig. D3r. 이 예화를 알게 해 준 루시 먼로에게 감사 드린다.

58. Hall, 《굴뚝 청소부를 위하여(Work for Chimny-sweepers)》, sig. B1r과 B1V.

59. Monardes, 《반가운 소식(Joyfull Newes)》, fol. 40r-40v.

60. 같은 책, fol. 40r.

61. 아메리카 대륙이 야기한 흥분과 그 반대의 감정에 대해서는, Stephen Greenblatt, 《신기한 물건들: 신세계의 경이(Marvellous Possessions: The Wonder of the New World)》(Oxford, 1991), Knapp, 거룩한 담배(Divine Tobacco)', Linton, 젠더, 야만, 담배(Gender, Savagery, Tobacco)' 참조

62. Rich, 《아일랜드 소동(The Irish Hubbub)》 p. 43.

63. 제임스 1세, 담배를 반대함(A Counterblaste to Tobacco)', pp. 221.

64. Hall, 《굴뚝 청소부를 위하여(Work for Chimny-sweepers)》, sig. A.iii.r.

65. 제임스 1세, 담배를 반대함(A Counterblaste to Tobacco)', pp. 214.

66. Deacon, 《담배의 괴로움(Tobacco Tortured)》, p. 55.

67. 제임스 1세, 담배를 반대함(A Counterblaste to Tobacco)', pp. 214.

68. Deacon, 《담배의 괴로움(Tobacco Tortured)》, p. 8. 근세 영국에서 외국인을 향한 두려움에 대해서는, 특히 Harris, 《외래품들과 국가(Foreign Bodies and the Body Politics)》 참조.

69. 《토머스 플래터의 1599년 영국 여행(Thomas Platter's Travels in England 1599)》, p. 170.

70. 새로운 세금에 대해서는, 예를 들어, Brooks, 《담배(Tobacco)》, pp. 58-9, 88-90 참조.

아프리카 남성들의 특권, 흡연

앨런 F. 로버츠 | Allen F. Roberts

■□

이것은 파이프가 아니다.

— 마그리트

아프리카 흡연의 역사가 새로이 주목 받고 있다. 약초 흡연, 훈욕, 훈증이 아프리카 곳곳에서 예부터 치료법으로 쓰였음을 보여주는 민족학적 증거는 풍부하다. 상징적인 의미가 있는 물질(다시 말해 반드시 화학적으로 약효가 있는 것은 아닌 물질)의 연기를 피우는 것은 오래 전부터 개인, 가정, 사회를 활성화하고 보호하기 위한 신비로운 의례의 특징이었다. 또한 일부 아프리카 사람들에게 흡연은 관념상으로도 철강 제련, 소금 만들기, 강우 조절[1]과 같은 식민지 이전 기법들의 실행에 필수적인 듯하다. 연기를 피우는 행위—어떤 물질이든 상관없이—는 다른 상황, 현실, 목적, 소망을 상징적으로 또는 역사적으로 암시할 때가 많다. 그러므로 '이것은 파이프가 아니다.'라는 유명한 마그리트(Magritte)의 선언을 아프리카라는 배경에 적용하여 설명할 가치가 있을 듯하다.

파이프처럼 보이고 느껴지고 냄새가 나고 맛이 느껴지는 어떤 사물은 그것이 아닐 수도 있다. 마그리트가 주장했듯이, '모든 것은 사람들로 하여금 한 사물과 그 이름 사이에 별 관계가 없다고 믿게 하기'[02] 때문이다. 이는 부분적으로 니콜라스 토머스(Nicholas Thomas)가 말했듯이, 사물들이 '불규칙' 하기 때문일 수도, 다시 말해 '그 전체적인 의미와 일치하지 않는 개별적인 의

담배 또는 대마초를 넣고 피우는 줄루족(남아프리카)의 나무 파이프. 이 아름다운 파이프는 대통이 세 개이고, 작은 상자 위에 올려져 있는 모양이다. 작은 상자에는 미닫이문이 달려 있어, 흡연 재료와 발화 재료를 담아둘 수 있다.

미'를 가지고 있기 때문일 수도 있다. 그리고 이들 의미는 또 다르게 대립되는 철학과 실제 간의 '뒤얽힘'을 야기할 수 있다.[03] 비록 그러한 의미들이 역사와 문화의 반복을 끊임없이 낳고 마그리트는 1952년 〈이미지의 배신(La Trahison des images)〉이라는 그림에서 '이것은 계속해서 파이프가 아니다.'[04]라고 한 번 더 서술했지만 다른 목적이 있고 영 파이프처럼 생기지 않은 어떤 사물은 그래도 역시 파이프일 수가 있다(위 그림 참조). 그러므로 '그럼에도 불구하고 파이프는 파이프이다.'라는 사실을 잊지 않는다면 흡연과 그밖의 행위와 관념 사이의 관계를 탐구하는 것이 이로우리라 본다. 물론 그러한 사물은 그것이 파이프일 경우에만 그 상징적 작용을 행할 수 있다.

13세기 또는 그보다 더 일찍이 구자라티족(Gujaratis)과 그밖에 인도양 부근에서 온 방문객들이 지금의 에티오피아에 대마초를 들여왔을 것이다. 그리고 아마도 아랍 선원들이 그것을 거의 같은 시기에 동아프리카 연안에 들여왔을 것이다.[05] 이때는 옛이야기 속에서 신드바드가 인도양을 왕래했던 시기였고 신드바드의 이야기에 물담배 파이프(hookah)[06]가 너무 많이 나오는 바람에 정령, 거인, 거대한 괴조들의 묘사가 가려진 것은 아닌지를 여전히 의문스러워 하는 이도 있다! 조롱박으로 만들고 통 모양의 테라코타 대통에 끼우게 되어 있는 대마 물담배 파이프는 초기 에티오피아의 발명품이었는데 동, 남, 중앙아프리카로 퍼져 나간 것으로 보인다. '중세에 또 다른 에티오피아의 문물인 커피가 퍼져 나간 길과 똑같은 길을 따라'[07] 퍼져 나간 것이다. 곧이어 대륙 곳곳에서 다른 종류의 흡연 도구가 발명되어 사용되었다.

1600년경 프랑스 상인들이 서아프리카 연안에 담배를 처음 들여왔음을 알려주는 흥미로운 증거들이 있다. 프랑스 상인들은 니코티아나 루스티카와 독특하게 생긴 테라코타 파이프 대통을 지금의 세네갈과 감비아에 들여왔다. 예각으로 '팔꿈치처럼 구부러진' 이 대통의 생김새와 평평한 밑바닥은 루이지애나 아메리카 원주민의 담뱃대 모양과 비슷하다. 루이지애나는 프랑스인들이 교역을 하고 있었고 나중에 식민지를 세우게 되는 곳이었다.[08] 이처럼 밑바닥이 평평한 파이프 대통은 고고학자들에 의해 꾸준히 발견되어 왔고 중앙아프리카 서쪽과 북쪽 곳곳에서 아직도 이런 파이프를 만들어낸다. 이와 같은 시기에 담배는 팀북투(Timbuktu)와 모로코를 연결하는 대상 무역로를 따라 전해졌고 담배 흡연은 빠르게 아프리카를 횡단하며 퍼져 나갔다. 이는 '담배'의 어원인 타바(taba)가 많은 서아프리카 언어들 속에 확산된 것을 살펴본 언어학 연구에도 나타난다.[09] 포르투갈 선박들이 담배를 남아프리카에 들여오고 나서 한참 뒤에야 네덜란드 사람들이 희망봉에 도착했다. 약 1650년경 담배는 남아프리카 전역에서 널리 이용되었다.[10]

담배는 토양와 기후 조건이 허용하는 곳에서만 재배되었지만 수입 담배는 서아프리카 전역에서 지역간 교역에 이용되는 공통적인 상품이었다.[11] 특히 유럽, 서아프리카, 아메리카 대륙을 잇는 악명 높은 트라이앵글에서 이루어지던, 대서양을 오가는 노예무역에서 담배는 주요 상품이었다. 서아프리카 연안의 무역 서신을 보면 담배가 '(노예) 거래가 이루어지려면 절대적으로 필요한' 것이었을 수도 있음을 알 수 있다.[12] 포르투갈 상인들은 독점적으로 브라질 담배를 수입함으로써 지금의 가나에서 독점적인 지위를 차지했다. 브라질 담배는 '살짝 시럽을 입혀' 독특한 맛이 나게 한 것으로 경쟁자들이 쉽게 흉내낼 수 없었다. 럼 주에 적신 브라질 담배는 아칸 왕조의 사치품이 되었다.[13] 브라질 담배는 20세기에 들어설 때까지도 해안 지방의 주요 상품이었지만 그 뒤 초국가적 담배 회사들이 이 지역에 부상하게 되었다. 설대가 길고 백토로 빚은 네덜란드 담배 파이프 또한 식민지 시대 초기에 중요한 교역 상품으로 인류학자들에게는 유용한 시간적 잣대가 된다.[14]

오래지 않아 아프리카 사람들은 대마초를 그들의 문화적 관습에 편입시켰다.

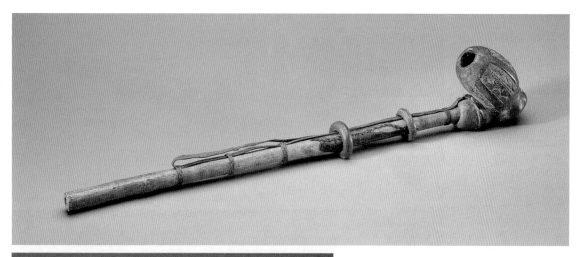

- 위, 왼쪽. 프라프라족(Frafra, 가나)의 담배 파이프. 대통이 '팔꿈치처럼 구부러지'고 바닥이 평평하다. 하나(위)는 놋쇠를 주조한 대통에 대나무 설대와 가죽 연결끈으로 이루어진 것으로 1900년 제품. 다른 하나(아래)는 사람 머리 모양의 테라코타 대통에 나무 설대와 가죽 부속물로 이루어진 제품.

- 아래. 투아레그족(Tuareg, 말리)의 쇠파이프와, 대마초나 담배를 넣는 가죽 주머니.

- *위.* 보보족(부르키나파소)의
  담배 파이프. 재활용된 알루미
  늄으로 영양 머리 모양의 대통
  을 주조하고, 설대는 나무를
  조각한 것이다.

- *아래.* 타브와족(콩고)의 박 물
  담배 파이프. 구리줄 장식, 갈
  대, 테라코타 대통으로 이루어
  져 있다.

남아프리카에서 대마초 흡연은 식민지 이전과 초기 식민지 시대에 남성적 특권이 되었다. 물담배 파이프는 박이나 짐승의 뿔로 만들었고 속이 빈 대를 끼워 돌, 점토 또는 나뭇잎으로 만든 대통을 고정시켰다. 직선형 파이프나 작은 대통이 달린 파이프도 유행이었다. 일찍이 지금의 남아프리카를 찾았던 이들은, 남아프리카 사람들이 땅에 구멍을 뚫어 '파이프'를 만들고, 땅에 누운 채 취하게 하는 연기를 내뿜었다고 기록했다.[15] 남아프리카에서 대마초는 호전성과 목우와 관련 있었지만 19세기에 널리 퍼졌던 취미 생활의 밑바탕이기도 했다. 그 취미란 대마초를 피우고 고인 침을 관을 통해 뱉어서 침이 땅에 떨어지며 재미난 모양을 만들어내도록 하는 것이었다.[16] 콩고 남동쪽의 타브와족(Tabwa) 또한 대마초를 피우면 남자들

영양을 표현한 초퀘족(앙골라와 잠비아)의 나무 담배 파이프. 파이프를 거꾸로 뒤집으면 파이프가 머리받침이 된다.

과 또 일부 동물 사이에 공격성이 높아진다고 생각한다. 부시벅영양(Tragelaphus scriptus)은 눈이 빨갛고 매우 사나우며 '마법사'로 여겨지고 꺼려진다. 그 이유로 한 가지 예를 들자면 영양들이 대마를 먹기 때문이라는 것이었다.[17]

담배 또한 많은 곳에서 상업, 정치 그리고 의례에 빠르게 포섭되었다. 담배 흡연은 본디 집단적 오락이다. 또한 하나의 파이프를 같이 쓴다는 것은 해로운 물질이 전혀 없으며 나쁜 의도가 숨어 있지 않음을 믿는다는 것을 의미한다. 타브와족의 나이 든 남성들은 친구들끼리 하나의 물담배 파이프로 나눠 피우는 것을 매우 좋아한다. 물담배 파이프를 쓰면 연기가 식고 쓴 타르가 줄어든다. 그런데도 '좋은' 담배로 인정되려면 가장 억센 사내도 발작적으로 심한 기침을 할 만큼 독한 것이어야 한다.

오래 전에 담배는 한 마을과 지역 시장에서 교환 가치 노릇을 하기도 했다. 지

아산티족(Asante, 가나)의 새 모양 도기 대통. 결혼식이나 장례식 때 고급스러운 선물로 주는 파이프에 끼우는 것, 1900년.

역에서 재배한 담배를 10미터 길이로 두루마리를 만든 묶음이나 말총끈으로 묶은 묶음들이 중앙아프리카의 큰 호수와 강을 따라 거래되었다. 타브와족과 이와 친족인 부족들은 신부값(bridewealth), 배상금과 일부 제한된 교환에서 가끔 이들을 화폐처럼 썼다.[18] 탕가니카 호(Lake Tanganika) 남단 부근에 사는 이들은 지역에서 재배한 담배를 빻아 덩어리 모양으로 만들어서 쉽게 가지고 다닐 수 있도록 하는 방식을 좋아했다. 그들은 아직도 우스갯소리처럼 이 덩어리를 '하마 똥'이라고 부른다. 누가 봐도 그렇게 보이니 말이다!

　담배 흡연이 아프리카화되었던 정도는 아프리카 파이프의 이채로움에서 더욱 두드러진다. 아프리카 파이프는 비슷하게 생긴 파이프가 하나도 없는 것 같다. 한 사회 안에서도 그렇고 어떤 특정한 시기 또는 역사를 통틀어 다른 사회를 비교해도 그렇다. 전문적인 예술가들이 가끔 파이프를 만들기는 하지만 많은 개인들이 자기만의 파이프를 공들여 만든다. 지팡이나 머리받침 같은 아프리카 소장품을 얼마쯤 가지고 있는 사람이라면 이런 사실을 알 수 있다.[12] 이렇듯 파이프의 눈에 띄는 다양성은 흡연 자체보다도 신앙, 관습 그리고 배경과의 개별적이고 공통적인 관련성을 반영한다고 볼 수 있다.

《검은 아프리카의 파이프(Pipes d'Afrique noire)》라는 두 권짜리 개론서에서 장 레클뤼스(Jean Lecluse)는 수많은 선화(line drawing)와 사진으로 앞서 말한 요점을

- 위. 신분이 높은 이를 표현한 바문족(Bamun, 카메룬)의 도기 대통. 은조야(Njoya) 왕의 궁에서 나온 것, 1931년.

- 아래. 놋쇠 또는 청동을 주조한 티카르족(Tikar, 카메룬)의 파이프 대통. 총을 든 사냥꾼이 코끼리머리 위에서 있는 모양이다.

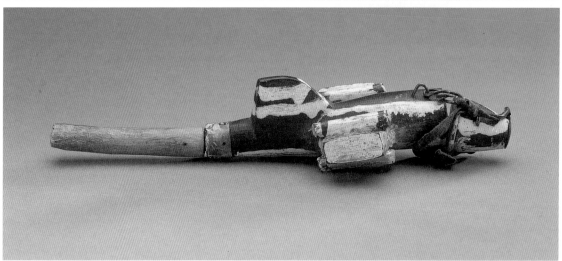

드러낸다. 다시 말해 아프리카 담배 파이프들은 나뭇잎, 바구니 공예, 대나무, 갈대, 박, 씨앗, 패각, 햇볕에 말린 흙, 불에 구운 점토, 부드러운 돌, 연석, 뼈, 가죽, 뿔, 상아, 나무, 제련한 쇠, 놋쇠, 알루미늄 그리고 오늘날에 와서는 재활용 물질, 이를테면 알루미늄 깡통이나 페트병을 이용하여 빚어지고 조각되고 주조되어 왔다.[20] 파이프들은 안료, 패각, 구슬 등 많은 장식적인 물질들과 상징적으로 효력을 발휘하는 물질들로 꾸며지고 마법적인 힘을 얻었다. 파이프들은 관계, 일화, 동물적 은유, 속담, 신화 그리고 우주론을 연상적이거나 서술적으로 나타내고 있다.[21] 또 놀랄 만큼 정교한 파이프들이 있다. 그런 파이프를 가진 사람이라면 틀림없이 그런 귀중품을 주문할 만큼 부자이거나 신분이 높을 거라고 생각할 만큼 정교한 것들이다. 파이프들에는 조상, 문화적 인물 또는 정령이 표현되고 있다. 그러나 유럽의 식민지 개척자들이나 그들의 기술이 표현되어 있는 파이프도 있다. 이는 아마도 유럽 사람들의 정치 경제적 능력의 아우라를 공유하고자 하는 의도였을 것이다. 하지만 어쩔 수 없이 가식적으로 그렇게 했을 가능성도 높다.[22] 이 글에 포함된 사진들에서 알 수 있듯이 아프리카 파이프들은 그 기술적인 정교함, 개성, 독창성, 해학과 지혜를 감탄할 만하다.

개인적인 천재성, 집단적인 미학, 유용한 재료 및 부족간 상호작용이라는 특이점 말고도 이처럼 눈에 띄는 다양성에는 사회학적인 근거가 있을 것이다. 특정 지역의 역사를 살펴볼 때 특히 이런 생각이 든다. 브라이언 비비안(Brian Vivian)은 수입된 유럽 형태의 복사판 또는 명백한 모방판에서부터 이후의 특이하고 정교한(tour de force) 지역적 창작물에 이르기까지 폴 오잔느(Paul Ozanne)가 정리한 남부 가나의 파이프 형태의 고고학적 진화가 역사적이고 사회적인 현실을 반영한다고 본다. 다시 말해 17세기 초반 파이프의 진화가 시작되었을 때 담배는 희귀한 상품이었다. 유럽과의 교역은 엄격하게 통제되었고 사회는 매우 중앙집권적이어서 모든 재화와 혜택은 왕에게 바쳐졌다. 그러나 19세기에 걸쳐 대서양을 오가는 노예무역과 후기 형태의 장거리 무역 및 국지 무역은 더 많은 수의 사람들에게 부를 가져다주었다. 따라서 더 많은 이들이 과거에는 재화와 혜택으로 여겨졌던 것들을 소유할 수 있게 되었다. 여기에는 가장 훌륭한 파이프 제작자의 예술성도 포함되었다.[23]

- 옆면 위. 도기 파이프 대통. 패각 조각을 붙인 비행기 위해 사람이 서 있는 모양. 나이지리아 아다마와(Adamawa) 주의 확인되지 않은 부족.

- 옆면 아래. 프라프라족(가나)의 나무 파이프. 대마초나 담배를 피우는 것으로 비행기 모양. 안에 깡통 조각을 댔고 기수를 떼었다 붙였다 할 수 있다.

아프리카의 흡연은 때로 특정 집단 또는 사회에만 적용되는 합의를 내포하기도 하지만 인종적 또는 사회적 경계를 넘어 확장되기도 한다. 문화간 접촉과 흡연의 정치학은 19세기 후반의 베나 리암바(Bena Riamba)의 사례를 보면 특히 분명해진다. 베나 리암바는 래스터(Rasta, 래스터패리언을 말하며 자메이카 등지에서 생겨난 흑인 결사. 흑인을 환생한 유대인이라 보고 흑인들이 아프리카로 돌아감으로써 구원을 얻을 것이라 믿었다-옮긴이)와 비슷한 조직으로 '대마 종족(People of Cannabis)'이라는 뜻이다. 이들은 지금의 콩고민주공화국 '우정의 땅' 루부코(Lubuko)에 살고 있다. 요하네스 페이비언(Johannes Fabian)은 얼마 전 중앙아프리카에서 유럽 제국주의 초기의 흥미로운 문화 접촉을 설명하면서 이를 재확인했다. 탐험가들은 매우 사악한 집단이었고 그에 대한 일부 아프리카 사람들의 반응은 무척이나 비현실적이었다는 것이다! 타자들―식민 정복자들과 피지배자들 모두―이 지식의 대상으로 창조된 배경을 이해하기 위해 페이비언은 탐험가들의 여행담과 초기 민족학에서 거의 언제나 얼버무려지는 사실들을 공포와 열광(manic)은 물론이거니와 '알코올, 약물, 질병, 섹스, 야만, 폭력의 결과 그리고 연회, 우정, 여흥, 공연의 역할'을 가장 앞으로 끌어낸다.[24]

대마 흡연은 대상 여행 특히 동아프리카 스와힐리 해안에서부터 내륙으로 가는 길의 특징이었던 듯하다. 이런 행위는 중앙아프리카를 찾아온 많은 초기 유럽 사람들의 약물 남용에 비할 것이 아니었다. 그들이 낯선 대륙에 외따로 떨어져 두려움을 느꼈을 때 "우리는 우리 탐험가들이 '약물에 취해' 있었다고 상상할 수 있다. 대부분의 탐험가들은 몇 시간 정도, 일부 탐험가들은 대부분의 시간을 약물에 취해 있었을 것이다."[25] 그로부터 우정이 돈독해졌을 수도 있고 야만성이 뒤따랐을 수도 있다. 하지만 페이비언은 약물 남용이 정신착란적 효과를 유발하면서 유럽 탐험가들의 엄격성과 아프리카 고유의 방식에서 벗어날 기회가 마련되었다고 생각할 수 있다고 본다. 따라서 초기 두 문화의 접촉 시기에 서로의 문화와 관습―서로 너무 달랐던―을 어떤 방식으로든 이해하는 데 도움이 되었다는 것이다.

이들 이야기 가운데 1880년대 베나 리암바 이야기는 '중앙아프리카의 흥미로운 탐험담 가운데 가장 큰 변화를 담은 이야기'로 꼽힌다. 베나 리암바는 지금의 남서부 콩고의 도시 음부지마이(Mbuji Mayi) 부근에 사는 룰루아족(Lulua, Shilange 라고도 한다)의 정치종교적 집단으로 부상했다. 장거리 무역의 지배권을 둘러싼 책략과 노예와 상아를 차지하기 위한 공격 등 폭력이 난무하는 환경에서 칼람바 무켄지(Kalamba Mukenge)라는 권위자는 '대마초를 문화적·정치적 상징으로 삼았다. 대마초는 그것을 추종하는 자들의 동질감을 창조하고 매우 넓은 지역의 다른 우두머리들과 공직자들을 달랠 수 있는 상징적 힘을 얻었다'.[26]

무켄지와 그의 여자형제이자 가까운 친구인 산굴라 메타(Sangula Meta)는 매우 의도적으로 전통을 창조한 것으로 보인다. 예를 들어 우정의 땅에 살던 이들은 모요(Moyo!, "생명!")라는 독특한 인사말을 썼다. 친족, 씨족, 정치 조직이 형성했던 초기 지위와 동맹은 새로운 합의로 대체되었다. 영적 능력의 원천으로 삼은 대마초를 기초로 새로운 의미의 상호 합의가 이루어졌다. 물론 페이비언이 임의대로 해석할 수 있었던 파편적인 자료만 가지고 이를 확신할 수는 없다. 그러나 대마초는 살아 있는 존재 다시 말해 신으로 인식되었을 수 있다고 본다. 베나 리암바는 내분으로 인해 오랜 세월 찢겨진 땅에서 평화주의자가 되었다. 그들은 심지어 짐승을 죽이는 것조차 거부한다. 그들은 야자술과 약초를 포기하고 대마초를 선택했고, 이전 사회의 모든 표식을 삼가기 위해 머리와 몸의 모든 털을 깎고서 알몸이 되어 제의에 임했다. 건축도 더 큰 공동 거주에 알맞게 바뀌었다. 마을들은 대마초 흡연 장소인 중앙 광장을 에워싼 형태로 재편되었다. 이전의 물질문화는 소멸되었다. 박 — 어떤 것은 지름이 1미터 — 으로 만들어진 엄청나게 큰 물담배 파이프는 베나 리암바의 토착문화 부흥 운동의 유일한 유형적 상징물이었다. 헤르만 폰 비스만(Hermann von Wissman)과 그밖의 다른 유럽 방문객들은 제국주의자들의 정치적 목표를 잘 알고 있었다. 그들은 개인적 즐거움을 이유로 그 운동의 정신적 혼탁 상태를 격려하고 때로는 자신들도 거기에 참여했다.

페이비언은 불길하게 결론짓는다. 이렇듯 기묘한 접촉의 결과로 콩고자유국 (Congo Free State)의 초기 유럽 통치자들은 대마초를 섬기는 정치 조직에 권력을 위임하여 식민시대에 대두하고 있던 인종적 국수주의 속에서 다른 집단들에 맞서도록 했다. 이 분열 정책의 영향력은 콩고 독립[27] 뒤에도 40년이 넘게 심각한 문제가 되었다.

이렇듯 특별한 정치적 목적 및 그 결과물과 상반된 사례들이 있다. 아프리카 담배 흡연의 관습과 재료와 용구들에 깃들인 깊은 신앙심을 보여주는 훨씬 흥미로운 사례들이다. 1930년대 남서부 카메룬 초원지대의 콤(Kom) 왕국에서 담배는 '필수품'으로 여겨졌다. 남아프리카에서 그것은 '맥주와 고기만큼 중요'[28] 했다. 콤 왕국 백성들은 자손, 부귀, 명성을 지켜달라고 신에게 간곡히 빈다. 선교 사이자 민족학자인 폴 게바우어(Paul Gebauer)가 지적했듯이 '부귀'란 물질적 부를 뜻하는 말이 아니라 기본적인 위신에 필요한 재화, 그 가운데에서도 특히 야자술이나 담배를 뜻하는 것이다. 1930년대 게바우어가 관찰해보니, 여성들은 '담배 휴식' 시간을 가지며 '아침의 우울함을 쫓아버리'고 '농사의 허드렛일에 활력을 불어넣었다'고 한다. '초원의 여성들이 한 줄로 길게 언덕을 오르던 모습과 그 뒤로 파란 담배 연기 한 줄기가 피어오르던 모습'은 '잊혀지지 않는' 것이다. 남자들은 두 시간 정도마다 하던 일을 멈추고는 파이프를 물고서 '정신을 가다듬곤' 했다. 사람들은 담배를 집 가까이 심었고, 거름더미나 '땅 속에 묻힌 선조들의 뼈'가 '잎사귀에 풍미를 더할 것'으로 생각되는 버려진 집터에 심기도 했다![29]

담배 흡연과 영적 세계와의 연관성에는 이것이 암시하는 것보다 더욱 깊은 의미가 있을지도 모른다. 많은 남부 아프리카 민족들에게, 담배는 '자주 공유되고, 홀로 피울 때는 거의 없으'며 '살아 있는 사람이나 죽은 자의 영혼이 똑같이 즐기는' 것이다. 레소토(Lesotho) 왕국의 소토족(Sotho)에게, 담배는 '머리를 맑게 하여……선조들의 목소리를 들을 수 있게 하'며, 영령들에게는 중요한 '양식'이다. 줄루족은 선조들에게 담배를 바친다. 코사족(Xhosa)은 담배 파이프를 '영적 세계와 가까워지게 하는 수단'으로 본다. 베냉(Benin)공화국의 폰족(Fon)은 신령 형상들의 입에 담배를 끼워놓아 그들을 기쁘게 한다.[30] 타브와족의 언어로 (담배) '피운다'는 말은 kupepa인데, 이는 '신령들에게 제물을 올리다.'는 뜻이기도 하다. 타브와족은 시체와 함께 파이프와 담배를 묻으며 슬픈 노래를 불렀다. 그 사람을 잃음이 더 이상 함께 담배 피울 수 없음을 뜻하는 노래였다.[31] 오늘날 그들은 장례식에 담배를 가져가서 문상객들끼리 담배를 나눠 피운다. 아마 조상의

영혼과도 함께 피우는 것이리라.

　흡연은 또한 더 특별한 이유, 무엇보다 선견지명의 이유 때문에 영령들을 사로
잡을 수 있다. 많은 타브와 사람들이 스와힐리(Swahili)어를 쓴다. 이들은 흡연을
뜻하는 말로 '당기다 또는 끌다' 라는 뜻의 스와힐리어 kuvuta를 쓴다. 아마도 파
이프를, 오늘날에 와서는 담배를 '빨기' 때문일 것이다. 영매(ng'anga)가 영감을
받아 문제 해결을 하려고 할 때 영혼을 불러들인다는 뜻으로 똑같은 말이 쓰일
수 있다. 앙골라와 잠비아(Zambia)의 초퀘족 점쟁이들은 이런 경우 물담배 파이
프를 피우며 사람들의 질병과 다른 불행을 진단하는 데에 도움을 줄 영령들을
맞아들인다. 이와 비슷하게 토고(Togo)의 카브레족(Kabre)은 땅의 신을 믿는 주
술사들이 점을 칠 때 사당에서 담배를 피운다. 남아프리카의 코사족 점쟁이들은
흰 구슬로 장식된 파이프를 '직업적 상징물로' 삼는다. 적어도 과거에 줄루족 점
쟁이들은 '영령들의 밭' 이라 불리는 특별한 담배밭을 가꾸었다. 거기서 나는 작
물들은 저장해 두었다가 영령들을 불러들이는 데 썼다. 또 담배를 꿀에 버무려
이 밭에 묻어서 점쟁이들을 수호하는 선조들에게 감사를 올렸다.[32]

　다른 약초 또는 채소류들이 비슷한 목적으로 흡연에 이용되기도 한다. 타브와
의 무당들(Tulunga)은 비름(lubowe, Amaranthus dubius Mast)을 피운다. 이 약초가

환각성이 있는 것 같지는 않다. 하지만 이 약초가 매우 강력하여, 특별한 지식과 능력이 부족한 무당들에게 보이지 않는 나쁜 악령들을 '보게' 해준다고 말하는 무당도 있다. 향정신성 약물 흡연은 아프리카에서 매우 드문 일인 듯하다(최근에 도시 중심부에 환각제가 유입되는 것을 무시하면). 따라서 차드(Chad) 코토코(Kotoko) 사람들의 흰독말풀 흡연은 매우 국한적인 관습으로 보인다. 또 군데군데에 흩어져 있는 종족들이 감정 변화를 일으키는 약물을 복용한다. 가봉(Gabon)의 팡(Fang)족은 이보가(Tabernanthe iboga)에 힘입어 조상들을 '보'고 그들로부터 '제례와 신앙에 대한 새로운 설명'을 듣는다. 하지만 이보가는 흡연한다기보다 먹는 것이다.[33]

많은 경우에 사람과 영혼이 함께하는 담배 흡연은 친근한 일체감을 준다(선조

총가족(Tsonga) 또는 응구니족(Nguni, 모잠비크 또는 남아프리카)의 나무 파이프. 구슬로 장식한 여인 모습으로 머리가 대통 마개이다.

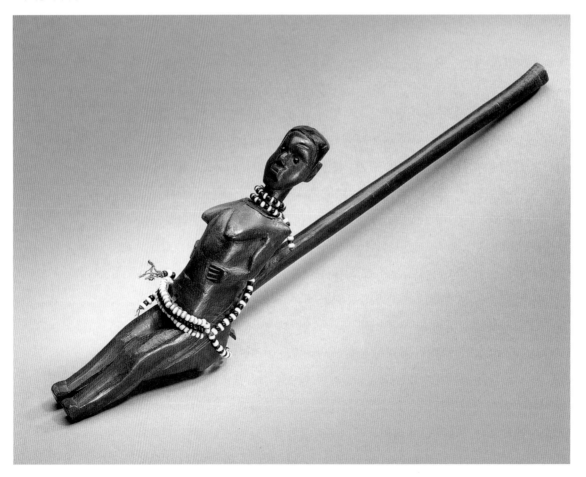

들은 '죽지' 않았기 때문이다). 다른 많은 아프리카 사람들과 마찬가지로 타브와족은 가정의 단합을 흡연과 연결짓는다. 함께 담배 피우는 이들은 조상들의 승인을 통해 일심동체가 된다. 이혼을 가리키는 말뜻은 '담배를 자르다'이다. 담배와 흡연은 다산과도 관련되는데, 이는 소토족에게서 분명히 알 수 있다. 담배를 뜻하는 소토 말 kwae는 '페니스'를 완곡하게 표현한 것이다. 'kwae는 밤에 여자들이 피우는 물건'이라는 소토의 표현이 있다. Kwae는 또한 신부가 신랑집에 들어갈 때 잡는 양을 가리키기도 하는데, 이는 신혼부부의 성적 결합을 의미한다.[34]

일부 아프리카 파이프의 의인화는 흡연, 섹스, 젠더 사이에서 찾아낼 수 있는 유사점들을 분명히 드러낸다. 하지만 루바족(Luba), 타브와족 그리고 그들과 가까운 콩고 사람들의 것만큼 극적인 표현을 보이는 것은 아마 어디에도 없을 것이다. 이 파이프들은 소장품이나 초기 식민시대 문학을 통해 아주 일부만 알려져 있다. 조롱박으로 만든 물담배 파이프에도 구리줄을 박아넣어 무늬를 새겨놓은 것이 있다. 이는 사람들 몸에 흉터를 내어 꾸미는 것을 흉내낸 것으로 파이프를 '의인화'하는 방식이다.

매우 희귀한, 의인화된 파이프 두 개—하나는 루바족 파이프로 1890년대 루바와 타브와 동부 접경지대에서 발견된 것이고, 하나는 19세기 타브와족의 물담배 파이프—는 조각품에 가깝다. 이것들을 본 사람이라면 마그리트의 말이 결국 옳은 것일지도 모른다고 생각하게 될 것이다. 이것들이 정말 파이프란 말인가?[35] 그러나 그것들은 파이프이고 파이프임에 틀림없다.

루바 물담배 파이프에 새겨진 자세, 머리 모양, 흉터는 소수 특별한 인물들이 멋지게 꾸민 모습을 떠오르게 한다. 더 흔히는, 루바의 등받이 없는 의자를 받치고 있는 여인상을 떠오르게 한다.[36] 여기서 무릎을 꿇고 있는 다리는 의자 바닥에 놓여 있는 것이 아니다. 다리는 그 인물의 생식기의 연장인 파이프 물통(water chamber)에 놓여 있다. 타브와 파이프도 이와 마찬가지이다. 루바와 타브와 여인상들은 대개 외음부를 표상해왔다. 이는 여성의 성적 매력을 강조하는 문화적 관습을 반영하는 것이다. 그러나 이 경우 파이프들은 젠더와 혈족 문제와 더 깊이 연관되어 있다.

타브와족과 동부 루바족에서는 모계사회가 몰락한다. 여기 남성들은 인류학자들이 '모계사회의 수수께끼'라 일컬었던 딜레마에 빠지게 된다. 모계 혈통을 따르는 경우에 한 남자의 생물학적 자녀들은 그의 상속자가 아니다. 대신 그의 누이의 자녀들이 그 역할을 맡게 된다. 남자들은 자기 집에 사는 자기 자녀에 대한 사랑과 자신들이 가르치고 사회적으로 성숙시켜야 하는 자기 누이들의 자녀들 사이에서 괴로워한다. 긴장, 충성심 경쟁, 간헐적인 갈등이 일어난다. 남자를 정점으로, 남자의 아내와 남자의 누이를 두 점으로 하는 정치적 삼각구도가 형성되기 때문이다.

타브와족은 설화와 물질문화를 통해 그들 사회 조직의 혼란을 드러낸다. 이를 테면 그들은 balamwezi(보름달이라는 뜻—옮긴이), '새로운 월출(The Rising of a New Moon)'[37]이라는 주제로 사물들을 이등변삼각형들로 장식한다. 남성인 달은 빛과 어둠의 국면을 지난다. 그러나 달은 그의 삶에서 가장 중요한 두 여인의 이해관계 사이에 갇힌다. 동쪽과 서쪽을 번갈아가며 아침과 저녁에 떠오르는 금성이 두 여인이다. 이 하나의 '별들'은 때로 일부다처를 의미하여, 달의 첫번째 아내와 두번째 아내로 일컬어진다. 그러나 이야기의 결과는 똑같다. 한 남자는 그와 가장 가까운 두 여인의 상반된 입장 사이에서 이러지도 저러지도 못한다는 것이다.

타브와족과 루바족의 의인화된 물담배 파이프는 바로 이들 수수께끼를 유형적으로 표상하는 '실물교육(object lesson)'이다. 여인상 파이프의 물통은 차갑고, 어둡고, 보호되며, 생식능력이 있다. 그것은 위안을 주고, 제공하고, 사랑한다. 그러나 이 파이프는 두 개의 다른 필수불가결한 부분이 있다. 물통 속으로 삽입되는 갈대 부분과 갈대가 연결되는 도기 파이프 대통이 그것이다. 타브와식 사고방식에서 갈대는 '남성'이고 대통은 '여성'이다. 대통에는 담배(또는 대마초)와 불을 보관한다. 이 '여성들'은 '뜨겁다'. 여성들이 가지고 있는 불은 담배를 연기로 변형시키고, 남성인 갈대는 연기를 대통의 차가운 부분으로 보낸다. 대다수 아프리카 사회에서 하나의 '사유 유형'인 삼원색 상징론에 따르면 한쪽 '여성들'은 '붉고' 변화의 매혹적인 폭력성을 표상한다. 다른 쪽 '여성들'은 비밀 엄수, 지혜, 다산을 표상하는 '검은' 색이다. 여성들 사이에서 영원히 문화적으로 끼인 '남성들'은 연기처럼 '회'며 그들의 권력은 희박하지만 강하다.[38]

이 짧은 글은 아프리카 흡연 역사와 문화의 표면만을 훑어보았다. 하지만 흡연이 아프리카에서 오래 전부터 풍미되었고 또 '좋게 여겨졌다'는 사실은 확실해졌을 것이다. 이러한 신앙과 관습은 오늘날에 어떻게 남아 있는가? 분명히 시골 사람들은 이 글에서 묘사한 철학과 방식을 일부라도 그대로 이어오고 있다. 하지만 많은 곳에서 흡연은 다른 분야의 세계화에 발맞추어 변화해왔다.

공장에서 생산된 담배 제품들이 이용된 것은 식민지 시대가 끝나기 훨씬 전부터였다. 1인당 소득은 과거에도 지금도 매우 낮지만 잠재 시장은 넓다. 담배는 과거에도 지금도 수입품이다. 맥주 공장과 함께 담배 공장들은 식민지에 세워진 최초의 — 어떤 경우에는 유일한 — 공장이었다. 최근에 지역에서 생산된 담배는 초국적 기업들로 인해 심해진 경쟁을 치르고 있다. 그들은 건강을 중시하는 유럽과 아메리카 나라들에서 입은 수입의 손실을 만회하고자 한다. 오늘날에는 HIV/AIDS 및 말라리아나 결핵 같은 풍토병이 맹위를 떨치고 있다. 그러나 미국 질병관리센터(US Center for Disease Control) 연구자의 예상은 이와 다르다. 그는 2020년 즈음에는 담배 관련 질병이 아프리카 최고의 사망 원인이 될 것이라고 한다.[32] 아프리카 정부와 세계보건기구(World Health Organization) 같은 국제기구들은 담배 관련 사망률을 측정하고 관리하기 위해 노력을 기울이고 있다. 이들은 때로 초국적 기업들과 지역 주민의 거센 반대에 맞서기도 한다. 세계 곳곳에서 그렇듯이 아프리카에서 흡연은 '현대적'이고 '세련된' 것이다. 이런 태도와 전제가 그들 자신의 파멸의 원인이라고 해도 "그럼에도 불구하고 이것은 파이프이다". □

||||주

01. 기원전 1000년경의 동석 파이프가 탄자니아에서 발견되었다. (사적인 정보교환, Merrick Posnansky 2001) 치료를 위한 흡연에 대해서는, 예를 들어, Christopher Davis, 《죽음의 유보: 중앙아프리카 타브와족의 질병과 치료법(Death in Abeyance: Illness and Therapy Among the Tabwa of Central Africa)》(Edinburgh, 2000), p. 237과 여러 군데 참조 콜로뉴의 Wolfgang Cremer가 아프리카 사하라 아래쪽의 흡연에 대한 책을 준비하고 있으며, 친절하게도 이 글의 초고에 대해 충고를 해주었다. 하지만 나는 내 원고가 출간되기 전에 그의 원고에 대해 조언을 주지 못했다.
02. Jacques Dopagne, 《마그리트(Magritte)》(Paris, 1977), p. 9.
03. Nicholas Thomas, 《뒤얽힌 사물들: 태평양의 교역, 물질문화 그리고 식민주의(Entangled Objects: Exchange, Material Culture and Colonialism in the Pacific)》(Cambridge, MA, 1991), p. 143과 여러 군데.

04. Dopagne, 《마그리트(Magritte)》, p. 9.

05. Brian du Toit, '아프리카 사람과 대마초:확산 연구(Man and Cannabis in Africa:A Study of Diffusion)', 《아프리카 경제사(African Economic History)》, 1 (1976), pp. 17-35; John Edward Philips, '아프리카 흡연과 파이프(African Smoking and Pipes)', 《아프리카 역사 저널(Journal of African History)》, 24 (1983), pp. 303-19; Berthold Laufer, Wilfed Hambly와 Ralph Linton, '아프리카에서 담배와 그 이용(Tobacco and its Use in Africa)', 《필드자연사박물관 인류학 리플렛(Field Museum of Natural History Anthropology Leaflet)》, XXIX (1930).

06. Daniel Beaumont, '천일야화(Alf Laylah wa Laylah; or, The 1001 Nights)', www.arabiannights.org/index2. 확실한 것은 아니지만 나는 신드바드가 대마초를 피웠을 수도 있다고 생각한다.

07. Philips, '아프리카 흡연과 파이프(African Smoking and Pipes)', pp. 308, 313 그리고 315. 다른 학자들은 고대 페르시아에서 물담배 파이프가 발명되었고—아니면 적어도 물담배 파이프가 흔히 사용되었으며, 페르시아에서부터 동아프리카로 전해졌다고 주장한다. (W. Cremer, 사적인 정보교환, 2002)

08. Philips, '아프리카 흡연과 파이프(African Smoking and Pipes)', pp. 317-18. 이에 필적하는 이론을 보려면, Christopher Decorse, 《엘미나의 유물:황금 해안의 아프리카인과 유럽인, 1400-1900(An Archaeology of Elmina:Africans and Europeans on the Gold Coast, 1400-1900)》(Washington, DC, 2001), p. 163; Thurstan Shaw, '아프리카, 유럽 그리고 아메리카에서 초기의 담배 파이프(Early Smoking Pipes In Africa, Europe and America)', 《영국과 아일랜드 왕립인류학연구소 저널(Journal of the Royal Anthropological Institute of Great Britain and Ireland)》, 90 (1960), pp. 272-305; 그리고 Ivan Van Sertima, 《그들이 콜럼버스보다 먼저 왔다(They Came Before Columbus)》(New York, 1976) 참조. 그렇지 않다면 16세기 후반 포르투갈 사람들이 서아프리카에 담배를 들여왔을 수도 있다. (W. Cremer, 사적인 정보교환, 2002)

09. Philips, '아프리카 흡연과 파이프(African Smoking and Pipes)', p. 318. 이밖에 Decorse, 《엘미나의 유물(An Archaeology of Elmina)》, pp. 163-7; 그리고 Brian Vivian, '결정적 증거를 찾아서(Searching for the Smoking Gun)', 비간행 회의 자료, 31회 연례 CEMERS(The Center for Medieval and Renaissance Studies - 옮긴이) 회의 (1997), Binghamton, NY 참조. 아프리카 일부 지역에서는 흡연보다 코담배를 맡는 것이 훨씬 대중적이다.

10. Ann Wanless, 대중오락:남아프리카의 흡연과 코담배(Public Pleasures:Smoking and Snuff-taking in Southern Africa)', 《예술과 모호성:브렌서스트 소장 남아프리카 예술품에 대한 고찰(Art and Ambiguity:Perspectives on the Brenthurst Collection of Southern African Art)》, 전시회 카탈로그, 요하네스버그아트갤러리 (1991), pp. 126-43, p. 127.

11. George Metcalf, '아프리카 사람들은 왜 노예를 팔았나:1770년대 아칸족의 소비 양태(A Microcosm of Why Africans Sold Slaves:Akan Consumption Patterns in the 1770s)', 『아프리카 역사 저널(Journal of African History)』, 21/1 (1987), pp. 377-94.

12. 같은 책, p. 382.

13. 같은 책, p. 388. 그리고 Claude Savary, '아프리카의 파이프(African Pipes)', 《부족 미술(Tribal Arts)》, 5/1 (1998), pp. 72-83, p. 76; 그리고 Brian Vivian, '사람, 파이프 그리고 흡연의 산물(People, Pipes and the Production of Smoke)', 비간행 회의 자료, 미국 인류학협회 연례회의 (2001), New Orleans.

14. David Calvocoressi, 가나의 유럽산 파이프(European Trade pipes in Ghana)', 『서아프리카 고고학 저널(West African Journal of Archaeology)』, 5 (1975), pp. 195-200; Iain Walker, '서아프리카 고고학 연구 중 유럽 흙파이프의 잠재적 이용(The Potential Use of European Clay Tobacco Pipes in West African Archaeological Research)', 『서아프리카 고고학 저널(West African Journal of Archaeology)』, 5 (1975), pp. 165-93; 그리고 Jean Lecluse, 《검은 아프리카의 파이프(Pipes d'Afrique noire)》, 2권짜리, 개인적으로 등사 인쇄 (Liege, Belgium), 2권, p. 28 참조.

15. Wanless, 대중오락(Public Pleasures)', p. 128.

16. 같은 책.

17. 콩고 민주공화국 타브와족에 관한 민족학적 서술은, 시카고대학 인류학 박사 학위에 제출했던 내 연구 논문에서 발췌한 것이다. 대마초를 먹는 동물들에 대한 타브와 사람들의 시각에 대해서는, Allen Roberts, 《아프리카 예술 속의 동물:공상의 동물부터 신기한 동물까지(Animals in African Art:From the Fantastic to the Marvelous)》(Munich, 1996), p.54 참조.

18. Charles Delhaise, '와뱀바에서(Chez les Wabemba)', 《벨기에 왕립 지리학협회 회보(Bulletin de la Societe Royale Belge de Geographie)》, 33 (1908), pp. 173-227, 261-83, pp. 216-17.

19. 《삶의 지팡이:쿠드롱 아프리카 예술 소장품 가운데 장대, 지팡이, 권장 그리고 미술봉들(Staffs of Life:Rods, Staffs, Scepters and Wands from the Coudron Collection of African Art)》, Allen Roberts 엮음 (Iowa City, IA, 1994); 그리고 William Dewey, 《잠자는 미녀들; UCLA 제롬 조스 아프리카 머리받침 소장품(Sleeping Beauties:The Jerome L. Joss Collection of African Headrests at UCLA)》(Los Angeles, 1993) 참조.

20. Lecluse, 검은 아프리카의 파이프'; Savary, '아프리카의 파이프'; 또 Enid Schildkraut와 Curtis Keim, 《아프리카의 생각:북동 자이레의 예술(African Reflections:Art from Northeastern Zaire)》(Seattle, 1990); 그리고 Arthur

Bourgeois, '자이레 크왕고 지역의 상징적인 파이프들(Pipes Figuratives de la region du Kwango au Zaire)', 《검은 아프리카의 예술(Arts d'Afrique noire)》, 94 (1995), pp. 17-26 참조

21. 《초퀘! 초퀘족과 그 동족들의 예술과 계승(Chokwe! Art and Initiation among Chokwe and Related Peoples)》, Manuel Jordan 엮음 (Munich, 1998), pp. 52, 180 참조

22. Julius Lips, 《야만의 반격(The Savage Hits Back)》(New Haven, CT, 1936), pp. 128, 150 그리고 195; 그리고 Schildkraut와 Keim, 《아프리카의 생각(African Reflections)》, p. 16.

23. Paul Ozanne, '아크라와 샤이의 담배 파이프(Tobacco Pipes of Accra and Shai)'와 관련하여서는, Vivian, '사람, 파이프 그리고 흡연의 산물(People, Pipes and the Production of smoke)', 한정증보판, 가나대학 고고학과 (Legon, 1964).

24. Johannes Fabian, 《이성을 잃다: 중앙아프리카 탐험에서 이성과 광기(Out of our Minds: Reason and Madness in the Exploration of Central Africa)》 (Berkeley, CA, 2000), p. 9와 여러 군데. 나는 곧 발간될 《아프리카의 오늘(Africa Today)》이라는 좀더 두꺼운 책을 썼다. 이 단락의 문장들은 이 책에서 인용한 것이다.

25. 같은 책, pp. 162, 67과 65.

26. 같은 책, pp. 155와 163.

27. 같은 책, pp. 174-5, 163-4와 172-9

28. Paul Gebauer, '카메룬 담배 파이프(Cameroon Tobacco Pipes)', 《아프리카 예술(African Arts)》, V/2, 1971, pp. 28-35, p. 28; Wanless, '대중오락(Public Pleasures)', p. 128.

29. Gebauer, '카메룬 담배 파이프(Cameroon Tobacco Pipes)', pp. 28-30.

30. Wanless, '대중오락(Public Pleasures)', p. 128-30, Colin Murray, E.Krige, V.Gitywa 인용; 사적인 정보교환, Dana Rush 2001.

31. Auguste Van Acker, '반투-프랑스어, 프랑스-반투어 사전(Dictionnaire kitabwa-francais, francais-kitabwa)', 《벨기에령 콩고 왕립 박물관 사료(Annales du Musee Royal du Congo Belge)》, seiie V (Tervuren, Belgium, 1907), p. 52; Delhaise, '와벰바에서', p. 211.

32. Wanless, '대중오락(Public Pleasures)', p. 131, V.Gitywa 인용; 그리고 사적인 정보교환, Manuel Jordan, Robert Panini와 Merrick Posnansky, 2001.

33. Allen Roberts, '어려운 결정, 위험한 행위(Difficult Decisions, Perilous Acts)', 《아프리카 점의 통찰력과 예술성 (Insight and Artistry in African Divination)》, John Pemberton 엮음 (Washington, DC, 2000), 3권, pp. 83-98, pp. 86, 95; Philips, '아프리카 흡연과 파이프', p. 314, Jean-Paul Lebeuf 인용; James Fernandez, 《브위티: 아프리카 종교적 상상력에 대한 민족학(Bwiti: An Ethnography of the Religious Imagination in Africa)》 (Princeton, NJ, 1982), pp. 4와 383.

34. Wanless, '대중오락(Public Pleasures)', p. 130, Colin Murray 인용. 이 소토 표현에 해당하는 프랑스식 음란 표현은 '파이프를 만들다(faire une pipe)'이다.

35. 루바 파이프는 《중앙아프리카의 걸작들(Masterpieces from Central Africa)》에서 Allen Roberts가 쓴 부분에 예시되어 논의되고 있다. Gustaaf Verswijver 등 엮음, (Tervuren, Beligium, 1995), 삽화 175; 타브와 파이프는 《새로운 월출: 타브와 예술의 한 세기(The Rising of a New Moon: A Century of Tabwa Art)》에서 Allen Roberts가 예시하고 서술하고 있다. Allen Roberts와 Evan Maurer (Ann Arbor, MI, 1995), pp. 178-9, p. 246에서 더욱 개성적인 비교를 하고 있다. Lecluse, '검은 아프리카의 파이프(Pipes d'Afrique noire)'는 서로 다른 두 개의 의인화된 루바 물담배 파이프를 예시한다. Delhaise, '와벰바에서(Chez lez Wabemba)' 그리고 A. Swann, 《중앙아프리카에서 노예 사냥꾼들과의 전투 (Fighting the Slave Hunters in Central Africa)》 (London, 1910)에서도 하나씩 예시하고 있다.

36. Mary Nooter Roberts와 Allen F. Roberts, 《기억: 루바 예술과 역사의 형성(Memory: Luba Art and the Making of History)》 (Munich, 1996)에서 논의된 바와 같이 상징적인 의자나 그밖에 루바의 예술적 의자들은 다른 것들을 연상시킨다.

37. Roberts, 《새로운 월출(Rising of a New Moon)》.

38. Anita Jacobson-Widding, '사유유형으로서의 적백흑(Red-White-Black as a Mode of Thought)', 《문화인류학에서 웁 살라 연구(Uppsala Studies in Cultural Anthropology)》, 1; 그리고 Allen Roberts, '통찰력; 또는 백문이 불여일견이 아니다(Insight; or, NOT Seeing is Believing)', 《비밀주의: 아프리카 예술이 감추고 있는 것과 드러내고 있는 것 (SECRECY: African Art that Conceals and Reveals)》, Mary Nooter 엮음 (New York, 1993), pp. 64-9.

39. K.Slama, '왜 오늘날 아프리카에서 담배가 긴급한 문제인가(Why Tobacco Is an Urgent Problem for Africa Today)', www.ingcat.org/html/slam1.html. 웹브라우저에서 'tobacco in Africa'를 검색하면, 그밖에 정보를 얻을 수 있다.

국민적 상품으로 자리 잡은 이란의 담배

루디 매티 | Rudi Matthee

■□ 담배가 이란에 전래된 것은 사파비드 왕조(Safavid dynasty, 서기 1501~1722) 시대라고 알려져 있다. 이 시기는 유럽 사람들의 아메리카 대륙 탐험이 이어지던 때로 담배가 들어온 경로나 확산 경로는 아직도 잘 알려져 있지 않다. 1609년의 사파비드-오토만 전쟁 때 이란 사람들이 오토만 사람들에게서 흡연을 배웠다는 주장이 있다. 당시 압바스 1세는 병사들이 급료의 상당 부분을 담배에 쓰고 있다는 말을 듣고는 담배를 불법화했다. 그리고 금지령 위반자들의 코와 입술을 베어버렸다. 이 내용은 독일 여행가 아담 올레아리우스(Adam Olearius)의 기록에 남아 있다. 그는 압바스의 계승자 사피 왕[01]의 재위 기간에 이란을 방문했는데 담배 도입 경로가 위와 같다고 말하지는 않는다. 불행하게도 압바스 왕의 재위 기간 동안 실제로 담배가 사용되는 것을 직접 눈으로 보았다는 기록은 없다. 최초의 기록으로 전해지는 것이 에스파냐 사절 돈 가르시아 실바 데 피게로아(Don Garcia y Silva de Figueroa)가 기록한, 1617년의 것이다.[02]

18세기의 페르시아 약학 사전《약재 정보(Makhzan al-adviyah)》는 포르투갈 상인들과 선원들이 담배를 들여왔다고 주장하고 있는데 이는 꽤 타당하다.[03] 페르시아 문학에서 최초의 것으로 알려진 물담배 파이프 낄란(qalyan)의 언급이 이 주장에 신빙성을 더해준다. 이는 1535~1536년에 사망한 시라즈(Shiraz) 출신 성명 미상의 시인이 쓴 16세기 초반의 루바이(rubaꞌi, 페르시아의 시─옮긴이)에서 볼 수 있다.

　당신의 입술에서 물담배 파이프는 즐거움을 끌어내고
　당신의 입에서 갈대는 사탕수수처럼 달콤해지네
　당신 얼굴을 감싼 건 담배 연기가 아니라네
　그것은 달을 둘러싼 구름이라네[04]

이 시의 추정 시기─1536년 이전─와 다음 반세기 동안 이란에서 담배에 대한 다른 언급이 발견되지 않는다는 점과 1600년대 이전에는 아시아 도처에 담배가 도입되지 않았다는 지표로 보아 이 시의 확실성은 의심스럽다. 하지만 흡연을 이란에 퍼뜨린 사람들이 포르투갈 사람들일 가능성은 여전히 유효하다.[05]

이와 관련된 의문 하나는 이란에서 가장 대중적인 흡연 기구인 물담배 파이프의 기원에 관한 것이다. 물담배 파이프는 페르시아에서는 낄란, 인도에서는 후카(Huqqah, 불, 구체, 병, 용기) 그리고 아랍 땅에서는 나길라(nargilah) 또는 시샤(shishah)라 불린다. 낄란이 이란 사람들의 발명품으로 이란에서부터 중동 지방으로 퍼져 나갔다고 추정되기도 한다.[06] 그러나 시간이 흐름에 따라 물담배 파이프가 특히 이란에서 인기를 끌었다는 사실과는 상관없이, 그것이 이란에서 발생되었다는 증거는 거의 없다.[07] 어원학과 생리학의 관점에서 볼 때 물담배 파이프는 인도에서 처음 만들어졌을 가능성이 훨씬 크다. 낄란이라는 말로 보아 이란은 물담배 파이프의 기원이 아니다. 낄란은 궐란(ghalyan)의 파생어인데 궐란은 '끓다' 또는 '보글보글 솟다'라는 뜻의 아랍 동사 궐라(ghala)에서 파생되었다. 초기의 물담배 파이프는 속을 파낸 코코넛으로 이루어진 단순한 용기에 곧은 (대나무) 대를 꽂아서 그 대롱을 통해 담배 연기가 걸러지도록 한 것이었다.[08] 이러한 형태는 남부 이란과 인도에서 가난한 사람들에게 오랫동안 계속 이용되었다.[09] 산스크리트어로 코코넛을 뜻하는 나길라라는 말 자체가 이러한 기원을 말해준다.[10] 코코

― *위.* 17세기의 물담배 파이프. 엥겔베르트 켐퍼(Engelbert Kaempfer)의 《진기한 외래품(Amoenitatum Exoticarium politico-physico-medicarum)》, 5권 (Lemgo, 1712년)

― *아래.* 성직자들이 쓰던 긴 설대가 달린 물담배 파이프, 장 샤르댕(Jean Chardin), 《기사 샤르댕의 페르시아와 그밖의 동양권 여행기(Voyages du chevalier Chardin)》, en Perse et autres lieux de l' Orient, 전 10권 (Paris, 1810~1811)에서.

넛은 이란 토산물이 아니라 남부 인도에서 자라는 것이다. 그러므로 이는 물담배 파이프가 아대륙에서 발생했고, 거기에서 이란 사람인 의사 한 명이 처음으로 물담배 파이프를 이용했다는 설을 뒷받침한다.[11]

마지막 의문은 물담배 파이프의 심화 발전과 관련된 것이다. 페르시아 껄란을 그린 그림 한 점이 담배에 대한 유럽 최초의 개론서인 《의학적 약재로서 담배론(Tabacologia medico-cheururgico pharmaceutica)》에 들어 있다. 요한 네안데르(Johann Neander)가 쓴 이 글은 1622년 네덜란드에서 출간되었다.[12] 예상과는 달리 여기 실린 그림들을 보면 파이프는 코코넛 껍질로 만들어진 원시적이고 조잡한 것들이 아니라 매우 정교하고 세밀하다. 이 뛰어난 기술은 비교적 장기간의 기술적 진보와 미적 개선을 암시하며 따라서 초기 시에 표현된 시기에 대한 신빙성을 더해준다. 요컨대 사파비드 왕조의 이란은 담배가 널리 퍼져 보편적인 소비재가 되었던 신세계와 이베리아 반도를 제외한 지역에서 담배를 이용했던 최초의 사회 가운데 하나였을 것이다.

초기 형태의 물담배 파이프, 요한 네안데르의 《의학적 약재로서 담배론》(Leiden, 1622년)에서.

| 대중화와 사회적 측면

이란에서 담배가 일찍이 확산되었음을 인정하면 17세기 중반 즈음 이 나라에서 담배가 유난히 인기를 끈 것과 관련된 많은 표현들을 해석할 수 있다. 1621년 칸다하르(Qandahar)를 여행한 독일 여행가 하인리히 폰 포저(Heinrich von Poser)는 '지나치게 담배를 마신다'는 말을 했다.[13] 15년 뒤 올레아리우스는 모든 계층의 이란 사람들이 담배를 너무나 좋아하여 어디에서나 담배를 피우며 심지어 모스크 안에서도 피운다고 적었다. 그때까지도 담배는 수입품이었다. 잉글리스 탄바쿠(inglis tanbaku)라는 말로 보아 담배가 17세기 초반 영국 사람들에 의해 수입되었음을 알 수 있다. 이란은 또한 오토만제국과 인도로부터 주로 싸구려 등급의 담배를 들여왔다.[14] 그러나 1600년대 중반 즈음에는 외국 수입품을 거의 찾아볼 수 없게 되었다. 담배는 현금 작물로서 이란 각지에서 재배되고 있었다. 물담배 파이프에 쓰이는 고운 담배인 탄바쿠(tanbaku)는 주로 이란 중남부에서 재배되었는데 이스파한(Isfahan) 부근과 파르스(Fars) 산이 최상 등급이었다. 또 일반 파이프에 쓰이는 더 거친 담배 투툰(tutun)은 서쪽 지역에서 재배되었다.[15] 이란은 곧이어 자국에서 재배한 담배를 인도와 오토만제국에 수출했다.[16]

17세기 중반 즈음 담배는 매우 인기를 끌었다. 이란 병사들은 작전 중에도 물담배 파이프를 소지했고, 여행자들은 물담배 파이프를 가지고 여행을 떠날 정도였다.[17] 많은 이란 사람들이 담배를 삼가느니 빵을 삼가는 편이었다고 프랑스 여행가 장 밥티스트 타베르니에(Jean-Baptiste Tavernier)는 기록했다. 또 그들이 라마단(Ramadan) 기간 동안 금식이 끝나고 처음 하는 일이 파이프에 불을 붙이는 것이었다고 한다.[18] 영국인 존 프라이어(John Fryer)도 똑같은 말을 했다. "동전 한 닢밖에 없는 가난한 사람들이 그 반을 빵과 건포도나 버터밀크 사는 데 쓰고 나머지 반으로 코카인과 담배를 산다."[19] 1703~1704년에 이란을 여행한 네덜란드 사람 코르넬리스(Cornelis de Bruyn)는 담배가 '이란 사람들의 주요 오락이자 진미'[20]라고 주장했다. 커피점과 동의어로 짐작되는 낄란 하우스는 사파비드 왕조 후기의 이란 도시들에서 일상적 풍경으로 자리 잡았던 듯하다. 1683년 이란 북부의 주 길란(Gilan)의 주도 라슈트(Racht)를 지나는 길에 엥겔베르트 켐퍼는 이렇게 기록했다. '서너 집에 한 집 꼴로 낄란 하우스가 있다. 여기에서 열띤 얘기를 하는 이들이나 거지들을 다 만날 수 있다.' 많은 도시에서 낄란 하우스는 도시 중심부나 중앙 광장 둘레에 자리 잡고 있었다.[21] 커피점과 담배 하우스 말고도 담배 가게(dukkani tanbaku-furushi)가 많이 있어 행인들에게 담배를 팔았다.[22] 이란은 유럽보다 몇십 년이나 앞서서 담배와 담배 흡연을 사회 구조로 편입시키고 담배를 대중적 소비재로 받아들인 듯하다.

이란에서 담배 흡연의 급속한 대중화라는 주제는 다른 흥분제와 연관지어 고

찰할 때 더욱 깊이 있게 다룰 수 있다. 이란에서 담배가 금세 받아들여진 것과 거의 동시에 커피가 도입된 것 사이에서 가벼운 관련성을 찾아낼 수 있을 듯하다. 흡연자들은 비흡연자들보다 훨씬 빨리 카페인을 흡수하므로 똑같은 효과를 보려면 더 많은 커피가 필요하다.[23] 그러나 빠른 정착 속도를 설명하기 위해 하나를 다른 하나의 매개체로 본다는 것은 논점을 미리 옳다고 가정하는 것과 마찬가지이다. 담배와 커피는 모두 이란에서 서로 보완적인 삶의 장식물이 되었다. 담배는 차분하게 하고 커피는 자극하는 것이기 때문이다.[24] 페르시아 속담에 '담배 없는 커피는 소금 없는 수프와 같다.'는 말이 있다.[25] 그러나 반드시 그래야 하는 본질적인 근거는 없다. 이란 사람들이 금세 그리고 전적으로 담배를 받아들인 것은 일종의 감정을 변화시키는 기존의 다른 약물들과 연관된 다른 질서의 수렴과 융합으로 설명할 수 있을 것이다. 이들 가운데 일부는 담배가 들어오기 훨씬 전부터 이란에서 널리 이용되고 있었다. 아편도 이 가운데 하나로 담배 흡연의 확산보다 앞선 것이 아닌, 그 뒤에 일어난 융합의 좋은 사례이다. 19세기 이전에 아편은 피우는 것이 아니라 먹는 것이었기 때문이다. 대마 또는 인도 대마는 이

말에 탄 물담배 파이프 하인, 사파비드 왕조 후기, 코르넬리스의 《모스크바공국, 페르시아, 인도제국 여행(Reizen over Moskovie, door persie en indie)》(Amsterdam, 1714년)에서.

와 다르다. 대마는 이란 사람들에게 오래 전부터 알려져 있던 마약으로 그 대중적인 이용이 담배의 정착을 촉진했을 수도 있다.[26] 담배와 대마초는 매우 보완적이고 이란 사람들은 오래 전부터 둘을 함께 이용해왔다.[27] 그러나 담배와 대마 사이에 연관성을 주장하는 데 있어서 담배가 도입되기 전에 물담배 파이프를 이용하여 대마초를 피웠음은 아직 입증되지 않았다. 그렇다면 이는 이슬람 세계에서 물담배 파이프가 자연발생적으로 발명되었을 가능성에 의문을 던지는 것이다.[28] 다만 그 기원이 이란이든 인도든 물담배 파이프가 독창적인 발명품이라고 생각할 수는 있다. 또 담배의 급속한 확산과 그와 동시에 물담배 파이프가 발전하고 진보하면서 기존의 환각 약물 흡입 관습과 새로운 환각 약물 흡입 관습 사이에 융합 과정이 일어났다고 생각할 수 있다. 이것이 사실이라고 해도 그것은 물담배 파이프를 이용해서 대마초를 피웠는지와는 별로 연관이 없다. 담배와 대마초가 동시에 17세기에 소비되었다는 것은 이 가설을 뒷받침할 뿐이다.[29] 프라이어도 1670년대에 이란 사람들이 '파이프로 흡연할 때는 반드시 취기를 일으키는

- 위 왼쪽. 이란 여성과 유모, 카자르 왕조 후기, 디윌라푸아(J. Dieulafoy)의 《페르시아, 칼데아 그리고 수재니아(La Perse, la Chaldée et la Susania)》(Paris, 1887년)에서.

- 위 오른쪽. 카자르(Qajar)의 관리와 물담배 파이프 하인, 19세기 초반, 드로비예 (G.Drouville)의 《1812년과 1813년의 페르시아 여행(Voyage en Perse, fait en 1812 et 1813)》(St Petersburg, 1819~1820)에서.

- 아래. 개인 가정에서 물담배 파이프를 피우는 10명의 여인, 그로테(H. Grothe)의 《페르시아 여행(Wanderungen in Persien)》(Berlin, 1910년)에서.

대마 잎사귀과 꽃잎을 담배와 섞어 피웠다.'[30]고 기록했다.

몇몇 서유럽 나라들은 사회 계급에 따라 담배 흡연 방식이 달랐다. 이란은 이와 달리 흡연 형태, 흡연 도구의 정교함과 장식성, 본질적으로 개인적이 아닌 사교적인 여가에 포섭되는 제의적이고 사회적인 상징의 정교함이라는 면에서 계급에 따라 별반 차이를 나타내지 않았다. 늙은 사람, 부자와 빈민, 귀족과 평민이 모두 똑같이 즐겁게 흡연을 했다.[31] 그러나 빈민의 낄란은 코코넛 껍질이나 박(qabaq)으로 만든 것이었다.[32] 이와 달리 부자들의 물담배 파이프는 그림을 그린 유리, 모양을 낸 은이나 금으로 만든 것이었다. 지금까지 남아 있는 유물을 보면 낄란의 기원이 인도든 이란이든 상관없이 후기의 것들은 디자인과 정교함의 극치를 보여주고 있다.[33] 또 신분이 높은 사람들은 낄란 하인(qalyan-dar) 다시 말해 물담배 파이프 심부름꾼을 고용했다. 그들은 말을 타고 뒤따르며 흡연에 필요한 다양한 도구를 운반했다.[34] 사파비드 시대에 아르메니아 기독교도들에게 담배 용구를 운반하는 사람을 고용하는 일이 금지되면서 이런 현상은 자연스럽게 종교 및 사회 계통에 따른 차별화를 심화시켰다.[35] 카자르 왕조(1796~1925)에서 부유층은 이처럼 낄란을 닦고, 운반하고, 불을 붙이고, 담배를 다시 채우는 일만 하는 하인을 고용했다.[36] 평범한 담배 파이프와 관련해서도 똑같은 양상의 계급적 차별화가 관찰된다. 이란에서 '마른' 흡연에 쓰인 파이프는 설대가 길고 대통이 작은 파이프였다. 이 파이프는 영국과 네덜란드에서 이용되던 파이프와 매우 비슷하다. 원래 점토로 만들어진 이 파이프는 터키어나 페르시아어로 chupuq 또는 chapuq로 알려졌다. 이는 나무를 뜻하는 페르시아 말 chub과 어원이 같으며 영어로는 chibouk(긴 담뱃대―옮긴이)이다.[37] 시간이 흐를수록 부유층은 아름답게 장식하고 문양을 새긴 은 파이프를 사용하게 되었고 이보다 덜 가진 이들은 단순한 나무 파이프를 사용하게 되었다. 빈민층은 흔히 부서진 파이프도 붙이거나 고쳐 썼다.[38]

대부분의 근세 서구 사회의 상황과는 달리 사파비드 이란에서는 담배 흡연과 관련하여 뚜렷한 젠더의 차이는 존재하지 않았던 듯하다. 문서 자료와 당시 그림들을 보면 남성과 여성 모두 흡연했음을 알 수 있다.[39] 어떤 이는 이렇게 기록했다. '남자 여자 할 것 없이 모든 사람들이 무차별적이고도 열심히 밤낮으로 담배를 피운다'.[40] 성별 분리는 오히려 장소에서 나타났다. 남자들은 사파비드 도시 중심부에 우후죽순처럼 들어서던 많은 커피점에서 파이프를 피웠고, 여자들은 거의 바깥으로 나오지 않은 채 제한된 사적 공간에서 파이프를 피웠다.

다른 것들끼리의 융화와 동화는 그 시대의 지배적인 사회 관습 및 의식과 제례의 전통을 수반한다. 처음부터 이란의 흡연은 단순한 오락이나 중독이 아니라 접대와 연회로 긴밀히 엮어진 하나의 양식(habitus)이었다. 17세기의 한 관찰자는 이란 사람들이 투르크 사람들만큼 흔하게 담배를 피웠지만 더욱더 많은 격식을 거기에 덧씌웠다고 전했다.[41] 이 일부가 이란에서 집대와 사교의 강한 전통과 상관이 있으며 물담배 파이프는 사교 모임에 적합한 도구였다. 이처럼 담배는 사교적 친절함의 상징이 되었다. 많은 외국 방문객들이 이란 사람의 집에 초대를 받으면 그 집에 들어서자마자 물담배 파이프와 커피 또

- 〈흡연하는 소녀〉, 무하마드 카심(Muhammad Qasim), 17세기, 이스파한.

는 차를 대접받게 된다고 기록했다.[42] 존 프라이어는 이렇게 적어놓았다. 담배는 '어디를 가나 나온다. 꾸밈없이 이야기하자면 사람들은 사귀기 쉽고, 누구에게도 빼놓지 않고 흡연을 권한다'.[43] 카자르 이란의 관찰자들은 이란에서 사회적 지위와 권력의 과시에 이용되는 여가였던 의례적 차원의 흡연에 더 깊이 주목했다. 미국 최초의 이란 대사로서 1882~1883년에 파견되었던 벤자민(S.G.W.Benjamin)이 이에 대한 좋은 사례를 보여준다.

(만약) 한 사람이 다른 모든 이들보다 지위가 높다면 오직 하나의 파이프만 들여와 그 한 사람에게 건네진다. 흡연에 앞서 그는 그 파이프를 모든 사람들에게 차례대로 주는 시늉을 한다. 하지만 신분이 더 높은 그가 파이프를 피우기 전에 무심결에 그것을 받

페르시아령이었던 아제르바이잔(Azerbaijan) 미야네(Miyaneh)의 시장과 하인들, 카자르 왕조 후기. 디윌라푸아의 《페르시아, 칼데아 그리고 수재니아》(Paris, 1887년)에서.

은 이가 있다면 그는 화를 면할 수 없다. 그런 사람은 위축감을 느낄 만큼 페르시아 귀족에게서 비웃음을 사게 된다. 페르시아에서 왕 다음으로 높은 지위의 메스토피-마모렉(Mestofi-Mamolek)은 마흔 해 동안 흡연을 하지 않았다. 그는 단호하게 담배를 거부했다. 그가 젊었을 때 이런 일이 있었다. 그가 있는 자리에서 지위가 더 낮은 사람에게 먼저 파이프(kalian)가 주어진 일이 있었다. 그러고 나서 자신에게 파이프가 전해지자 그는 파이프를 밀쳐내며 다시는 흡연을 않겠노라고 맹세했다. 다시금 그런 모욕을 당하지 않도록 하기 위해서였다.[44]

물담배 파이프는 20세기에 들어서서까지 이란에서 여전히 인기를 끌다가 점점 시들해져서 궐련(cigarette) 흡연이 들어설 여지를 주었다. 사람들이 궐련을 처음 피운 것은 19세기 후반이었고 처음에 그것은 세련됨을 뽐내는 방식이었다.[45] 그러나 궐련 흡연은 곧 퍼져 나갔고 1890년 즈음에는 테헤란(Tehran) 시장의 상인들이 입에 궐련을 물고 있는 모습을 볼 수 있었다. 당시 러시아 상사들 또한 카스피 해의 길란에 궐련 공장을 세웠다.[46] 현대에 와서 이란에서 재배되는 거의 모든 담배는 궐련으로 제조되고 있다. 1960년대에는 자국의 대형 생산시설 두 군데에서 연간 100억 개비의 궐련을 생산했다.[47] 외국 담배들, 특히 윈스턴(Winston)은 과거에도 그랬고 오늘날까지도 가장 사랑받는 제품이다.

| 저항:비판, 금지, 인정

세계 곳곳에서 그랬듯이 중동에 처음 도입되었을 때 담배는 의학적 관심을 불러일으켰으나 성직자들에게 도덕적 비난을 받았으며 관료들은 경제적인 우려를

표시했다. 서구 의사들처럼 이슬람 의사들도 흡연이 신체 건강에 미치는 영향을 토론했다. 흡연이 신체에 미치는 영향을 둘러싸고 논쟁이 벌어졌다. 뜨겁고 건조한 물질로 추측되는 담배는 체질이 습한 사람들에게 이로운 것으로 여겨졌다. 하지만 담배가 뇌를 약화시킨다고 믿는 이들도 있었다.[48] 유럽 사람들이 믿은 것처럼 담배 흡연은 전염병을 몰아내는 것으로 여겨졌다.[49] 그러나 전반적으로 담배는 근세 유럽에서 누렸던 의학적 평판을 이슬람 땅에서는 결코 얻지 못했다.

한편 이슬람 학자들이 매우 걱정스러워 했던 것은 신앙심과 예의범절에 대해 새로운 것이 미칠 수 있는 잠재적 악영향이었다. 코란에서 담배에 대한 지침을 찾을 수 없던 학자들은 유추에 의지하여 흡연을 허용해야 할지 죄악시해야 할지를 결정할 수밖에 없었다. 담배는 코란이나 《예언자의 언행록(Hadith)》에서 설명한 금기물들과 비슷하지 않았으므로 그것을 금지하는 것이 단순한 문제는 아니었다. 또 담배 자체가 사람의 건강에 나쁘거나 해롭다는 것을 '입증'하는 것도 쉽지 않았다. 담배를 금지하자는 주장은 코란 7장 157절(al-Acraf)이 금하고 있는 부정한 것들과 담배를 동일시하는 것이었고, 코란 3장 104절(al-cImran)에 나오는 '삿된 것들의 회피(nahican al-munkar)'와 연관되는 것이었다. 예언자의 언행록에 따르면, 무하마드(the Prophet)는 달콤한 향기를 찬미했으므로 분명히 담배의 역겨운 냄새를 질색했으리라고 추측할 수 있다.[50]

시아파(Shia)에서 담배는 비슷한 논쟁을 불러일으켰다. 많은 이란 신학자들이 담배 흡연의 종교적 지위를 논하는 논문을 썼다. 이 논문들은 종교적 거부를 반대하는 일부 의사들이 밝힌 담배가 신체에 주는 잠재적 이로움을 분석했다. 담배에 대한 찬성과 반대의 논쟁은 담배를 거부하는 정통파의 대표자들과 담배를 받아들인 수피(Sufi)교도 사이에서 벌어지기도 했다. 이란에서 흡연을 공개적으로 반대한 이들 가운데 대부분은 아크바리즘(Akhbarism)의 추종자였던 듯하다. 아크바리즘은 예언자의 언행록과 시아파 지도자들의 말씀에 뿌리를 두고 있는 신학적 사유 분파이다.[51] 성직자들의 반대에 따라 사파비드 당국은 흡연을 불법화하는 법령을 공표했다. 이슬람 통치자들은 금지 조처를 '참된 신앙으로 돌아가는 일'로 표현하는 경향이 있었다. 그러나 이렇듯 높은 목표를 액면 그대로 받아들이는 것은 위험하다. 그 목적의 이면에는 대개 신앙심과는 다른 것이 숨어 있기 때문이다. 흡연 억제 정책에 있어 사파비드 통치자들은 종교적 순결성보다도 부에 대한 우려가 더 실제적인 문제였다. 압바스 왕은 병사들의 소모적인 습관을 알게 된 뒤로는 흡연을 금지했다. 그의 손자이자 계승자인 사피 왕(1629~1642 재위)은 1629년 즉위하자마자 흡연 금지법을 폐기했다. 이는 그의 정통성을 확립하고 왕국의 백성들을 달래고자 하는 일련의 조처 가운데 일부였다.[52] 이 왕은 재위 기간 동안 몇 번이나 담배를 금지했던 것으로 전해진다. 그 이유는 알려져 있지 않지만, 금지 때마다 그 효과는 미미했고 조처 또한 일시적이었다.[53]

그러나 반대와 금지는 담배의 진보를 막을 수 없었다. 담배를 반대해보았자 쓸모가 없다는 것을 종교 지도자들도 깨닫게 되었다. 그 가운데 한 사람은 사파비드 왕조 말기에 이렇게 기록했다. "꿜란이 동서에 걸쳐 매우 널리 알려져 있어 뿌리 뽑는다는 것이 더 이상은 불가능하다. 이전에 통치자는 모든 곳에서 담배를 금지했고 중독자들은 사형에 처하라고 명령했다. 사람들은 이 때문에 죽임을 당했다. 하지만 이 모든 것이 성공하지 못했다."[54] 이는 압바스 1세를 두고 한 말일 것이다. 압바스 1세는 금지령을 위반하는 사람들이 매우 많음을 알았다. 결국 백성들의 뜻에 굴복한 그는 공개적으로 담배를 심을 수 있도록 허락했다.[55] 이러한 묵인의 가장 큰 동기는 물론 권력 당사자들에게 있는 것이었다. 그들 자신이 흡연에 빠져 있었기 때문이다. 이의 가장 좋은 사례는 영향력 있고 노골적인 반(反)수피(anti-Sufi) 아크바리(Akhbari) 신학자 무하마드 바키르 마즐리시(Muhammad Baqir Majlisi, 1699년 사망)이다. 그는 이스파한의 샤이흐 알-이슬람(Shaykh al-Islam, 최고의 종교 권위자—옮긴이)으로서 당대에 가장 저명한 성직자였고 흡연 허용을 숙고했던 이였다. 담배를 승인했던 많은 이들과 마찬가지로 그 자신이 흡연광이었고, 그의 아버지 무하마드 타키(Muhammad Taqi Majlisi) 또한 그랬다. 그의 아버지에 관해서 전해지는 말이 있다. 그는 자발적인 금식 기간 동안에 흡연이 허용될 수 있다고 생각했다고 한다. 그리고 논란을 피하기 위해 의무적인 금식 중에만 흡연을 삼갔다는 것이다.[56]

흡연을 허용하고 더 나아가 조장한 이면에 있는 또 다른 동기는 담배가 발생시키는 조세 수입이었다. 금지 조치들이 결코 오래 가지 못했던 이유는 담배 판

매와 소비의 금지가 왕에게 금전적인 손해를 주기 때문이라고 타베르니에는 기록했다. 그는 담배에서 거둬들인 연간 조세 수입 가운데 이스파한에서만 4만 투만(tuman)을 거두었고 타브리즈(Tabriz)에서 2만 투만, 시라즈(Shiraz)에서 1만 투만을 거두었다고 설명했다. 전국에서 거두는 조세 수입이 약 60만 투만임을 생각하면 상당한 액수이다.[57] 다른 이들도 국가가 담배 수입(pul-i tanbaku, tobacco money)과 '담배에 대한 중과세'를 지지함으로써 거래와 소비에 개입했음을 증언했다.[58]

19세기 중반에서 후반에 담배는 이란의 주요 수출 품목으로서 인도, 오토만제국, 러시아로 수출되었다. 1878년 즈음에는 전체 수확량이 약 100만 킬로그램으로 늘어났다.[59] 그러니 카자르 당국이 이 돈벌이가 되는 상품에 대해 중앙 통제를 더 강화하려 한 것이 놀라운 일은 아니다. 1886년 나시르 알 딘(Nasir al-Din Shah)

은 왕의 칙령(farman)을 공표했다. 그것은 흡연이 신체와 정신에 미치는 부정적인 영향을 억제하고자 한다는 국가의 명분을 앞세워 담배 경작과 소비를 정부 통제 아래에 두려는 의도를 가지고 있었다.[60] 칙령은 곧바로 폐기되었지만, 1890년 왕이 영국사람 메이저 톨벗(Major Talbot)에게 승인해준 수치스러운 담배 면허의 전조가 되었다. 담배 면허란 톨벗의 회사가 모든 이란 담배를 판매, 유통, 수출할 권리를 갖게 된 것이었다.

이 면허는 오래 계속되어 온 정부의 무능, 국가 자원의 부당한 관리와 착취에 대한 대중적인 분노를 촉발했다. 이리하여 1891~1892년의 유명한 담배 저항 운동(Tobacco Revolt)의 불꽃이 피어올랐다. 이란의 러시아 사절들은 이 면허에 반대의 뜻을 표시했고 이란의 담배 상인들도 금세 반대하고 나섰다. 종교 지도자들(leading ulama)은 이데올로기적으로 저항에 동참했다. 그들은 담배 취급과 흡연에 대해 종교적인 금지를 촉구했다. 잇따른 보이콧은 매우 성공적—왕의 여자들도 흡연을 그만두었다—이어서 왕은 면허를 폐기해야 했다.[61]

19세기 즈음 담배는 이란의 사회 구조에 깊숙이 자리 잡고 매우 인기를 누리고 있었다. 국민적 소비 제품으로서 담배는 계급차와 성차를 좁혀놓았다. 하지만 흡연과 관련된 의식과 용구에서는 계급과 성의 차이가 뚜렷해졌다. 담배의 경제적 중요성, 최상등급이 이란에서 재배된다는 사실은 담배와 그 소비에 '민족적' 차원을 부여했다. 오랫동안 경제적 자급자족의 이상을 열망해왔고, 사파비드 시대부터 수입품을 의심스럽게 바라보았던 이란 사람들에게 담배 면허는 정서적 거부감을 일으켰던 것이다.▫

|||주

01. Adam Olearius, 《러시아와 페르시아 왕들에 대한 새로운 해설(Newe Beschreibung der Muscowitischen und Persischen Reyse)》(Schleswig, 1656; 복제 재출간, Tubingen, 1971), p. 645; Egon Caesar Corti, 《흡연의 역사(A History of Smoking)》, Paul England 옮김 (London, 1931), p. 144.
02. Garcia de Silva y Figueroa, 《에스파냐의 왕 펠리페 3세가 페르시아의 압바스 왕에게 보낸 사절에 대한 피게로아의 설명 (Comentarios de D.Garcia de Silva y Figueroa de la embajada que de parte del rey de España Don Felipe III hizo al rey Xa Abas de Persia)》, 전 2권 (Madrid, 1903), 2권, p. 403; 또 Thomas Herbert, 《페르시아 여행 (Travels in Persia, 1627-29)》, William Foster 줄여 엮음 (London, 1928), p. 261 참조.

03. cAquili Khurasani, 《약재 정보(Makhzan al-adviyah)》(Tehran, 2535 Sh./ 1976년)

04. Hasan Simsar, '이란의 물담배 파이프와 점토 파이프(Nazari bih payayish qalyan va chupuq dar Iran)', 《예술과 인간(Hunar va Mardum)》, 17 (1342 Sh./ 1963년), pp. 14-25; 나길라와 치투크의 생김새(L'Apparition du narghileh et de la chibouque)', 《대상과 세계(Objets et Mondes)》, 11 (1971), p. 84.

05. 담배는 이슬람 기원 914년(1508-1509년)에 인도에 도입되었지만, 인기를 얻은 것은 술탄 아크바르(Akbar)의 통치 기간 (1556-1605)이라고 알려져 있다. Sahba'i Dahlavi, 《미나 바자르(Shar-i Mina Bazar)》(Kanpur, 1903), p. 105 참조.

06. Shahnaz Razpush, '궐란 Ghaliān', 《이란 백과사전(Encyclopædia Iranica)》(2000), 10권, p. 263; Jakob Tanner, '흡연 보고서: 담배와 대마초의 역사에 대하여(Rauchzeichen: Zur Geschichte von Tabak und Hanf)', 《담배 문제: 문화·과학적 관점에서 본 흡연(Tabakfragen: Rauchen aus kulturwis-senschaftlicher Sicht)》, Thomas Hengartner와 Christoph Maria Merki 엮음(Zurich, 1996), p. 23.

07. 19세기 초반 프랑스 여행가 페랭(Perrin)은 아프간 사람들은 이란 사람들만큼 낄란에 중독되지는 않았다고 기록했다. N.Perrin, 《아프가니스탄; 또는 전쟁이라는 전국 무대의 지리학적 설명(L'Afghanistan; ou, description geographique du pays theatre de la guerre)》(Paris, 1842), p. 128 참조.

08. 물담배 파이프 초기 형태는 모두 이렇게 곧은 갈대 모양을 보여준다. 예를 들어, Johann Neander, 《의학적 약재로서 담배론(Tabacologia medico-cheururgico pharmaceutica)》(Leiden, 1622), p. 247; Jean Chardin, 《기사 샤르댕의 페르시아와 그밖의 동양권 여행기(Voyages du chevalier Chardin, en Perse et autres lieux de l'Orient)》, 전 10권과 지도책(Paris, 1810-11), 지도책, 삽화 19; Bedros Bedik, 《40개의 기둥이 있는 페르시아 왕궁의 알현실(Chehil sutun, seu explicatio utriusque celeberrimi, ac pretiosissimi theatri quadraginta columnarum in perside orientis)》(Vienna, 1678), p. 288. 이는 똘똘 말린 관(coiled tube)이 술탄 후세인(Husayn, 1694-1722 재위)의 통치 기간에 발명되었다는 주장을 페르시아 자료에 의해 뒷받침한다. Muhammad Muhsin Mustawfi, 《주브다트 역사 개론(Zubdat al-tavarikh)》, Behruz Gudarzi 엮음(Tehran, 1375 Sh./1996년), p. 138 참조.

09. Edward Ives, 《1754년 영국에서 인도까지의 여행(A Voyage from England to India in the Year MDCCLIV)》(London, 1773), p. 224. 가난한 이들이 물담배 파이프를 만드는 또 다른 독창적인 방법은 양의 전갓이뼈를 이용한 것이었다. 1881년 중앙아시아에서 오도노반이 이를 목격했다. Edmond O Donovan, 《메르브 오아시스: 1879-80-81년의 카스피해 동쪽 지방의 여행(The Merv Oasis: Travels and Adventures East of the Caspian during the Years 1879-80-81)》, 전 2권(London, 1882), 2권, p. 440 참조.

10. Ibrahim Pur-i Davud, 《Hurmazdnamah》(Tehran, 1331 Sh./1952년), p. 208.

11. C.Elgood, 《사파비드의 의료 행위(Safavid Medical Practice)》(London, 1970), p. 41.

12. Neander, 《의학적 약재로서 담배론(Tabacologia)》, pp. 247, 249.

13. Heinrich von Poser, 《콘스탄티노플에서 불가리아, 아르메니아, 페르시아, 인도를 거친 여행의 기록(Tage Buch seiner Reise von Konstantinopel aus durch Bulgarey, Armenien, Persien und Indien)》(Jena, 1675)

14. Olearius, 《새로운 해설(Newe Beschreibung)》, p. 597; Chardin, 《기사 샤르댕의 여행기(Voyages du chevalier Chardin)》, 3권, p. 302; Thomas Herbert, 《아시아와 아프리카 곳곳을 여행한 몇 해(Some Years Travel into Divers Parts of Asia and Afrique)》(London, 1638), p. 198; H.Dunlop 엮음, 《페르시아에서 동인도회사의 역사에 대한 자료들(Bronnen tot de geschiedenis der Oostindische Compagnie in Perzie, 1611-1638)》(The Hague, 1930), pp. 35, 176.

15. Ange de St Joseph, 《페르시아와 동양 여러 곳에 대한 추억들(Souvenirs de la Perse et autres lieux de l'Orient)》(1664-1678), Michel Bastiaensen 엮음(Brussels, 1985), pp. 103-5; John Fryer, 《동인도와 페르시아, 1672-1681까지 아홉 해의 여행에 대한 새로운 기록(A New Account of East India and Persia, Being Nine Years' Travels, 1672-1681)》, W. Crooke 엮음, 전 3권(London, 1990 = 15), 2권, p. 228.

16. Chardin, 《기사 샤르댕의 여행기(Voyages du chevalier Chardin)》, 3권, p. 302; 4권, pp. 165-6.

17. Sr Poullet, 《페르시아 왕조 번영에 대한 새로운 설명과 정확한 해설(Nouvelles relations du Levant……Avec une exacte description……du royaume de Perse)》, 전 2권(Paris, 1668), 2권, pp. 328-9. 19세기 초반의 이란을 관찰했던 한 사람은 모든 병사들이 흡연을 했고 담뱃재 하인들이 병사들 뒤를 따랐다고 기록했다. '하인들만 모아도 작은 군대 하나를 이룰 수 있을 만큼 수가 많았다.'고 한다. Moritz von Kotzebue, 《1817년 러시아제국 대사를 수행하여 페르시아를 다녀온 여행담(Narrative of a Journey into Persia in the Suite of the Imperial Russian Embassy in the Year 1817)》(London, 1819), pp. 142-3 참조.

18. Jean-Baptiste Tavernier, 《터키, 페르시아, 인도제국을 여행한 타베르니에의 여섯 가지 여행담(Les six voyages de Jean-Bapt. Tavernier en Turquie, en Perse et aux Indes)》, 전 2권(Utrecht, 1712), pp. 598-9.

19. Fryer, 《동인도와 페르시아(A New Account of East India and Persia)》, 2권, p. 248.

20. Cornelis de Bruyn, 《모스크바공국, 페르시아, 인도제국 여행(Reizen over Moskovie, door persie en indie)》(Amsterdam, 1714), p. 137.

21. Engelbert Kaempfer, 《엥겔베르트 켐퍼 여행 일기(Die Reisetagebucher Engelbert Kaempfers)》, Karl Meier-Lemgo 엮음, (Wiesbaden, 1968), pp. 65, 77-8.

22. Du Mans, '1660년의 생활상 Estats de 1660', Francis Richard의 《17세기 페르시아의 선교사 라파엘(Raphael du Mans missionnaire en perse au XVlle s.)》, 전 2권 (Paris, 1995), 2권, p. 104. dukkan-i tanbaku-furushi라는 표현은 1706-7년에 술탄 후세인이 발행한 waqfnamah(종교적인 기부를 서약하는 증서-옮긴이)에 처음 나타난다. 이스파한에서는 담배 가게를 비롯한 매우 많은 가게와 작업실들이 waaf(종교적으로 기증된) 재산으로 바뀌었다. Sayyid Husayn Umidyani, '사파비드 시대의 기증(Nigarishi ba yik vaqfnamah-i tarikhi az dawrah-i Safaviyah)', 《문서 상자(Ganjineh Asnad)》, 21-22 (1375 Sh./1996년), p. 23 참조.

23. David T. Coutwright, 《습관의 힘:약물과 현대 세계의 형성(Force of Habit:Drugs and the Making of the Modern World)》(Cambridge, MA, 2001), p. 20.

24. Wolfgang Schivelbusch, 담배에 취하기(Die trockene Trunkenheit des Tabaks)', G.Volger의 《중독과 현실:문화 비교에서 본 약물(Rausch und Realitat:Drogen im Kulturvergleich)》에서, 전 2권 (Cologne, 1981), '1권, pp. 216-23.

25. Sir William Ouseley, 《동양 여러 나라 여행(Travels in Various Countries of the East)》(London, 1819), p. 341에서.

26. 그러나 대마초에 대한 초기 자료들을 보면 중세에도 대마초가 흡연되는 형태가 아닌 고형 상태로 소비되었음을 알 수 있다. Franz Rosenthal, 《약초:대마초와 중세 이슬람 사회(The Herb:Hashish versus Medieval Muslim society)》(Leiden, 1971), pp. 64-5.

27. Coutwright, 《습관의 힘(Force of Habit)》, p. 105.

28. Berthold Laufer, 《아시아에서 담배와 그 소비(Tobacco and its Use in Asia)》(Chicago, 1924), p. 27; Jordan Goodman, 《역사 속의 담배:의존의 문화(Tobacco in History:The Culture of Dependence)》(London과 New York, 1993), p. 88.

29. 물담배 파이프와 대마초 흡연이 본디부터 연관되어 있다는 가설에 대해서는, Carl Hartwich, 《인간의 사치품들(Die menschliche Genussmittel)》(Leipzig, 1911), p. 231, Tanner, '흡연 보고서(Rauchzeichen)', p. 24에 인용됨.

30. Fryer, 《동인도와 페르시아에 대한 새로운 기록(A New Account of East India and Persia)》, 3권, pp. 99-100. Du man과 Tavernier에 따르면, 우즈베크족(Uzbeg)이 담배와 대마초를 혼합하는 것을 (당시에) 이란 사람들에게 가르쳐주었다고 한다. Richard, '생활상과 추억(Estats et memoire)', 2권, p. 104; 그리고 Tavernier, 《여섯 가지 여행담(Les six voyages)》, 1권, pp. 716-17 참조.

31. Du Mans, '1660년의 생활상', 2권, p. 106; Neander, 《담배론(Tabacologia)》, p. 247.

32. Olearius, 《새로운 해설(Newe Beschreibung)》, p. 597; 그리고 Ambrosio Bembo, Viaggio e Giornale per parte dell'Asia di quattro anni incirca fatto da me Ambrosio Bembo Nob. Veneto', Ms James Ford Bell 도서관, 미네소타 대학, 미니애폴리스, fol.244. 에드워드 아이브스(Edward Ives)는 코코넛 껍질과 대나무 대로 만들어진 꿜란이 1758년 카르끄(Kharq) 섬에서 사용되었다고 한다. Ives, 《영국에서 인도까지의 여행(AVoyage from England to India)》, p. 224 참조.

33. Neander, 《의학적 약재로서 담배론(Tabacologia)》, p. 247. 실바 피게로아는 1619년 압바스 1세의 왕궁에서 금으로 만들어진 꿜란이 사용되었으며, 술탄 후세인의 궁정에서는 다양한 외국 사절들이 왕을 알현하는 동안 그와 같은 물담배 파이프로 접대 받았다고 전한다. Silva y Figueroa, 《설명(Comentarios)》, 2권, p. 403; Francois Valentyn, 《동인도의 옛 것과 새것(Ouden nieuw Oost Indien)》, 전 8권 (Amsterdam, 1726), 5권, p. 277; 그리고 P. P. Bushev, 《아르테미야 볼린스코고의 페르시아 대사 시절, 1715-1718년(Posol'stvo Artemiya Volynskogo v Iran v 1715-1718 gg.)》(Moscow, 1978), p. 119 참조.

34. Du Mans, '1660년의 생활상', 2권, p. 78, 267; De Bruyn, 《모스크바공국 여행(Reizen over Moskovie)》, pp. 102-3.

35. Fryer, 《동인도와 페르시아에 대한 새로운 기록(A New Account of East India and Persia)》, 2권, p. 259. 이러한 관행은 술라이만(Sulayman) 왕 때 제도화되었음에 틀림없다. 타베르니에에 따르면 아르메니아 사람들은 비이슬람 사람들에 비해 호화롭게 치장한 말을 타도록 허락되는 특권을 누렸다고 한다. Tavernier, 《여섯 가지 여행담(Les six voyages)》, 1권, pp. 468 참조.

36. T. M. Chevalier Lycklama a Nijeholt, 《러시아, 카프카스 그리고 페르시아 여행(Voyage en Russie, au Caucase et en Perse)》, 전 4권 (Paris와 Amsterdam, 1873), 2권, p. 244.

37. Pur-i Davud, 《Hurmazdnamah》, p. 205.

38. Tavernier, 《여섯 가지 여행담(Les six voyages)》, 1권, pp. 675.

39. Kaempfer, 《엥겔베르트 켐퍼 여행 일기(Die Reisetageb cher)》, p. 79; Du Mans, '1660년의 생활상', 2권, p. 104. 《이슬람의 보배(Treasures of Islam)》(London, 1985)의 일러스트레이션, p. 119; 그리고 M. Rogers 엮고 옮김, 《톱카프궁전박물관:사진첩과 삽화가 있는 원고(The Topkapi Saray Museum:The Albums and Illustrated Manuscripts)》(London, 1986), pp. 124, 182.

40. Bedik, 《40개의 기둥이 있는 페르시아 왕궁의 알현실(Chehil sutun)》, p. 286.

41. Poullet, 《새로운 설명과 정확한 해설(Nouvelles relations du Levant)》, 2권, pp. 327-8.

42. Du Mans, '1660년의 생활상', 2권, pp. 75, 81; Tavernier, 《여섯 가지 여행담(Les six voyages)》, 1권, pp. 714; De Bruyn, 《모스크바공국 여행(Reizen over Moskovie)》, p. 172.

43. Fryer, 《동인도와 페르시아에 대한 새로운 기록(A New Account of East India and Persia)》, 2권, p. 210.

44. Michael Glunz, '혁명을 위한 활동:1891/92년의 이란 담배 저항 운동과 이란에서 흡연의 역사적 배경(Das Vorspiel zur Revolution:Der iranische Tabakboykott von 1891/92 und der historische Kontext des Rauchens in Iran)', Hengartner와 Merki, 《담배 문제(Tabakfragen)》, p. 148, Samuel Greene Wheeler Benjamin, 《페르시아와 페르시아 인(Persia and the Persians)》(Boston, MA, 1887)을 인용, p. 103.

45. C. J. Wills, 《사자와 태양의 땅, 또는 현대 페르시아에서(In the Land of the Lion and the Sun or Modern Persia)》 (London, 1883), p. 29.

46. Harry de Windt, 《페르시아와 발루치스탄을 지나 인도로 가는 길(A Ride to India across Persia and Baluchistan)》 (London, 1891), pp. 46, 86.

47. Muhandis Muhammad Sadiq Ansari, '이란의 파이프 담배(San cat-i tutun dar Iran)', 《커피(Kaweh)》, 4 (Munich, 1345 Sh./ 1966년), p. 178.

48. K. Seligmann, 《페르시아 희귀 원고(Ueber drey hochst seltene Persische Handschriften)》(Vienna, 1833), p. 41.

49. Khurasani, 《약재 정보(Makhzan al-adviyah)》, p. 275.

50. Felix Klein-Franke, '낙원의 금연:이슬람 율법이 심판하는 담배 흡연 습관(No Smoking in Paradise:The Habit of Tobacco Smoking Judged by Muslim Law)', 《Le Museon》, 106 (1993), pp. 155-83.

51. Rasul Ja cfariyan, 《사파비아 멸망의 요인들(clial-i bar uftadan-i Safaviyan)》(Tehran, 1372 Sh./1993년), p. 352; 왕의 반흡연 칙령들 목록은 Aqa Buzurg Tihrani, 《시아파의 율법(al-Dhari cah ila tasanif al-Shicah)》(Najaf, 1378 Sh./1959년), 11권, pp. 173-5 그리고 Rasul Ja cfariyan, 《Safaviyah darcarsh-i din, farhang va siyasat》, 전 3 권 (Qum, 1379 Sh./2000년), 3권, p. 1145.

52. 금지령 폐지에 대해서는, Muhammad Ma csum b. Khajigi Isfahani, 《Khulasat al-siyar, tarkkh-i ruzgar-i Shah Safi Safavi》(Tehran, 1368 Sh./ 1989년), p. 39; Abu'l Hasan Qazvini, Fava'id al-Safaviyah 엮음, 《Maryam Mirahmadi》(Tehran, 1367 Sh./ 198년), p. 48 참조.

53. Tavernier, 《여섯 가지 여행담(Les six voyages)》, 1권, pp. 599.

54. cAbd al-Hayy Radawi Kashani, 'Hadiqat al-Shiah', Rasul Ja cfariyan, 《Din va siyasat dar dawrah-i Safavi》 (Qum, 1370 Sh./1991년), p. 350.

55. Ange de St Joseph, 《페르시아에 대한 추억들(Souvenirs de perse)》, pp. 102-5.

56. Heinz Pampus, 《신학 백과사전:사파비드 시대의 문학사(Die theologische Enzyklopädie Bihär al-Anwär des Muhammad Bäqir al-Maǧlisï (1037-1110 Sh./1627-99년)):Ein Beitrag zur Literaturgeschichte der Šícda in der Safawidenzeit', 취임 논문, 프리드리히 빌헬름 대학, Bonn, 1970, p. 45.

57. Tavernier, 《여섯 가지 여행담(Les six voyages)》, 1권, pp. 599.

58. Du Mans, '1660년의 생활상', 2권, p. 106; Fryer, 《동인도와 페르시아에 대한 새로운 기록(A New Account of East India and Persia)》, 3권, p. 7.

59. 공문서보관소(Public Record Office), London, FO60/482, Arthur Herbert, 《1886년 5월 7일, 페르시아의 현상태에 대한 보고서(Report on the Present State of Persia, May 7, 1886)》, fol. 143.

60. 공문서보관소(Public Record Office), London, FO/60/480, Nicholson, 《1886년 10월 23일, 테헤란에서 런던으로 (Tehran to London, Oct. 23. 1886)》, fols 199-202에 동봉됨.

61. Nikki R. Keddie, 《이란에서 종교와 저항:1891-1892의 이란 담배 저항 운동(Religion and Rebellion in Iran:The Iranian Tobacco Protest of 1891-1892)》(London, 1966) 그리고 Ann K. S. Lambton, '담배 규제:혁명의 서곡 (The Tobacco Regie:Prelude to Revolution)', 《이슬람 연구(Studia Islamica)》, 22 (1966), pp. 71-90; 그리고 Shaykh Hasan Isfahani Karbal'i, 《Tarikh-i dukhaniyah》, Rasul Jacfariyan 엮음, (Tehran, 1377 Sh./1998년).

아유르베다 의학의 연기 이용법

P. 람 마노하르 | P. Ram Manohar

▪□ 많은 고대 문화들은 정성스레 마련한 특정 종류의 연기를 쐬는 것이 유익하다는 믿음을 공통적으로 가지고 있다. 인도 전통도 이와 다르지 않다. 인도 의학 문헌에 서술되어 있는 전설에 따르면 불의 신이 현자들에게 연기의 이로움들을 알려주었다고 한다. 신의 도움으로 사람들은 다양한 방법으로 연기를 만들어 악귀들로부터 자녀들을 잘 보호할 수 있었다.[01]

의식적으로 연기를 쐬는 데에는 의학적 이용, 종교적 의무, 여가, 환각 체험과 해독을 비롯한 다양한 목적이 있다. 아유르베다(Āyurveda)와 같은 전통의학은 질병의 예방과 치료를 위해 흡연을 권장한다. 특히 기관지계에 영향을 미치는 질병에 그러하다. 연기는 종교 의식에 필수적인 구성요소이기도 하다. 또 스트레스를 던져버리기 위한 오락 활동일 수도 있고, 의식의 변화 상태를 이끌어내는 수단이 될 수도 있다. 약초 흡연은 담배와 마리화나 같은 해로운 물질의 습관적 흡연의 대안으로서 해독에 이용되는 방법이기도 하다.

산스크리트 고전문학을 살펴보면 인도 문화에서는 특정 종류의 연기를 쐬는 것이 개인의 건강에 도움을 줄 뿐 아니라 사회의 조화에도 긍정적으로 작용했음을 알 수 있다. 마리화나와 담배의 흡연 그리고 후카(hookah)라는 특별한 흡연 용구의 이용은 서로 다른 시기에 인도에 도입되었다. 그러나 이들은 흡연에 있어 인도의 독창적인 공헌을 드러내지 않으며 고전문학 속에 많이 등장하지도 않는다. 인도의 문화적 다원주의와 절충주의는 전통적인 것과 외래적인 것 사이의 구별을 어렵게 하지만 고전문학에 대한 연구를 통해 어느 만큼은 이를 구별할 수 있다.

인도에서 연기에 의식적으로 노출되는 방법은 세 가지가 있다. 호마(homa, 불공양), 두마파나(dhūmapāna, 말 그대로 '연기 마시기') 또는 두마(dhūma, 줄임말) 그리고 두파(dhūpa, 훈증)가 그것이다. 호마란 신성한 식물을 태워 일으킨 불에 정제 버터와 곡물을 공양하는 것으로, 연기가 멀리까지 퍼진다. 이 목적은 사람들이 살아가는 주변 환경을 정화하는 데에 있다.[02] 또 영적인 이로움을 준다고도 한다. 두마란 파이프로 혼합물을 피우며 나오는 연기를 깊게 들이마심으로써 사람의 몸에 직접 이로움을 얻으려는 것이다.[03] 두파 또는 훈증은 가까운 범위에 연기를 피움으로써 개인과 그 개인의 주변에 영향을 미치는 것이다. 겨울에는 추위를 막기 위해 연기를 피우고 우기 때는 나중을 위해 옷에 연기를 쐬어둔다.[04] 이것의 중심 기능 가운데 하나가 악귀를 물리치는 것이다.[05]

이 세 가지 방법 가운데에서 호마는 특히 종교적인 목적으로 쓰였고 두마는 전통 의학에서 많이 쓰였다. 두파는 종교적으로나 의학적으로 쓰였을 뿐 아니라 사회적인 차원에서도 쓰였다. 호마는 주술적인 의학의 범위에 해당하고 두마는 임상학(empirico-rational medicine)에 기초하고 있다. 두파는 주술적인 동시에 임상학적 요소를 지니고 있다.[06] 두마파나는 현대의 흡연 관습과 유사하므로 이 글의 중심이 될 것이다.

베다 문헌 속에는 호마에 대한 구체적인 묘사가 풍부하다.[07] 《하리타 상히타(Hārīta Saṃhitā)》는 호마에 대해 한 장에 걸쳐 서술하고 있는 희귀한 의학 서적 가운데 하나이다.[08] 한편 두마에 대한 자세한 기록은 아유르베다 문헌에서만 찾아볼 수 있다. 두파에 대한 설명은 다양한 형태의 인도 문헌에서 간간이 찾을 수 있다. 소아과의 고전 서적인 《카샤파 상히타(Kāśyapa Saṃhitā)》는 한 장 전체에 걸쳐 두파를 설명한다.[09] 거글 진액을 훈증에 이용한 것은 아마도 아타르바 베다

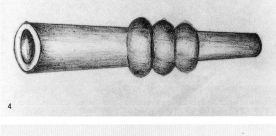

- *1.* 칠럼(chilum, 곧은 모양의 흙 파이프 – 옮긴이)을 피우고 있는 고행자(sadhu, 은둔자), 1992년.
- *2.* 호마에 쓰이는 기구.
- *3.* 훈증 기구.
- *4.* 아유르베다 흡연 파이프, 다믈(Hrishikesh Damle) 그림, 2001년.
- *5.* 베다 시대 이후로 흡연에 이용된 거글(Commiphora mukul, guggulu)의 수액.

(Atharva Veda, 고대 인도 브라만교의 경전—옮긴이)에 설명된 폐결핵 치료를 위한 훈증 요법으로 시작되었을 것이다.[10]

호마와 두파 요법은 적어도 3,000년 동안 유행했고 두마파나는 2,000년이 넘게 행해졌다. 훈증 요법은 아유르베다 역사의 아주 초기 단계에서부터 체계화되었는데 이는 서력기원에서도 몇백 년 전으로 더 거슬러 올라가는 이야기이다. 이때 체계화된 것이 일부 새 처방과 약초가 추가된 것을 제외하고는 오늘날까지 거의 그대로 이어져 왔다. 오늘날의 연구는 중요한 아유르베다 문헌과 그 발달 과정에서 큰 획을 그었던 문헌의 서술들을 기초로 삼고 있다. 《차라카 상히타(Caraka Saṃhitā)》《수슈루타 상히타(Suśruta Saṃhitā)》《카샤파 상히타(Kāśyapa Saṃhitā)》그리고 《벨라 상히타(Bheḷa Saṃhitā)》는 서력기원보다 몇 세기 앞선 것들이고, 서기 4세기까지 편집과 수정이 이어졌다. 《아쉬탕가 상그라하(Aṣṭāṅga Saṃgraha)》와 《아쉬탕가 흐르다얌(Aṣṭāṅga Hṛdayaṃ)》은 5세기와 6세기 문헌이다. 《단반타리 니간투(Dhanvantari Nighaṇṭu)》와 《치키차사라싱그라하(Cikitsāsārasaṃgraha)》그리고 《차크라다타(Cakradatta)》는 10, 11, 12세기에 저술되었다. 《사릉가다라 상히타(Śārṅgadhara Saṃhitā)》와 《카야데바 니간투(Kayyadeva Nighaṇṭu)》는 13, 14세기에, 《브하바프라카사(Bhāvaprakāśa)》《요가라트나카라(Yogaratnākara)》그리고 《라자 니간투(Rāja Nighaṇṭu)》는 16, 17세기에 저술되었다.

아유르베다 의학에서, 흡연은 건강한 삶을 위한 규칙적인 일상에서 빼놓을 수 없는 요소이다.[11] 잠재적인 위해를 물리치기 위해서뿐 아니라 흡연에서 최대의 이익을 얻기 위해 여섯 가지 흡연 방법을 소개하고 있다. 흡연 파이프를 제대로 만들고 지혜롭게 흡연하는 것 말고도 흡연의 정당한 목적을 인식하는 것이 중요하다. 먼저 흡연할 이의 건강 상태를 확인해야 한다. 다음으로 적절한 흡연 상황을 결정한다. 그리고 흡연 혼합물로 쓸 재료들을 꼼꼼하게 고른다. 왜, 누가, 언제, 무엇을, 어떻게의 다섯 가지 질문에 대답을 내린 뒤에 흡연해야 한다.

아유르베다에서 이야기하는 흡연은 무엇보다 신체적인 이로움을 얻는 것을 목표로 하며 정신에 대해서는 가벼운 효과만을 이야기한다. 아유르베다 의학에 따르면 적절한 흡연은 얼굴 부분(supra-clavicular)과 호흡기 계통의 구멍들을 정화함으로써 이 부분의 질병을 예방하고 치료할 수 있다. 흡연 효과는 적절한 흡연 재료를 선택하고 흡연 파이프의 길이를 조정하고 흡연 방법을 바꿈에 따라 달라질 수 있다. 아유르베다에서 흡연 방법은 두 가지로 나뉜다. 흡연 혼합물을 파이프에서 직접 불을 붙이는 방법과, 밀폐된 도가니(crucible)에 든 혼합물에 불을 붙인 다음에 파이프로 마시는 방법이다. 일상적 흡연, 유기질(unctuous) 흡연, 정화를 위한 흡연은 흡연 파이프를 직접 이용하는 흡연의 세 가지 형태이다. 가래를 나오게 하는 흡연, 구토를 일으키는 흡연, 상처에 훈증하기는 파이프와 밀폐된 도가니를 이용하는 것이다.[12] 일부 문서는 이와 다른 분류 방법을 따르고 있다. 수슈루타는 상처 훈증을 흡연 형태로 받아들이지 않는다. 차라카는 상처 훈증은 말할 것도 없고, 가래를 나오게 하는 흡연과 구토를 일으키는 흡연도 언급하지 않는다.[13] 상처 훈증은 두마에서 이야기될 수 있는데 그 이유는 연기가 신체 특정 부위에 영향을 미치기 때문이다. 다른 데에서는 훈증을 배제하기도 하는데 그 이유는 훈증이라는 연기를 들이마시는 것이 아니기 때문이다. 흡입이야말로 두마의 본질적 특징이라 하겠다. 문헌을 보면 일상적 흡연은 정신과 몸에 광범위한 영향을 미친다. 유기질 흡연은 자양분을 공급하는 것으로 여겨지며 정화 흡연은 구멍을 막고 있는 불순물을 방출한다고 여겨진다. 가래를 나오게 하는 흡연은 기침이 날 때 권장되며 구토를 일으키는 흡연은 구토를 일으켜 치료 효과를 보게 하려는 것이다. 상처 훈증은 상처를 연기에 노출시키는 것으로 치료를 촉진한다고 한다.[14] 이러한 형태의 흡연을 통해 연기를 쐬는 데서 얻어지는 지엽적이고 체계적인 효과를 볼 수 있다.

아유르베다에 따르면 슬픔, 피로, 두려움, 분노, 열, 독, 피의 장애, 홍분, 현기증, 격한 감정, 갈증, 입천장 건조증, 구역질, 머리 부상, 백내장, 당뇨, 복수증이 있는 사람들은 흡연해서는 안 된다고 한다. 어린 아이들(12세 미만), 노인들(80세 이상), 허약자, 임산부, 설사약을 복용한 사람, 불면증 환자나 꿀·정제 버터·응유(curd)·생선이나 술을 먹은 사람들 또한 흡연해서는 안 된다.[15]

문헌에는 연기 이용에 대해 엄격한 지침을 정해놓았다. 일상적 흡연은 아침에 일어나서 소변과 대변을 본 뒤, 이를 닦은 뒤, 땀을 낸 뒤, 코에 약을 바른 뒤, 식사 뒤, 물놀이 뒤, 외과적 처치 뒤에 할 수 있다. 유기질 흡연은 배가 고플 때, 성관계 뒤, 웃을 때, 오랫동안 앉아 있을 때, 하품할 때, 소변 볼 때, 대변 볼 때, 이를 닦을 때, 처방된 오일로 눈을 세척할 때, 외과적 처치 때 할 수 있다. 정화 흡연은 코약을 바른 뒤, 안약을 넣은 뒤, 구토 뒤, 목욕 뒤 그리고 낮잠을 잔 뒤에 할 수 있다.[16]

이렇게 해야 흡연의 이로움을 얻을 수 있다. 아유르베다에서 설명하고 있듯이 잠에서 깨자마자 흡연하면 쌓여 있는 습을 말리고 여섯 가지 감각 기관(의식을 포함하여)이 활발해지며 여러 구멍들로 공기가 자유롭게 드나들게 된다. 이는 머리 부분의 질병을 경감시키고 습을 제거하고 이를 닦은 뒤의 입 안을 상쾌하고 깨끗하게 한다. 또한 잇몸과 이의 병을 없앨 수 있다. 물놀이 뒤의 흡연은 두통, 귓병, 콧물을 금세 멎게 한다. 식사 뒤의 흡연은 체액을 정상화하고, 머리를 맑게 하며 섭취한 음식을 안정시킨다고 한다. 재채기 뒤의 흡연은 장애물을 없애서 공기 흐름을 좋게 할 수 있다. 또한 목에 있는 관들의 소통을 정상화하며 변비로 인한 두통을 가라앉힐 수 있다. 성관계 뒤에 흡연해도 비슷한 효과를 얻을 수 있다고 한다. 구토 뒤의 흡연은 머리 속의 압력을 가라앉힐 뿐 아니라 통로들을 말리고 청소하는 데 도움을 줄 수 있다.[17]

아유르베다는 무생물뿐 아니라 식물과 동물을 이용하여 흡연 혼합물을 만든다고 한다. 많은 식물들이 다양한 흡연 혼합물의 재료로 소개되고 있다.[18] 당목향(Saussurea lappa)과 쥐오줌풀(Valeriana wallichii)은 흡연에 적당하지 않지만, 연기를 내는 방향제에는 포함된다. 이들을 흡연하지 않는 이유는 이들의 뜨겁고 센 성질

- 구토를 일으키는 흡연에 쓰이는 암소의 인대, 가죽, 발굽, 고기와 생선.

이 뇌에 해를 끼칠 수 있기 때문이다.[19] 동물적 성분들도 흡연 재료로 소개되며[20] 웅황이나 계관석 같은 무생물도 언급된다.[21] 서로 다른 종류의 흡연에 공식화되어 있는 아유르베다 방식이 있다. 일상적 흡연,[22] 유기질 흡연,[23] 정화 흡연,[24] 가래를 나오게 하는 흡연,[25] 구토를 일으키는 흡연[26] 그리고 상처 훈증[27]과 관련해 방법들이 정해져 있는 것이다.

이에 이용되는 파이프는 대개 금속, 대나무 또는 피마자 잎사귀의 말린 잎자루로 만든다.[28] 흡연 혼합물을 태우는 데에 이용되는 파이프는 금속이 선택된다. 전

- 왼쪽. 계관석(왼쪽)과 웅황(오른쪽)은 흡연 혼합물로 쓰이는 무생물 재료들이다.

- 오른쪽. 흡연 혼합물을 태우는 도가니와 말린 피마자 잎자루로 만든 파이프.

- 파이프 흡연에 이용되는 갈대 (Desmostachya bipinnata) 줄기.

- 갈아서 반죽한 흡연 혼합물. 줄기에 붙인 다음 마른 뒤에 줄기를 빼낸다.

형적인 흡연 파이프는 곧고 속이 빈 관 모양으로 가운데에 세 군데 불룩 솟아 있는 부분이 있다. 이는 파이프에서 세 개의 방(chamber)에 해당하며 연기가 흐르는 속도를 줄이는 역할을 한다.[29] 파이프 구멍은 동부(Vigna cylindrica) 콩알이 지나갈 만큼 크다. 각각의 흡연 파이프는 한 끝이 엄지 두께, 반대쪽 끝이 새끼손가락 두께로 개인에 따라 다르게 제작된다.[30] 일상적 흡연, 유기질 흡연, 정화 흡연, 가래를 나오게 하는 흡연, 구토를 일으키는 흡연과 상처 훈증에 이용되는 파이프들은 손가락 길이를 1로 보았을 때 각각 40배, 32배, 24배, 10배, 8배 길이의 것들을 쓴다.[31] 파이프 길이는 연기가 입이나 코의 점막에 미치는 효과를 조절한다. 파이프가 짧을수록 효과가 커진다. 전문가들은 바람직한 파이프 길이에 대해서는 그다지 동조하지 않는 편이다.[32]

흡연 혼합물을 파이프에서 직접 태우려면, 먼저 재료들을 갈아서 고운 반죽 상태로 만들어야 한다. 짚(Saccarum munja)이나 갈대(Desmostachya bipinnata)를 24시간 물에 푹 담가서 불린다. 반죽 15그램 정도를 풀줄기 다섯 겹 정도에 붙여서 두께는 엄지만 하고 길이는 손가락 여덟에서 열두 개 정도의 길이로 만든다. 그늘에서 말린 뒤 풀줄기를 뺀 다음, 마른 심지를 오일에 담갔다가 불을 붙여 파이프에 넣는다.[33] 도가니를 이용하려면, 재료들로 만든 가루 또는 환을 도가니에 넣고 태운다. 구멍이 뚫린 또 다른 도가니를 그 위에 올려놓고 파이프를 끼우면 구멍을 통해 연기가 나온다.

아유르베다는 짧은 예화를 통해 코나 입으로 연기를 규칙적으로 흡입하기를 권한다. 먼저 마음을 가라앉히고 등을 곧게 펴고 앉는다. 숨을 한 번 들이마시고 내쉰 뒤에, 한쪽 코를 막고 다른 쪽 콧구멍으로 연기를 들이마신다. 들이마신 연기는 입으로 내뱉는다. 또는 두 콧구멍으로 연기를 들이마시고 입으로 내뱉는다. 아유르베다 문헌은 콧구멍으로 내뱉는 연기가 눈에 해를 끼칠 수 있다고 강조한다.[34]

날마다 하는 일상적 흡연에서는 한쪽 콧구멍으로 두세 번 연기를 들이마시고 다른 콧구멍으로 이 과정을 되풀이한다. 하루에 두 번까지 이렇게 할 수 있다. 반드시 콧구멍으로만 연기를 마셔야 한다.[35] 유기질 흡연의 경우 하루에 한 번만 하는데 한쪽 콧구멍으로 서너 번 또는 눈에서 눈물이 날 때까지 연기를 들이마신다. 그러고 나서 입으로 한 번 연기를 들이마신다. 목 위쪽으로 걸린 병을 치료하려면 먼저 콧구멍으로 연기를 마신다. 목에 걸린 병을 치료하려면 먼저 입으로 연기를 마셔야 한다.[36] 정화 흡연은 하루에 서너 번 할 수 있으며 몽롱해질 때까지 계속할 수 있다. 이때 콧구멍으로만 연기를 들이마시도록 한다.[37] 가래를 나오게 하는 흡연은 입으로만 들이마셔야 하며 가슴으로 들여보내야[38] 한다. 구토를 일으키는 흡연 또한 구토제나 물약을 먹은 뒤에 입으로만 연기를 마셔야 한다.[39]

아유르베다 문헌은 적절한 흡연과 부적절한 흡연의 결과를 설명한다. 적절한 흡연은 습을 없애고 말리며 가슴과 목, 머리를 시원하게 하는 것이 특징이다.[40] 목소리가 막히고 목에 가래가 끼는 것은 불충분한 흡연의 특징이다.[41] 과도한 흡연은 입천장, 머리, 목이 마르며 뜨거워지는 특징을 나타낸다. 또한 갈증, 출혈, 현기증, 졸도, 정신착란을 일으키며 감각기관을 혼란시킨다.[42] 부적절한 흡연은 신체의 열평형을 어지럽히고 혈액 이상을 일으킬 수 있다. 현기증, 열병, 머리 쪽의 이상, 감각기관의 이상, 입천장 건조증, 구토, 졸도, 안면 마비와 같은 문제를 일으키며 심지어 어떤 경우는 사망에 이르기도 한다. 연기가 몸의 구멍들로 스며들면 계속 화끈거리는 느낌, 헛배부름, 눈병, 천식, 기침, 비염, 기면증, 목소리

막힘, 위산과다 증세가 나타난다.[43] 이런 증상들에 대해 약물을 섞은 정제 버터, 포도, 우유, 사탕수수즙, 탕약, 코약, 연고, 눈약, 샤워하기 등이 치료법으로 제시된다. 이들 치료법은 열을 식히고 피를 맑게 하여 증세를 누그러뜨린다.[44]

건강을 위한 일상적 흡연은 날마다 코약을 넣은 뒤 행하는 것이 좋다. 코약은 머리 속으로 뚫린 구멍들에 들러붙어 있는 오염물들을 움직이게 하여 연기의 효능이 작용하게 한다. 다른 경우에 할 수도 있으나 하루에 두 번을 넘으면 안 된다. 이 흡연의 효능은 마음을 가라앉히고 정신의 활기를 불어넣으며 머리와 감각기관을 튼튼하게 하는 데에 있다. 또 편두통, 비염, 천식, 침 흘림, 목소리 막힘, 인후통, 치통, 목의 경직, 파상풍, 기생충 감염, 가려움증, 수면과다증, 때 이른 대머리, 흰머리 및 탈모와 같은 증상을 예방한다고 한다.[45] 《브하바프라카사》는 흡연을 일상적 일과에서 배제하고 순전히 몸을 정화하는 치료 수단으로서 다루고 있다.[46]

아유르베다 고문헌에서는 말라리아, 간헐적 열병, 정신질환 및 간질에 호마를 권하고 있다.[47] 말라리아, 치질, 귀신 들림, 정신질환, 간질, 상처와 같은 증세를 관리할 때는 두파를 권한다.[48] 열병, 기침, 천식, 정신질환, 간질을 치료할 때는 두마를 권한다.[49] 심황의 잎, 피마자 뿌리, 건포도, 웅황, 계관석, 개잎갈나무(Cedrus deodara)와 감송(Nardostachys jatamansi) 뿌리는 천식 치료에 이용되는 흡연 혼합물의 재료이다.[50] 문헌에서는 천식에 효과가 있는 흡연은 구토제나 설사제 같은 정화용 치료제를 복용한 뒤에 흡연하는 경우뿐이라고 단정하고 있다. 흡연

भरपूर झाग तथा स्वच्छ धुलाई के लिए । कीमत नही । क्वालिटी देखिए फोन ।

चेतक छाप साबुन शक्ति डिटर्जेन्ट टिकि

निर्माता : निर्माता :

CHETAK महेश सोप वर्क्स गुजरात डिटर्जेन्ट्स

दूध तलाई, उज्जैन इंडस्ट्रियल इस्टेट, मक्सी रोड, उ

SHAKTI

- 궐련을 피우고 있는 서구적인
분위기의 인도 사람. 1990년
대중광고에서.

이 발작적 기침을 유발할 수 있으므로 천식의 경우 적절한 상황에서 흡연하는 것이 중요하다.[51] 뱀의 허물은 치질 훈증을 위한 흡연 혼합물의 재료로 쓰인다.[52]

이상의 논의에서 알 수 있듯이 아유르베다 흡연은 흡연 혼합물에 환각성 재료를 쓰지 않는다는 점이 특징적이다. 스트레스를 경감시키는 목적으로는 결코 흡연을 권하지 않았다. 또한 슬픔, 두려움, 피로를 느끼는 사람들은 흡연을 피해야 한다고 보았다. 창포(Acorus calamus)와 감송은 아유르베다 흡연 혼합물의 재료로 가벼운 환각 효과만 일으킬 수 있다. 흰독말풀(Datura metal)은 민간요법에서 천식 관리의 흡연에 쓰이는 환각제이다. 그러나 고전 아유르베다 문헌에서는 두드러지게 나타나지 않는다.

인도 사람들은 마리화나의 원료인 대마(Cannabis sativa)를 이미 11세기에 알고 있었다. 이 시기에 작성된 《반가세나 치키차사라상그라하(Vaṅgasena's

Cikitsāsārasaṃgraha)》에 대마가 언급되어 있다. 대마는 《단반타리 니간투》《사룽가다라 상히타》《카야데바 니간투》 같은 문헌에도 언급되어 있다. 대마는 다양한 의학적 목적으로 이용되었지만 아유르베다 후기 문헌에 실려 있는 흡연 처방의 재료는 아니었다.[53]

담배가 최초로 언급된 것은 《요가라트나카라》이고, 이는 17세기의 것이다. 산스크리트어로 타마쿠(tamākhu)인 담배는 마리화나와 달리 연기 나무(smoke tree)로 여겨진다. 또 연기, 연기 나무, 파이프에서 빛을 내는 것이라고도 한다. 담배는 잎사귀가 크고 희끄무레하며 길고 불그스레한 갈색 꽃이 피고 송이를 지어 열리는 열매에는 많은 씨가 들어 있다고 알려져 있다. 내복약으로서 그 잎사귀는 뜨겁고 독하며 습과 풍을 진정시킨다고 한다. 그리고 천식과 기침, 헛배부름을 치료한다고 한다. 변통을 돕고, 치통을 덜어주며, 기생충을 구제하고, 가려움증을 없애며 열을 보태지만 중독과 현기증 또한 일으킬 수 있다. 구토와 배변을 일으킬 수 있다. 시력을 손상시킬 수 있고 생리혈을 증가시킬 수 있다. 전갈에 쏘인 경우에 구토제로 쓰이며, 풍과 습이 일으키는 질병에 걸렸을 때 설사약으로 쓰인다. 담배 흡연은 심장에 나쁘며 발기부전을 일으킬 수 있다고 한다.[54] 《라자 니간투》 또한 17세기 문헌인데 담배를 흡연과 연관짓지 않고 약재로 설명하고 있다.[55]

호마와 두파는 오늘날 인도에서 계속 행해지고 있지만 꼭 의학적 목적으로만 이용되는 것은 아니다. 그러나 담배 흡연은 고전적인 두마파나를 완전히 대체해 버렸다. 최근에 아유르베다 흡연은 약초 담배의 형태로 부활의 조짐을 보이고 있다. 그러나 약초 담배란 본래의 고전적인 방법과는 매우 다른 것이다.∘

||| 주

01. Srisatyapala Bhisagacharya 엮고 옮김, 《카샤파 상히타(Kāśyapa Saṃhitā)》 (Varanasi, 2000), pp. 172-3.

02. K. P. Sreekumari 엮음, 《바그바타 아쉬탕가 상그라하(Vagbhata's Aṣṭāṅga Saṃgraha)》 (Trivandrum, 1982), p. 172.

03. Narayan Ram Acharya 엮음, 《수슈루타 상히타(Suśruta Saṃhitā)》 (Varanasi, 1996), 4.40.15; Harinarayana Sharma 엮음, 《아쉬탕가 흐르다얌(Aṣṭāṅga Hṛdayam)》 (Varanasi, 1996), 1.21.1, 22.

04. 《아쉬탕가 흐르다얌(Aṣṭāṅga Hṛdayam)》, 1.3.15, 47.

05. 같은 책, 6.3.47-8, 58; 6.6.18; 《카샤파 상히타(Kāśyapa Saṃhitā)》, pp. 172-3.

06. P. V. Sharma 엮음, 《차라카 상히타(Caraka Saṃhitā)》 (Varanasi, 1983), 1.11.54.

07. 《아쉬탕가 상그라하(Aṣṭāñga Saṃgraha)》, p. 63.

08. Ramavalamba Shastri 엮고 옮김, 《하리타 상히타(Harita Samhitā)》(Varanasi, 1985), 2.7.1-4.

09. 《카샤파 상히타(Kāśyapa Saṃhitā)》, pp. 170-75.

10. Kenneth Zysk, 《베다의 의학:베다의 종교적 치료(Medicine in the Veda:Religious Healing in the Veda)》(Delhi, 1996), p. 14.

11. 《차라카 상히타(Caraka Samhitā)》, 1.5.20-56; 《아쉬탕가 흐르다얌(Aṣṭāñga Hṛdayam)》, 1.2.6.

12. 《수슈루타 상히타(Suśruta Saṃhitā)》, 4.40.10; 《아쉬탕가 상그라하(Aṣṭāñga Saṃgraha)》, p. 407.

13. 《차라카 상히타(Caraka Samhitā)》, 1.5.37; 《수슈루타 상히타(Suśruta Saṃhitā)》, 4.40.3; Indradev Tripathi 엮음, 《차크라다타(Cakradatta)》(Varanasi, 1991), p. 689; Parasurama Shastri 엮음, 《사릉가다라 상히타(Śārñgadhara Saṃhitā)》(Varanasi, 1985), 3.9.1; K. R. Srikanthamurthy 엮고 옮김, 《브하바프라카사(Bhāvaprakāśa)》(Varanasi, 1998), 1권, p. 595.

14. 《수슈루타 상히타(Suśruta Saṃhitā)》, 4.40.14, 18.

15. 《차라카 상히타(Caraka Samhitā)》, 1.5.41-5; 《수슈루타 상히타(Suśruta Saṃhitā)》, 4.40.11; 《아쉬탕가 상그라하(Aṣṭāñga Saṃgraha)》, pp. 407-8; 《아쉬탕가 흐르다얌(Aṣṭāñga Hṛdayam)》, 1.21.2-4; 《사릉가다라 상히타(Śārñgadhara Saṃhitā)》, 3.9.3-6; 《브하바프라카사(Bhāvaprakāśa)》, p. 595.

16. 《차라카 상히타(Caraka Samhitā)》, 1.5.33-5; 《수슈루타 상히타(Suśruta Saṃhitā)》, 4.40.13; 《아쉬탕가 상그라하(Aṣṭāñga Saṃgraha)》, p. 408.

17. Girijadayalu Sukla 엮음, 《벨라 상히타(Bhela Samhitā)》(Varanasi, 1999), 1.6.32-43.

18. 소개된 식물들은 다음과 같다. 침향(Aquilaria agallocha), 거글(Commiphora mukul), 향부자(Cyperus rotundus), 서양주목(Taxus baccata), 석화(Parmelia perlata), 감송(Nardostachys jatamansi), 베티버(Vettiveria zizanoides), 시나몬(Cinnamomum zeylanicum), 마후아(Madhuca longifolia), 목사과(Aegle marmelos), 벚나무(Prunus cerasoides), 소나무(Pinus roxburghii), 사라수(Shorea robusta), 인도소나무(Vateria indica), 레몬그라스(Cymbopogon citratus), 랜디아(Randia dumetorum), 유향(Boswellia serrata), 샤프란(Crocus sativus), 녹두(Phaseolus mungo), 보리(Hordeum vulgare), 참깨(Sesamum indicum), 연꽃(Nelumbo nucifera), 수련(Nymphaea alba), 인도보리수(Ficus bengalensis), 무화과(Ficus racemosa), 보리수 고무나무(Ficus religiosa), 뽕나무(Ficus lacor), 노린재나무(Symplocos racemosa), 감초(Glycyrrhiza glabra), 샤배나주엽나무(Cassia fistula), 야생 히말라야벚나무(Prunus cerasoides), 갈퀴 꼭두서니(Rubia cordifolia), 노박덩굴(Celastrus paniculatus), 울금(Curcuma longa), 가자(Terminalia chebula), 비비타키(Terminalia belerica), 인도 구즈베리(Emblica officinalis), 그멜리나(Gmelina arborea), 파나파니아(Oroxylum indicum), (Stereospermum suaveloens), 꿀풀(Premna integrifolia), 까마중(Solanum indicum), 칸타카리(Solanum xanthocarpum), 드흐루바(Desmodium gangeticum), (Pseudarthria viscida), (Triblus terrestris), 후추(Piper nigrum), 필발(Piper longum), 생강(Zingiber officinale), 아위(Ferula foetida), 헤글릭 나무(Balanites aegyptiaca), 구두치(Tinospora cordifolia), (Pistacia integerrima), 용화수(Mesua ferrea), 방아풀(Plectranthus vettiveroides), 백단향(Santalum album), 카르다뭄(Elettaria cadamomum), 소합향(Liquidamber orientalis), 작살나무(Callicarpa macrophylla), 델피니움(Delphinium zalil), 안젤리카(Angelica glauca), 인도 계피(Cinnamomum tamala), 몰약(Commiphora myrrha), 칼로필럼(Calophyllum inophyllum). 《차라카 상히타(Caraka Samhitā)》, 1.5.20-23, 25-7; 《수슈루타 상히타(Suśruta Saṃhitā)》, 4.40.4; 《아쉬탕가 흐르다얌(Aṣṭāñga Hṛdayam)》, 1.21.13-18. 또 19-27과 50-52 참조.

19. 《차라카 상히타(Caraka Samhitā)》, 1.5.20-27; 《수슈루타 상히타(Suśruta Saṃhitā)》, 4.40.4; 《아쉬탕가 흐르다얌(Aṣṭāñga Hṛdayam)》, 1.21.17.

20. 암소 같은 짐승의 힘줄, 고양이 가죽, 뱀 허물, 발굽, 뿔, 게 껍질, 어포, 지렁이, 육포, 정제 버터, 요구르트, 지방, 골수, 수지(獸脂), 라크(lac, 니스의 원료—옮긴이), 밀랍, 사람의 머리털과 담즙, 소변, 대변, 여우 발톱, 수컷, 숫양, 올빼미, 몽구스, 독수리. 《차라카 상히타(Caraka Samhitā)》, 6.10.51; 《수슈루타 상히타(Suśruta Saṃhitā)》, 4.40.4.

21. 《차라카 상히타(Caraka Samhitā)》, 1.5.26; 《수슈루타 상히타(Suśruta Saṃhitā)》, 4.40.4; 《아쉬탕가 흐르다얌(Aṣṭāñga Hṛdayam)》, 1.21.18.

22. 유향(수지), 라크, 카르다뭄(씨앗), 연꽃(수술), 수련(괴경), 인도보리수, 보리수 고무나무, 노린재나무(껍질), 설탕, 감초 뿌리, 샤배나주엽나무(껍질), 야생 히말라야벚나무(나무속), 갈퀴 꼭두서니(전체) 그리고 침향(나무), 시나몬(껍질), 거글(삼출물) 같은 향이 있는 약재. 《아쉬탕가 흐르다얌(Aṣṭāñga Hṛdayam)》, 1.21.16-17.

23. 수지(獸脂), 정제 버터, 밀랍, 지반티(Leptadenia reticulata, 괴경), (Roscoea procera), 지바캄(Microstylis wallichi), 에드바캄(Microstylis musifera), 난 종류(Habenaria species), 바베이도스(Teramnus labialis), (Phaseolus trilobus, 뿌리). 차라카 상히타(Caraka Samhitā), 1.5.25-6.

24. 나비콩(Clitoria Ternatea, 뿌리), 노박덩굴(씨앗), 웅황, 계관석 그리고 침향(나무), 시나몬(껍질), 거글(삼출물) 같은 향이 있는 약재. 같은 책, 1.5.26-7.

25. 까마중(뿌리), 칸타카리(뿌리), 필발(건과), 생강(근경), 석결명(Cassia occidentalis, 전체), 아위(삼출물), 헤글릭 나

무, 계관석, 구두치(줄기) 그리고 (Pistacia integerrima, 벌레혹), 수슈루타 상히타(Suśruta Saṃhitā), 4.40.4.

26. 암소 같은 짐승의 인대, 가죽, 발굽, 뿔, 어포, 육포 같은 책, 4.40.4.

27. 아마(Linum usitattisimum), 보리(낟알), 정제 버터, 소나무(삼출물과 나무), 사라수(삼출물), 개잎갈나무(Cedrus deodara)(나무). 같은 책, 1.37.21.

28. 《차라카 상히타(Caraka Saṃhitā)》, 1.5.51; 《수슈루타 상히타(Suśruta Saṃhitā)》, 4.40.5; 《아쉬탕가 상그라하(Aṣṭāṅga Saṃgraha)》, pp. 408-9; 《아쉬탕가 흐르다얌(Aṣṭāṅga Hṛdayam)》, 1.21.7-8; 《브하바프라카사(Bhāvaprakāsa)》, p. 597.

29. 《차라카 상히타(Caraka Saṃhitā)》, 1.5.51-2.

30. 《차라카 상히타(Caraka Saṃhitā)》, 1.5.50; 《수슈루타 상히타(Suśruta Saṃhitā)》, 4.40.5; 《벨라 상히타》 1.6.29; 《아쉬탕가 상그라하(Aṣṭāṅga Saṃgraha)》, p. 408; 《아쉬탕가 흐르다얌(Aṣṭāṅga Hṛdayam)》, 1.21.8-9; 샤릉가다라 상히타, 3.9.11-14; 《브하바프라카사》, p. 597.

31. 《아쉬탕가 상그라하(Aṣṭāṅga Saṃgraha)》, p. 408.

32. 《차라카 상히타(Caraka Saṃhitā)》, 1.5.49-50; 《수슈루타 상히타(Suśruta Saṃhitā)》, 4.40.5; 《아쉬탕가 흐르다얌(Aṣṭāṅga Hṛdayam)》, 1.21.8, 21.

33. 《차라카 상히타(Caraka Saṃhitā)》, 1.5.23-5; 《수슈루타 상히타(Suśruta Saṃhitā)》, 4.40.4; 《아쉬탕가 상그라하(Aṣṭāṅga Saṃgraha)》, p. 409; 《샤릉가다라 상히타(Śārṅgadhara Saṃhitā)》, 3.9.15-18.

34. 《차라카 상히타(Caraka Saṃhitā)》, 1.5.46-8; 《수슈루타 상히타(Suśruta Saṃhitā)》, 4.40.8; 《아쉬탕가 상그라하(Aṣṭāṅga Saṃgraha)》, p. 409; 《아쉬탕가 흐르다얌(Aṣṭāṅga Hṛdayam)》, 1.21.9-11; 《샤릉가다라 상히타(Śārṅgadhara Saṃhitā)》, 3.9.17-18.

35. 《차라카 상히타(Caraka Saṃhitā)》, 1.5.36; 《수슈루타 상히타(Suśruta Saṃhitā)》, 4.40.18; 《아쉬탕가 상그라하(Aṣṭāṅga Saṃgraha)》, p. 410.

36. 《차라카 상히타(Caraka Saṃhitā)》, 1.5.37; 《아쉬탕가 상그라하(Aṣṭāṅga Saṃgraha)》, p. 410; 《아쉬탕가 흐르다얌(Aṣṭāṅga Hṛdayam)》, 1.21.11-13; 《브하바프라카사(Bhāvaprakāsa)》, p. 598.

37. 《차라카 상히타(Caraka Saṃhitā)》, 1.5.37; 《수슈루타 상히타(Suśruta Saṃhitā)》, 4.40.18; 《아쉬탕가 상그라하(Aṣṭāṅga Saṃgraha)》, p. 410; 《아쉬탕가 흐르다얌(Aṣṭāṅga Hṛdayam)》, 1.21.11-12.

38. 《수슈루타 상히타(Suśruta Saṃhitā)》, 4.40.18; 《아쉬탕가 상그라하(Aṣṭāṅga Saṃgraha)》, p. 410.

39. 《수슈루타 상히타(Suśruta Saṃhitā)》, 4.40.18; 《아쉬탕가 상그라하(Aṣṭāṅga Saṃgraha)》, p. 411.

40. 《차라카 상히타(Caraka Saṃhitā)》, 1.5.52-3.

41. 같은 책, 1.5.53-4.

42. 같은 책, 1.5.54-6.

43. 《수슈루타 상히타(Suśruta Saṃhitā)》, 4.40.12; 아쉬탕가 상그라하(Aṣṭāṅga Saṃgraha)》, p. 407; 《아쉬탕가 흐르다얌(Aṣṭāṅga Hṛdayam)》, 1.21.4-5; 《샤릉가다라 상히타(Śārṅgadhara Saṃhitā)》, 3.9.7; 《브하바프라카사(Bhāvaprakāsa)》, p. 596.

44. 《차라카 상히타(Caraka Saṃhitā)》, 1.5.39; 《아쉬탕가 상그라하(Aṣṭāṅga Saṃgraha)》, p. 407; 《아쉬탕가 흐르다얌(Aṣṭāṅga Hṛdayam)》, 1.21.5; 《샤릉가다라 상히타(Śārṅgadhara Saṃhitā)》, 3.9.7-8.

45. 《차라카 상히타(Caraka Saṃhitā)》, 1.5.27-33; 《수슈루타 상히타(Suśruta Saṃhitā)》, 4.40.15-16; 《벨라 상히타》 1.6.31-40; 《아쉬탕가 상그라하(Aṣṭāṅga Saṃgraha)》, p. 407.

46. 《브하바프라카사(Bhāvaprakāsa)》, p. 595-9.

47. 《차라카 상히타(Caraka Saṃhitā)》, 6.3.314-15, 6.9.93, 6.10.53.

48. 같은 책, 6.3.308-9, 6.9.93, 6.10.53, 6.14.48; 《수슈루타 상히타(Suśruta Saṃhitā)》, 4.40.19.

49. 《차라카 상히타(Caraka Saṃhitā)》, 6.3.308, 6.9.75, 6.17.77-9, 6.18.75, 130; 《아쉬탕가 흐르다얌(Aṣṭāṅga Hṛdayam)》, 6.7.33.

50. 《아쉬탕가 흐르다얌(Aṣṭāṅga Hṛdayam)》, 4.4.11-12.

51. 같은 책, 3.4.2.

52. 《차라카 상히타(Caraka Saṃhitā)》, 6.14.48; 《아쉬탕가 흐르다얌(Aṣṭāṅga Hṛdayam)》, 4.8.18.

53. G. J. Meulenbeld, 《인도학 연구:인도 대마 재배 역사를 통해서 본, 산스크리트어 의학 자료 연대순의 실마리 연구 Studien zur Indologie:The Search for Clues to the Chronology of Sanskrit Medical Texts, as Illustrated by the History of Bhanga-Cannabis Sativa》 (Reinbek, 1989), pp. 59-70; Jharkande Ojha와 Umapati Mishra 엮음, 《단반타리 니간투(Dhanvantari Nighaṇṭu)》 (Varanasi, 1996), pp. 48-9; P. V. Sharma와 Guruprasad Sharma 엮음, 《카야데바 니간투(Kayyadeva Nighaṇṭu)》 (Varanasi, 1979), p. 648.

54. Sadashiva Shastri Joshi 엮음, 《요가라트나카라(Yogaratnakara)》 (Varanasi, 1979), pp. 26-7.

55. Indradev Tripathi 엮음, 《라자 니간투(Rāja Nighaṇṭu)》 (Varanasi, 1998), pp. 110-11.

담배와 다도가 만나다

바르나바스 타츠야 스즈키 | Barnabas Tatsuya Suzuki

흡연이 일본에 들어오기까지

일본에 온 최초의 유럽 사람들은 포르투갈 사람 세 명이었다. 그들은 1543년 난파된 중국 배를 타고 타네가시마(種子島)에 도착했다. 예수회 사제 성 프란시스 하비에르(St. Francis Xavier)는 1549년에 일본에 도착하여 두 해를 머물렀다. 포르투갈 사람들은 1550년 일본과 정규 무역 관계를 열고, 중국 생사를 들여다 일본의 은과 교환했다. 1609년 히라도(平戶)에 네덜란드 교역소가 세워지기까지 포르투갈 사람들은 일본과 거래한 유일한 유럽 사람들이었다. 그 뒤 1613년에서 1623년까지 이 도시에 영국 교역소도 세워져 운영되었다.

일본에서 담배 흡연에 관해 최초로 언급—여송연 형태로—된 문헌은 라잔 하야시(林羅山)의 명문집인 《라잔 분슈(羅山文集)》(1661년)와 일본 음식 백과사전인 《혼초 쇼칸(本朝食鑑)》(1692년)이었다. 이들 문헌을 보면 포르투갈 사람들에 의해 여송연 형태의 담배 흡연이 도입되기 훨씬 전에 일본 내에서 담배 경작과 파이프 흡연이 시작된 듯하다. 불행히도 일본 사람들이 육식을 하는 포르투갈 사람들과 에스파냐 사람들을 일컫던 표현인 '남쪽 야만인들'이나 일본에서 그들이 피웠던 만 담배(rolled tobacco)를 직접적으로 표현하고 있는 문서 자료는 남아있지 않다. 그러나 1620년 10월(양력 10월 21일) 날짜로 히라도 영국 교역소의 리처드 콕스(Richard Cocks)가 보낸 편지에서 그는 포르투갈 죄수 두 사람에게서 '담배처럼 말려 있는' 편지 몇 장이 발견되었다고 적고 있다.[01] 여기서 간접적으로 알 수 있는 것은 일부 포르투갈 사람들이 일본에서 여송연 담배나 궐련을 피우고 있었다는 것이다.

일본은 중국과의 교역과 상호교류를 통해 이미 중국의 문화적 요소들을 받아들이고 있었다. 곧이어 유럽 문화의 도입이 이루어졌지만 기독교 금지와 쇄국주의로 이 과정은 순조롭게 진행되지 않았다.

기독교가 일본 문화를 파괴하는 것을 막고 기독교 선교사들의 뒤를 이어 에스파냐 또는 포르투갈 사람들이 침입하는 것을 막기 위해 1587년 이후 반세기가 넘도록 기독교를 금지하는 소지가 취해졌다. 일본으로 들어오는 포르투갈 및 에스파냐 선박 금지와 해외로 나가는 일본 무역 선박[朱印船]의 금지가 1635년 전면 시행되었다. 일본의 국외 이주자들 또한 고국으로 돌아오는 것이 금지되었다.

중국과 네덜란드 상인들만이 일본과 거래할 수 있었는데 이도 엄격한 정부의 통제 하에 있었다. 유일한 예외는 나가사키의 인공섬이었다. 면허를 얻은 네덜란드 상인들이 1641년부터 19세기 중반까지 이곳을 운영했다. 데지마(出島, 또는 데시마)라고 불린 이 작은 섬은, 일본과 서구 문화를 연결하는 유일한 고리였다. 1549년에서 1642년의, 이른바 일본의 기독교 세기(Christian Century of Japan)[02] 동안 일본에 도입된 것들이 있다. 바로 다도(茶道)와 흡연이다. 다도는 미사 때 로마 가톨릭 사제들의 방식이 일부 수용된 것이고, 흡연은 사회 관습이 되었다. 파이프 흡연이 도입된 뒤 널리 퍼진 흡연은 일본에서 차를 마시면서 함께하는 것이 되었다. 일본 파이프 키세루(煙管), 담배 쟁반(煙草盆), 담뱃갑(煙草入れ, 또는 쌈지) 등 디자인이 독특하고 매우 정교한 용구들은 매우 단순한 유럽의 흡연 도구에서 진화한 것으로, 다도와 함께 발전했다. 당시 파이프 흡연이 일본에 도입된 경위를 드러내는 자료는 없다. 하지만 17세기 후반이나 18세기 초반에 씌어진 전설 같은 이야기들은 남아 있다.[03]

오랫동안 간과되어 온 문서 세 가지를 새롭게 바라보면서 최근에 이 주제에 대한 새로운 관점이 제기되었다.[04] 먼저 1576년 이즈모사키(出雲崎) 마을의 토지세 장부 〈이즈모사키-무라 오미즈초(出雲崎-村, Omizucho)〉는 소규모 담배 상인이 거기서 영업을 하고 있었음을 드러낸다. 한 섬에 있는 광산에서부터 이 작은 마을로 은괴들이 옮겨졌고 다시 이 마을에서 히라도(1565년 이전) 또는 나가사키(1570년 이후)로 옮겨졌는데 그곳에서 포르투갈 사람들이 은괴를 받고 중국 생사와 바꿔주었다고 한다. 1601년 이전에는 일본 상인들이 정부의 간섭 없이 포르투갈 사람들과 직접 거래를 하고 있었으므로 그들 또한 소량의 값비싼 담뱃잎들을 이즈모사키로 가지고 와서 섬의 부유한 광산업자들에게 팔았을 수 있다. 둘째, 교토(Kyoto) 로쿠오닌 사원(鹿苑寺)의 승려들이 쓴 일기인《로쿠온 니치로쿠(鹿苑日錄)》에서 담배를 선물 목록으로 적어놓은 것을 발견할 수 있다. 이 목록 가운데 가장 이른 때의 것이 1593년이다.

이 두 가지 자료의 신빙성에는 조금 의심스러운 점들이 있다. 이들이 작성된 시기가 포르투갈에서 흡연이 널리 퍼지기 이전이기 때문이다. 그러나 브라질과 고국을 항해하던 포르투갈 선박의 선원들과 상인들 사이에서는 여송연 또는 궐련 형태의 흡연이 흔한 일이었다. 브라질에서 포르투갈로 가는 한 선박의 1548년 화물 목록에서 fumo(흡연의 연기와 담배)라는 낱말이 발견된 것은 선원들 사이에서 흡연이 이미 유행했음을 암시한다. 브라질 식민개척자들은 1534년에 이미 담배를 재배하고 있었다고 알려져 있다.[05]

셋째, 1603년 승려 타이츠(袋中)가 엮은《류큐 오후라이[06](Ryukyu Ohrai)》는 류큐왕국(지금의 일본 오키나와)의 조신 자녀들을 위한 교과서였다. 왕래한 서신의 형식으로 타이츠는 그가 교토에서 본 것들을 그려냈다. '담배에 관해서'라는 제목이 붙은 장에서 담배가 남쪽 야만인 나라들에서 들어왔고 손님을 접대할 때 쓰이며 키세루는 자주 닦아야 한다고 써놓았다.

이렇듯 아직 연구되지 않은 자료들 말고도 흡연에 대한 표현이 문학 속에서 군데군데 나온다. 1607년 한 의사가 쓴《사카 조치인 일기(Saka Jochi-in Diary)》는 흡연 습관과 살담배(shredded tobacco, 썬 담배, 刻草-옮긴이)가 유행이라고 적고 있다. 1612년 마테우스 데 쿠로스(Matheus de Couros SJ)는 로마에 있는 예수회

총장 신부 클라우디오 아쿠아비바(Claudio Aquaviva)에게 편지를 썼다. 편지에서 그는 프란시스코 파시오(Francisco Pasio) 신부가 1607년 또는 1608년에 공표한 금지령에도 불구하고 일본 초신자(初信者)들이 흡연 용구로 담배를 피운다고 불평했다.[07]

또 다른 관점은 에스파냐 사람들이 필리핀을 거쳐서 일본에 흡연을 소개했다고 본다. 이는 한 프란체스코 수도사가 1601년에 담배 씨앗과 담배로 만든 약재를 일본에 들여왔다는 기록을 바탕으로 하고 있다.[08] 이는 타당성이 적어보이는데 그 이유는 멕시코에서도 파이프가 발견되기는 하지만 에스파냐 사람들은 파이프로 흡연하지 않았기 때문이다. 시카고에 있는 필드자연사박물관 멕시코 및 남아메리카 고고학 부소장인 올던 메이슨(J. Alden Mason)에 따르면, 식민시대에 멕시코에서 발굴된 도기인 굽은 파이프(elbow pipe)들은 아스텍의 특성보다는 톨텍(Toltec)의 특성을 더 많이 보인다고 한다.[09] 에스파냐 사람들은 멕시코에서 궐련과 관 파이프(tube-pipe) 흡연을 더 많이 목격했다. 에스파냐 사람들은 니코티아나 루스티카를 채운 파이프보다는 잎사귀가 넓은 니코티아나 타바쿰으로 만든 궐련을 더 좋아했다. 니코티아나 루스티카는 잎사귀가 좁고 더 독한 담배이다. 필리핀 사람들은 아직도 16세기 또는 17세기에 에스파냐 사람들이 들여왔던 종류로 궐련을 만들고 있다.

인도 아대륙에 있는 고아(Goa)에서 일본으로 간 포르투갈 사람들보다 필리핀에서 일본으로 간 에스파냐 사람들은 훨씬 적었다. 또한 마닐라를 출발한 에스파냐 프란체스코 수도사들이 처음으로 1584년에 일본에 도착한 것은 포르투갈 배를 타고 간 것이었다. 그러므로 〈이즈모사키-무라 오미즈초〉―토지세 장부―의 내용이 맞고 정확하다면 포르투갈 사람들이 최초로 일본에 담배를 들여온 것은 1584년 이전의 일이었다.

파이프 흡연 관습의 전파

파이프 흡연 관습은 세계를 한 바퀴 돌아 북아메리카에서 영국, 네덜란드, 일본, 한국, 중국, 시베리아, 알래스카를 거쳐 다시 미국 북서부 연안에 사는 아메리카 원주민들에게로 돌아왔다. 아메리카 원주민들은 이누이트(Inuit, 북아메리카의 에스키모—옮긴이) 사람들에게서 파이프 흡연을 배웠다. 따라서 파이프 흡연이라는 발상이 어떻게 일본에서부터 다른 아시아 지역으로 퍼져갔는지를 파악하려면 먼저 키세루를 살펴보아야 한다.

1630년 이전에 네덜란드에서 점토 파이프를 만든 것은 그 지역의 필요에 부응한 것이었다. 따라서 1642년 이전에 일본에 자리 잡은 네덜란드 상인들은 점토 파이프를 넉넉하게 갖지 못한 채 항해에 나선 것이어서, 그 파이프를 일본까지 싣고 올 수 없었다. 이들이 키세루를 피우기 시작한 것은 아마도 1642년 이전일 것이다. 네덜란드 사람들이 일본에 온 1609년에는 키세루로 담배를 피우는 것이 일본에서 이미 유행이었다. 네덜란드 상인들은 은 키세루와 고운 살담배를 아시아의 다른 식민지나 교역소에 있는 동료 상인들에게 공급하기까지 했다. 샴 (Siam, 지금의 태국)의 네덜란드 교역소 일지는 1634년과 1635년에 일본에서부터 담배가 수입되었다고 기록해놓았다.[10] 히라도 네덜란드 교역소 일지 몇 군데에는 키세루와 담배를 1639년과 1641년에 타이완의 수출품으로 기록해놓았다.[11] 이와 같이 파이프 흡연이 동남아시아로 퍼져 나가는 데에 네덜란드 상인들이 밀접하게 연관되었다.

16세기 후반에 면허를 얻은 일본 무역선이 아시아 교역소들을 찾기 시작했다. 그러다 1635년 쇄국이 되자 이 상인들과 선원들이 파이프 흡연 관습을 동남아시아의 여러 나라로 전파했다. 동남아시아에서 거주한 일본 사람들(당시 해외 일본 거주지는 일곱 군데가 있었다.) 또한 일본 배가 가지고 온 키세루를 피웠다. 1635년 해외에 거주하는 일본 사람들이 고국으로 돌아가지 못하게 된 뒤에도 그들은 중국 상선 또는 네덜란드 상선의 상인들에게서 키세루와 고운 살담배를 공급받았다. 18세기에도 이들 거주지에 담배와 키세루가 지속적으로 공급되었다는 것은 해외에 사는 일본인들이 다양한 현지 담배보다도 고운 일본 살담배를 더 좋아했음을 드러낸다.

파이프 흡연 관습에 미친 일본의 영향은 중국, 한국, 동남아시아 및 북부 필리핀의 고유한 파이프 모양과 특색에서 쉽게 찾아볼 수 있다. 이들 가운데 일부는 네덜란드나 영국 점토 파이프의 영향을 받거나 이와 함께 키세루의 영향도 받았을 것이다. 흡연 파이프가 중국에 도입된 것은 1622년 이전(또는 자료들에 따르면 1613년 이전)이라고 한다. 그것은 적어도 네 군데의 외부 경로를 통해서였다. 일본으로부터 한국을 거쳐서거나 필리핀 또는 타이완, 베트남으로부터.[12] 파이프를 피우지 않았던 에스파냐 지배 하의 필리핀에서부터 도입되었을 가능성은 적다. 일본에서부터 한국을 거쳐 동북아로 전해진 경로와 류큐를 거쳐 동남아로 전해진 경로가 키세루 흡연이 중국에 전해진 가장 유력한 경로이다.

1624년부터 1662년에 타이완에 자리 잡았던 네덜란드 상인들은 그들의 점토 파이프로 타이완 사람들에게 영향을 미쳤음에 틀림없다. 키세루를 일본에 있는 동료 상인들로부터 공급받아 피우고 있던 네덜란드 해외 거주자들이 키세루를 넉넉하게 공급받기 시작했기 때문이다. 이 영향은 일부 타이완 파이프에도 뚜렷하게 나타난다. 마닐라에 살던 에스파냐 사람들은 파이프를 피우지 않았지만 필리핀 북부의 원주민들은 일본 상인들로부터 파이프 흡연을 배웠다. 그러나 필리핀 북쪽으로 400킬로미터 정도 떨어져 있는 타이완에서부터 받은 영향은 무시될 수 없다. 필리핀 북부의 일부 파이프들은 일본뿐 아니라 네덜란드 파이프의 영향을 받았음을 드러내기 때문이다.

일 본 의 담 배 문 화

일본에서 파이프 흡연을 처음 도입한 계층은 일본 귀족, 사무라이(무사들), 승려 계층과 일부 부유한 상인들로 짐작된다.[13] 이들 계층에서 다도와 향도(incense ceremony), 시작(詩作)과 감상은 문화와 교육의 필수적인 영역이었다. 특히 귀족들에게 향의 이용과 시작(詩作)은 전부터 늘 중요하게 여겨져 왔다.

약으로 이용되던 찻잎은 쇼소인 보고(Shoso-in Treasure House, 正倉院)에 보관되어 있는 조달품 목록에 언급되어 있다. 그러나 이것이 우리가 알고 있는 차를 가리키는 것인지는 명확하지 않다. 805년에 승려 사이초(傳教)가 일본 사절과 함께 일본으로 돌아오는 길에 중국에서부터 차씨를 가지고 왔다. 815년에는 사가왕(嵯峨天皇)에게 차를 올렸다는 것이 《니혼 코키(日本後紀)》(일본 792~833년의 연대기—옮긴이)에 기록되어 있다. 선승 에이사이(榮西)는 1191년 말차(抹茶)를

- 19세기 키세루

일본에 들여왔다. 중국에서 말차를 조금 얻어 가지고 돌아온 것이었다. 당시 불교 선종의 승려들 사이에서는 말차를 마시는 것이 일반적인 관례였다. 이는 14세기 초 사무라이 계급에 유행했고 나중에는 귀족들 사이에서도 유행했다.[14] 다도와 향도의 스승들이 처음 나타난 것은 텐몬(天文, 1532~1555) 조 때였다.

리큐(Rikyu, 千利休, 1522~1591)는 가장 단순하고 소박한 방식의 다도를 세웠다. 그는 사치와 겉치레를 배격하고 일본에 쓸모 있는 다완(茶碗)과 찻주전자에 더 많은 관심을 돌렸다. 리큐는 아마 로마 가톨릭 미사에서 다도의 일부 형식을 받아들였으리라 짐작된다. 그는 교토나 사카이(堺)의 예수회 또는 프란체스코 성당에서 미사를 알게 되었을 것이다.[15] 리큐가 세례를 받은 신도라고 생각되지는 않지만 신도들은 그를 많이 따랐다. 1591년 그가 사망한 뒤에 다도는 도시 사람들 특히 신흥 거상들 사이에서 더욱 인기를 끌었다. 오리베 후루타(古田織部, 1544~1615) ─ 리큐의 충실한 제자 가운데 한 사람 ─ 는 유럽 사람들이 일본에 들여온 것들 가운데 특히 담배 흡연에 더 많은 관심을 기울이면서 다도를 변모시키기 시작했다. 그는 기독교의 상징에서부터 따온 것으로 보이는 십자 표시가 있는 다완을 사용했다. 더 눈에 띄는 것은 그가 도기 파이프에 그만의 독특한 디자인과 색감이 입혀지도록 주문했다는 것이다. 그가 담배 쟁반을 다도에 적용했다는 뚜렷한 증거는 없지만 그렇게 했으리라는 가정을 할 수 있는 것은 다도와 관련된 다른 요소들의 시기와도 부합하기 때문이다.

일본에서 담배 흡연이 널리 퍼졌을 때 키세루는 대통과 금속 물부리와 그 둘을 연결하는 대나무 설대의 세 부분으로 이루어져 있었다. 보통 금속 부분에 장식이나 섬세한 상감이 들어가 있어 네덜란드나 영국의 단순하고 잘 깨지는 점토 파이프와 뚜렷한 차이가 있었다. 더욱 발전한 흡연 용구인 담배 쟁반, 담뱃갑, 키세루 갑(煙管宛) 또한 섬세하게 장식되어 일본 고유의 흡연 문화를 보여준다.

담배 쟁반은 다도 초반에 담배를 내는 데 쓰는 쟁반으로 향도에서 쓰이는 향 쟁반에서 채택되었다. 향 쟁반은 깜부기불을 집는 젓가락 한 벌과 향로를 내는 쟁반이다. 향도의 다른 요소들도 담배 쟁반과 마찬가지로 쓰임이 변모했다. 향로는 깜부기불 단지(火入れ)로, 향의 재를 담는 단지는 재떨이(灰落とし 또는 灰吹き)로, 향단지(incense pot) 또는 향합(incense plate case)은 담배합 또는 단지로 발전했다. 담배 쟁반에는 젓가락 대신 키세루 두 개가 놓여졌다(아래 참조). 대나무 재떨이는 절에서 보이는 언덕의 이름을 따서 토게뽀(togeppoh, 吐月峰)라 불리기도 했다. 이는 18세기 중반의 것으로 최초로 대나무로 만들어진 것이다. 담배 쟁반은 오리베가 사망(1615년)한 뒤 카네이(寬永, 1624~1644) 조의 그림에도 등장한다. 이로써 그것이 처음에는 다도에만 이용되다가 널리 퍼졌음을 짐작할 수 있다. 나중에는 더욱 실용적인 담배 쟁반들이 만들어졌다. 손잡이가 달린 상자 모양으로 만들어지거나 담배와 흡연 용구들을 보관하게끔 키세루 갑과 서랍들로 만들어졌다.

1815년 키요나카테이(Kiyonakatei)가 쓴《메사마시소(目覺まし草)》의 한 단락에서는 손님에게 담배를 접대하는 구체적인 의례를 묘사하고 있다. 그는 쿄호(享

- 담배 쟁반, 초기 형태의 디자인.

保) 조(1716~1736)에 쓰인 신미(Shinmi)의 야소오 추세키 와(Yaso-oh Chu Seki Wa)에서 다음을 인용한다.

처음에는 아무도 담배를 가지고 다니지 않았다. 사람들은 찾아간 집의 담배 쟁반에 놓여 있는 담배를 피웠다. 사람들이 담배를 피우는 방식은 오늘날과 달랐다. 주인이 방에 들어와서 담배를 권할 때까지 아무도 담배를 피우지 않았다. 손님은 처음에는 사양하며 주인에게 먼저 담배를 피우라고 말한다. 차를 권할 때와 똑같이 두세 번 이렇게 사양한다. 그러면 주인은 주머니에서 종이를 꺼내고 키세루를 집어 들고 키세루 두껍(protecting rid, 물부리가 바닥을 긁지 않도록 끼워놓은 것)을 뺀다. 그리고 키세루를 종이로 문지른 다음 손님에게 권한다. 손님은 키세루를 받고 담배를 한두 번 채워서 피운 다음 키세루를 닦아 앞에 내려놓는다. 방을 나서기 전에 그는 다시 호주머니의 종이로 키세루를 닦아 담배 쟁반 위에 내려놓는다. 주인은 손님에게 이렇게 말한다. "그냥 두십시오."[16]

- 위, 아래. 《메사마시소》의 삽화 (1815년)와 '두껍'.

키요나카테이는 그런 예절이 계속 이어지지 않은 것에 대해 유감을 표시했다. 그에 따르면 신미의 묘사에 해당하는 시기는 만지(万治) 조에서 칸분(寬文) 조(1658~1673)이다. 이 시기는 처음으로 담배 쟁반이 그림에 등장한 직후이다. 위에 묘사된 의례는 다도의 영향을 뚜렷하게 드러내는 것이다.

처음에 담배는 자르지 않은 통잎으로 팔았다. 고객의 요청에 따라 담배 선박에서 자르거나 흡연자가 집에서 담뱃잎을 잘랐던 것이다. 나중에는 시장에 고운 살담배가 유행했다. 살담배는 흔히 종이에 싸서 주머니에 넣고 다녔다. 집에서는 살담배를 함에 보관했다. 담배함은 히라도 영국 교역소의 소장이었던 리처드 콕

- 왼쪽. 주머니 형태의 담배쌈지.

- 오른쪽. 지갑 형태의 담뱃갑.

스의 1617년 1월 20일자(양력 1618년 1월 30일) 일기에 선물로 표현되어 있다.[17]

타토(たとう), 타토가미(たとう紙)라 불리던 접은 종이를 가지고 다니는 일은 8세기에 귀족들 사이에서는 이미 관례였다. 그들은 이 종이에 시를 쓰거나 코를 풀었다. 이 종이는 아직도 다도에서 쓰이고 있는데, 여기에 과자를 받고 나서 차를 대접받거나 차를 마신 뒤에 다완 뚜껑을 종이로 닦았다.

사무라이 계급은 허리띠의 네츠케(根付け, 주머니를 매다는 데 쓰는 장식 단추)에 인로[いんろう, 印籠]를 걸고 칼을 가지고 다녔다. 인로는 원래 인장과 인주를 가지고 다니던 주머니이다. 에도(Edo) 시대(1600~1867)에는 약을 가지고 다니는 데에 더 자주 쓰였다. 키세루와 담배를 가지고 다니기 시작하면서 사람들은 인로를 활용하기 시작했다. 대개는 살담배를 넣은 주머니와 가죽이나 다양한 재료로 만든 키세루 갑을 걸고 다녔다. 허리를 묶은 허리띠에 주머니 두 개를 걸고 다닌 것이다. 기름종이나 주름종이 또는 옷감으로 만든 지갑이 전형적인 담배 주머니였다가 담배쌈지, 지갑 또는 인로 형태의 담뱃갑(たばこ入れ)이 인기를 끌게 되었다. 그러나 귀족 계급은 허리띠에 담배 담배쌈지를 매달고 다니는 것을 고상하게 여기지 않았다. 그들은 전통적인 종이 반지갑을 썼다. 담배쌈지는 부싯돌 주머니에서 착안되어 담배에 적용되며 종이 지갑을 대체했을 것이다. 초기 흡연 관습을 그리고 있는 이름난 일본 그림 한 점은 매우 흥미롭다. 그림에서 주

보통 사람들이 쓰던 인로 형태
의 담뱃갑.

인을 따르고 있는 하인이 유난히 긴 키세루를 어깨에 걸치고 있는
데, 담배가 든 접은 종이가 파이프 설대에 매어 있다. 가죽이나 옷
감으로 만든 지갑과 나무로 만든 인로 형태는 담배쌈지 다음에 나
타났다.

　내부의 모든 반목이 잦아들고 1600년 이후 나라가 초대 장군 토
쿠가와 이에야스(德川家康) 아래에 통일되자 경제 안정을 통해 새
계급인 거상이 등장했다. 무사 계급은 계속 칼—신분의 상징으로
—을 차고 다니도록 허용되었고, 상인을 비롯한 도시 사람들 또한
그들의 부를 나타낼 상징을 찾았다. 많은 사람들이 키세루, 담배 쟁
반, 담뱃갑, 키세루 갑 같은 흡연 용구들을 선택했다. 모든 형태의
미술과 기교가 동원되어 매우 호화로운 흡연 관련 공예품들이 만
들어졌다. 네덜란드 상인들로부터 얻은 수입 재료가 여기에 이용
되기도 했다. 1867년에 왕정복고파가 사무라이 계급을 폐지하자
칼을 장식하던 명장들이 그 기술로 키세루를 장식하거나 담뱃갑의
장식 죔쇠를 만들게 되었다. 키세루와 담배 쟁반은 오늘날까지도
아주 소규모로 교토 지역에서 생산되어 다도에 쓰이고 있다. 이러
한 현대적 담배 쟁반의 대부분은 쟁반 형태로 손잡이가 있는 것도
있고 없는 것도 있다. 하지만 함 형태로는 만들어지지 않는다. 오늘
날 소수의 장인들이 극히 제한된 수량만 만드는 키세루는 수집가
들을 위한 것이고 기념품으로 만드는 값싼 것들은 대개 기계 생산
하는 것이다.

　츠치다(Y. Tsuchida)가 1869년 도쿄에서 궐련을 최초로 생산한 것으로 알려져
있지만 그는 성공하지 못했다. 궐련 흡연이 널리 퍼진 것은 이와야(M. Iwaya)가
1882년 도쿄에서 궐련을 생산하기 시작한 직후였다. 그리고 무라이(Murai) 형제
는 1890년 교토에 궐련 공장을 세웠다. 그러나 키세루에서 궐련 흡연으로 완벽
히 전이된 것은 제2차 세계대전 이후였다. 산재해 있는 초기 자료들을 살펴보건
대 포르투갈 사람들이 일본에 담배를 들여왔고, 그들은 아마도 이 초기 단계에
서 여송연 형태로 담배를 피웠을 것이다. 파이프 흡연을 소개한 이들은 네덜란

드 사람들이었을 것이다. 파이프 흡연은 오랜 역사 동안 이어져오다가 제2차 세계대전 이후에 와서야 자리를 내주었다.°

||| 주

01. Richard Cocks의 1615-22년 일기, 《일본과 관련된 외국어 역사 기록(Historical Documents in Foreign Languages Relating to Japan)》, 3권, 2부 (Tokyo, 1980).

02. C. R. Boxer, 《일본 기독교의 세기, 1549-1650(The Christian Century in Japan, 1549-1650)》 (Los Angeles, 1974).

03. 더 자세한 내용은, Razan Hayashi, 《라잔 분슈(羅山文集)》(라잔 문집) (발행지 모름, 1661); Hitsudai Hitomi, 《혼초 쇼칸本朝食鑑》(음식 백과사전) (발행지 모름, 1692); Shinken Mukai, 《엔소코 煙草考》(담배 연구) (발행지 모름, 1708); Ekken Kaibara, 《야마토 혼조(大和本草)》(일본 식물지) (발행지 모름, 1708); Ryo-an Terashima, 《와칸 산사이 쥬(和漢三才圖會)》(일본과 중국의 그림 백과사전) (발행지 모름, 1715); Yuzan Daidoji, 《오치보슈(落ち穗拾)》(선집) (Edo, 1728); B. T. Suzuki, 〈키츠엔 덴라이시노 켄큐(喫煙傳来史の研究)〉(일본 흡연 도입의 역사 연구) (Kyoto, 1999), pp. 13-25 참조.

04. Suzuki, 〈키츠엔 덴라이시노 켄큐(喫煙傳来史の研究)〉(일본 흡연 도입의 역사 연구) , pp. 33-82.

05. S. A. Dickson, 만병통치약인가 아니면 값비싼 독약인가?(Panacea or Precious Bane?)' 《아렌츠 담배 컬렉션(Arents Tobacco Collection)》 (New York, 1954), 5권, p. 78; M. Fleiuss, 《브라질 역사의 수정(Apostilas de historia do Brasil)》 (Port Alegra, 1940), pp. 69, 76.

06. Suzuki, 〈키츠엔 덴라이시노 켄큐(喫煙傳来史の研究)〉(일본 흡연 도입의 역사 연구), pp. 68-82 그리고 B. T. Suzuki, '류큐 오후라이 코' (류큐 서신 연구), 《타바코시 켄큐 담배(史 研究)》, no. 74 (Tokyo, 2000), pp. 18-21.

07. Suzuki, 〈키츠엔 덴라이시노 켄큐(喫煙傳来史の研究)〉(일본 흡연 도입의 역사 연구), pp. 222-9.

08. Rom von Dorotheus Schilling OFM, '일본 최초의 담배(Der erste Tabak in Japan)', 《일본학(Monumenta Nipponica)》 5장 (1942), pp. 128-9,.

09. J. Alden Mason, 《멕시코와 남아메리카에서 담배의 이용(The Use of Tabacco in Mexico and South America)》 (Chicago, 1924), pp. 8-9; Suzuki, 〈키츠엔 덴라이시노 켄큐(喫煙傳来史の研究)〉(일본 흡연 도입의 역사 연구), pp. 212-13; B. T. Suzuki, 담배, 끾연 마닐라 (에스파냐)설의 제문제(Tabako, Kitsuen Denrai Manila (Spain) Setsu no Shomondai)' (담배와 흡연이 마닐라로부터 또는 에스파냐 사람들에 의해 도입되었다는 견해에 대한 다양한 의문들), 《타바코시 켄큐 담배(史 研究)》, no. 73 (Tokyo, 2000), pp. 17-26.

10. Seiichi Iwao, 《신판 슈인센 무역 연구(新版 朱印船 貿易の 研究)》 (Tokyo, 1985), pp. 293-4, 313; 제레미아스 반 블리에트가 1634년 6월 8일 일본에 보낸 서한(Copie Missive door Jeremias van Vliet naer Japan in dato 8 Juni A° 1634. Judia op't Compt Siam)' (Kol. Archief 1025).

11. 《1638, 1639, 1640, 1641년 히라도 협상 테이블 일지(Journaal van de Negotie des Comptoires Firando, Anno 1638, 1639, 1640, 1641)》, 네덜란드 국립문서보관소, The Hague; 《히라도 시 역사(Hirado市史)》(히라도 시 역사/해외역사기록) (Hirado, 1998, 2000).

12. Suzuki, 담배, 끾연 마닐라(에스파냐)설의 제문제(Tabako, Kitsuen Denrai Manila (Spain) Setsu no Shomondai)' (담배와 흡연이 마닐라로부터 또는 에스파냐 사람들에 의해 도입되었다는 견해에 대한 다양한 의문들), pp. 17-26.

13. 일본에서 담배 재배가 시작되기 전, 담뱃값은 매우 비쌌다. 1599년에 담뱃잎 한 장이 은 3돈(약 11그램)에 팔렸다. (Ishizaki) 《로쿠온 니치로쿠(鹿苑日錄)》(녹원사 일지) (Kyoto, 1593)과 《류큐 오후라이(Ryukyu Ohrai)》(류큐 서신) (Ryukyu, 1603)은 승려들과 교토 상류층 사람들이 사용한 담배 또는 파이프를 설명한다. 참조:Taichu, 《류큐 오후라이(Ryukyu Ohrai)》(류큐 서신) (1603); Shigeru Yokoyama, 《류큐(神道記)》(류큐 신도의 역사 = 타이츠 문집) (Tokyo, 1970), p. 144; Zennosuke Tsuji 엮음, 《로쿠온 니치로쿠(鹿苑日錄)》 (Tokyo, 1961); Juroh Ishizaki, 《담배에 관한 책(たばこの本)》 (Tokyo, 1967), p. 19; Suzuki, 〈키츠엔 덴라이시노 켄큐(喫煙傳来史の研究)〉(일본 흡연 도입의 역사 연구), pp. 118-19.

14. T. Hayashi, 《주로쿠 사도시(圖錄茶道史)》(그림을 곁들인 다도의 역사) (Kyoto, 1980), pp. 58, 60, 72, 92, 103-6, 214-15, 307.

15. T. Nishimura, 《기독교와 다도(Kirishitan to sadoh)》 (Tokyo, 1948); Peter Milward, 《차와 미사(Ocha to Misa)》 (Kyoto, 1995); Sohichi Masubuchi, 《다도와 십자가(Sadoh to Jujika)》 (Tokyo, 1996) 참조.

16. Yoshichika Kiyonakatei, 《메사마시소(目覺まし草)》(잠을 깨우는 풀) (Edo, 1815).

17. Richard Cocks의 일기, 2권, 2부 (Tokyo, 1979), p. 238.

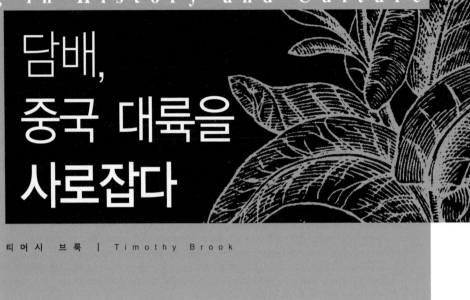

담배, 중국 대륙을 사로잡다

티머시 브록 | Timothy Brook

■□

이 세상의 맛을 뛰어넘어 아직도 맛볼 것이 남아 있을지
내가 어찌 알겠는가?

　　　　　　　　　　　　　　　　—카오 지바오(Cao Xibao, 1719~1792)[01]

　1573년 아홉 살 사내아이가 명조의 만력제(萬曆帝, 神宗)로 등극했을 때 그때까지 중국에서는 아무도 담배를 피워본 적이 없었다. 예외가 있을 수 있다면 멀리 남쪽에서 포르투갈 사람들과 교역했던 이들이었을 것이다. 한 세기도 지나지 않아 1662년 일곱 살 아이가 청조의 강희제(康熙帝, 聖祖)로 등극했을 때 중국 사람들은 이미 흡연자였고 중국에는 흡연 문화가 정착해 있었다. '이 세상의 맛을 뛰어넘는' 맛으로 중국에 들어온 것이 날마다 소비되고 애용되고 있었다.

　만력제는 우리가 아는 한 담배를 피우지 않았지만 강희제는 아마도 일곱 살 생일을 맞기 전에 파이프를 집어 들었던 듯하다. 1676년 왕궁에서 흡연 금지를 공표한 칙령—17세기 황제들이 공표한 금지령 가운데 하나로, 효력이 없었다—

에서 강희제는 자신이 유모의 집에서 '흡연에 익숙해졌다'고 말하고 있다. 강희제가 어렸을 때 그와 가까이 있던 여인들 모두 담배를 피웠다. 남자들도 마찬가지였다. 강희제 아버지의 섭정이었던 종조부 도르곤(Dorgon)은 상당한 애연가여서 베이징에 오는 조선의 사절들은 잊지 않고 조선의 최상품 담배를 그에게 바쳤다.[02] 강희제는 언제 담배를 피우기 시작했는지 뚜렷이 밝

- 19세기 후반의 엽서.

힌 바가 없다. 하지만 당시 사람들은 어른들이 좋아하는 흡연을 아이들이 못하도록 막을 이유를 찾지 못했다. 강희제와 그의 할머니는 왕궁에서 흡연하는 것에 대해 조금 다른 생각을 갖게 되었음이 분명하다. 1684년 황제는 금지령을 수정하여 사람들이 왕궁에서 부주의하게 흡연하지 않기만 하면 된다고 했다.[03]

중국에서 흡연의 시초를 알려면, 우리는 17세기 문장가늘의 복잡한 표현을 읽어야 한다. 그들은 전례가 없고 그 효과가 모두 긍정적이지만은 않은 낯선 것이면서 유난히 인기가 있는 어떤 것을 설명해야 하는 어려움에 맞닥뜨렸다. 예를 들어 반체제 학자 팡이지(Fang Yizhi, 方以智)가 그 기원 때문에 사람들이 '남쪽의 약초'라 부르는 것의 도입을 어떻게 묘사하는지 살펴보자.

만력제(1573~1620 재위)의 통치 후반, 사람들은 담배를 장저우(漳州)와 취안저우(泉州)에 들여왔다. 마씨 일가가 그를 가공하여 단러우궈(danrouguo, 단바구(danbagu)의 열매)라 불렀다. 그것은 차츰 나라 전체에 퍼져 이제는 누구나 긴 파이프를 들고 다니며 불을 붙인 뒤 연기를 마시고 있다. 거기에 중독된 이들도 있다.[04]

팡이지는 남동 해안가 푸젠성(福建省)에 있는 주요 항구 두 곳을 담배가 중국으로 들어온 경로라고 지적했는데 이는 맞는 말이었다. 마닐라에 있는 에스파냐 사람들과 거래하던 중국 상인들의 배가 그곳에 들어오면서 담배가 들어왔기 때문이다. 방은 필리핀을 언급하지 않았지만 다른 문장가들은 필리핀을 언급한다. 예를 들어 육요(陸燿)라는 분명치 않은 17세기 중반의 문장가는 장저우 부근의

농부들이 열심히 담배를 경작하기 시작하여 '이제는 루손(Luzon, 필리핀의 큰 섬—옮긴이)보다 여기에 담배가 더 많이 나서 사람들이 루손으로 담배를 실어다 판다.'[05]고 썼다. 담배가 필리핀의 토착 식물이 아니고 서구의 큰 바다 건너 세상의 맞은편에서 온 것이라고 쓴 사람이 한두 명 있었는데 물론 그들의 말이 옳았다.

그러나 남동 해안은 담배가 들어온 하나의 경로일 뿐이었다. 북동쪽 국경은 또 다른 통로가 되었다. 그곳에 무리지어 있다가 1644년에 끝내 침략한 만주족은 중국 북부에서 흡연이 관습화되기 전에 이미 흡연자들이었다. 그들은 1620년대에 그곳에 주둔해 있던 중국 병사들에게 담배에 대한 애호와 담배 자체를 전해주었다. 만주족이 조선으로부터 흡연을 배웠다고 보는 시각이 있는데 만주는 훨씬 넓은 세계 순회로의 끝점에

- 1885년 베이징에서 말을 타고 있는 만주족 귀족. 칠왕야(七王爺)의 아들이라고 한다. 허리띠에 담배 담배쌈지와 파이프가 매달려 있다.

있었다. 조선은 일본으로부터 담배를 들여왔고 일본은 마카오(Macao)의 포르투갈 사람들로부터 포르투갈 사람들은 브라질에 있는 그들의 농장에서부터 담배를 들여왔기 때문이다. 이처럼 담배는 두 경로를 통해 중국으로 들어왔다. 두 경로 모두 남아메리카에서 시작해서 포르투갈의 식민 체제를 통해 퍼져 나간 것이 하나였고 나머지 하나는 에스파냐 식민 체제를 통해서 퍼져 나간 것이었다.

담배는 중국에 들어오면서 곧 국내에서 재배되었다. 수도의 관리 양시콩(Yang Shicong, 1597~1648)은 '최근 20년 동안 베이징의 많은 사람들이 담배를 재배하고 있다. 담배 한 무(mu, 畝, 30평을 일컬음—옮긴이)를 경작하여 얻는 수입이 곡물 열 무를 경작하여 얻는 수입과 같다. 중요한 것은 담배를 이용하지 않는 사람들이 없다는 것이다.'[06]라고 했다. 푸젠 성은 양시콩의 표현대로, 최상의 '연기 술(smoke liquor)'의 산지로 상업적 우위를 지켰다. 그러나 만주산 담배의 질도 최상품과 거의 비슷했다. 당시 수도에 머물던 또 다른 이는 이들 두 종류가 베이징에서 최고가를 받았다고 기록했다.[07] 이러한 기록들을 통해 최상품을 확인할 수 있거니와 담배가 들어온 경로인 두 곳에서 담배가 경작되었고, 다른 지역에서도

값이 싼 담배들이 재배되고 운반되어 베이징의 흡연자들에게 팔렸음을 확인할 수 있다. 양시콩이 1642년 처음으로 수도에 도착했을 때 그는 '거리 모퉁이마다 담배 상인들이' 있는 것을 보고 놀랐다. 더구나 그때는 도덕적으로 의심스럽고 소비적인 이 물건을 수도에서 판매하면 참수형에 처하도록 한 법이 1639년 공표된 뒤였기 때문이다. 담배는 생산과 소비의 국내 시장이 형성되면서 국가적 오락으로 자리를 잡고 있었고 어떠한 금지령도 이 추세를 꺾을 수 없었다.

취안저우, 장저우 그리고 베이징에 처음 퍼진 중국의 파이프(이 파이프는 유럽 파이프가 진화한 형태라기보다 아메리카 원주민들의 파이프와 훨씬 닮았다.) 흡연은 매우 이국적인 행위로 비쳤을 것이다. 그러한 이미지는 대중화와 함께 곧 사라졌지만 어디서나 곧 그렇게 된 것은 아니었다. 상하이(上海)가 고향인 예멩주(Ye Mengzhu, 葉夢珠)가 어렸을 때인 1640년대는 만주족의 중국 정벌이 이어졌던 시기이다. 그는 문집 《열세편(閱世編)》(시대 고찰)에서 세상이 뒤바뀌었다고 거듭 적고 있다. 그가 든 많은 사례 가운데에는 흡연도 들어 있다. '담배는 푸젠 성에서 처음 전해졌다.'며 그는 이야기를 시작한다.

어렸을 때 나는 푸젠 성에 담배가 있고 담배를 피우면 취하게 된다고 할아버지께서 말씀하시는 것을 들었다. 사람들은 그것을 '마른 술'이라고 불렀다. 하지만 우리 고향에는 담배가 없었다. 숭정(崇禎) 시대(1628~1644)에 성이 펭(Peng)인 (상하이) 관리가 내가 알지 못하는 곳에서 담배 씨앗을 얻어와 우리 고향에 심었다. 그는 잎을 따서 그늘에 말렸고 일꾼들을 시켜 잘게 썰어 고운 살담배로 만들었다. 그리고 보부상들에게 맡겨 팔게 했다. 그때까지도 고향 사람들은 담배를 맛볼 엄두도 내지 않았다.

담배는 적어도 상하이에서만큼은 도처에 있는 시장에 내다 팔 상품이었지만 나중에야 집에서 소비되는 물품이 되었다. 상하이 사람들이 흡연을 삼갔던 이유는 담배가 무법자들만 소비하는 물건이라며 그 지역 장수가 한동안 금지시켰기 때문이다. 1645년 새 왕조의 군대가 왔는데, '담배를 안 피우는 병사가 하나도 없었다.'고 예멩주(葉夢珠)는 기록하고 있다. 담배는 상하이 경제에 즉각 영향을 미쳤다. "갑자기 길거리 곳곳에 행상들이 늘어났다. 농부들은 담배를 심었고 그들의 수입은 두 곱으로 불었다."⁰⁸ 똑같은 결과가 양쯔강 삼각주 곳곳에서 일어났다. 같은 시기에 상하이 남서쪽에 이웃한 주(county)에 살던 왕푸(Wang Pu)는 비슷한 이야기를 한다. "어렸을 때 나는 담배가 뭔지 몰랐다. 숭정 시대가 끝날 무렵 사람들은 고향에 온통 담배를 심기 시작했다. 갑자기 관습이 바뀌었다. 모든 사람들, 심지어 키가 넉 자도 안 되는 사내아이들까지 담배를 피웠다."⁰⁹ 왕푸와 예맹주가 죽기 전에 상하이 지역은 흡연 문화권이 되었다.

담배가 도입된 곳이 어디든 담배의 도입을 기록한 이들은 그 의미를 이해하려고 했다. 어떤 이들은 담배를 다른 '약'초와 마찬가지로 약재로서의 효능을 가지고 있는 것으로 받아들였다. 육요(1723~1785)는 흡연을 이와 같이 이해했다. "대통에 담긴 담배에 불을 붙이고 파이프를 입에 문다. 연기가 설대를 지나와 목으로 넘어간다."고 그는 설명했다. 그러면 취한 것과 비슷한 효과가 나타나기 때문에 '취하게 하는 누런 가루(golden-shred inebriant)'라는 별칭으로 불리기도 했다. 담배에는 다른 효능도 있었다. 육요는 '그것은 말라리아도 막을 수 있다.'¹⁰고 기록했다. 그리고 담뱃잎을 곱게 갈아 반죽을 만들어 머릿가죽에 바르면 머릿니를 치료할 수 있다고도 했다. 그러나 육요는 약사가 아니었다. 그에게 담배는 흥미롭고 놀랍고 재미난 여러 가지를 동반하는 물건이었다. 눈길을 사로잡기에, 비망록에 기록할 수밖에 없는 호기심의 대상이었던 것이다. 담배에 대한 설명에 이어 알 수 없는 식물 두 가지('drake-cooked chrysanthemum'과 'earth betelnut')에 대한 설명이 이어진다. 그가 식물에 관해 호기심을 가지고 있었다고 볼 수 있는 대목이다. 하지만 이들 다음으로는 땀을 흘리는 구리 불상, 흐린 날에만 사람의 모습을 비추는 종, 여섯 가지 다른 음색을 내는 쇠피리와 같은 이야기들이 이어진다. 육요에게 담배는 의학적 효능을 가진 것일 수도 있지만, 무엇보다도 호기심의 대상이었던 것이다.

팡이지는 담배에 대한 설명을 모래 닭이니 땀을 내는 불상이니 신기한 피리니 하는 것들과 뒤섞지 않았다. 그는 물질세계에 대한 지식을 집대성한 저서《물리소식(物理小識)》(사물과 그 이치에 대한 소소한 지식)의 풀과 나무 항목에서 담배를 설명했다. 이처럼 팡은 담배를 호기심의 대상이나 징조가 아닌 하나의 자연물로 규정지었다. 다른 식물과 마찬가지로 담배는 사람의 몸에 영양을 주고 독을 주고 또 치료도 할 수 있는 효능을 가진 것이었다.

그 뿌리는 경수채(京水菜)와 비슷하지만 잎사귀는 양배추처럼 크다. 발효시키고 말려서 태우면 '불 술' 같이 되므로 '취하게 하는 누런 가루'라 불린다. 북쪽 사람들은 그것을 단바구(danbagu) 또는 단부귀(danbugui)라 부른다. 습을 없애는 데 쓰이지만 오래 이용하면 폐를 뜨겁게 한다. 이러면 다른 약도 듣지 않는다. 이렇게 된 사람들은 갑자기 누런 액체를 토하며 죽는다.[11]

팡이지는 겉보기로나 약학적으로나 담배를 다른 식물들과 똑같이 바라보았다. 죽음이 흡연 중독자를 기다린다는 그의 관점은 17세기를 넘어서며 살아남지 못했다. 흡연이 건강에 위험하다는 생각은 1980년대에 다시 떠올랐다. 방이 잘 알고 있던 약학적 토대가 아닌 새롭고 '현대적'인 의학적 토대 위에서 재등장한 것이었다.

18세기 즈음 흡연은 매우 다른 방식으로 묘사되었다. 어떤 금지령도 없었고 누런 액체의 구토에 대한 경고도 사라졌으며 풀리지 않은 문제도 없었고 오로지 담배와 습관적인 흡연의 즐거움만이 강렬하게 인식되었다. 한 식용 식물 안내서의 글쓴이가 말한 것처럼 '차나 술 대신 담배를 피우는 사람들은 아주 잠깐 동안도 담배 없이 견디지 못하며 죽을 때까지 싫증내지 않는다.'[12] 당시 길이 남을 만한 흡연의 즐거움을 기록한 이는 첸콩(Chen Cong, 陳琮)이라는 시인이었다. 상하이 서쪽에 사는 오래된 양반 가문의 사랑받는 아들인 그는 일찍부터 시에 재능이 있다는 평을 들었고 그가 살던 곳의 상류 문화계에서 중심적인 인물로 자라났다. 첸은 지역의 학교에서 아이들을 가르치고 시를 쓰고 많은 장서를 모으며 성인기를 보냈다.[13] 또한 그는 양케(yanke, 煙客), 즉 '담배 손님[guest of tobacco, '흡연 중독자(devoted smoker)'로 옮기면 어울리지 않는다]'이 되었고 그의 문학적 재능과 애서가로서의 소양을 담배에 쏟았다. 스무 해 동안 그는 210개의 지명 색인, 평론집, 미문, 시집 그리고 그의 친구들의 저술 가운데에서 자료를 추려 1805년에 《연초보(煙草譜)》(담배 입문서)를 펴냈다. 진의 목표는 세련된 소비에 관한 두 권의 위대한 고전 《차(The Book of Tea)》와 《술의 역사(The History of

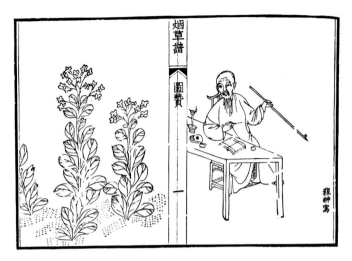

- 첸콩의 《연초보》(1805년) 책표
지. 목판 인쇄, 담배와 첸콩 자
신인 듯한 노인 흡연자.

Liquor)》와 같은 문화적 권위를 지닌 책을 만드는 것이었다. 그는 뜻을 이루었다.
그의 책은 왕조 후기에 나온 담배에 관한 최대의 개론서이자 그 즐거움에 관한
가장 완벽한 고증이었다.

《연초보》에 실린 자료의 반이 넘는 것이 시인데, 이는 18세기 중국 명사들이
그들의 세계에 흡연을 받아들였음을 드러낸다. 셴더치엔(Shen Deqian, 沈德潛,
1673~1769)이 쓴 다음 시는 연기의 비현실적 심상을 그리며 그 중독의 흥분을
찬양하는 전형적인 시이다.

푸젠의 여덟 마을에 모두 심어지더니,

그 구름이 구중 하늘에 피어오르누나.

파이프로 불타는 연기 들이마시고,

가슴에서부터 흰 구름 뱉는다.

하인들은 재를 치우고,

술을 내오니 취기가 더하네.

〔대통에〕 불을 당겨 그 맛을 보고,

코끼리 엄니에서 타들어가도록 그대로 둔들 어떠리.[14]

허치웨이(He Qiwei, 何其偉)는 비슷한 심상을 더욱 우울한 분위기에서 감상적

즐거움으로 자아냈다.

　웃으면서 나는 묻네. 하늘 아래 모든 사람 가운데

　잠시라도 그것을 외면할 이 누구리오?

　그것이 그렇게 대단한 맛이 아닌 줄 알면서도

　나는 늘 그 맛을 찾는다네.

　이야기를 나누던 객이 떠난 뒤,

　아니면 적막하니 우울함에 젖어 있을 때,

　차 심부름 온 하인이든 술 부대든

　이것만큼 반가우리.

　여덟 행짜리 여섯 연으로 이루어진 파이프를 예찬한 왕루(Wang Lu)의 시는 흡연을 주제로 한 가장 긴 청나라의 시이다. 네번째 연에서 그는 파이프를 받은 일을 이야기한다.

　이 아무것도 없는 가운데 그것이 오네.

　시중드는 아이가 삼가는 모습으로 그것을 건네네.

　손에 쥔 감촉만으로도 그 익숙한 생김새를 알 수 있으니,

　남아 있는 재는 떨어내볼까,

　꽃이 활짝 핀 달빛 비추는 저녁에 담뱃대를 들어볼까,

　가리개를 드리운 찻방에 앉아 담뱃대를 벗해볼까,

　늘 그랬듯이 머뭇거리지 않고 담뱃대를 물어볼까,

　쉼 없이, 옥색과 상아색의 내 담뱃대를.

　다섯번째 연에서야 비로소 그는 담뱃대에 불을 붙인다.

　희미한 연기와 옅은 구름이 퍼져가네.

　한 자리에 모인 친구들이 담뱃대를 돌리네.

영원히 가능한 것도 영원히 가능하지 않은 것도 없음을 나는 아네.

하지만 불(fire)과 재가 시간의 파편에 지나지 않는다고 생각지 않네.

언덕에 올라앉은 새벽은 불길한 습기를 쫓아버리네,

바나나 잎사귀가 스치는 창에 걸린 저녁은 내 상념을 돕네.

단바구:난 네 이름을 익히 알고 있지.

불타서 소멸하는, 너만이 나의 스승.

이들 시는 담배를 설명한 17세기 저자들이 놓치고 있는 것을 흡연 관습의 바깥에서 알려준다. 그것은 바로 담배의 사교성이다. 흡연은 사람들이 함께 한 행위였고 사람들이 공유한 것이었고 사교가 이루어지게 한 것이었고 사회적 지위를 나타내는 것이었다. '동경하는 약초'에 대해 시를 쓴 신분이 높은 사람들은 가상의 세계를 만들어냈다. 적당히 즐기는 담배가 고상함의 상징(첸콩의 《연초보》 겉표지에 표현된 고상함이 드러내는 다른 모든 것들처럼)으로 작용하여 그들을 신분이 낮은 사람들과 차별화시키며 동시에 같은 무리끼리 결속시켜주는 세계였다. 멋스러운 감상을 위해서라면 혼자서 조금만 피워도 괜찮겠지만 담배는 친구들과 공유할 때 훨씬 즐거웠던 것이다.

첸콩이 흡연에 관한 18세기의 기록자라면, 육요는 그 맛의 권위자였다. 1774년경에 쓴 《연보(煙譜)》(흡연 입문서)에서 그는 '최근에 신분이 높은 사람 가운데 흡연하지 않는 사람이 아무도 없다.'고 단언한다. 그러나 신분이 높은 사람들은 아무렇게나 흡연해서는 안 되었다. 육요는 세련된 흡연자가 지켜야 할 규범들을 낱낱이 열거한다.[15] 지체 높은 사람은 치터(zither, 현악기의 하나로 명사들이 좋아하던 악기—옮긴이)를 들으면서 흡연하지 않는다. 학(장수의 상징)에게 먹이를 줄 때, 세밀하고 엄정한 문제를 처리할 때 또는 자두꽃을 바라볼 때에 흡연하지 않는다. 의례를 치르는 동안, 왕을 알현하는 자리에서 또는 아름다운 여인과 잠자리를 같이 할 때에 입에 담뱃대를 물고 있으면 안 된다. 이처럼 흡연할 때를 아는 것이 고상한 삶의 방식에 덧붙여지는 요소가 되었다. 그러나 육요는 흡연자들에게 노골적인 충고도 한다. 이를테면 기침을 해서 가래가 나올 때, 숨쉬기가 힘들 때 또는 집주인이 담배를 내줄 형편이 못 될 때는 흡연하지 말라는 것이다. 육요는 강희제의 할머니가 승인하였을 법한 실제적인 충고도 곁들였다. 낙엽 위를 걸을 때, 띠배(reed boat)를 탔을 때 또 묵은 종이 더미 옆에서는 담뱃대에 불을 붙이지 말라는 것이다.

지체 높은 이들의 흡연 관습은 평범한 농부들과 그들을 차별화했을 것이다. 그러나 흡연은 다른 문화에서 느끼는 다른 신분의 경계, 무엇보다도 젠더의 경계를 지워버렸다. 육요가 우리에게 알려주듯이 "여자와 아이들도 모두 손에 담뱃대를 들고 있다". 유럽 사람들은 여성들이 자유로이 흡연하는 데에 놀랐다. 한 영국 사람은 1878년에 쓴 글에 이렇게 기록했다. "여덟에서 아홉 살 먹은 여자아이들이 비단 지갑이나 담배쌈지에 파이프와 담배를 넣고 옷에 달고 다니는 것이 유행이다. 담배를 피우는 것은 아니더라도 담배를 동경하기 때문이다."[16] 모든 사람들이 흡연했다고 해서 남자와 여자가 똑같은 방식으로 흡연했다는 것은 아니다. 하지만 어떤 차이가 있었는지 알아내기는 어렵다. 첸콩은 중국 중부의 문화적·상업적 중심지인 쑤저우(蘇州)의 관습을 기록한 한 저자의 말을 인용했는데, 거기서 그 차이를 어렴풋이 짐작할 수 있다. 글쓴이는 쑤저우의 여자들이 대체로 드러누워 흡연한다고 기록하고 있다. 정오까지 자다 일어난 여인들이 깨어나자마자 담뱃대로 두세 번 흡연을 한다. 머리를 매만지고 화장하는 일이 이 필수적인 즐거움을 방해할 수 있으므로, 어떤 여인들은 잠을 자는 동안 하인들에게 머리를 매만지도록 시킨다고 한다.[17] 이 장면을 상상하기란 조금 어렵다.

젠더가 중국 흡연 문화에 끼어든 지점은 약학적 지식에서이다. 음(陰)한 성인 여성들은 양(陽)의 성질이 매우 강한 담배를 남성들보다 삼가야 했다. 따라서 지나친 흡연을 하지 말라는 주의를 받았다. 여기에서 설대가 더 긴 파이프를 이해할 수 있다(양기가 줄어들고 있는 노인 남성들 또한 설대가 긴 담뱃대를 썼다. 이 파이프의 길이는 지팡이나 회초리의 두 배에 이르기 때문에 파이프로 말 안 듣는 하인의 머리를 때릴 수도 있었다[18]). 여인들의 설대 길이는 자기 키만큼 길어졌다. 한 여류 시인은 화장하는 방에서 흡연하려 할 때 자신의 담뱃대 때문에 불편함을 말하고 있다.

이 긴 담배 파이프
너무 커서 화장대에 올려놓을 수 없네.

파이프를 집어 들면 창문의 창호지를 찢으니,

달빛을 꿰어 낚아 들이네.[19]

18세기가 끝나갈 즈음, 여성들의 유행은 긴 대나무 파이프에서 물담배 파이프로 바뀌었다. 더 차가운 연기를 내도록 단순하게 만들어졌던 이 파이프는 화려한 소비 품목으로 그 소유자들의 부와 신분의 상징으로 바뀌어갔다. 만주 족 공주 더링(Der Ling)은 서태후(西太后, 1835~1908)에 대해 쓴 저서에 삽화로 넣을 사진들을 고르면서, 한 사진을 골라 서태후가 '가장 좋아하던 담뱃대'라고 설명을 넣었다.[20]

- 서태후의 물담배 파이프.

서태후는 사진 찍히는 것을 좋아했지만, 내가 아는 바로는 흡연하는 모습을 찍는 것은 결코 허락하지 않았다. 카메라가 나타나기 전에 남자든 여자든 흡연자의 모습은 평범한 것이 아니었다. 가끔씩 그림에서 담뱃대를 들고 있는 인물을 볼 수는 있지만 중국 화가들이 그리려고 했던 주제는 흡연이 아니었다. 그것이 보편화된 것은 19세기 중반에 와서였다. 그때 유럽 사람들은 중국의 직업 화가들에게 일상생활의 장면들을 그려 달라고 부탁했다. 그리고 그것을 보내 달라고 하거나 집으로 가져가서 기념품으로 삼았다. 그때에도 흡연의 묘사는 간접적이었다. 19세기 중반 수출 화가 가운데 가장 유명한 팅추어(Tingqua)는 중국계 필리핀 혼혈 계통의 멋쟁이들이 손가락 사이에 여송연을 끼우고 걸어가는 그림을 그렸다. 하지만 그는 필리핀 화가 트리스티니언 어섬시옹(Tristinian Asumpcion)의 그림을 모방하려 했을 뿐 그가 일상생활에서 본 것을 그리려고 했던 것은 아니다.[21] 여송연이 관심을 끈 이유는 그것이 도처에서 이용되었기 때문이다. 팅추어는 흡연을 작품의 중심 의미로 삼으려던 것이 아니었다.

카메라가 사용되기 시작하면서 흡연 장면의 포착이 빠르게 이루어졌다. 서구

의 시각은 카메라를 통해 흡연 장면을 훨씬 쉽게 조작하고 만들어냈다. 카메라
는 일상생활의 구석구석을 엿보았다. 하지만 초기의 셔터 속도는 매우 느렸기
때문에 일상적인 장면처럼 보이려면 포즈를 취해 그 장면을 만들어내어야 했다.
사진에서 안뜰의 벽에 기대어 빈둥거리는 남성 흡연자는 이렇게 연출한 사례이
다. 그러나 서구의 눈이 카메라를 통해 가장 보고 싶어했던 것은 유럽 사람들이
경멸했던 중국 사람들의 아편 흡연 장면이었다. 몸을 구부린 채 아편 파이프를
빨고 있는 중독자들의 사진은 외국 소비자들에게 인기를 끌었다. 인기 있는 아
편 흡연자들 엽서는 대부분 연출된 것으로 사진사가 흡연자들 가운데 섞여서 사
진을 찍기도 했다. 하지만 그 엽서들은 잘 팔렸다. 이들은 실제 중국 사람들의 일
상생활 자료만큼이나 서구 사람들이 보고싶어했던 장면이었다.

　19세기가 끝나갈 즈음 아편은 날이 갈수록 정치적 · 도덕적 압력을 받았다.
아편의 묘사는 중국의 모든 오류를 뜻했고 그 근절이 새로운 현대 국가의 목표

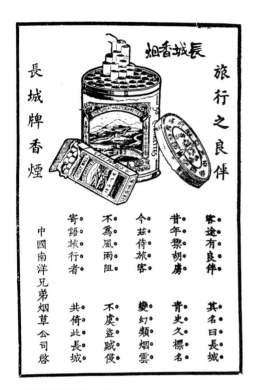

『상하이 안내(Guide to Shang-
hai)』 1920년 판에 실린 '장성'
담배 광고.

로 알려졌다. 담배는 그러한 압제로부터 자유로웠다. 담
배는 순수한 즐거움을 유지했다. 담배는 대규모로 생산되
는 궐련 또는 유럽 스타일의 파이프 같은 새로운 서구 양
식으로 변화했을망정 중국의 사교적 삶에서 사라지지 않
았다. 그러다가 1980년대에 건강에 대한 경고가 알려지
면서 천천히 소비가 억제되기 시작했다. 새로운 공화국의
초대 총통 위안 스카이(袁世凱)는 20세기 초반에 일어난
흡연 양식의 변화가 탐탁치 않았다. 또는 적어도 1916년
그의 장례식을 준비했던 이들은 그 변화를 탐탁치 않게
여겼다. 불에 태우기 위해 탁자에 올려놓은 위안 스카이
의 무기, 옷, 물건들 가운데에는 고풍스러운 긴 담뱃대와
몇 가지 외국의 흡연 용구들도 보였다.[22] 위안의 후계자
들은 위안이 저승에서 어울리지 않는 흡연 용구들을 사
용하기를 바라지 않았던 것이다. 그리고 더 나아가 흡연

흡연하는 부부. 남편은 아편
을, 부인은 담배를 피우고 있
다. 코지마(S. Kojima)의 《북
부 중국의 풍경과 관습(View
and Custom of North China)》
에 실린 사진.(Tianjin, 1910년)

할 기회를 빼앗기지 않길 바랐던 것이다. 강희제라면 그들의 배려를 충분히 이해했을 것이다.□

||| 주

01. Chen Cong, 《연초보 (煙草譜)》(담배 입문서) (1805; 재출간, Shanghai, 1998), 5.12b에서 인용.

02. Wu Han 엮음, 《朝鮮李朝實錄中的中國史料 Chaoxian Li chao shilu zhong de Zhongguo shiliao》〔조선왕조실록에서 중국과 관련된 역사 자료들〕(Beijing, 1980), p. 3755, He Lingxiu, '청조 초기 수도에서 흡연과 그밖에 오락의 유행과 관련된 의문들(Qingchu jingshi xiyanfeng den jige wenti)', 《清史論從 Qingshi luncong》〔청나라 역사에 관한 논문〕(Beijing, 1980), p. 382.

03. Jonathan Spence, 중국 청나라의 아편 흡연(Opium Smoking in Ch'ing China)', 《중국 왕조 후기의 갈등과 지배(Conflict and Control in Late Imperial China)》, Frederic Wakeman과 Carolyn Grant 엮음 (Berkely, CA, 1975), pp. 155-6; L. Carrington Goodrich, '중국과 만주의 초기 담배 금지(Journal of the American Oriental Society)', 〈미국동양학회 저널〉, 58/4 (1938년 12월), pp. 648-57.

04. Yuan Ting, 《중국에서 대중의 흡연 역사(Zhongguo xiyan shilhua)》(Beijing, 1995), p. 35에서 인용.

05. Yao Lu, 《이슬 책(Lu shu)》(재출간, Shanghai, 1998), 10.46a.

06. Yang Shicong, 《제이드 홀에서의 글모음(Yutang weiji)》(재출간, Taipei, 1968), p. 80.

07. Goodrich, '초기 금지(Early Prohibitions)'.

08. Ye Mengzhu, 《열세편(閱世編, Yueshi bian)》〔시대 고찰〕(재출간, Shanghai, 1936), 7.13a-b.

09. Wang Pu, 《은둔자의 잡기(Yin'an suoyu)》, Chen Cong, 〈연초보(Yancao pu)〉, 1.1b-2a에서 인용.

10. Yao Lu, 《이슬 책(Lu shu)》, 10.46a.

11. Yuan Ting, 《중국에서 대중의 흡연 역사(Zhongguo xiyan shilhua)》, p. 35.

12. Shen Lilong, 《식용식물 편람(Shiwu bencao huizuan)》, Yuan Ting, 《중국에서 대중의 흡연 역사(Zhongguo xiyan shilhua)》, p. 129에서 인용.

13. 《칭푸현 지명색인(Qingpu xianzhi)》(1879), 19.43b-44a.

14. 이 시들과 이후의 시는 모두 Chen Cong, 〈연초보(Yancao pu)〉, 5.8a; 7.6a-7a에 실려 있음.

15. Lu Yao, 《흡연 안내서(Yanpu)》(1883; 재출간, Shanghai, 1998), 3b-4b.

16. J. H. Gray, 《중국:사람들의 법, 예절, 관습의 역사(China:A History of the Laws, Manners and Customs of the People)》(London, 1878), 2권, p. 149.

17. Chen Cong, 《연초보(Yancao pu)》, 3.3b.

18. 푸젠성의 중국 기독교 역사에서, Ryan Dunch는 한 마을의 학자가 공자의 권위를 위협하는 외국 선교사의 머리를 파이프로 때렸다고 묘사한다; 《푸저우의 기독교도들과 현대 중국의 형성, 1857-1927(Fuzhou Protestants and the Making of a Modern China, 1857-1927)》(New Haven, 2000), p. 1.

19. 내 긴 파이프를 비웃다(Making Fun of my Long Tobacco Pipe)'라는 제목의 시는, Yuan Ting, 《중국에서 대중의 흡연 역사(Zhongguo xiyan shilhua)》, p. 71에서 인용. 글쓴이는 징하이(Jinghai)의 원로의 아내라고만 밝혀져 있다.

20. Der Ling, 《늙은 부처(Old Buddha)》(New York, 1928), p. 226.

21. Carl Crossman, 《중국 무역:그림, 가구, 은 그밖의 수출품(The China Trade:Export Paintings, Furniture, Silver and Other Objects)》(Princeton, NJ, 1972), pp. 112-13.

22. Bernhold Laufer, '아시아에서 담배와 그 이용(Tobacco and its Uses in Asia)', 인류학 리플렛, 18호, 필드 자연사박물관 (Chicago, 1924), p. 17.

에도의 유흥가 요시와라의 필수품, 담배

티몬 스크리치 | Timon Screech

■□ 담배는 유럽에 도입될 때와 거의 같은 시기에 일본 열도에 들어왔다. 16세기가 끝날 즈음 에스파냐, 포르투갈, 중미연방공화국(United Province) 그리고 영국 상인들이 필리핀 또는 아메리카 대륙의 에스파냐 식민지를 거쳐 일본 항구로 들어왔다. 많은 담배가 수입되었고 담배와 함께 남만〔なんばん, 남만(南蠻)〕이라는 용어도 들어왔다.

남만이란 중국 문화 중심지의 남쪽에 산다는 가공의 미개인들을 가리키는 말이다. 유럽 사람들은 남쪽 방향에서 나타났고 이에 따라 원래는 농담으로 시작했을 이 명칭이 유럽 사람들에게 굳어졌다. 흡연은 일본이라는 조직체 안에 등장한 잡종 '남만 문화'의 주요한 요소 가운데 하나였다. 당시 일본은 지역을 근거로 몇백 개의 소규모 국가로 갈라져 전쟁을 벌이고 있었다. 그밖의 정규 수입 품목들은 옷감(벨벳, 모직 또는 다른 배로 옮겨져 들어오는 중국 비단), 상아, 향기 나는 목재와 설탕이었다. 유럽 사람들은 은, 구리, 옻을 수출했다.

유럽 사람들이 이것 말고도 가지고 온 것이 있는데 그것은 바로 기독교였다. '어리석은 사람(야소 jaso, Jesus)' 신앙의 성쇠는 상세한 기록이 있으므로 여기에서 되풀이할 필요는 없겠다. 신앙을 갖게 된 사람들이 많아졌고 사회가 시끄러워졌다. 1625년과 1636년에 지나친 전도를 이유로 이베리아 반도 사람들(에스파냐, 포르투갈 사람들—옮긴이)이 축출되었다.(일본 통치자들은 멕시코의 운명을 알고 있었다.) 영국 사람들은 1623년에 떠났다. 그들은 잠시 쫓겨나는 것이라고 생각했으나 다시 돌아오지 못했다. 1630년대 이후에는 네덜란드 기독교도만 남아 있었다. 열도는 새로운 도쿠가와 막부 체제로 통합되어 1615년부터 1868년까지의 에도(현재의 도쿄) 시대가 열렸다. 이에 따라 남만 문화의 상당 부분이 뿌리 뽑히거나 제한되었고, 수입되는 저하물의 급격한 간소로 인해 물자가 매우 귀해졌다.

그러나 담배는 벨벳이나 모직의 길을 가지 않았다. 담배는 일본의 많은 곳에서 매우 잘 재배되었기 때문이다. 담배는 널리 재배되어 곧 오래 전부터 있던 작물들을 내쫓았다. 1612년 담배는 식량 생산 고갈의 원인이라는 이유로 이미 금지된 상태였다.[01] 처벌은 엄격하기는 했으나(사형도 포함되었다.) 느슨하게 실행되어 담배는 계속 재배되었다. 담배가 눈에 띄게 식량 농사를 방해하지 않는 범위에서 재배되는 한 도쿠가와 막부는 적당한 소비를 눈감아주었다. 하지만 담배를 둘러싸고 약간 수상한 분위기가 감돌았다. 이제 그것을 살펴보려 한다.

| 외 래 잡 초 , 담 배

나가사키 만에 있는 데지마(또는 데시마) 섬은 1641년부터 1800년까지 네덜란드 동인도 회사 공장이 있는 곳이었고 그 뒤로 1868년까지는 비공식적인 무역의 중심지였다. 고고학자들이 섬을 발굴했을 때 토양의 상당 부분이 버려진 점토 파이프 파편이었다.[02] 2세기 반 동안, 유럽 상인들이 작은 섬을 걸어다니고, 장부를 기록하고, 집에 편지를 쓰고, 방문객을 맞이하고 그리고 흡연을 하며 지루함을 달래고, 흡연하고 나서는 깨진 파이프들을 밟고 다녀 파이프 파편이 땅 속에 묻히게 되었을 것이라고 추측할 수 있다. 한 해에 약 14명이 주재하다가 해마다 두 척의 배가 부두에 들어올 때면 사람이 200명으로 불어났다. 이렇게 227년이 흘렀으니 점토 파이프 파편의 양도 상당해진다.

― 서명이 없는 그림, 화첩 반칸주〔蠻館圖, '야만인(유럽인) 주거지 그림'〕에서, 1791년(?).

스웨덴 의사 칼 피터 던버그(Carl Peter Thunberg)는 네덜란드 동료들에게 '담배 파이프가 사람들에게 무척 인기를 끌고 있다.'고 편지를 보냈다.[03] 던버그는 린네(Carl von Linné, 스웨덴의 식물학자이자 탐험가—옮긴이)의 제자로 에도 시대에 일본을 찾았던 가장 정열적인 지식인이었을 것이다. 그는 흡연이 졸음을 일으키는 바람에 동—서가 만나는 순간의 짜릿한 감각을 짓뭉갰다고 생각했다. 일본 사람들 또한 네덜란드 사람들이 파이프를 내려놓는 법이 없다고 기록했다. 하지만 불을 나눠 쓰는 것은 (지금도 그렇지만) 일본에서 친교의 실마리였다.

불을 돌리고, 아마 담배도 돌리면서, 친교 과정이 매끄러워지고 언어 장벽을 극복했을 것이다. 이를 드러내는 그림 자료는 많다. (흥미를 갖는 일본 소비자를 위해) 일러스트레이션으로 제작되곤 했던 데지마의 일상적 풍경은 흡연이 창출했던 관계들을 드러내고 있다. 긴장된 거래에서는 이것이 특히 중요하다. 어떤 쪽도 완전히 상대방을 믿지 않았고 막부는 모든 관계 당사자들이 작당하여 국가를 속이려 한다고 믿었기 때문이다. 게다가 흡연 소지품들은 좋은 선물 또는 뇌물이었다. 이로 인해 일본 사람들은 유럽과 다른 대륙의 흡연 관련 물품들을 소장하게 되었다.

서구 문제에 관해서 막부에게 자문을 해주던 오츠키 겐타쿠(大槻玄澤)의 소장품들이 최상의 소장품 가운데 하나였다. 1796년 그는 이 주제를 다룬 책《연록(煙錄)》(흡연에 관한 논문)을 펴냈다. 그와 그의 친구들이 가장 좋아하는 용구들을 소개하는 한 장에서는 인상적인 감흥을 담아냈다.[04] 겐타쿠는 많은 주제에 대해 유려하게 글을 쓴 사람이다. 그리고 당대에 어느 누구보다도 담배에 대해 더 많은 글을 쓴 사람으로 알려져 있다.[05] 그의 저술은 전 세계적인 담배 식물의 이동에 뒤이은 것으로 서로 다른 방식의 담배 소비 방식을 논했다.

겐타쿠와 다른 사람들은 그들의 흡연 방식이 유럽 사람들과 다르다고 기록했다. 두 방식이 언제 어떻게 갈라졌는지는 분명하지 않다. 16세기 후반에는 두 방식이 비슷했을지도 모른다. 그러나 17세기 중반 즈음 특히 지역적 특색을 띤 파이프-키세루가 등장했다. 키세루의 기원은 분명하지 않지만 겐타쿠는 다른 것들보다 키세루에 대해 많은 글을 썼다. 그것은 설대가 길고 대통이 작으며 금속으로 만들어진다는 점에서 네덜란드식보다 말레이식과 더 닮았다.[06] 설대의 길이

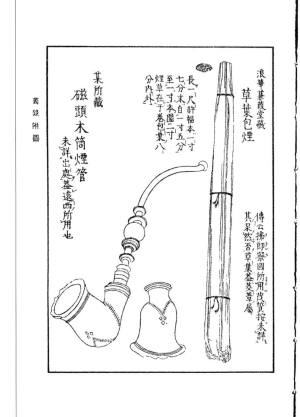

이시카와 타이로(Ishkawa Tairō)
의 일러스트레이션, 1796년 펴낸
오츠키 겐타쿠의 《연록》에 실림.

가 길어서 손가락으로 파이프를 쥐는 지점까지 금속이 차가움을 유지하고 연기가 식어서 입으로 들어갈 수 있었다. 파이프를 다루는 방법도 달랐다. 키세루는 수평으로 잡거나 설대를 아래로 기울이지 ― 유럽에서 그렇게 하듯이 ― 않고 대통 쪽을 올려잡았다. 따라서 설대가 입 쪽으로 내리막이 되어 응고된 니코틴이 혀끝에 떨어졌다. 담배를 피우면서 술도 같이 마셨다.

키세루는 시간이 흐름에 따라 진화하며 점점 작아졌다. 에도 중반에는 남만 시대의 지나친 화려함 대신 훨씬 다루기 쉬운 길이가 정착했다. 16세기의 키세루는 거의 남아 있지 않다. 그러나 그림 자료를 통해서 키세루가 2미터 길이까지 이르기도 했음을 알 수 있다. 그런 담뱃대는 사실 대통을 채우고 연기를 뿜어내기는 힘들지만 과시용이나 무기로 사용하는 데는 딱 알맞았다. 이 두 가지 용도는 키세루의 중요한 기능이었던 것으로 보인다.

이때는 가부키-모노(傾奇者) 다시 말해 '미친 사람들' 시대였다. 이들은 이상하게 차려입은 깡패들로 에도에 새로 건립된 막부가 마련한 상대적인 평화의 이점을 누렸다. 그들의 적수는 도요토미(도요토미 히데요시와 그 아들인 도요토미 히데요리를 일컬음—옮긴이) 가문이었다. 이들은 오사카(大阪) 지역을 지배하다가 1615년에 완전히 뿌리 뽑혔다. 가부키-모노는 기이한 옷(아마도 중국, 인도네시아 또는 영국에서 수입된 듯한)을 입었고 노인들에게 무례하게 굴었으며 사람들을 협박하여 돈을 뜯어내고 사람들의 목에 십자가를 매다는 것으로 가장 큰 치욕을 주었다. 그들은 세계화된 시대의 위험스러운 부산물이었다. 그들의 지나친 행동 가운데에서도 과장된 흡연이 두드러졌다.

가부키-모노는 평판이 안 좋은 여자들과 어울렸다. 그들의 춤, 노래, 공연 엑스트라들은 가부키 극으로 변모했다. 1610년대의 한 멋진 병풍에는 꽤 단정한 남자들이 교토의 키요미즈 사원(清水寺)에서 가부키를 관람하는 모습이 그려져 있다. 그 가운데 한 사람은 커다란 금 파이프를 가지고 있다. 영국 상인 리처드 콕스는 1615년에 "이들 일본 사람들, 남자들과 여자들과 아이들이 정신없이 그 풀을 마시는 것을 보니 낯설다. 그 풀이 이용되기 시작한 지 10년도 안 되었는데."라고 썼다.[07]

흡연과 즐거움

막부는 공민의 일상 공간에서 대부분의 외국인을 축출하고 기독교를 금지했다. 또 그밖에 법규로 가부키-모노의 이기적 행위를 억제했다. '예절과 관습(風俗)'을 규정한 법률이 공표되었고 1629년 원형의 가부키 극이 금지되었다.[08] 담배는 힘든 협상 과정이나 작업 도중 막간에 편리한 도구로 계속 이용되었고 여행 중이나 청소 도중 잠깐의 즐거움으로 끝까지 남았다. 그러나 담배를 넣어 파이프에 불을 붙이는 일은 형식을 갖추었다.

현존하는 흡연 도구들은 매우 무겁다. 커다란 재떨이에 지름이 약 60센티미터인 부싯깃 통을 놓으면, 사람이 옮겨놓지 못했다. 담뱃대는 더욱 짧아졌고 작은 담배쌈지를 허리에 늘어뜨리고 다니게 되었다. 또 일본의 목조 가옥들과 마을에

- 서명이 없는 세밀화(왼쪽 페이지), 키요미즈 사원의 여흥에서, 1610년, 여섯 폭 가운데 두번째.

불이 날 위험성이 있어 늘 조심해야 했다. 아무도 불로 장난치지 않았고 흡연할 때는 마음을 가다듬고 집중했다.(콕스는 마을 전체가 불에 탄 일을 말하며, 화재가 부주의한 흡연 때문이었다고 밝혔다.)⁰² 더 작아진 담뱃대는 안전성을 높이는 데 이바지했다.

담배는 공식적으로 승인된 여가 세상인, 정부의 면허를 얻은 유흥가로 옮겨갔다. 대부분의 주요 도시에는 모든 종류의 오락이 돈을 가진 남자에게 개방된 구역이 한 곳씩 있었다. 가장 유명한 곳은 에도의 요시와라(吉原)였다. 이곳은 1618년에 세워졌으나 1657년에는 (화재 위험 때문에) 도시 바깥으로 밀려났다. 에도는 1750년 즈음 세계에서 가장 큰 도시였고 에도의 부자들과 멋쟁이들은 요시와라로 갔다.

어떤 면에서는 가부키-모노의 정신적 후계자들인 이들 남성은 당시 부르주아 계층으로 통합되어, 돈을 훔친다기보다 번다는 개념을 좋아했다. 요시와라와 같은 곳이 오사카, 교토, 나가사키 그리고 모든 곳에 있었다. 흡연이 유행하고 흡연 도구가 지속적으로 발전하는 곳은 이 구역들뿐이었다. '고급 매춘부의 풀(傾城草)'이라는 별칭이 담배에 붙은 이유는 그런 여성들이 가지고 다니며 자주 피웠기 때문이다. 담배는 사적이고 명상적이라기보다 사교적 자산인 이완제였다. 사람들은 담배를 매개로 실제로든 마음만으로든 유흥가에 가까워졌다.

에도를 전형으로 생각할 수는 없다. 왜냐하면 에도는 다른 곳보다 더 컸고 그 어느 때보다도 인구가 집중된 곳 가운데 하나였기 때문이다. 약 260명의 다이묘(大名) 다시 말해 지방의 세습 영주들은 정기적으로 집을 떠나 에도에 머물렀고 아내들은 쭉 지방에 있었다. 그들은 수백 명의 행렬을 이끌고 도시로 들어왔다. 때로는 행렬이 수천 명에 이르기도 했다. 그들은 모두 남자들이었고 그들의 아내들은 지방에 남아 있었다. 따라서 에도에는 여자들이 귀해서 고급 매춘부 계층이 성장하는 발판이 되었다.

흡연이 지나치게 심해지고 지정된 유흥 공간이 아닌 곳에서는 지나친 행위들이 금지되었기 때문에 전문직업인이나 무사들은 허가 받은 구역에서 친구들과 함께 어울리는 경우가 아니라면 흡연을 삼가게 되었다. 에도에서 요시와라로 이어지는 길의 마지막 구간은 에몬-자카(衣紋坂), '옷을 입는 언덕'이라 불렸다.

여기서 남자들은 지저분한 작업복을 벗고 가방에서 깨끗한 겉옷을 꺼내 입었기 때문이다. 또 여기에서 가장 값비싼 담뱃대와 담배쌈지를 꺼냈다. 담뱃대는 이름난 장인이 만든 것이고 담배쌈지는 돋을새김을 한 네덜란드 가죽 제품인 경우가 많았다. 둘 다 도시 안에서는 내보일 수 없던 것이었다.

유흥가 담 안쪽에서 사통하는 남녀는 먼저 담배를 나누어 피웠다. 남자와 남자가 사통하는 경우에도 이랬을 것이지만 지금 볼 수 있는 자료들은 우아하고 순화된 장면만 보여준다. 그러한 곳에서는 문제될 것도 서두를 것도 없었다. 유흥가에서 사용되던 파이프와 담배쌈지는 그 소유자들의 감각과 개성을 드러냈다. 이러한 자기표현 양식은 사치 규제 법령이 엄격하게 시행되던 유흥가 바깥 도시에서 볼 수 없는 것이었다. 멋진 파이프들은 유흥가를 그린 많은 그림에 등장한다. 산토 쿄덴(山東京傳)의 《옷 디자인의 아름다운 이야기(小紋雅話)》라는 1790년의 책 표지에도 세련되게 머리를 꾸민 멋진 흡연자의 모습이 그려져 있다. 훌륭한 담뱃대와 담배쌈지는 여성적 매력을 드러내는 것으로 여겼으며 상류 인사들과 마찬가지로 여성들도 반드시 소유하고 있어야 했다.

| 흡 연 의 경 제 학

담배 등급과 흡연 용구의 품질에 따라 가격은 천차만별이었다. 그러나 천문학적인 액수가 소비되었다는 것만은 확실하다. 도시마다 흡연 양식이 달랐고 더 흥미롭게는 구입과 교환의 규범도 달랐다. 흡연자이면서 늙은 사무라이인 호세이도 키산지(朋誠堂 喜三二)는 18세기가 끝날 무렵 교토를 찾았다. 그는 옆에 있는 사람에게 담배를 거저 얻으려 했다가 겪은 일을 놀라움으로 기록했다. "거리에서 다른 이의 재떨이를 사용하거나 사람들에게 불을 빌려 파이프에 불을 붙이려면 그 사람들이 피울 담배도 조금 가지는 것이 관례다." 그는 그것이 천박하게 보일 수 있다고 말했다.

큰 그림에서 볼 때 남의 물건을 빼앗는 것이 원래의 목적이 아니다. 독자는 아마도 그것을 1, 2 또는 3제니(錢)쯤으로 계산하여 돈을 건네고 그것으로 계산을 마치고 담배

를 받게 된다.……그러나 에도 사람들은 1 히키(匹)를 다 주어도 아무도 돈을 받지 않는다.(1히키 = 25제니)[10]

추료(Chûryō)는 '빌린' 담배의 대표적 사례를 이용해서 경제에 대해서 확대 해석하면 삶 일반에 대해서 다른 시각을 제시한다. 그의 관점에서 에도(그의 도시) 사람들은 관대하고 교토 사람들은 자기 담배에 대해 훨씬 쩨쩨하다. 따라서 어떤 사람이 담배 때문에 기분 상하는 일이 없으려면 이 방식을 따라야 큰 모욕을 주지 않는 것이었다.

젠더 균형에서 에도와 교토가 반대였던 점도 이에 일부 영향을 미쳤을 수 있다. 에도는 약 80퍼센트가 남성이었지만 교토는 60퍼센트가 여성으로 측정되었다.[11] 교토 거리에는 여자가 더 많아서 고급 매춘부가 성적 대상물로서의 가치가 떨어졌다. 이로 인해 '고급 매춘부의 풀' 의 중요성도 변화되었다. 찾아오는 에도 사람들은 교토의 유흥가 시마바라(島原)가 에도의 요시와라처럼 활기차지 않다고 기록했다. 교토에서 흡연은 여자들과 함께하는 유흥에서 반드시 따라오는 물건이 아니었다. 또 관대한 남성 신화의 일부도 아니었다.

담배 거래는 부를 낳았다. 에도의 큰 담배 상인 가운데 하나가 세이츠-테이 도쿠신(Seichū-tei Tokushin)이었다. 그는 5세대 상인이고, 겐타쿠의 《연록》을 일본어로 번역한 사람이다. 이 책은 관료 학자의 책답게 문어적 중국어―공식적인 문학 양식―로 쓰였다. 그러나 세이츠-테이는 큰 시장에 돈이 있음을 알았고 기회를 잡아 쉽게 읽을 수 있는 논문을 만들어 마케팅 도구로 썼다. 이전 사람들은 어려운 글을 편안한 흡연과 어울리지 않는 것으로 받아들인 듯하다. 어느 비평가의 글에서 이를 알 수 있다. '센다이(仙臺) 다이묘의 의사이며, 유럽학 분야의 유명 인사인 오츠키 겐타쿠라는 양반이 최근에 담배의 기원에 관한 책을 썼는데, 전부 중국어(漢文)이다. 흡연을 즐기는 이들은 서민이고 교육 받지 못한 이들이니 모두 그의 책을 비웃었다.'[12]

세이츠-테이는 겐타쿠의 저술에 (허락을 받았든 받지 않았든) 보충 설명을 덧붙였다. 예를 들어 흡연의 유일한 이점은 그와 비슷한 독한 술과 달리 의식을 흐리게 하지 않는 것이라는 견해를 덧붙였다. 음주자는 자세가 곧 흐트러지거나 감정이 격해지지만 흡연자는 아무리 담배를 피워도 정신이 말짱하고 "결코 말과 행동이 풀어지지 않는다".[13]

이 말은 사실적 바탕에 근거하면서도 또한 경제적 의도를 가지고 있다. 줄담배를 피우는 흡연자는 담배 상인의 손에 돈을 쥐어준다. 금세 몸을 가누지 못하는 음주자가 사케(酒) 상인에게 쥐어주는 돈보다 많은 돈이다. 그리고 엄청나게 녹차를 마셔대는 사람이 차 상인에게 쥐어주는 돈보다 많은 돈이다. 세이츠-테이는 중독으로부터 이익을 거두고 있었다.

이보다 규모가 적고 더 작은 가게를 운영하던 이는 쿄야 덴지로 앞서 언급되었던 산토 쿄덴이라는 필명으로 잘 알려진 이였다. 그는 우키요에(浮世繪, 에도 중반부터 메이지 초기까지 주로 에도 서민층의 지지를 받으며 발달했던 목판과 회화 양

기타오 마사노부(곧 산토 쿄덴), 산토 쿄덴의 가게, 1800년, 다색 목판 인쇄.

식—옮긴이)풍의 화가로 교육받았고, 게사쿠(戲作, 우키요에풍 소설) 작가였다. 1793년, 30대 중반의 나이였던 그는 에도 교바시(京橋)에 담배 가게를 열었다. 그는 낮에는 가게에서 일하고 밤에는 유흥가로 갔다. 1797년 그는 가장 아끼던 고급 매춘부 다마-노-이(Tama-no-i)의 계약을 처리하고 둘째 부인으로 삼았다.[14] 부부가 함께 나오는 유일한 그림에서 쿄덴은 책상에 앉아 일하고, 다마는 옆방에서 바느질을 하는 행복한 모습이다.[15] 여러 가지 행복 가운데 부부는 흡연도 함께했을 것이다.

유흥가의 '부유하는(浮き出す)' 규범이 가정으로 도입됨으로써 많은 우키요에 애호가들이 몰락했다. 특히 쿄덴의 발행자인 츠타-야 주자브로(Tsuta-ya Jûzaburō)와 화가 우타마로(Utamaro)는 삶의 두 국면을 분리하는 암묵적 지침을 파괴한 결과로 심각한 타격을 입었다. 쿄덴은 사치스러운 소비에 대한 정부의 탄압이 유흥가 (그리고 담배) 문화를 통해 휘둘러질 때 솜씨 좋게 규모를 줄임으로써 타격을 피했다. 그와 다마가 나오는 그림은 1804년에 그린 것이니 그림의 시기보다 나중에 그린 것이다. 수수한 가정의 가장으로서 호화로운 생활을 재현해내려는 의도로 그린 듯하다.

쿄덴 가게의 외관이 그려진 그림은 몇 점이 있다. 모두 그가 우호적인 관계를 맺고 있거나 아니면 젊었을 때 함께 그림을 배웠던 우키요에 화가들이 그린 것들이다. 이 그림들은 기존 장르의 일부이면서 동시에 광고로도 매우 큰 역할을 했다. 오른쪽에 차양과 간판이 보인다. 가게는 크고 남자 몇 명이 일하고 있다. 주인은 장부를 적고 있다. 손님 모두 차림새가 고급스럽고, 남자와 여자가 함께 어울려 있다. 그림을 그린 이는 쿄덴 자신으로 화가로서의 이름인 기타오 마사노부(Kitao Masanobu)라는 서명을 했다.

쿄덴은 소설 작품에서 그의 상품을 광고하는 것을 나쁘게 생각하지 않아서, 자기 가게의 광고로 이야기를 끝맺곤 했다. 그는 때로 필명을 겉표지에 쓸 때, '담배-쌈지 가게에서 여러분을 기다리고 있는 쿄덴' 이라고 했다. 이야기에 등장하는 인물들도 그의 가게에서 구입한 최상품은 언제나 제값을 한다고 말하곤 한다.[16] 쿄덴은 그의 발행인, 츠타-야 주자브로와 그의 놀라운 통찰력도 칭찬하곤 했다. 대중소설이 이런 식(가부키 배우들이 무대에서 나누는 대화 가운데 구매 상품과 장소에 대해 충고를 하는 것과 같이)으로 상품을 선전하고, 상품을 추천한 대가로 수수료를 받는 것은 당시의 관행이 되었다. 그러나 쿄덴은 작가 자신의 직접적인 경제적 이득을 위해 유일하게 삽입되는 광고를 만든 것이었다.[17]

사용되는 담배 용구의 섬세함, 다수를 먹여 살릴 수 있는 농작물 대신 담뱃잎이 재배되었다는 사실 그리고 파이프와 담배쌈지가 유흥가라는 짜릿한 세계와 직접 연결된 것, 공민의 영역에서 사치가 거듭 비난 받았던 점 등 이 모든 것은 조금이라도 여유가 있던 남성들이 그것을 흡연에 소비했음을 증명한다. ▫

||| 주

01. Herman Ooms, 《도쿠가와 이데올로기:초기 개념, 1570-1680(Tokugawa Ideology:Early Costructs, 1570-1680)》 (Princetori, NJ, 1905), p.145.

02. Kobayashi Tatsu 엮음, 《대도시:에도, 나가사키, 암스테르담, 런던, 뉴욕(Horisasareta Ushi, Edo, Nagasaki, Amasureudamu, rondon, nyūyōku)》 (Tokyo, 1996), pp. 192-3.

03. Carl Peter (Charles) Thunberg, 《여행(Travels)》 (London, 1996), 3권, p .265.

04. Otsuki Gentaku, 《연록도보(煙錄圖譜, Enroku zufu)》 〔그림을 곁들인, 흡연에 관한 논문(Illustrated treatise on smoking)〕, 《반스이의 메아리(Bansui zonkyō)》 (Tokyo, 1912), 1권.

05. Kimura Yōjirō, 《에도의 자연주의자들(Edo-ki no nachurarisuto)》 (Tokyo, 1988), p. 182.

06. Morishima Chūryō, 《만국신화(万國神話 Bankoku shinwa)》〔많은 나라들의 실제 이야기〕 (Tokyo, 1948), p. 195.

07. Richard Cocks, 《일기(Diary)》 (London, 1926) 1권, p. 213.

08. 개략적으로 살펴보려면, Donald H. Shiveley, '막부와 가부키(Bakufu verses Kabuki)' 『하버드 아시아 연구 저널 (Havard Journal of Asiatic Studies)』, 17 (1995), pp. 126-64

09. Cocks, 《일기(Diary)》 1권, p. 99.

10. Hōseidō Kisanji, '나머지는 역사다(Nochi wa Mukashi monogatari)', 《일본의 수필(日本隨筆大勢, Nihon zuihitsu taisei)》, 시리즈 3 (Tokyo, 1912), 7권, pp. 286.

11. Kimuro Bōun, '미타 마을 이야기 三田鄕の物語', 《일본의 수필(日本隨筆大勢 Nihon zuihitsu taisei)》, 시리즈 3 (Tokyo, 1929), 4권, p. 569. Bōun은 1780년 교토에 있었다.

12. Shiba Kōkan, '슈ㄴ파로 비망록(Shunparō hikki)', 《일본의 수필(日本隨筆大勢 Nihon zuihitsu taisei)》, 시리즈 1 (Tokyo, 1927), 1권, p. 64.

13. 《메사마시구사(Mezamashi-gusa)》 〈잠을 깨우는 풀〉, 〈일본의 수필(日本隨筆大勢 Nihon zuihitsu taisei)〉, 시리즈 2, Seichū-tei Tokusin 옮기고 엮음, (Tokyo, 1973), 8권, p. 239.

14. Koike Tōgorō, 《산토 쿄덴(Santō Kyōden)》 (Tokyo, 1961), p.101. 쿄덴은 홀아비였다. 결혼하고 나서 다마-노-이(Tama-no-i)는 이름을 유리(Yuri)로 바꾸었다.

15. Santō Kyōden(Kitao Shigemasa 그림), 《글쓴이의 자궁에서 임신 열 달(Sakusha tainai totsuki no zu)》; 편리한 출산을 위해, Timon Screech, 《심장의 렌즈:후기 에도 일본에서 서구 과학의 응시와 대중적 심상(The Lens Within the heart:The Western scientific gaze and Popular Imagery in Later Edo Japan)》 (Cambridge와 New York, 2001), fig. 113.

16. Screech, 《심장의 렌즈(The Lens Within the Heart)》, p.117. 또 Tani Mienzō, 《에도의 카피라이터들(Edo no kopiraitā)》(Tokyo, 1986), pp. 55-9.

17. 같은 책, p. 56.

담배를 위한 디자인과 예술

벤 라파포트 | Ben Rapaport

　▪□ 4세기가 넘는 세월 동안 흡연은 전세계의 생활 방식과 사회 일반에 거대한 영향을 끼쳐 왔다. 오늘날 전세계는 흡연을 근절하기 위해 노력을 기울이고 있다. 그러나 여송연이든 파이프든 궐련이든 흡연은 변함없이 한 사람의 삶에서 마르지 않는 즐거움의 하나이다. 한때 흡연은 모든 사회 및 경제 계층의 남성과 여성들에게 의례상 꼭 있어야 하는 것(de rigueur) ― 고상하고 세련된 것 ― 이었다. 오늘날에 와서는 정서, 경제, 건강 그리고 가끔은 정치적 갈등까지 빚고 있지만 역사는 이 사회 관습이 흡연자들을 위한 아름다운 장식 용구(objets d'art)의 발명을 촉진했다고 기록할 수밖에 없다. 이런 용구들을 조금만 살펴보면 희귀하고 아름다운 것에 대한 열광적 흡연자들의 욕심은 끝이 없었음을 전문가가 아닌 관찰자도 금세 알게 될 것이기 때문이다. 오늘날에는 이런 흡연자들의 장식품과 용구들 대부분이 사용되지 않는다. 그 이유는 다양하겠지만 흡연 선호도의 변화, 건강 관련 위해성에 대한 진보된 이해 그리고 속도가 빠른 현대의 삶 등이 그 이유에 해당할 것이다.

　담배라는 주제가 끊임없이 연구를 부추기는 것처럼 담배의 준비, 운반, 저장,

흡연 또는 섭취, 폐기에 관련된 모든 방식 또한 연구를 부추긴다. 필립 콜린스 (Philip Collins)가 말하듯이 '다른 어떤 경제 분야도 이렇듯 관련된 소비재를 많이 만들어내지는 못했을 것이다.……이들 관련 제품들은 흡연이 우리 건강에 미치는 영향에 대해 과학적 연구가 이루어짐으로써 영원히 변화된, 거대한 산업―그리고 삶의 방식―을 반영한다.'[01] 담배가 지속적이고도 일상적으로 이용된다는 점을 생각하면 흡연자 저마다의 요구에 부응하여 장식품과 흡연 용구가 발달한 것이 놀라운 일은 아니다.

이 장은 평범한 흡연자들의 장식품, 흡연자들이 있는 곳이라면 반드시 따라다니는 실용적 용구들, 과거에 담배 필수품(nécessaires)이었던 다양한 많은 용구들을 고찰할 것이다. 어떤 용구가 시대에 뒤떨어지게 되면 그것은 변형되어 또 다르게 쓰이거나 과거의 것으로서 결국 소장품 처지가 된다. 흡연 장식품들도 예외가 아니다. 흡연자와 비흡연자 모두 담배와 관련된 적이 있는 모든 용구와 도구 등 한때의 유행품에 관심을 가져왔다. 1930년에 근동 지역의 물담배 파이프에 관해 저술한 로버트 쿠델(Robert Cudell)은 이렇게 기록했다. "그러므로 지금부터는 아시아 문화의 이 아름다운 분야가 골동품 상인과 수집가들하고만 관계를 맺게 되리라고 예상할 수 있다."[02] 오늘날 쿠델이 살아 있다면 그는 이러한 형태의 파이프가 지금도 근동 지방과 세계 곳곳에서 사용되고 있을 뿐 아니라 많은 이들이 매우 특색 있는 파이프를 수집하며 흡연 관련 공예품들을 모으기 시작했음을 알게 될 것이다.

흡연과 관련되어 사용되는 용구에 대해 논의하려면 다양한 형태의 담배가 정착한 연대를 먼저 간단하게 정리하는 것이 좋겠다. 코로 흡입하는 가루 형태의 담배는 16세기 무렵 유럽으로 퍼져 나가 17세기에 인기를 끌었다. 점토 파이프는 16세기에 생겨났고 그 뒤로 맛이 썩 좋지는 않은 나무, 자기, 해포석, 옥수수 속대 그리고 늘 인기가 있는 브라이어 뿌리로 만든 파이프들이 18세기와 19세기에 나타났다. 1720년대 중반 즈음에는 여송연이 상당히 많이 만들어지고 있었다. 오늘날 가장 대중적인 담배 상품인 궐련은 1832년에 처음 생겨났다. 이때는 이집트가 투르크의 지배 아래 있던 아크레(Acre)를 포위 공격하고 있을 때였다. 많은 사람들은 영국 병사들이 투르크, 러시아 그리고 아마도 이탈리아와 프랑스 병사들이 기름종이(papalete)에 고운 살담배를 싸 가지고 다니며 피우는 것을 처음 본 것이 크림 전쟁(1854~1856) 때라고 알고 있다. 그 뒤로 궐련은 유럽을 지나 대서양을 건너 아메리카까지 급속히 퍼졌다.[03]

담배를 이용하는 방식에 따라 달라지는 흡연 의례에는 언제나 장비가 필요하다. 19세기 후반기에 생겨난 적신(습성) 코담배 그리고 씹는담배만이 장식품 없이 사용될 수 있었다. 장식품들은 편리함과 보조 또는 외형에 보탬이 되는 선택적 용구이다. 지난날 흡연은 다채로운 흡연 용구와 함께 그에 따른 수많은 명칭과 용어, 은어의 발달을 촉진했다.[04]

흡연 용구들의 폭과 범위를 이해하려면 약 한 세기쯤 전에 담배 무역이 흡연 인구에 제공했던 것들을 살펴보는 것이 도움이 될 것이다. 1800년대 후반에서 1900년대 초반까지 새먼 앤드 글룩스타인(Salmon & Gluckstein Ltd)은 영국에서 가장 큰 담배 소매상으로 런던에 본점을, 전국에 120여 군데의 지점을 두고 있었다.[05] 1899년 1월에 발행된 51페이지짜리 카탈로그 〈흡연자들을 위한 길잡이(Illustrated Guide for Smokers)〉에서 회사는 여송연, 궐련, 밀랍성냥 케이스와 밀랍성냥갑, 궐련 제조기와 궐련지(cigarette paper, 궐련을 마는 데 쓰는 얇은 종이―옮긴이), 코담뱃갑, 밀랍성냥, 성냥함(match stand), 담배 작두(tobacco cutter), 여송연 제조기(tobacco-spinner), 코담배 제조기(snuff grinder) 그리고 포장 생산되는 궐련 제품에 어울릴 법한 물건들과 모든 형태의 파이프와 어울릴 법한 용품들을 소개했다. 비교에 따르면, 1892년 즈음 필라델피아의 조지존사(George Zorn Co.)는 당시 미국에서 담배 제품의 최대 수입업체이며 생산자 가운데 하나로서[06] 160페이지짜리 카탈로그 〈파이프와 흡연자 용품(Pipes & Smokers' Articles)〉을 발행했다. 이 카탈로그는 훨씬 광범위한 제품 목록을 소개했다. 흡연자의 쟁반과 탁자, 재떨이(오늘날 타구 또는 담통으로 알려져 있는 것), 스팀 파이프 청소기(steam-pipe cleaner), 성냥 자동판매기(automatic match machine), 접대용 성냥(parlour match), 탁상용 여송연 램프(counter-top cigar lamp) 심지어 담배 시계(tobacco clock, 담배로 인해 죽어가는 사람들의 수를 시간별로 나타내는 시계―옮긴이)까지 카탈로그에 등장한다!

이 모든 흡연 용구가 왜 필요한 것일까? 오늘날 흔한 궐련은 그저 성냥이나 라이터만 있으면 피울 수 있고 재떨이만 있으면 재를 버릴 수 있다. 하지만 몇 가지 다른 형태의 담배를 피우는 일은 그다지 간단하지가 않다. 코담배를 맡거나 파이프 또는 여송연을 피우는 이들은 보조적인 '용구' —흡연자들의 표현대로 흡연자들의 필수품이 필요했다. 그 이유는 첫째, 흡연 의례(또는 의식)를 올바르고 위엄 있게 행하기 위함이고 둘째, 흡연으로부터 최대의 즐거움을 얻기 위함이었다. 이에 따라 흡연과 관련된 용구의 발명이 잇따랐다. 일부는 오늘날까지 원형대로 또는 약간 변경된 형태로 사용되고 있지만 완전히 사라진 것들도 있다.

| 파 이 프

16세기 후반에 생겨난 담배 파이프는 그 뒤로 줄곧 이용되어 왔다. 그러나 그 형태와 재료는 엄청나게 변화했다. 유럽 여러 나라에서 만들어져 한때 인기를 끌었던 점토 파이프는 거의 사라졌는데 매우 화려하고 고급스러운 수제 해포석 파이프 또한 그러했다. 오늘날의 보수적 기호에 맞춘 비교적 단순한 해포석 파이프만이 아직 쓰이고 있고, 19세기에 들어서서 다시금 독창적으로 화려하게 만들어진 수제 파이프도 쓰이고 있다. 이 두 종류는 모두 터키에서 만들어져 수출되는 것들이다.

자기 파이프는 프랑스의 샹티이(Chantilly), 세브르(Sèvres), 뱅센(Vincennes), 독일의 브루크베르크(Bruckberg), 코펜하겐(Kopenhagen), 마이센(Meissen), 님펜부르크(Nymphenburg) 같은 대표적 생산자들이 손으로 그린 명품 파이프부터 프로이센-프랑스 전쟁(1870~1871)과 제1차 세계대전 사이의 기간에 만들어진 통속적인 독일 규격 제품(reservistenpfeife)에 이르기까지 250여 년 동안 다양한 형태와 품질로 생산되어왔다. 오늘날 독일과 체코공화국에서 대량생산되는 자기 제품들은 관광객들을 상대로 한 전사(decal) 제품들이다. 그러나 재료의 무공성(無孔性) 때문에 자기 파이프는 프랑스와 독일 말고는 인기를 끌지 못했다.

다른 지역에서 담배 파이프는 토착 재료 이를테면 금속, 돌, 뼈, 패각, 뿔, 오지로 만들어졌지만 그 인기는 이들 파이프가 사용되는 나라나 지역을 넘어선 적이 없다. 19세기 중반 즈음 다양한 나무로 만든 파이프를 대체했던 브라이어는 오늘날까지도 파이프 흡연자들이 가장 많이 찾는 재료이다. 서유럽의 거의 모든

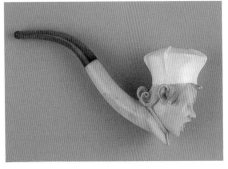

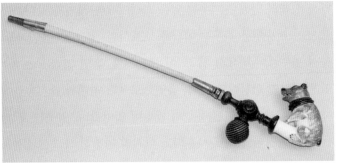

- 왼쪽. 이색(bi-colour), 높은 돋
을새김을 한 해포석 파이프,
노래하는 사제(abbé) 얼굴을
조형적으로 표현함. 호박
(amber) 물부리, 소메르프레레
(J. Sommer Frères)아틀리에
소장, 파리, 1895년.

- 오른쪽. 조형적인 마이센 파이
프 대통, 앞발을 들고 앉은 개
모습. 거꾸로 달린 뿔 저장통
(reservoir), 상아 설대, 은과 호
박 물부리로 이루어짐. 1800년

나라와 일본, 이스라엘 그리고 미국에서 생산되는 많은 종류의 브라이어 파이프
는 생김새, 스타일, 완성도 그리고 가격 범위가 매우 다양하다. 20세기에 다른
목재 — 자단(rosewood), 올리브 나무, 흑단, 부빙가(bubinga), 히코리, 맨자니타
(Manzanita) 그리고 옥수수 속대로 파이프를 만들어 팔려 했던 시도들은 식견이
높은 파이프 흡연자들에게 받아들여지지 않았다.

파이프 흡연은 오늘날에도 300년 전과 똑같이 최소한의 보조 용구를 필요로
한다. 담배에 불을 붙이는 도구, 대통에 담배를 다져 넣는 다지개(stopper, 또는 달
굿대), 담배 찌꺼기를 긁어내는 데 쓰는 부지깽이 모양의 도구, 호주머니에 넣고
다니는 담배쌈지, 담배를 담아 두는 담배함 등이 그것이다. 최초의 다지개는 상
아, 놋쇠, 백랍, 흙, 유리, 그밖의 재료로 만들어졌는데, 오늘날에는 이국적인 목
재, 금속, 아크릴로 만들어진다. 납으로 만든 담배함은 17세기 후반기에 처음 만
들어졌다. 나중에는 납, 놋쇠, 쇠, 나무, 유리, 흙과 같은 다른 여러 재료로 담배
함과 담배합이 만들어졌고, 사람 및 동물 모습으로 다양하게 장식되었다. 담배
함과 담배합의 절정기는 19세기 후반에서 1920년대 중반까지였다. 다양한 파이
프를 소장하고 있는 이들은 대개 적어도 한 가지의 파이프 가구를 소유했다. 파
이프 가구란 파이프를 전시하고 보호하는 용도의 가구로 주문형 스탠드, 선반,
케이스부터 캐비닛까지 그 종류가 다양하다.

파이프 담배의 포장재로는 종이나 마분지가 최초로 사용되었다. 그러나 20세
기 초반, 석판술과 주석 깡통이 등장하면서부터 무수한 파이프 담배 제품들이
양복 주머니에 넣을 수 있게 만들어진 길다란 주석 깡통에 포장되었다. 가정용
은 더 큰 주석통, 상자, 도시락통 모양의 깡통에 포장되었다. 이들 모두 독특하고

색깔이 다채로웠으며 때로는 제품 이름이 재미난 것도 있었다.

여송연 장식품과 한때의 유행

여송연은 매우 특별한 즐거움을 주는 것이다. 궐련과 마찬가지로 한결같이 소비되고 있으나 여송연을 피우려면 특별한 용구가 필요하다. 휴대용 송곳(pocket piercer), 자르개(clipper 또는 cutter) 또는 탁상 장식용 자르개(과거에 인기 있었던 한 탁상용 자르개는 단두대의 축소판으로 매우 편리했다.)로는 가느다란 여송연 끝을 잘라내고 구멍을 뚫으며 이밖에 홀더(holder, 170, 171쪽 참조)도 필요하다. 그밖에 도움이 되는 용구들로는 집이나 사무실에서 여송연을 저장하며 신선도를 유지해주는 여송연 함 또는 저장 상자(humidor), 여송연과 성냥을 한 벌로 보관하는 보관 세트, '꺼내서 곧 피울 수 있는' 여송연 두세 개를 넣어두는 조끼 호주머니용 케이스 그리고 여송연 애연가라면 한두 개쯤 가지고 있을 법한 인물 및 동물 형상의 탁상용 여송연 라이터가 있다. 고급 여송연 상점은 어디나 탁상용 기계식 여송연 커터를 마련해 두었다. 이 커터는 등유, 석유, 전기 불꽃을 이용하게 만들어져 고객들이 편리하게 사용할 수 있었다.

여송연 포장과 제품명 광고는 여송연 산업이 낳은 독특한 부산물 가운데 하나였다. 1798년 바이에른 사람 알로이스 제네펠더(Aloys Senefelder)가 석회석 석판술을 사용하고, 그 뒤 1836년에 프랑스 사람 고드프루아 엥겔만(Godefroi Engelman)이 컬러 인쇄 — 다색 석판술 — 를 발전시키면서 여러 회사에서 다양한 생김새의 여송연이 상품화되었고, 저마다 다른 여송연 상자 라벨과 띠가 만들어졌다.[07] 당시에는 광고로만 여겨졌지만, 오늘날에는 이들 라벨과 띠가 저마다 가지고 있는 예술성이 전 세계에서 감상되며 인정받고 있다. 오늘날 소장 가치가 있는 종이가 된 이 라벨과 띠는 경매에서 높은 값에 팔린다.[08] 여송연 광고와 관련된 많은 클럽, 시사회, 잡지와 책 그리고 조판공과 석판술 기술자들이 만들어낸 이 한때의 유행이었던 예술품에 대한 관심은 이것들이 만들어지던 당시에는 결코 상상할 수 없었을 것이다. 물론 지금은 생산되지 않는 상표가 더욱 소장 가치가 높다. 삼나무 여송연 상자와 하드보드 여송연 상자 그리고 여송연을 담아

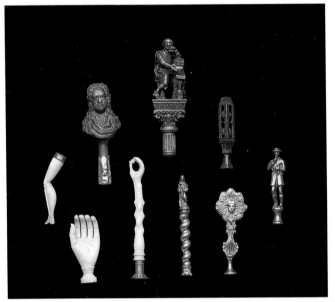

팔던 주석 깡통이 소장 가치가 높은 것들이다.

궐련 케이스, 홀더 그리고 그밖의 것들

오늘날 궐련 흡연은 일상적인 일이다. 누구든 부드러운 담뱃갑이나 뚜껑을 젖
히는 곽에서 담배를 한 개비 꺼내 불을 붙이면 된다. 그러나 그리 오래지 않은 과
거에 궐련 흡연은 세련됨, 고상함 그리고 말로 표현하기 어려운 매력(je ne sais
quoi)을 상징했다. 궐련 케이스나 홀더는 아마 여성을 위해 진화한 듯하나 남성
흡연자들도 선호하는 장식품이었다. 다른 많은 담배 관련 장식품과 마찬가지로
궐련 케이스도 재료, 완성도, 생김새, 크기가 매우 다양했다. 유럽, 근동, 미국 궐
련이 저마다 길이와 지름이 달라서 이에 따라 케이스도 다양해진 것이다. 금속,
베이클라이트(Bakelite, 합성수지─옮긴이)와 그밖의 재료들로 만든 당시의 궐련 홀
더는 길이가 5센티미터에서부터 15센티미터까지 다양했는데 5센티미터짜리는
드물고 15센티미터짜리가 흔했다. 길이가 짧은 종류가 남성용이고, 여성들의 기
호 때문인지 길이가 긴 것이 여성용이었다. 이들 장식품은 이제 유행의 대열에서
찾아볼 수 없으며, 두 종류 모두 담배 관련 수집가들의 소장품으로만 남아 있을

뿐이다. 여송연과 마찬가지로 궐련도 집에서나 일터에서나 원래 생산되었을 때의 포장을 버리고 장식용이나 접대용의 아름다운 보관함, 깡통, 보관 세트(궐련 컵과 성냥 함) 또는 그 릇에 보관되었다. 이런 모든 용품들은 이제 과거의 유물이 되었다.

파이프 담배, 여송연 깡통, 여송연 상자 라벨과 여송연 띠 가 오늘날 소장품이 되고만 것처럼 과거의 종이와 마분지 궐 련 포장, 납작하고 둥근 궐련 깡통 등과 궐련 포장 형식들 또 한 수집가들을 매혹시키고 있다. 미국과 그밖에 지역에서 궐 련이 생산된 지 120년이 넘었다는 점을 고려한다면 우리는 다만 더 이상 생산되지 않는 상표의 수에 대해서 경험적으로 만 짐작할 수 있을 뿐이다. 필터 없는 담배, 필터 담배, 박하 담배, 이중 필터(charcoal) 담배 그리고 혼합물을 함유하여 풍 미를 더한 담배, 잎담배(burley), 이집트 담배, 동양 담배, 페 리크(perique, 미국 루이지애나 산 독한 담배—옮긴이), 터키 담 배, 버지니아 또는 얄타 담배, 일반 담배, 저타르 및 라이트

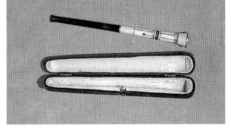

- *위.* 궐련 케이스. 은에 에나멜 채색, 레다와 백조 그림, 독일, 1910년.

- *아래.* 칠보 궐련 홀더와 케이 스. '오스트리아 더블(Austria Double)', 1925년.

담배, 보통 사이즈, 긴 사이즈, 킹 사이즈 그리고 수퍼 킹 사이즈 담배, 부드러운 곽에 든 담배, 딱딱한 곽에 든 담배, 납작한 깡통에 든 담배, 둥근 깡통에 든 담배 그리고 그밖의 방법으로 분류되는 담배들 가운데 지금은 생산되지 않는 상표가 아주 많다. 궐련의 종류와 수가 많았던 만큼 요새 표현대로 궐련 포장 예술은 세 계적인 이미지 역사와 담배 문화에서 당당히 제 자리를 차지하고 있다.

| 재떨이

재떨이 또는 재받이는 궐련 흡연이 일반적으로 받아들여진 것과 같은 시기에 대중화되었다. 궐련에 이용되는 재떨이는 장소에 따라 다르게 만들어졌다. 예를 들어 응접실, 규방, 궐련 흡연자들이 군집하는 공공장소, 이를테면 접견실이나 휴게실, 엘리베이터 입구와 호텔 로비에는 각각 서로 다른 재떨이가 이용되었

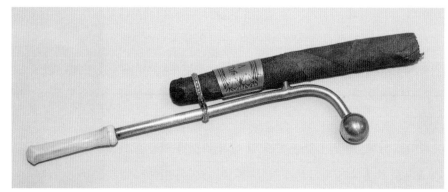

 위. 매우 특이한 여송연 홀더와
크롬 도금 금속으로 만든 상아
물부리(F.H.W von Tiedemann
특허번호 188,992, 샌프란시스
코, 1877년 3월 27일). 가죽 주
머니에는 제조회사 F.F.A. 상표
가 돋을새김 되어 있다. 파리.

 가운데. 자기 궐련 보관 세트
또는 접대용 세트, 손으로 그
린 꽃그림 장식, 쟁반, 궐련 꽃
이, 성냥갑 함, 재떨이로 구성.
드레스덴, 윙턴 브라더스 사
(Ouington Brothers Co.), 뉴욕,
1900~1920년.

 아래. 사환 모양의 궐련 보관
함 두 개, 개성적인 에나멜 채
색과 조형미가 돋보이는 궐련
과 성냥함. 1930년.

다. 또한 여송연 흡연자와 파이프 흡연자를 위한 재떨이가 그에 맞게 제작되었다. 재떨이는 종류마다 스타일이나 생김새가 조금씩 달랐는데, 시간이 흐르면서 단순하고 기능적인 압축 깡통 재떨이에서부터 도기, 자기, 유리, 크리스털, 청동, 은, 구리, 대리석, 마노 등 수많은 재료로 만든 예술품으로 진화했다. 또 동물과 인물 형상의 희귀품으로도 진화했다. 흡연이 있는 곳이면 아직도 변함없이 재떨이가 있게 마련이다.

| 불 붙 이 기

마지막으로 담배에 생명을 불어넣는 불을 이야기하자. 불을 일으키는 방법을 발견한 그 순간부터, 불을 창조하는 과학은 혁명적인 변화를 겪어 왔다. 불 항아리와 드릴에서부터 부싯깃 돌과 부싯깃 총(tinder pistol), 부싯깃 함(chuck-muck), 마찰성냥[황성냥, 인성냥, 황린성냥, 콩그리브(congreve) 성냥, 내풍성냥, 밀랍성냥, 바람에 꺼지지 않는 성냥, 안전성냥] 그리고 마지막으로, 부싯돌, 휘발유, 메탄올과 메탄, 알코올, 건전지, 전기, 가스, 태양열 전지, 압력 발화 장치, 휴대용 및 탁상용 라이터에 이르기까지 변화되었고 이 모두는 다양한 생김새를 지니고 있다.

나무마찰성냥은 19세기 중반쯤부터 1930년경까지 유행했다. 그 뒤로는 나무안전성냥, 종이성냥, 가스라이터가 인기를 끌었다. 이 나무성냥의 외양을 개선하기 위해 작은 갑이 만들어졌다. 이것은 영국에서 밀랍 상자 또는 밀랍 케이스라 불렸고 미국에서는 성냥금고(matchsafe)라고 불렸다. 이 상자는 처음에는 성냥을 건조하게 유지하고 호주머니에서 발화되지 않도록 보관하는 목적으로 만들어졌다. 그러나 이는 곧 생김새, 재료, 디자인이 매우 다양하고 매우 특색 있는 소형 골동품으로 발전했다. 1870년대에서부터 1910년대까지 지배적으로 성냥금고를 생산하던 나라는 영국과 유럽의 다른 몇 나라, 미국, 일본, 중국, 인도였다. 1856년에서 1930년 사이에 미국에서만 성냥금고 디자인 1,000여 개가 미국 특허청에 등록되었다. 그러나 더 많은 디자인의 제품들이 특허와 상관없이 만들어졌다.[02] 보석 세공인, 은세공인, 희귀품 생산 회사, 성냥 회사, 알려지지 않은 수많은 개인들이 수많은 성냥금고를 만들어냈다. 샘슨 신(Sampson Shinn)은 "작고

브루마(Bruma) 누름식 반자동 궐련 라이터. 플런저(plunger, 피스톤처럼 왕복운동하는 기계 - 옮긴이) 형식의 구조, 수공으로 돋을새김, 93.5퍼센트 은제품, 1927년 독일과 미국에서 특허 받음.

소중한 물건……의 매력을 거부할 수 없다. 흥미로운 희귀품은 끊임없는 즐거움을 준다.……성냥금고에 대한 연구는 무엇보다 디자인에 대한 연구이다."[10]라고 했다.

휴대용 및 탁상용 라이터의 역사적 진화는 과학과 예술, 형태와 기능이 결합한 흥미로운 이야기이다. 원조 라이터, 카르티에(Cartier), 던힐, 티파니의 아름답고 보기 드문 금제품에서부터 지포(Zippo), 론슨(Ronson), 에반스(Evans) 같은 대량 소비시장을 기반으로 한 금속 라이터, 막스만(Marksman)과 스크립토(Scripto)의 일회용 플라스틱 라이터 그리고 너무도 수가 많아서 하나하나 열거할 수 없는 많은 모델들과 상표들에 이르기까지 라이터의 범위는 광범위하다. 20세기에 생산된 라이터는 대부분 장식품처럼 멋스럽게 만들어졌고 그 디자인과 장식은 당대 예술의 영향을 받았다. 최초의 발화 도구는 이제 거의 모두 박물관이나 개인 소장품 신세로 전락했다. 오늘날에도 쓰이고 있는 종이성냥은 무엇보다 궐련 흡연자를 위한 것이고, 파이프나 여송연을 피우는 이들은 나무성냥이나 불꽃의 방향과 세기를 조절할 수 있는 신세대 라이터를 선호한다. 종이나 나무성냥 또는 라이터 불은 흡연 의례와 떼어놓을 수 없는 요소이다.

| 맺 음 말

담배는 400여 년 동안 문명 세계의 거의 모든 곳에서 다양한 형태로 끊임없이 소비되어 왔다. 이에 따라 필수 도구, 용구, 장구, 장식품들이 저 나름의 용도를 지니고 무수히 생겨났다. 이들은 우리의 삶을 풍부하게 해주었다. 이 예술적 물품들은 흡연이 수많은 이들에게 얼마나 중요했는지를 오늘을 사는 우리에게 증명하고 있다. 한마디로 앞서 언급된 모든 장식품은 상징적으로나마 고상하고 매혹적인 과거를 엿보게 해준다. ▫

| | | 주

01. Philip Collins, 《흡연의 전개: 고전적인 흡연 용구들(Smokerama: Classic Tobacco Accoutrements)》(San Francisco, 1992), p. 3.
02. 이 문장은 Robert Cudell의 표현을 그대로 영어로 옮긴 것이다. 《Die Sammlung Haus Neuerburg: Ein Büchlein vom Rauchen und Rauchgerät》(Coeln, [다시 말해, Cologne] 1930), P. 53.
03. H. F. Reemtsma와 P. F. Reemtsma, 《담배: 담배와 흡연의 즐거움을 담은 그림책(Tabago: A Picture-Book of Tobacco and the Pleasures of Smoking)》(1960), pp. 79, 81.
04. 영국박물관은 1980년대에 관련 부서를 설립하여 '……박물관 소장품 명칭들을 기록하는 데에 쓰이는 용어를 분석하고, 그것들을 온라인 백과사전에 올리게 했다.……'
    담배 용구의 풍부한 용례는 인터넷 http://www.mdocassn.demon.co.uk/bmobj/Objintro.htm 참조.
05. 새먼앤드글룩스타인 사(Salmon & Gluckstein Ltd), 《흡연자들을 위한 길잡이(Illustrated Guide for Smokers)》(1899년 1월), p. 143.
06. 조지존사(George Zorn & Company), 〈파이프와 흡연자 용품(Pipes & Smokers Articles)〉, 카탈로그, 다섯번째 판, S. Paul Jung Jr가 서문을 씀 (1892년), 발행지 모름.
07. http://6.4.21.33.164/cigah.html과 http://www.antiqueresources.com/articles/stone.html 참조.
08. 이를 확인하고자 한다면, 여송연 상자 라벨과 여송연 띠 수집가를 위한 격월간지 《여송연 라벨 가제트(Cigar-Label Gazette)》(http://www.cigarlabelgazette.com)를 구독하라.
09. Deborah Sampson Shinn, 《성냥금고(Matchsafes)》(London, 2000), p. 9.
10. 같은 책, p. 10.

아편의 아름다운 시대

조 스 텐 버 지 | Jos Ten Berge

우리는 대부분 아편이라는 낱말을 들으면 아편 흡연자의 이미지를 떠올린다. 하지만 사실 여태껏 아편 역사의 대부분은 흡연 역사에 포함되지 않았다. 아편(Papaver somniferum)은 적어도 신석기 시대부터 인류와 가까웠다. 그러나 약 3세기 전까지도 아편을 먹거나 물에 녹여 마셨지 흡연을 하지는 않았다. 고대 그리스 사람들은 아편을 먹거나 마셨고, 로마 사람들에게만 그 이용법을 전수해주었다. 로마 사람들 또한 거의 자기들만 그 이용법을 알고 지냈다. 17세기부터 아편을 이상적인 거래 품목으로 인식한 이들은 아랍 사람들이었다. 그들은 중동에서 페르시아, 인도를 거쳐 머나먼 중국까지 아편을 가지고 갔다. 아편은 중국 상류계급에서 수요가 발생했으며, 그들은 아편을 약재와 자극제로 자용했다.

당시 세상의 다른 쪽에서는 흡연이 시작되어 급속하게 세계로 퍼져 나갔다. 16세기와 17세기에 선원들은 북아메리카 원주민들로부터 흡연을 배워 그것을 유럽, 인도, 중국 그리고 동남아시아로 전파했다. 중국에서 담배 흡연은 거의 모든 곳에서 불법이었지만 가장 극악한 형벌도 소용이 없었다. 중국은 1644년 담배 흡연을 금지했고, 상습적 흡연자들은 재빨리 아편을 대체물로 삼았다. 아편도 올바르게 가공하면 흡연할 수 있었기 때문이다. 1969년 스코트(J. M. Scott)는 중동 태생 아편과 북아메리카 태생 파이프의 결혼이 역사적으로 대단히 중요한 사건이라고 말했다.[01] 더욱 최근에는 또 다른 아편 역사학자 마틴 부스(Martin Booth)가 그것을 역사에서 가장 사악한 문화적 교배라고 일컬었다.[02] 그렇다고 해도 새 관습이 유럽 해안에 도착하기까지는 약 2세기가 걸렸다.

베네치아 상인들이 아랍 사람들과 거래하던 11세기와 12세기에 아편은 유럽에 다시 소개되었다. 당시 십자군은 중동에서 아편을 가지고 고향으로 돌아갔다. 16세기에서 19세기에 들어설 때까지 아편은 서구 의학에서 손꼽히는 만병통치약으로 여겨졌다. 이때까지는 아편제(劑) — 생아편을 알코올에 녹인 것의 형태였다. 토머스 드 퀸시(Thomas De Quincey)는 1821년 이 드링크제를 예찬했다. 그는 아편이 즐거운 꿈과 끔찍한 악몽을 모두 주었다고 처음으로 털어놓았다. 유명한 그의 책《영국인 아편쟁이의 고백(Confessions of an English Opium Eater)》에서 그가 아편을 먹었다고 표현한 대목은 조금 이해하기 어렵다. 어쩌면 그는 이국적인 터키 문필가들과의 일종의 유사성을 암시하고자 했는지도 모른다. 많은 동양의 이야기나 여행자들의 이야기에 따르면 터키 사람들은 아편을 날로 먹는다고 하기 때문이다.[03] 어쨌든 낭만적인 경향이 있는 유럽 사람들이 드 퀸시로 인해 그때까지 알려지지 않았던 — 또는 인식되지 않았던 — 아편의 용도에 대해 매우 호기심을 느끼고 숭배하게 되었다.

새 시대, 새로운 방식

19세기 후반은 모르핀 이용의 시기였다. 1871~1872년의 프로이센-프랑스 전쟁이 끝난 뒤 무엇보다도 의학적 목적으로 이용된 모르핀에 병사들이 중독되었다. 또 모르핀이 쾌락, 향락주의, 타락의 원인이 되면서 모르핀 중독이 늘어났다. 1880년대와 1890년대 파리의 의사, 기자, 작가들에 따르면 여성들이 특히 모르핀의 유혹을 거부하지 못한 것으로 보인다. 이는 페미니즘이나 19세기 말을 풍미했던 '나약한 성(weaker sex)' 같은 많은 여성혐오주의자들의 진부한 표현에 대한 관심과 맞아 떨어지는 주제였다. 『르 피가로(Le Figaro)』지는 1886년에 보도하기를, 남성 모르핀 중독자가 거의 없는 이유는 '남성들이 훨씬 더 강하고 일할 수 있으며 (담배를) 흡연할 수 있기 때문'[…]이라고 했다. 많은 사람들에게 모르핀은 유럽 문명의 보편적 쇠퇴의 징조처럼 비쳤다.

세기의 전환은 새로운 활력을 불러일으켰다. 사람들은 모든 타락의 징후를 일소할 때라고 느꼈다. 이러한 반작용은 몇 가지 형태로 나타났다. 일부는 모든 약물 이용이 영원히 척결되어야 한다고 생각했고, 막스 노르다우(Max Nordau)의

- '새로운 악습:파리의 아편굴',
『르 프티 저널(Le Petit Journal)』
표지(1903년 7월 5일).

1892년 의학 논문인 〈타락(Degeneration)〉을 따라야 한다는 이들도 있었다. 막스는 이 글에서 자신이 퇴폐적이고 나약하다고 보는 것들을 무차별하게 공격했다. 다른 이들은 타락에는 똑같이 반대했지만 구태여 약물의 즐거움을 버리고자 하지는 않았다. 이들은 새로운 방식의 진정제로 흡연을 선택했다. 아편 흡연은 당시 유럽에 전적으로 새로운 것은 아니었다. 동남아시아 식민화에 따라 꽤 많은 유럽 선원들과 관리들이 동양에서 이 이국적인 관습을 배웠다. 1850년 즈음 프랑스, 영국, 미국의 항구 도시에 있는 작은 아시아 이주민 구역에 최초의 아편굴이 생겨났다. 아시아 단골들에게만 아편을 제공했기 때문에 서구인들은 자신들에게 해를 끼친다고는 전혀 생각하지 않았다. 하지만 동양에서 돌아온 유럽 선원들과 관리들이 아편굴의 즐거움을 계속 누리려고 하고 일부 백인 여성들까지 아편굴을 찾게 되자 많은 이들이 그것을 서구 문명의 새롭고도 크나큰 위험으로 인식했다.[05]

프랑스 사람들은 영국이나 아메리카 사람들처럼 대나무 파이프를 빠는 일(tirer sur le bambou)을 놓고 크게 불안해하지 않았다. 적어도 1905년, 인도차이나에 있는 식민 관리 가운데 반 이상이 아편을 피우고 있다는 사실이 밝혀지기까지는 말이다. 1907년 프랑스는 다시금 경악했다. 첫번째는 아편에 중독된 관리가 군사 기밀을 독일에 팔려고 했던 울모 사건(Ulmo Affair) 때문이었고, 그 다음은 아편에 중독된 선장이 지휘하는 해군 함정이 툴롱(Toulon) 항구의 방파제를 들이받은 사건 때문이었다. 아편은 국가의 방어 능력을 무기력하게 만드는 것 같았다. 비판적인 잡지 『라시에트 오 뵈르(L'Assiette au Beurre)』는 아편을 피우는 관리 두 명의 캐리커처로 상황을 요약했다. "우리가 가라앉고 있다고?……그래서 어쩌라고?"[06] 관심이 있는 이라면 프랑스 항구 도시의 수많은 아편굴 가운데 한 곳을 어렵지 않게 찾아낼 수 있었다. 매음굴 또한 단골들의 새로운 취향에 맞게 하루 아침에 자리 잡았다. 하지만 일부 프랑스 사람들은 그들보다 앞서 영국이나 아메리카 사람들이 그랬듯이 아편굴을 음흉하고 유해한 곳으로 인식했다. 인도차이나가 아편으로 그 정복자들의 정신을 노예화함으로써 물리적 지배에 대한 복수를 하려 한다고 여긴 것이다.[07]

아시아 아편흡연자들은 이국적 관습의 도입이라는 언설로 서구인들을 설득하

려 했지만 많은 만화가들과 화가들은 아편굴의 서양인이라는 주제를 근심스럽
게 표현했다. 예를 들어 〈아시아의 악습(Le Vice d'Asie)〉과 〈부다의 중독(Le Poison
de Bouddah)〉이라는 의미심장한 제목이 붙은 앙리 볼레(Henry Vollet)의 그림들이
이를 잘 말해준다. 1909년 살롱 전시회에 전시되었던 전자의 그림에서는 한 아
편굴에서 선원 한 사람이 파이프에 불을 붙이고 있고, 다른 사람은 절망스럽게
머리에 손을 얹고 있으며, 세번째 사람은 머리 위에 나타난 환영을 잡으려는 듯
한 모습이고, 앞쪽에 있는 여자는 멍하게 허공을 바라보고 있다. 이 타락의 장면
전체를 지휘하는 것은 아시아 여성이다. 여주인은 자신의 조국을 유린한 이들의
정신을 아편 권력으로 휘어잡으며 악마적 기쁨을 누리는 듯이 보인다.

문학적 영감

쓴 쑥, 에테르, 대마 같은 약재는 프랑스 문학계와 예술계에서 계속 인기를 누
렸다. 하지만 1900년경 모르핀 이용의 뒤를 이어받은 것은 아편이었다.《아편의

아름다운 시대(La Belle Epoque de l'opium)》라는 자신의 저서에서 아르누 드 리드케르크(Arnould de Liedekerke)는 이렇게 결론지었다.

아편과 아편굴 간판 아래에서 문학계와 마약 간의 동맹은 전쟁 선포까지 약 15년 동안 무수하고도 견줄 데가 없이 풍부하게 이루어졌다. 모르핀보다 덜 강력하고 대마초보다 덜 변덕스러우며 에테르보다 더 심미적인 아편은 '교육 받은 지성인들에게 지극한 행복을 가져다주는 독약'으로 그 황금기를 누렸다.[08]

아편 흡연은 주사하는 모르핀이 1880년대에 그랬던 것처럼 새 문학 장르의 핵심이 되었다. 그러나 아르노에 따르면 당시 아편에 빠진 작가들의 수가 더 많아졌다는 것뿐 아니라 그들의 재능 또한 더 위대했다는 점이 주요 차이점이었다.[02]
프랑스 아편 문학은 인도차이나에서 시작했다. 인도차이나에서 작가들은 향수병과 식민지의 무료함을 약물로 달래려 했다. 최초의 아편 소설인 《아편(L'Opium)》은 종군 기자 폴 보네탱(Paul Bonnetain)이 쓴 작품으로 1886년 출간되었다. 이 글은 그 위험성을 강조했다. 퇴폐적인 젊은 시인이 아편의 '막연하고 신비롭고 심오하고 일시적인 영감'을 즐기다가 악몽을 물리치려면 치료를 받아야 함을 깨닫지만 끝내 천천히 파멸해가는 줄거리이다.[10] 보네탱의 리얼리즘은 널리 인정받았지만, 아편 문학의 대부분은 대체로 아편굴의 신비감과 심미성을 예찬했다는 점에서 보네탱과 뚜렷하게 대조된다.

| 아 편 의 매 력 과 그 환 상

당시 등장했던 글들은 곧 다른 이들로 하여금 이 새로운 '동양의 악습'의 매력에 빠지도록 유혹했다. 그리고 아편의 매력은 많았다. 아편굴을 찾는다는 것은 이국적이고 쾌락적인 욕망의 표현이었다. 처음부터 그에 대해 어떠한 의학적 구실도 따라붙지 않았다. 이 이유만으로도 아편은 금지된 것 '지하의' 것이라는 아우라를 지니게 되었다. 심지어 약물이나 그 이용을 금지하는 법이 전혀 없을 때에도 그랬다. 아편을 먹거나 마시는 대신 피우는 것은 사회 규범에서 일탈하는

방종의 지표였다. 그것은 또한 새롭고 이국적일 뿐 아니라 조금은 위험하고 위협적인 것이었다. 다른 약물들처럼 아편은 사용자 '집단'을 만들어냈고, 그들은 비사용자들에게 아편을 권유하거나 비사용자들을 비웃었다.[11] 많은 사람들이 아편을 '참된 조국, 종교, 사람들을 묶어주는 강하고 *끈끈한 연대*'로 여겼다. 이는 사람들에게 널리 읽히고 여러 번 재판이 발행되었으며 다른 나라말로 옮겨진 1904년의 책《아편의 연기(Fumée d'opium)》에서 저자 클로드 파레르(Claude Farrère)가 한 표현이었다.[12]

사람들은 우선 아편이 주는 모든 환상을 경험한다. 아편의 모르핀 함유량은 그 본질―그것을 아는 사람들의 표현대로―의 일부분에만 영향을 미친다고 한다. 로저 듀포이(Roger Dupouy)는 1912년의 '임상 및 의학-문학적' 연구인《아편중독자들:먹는 사람, 마시는 사람 그리고 피우는 사람(Les Opiomanes:Mangeurs, buveurs et fumeurs d'opium)》에서 '최소한의 모르핀'을 함유한 아편이나 모르핀을 주입한 최고급 흡연용 아편(chandou, 생아편과 달리 물에 녹여 끓이고 걸러서 응고시킨 것―옮긴이)을 흡연하는 것은 천연 아편만큼 순수하게 지적인 자극을 주지 못한다고 주장했다.[13] 좋은 흡연용 아편은 용해된 순수한 아편에 향을 내는 물질을 첨가하여 연기에 독특한 맛을 더한 것이었다. 아편의 모르핀은 아편 찌꺼기나 흡연 뒤 파이프에 남아 있는 잔여물에 그대로 남아 있다. 진짜 아편을 살 여유가 없는 이들은 이것을 샀다.

듀포이는 아편에 중독된 서너 시간 동안 감각 능력이 매우 강해져서 시끄러운 소리와 강한 빛을 견딜 수 없게 된다고 했다. 아편굴의 정적과 희미한 불빛 속에서만 지성의 힘, 속도, 민감성이 고도로 상승된다. 흡연자는 이성을 잃지 않은 채 명확하게 정리된 생각들과 기억들을 얻는다. 파이프를 여덟에서 열 대 정도 피우면 환각 상태로 들어간다. 흡연자는 신체 감각을 상실한 채 생생한 꿈을 꾼다. 사고 과정이 빨라져서 흡연자가 제어할 수 없을 만큼 저절로 흘러간다. 일상의 근심은 망각되지만 그의 인격과 직업은 그대로 반영된다.

모험가는 멋진 여행을 경험하고, 수학자는 복잡한 계산을 끝내며, 저술가는 유창한 문구를 완성하고, 과학자는 해박한 논문을 만나게 되며, 방탕한 이는 음탕한 경험을 하

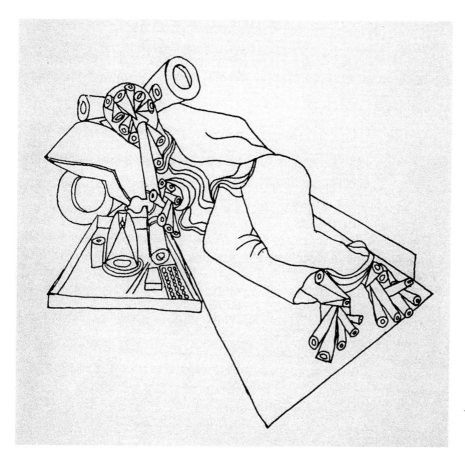

고, 배우는 가공의 인물을 멋지게 연기하며, 도박꾼은 언제나 이기는 게임 방법을 파악한다.[14]

그러나 듀포이가 시인했듯이 아편의 매력이란 주로 주관적이고 과대망상적인 환상으로 구성된다. 흡연자는 자신이 위대한 일을 할 수 있고 모든 것을 깊이 이해한다고 생각한다. 도취적으로 자신을 과대평가하면서 자신의 참모습보다도 자신이 더욱 훌륭하다고 착각한다. 이 결론을 증명하기 위해 듀포이는 흡연자들이 밤새 아편을 피우고 나서 무기력해짐을 지적했다. 일할 수 있는 힘과 일하려는 의욕을 전부 상실할 뿐 아니라 그들이 환각 속에서 알아냈다고 생각했던 모든 것을 깡그리 잊는다는 것이다. 실험에 참여한 이들은 그들이 경험한 것을 기억해내지 못하는 듯했고, 중독되어 있는 동안 그들에게 읽어 준 이야기들을 하나도 기억하지 못했다. 그리고 환각에 빠져 있는 동안 흡연자 자신이나 제삼자가 기록해놓은 이야기들을 나중에 보고는 기록에 적혀 있는 일관성 없는 행동들을 자신이 했다고 믿지 않았다. 이는 듀포이의 동료 한 사람이 연구를 통해 밝혀낸 사실이다.[15]

그러나 늘 양면을 정확히 보려 했던 듀포이는 단서를 달았다. 듀포이는 동료의 결론이 과장된 것이라고 주장했다. 그 이유는 심각한 중독자들을 대상으로 실험했기 때문이라는 것이다. 우발적인 아편 흡연자는 증상이 그렇게 심하지 않았다. 또 수동적 환상과 적극적 환상을 구별해야 한다고 듀포이는 주장했다. 수동적 환상 속에서 흡연자들은 그저 그들의 부조리한 사고 과정에 굴복하고 무기력해질 뿐이다. 그러나 적극적 환상 속에서는 목표가 미리 정해지고 그 과정을 뜻대로 조종할 수 있다. 시인들과 화가들이 얻고자 하고 또 아편에 의해 얻는 이로움이 이 '낙관적'이고 '심미적'인 환상이라는 것이 듀포이의 주장이었다. 왜냐하면 시인과 화가들은 '배타적이고 독재적'인 이성이 수용할 수 없는 것들을 거기서 찾을 수 있기 때문이다.[16] 그러나 안타깝게도 우발적 아편 흡연자들은 아편 상용자가 되기 쉽다.

| 아 편 의 심 미 성

아편이 주는 환상—능력을 발휘하는 행복한 환상—자체의 본질 말고도 아편 흡연은 그와 똑같거나 더 중요한 또 다른 매력을 지닌다. 다시 아르노의 말을 들어보자.

아편 의례를 둘러싼 신비한 절차가 작가들을 매료시켰다. 신중한 몸가짐, 도구, 등불, 파이프, 마약이 어우러진, 전통적인 아시아의 미적 감각, 다시 말해 아편굴의 아름답고 황홀한 풍경이 작가들을 매료시켰다. 한마디로 보들레르, 고티에, 드 퀸시가 전혀 알지 못했던 또 다른 차원의 인공 낙원이 있었다.[17]

아편굴이 생겨나면서 아편 사용은 아편제 한 모금, 대마초 반죽 한 숟갈 또는 모르핀 주사의 무미건조한 이용을 능가했다. 아편 이용은 특별히 설계된 아편굴(fumerie)에서 이행되는 아름다운 의례가 되었다. "아편굴의 새로운 의례와 신비한 마력, 옻칠, 비단과 비취 그리고 희미한 불빛과 아편의 향기는 작가와 시인에게 견줄 데 없이 농축된 주제를 제공했다."[18]

여러 면에서 아편 흡연은 약물 이용에 있어 모르핀 중독의 뒤를 잇는 유행에 그치지 않았다. 그것은 앞선 유행의 반작용이기도 했다. 아편 사용자들은 한결같이 그 차이점을 강조했다. 장 콕토(Jean Cocteau)는 1930년 《아편:해독 일지(Opium: Journal d'une désintoxication)》에 다음과 같이 썼다. "아편은 피하주사하는 마약의 반대이다. 아편은 그 고상함으로, 그 의례로, 의학적 효능과 상관없는 등불과 대통과 파이프의 우아함으로, 이 품위 있는 중독의 오랜 관습으로 위안을 준다."[19]

아편굴은 동떨어진 세상, 폐쇄적이고 신비하고 연기 자욱한 세상, 꿈을 꾸기 위해 마련된 성지였다. 발을 들여놓는 순간 사람이 바뀌기 때문에 우울해하거나 무료해할 여지가 없는 여행으로 가는 초대장이었다. 중국의 벽지, 불상, 용 조각, 초롱, 고객이 입는 중국옷, 낮은 침상, 작은 흡연 탁자 그리고 심부름하는 아시아 소년―이 모든 것이 호화스러운 파리 아편굴의 환경이었다. 이는 대부분의 중국 고객들이 모이는 지저분한 아편굴과 극명하게 대조되는 모습이었다. 아편 문학은 아편굴의 내부 장식과 대나무, 은, 상아, 비취 등 이국적인 재료들로 만든 예술적인 수공 흡연 도구들의 신비스러운 아름다움에 대해 여러 페이지에 걸쳐 서정적으로 묘사한다. 그러나 참된 아편쟁이는 이 모든 불필요한 장식을 필요로 하지 않는다고 주장하는 순수주의자들도 있었다.

그리고 또 흡연의 기법이 있었다. 아편 파이프의 올바른 준비가 신비한 의례의 중심이었다. "아편은 성급한 경험자와 일을 망치는 사람들을 참아주지 않는다. 아편은 그런 사람들에게 등을 돌리고, 그런 사람들이 모르핀, 헤로인을 하거나 자살 또는 사망에 이르게 되어도 상관하지 않는다." 콕토는 다른 많은 이들처럼 아편 흡연을 예술 형태라고 생각했다. 그는 신중하게 아편을 피우면 '완벽한 걸작을 낳는다. 그것은 한순간 덧없이 지나가며 어떤 양식도 비평가도 없기 때문이다.'고 했다.[20] 먼저 아편 바늘(opium needle)을 끈적끈적한 흡연용 아편(chandou)에 찔러 넣은 다음 등잔불에 가열하여 바늘 끝에 부드러운 작은 공 모양으로 맺히게 한다. 이 공 모양을 뜨거운 접시에서 원뿔 모양으로 빚는다. 원뿔을 대통에 넣는다. 그리고 흡연자는 엉덩이를 대고 누워 파이프를 등잔불 위로 비스듬히 들고 연기를 마셨다. 이는 집중, 끈기를 요구하는 기술이었고, 경험을 통해서만 올바르게 행할 수 있는 것이었다. 하지만 효과는 즉시 나타났다. 콕토는 이에 대해 다음과 같은 명언을 남겼다. "흡연자는 공처럼 천천히 상승하여 천천히 빙빙 돌고 잠잠한 달 위로 다시 천천히 내려간다. 달의 약한 중력이 그를 붙잡아둔다."[21]

아편 흡연이 모르핀과 대조되는 이유는 그 우수한 효력과 심미성 때문이며, 더 나아가 그것이 남성을 위한 행위로 여겨졌기 때문이다. 19세기 말 모르핀은 여성과 나약한 탐미주의자들의 악습이었다. 진정한 남자는 생아편을 흡연했다. 그러나 많은 작가들의 고백과 달리 아편 흡연의 남성성이라는 관념은 시각예술에는 반영되지 않았다. 살롱 화가들은 마케팅을 목적으로 아편 흡연자들을 표현할 때 여성들 특히 나체 여성들을 주로 그렸다. 1903년 살롱에 전시된 피에르 고르도(Pierre Gourdault)의 〈아편의 백일몽(Rêverie d'opium)〉은 전형적인 살롱 누드화의 하나이다. 그림에는 베개에 기대 누운 요부(femme fatale)가 음탕한 미소를 짓고 있다. 이에 반해 세실 폴-보드리(Cécile Paul-Baudry) — 여성 — 는 1912년 살롱에 누드화 〈아편의 연기(Fumeuse d'opium)〉를 제출했는데 이 그림에서 화가는 어떠한 수치심도 없이 마음껏 환상을 드러내고 있다. 한편 알베르 마티뇽(Albert Matignon)은 1905년 음탕한 레즈비언 '모르핀 중독자' 세 명이 있는 매우 선정적인 그림을 그린 뒤 시각을 바꾸었음이 틀림없다. 1911년 살롱에서는 중독자를 매우 소름끼치게 묘사했기 때문이다. 퇴폐적으로 보이는 젊은 여성이 아편쟁이 같은 깊은 눈동자로 어두운 골방 같은 곳에서 몸을 일으키려고 하는 그림이었다.

| 몽마르트, 아편의 수도

듀포이에 따르면, "특히 특정 범주의 지식 노동자들 사이에서 아편 흡연자들이 나왔다. 상상과 감정을 다루는 남성들, 시인과 화가들, 다시 말해 몽상가들이

- 세실 폴-보드리, 〈아편의 연기〉, 1912년의 살롱 그림 목록에 실림.

아편 흡연자가 되었다."[22] 아편은 모르핀과 비교하면 시적인 물질로 보였다. 예를 들어 1930년의 《검은 우상(La Noire idole)》에서 장 도르센(Jean Dorsenne)은 이렇게 썼다. "모르핀이 바쁜 사람들, 사업가의 악습이라면 아편은 관능적인 남자, 예술가들의 악습이다."[23]

선정적인 주제를 찾던 살롱 화가들 말고도 많은 전위예술가들이 아편 흡연의 참된 매력에 빠졌다. 프랑스 항구 도시들의 뒤를 이어 파리에 곧 수많은 아편굴이 생겨났다. 특히 라탱 구(Latin Quarter), 몽파르나스, 몽마르트처럼 예술가들이 많이 사는 곳에 생겨났다. 아편굴들은 꽤 호화롭게 장식을 하고 비밀스러운 단골들을 두었다. 1919년 방종한 삶을 날카롭게 통찰한 프란시스 카르코(Francis Carco)는 몽마르트의 새로운 유행에 관해 반대하는 글을 썼다.

대나무에서 심각한 두통을 끌어내느라 여념이 없는 어리석고 고지식한 이들이여, 우리가 왜 당신을 진지하게 고민해야 하는가? 어떤 이는 예술가들의 아편굴에서 시를—도대체 무슨 시라는 건지!—읽는다. 그리고 보들레르가 가까이해보지도 않고 예찬한 악은 어리석고 유치한 문학을 산더미처럼 만들어낸다. 몽마르트는 아편의 수도인가? 아니다.……그것은 몽마르트가 아니다. 몽마르트는 이렇듯 불건전한 꿈보다는 더 나은 것을 줄 수 있다.[24]

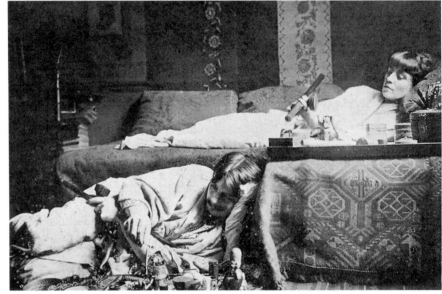

위. 알베르 마티뇽, 〈아편의 경고〉, 1911년의 살롱 그림 목록에 실림.

아래. 〈아편 연기가 몽마르트르를 삼키다〉, 1910년 발표된 사진, 리샤르 밀랑(Richard Millant), 《약물:아편 흡연자와 섭취자》에서.

카르코의 경고에도 불구하고, 아편은 몽마르트르를 유명하게 만든 것 가운데 하나가 되었다. 아마데오 모딜리아니(Amadeo Modigliani)의 전기를 쓴 앙드레 살몽(Andre Salmon)은 그 책에서 15세기 시인 프랑수아 비용(Francois Villon)의 추종자들이 라탱 구에 있는 근거지를 떠나 몽마르트르에서 보들레르 파(baudelairians)에게 약물을 팔고 모딜리아니를 먹잇감으로 삼았다고 주장했다.[25] 모딜리아니에게 아편을 하도록 부추긴 사람은 모딜리아니의 후원자인 의사 폴 알렉상드르(Pau Alexandre)일 가능성이 크다. 그는 대마초와 아편이 예술적 상상력을 자극한다고

믿은 사람이기 때문이다. 알렉상드르는 자기와 가까운 예술가 그룹을 초대해 특별 파티를 열곤 했다.[26]

어떤 경우든 모딜리아니는 아편에 대한 기호를 갖게 되었고, 얼마 지나지 않아 피게아르(Pigeard) '남작'이라는 사람에게 의지하게 되었다. 그는 부유한 선박 제조업자로서 대마초를 취급했고 몽마르트에서 아편굴을 운영했다. 이런 점에서 그는 폴레트 필리피(Paulette Philippi)라는 여자와 함께 처음 해보았을 유행과 친숙해졌다. 폴레트 필리피는 1905년쯤 해군 장교에게서 아편 흡연을 배웠다. 바람기가 있는 이 여인은 혼자 있는 걸 좋아하지 않았기 때문에 작가와 화가 친구들을 자신의 비밀 아편굴에 초대하여 아편을 피웠다. 살몽, 폴 포르(Paul Fort), 르네 달리즈(René Dalize), 기욤 아폴리네르(Guillaume Apollinaire) 그리고 아마도 입체파 화가 조르주 브라크(Georges Braque)와 파블로 피카소(Pablo Picasso)가 초대받은 이들이었을 것이다.[27] 1906년에서 1909년까지 몽마르트 화가들은 거의 피게아르의 아편굴을 찾았고, 새로운 유행은 이들의 친분관계 속에서 빠르게 퍼져나갔다. 얼마 지나지 않아 누구나 자기 맘에 드는 아편굴을 선택할 수 있게 되었다. 그렇지 않으면 자신의 아파트나 스튜디오에 작은 아편실을 만들어놓고 이용했다. 알프레드 자리(Alfred Jarry)는 레옹-폴 파르그(Léon-Paul Fargue)와 함께 다녔다. 달리즈는 살몽의 집에서 피웠고, 작가 옥타브 미르보(Octave Mirbeau)와 앙리 바타유(Henry Bataille)도 아편을 알았다. 콜레트(Colette)는 샤를로트(Charlotte)라는 여인의 집으로 갔고, 콜레트의 남편 윌리(Willy, 콜레트의 남편 앙리 고티에 빌라르의 필명-옮긴이)는 1911년에 발표된 그의 작품 《렐리, 아편의 연기(Lélie, fumeuse d'opium)》에서 마약 관련 부분을 폴-장 툴레(Paul-Jean Toulet)에게 대필시켰다. 에테르를 좋아했던 것으로 유명한 막스 자코브(Max Jacob)는 아편도 싫어하지 않아서 아폴리네르, 달리즈, 프랑시스 피카비아(Francis Picabia)와 함께 파리의 아편굴로 갔다. 야수파 화가 앙드레 드랭(André Derain)은 이웃이었던 아폴리네르와 함께 집 근처에 있는 아편굴을 찾았다. 두 사람은 현대시와 회화의 최신 흐름을 서로 알려주던 사이였다.[28]

이들의 이름을 대자면 끝이 없고 가끔은 똑같은 이름이 다른 사람 이야기에서 나오기도 한다. 자리, 살몽, 피카소의 친구였던 아폴리네르는 마담 바르기(Bargy)

를 자주 찾았다. '토요일마다 흡연하'던 그는 대개 그의 비서 장 몰레(Jean Mollet)와 함께 갔다. 몰레는 필리피의 아편굴로 짐작되는 곳을 통해 문학계로 들어섰다. 거기서―또는 그의 기억과 관련된 어떤 곳―에서 어떤 이는 한 번에 여드레에서 열흘을 내리 머무르며 굴 한 양동이와 베리 술 2리터만 먹었다고 한다. 어느 날 몰레는 오랫동안 오지 못하는 대신으로 아폴리네르를 소개했다.[29] 피카비아는 전쟁이 일어나기 전 두 해 동안 몰레와 아폴리네르가 '거의 매일 밤'[30] 친구들의 집에 아편을 피우러 갔다고 밝혔다. 전쟁이 일어나자 아폴리네르는 니스로 피신했다. 그는 아편이 전쟁을 '인공 낙원'으로 바꾸어놓았다고 썼다. 거기에서 그는 사랑하는 루(Lou)를 위해 아편 파이프 모양으로 칼리그람(calligram, 언어를 사물이나 그림처럼 배열한 언어로 된 그림―옮긴이)을 만들어냈다. 그 문구는 이렇다. "내가 당신의 욕망이라는 거대한 괴물을 꾀어내는 도구를 보라. 그때 신비한 예술은 깊은 어둠의 자락으로 빠져든다."[31]

피카소의 애인이었던 페르낭드 올리비에(Fernande Olivier)는 자신의 회고담에서 피카소가 1904년부터 1908년까지 한 주에 두세 번 아편을 피웠다고 썼다.[32] 두 사람 또한 처음에는 알렉상드르, 피게아르 또는 필리피의 집을 찾는 손님이었을 것이다. 그러나 피카소는 곧 필요한 흡연 용구를 직접 구입하였고 그 뒤로는 세탁선(Bâteau Lavoir)에 있는 자신의 작업실로 친구들을 불러 아편을 피웠다. 그의 전기 작가 존 리처드슨(John Richardson)에 따르면 피카소가 약물을 하게 된 것은 랭보가 가졌던 '의식의 혼란'에 대한 믿음 때문이 아니라 선천적인 호기심 때문이었다고 한다. '아편이 피카소의 청색 시대 후기부터 장밋빛 시대 초기에 이르는 많은 작품의 주제와 분위기를 조성한다.'고 리처드슨은 말했다. 그는 1905년의 그림 몇 점에서 나타나는 졸립고 거의 혼수상태로 보이는 얼굴 표정을 그 근거로 댔다. 그 가운데 하나인 〈곡예사(Saltimbanques)〉는 아폴리네르가 피카소에게 바친 똑같은 제목의 시에서 영감을 얻은 것 같다. 시의 주제와 분위기는 피카소 그림과 똑같다. 그 첫째 연의 '레테의 망각의 유액(Lethe's milk of oblivion)'이라는 표현은 분명히 아편을 일컫는 것이다. 피카소는 1908년 7월에 뜻밖에도 아편을 끊었다. 그의 강렬한 갱생 의지를 무엇도 막을 수 없었던 덕택이겠지만 사람들은 다른 이유도 짐작하고 있다. 피카소의 동거인이 약물과 관련된 혼란

상태에서 자살을 했는데, 엉뚱하게 피카소에게 비난의 화살이 돌아오자 그가 매우 충격을 받았기 때문이라는 것이다.[33]

| 세계대전과 아편의 몰락

1914년 세계대전의 발발로 아편의 아름다운 시대는 막을 내렸다. 지금까지 '일시적 사회 돌풍'으로 이해되었던 쾌락주의적 약물 이용은 전쟁 시대에 어울리지 않았다. 국제 보급로의 단절도 상습적 아편 흡연자들의 생활을 어렵게 했다. 프랑스 정부는 1916년 아편을 불법화했고, 1918년 이후에는 아편굴을 강하게 비난했다. 물론 관련 분야에서 강한 저항을 하지 않은 건 아니었다. 클로드 파레르는 특히 분노했다. 그는 1920년 〈아편이냐 알코올이냐(L'Opium ou l'alcool)〉

는 팸플릿에서 아편이 술이나 담배와 비교했을 때 개인과 사회 모두에게 명백히 이롭다고 주장했다. 아편 흡연자들은 술을 마시지 않고 결코 처자식들을 때리지 않는다. 그는 또한 가정에서 아편 이용을 불법화하는 것은 위선일 뿐이라고 했다. 다른 곳에서는 아직도 아편으로 돈을 긁어모으고 있는 게 현실이었기 때문이다. 아편이 금지되어야 하는 유일한 이유는 경제적인 것이라고 파레르는 주장했다. '프랑스의 비밀결사' 다시 말해 와인과 술 상인들의 이익을 보호하기 위한 것이라는 주장이었다. 이들은 무미건조함, 폭력, 질병, 죽음 속에서 이익을 보는 집단인데 아편이 이들을 경제적으로 위태롭게 한다는 것이다.[34]

그러나 대중은 법의 편을 들었다. 울모 사건을 떠올리면서 아편이 나라를 위협하고 적에 대한 저항을 약화시킨다고 본 것이었다. 1917년 《라 그리머스(La Grimace)》표지 그림이 모든 걸 말해준다. 머리가 길고 동양 옷을 입은 아편 흡연자가 새 파이프를 준비하고 있다. 눈에서는 광기가 흐르고, 뒤쪽으로 독일 병사의 흐릿한 모습이 어렴풋이 보인다. 덧붙인 설명이 말하듯이 아편 흡연은 적의 '최신 무기'이다. 그러나 몇 번의 국제 협약에 의해 강화된 아편 반대 운동은 오랜 시간이 흐른 뒤에야 효력을 보곤 했다. 전쟁이 끝나고 나서 신세대는 아편의 매력에 빠져들었다. 1913년 루이 랄로이(Louis Laloy)가 쓴 《연기의 전파(Livre de la fumée)》처럼 아편을 주제로 다룬 새 책들, 이상과 꿈을 통합하려는 초현실주의의 목표 그리고 1925년 이후로 지속적으로 젊은 숭배자들을 이끌어온 장 콕토 같은 영향력 있는 예술가들이 아편에 대한 관심을 증폭시켰다. 그러나 아편의 아름다운 시대는 다시 돌아오지 않았다. '광란의 1920년대(roaring twenties)'는 다른 약물에 관심을 보였고 시간이 오래 걸리는 흡연 의례를 멀리 했다. 아편 흡연은 천천히 차이나타운으로 돌아갔다. 그러다가 1970년대 어느 때인가 완전히 사라지고 말았다. 흡연과 아편의 결혼은 지속되지 못하고 파국을 맞았다. 그 문학과 공예품과 등불과 함께.□

01. J. M. Scott, 《흰 양귀비:아편의 역사(The White Poppy:A History of Opium)》(London, 1969), p. 11.

02. Martin Booth, 《아편:역사(Opium:A History)》(London, 1996), p. 105.

03. Grevel Lindop, 《아편 먹는 사람:토머스 드 퀸시의 삶(The Opium-Eater:A Life of Thomas de Quincey)》(London, 1981), p. 249.

04. Arnould de Liedekerke, 《아편의 아름다운 시대(La Belle Epoque de l'opium)》(Paris, 1984), pp. 97-8; Jos Ten Berge, '우울한 동화의 땅:퇴폐적인 파리의 모르핀 중독자들(Het rijk van de grijze fee:Morfinomanie in decadent Parijs)', 『조명 Kunstlicht』, 20/2 (1999), pp. 38-45.

05. Virginia Berridge와 Griffith Edwards, 《아편과 사람들:19세기 영국의 아편제 이용(Opium and the People:Opiate Use in Nineteenth-Century England)》(London과 New York, 1987), pp. 195-205.

06. Paul Butel, 《아편:매혹의 역사(L'Opium:Histoire d'une fascination)》(Paris, 1955), pp. 352-3.

07. De Liedekerke, 《아편의 아름다운 시대(La Belle Epoque de l'opium)》, p. 146.

08. 같은 책, p. 170.

09. 같은 책, p. 171.

10. Paul Bonnetain, 《아편(L'Opium)》(Geneva, 1980), p. 281.

11. De Liedekerke, 《아편의 아름다운 시대(La Belle Epoque de l'opium)》, pp. 147과 151-4.

12. Claude Farrère, '푸저우 길(Fou-Tchéou-Road)', 《아편의 연기(Fumée d'opium)》(1904) (Paris, 1906), p. 146.

13. Roger Dupouy, 《아편중독자들:먹는 사람, 마시는 사람 그리고 피우는 사람(Les Opiomanes:Mangeurs, buveurs et fumeurs d'opium)》(Paris, 1912), pp. 59-60.

14. 같은 책, p. 96.

15. 같은 책, pp. 101-3. 이는 Michaut 박사의 '아편 연기에 의한 모르핀 중독에 관한(Note sur l'intoxication, morpinique par la Fumée d'opium)', 《치료법, 약, 의사에 관한 일반적 소식(Bulletin Génerale de Thérapie, Medicine et Chirurgre)》(1893), p. 462와 관계가 있다.

16. 같은 책.

17. De Liedekerke, 《아편의 아름다운 시대(La Belle Epoque de l'opium)》, p. 171.

18. 같은 책, p. 172.

19. Jean Cocteau, 《아편:해독 일지(Opium:Journal d'une désintoxication)》(Paris, 1930), p. 86.

20. 같은 책, pp. 32와 119.

21. 같은 책, p. 158.

22. Dupouy, 《아편중독자들(Les Opiomanes)》, pp. 71-2.

23. Jean Dorsenne, 《검은 우상(La Noire idole)》(Paris, 1930), p. 19.

24. Francis Carco, '서문', 《민첩한 토끼' 다루기(Les Veillees du Lapin Agile')》(Paris, 1919), pp. 17-18.

25. André Salmon, 《모딜리아니의 정열적인 삶(La Vie passionée de Modigliani)》(Paris, 1957), pp. 84-8.

26. John Richardson, 《피카소의 삶(A Life of Picasso)》, 전 2권 (London, 1991-6), 1권, p. 320.

27. Salmon, 《모딜리아니의 정열적인 삶(La Vie passionée de Modigliani)》, pp. 81-2; Richardson, 《피카소의 삶(A Life of Picasso)》2권, pp. 62-3.

28. Richardson, 《피카소의 삶(A Life of Picasso)》1권, p. 320 그리고 2권 p. 68; De Liedekerke, 《아편의 아름다운 시대(La Belle Epoque de l'opium)》, pp. 161-5; J. P. Crespelle, 《피카소의 시대에 일상적 삶과 몽마르트, 1900-1910 (La Vie quotidienne à Montmartre au temps de Picasso, 1900-1910)》(Paris, 1978), pp. 134-6.

29. Jean Mollet, 《몰레 회고록(Les Mémoires du Baron Mollet)》(Paris, 1963), pp. 93-4.

30. Francis Picabia, 기욤 아폴리네르(Guillaume Apollinaire)' (1924), 《저술(Écrits)》, O. Revault d'Allones와 D. Bouissou 엮음, (Paris, 1978), 2권, p. 149.

31. Apollinaire, S. Férat에게 보내는 편지(1915년 1월 4일)와 F. Fleuret에게 보내는 편지(1914년 12월 21일), 《전집 (Oeuvres complètes)》(Paris, 1965-6), 4권, pp. 780과 746 그리고 《시에 루가 있네(Poèmes a Lou)》(Paris, 1969), p. 91.

32. Fernande Olivier, 《피카소와 친구들(Picasso et ses amis)》(1933) (Paris, 1954), p. 56(pp. 165-6과 비교) 그리고 《사적인 기념품(Souvenirs intimes)》(Paris, 1988), pp. 185-6.

33. Richardson, 《피카소의 삶(A Life of Picasso)》1권, pp. 120, 320-25, 386 그리고 464.

34. Alain Quella-Villéger, 《파레르 전기(Le Cas Farrère)》(Paris, 1989), pp. 130-31.

빅토리아 시대의
은밀한 치부

배리 밀리건 | Barry Milligan

많은 현대 독자들이 '아편굴'이라는 말을 들으면 마약 연기 가득한 어두침침한 은신처에서 음흉한 아시아 주모자들이 순진한 희생자들을 꾀어서 운명의 나락으로 떨어뜨리는 이미지를 떠올릴 것이다. 제1차 세계대전 즈음에 인기를 끈 후맨추(Fu Manchu, 영국 작가 삭스 로머(Sax Rohmer)가 쓴 시리즈 소설. 주인공 후맨추는 범죄로 악명을 날리는 중국인 악당이다—옮긴이) 소설에서 이와 같은 사례를 발견할 수 있다. 그 첫번째 소설은 '옛 라트클리프 하이웨이(Ratcliff Highway)에서 조금 떨어진 곳의 은신처 한 군데에 있는 아편굴'을 묘사한다. "말 그대로 악취를 뿜는 곳……에 아편 연기가 가득하고, 침대 여남은 개에는 사람들이 꼼짝 않고 누워 있으며, 한두 사람은 침대에 쪼그리고 앉아 소리를 내며 작은 금속 파이프를 빨아대고 있었다."[01] 서술자가 그곳을 보자마자 함정문에 빠져 불타는 구덩이로 떨어지면서 장면의 오싹함을 더한다. 싸구려 소설의 선정성에도 불구하고 이와 비슷한 당대의 인식은 향후 몇십 년 동안 사실을 다루는 언론에도 나타났다. 언론의 주요 기사들은 동양의 폭력조직들이 런던 사람들을 꾀어 약물을 통해 노예로 삼고 있다고 떠들어댔다.[02] 마약 소굴망을 통해 서구를 침략하려는 아시아 지하조직이 있었다는 이야기가 불가능한 것은 아니다. 그러나 19세기 중반의 포퓰러 저널리즘의 서술들을 살펴보면 전혀 다른 이야기가 나온다. 런던에서 소규모로 아편 흡연이 행해졌음은 분명하며, 이는 주로 아시아 선원들이 가끔 찾아와 시간을 보내는 형태였다. 그러나 비교적 문제되지 않는 이러한 현상이 음흉한 음모로 부풀려졌다. 그 원인은 대영제국의 동양 침략 활동에 뒤따르는 근심과 빅토리아 시대의 '선정적' 소설의 유행에 있었다.

아편 그 자체는 19세기 영국에서 이국적인 것이 아니었다. 가장 친숙한 형태 — 예를 들면 고드프리 강장제(Godfrey's Cordial), 윈슬로우 부인의 진정 시럽(Mrs Winslow's Soothing Syrup) — 로, 아편은 일상생활의 빼놓을 수 없는 일부였다. 이들은 오늘날 아스피린이나 타이레놀과 마찬가지이다. 이 일반적 형태의 아편은 모두 구강 복용용이었다. 19세기 중반에 모르핀(아편의 가장 중요한 알칼로이드) 피하주사는 첨단 의학 기술이었다. 아편 흡연은 평범한 영국 사람들에게 동양의 이야기에 나오는 등장인물들의 기묘한 습관 또는 더 나아가 중국 농민의 악습으로 알려져 있었을 것이다.

이 이야기는 이른바 1839~1842년과 1856~1860년에 일어난 아편전쟁을 둘러싼 논쟁마다 다시 등장하곤 했다. 영국 동인도회사는 벵골의 양귀비 작물에 대한 독점권을 가지고 있었다. 중국과 차와 비단을 거래하면서 무역적자로 골치를 썩이던 영국 상사들은 중국 정부가 수입을 금지하지만 않았다면 풍부한 인도 아편으로 그 차액을 지불할 수 있었을 것이다. 어쨌든 상인들이 광저우(廣州)에 아편을 몰래 들여오려고 했고 중국이 그에 맞서 아편을 몰수하자 영국이 포함을 보내 항구를 '열라'고 요구했다. 아편무역억제협회(Society for the Suppression of the Opium Trade) 같은 영국의 일부 당파는 영국이 아편 흡연 유행을 조장하여 중국의 경제적 하층계급을 노예화하고 있는 데 대한 대가를 치르게 될 것이라고 경고했다. 1860년대에 대영제국 한가운데에서 나온 아편 흡연에 관한 최초의 보고들은 문화적으로 감흥과 근심을 동시에 이끌어냈다.

런던의 아편굴에 대한 최초의 기록들은 인기 있는 정기간행물에 실려 발표되어 다양한 수준의 독자들에게 읽혔다. 이들은 어떤 면에서 일종의 문화인류학으로 기능했다. 아편 흡연의 이국적 본성 때문인지 보고자들은 특히 그 가공 과정에 관심을 보였다. 흔히 흡연하는 형태의 아편은 메스꺼움을 자주 일으킨다. 따라서 세밀한 여러 가공 단계를 반드시 거쳐야 한다. 영국에 수입된 생아편은 양귀비 삭과의 말린 유액이었다. 거기에는 양귀비의 다른 부위나 수확할 때 들어간 흙이나 불순물도 섞여 있었다. 시장에서 팔리는 아편은 대부분 끓여서 대충이라도 거른 것이지만 불순물이 많이 남아 있었다. 중국 사람들은 말랑말랑한 아편을 잘게 부수어 천에 싸서 끓인 다음 천에 남아 있는 찻잎 같은 찌꺼기는 버렸다. 그리고 냄비에 남아 있는 당밀 같은 까만 물질(흡연용 아편이라고 불리기도 함)을 긴 철사나 핀 끝에 말아 붙여 불꽃에 굽는다. 그것이 지글지글 타며 응고되면 콩만한 짙은 갈색 공 모양이 된다. 그러면 이 작은 환을 특수 파이프의 끝에 넣는다. 이 파이프에는 나름의 특색이 있다. 설대는 대개 약 45센티미터 길이의 대나무이며, 이 설대의 한 끝에서 몇 센티미터 들어온 곳에 계란 모양의 오지 또는 금속 대통이 있다. 대통의 구멍은 매우 작으며 구멍 반대쪽이 대나무 설대와의 접합 부위이다. 이의 변종으로 유명한 것이 찰스 디킨스(Charles Dickens)가 《에드윈 드루드의 비밀(The Mystery of Edwin Drood)》에 등장시킨 파이프이다. 대통 대신 1페니짜리 잉크 병(또는 한 설명에 따르면, 놋쇠 문손잡이)[03]을 쓴 것이다. 다음으로 지글지글 끓는 아편환을 대통의 작은 구멍에 넣은 다음 파이프를 뒤집는다. 대통 구멍을 아래로 향하게 하여 작은 등잔불의 불꽃 위에 두면 아편이 탄다. 흡연자는 설대 다른 끝을 힘차게 빤다. 1분 30초쯤 뒤에 환이 다 탈 때까지 되도록 연기를 내뱉지 않는다. 경험자들은 풋내기라면 파이프 하나를 다 피우면 머리가 어질어질해지고 긴장이 풀리며 두세 파이프를 더 피우면 환상을 보게 될 것이라고 한다. 노련한 아편쟁이들은 하루저녁에 열두 대통 정도를 피우는데 대통 하나의 가격은 약 1페니 반으로 술집에서 술 한 잔을 마실 수 있는 정도의 가격이었다. 대개는 아편 파이프 하나를 다 피운 뒤에는 그 집에서 거저 내주는 궐련을 한 개비 피웠다.

초기의 언론 보도는 '잠입' 보도 형식이었다. 남루하게 변장을 하고 경찰의 보호를 받으며 이스트엔드(East End)에서 가장 지저분한 구역을 찾아가는 것이다. 많은 취재기자들이 아편굴에 어울릴 법한 더러운 옷을 신경 써서 골라 입고 경찰서 앞에서 안내인을 만난 뒤에 아편굴로 갔다. 대부분의 기사에서는 똑같은 지역이 등장했는데, 바로 셰드웰(Shadwell)의 예전 라트클리프 하이웨이 바로 북쪽, 블루게이트 필즈(Bluegate Fields)라는 거리에서 조금 떨어진 좁은 골목이었다.[04] 19세기 중반에는 '악습이 모든 매력을 잃고 그 추잡함을 전부 드러내는 곳'으로 그 지역 전체가 악명 높았다.[05] 특히 블루게이트 필즈는 주로 무도장과 술집이 늘어서 있던 곳으로 '타이거 베이(Tiger Bay)'라고도 알려졌다. 가까운 런던 부두에서 오는 선원들을 꾀어 들이는 그 지역의 냉혹한 주민들 때문에 붙은 이름이다. 셰드웰 거주자들은 주로 이민자들이었다. 로열 소버린(Royal Sovereign) 술집 근처의 아치 밑 통로를 지나 블루게이트 필즈에서 조금 떨어져 있는 문제의 골목은 아시아 선원들이 즐겨 찾는 곳이었다. 그들은 일시적으로 배가 없을 때 들르거나 그 지역에 살았다. 방이 셋 딸린 다 쓰러져가는 집이 몇 채 늘어선 이 깜깜한 뒷골목은 '팔머의 아방궁(Palmer's Folly)' '중국인 골목(Chinaman Court)' '새 골목(New Court)' '빅토리아 골목(Victoria Court)' 등으로 다양하게 알려졌다.[06] 가끔 그 명칭을 밝히지 않기도 했지만 낮은 아치 모양의 굴 같은 입구와 입구를 들어선 뒤의 풍경이 꾸준히 묘사되는 것을 보면 거의 모든 취재기자가 스무 해 가까이 똑같은 길을 밟았다는 것은 분명해 보인다. 한 취재기자는 자기가 방문한 아편굴이 '유일하게 존재하는 아편굴'[07]이라고 주장했다. 또 다른 극단적 주장은 1877년 아편을 반대하는 『중국의 친구(Friend of China)』에 익명의 선교사가 보낸 글이다. 그의 주장은 색다른 점이 있어 가장 많이 인용되었다. 그는 블루게이트 필즈에서 그런 곳을 세 곳 알고 있고 라임하우스(Limehouse)에 두 곳이 더 있다고 했다.[08] 그러나 『중국의 친구』의 존재 이유가 '인도차이나 아편 거래의 부도덕함을 비난하는 것'임을 생각한다면, 거기에 발표된 글은 조금 에누리해서 들을 필요가 있다. 사실 소수의 선교사들이 주장하는 아편굴 수는 20세기 이전에 간행된 다른 자료의 아편굴 수보다 언제나 많았다. 이스트엔드 선교사 조셉 솔터(Joseph Salter)는 아시아 선원을 숙박시키는 집마다 다 아편굴이 있다고 의심한 듯하다. 그러나 그는 결코 그 의혹을 증명하지 못했다.[09] 또 다른 선교사 조지 피어시(George Piercy)는 1883년 '지난 세월 우리 도시에는 여섯에서 여덟 군데의 아편 흡연 학교가 있었다.'고 경고했다. 그러나 그가 확실하게 지목한 곳은 두 군데뿐이고 그나마 두번째도 분명치 않게 설명한다.[10] 피어시가 안내자였다고 밝힌 또 다른 작가는 마찬가지로 불성실하게 '여섯에서 일곱 군데'의 아편굴이 있다고 말한다. 하지만 한 군데만 자세히 설명할 뿐 두번째 장소는 아편 흡연을 하는 곳일 수도 있고 안 하는 곳일 수도 있다고 얼버무린다.[11] 많은 아시아 선원들이 적어도 가끔씩은 아편을 피웠음이 분명하다. 하지만 그들이 아편 흡연을 목적으로 만들어진 상업적 공간에서 아편을 피웠는지는 분명치 않다. 상업적 아편굴이 많았을 수도 있겠지만 취재기자들이 열심히 찾아보았는데도 대부분 찾아낸 곳은 두 군데 정도였다.[12]

필즈에 있는 아편굴의 묘사를 읽어보면 두세 군데의 아편굴이 따로 있거나 아니면 가까이 붙어 있었던 듯하다.[13] 최초의 기록 두 가지 — 하나는 1864년 『데일리 뉴스(Daily News)』 기사, 다른 하나는 1866년 디킨스의 잡문 《사시사철(All the Year Round)》에 실린 것 — 는 똑같은 장소를 묘사한 듯하다. 새 골목에 있는 흙바닥의 좁은 방에 지저분한 침대가 덩그러니 놓여 있고 베개와 덧베개를 한쪽으로 세워 놓아 그 나름의 흡연실 꼴을 갖춘 아편굴이다. 주인 노릇을 하는 이는 매우 늙은 중국인으로 야히(Yahee)라고 불리는데, '아편 준비하는 솜씨가 매우 뛰어나서 런던 곳곳의 중국 사람들이 그를 찾는 단골'[14]이라고 한다. 후맨추 스릴러 소설의 무시무시한 장소를 탐사하는 것과는 거리가 멀게 이 취재기자들은 타이거 베이의 오싹한 혼잡 가운데 꿈결같이 고요한 오아시스를 드러냈다. 야히의 유명세도 그 솜씨에 기인했다기보다, 취재기자들이 거듭 이야기하고 있는 '청결함과 과묵함'에 기인한 듯하다.[15]

이후에 간행된 몇 가지 기록은 내용이 많이 달라진다. 1868년 영국의 정기간행물 두 종이 프랑스 저널리스트 알베르 울프(Albert Wolff)의 글을 다시 실었다. 두 편집자 모두 문제의 아편굴이 셰드웰이 아니라 화이트채플(Whitechapel)에 있다고 보았다.[16] 그러나 울프가 런던 토박이가 아니고 두 편집자가 그의 설명에 덧붙여 설명하고 있으며 두 지역이 서로 붙어 있다는 것을 생각하면 두 곳을 한 지역으로 보는 것이 훨씬 타당하다. 특히 당시 런던에 있던 작은 중국인 마을은 화이트채플이 아니라 셰드웰과 라임하우스에 몰려 있었기 때문이다.[17] 아편굴이 흙바닥의 좁은 방인 점, '잭(Jack)'이라는 흔한 이름으로만 불리는 중국 사람이 주인 노릇을 하는 점도 비슷하다. 방은 색다른 침대 겸 흡연실로 그려지고 있으나 사

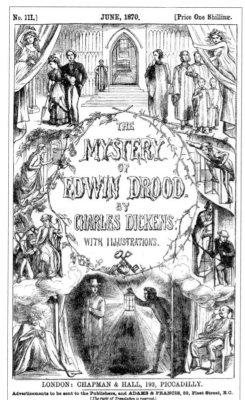

- 왼쪽. 디킨스 소설 《에드윈 드루드의 비밀》(1870년)의 한 달 연재분에 쓰인 루크 필즈(Luke Fildes)의 표지. 아래 양쪽 구석에 있는 동양인들의 아편 파이프에서 나온 연기가 다른 이미지들의 틀이 되어 화면을 메우고 있다.

- 오른쪽. 디킨스 소설 《에드윈 드루드의 비밀》에 쓰인 루크 필즈의 '골목에서'. 오른쪽의 영국 사람은 이스트엔드에 있는 이 아편굴에서 지난 밤 아편 흡연을 하고 막 깨어나 침대에 있는 인도 사람들의 모습을 보고 있다.

다리를 타고 천장에 뻥 뚫린 구멍을 지나 올라가면 또 다른 '방'이 있다고 한 점은 다르다.[18] 첫번째 아편굴이 이전의 기록이 나온 지 두 해 뒤에 조금 개조되었거나 아니면 진짜로 두번째 아편굴일지도 모른다. 그러나 몇 가지 다른 기록 다시 말해 1868년에서 1875년 사이에 발표된 대부분의 기록들은 자세한 묘사에서 일치하는 점이 훨씬 많아진다. 이 기자들만 이곳을 다녀간 것은 아니었다. 몇 군데 기록은 웨일스 왕자도 거기서 아편을 피운 적이 있다고 주장한다.[19] 첫번째 아편굴처럼 이 굴도 새 골목에 있다. 하지만 흙바닥에는 계단이 세워져 있다. 방에는 아직도 침대보가 없는 침대가 나란히 놓여 있고 아편꾼 예닐곱 명이 침대에 누워 있다. 주인은 마찬가지로 중국 사람이지만 야히보다 젊은 사람이며 아내가 영국 사람이다. 영국인 아내가 남편을 도와 아편을 준비한다. 남자의 이름은 기록마다 다르게 나타나는데 (그의 아내 이름은 한 번도 나오지 않는다.) 치 키(Chi Ki), 오시(Osee)라고도 하고 또 가장 자주 등장하는 이름으로 존슨(Johnson, 이는 분명

리처드 로(Richar Rowe)의 《이
스트엔드의 토요일 밤》(1870
년)에 나오는 '아편 흡연자'.
아편 흡연을 하고 있는 영국
사람을 그린 그림으로는 최초
의 것. 아시아 사람 같은 차림
새에 주목하라.

영국식 별칭이다)이라고도 한다. 중국 이름이 다르니 다른 사람일 수도 있겠지만
다른 많은 설명이 일치하는 점을 생각해볼 때, 취재기자 두 사람이 다른 중국말
들을 주인 이름으로 착각했거나 언어 장벽으로 인해 정확한 기록에 실패했을 가
능성도 조금은 있다. 한 기자가 "원숭이 말이나 볼라퓌크어(Volapuk, 에스페란토어
반포 전후에 유럽에서 사용되었던 인공 국제어―옮긴이)였다면 더 잘 표현했을 것 같
다."[20]고 실토한 말을 들으면 더욱 그렇게 생각된다.

　기사들마다 공통적으로 드러나는 또 다른 점은 아편굴에 아시아 남성들과 영
국 여성들이 혼재해 있으면서―아편 흡연이 일으키는 신비스러운 변형 작용과
같은 맥락으로―인종 정체성이 융합되는 데 대해 기자들이 상반된 태도를 취하
고 있다는 것이다. 몇몇 여성 단골들은 '아달라 엄마(Mother Addallah)' '모하메드
부인(Mrs Mohammed)' '중국 엠마(China Emma)' '캘커타 루이사(Calcutta Louisa)'
'인도 샐리(Lascar Sally)' 같은 동양적 별명을 가지고 있었다. "갈수록 연기에 절
고, 나날이 이집트 미라처럼 외모가 변한 아편굴 주인의 아내는 '놀랍게도 중국
여자처럼 되어 갔다.……피부가 어두운 누런빛을 띠었다.……그녀는 결혼한 뒤
로 완전히 중국 방식으로 살았기에 몸뚱이 전체가 유럽의 것을 잃었다."[21] 이렇

게 딴 나라 사람이 되어버린 여성들 가운데 가장 대표적인 이는 골목에서 존슨의 아편굴 맞은편에 있는 아편굴의 여주인이었다. 흔히 '인도 샐(Sal)'[22]이라 불리던 이 여인은 디킨스가 그녀의 아편굴을 그의 마지막 소설《에드윈 드루드의 비밀》의 배경으로 삼으면서 유명해졌다. 그녀는 디킨스가 1870년 사망한 직후의 기사에 처음 등장했고 얼마 지나지 않아 고정적으로 등장하는 인물이 되었다.[23] 그녀 혼자 기삿거리가 된 것이었지만 그녀의 남편은 인도 사람임이 틀림없었고, 힌디어(Hindi, 인도 공용어—옮긴이)와 힌두스타니어(Hindustani, 힌디어의 한 방언—옮긴이)를 썼다. 그녀는 이렇게 아시아 문화와 친숙했기 때문에 아편 흡연이라는 타락의 길에 빠졌다고 변명했다. "힌디어를 쓰는 사람들이랑 어울렸는데 한 사람이 '한 번 피워 보라'고 했고 다른 사람도 '피워 보라고 권했다'. 나는 전혀 아는 바가 없었기에 그 습관에 물들게 되었고 이제는 그걸 끊을 수가 없다."[24]고 그녀는 밝혔다. 취재기자 몇 사람은 그녀가 골목 건너편의 존슨보다 인정이 많고 '훨씬 지적'이라고 썼지만 다른 이들은 그녀의 '위선적인 넋두리'나 '인정이라고는 찾아볼 수 없는' 얼굴을 경계했다.[25]

디킨스가 인도 샐과 그녀의 아편굴을 묘사함으로써 아편굴은 대중소설의 주류가 되었다. 또한 정기간행물의 일부 관습이 영구적인 것이 되고 차세대를 위한 새로운 관습 몇 가지가 생겨난 계기가 되었다.[26]《에드윈 드루드의 비밀》의 첫 장면에서 한 영국 성가대 지휘자가 런던 토박이인 여주인이 '짜증을 내듯 투덜대며 중얼거리는' 소리에 아편굴에서 깨어난다. "아편을 피운 여주인은 이상하게도 그의 옆에 있는 침대에 가로로 누워 있는 중국 사람과 비슷하다." 그가 여주인과 중국 사람과 인도 사람을 바라보자 "그들에게 있는 병균이 그에게 감염되어……그는 끝내 그들과 비슷해지는 이 불쾌한 기분을 털어냈다."[27] 그가 어떻게 전염성 균을 몰아냈는지는 의문으로 남아 있다. 소설을 완성하기도 전에 디킨스가 사망했기 때문이다. 그러나 성가대 지휘자가 이스트엔드의 아편굴에서 배운 아편 습관을 성당이 있는 도시로 가져온 것만은 분명하다. 그는 조카를 살해한 것처럼 보이는 위험인물이다. 이 위험한 성격은 잠재적으로 아편의 영향과 관련이 있고 '수많은 연월도'나 '터키 떼강도 무리를 꼼짝 못하게 하는……녹슨 못' 따위가 계속 등장하는 앞 장면 부분의 아라비안나이트 비슷한 폭력성과 관련이 있다.[28]

《에드윈 드루드의 비밀》은 아편굴을 빅토리아 시대 중류계급의 이중적 생활 사이의 연결고리로 그렸다. 그것은 얼마 지나지 않아 막 움트고 있던 비밀스러운 삶 장르의 인기 있는 모티프가 되었다. 이는 다음 세대의 인기 소설 두 편에서 다시금 뚜렷이 나타났다. 오스카 와일드(Oscar Wilde)의 《도리언 그레이의 초상 (The Picture of Dorian Gray)》과 아서 코난 도일(Arthur Conan Doyle)의 셜록 홈스 이야기 《입술이 일그러진 사나이(The Man with the Twisted Lip)》가 그것인데 두 권 모두 1891년에 간행되었다.[29] 도리언 그레이는 '블루게이트 필즈 부근의 무시무시한 곳에서' 방탕한 비밀 연회를 계속한다. 장소를 가장 뚜렷하게 밝힌 대목은 "아편굴, 그곳에서는 망각을 살 수 있다. 공포의 아편굴에서는 새로운 죄의 광기에 의해 과거에 저지른 죄의 기억이 사라진다."[30]이다. 선박 돛대의 그늘에 가려진 미로 같은 거리를 지나서 도리언은 '특이한 노크'를 하고 바로 그 악덕의 쇼핑몰로 들어와도 좋다는 허락을 받는다. 그곳에는 이상하게 생긴 말레이 사람들이 도박을 하고 있고 그 옆 바에는 매춘부들이 모여 있다.

방 끝에는 어두운 방으로 이어진 작은 계단이 있었다. 도리언이 황급히 계단을 올라갈 때 짙은 아편 냄새가 코를 찔렀다. 콧구멍이 즐거워서 벌름거렸다.……도리언은 낡아 빠진 매트리스에 기묘한 자세로 누워 있는 흉악한 몰골들을 둘러보고는 움찔했다. 뒤틀려 있는 팔다리, 헤벌어진 입, 흐리멍덩한 눈빛들이 그를 사로잡았다. 그들이 매우 이상한 천국에서 고통받고 있음을, 몹시 무감각한 지옥이 그들에게 어떤 새로운 기쁨의 비밀을 가르쳐주고 있음을 그는 알았다.[31]

와일드의 생생하고 실감 나는 아편굴의 묘사는 그가 그러한 곳을 가보았을 가능성이 적기에 오히려 더 감동적이다.(물론 디킨스는 직접적인 관찰을 통해 묘사를 이끌어낸 최초이자 최후의 소설가라고 할 수 있다.) 그럼에도 불구하고 소설이 불러일으킨 물의—그리고 몇 년 뒤 은밀하고 불법적인 생활에 대해 오스카 와일드가 유죄판결을 받은 더 큰 물의—는 아편굴의 이미지를 점잖아 보이는 웨스트엔드(West End, 대저택들과 고급 상점이 있는 런던의 서부 구역—옮긴이) 사람들의 파괴자로 굳히는 데 일조했다.

'말레이 사람', 『스트랜드 매거진』(1891년)에서. 험악한 말레이 사람은 19세기 아편과 동양 전통에서 빼놓을 수 없는 위치에 있다. 토머스 드 퀸시는 《영국인 아편쟁이의 고백》(1821년)에서 말하기를 어느 말레이 사람이 자기 집을 찾아온 적이 있었는데 그는 나중에 그의 꿈 속에서 '몇 달이나 무시무시한 적'으로 나타났다고 했다.

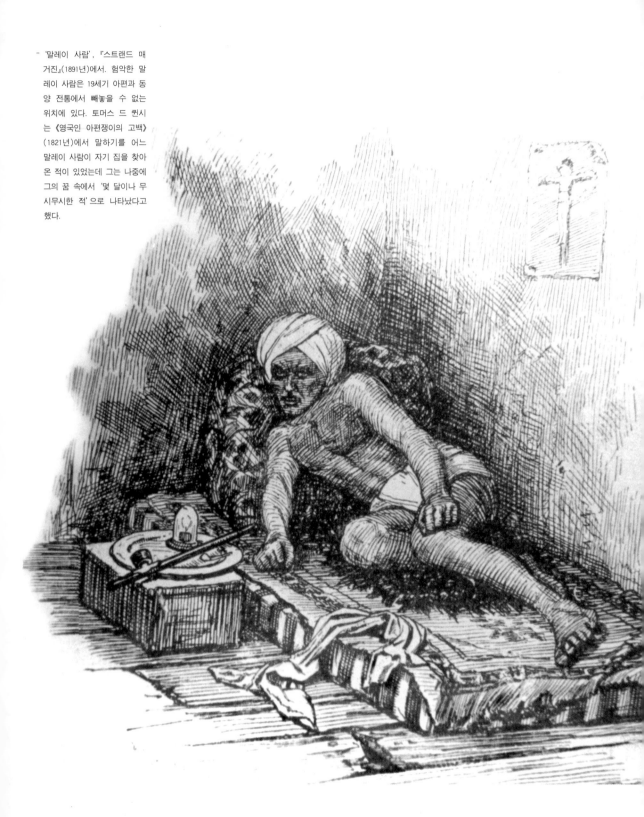

'강의 북쪽에서 런던 브리지 동쪽까지 이어진 높은 부두 뒤편에 숨어 있는 음흉한 골목'에 있다고 묘사된 도일의 아편굴은 많은 부분을 와일드에게 빚지고 있는 듯하다. '기묘한 자세로 누워 있는 몸뚱이들……여기저기에 탁하고 빛을 잃은 눈동자'[32]와 같은 묘사를 보면 알 수 있다. 그리고 아편굴이 다시금 중류계급의 점잖음과 비밀스러운 이스트엔드의 생활을 이어주는 도관이 된다. 이렇게 묘사된 중류계급 사람들 몇몇이 등장하는데 셜록 홈스 또한 처음 나오는 장면에서 아편굴의 고객으로 변장한 모습이다. 그러나 그 결과가 더욱 놀라운 것은 다른 두 인물이다. 한 사람은 다른 면에서는 점잖은 왓슨의 지인 이사 휘트니(Isa Whitney)이다. 그는 좋은 의사를 만나 계속되는 방탕으로부터 구원된다. 다른 인물은 네빌 세인트 클레어(Neville St Clair)로, 겉으로는 정직해 보이는 인물이다. 그러나 사실은 날마다 아편굴에서 유랑자처럼 옷을 갈아입고 도시에서 구걸을 한다. 그렇게 생활비를 벌어 식구들이 교외에서 안락하게 살게 하는 것이다. 이처럼 도일은 최초 잡지 기사들에서 반복되는 내용과 취재기자들이 아편굴에 잠입하기 전에 그럴듯하게 옷을 차려 입는다는 되풀이되는 내용을 약삭빠르게 전도시켜놓는다. 그는 또한 아편굴의 음흉한 영향력이 가장 흉악한 이스트엔드를 벗어나서 영국 가정생활의 한가운데까지 미치고 있음을 암묵적으로 이야기한다. 홈스가 켄트 주에 있는 세인트 클레어의 집에서 하는 이상한 의례와 아편 흡연은 놀랄 만큼 닮아 있는 것이다. 쿠션을 얹은 '동양의 침상 같은'데에 '책상다리를 하고 앉은'홈스가 '낡은 브라이어 파이프를 입에 물고 천장 한귀퉁이를 멍하게 바라보는데 파란 연기가 구불구불 피어올라'서 '방이 짙은 담배 연기로 가득'차 있다.[33] 도일의 아편굴은 모리어티(셜록 홈스의 숙적이자 천재 수학자로 그려진 인물—옮긴이) 같은 지하 범죄조직과 연결된 최초의 아편굴이다. 또한 '뒤쪽에 함정 문이 있어……달빛 없는 캄캄한 밤에 그 위를 누가 지나가는지 알 수 있는'[34] 따위의 묘사는 분명히 후맨추 소설의 재판임을 알 수 있다.

와일드의 소설이 나온 뒤부터 도일의 단편이 나오기까지 사이에 『스트랜드 매거진(Strand Magazine)』이 있었다. 이 잡지의 기자 존 코울슨 커넌(John coulson Kernahan)은 아편굴 고객들의 약탈적 본성을 강조했다. "악당이 분명한 반쯤 벌거벗은 말레이 사람이……깜깜한 구석에 웅크리고 앉아 나를 슬쩍 바라보았다.

중국인 주인은 '누르스름한 얼굴에 사악함이 비치고……작고 교활해 보이는 눈동자'를 하고 있고, 아름다운 영국 여인도 있었다. 여인이 어찌나 의심의 눈초리로 머리부터 발끝까지 훑어보던지 나는 내 눈앞에 사람들이 있고 여인이 그들을 속으로 세고 있다는 착각을 했다."[35] 19세기의 마지막 10년 동안은 아편굴에 대해 두려움이 더욱 커진 모습이다. 20세기로 바뀌는 시점에 출간된 책에는 아편굴에 대한 묘사가 훨씬 적어졌고 아편굴의 수와 도덕적 면에 대한 평가도 서로 달랐다. 어느 기자는 "아편굴은 오늘날보다 과거에 훨씬 수가 많았다.……아편굴이 번성하고 번영한 때는 약 50년 전이었다."고 주장한다. 하지만 다른 기자는 아편굴 여섯 군데를 확실히 알고 있다고 주장하면서 '지역 당국자가 이 혐오스러운 아편 거래를 지체 없이 일소하기 위해 노력하기'[36]를 바란다고 했다. 그러나 삭스 로머가 모티프로 삼자 아편굴은 셜록 홈스가 그려냈던 것처럼 동양 지하조직의 음흉한 도구로 다시금 부상했다.

　그러한 유사-히스테리는 가끔 이민의 증가에 수반되는 낯익은 두려움에 뿌리를 두고 있었다. 제1차 세계대전 이전에는 영국으로 오는 중국과 인도 이민자의 수가 비교적 적었지만 증가 추세였다는 것은 분명하다. 엄청난 수의 중국 이민자가 샌프란시스코로 들어가는 것을 보면서 많은 영국인들은 그들이 "'미개한 중국인' 수백 명이 아니라 수십만 명에게 침략당하는 위험에 빠진 것이 아닐지 염려했다." 그리고 평범한 노동자가 '싼 중국 인력과의 경쟁에 밀려 무일푼이 되는 것은 아닌지' 그리고 어쩌면 이종족의 경쟁자에게 애인을 빼앗기는 것은 아닐지 두려워했다.[37] 로머와 같은 발달된 음모 시나리오는 그것들이 얼마나 입증될 수 있는 진실이냐에 상관없이 신경과민을 일으켰다. 아편과의 연계가 그러한 우려를 더욱 증폭시켰다. 영국이 포함을 앞세워 중국에 아편을 더욱 강요한 데 대해 언젠가는 중국이 복수를 할 거라는 두려움이 영국 사람들을 떠난 적이 없었다. 제2차 세계대전과 함께 기존의 아편굴이 쇠락했다는 보도가 전해졌지만 런던 이스트엔드에 아편굴의 거대한 연결망이 있다는 생각은 빅토리아 시대와 에드워드 왕(빅토리아 여왕의 아들—옮긴이) 시대 영국에 가장 끈질기게 잔존한 신화이다.□

'아편굴에서', 『스트랜드 매거진』(1891년)의 삽화.

01. Sax Rohmer, 《교활한 후맨추 박사: 음흉한 중국인을 추적하는 네일런드 스미스의 흥미로운 모험담(The Insidious Dr Fu-Manchu: Being a Somewhat Detailed Account of the Amazing Adventures of Nayland Smith in his Trailing of the Sinister Chinaman)》(New York, 1913), pp. 53, 65.

02. Terry Parssinen, 《은밀한 열정, 은밀한 치료: 영국 사회의 최면제, 1820-1930(Secret Passions, Secret Remidies: Narcotic Drugs in British Society, 1820-1930)》(Philadelphia, 1983); Matthew Sweet, 《Inventing the Victorians》(London, 2001). 둘 모두 런던 Tower Hamlets Borough Library의, 1920년대와 1930년대 스크랩 기사 모음에서 헤드라인 몇 가지를 직접 인용하고 있다.

03. James Platt, '중국인의 런던과 아편굴(Chinese London and its Opium Dens)', 『저먼스 매거진(German's Magazine)』, 279권(1895), p. 274.

04. 세월이 흐르면서 이름들은 달라져 나온다. Bluegate Fields와 Ratcliff Highway는 19세기 마지막 즈음 Victoria Street과 St George Street으로 나오고, 이들은 현재 Dellow Street와 The Highway로 바뀌었다.

05. J. Ewing Ritchie, '라트클리프 하이웨이(Ratcliffe-Highway)', 《런던의 암흑가(The Night-Side of London)》(London, 1858), p. 77.

06. 이름이 다르게 나오는 이유는 빅토리아 골목을 제외한다면 여러 가지로 설명할 수 있다.('중국인 골목'과 '팔머의 아방궁'이 새 골목보다 흔하게 불린 이름이었다.) 그러나 1888년 지도를 보면 빅토리아 스트리트(블루게이트 필즈) 바로 맞은편에 새 골목으로 이어지는 빅토리아의 이름을 딴 또 다른 샛길이 나와 있다.(런던과 교외의 새 대축척 지도, 보조지도와 풍부한 설명, 《알파벳 순서의 색인 제공(New Large-Scale Ordnance Atlas of London & Suburbs with Supplementary Maps, Copious Letterpress Descriptions and Alphabetical Indexes)》[London, 1888], p. 17) 아마도 기자는 [Richard Rowe, 《거리에서 알게 된 것(Picked Up in the Streets)》(London, 1880)] 골목 자체에 어떤 이름을 붙여야 할지 헷갈렸을 것이다. 1895년 즈음 새 골목은 헐려서 교육위원회 터가 되었다. (James Platt, 중국인의 런던과 아편굴(Chinese London and its Opium Dens)', p. 275)

07. James Greenwood, 타이거 베이의 아편굴(An Opium Smoke in Tiger Bay)', 《낯선 손님: 두리번거리는 통신원의 체험(Strange Company: Being the Experiences of a Roving Correspondent)》(London, 1858), p. 229.

08. 이름 모름, 런던의 아편 흡연(Opium-Smoking in London)', 『중국의 친구(Friend of China)』, 3 (1877), pp. 19-20.

09. Joseph Salter, 《영국의 아시아: 동양인 사이에서 열여섯 해를 일한 기록(The Asiatic in England: Sketches of Sixteen Years' Work among Orientals)》(London, 1873), 특히 p. 31.

10. George Piercy, 런던의 아편 흡연: 메서디스트 리코더 편집자에게(Opium Smoking in London: To the Editor of the Methodist Recorder)', 『중국의 친구(Friend of China)』, 6 (1883), p. 240.

11. 이름 모름, 런던의 아편굴: 한 사회 탐험가가 중국인의 이스트엔드 헌츠를 방문한 기록(London Opium Dens: Notes of a Visit to the Chinaman's East End Haunts, by a Social Explorer)', 『좋은 소식(Good Words)』, 26 (1885), pp. 188-92.

12. 이처럼 아편굴 서술 장르는 서로 인접한 두세 군데의 아편굴만을 기초로 한 듯하다. 이와 관련하여 더 자세한 내용은, 흥미로운 책 《빅토리아풍의 발명(Inventing the Victorians)》 마지막 장 '셰드웰로 가는 마지막 비상구(Last Exit to Shadwell)' 참조

13. Salter[《영국의 아시아(The Asiatic in England)》, p. 199]는 두 군데가 있다고 하지만, A. C. W.는 세 군데가 있다고 한다. ['블루게이트 필즈의 아편 흡연(Opium Smoking in Bluegate Fields)', 『약사(Chemist and Druggist)』, 11 [1870], p. 260]

14. 이름 모름, 런던 이스트엔드의 아편 흡연(Opium Smoking at the East End of London)', 《아편에 관한 모든 것(All About Opium)》, Hartmann Henry Sultzberger 엮음(London, 1884), p. 175에 실린, 1864년 『데일리 뉴스(Daily News)』에서 재발행. '야히(Yahee)'란 이름은 Joseph Charles Parkinson이 '로터스를 먹는 병든 거지(Lazarus, Lotus-Eating)', 『1년 내내(All the Year Round)』, 15 (1866), pp 421-5에서 밝힌 것. Salter는 그가 '늙은 라타우(Latou)'라 부르는 남자를 이와 비슷하게 설명한다. (《영국의 아시아(The Asiatic in England)》, p. 285.)

15. Parkinson 로터스를 먹는 병든 거지(Lazarus, Lotus-Eating)', p. 424.

16. 이름 모름, 화이트채플의 아편굴(An Opium Den in Whitechapel)', 『약사(Chemist and Druggist)』, 4 [1868], p. 275; 이름 모름, '아편굴에서(In an Opium Den)', 『래기드 스쿨 유니온 매거진(Ragged School Union Magazine)』, 20 (1868), pp. 198-200.

17. 중국 사람들은 당시 영국에 정착하기 시작한 지 얼마 안 되었다. (주로 리버풀과 런던에) 1865년 블루 퍼널 라인(Blue Funnel line, 증기선 해운회사-옮긴이)이 중국 항로를 개통한 뒤부터였다. [J. P. May, '영국의 중국인들, 1860-1914(The Chinese in Britain, 1860-1914)', 《영국 사회의 이민자들과 소수자들(Immigrants and Minorities in British Society)》, Colin Holmes 엮음(London, 1978), p. 111.] 셰드웰은 빈민가 탐험담에서 화이트채플이라는 제목 아래 자주 나온다. 예를 들어 블루게이트 필즈에 있다고 설명되는 아편굴은 Gustave Dore와 Blanchard Jerrold, 《런던: 어느 순례

(London:A Pilgrimage)》(London, 1872)의 '화이트채플과 그 부근(Whitechapel and thereabouts)'라는 장에 나온다.

18. 똑같은 설명이 그 지역의 이전 치안판사 Montagu Williams, '라트클리프 하이웨이(Ratcliffe Highway)', 《런던 부근:빈촌 이스트와 부촌 웨스트(Round London:Down East and Up West)》〈London, 1893〉, pp. 74-83에 나온다.

19. 이름 모름, '동쪽 런던의 아편 흡연자들(East London Opium Smokers)', 『런던 사회(London Society)』, 14 (1868), p. 72; Greenwood, '타이거 베이의 아편굴(An Opium Smoke in Tiger Bay)', p. 229; James Platt, '중국인의 런던과 아편굴(Chinese London and its Opium Dens)', p. 275.

20. James Platt, '중국인의 런던과 아편굴(Chinese London and its Opium Dens)', p. 272. Matthew Sweet는 셰드웰의 인구 조사 기록을 판독할 수 없는 경우가 있다고 기록한다. 흘겨 쓴 중국인 이름을 위에 '알 수 없는(not known)'의 약자인 'NK'가 첨가된 경우가 많기 때문이다.

21. 이름 모름, '동쪽 런던의 아편 흡연자들(East London Opium Smokers)', p. 72; Greenwood, '타이거 베이의 아편굴(An Opium Smoke in Tiger Bay)', p. 233.

22. Richard Rowe는 그녀를 엘리사(Eliza, 별칭이 아니라 원래 이름일 듯)라고 부르지만, Parkinson '로터스를 먹는 병든 거지(Lazarus, Lotus-Eating)', Ritchie, '라트클리프 하이웨이(Ratcliffe-Highway)', 이름 모름, '런던의 아편 흡연자들(Opium-Smoking in London)', Salter의 〈영국의 아시아(The Asiatic in England)〉에서 '인도 샐리(Lascar Sally)', Frederick Wellesley, 《군인 외교관의 회상(Recollections of a Soldier-Diplomat)》(London, 1947), p. 75에서는 Lascar Sal로 나온다.

23. 그녀가 디킨슨의 영감이 된 첫번째 기사는 A. C. W., '블루게이트 필즈의 아편 흡연(Opium-Smoking in Bluegate Fields)'이었다.

24. Rowe, 《거리에서 알게 된 것(Picked Up in the Streets)》, p. 39.

25. A. C. W., '블루게이트 필즈의 아편 흡연(Opium-Smoking in Bluegate Fields)', p. 260; Rowe, 《거리에서 알게 된 것(Picked Up in the Streets)》, p. 39; Dore와 Jerrold, 《런던(London)》, p. 148.

26. 인도 샐과 디킨스의 '뻐끔 공주(Princess Puffer)'를 동일 인물로 보는 데에는 충분한 근거가 있다. 디킨스의 소설이 출판된 뒤 많은 기자들도 그렇게 주장했다. 디킨스의 아편굴은 우편집중국에서 동쪽으로 쭉 가야 하는 곳에 있고, 예전에 알코올 중독이었던 영국 여성이 운영하는 곳이다. 그녀는 심상치 않게 들리는 기침을 한다.(인도 샐을 인터뷰했던 기자들도 이렇게 묘사한다.) 이 아편굴은 골목 맞은편 '중국인 잭(Jack Chinaman)과 경쟁 관계'에 있는 곳이다. 〔Charles Dickens, 《에드윈 드루드의 비밀(The Mystery of Edwin Drood)》, Margaret Cardwell 엮음, [Oxford, 1972], p. 204〕 아마도 가장 설득력 있는 주장은 디킨스에게 이끌려 인도 샐 아편굴을 찾은 James T. Fields의 탐방기일 것이다. 〔《작가들과 함께한 지난날(Yesterdays With Authors)》(Boston, MA, 1890), p. 202〕 그러나 대부분의 기자들이 관심 있게 그리고 있는 것은 1페니짜리 잉크병 대통이 달린 특이한 파이프였다. 이 파이프는 인도 샐과 뻐끔 공주의 아편굴에서 모두 사용된 것으로 그려진다.

27. Dickens, 《에드윈 드루드의 비밀》, pp. 2-3.

28. 같은 책, p. 1.

29. 도리언 그레이의 초상 초기 판은 1890년 《리핀코트 먼슬리 매거진(Lippincott's Monthly Magazine)》에 실렸으나, 아편굴 장면이 처음 등장한 것은 1891년 초판 때였다.

30. Oscar Wilde, 《도리언 그레이의 초상(The Picture of Dorian Gray)》, Robert Mighall 엮음, (London, 2000), pp. 135, 176.

31. 같은 책, pp. 175, 179.

32. Arthur Conan Doyle, '입술이 일그러진 사나이(The Man With Twisted Lip)', 『스트랜드 매거진(Strand Magazine)』, 2 (1891), p. 624.

33. 같은 책, p. 633.

34. 같은 책, p. 626.

35. John Coulson Kernahan, '어느 아편굴에서 보낸 하룻밤(A Night in an Opium Den)', 『스트랜드 매거진(Strand Magazine)』, 1 (1891), pp. 77-8.

36. 이름 모름, '잠 못 이루는 밤에(In the Night Watches)', 《보물 창고(Argosy)》, 65권 (1897), pp. 199, 209; 이름 모름, '런던의 아편굴들(Opium-Dens in London)', 『체임버스 저널(Chamber's Journal)』, 81권 (1904), p. 195.

37. George Augustus Sala, 《런던살이, 메아리의 메아리(Living London, Being 'Echoes' Re-echoed)》(London, 1883), p. 425.

사교의 꽃, 담배

매튜 힐턴 | Matthew Hilton

■□ 어떤 흡연자에게든 왜 담배를 피우냐고 묻는다면 대다수가 '사람들을 사귀려고' 담배를 배웠다고 대답할 것이다. 궐련 한 개비를 나누어 주고, 얻고, 받아 피우는 것은 서구인의 반 정도가 관계를 발전시키기 위해 가장 흔하게 하는 공식적인 관습 같은 것이다. 과연 자기 혼자 담배를 배운 사람이 있을까? 우리들 대부분은 친구들이나 동료들이 담배를 피우기 때문에 흡연을 배운다. 흡연은 젊은이들에게 '끼어들기'를 허락하고 외부 공적 세계에 젊은이들이 편입되었음을 나타낸다. 혼자서 담배를 알게 되고 흡연이 습관화되고 또는 담배맛을 음미하는 즐거움을 알게 되기 전에도 흡연은 집단으로 행해지는 행위이다. 그것은 강제적 의례이다. 예전의 흡연자들 가운데―카페와 술집, 음식점과 레스토랑에서―사람들과 어울리기 위해 젊을 때에만 흡연하겠다고 결심한 이들이 얼마나 있을까?

그러나 흡연에 대한 모든 사회적 압력과 다르게 우리가 가지고 있는 흡연자 이미지는 20세기의 위대한 개인주의자 아이콘들이다. '흡연자'라면 우리는 험프리 보가트(Humphrey Bogart), 마를레네 디트리히(Marlene Dietrich), 로렌 바콜(Lauren Bacall) 그리고 할리우드 황금기의 다른 영화 스타들을 떠올린다. 흡연하는 그들의 모습, 희미하게 빛나는 그들의 사진 속에서 구불구불 피어오르는 담배 연기는 그들의 매력을 더한다. 우리는 레이먼드 챈들러(Raymond Chandler)의 추리소설 속에서 그들을 고독한 사람, 개인주의자, 터프 가이, 악당들로 기억한다. 그들과 카메라 사이에 생겨난 연기의 장막은 그들과 세상과의 단절, 사회 및 문화의 질서와 관습으로부터의 일탈을 의미했다. 흡연은 이 등장인물들을 완전한 자아로 완성했고 그들은 그들의 정체성을 확립하기 위해 타인들을 바라지도 필요로 하지도 않았다. 이러한 양식은 보가트의 이미지와 필름 느와르(film noir)의 미학에 의존하고 있는 1959년의 광고에 요약되어 있다. "스트랜드(Strand, 담배 상표—옮긴이)만 있으면 결코 혼자가 아니다." 개인주의는 더욱 활동적인 화보, 말보로 컨트리(Marlboro country, 말보로는 줄곧 미국 서부 카우보이 이미지로 광고하고 있다—옮긴이)의 억센 카우보이 이미지 속에서도 뚜렷하게 나타난다. 철학적이고 지적인 분야에서도 그것을 알 수 있다. 장 폴 사르트르나 알베르 카뮈가 파리 거리 또는 카페에서 담배를 피우는 이미지 말고 실존주의를 가시화하는 더 좋은 방법이 있을까?

혼자서 흡연하는 이미지, 그 즐거움은 20세기만의 이야기가 아니다. 찰스 킹슬리(Charles Kingsly)는 담배가 '외로운 사내의 벗이며 미혼남의 친구, 굶주린 이에게는 양식, 슬픈 사람의 원기회복제, 잠 못 이루는 이에게는 잠, 추운 이에게는 온기'[01]라고 썼다. 바이런 경(Lord Byron)에게 '고귀한 담배'는 낭만적인 자기표현에 꼭 필요한 부분이었다.[02] 19세기 후반기에 흡연은 예의 바른 부르주아 아마추어들의 개성이 구현된 것이었다. 시나 정기간행물에서 배리(J. M. Barrie)의 《니코틴 부인(My Lady Nicotine)》(1890년)과 같은 문학 작품에서 담배에 바치는 노래와 성가가 만들어졌다. 이와 동시에 모든 흡연자는 흡연 문화에서 특색 있는 양식을 발전시켰다.[03] '흡연 소도구'를 수집함으로써 흡연 개성을 빛낸 것이다. 점토 파이프, 브라이어 파이프, 해포석 파이프, 긴 사기 파이프, 파이프 청소기, 성냥, 여송연 홀더, 여송연 케이스, 재떨이, 파이프 불, 삼나무 성냥, 타구, 담배쌈지, 담배 저장용기, 코담배 상자, 파이프 상자 그리고 가장 좋아하는 흡연용 안락의자, 테이블, 슬리퍼, 자켓 심지어 모자들이 모두 흡연 소도구였다. 셜록 홈스는 모든 흡연자들 가운데에서 가장 대표적인 — 그리고 가장 개인적인 — 인물로 떠

올랐다. 이 매우 기이한 탐정은 '낡고 번들거리는 점토 파이프'로 '가장 독한 살
담배'를 피웠고 페르시아 슬리퍼의 발끝 부분에 담배를 보관했다. 그리고 아침
식사 전에 '자신이 전날 피우다 남은 씹는담배와 파이프에 남은 담배를 다' 피우
는 걸로 알려져 있다.[04] 대규모 시장이 이 다양한 파이프와 여송연을 몰아내고 규
격화된 궐련을 쏟아놓았을 때에도 흡연자들은 변함없이 나날이 동질화되는 관
습을 통해서 자기 정체성과 자기 이미지를 가꾸었다. 이 개인주의자 이미지가
매우 강해진 탓에 흡연자들은 자신의 흡연 경력을 개인적 자아 발달의 오랜 과
정으로 인식하기도 한다. 담배 예찬은 오늘날까지 이어져 온다. 흡연자들은 이
여가 생활을 집단적 즐거움에서보다 개인적 즐거움에서 찬미한다.

　그러나 흡연의 미덕은 쓰임새가 다양하다는 것이다. 담배는 진정제로, 자극제
로, 신경안정제로, 이완제로, 세상으로부터의 은둔으로, 사회적 결합의 촉매제
로 작용한다. 누구나 그저 담배가 주는 즐거움을 얻기 위해 흡연할 수 있다. 그러
나 더 큰 이유는 일터와 대중문화에서 겪게 되는 다양한 다른 경험을 보완하는
데에 있다. 한 담배 광고는 이렇게 선언했다. "어떤 즐거움이든, 시도하는 사람

이 얻는 것이다.(Whatever the pleasure, Player's completes it.)" 혼자 피우는
담배나 파이프가 어떤 생각이나 기억을 떠올리게 하고 그것이
나중에 흡연자의 정체성에 중요한 영향을 끼치는 것일 수도 있
지만 담배는 대부분 사교적 배경에서 소비된다. 이렇듯 함께 하는
흡연은 혼자 하는 흡연만큼이나 즐거운 것이다.

빅토리아 시대 사람들은 매우 공적이고 형제애 넘치는 흡연자들
이었다. 파이프 한 대면 연구실에 처박힐—또는 파이프에서
피어오르는 연기처럼 혼자서 상상력의 나래를 펼—구실
이 되는데도 담배는 사람들을 만나고 대화하고 연대하게
했다. '담배를 피우는 음악회'는 19세기 사람들의 만남에서
전형적이고도 평범한 사건이었다. 운동 경기 뒤에, 연례 무역협회 회의와
박애주의 단체 회의에서 또는 고위인사들의 회의, 상공회의소 회의에서,
남자들은 사적인 용도의 방이나 공개홀에서 식사를 하고, 술을 마시고,
담배를 피웠다. 성장하고 있는 정기간행물들이 겨냥한 것도 이 남자들이

- 명탐정.

었다. 이들을 대상으로 담배의 역사를 서술한 짧은 기사들이 쓰이곤 했다. 독자
들은 파이프를 공유하는 아메리카 원주민의 문화에서부터 17세기 왕족 흡연자
들 이야기까지 유명한 과거 흡연자들의 이야기를 읽었다. 알렉산더 포프
(Alexander Pope), 조나단 스위프트(Jonathan Swift), 볼링브룩(Bolingbroke), 조셉 애
디슨(Joseph Addison), 윌리엄 콩그리브(William Congreve)가 활동하던 문단은 18세
기 커피점의 분위기를 재현해내곤 했다. 19세기 초반에는 공직자들의 시끌벅적
한 연회를 통해 여송연의 인기가 설명되곤 했다. 이는 전문가들에게만 한정된
문화가 아니었다. 상업적 회사들은 '담배 친선'을 더 넓히려고 노력했다. 리버풀
의 코프 형제(Cope Brothers, 코프 담배 회사를 만듦—옮긴이)는 당대의 문학, 문화,
정치 분야의 유명인들을 등장시킨 카드, 포스터, 달력을 발행했다. 그 가운데에
서 1878년에 발행된 포스터는 〈거룩한 약초 세인트 니코틴으로 가는 최고의 순
례(The Peerless Pilgrimage to Saint Nicotine of the Holy Herb)〉라는 제목이 붙어 있고,
빅토리아 시대 유명인 65명의 여행을 그려놓았다. 예를 들면 초서(Chaucer)도 담
배 성소를 참배하려고 순례에 동참하고 있다.[05] 〈디바 니코티나의 추구(The

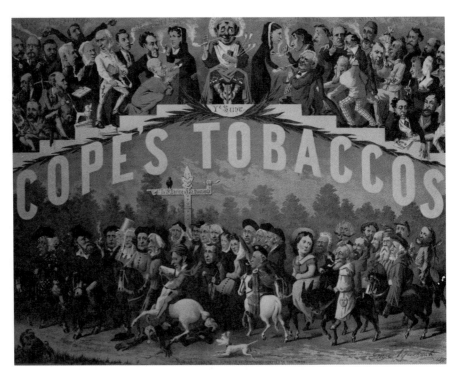

코프의 담배:〈거룩한 약초 세인트 니코틴으로 가는 최고의 순례〉.

Pursuit of Diva Nicotina)〉라는 제목의 또 다른 포스터는 노엘 페이튼(Noel Paton) 경의 그림 〈쾌락의 추구(The Pursuit of Pleasure)〉를 모방한 형식으로 30명의 인물이 등장했다. 포스터와 함께 키플레이트(key plate, 세부 이미지들이 인쇄된 것—옮긴이)를 함께 인쇄하여 흡연자들은 윌리엄 모리스(William Morris), 캐논 퍼라르(Canon Farrar), 리턴 경(Lord Lytton), 릴리 랭트리(Lillie Langtry), 스태포드 노스콧 경(Sir Stafford Northcote), 비스마르크 그리고 오스트리아 황제 같은 숭배자들을 확인할 수 있었다. 이들에게는 '우리의 가장 우아하고 거룩한 디바 니코티아나를 열렬히 숭배하는 숭배자들'[06]이라는 설명이 붙어 있었다.

그러나 한가한 부르주아 신사들에게 흡연을 통한 교제를 할 수 있는 가장 명예로운 장소는 신사 클럽이었다. 클럽은 휴식, 명상, 한가로운 대화에 어울리는 그리고 무엇보다도 아무런 방해를 받지 않고 여송연을 피우는 기쁨을 누릴 수 있는 이상적인 흡연 유토피아로 예찬되었다. 남자들이 여기 오는 이유는 오로지 다른 남자들이 있고 파이프나 여송연이 있기 때문이었다. 소설가 마리 루이즈

드 라 라메(Marie Louise de la Ramée)는 1867년에 이렇게 썼다.

……자유의 방, 박해 받는 이들의 안식처, 은신처, 지상에서 가장 축복받은 곳, 해포석 파이프의 신성을 독실하게 믿는 이들이 숭배하는 메카, 물담배 파이프의 낙원 — 흡연실.[07]

덜 부유한 흡연자들에게는 선술집이 흡연 이상향이었다. 여기서 노동자들은 매우 다양한 살담배를 점토 파이프에 넣어 피웠다. 파이프 이름은 잉글랜드 시골의 '올더맨(alderman, 고참자, 구청장의 뜻—옮긴이)', 이보다 조금 길이가 긴 '처치워든(churchwarden, 국교회 교구위원의 뜻—옮긴이)' 부터 스코틀랜드의 '커티(cutty, 길이가 짧다는 뜻—옮긴이)' 와 아일랜드의 '두딘(dudeen)' 에 이르기까지 다채로웠다.[08] 더 복잡하게 주조된 파이프는 하나에 1페니쯤 값이 나갔지만 사람들은 대부분 선술집에서 짧은 점토 파이프를 무료로 얻을 수 있었다. 1896년 『타바코 트레이드 리뷰(Tobacco Trade Review)』는 술집마다 "한 해에 나누어주는 파이프 개수가 80에서 100그로스(gross, 1그로스는 12다스이므로 11,520~14,400개)에 이른다."[09]고 했다. 술과 담배의 이러한 결합은 당시 문학에 그대로 반영된다. 그러나 평범한 남성 노동자들의 삶에서 흡연이 차지하는 부분이 더 많았음을 알 수 있다. 파이프를 무료로 나누어주었다는 사실은 흡연 의례에서 접대의 중요성을 보여주는 것이기도 하다. 예전에는 한 집의 주인이 파이프를 나누어주며 함께 흡연하는 즐거움을 선사했지만 이제는 술집 주인이 그 역할을 대신하게 된 것이다. 이는 윌키 콜린스(Wilkie Collins)의 《월장석(The Moonstone)》(1868년)에 그려져 있는 현실이다. 소설에서 가브리엘 베터리지(Gabriel Betteridge)는 손님들을 데리고 콥 홀(Cobb Hole)의 작은 시골집에 두 번 찾아간다. 그때마다 '마음씨 고운 욜랜드 부인(Mrs Yolland)이 귀한 손님에게 특별히 마련한 접대 의식을 거행했다. 부인은 네덜란드 진 한 병과 깨끗한 파이프 한 쌍을 테이블에 올려놓고 말문을 연다. "런던은 어때요?"'[10]

사람들이 파이프에 넣는 담배는 지역이나 노동의 종류에 따라 다르고 지역 전체의 관습에 따라 달랐다. '독한 살담배(shag, 고운 살담배)' 는 동쪽에 있는 주들

- 클럽의 흡연실.

과 사우스웨일스(South Wales)와 만머스셔(Monmouthshire) 주에서 인기가 있었고 새눈 같은 반점이 있는 살담배(Birdseye)는 요크셔에서 좋아했다. 궐련과 '왕골'처럼 두껍게 꼰 담배(thick twist)는 아일랜드와 잉글랜드 북부에서 많이 피웠다. 궐련은 편리하고 값이 싸서 노동자들에게 인기가 있었다. 그것은 케이크(누른) 담배와 비교해서, 손이 많이 가지 않아도 쉽게 파이프에 넣어 피울 수 있었다. 또한 용도가 다양해서 좋아하는 방식대로 물거나 씹을 수 있었다. 담배편(flake, 향료를 넣어 압축해 만든 담배 덩어리를 얇게 자른 것)은 조금 더 비쌌는데 품질 좋은 골드버지니아 잎으로 만들어져서 수입이 높은 사무원과 상인들 사이에서 인기가 높았다. 지역마다 기호가 다른 것은 노동 형태가 다른 데에서 기인하는 듯하다. 스코틀랜드 광부들은 파업할 때 담배를 엄청나게 소비하는 걸로 알려졌다. 웨일스 광부들은 독한 살담배와 궐련을 좋아하고 부두 노동자들은 두껍게 꼰 담배를, 런던 택시 기사들은 아일랜드 궐련을 좋아했다. 흡연이 허용되지 않는 일터 특히 랭커셔(Lancashire)와 요크셔(Yorkshire)의 면화공장과 섬유공장에서는 코담배가 꾸준히 — 남성과 여성 모두에게 — 흔하게 사용되었고, 다양한 씹는담배는 광부들이 갱외에서 많이 피웠다.[11]

1880년대 중반부터 궐련이 대량 생산되면서 흡연 양식에 혁명이 일어났다. 그러나 담배의 공적·사교적 요소는 변함없었다. 청소년들에게는 1페니에 다섯 개비씩 팔던 값싼 우드바인스(Woodbines)가 성인의 상징이었다. 소년들이 우드바인스로 공유했던 즐거움은 1908년부터 16세 미만에게 금지되었던 것이다. 청소년 무리는 거리에서 공공연히 궐련을 피우며 그들이 노동의 세계에 들어왔음을 선포했다. 20세기 초반, 많은 도시 사회 연구자들은 이를 분석하고 비판했다. 거리는 소년들이 남성성이라는 암호를 일찍 드러내는 무대였다. 소년들은 '남자가 되고 싶은 끓어오르는 열망을 주체할 수 없어' 거리에서 '남성-아이라는 종(a species of man-child)'으로 남성성을 드러냈다.[12] 궐련은 소년 노동자의 새로운 사회적·경제적 지위를 의례적으로 나타내는 상징이었다. "(일을) 선택하면……소년은 곧이어 일상적 노동을 시작하고, 처음 2주는 순식간에 지나간다. 여태까지 흡연이 은밀한 장난, 금지되었기에 짜릿한 장난이었다면, 이제부터는 공공연히 담배를 피우며 사내다움과 독립, 부를 나타낸다."[13] 알렉산더 패터슨(Alexander Paterson)이 1911년에 쓴 다음 글은 담배를 피우는 소년들이 자신들을 길거리 무리의 세계 속에 정의하기 위해 사용하곤 했던 의례들의 의미를 드러낸다.

담배의 큰 기쁨은 담배에 불을 붙이고 첫번째 두 모금을 내뿜는 데에 있다. 각자 자기 '궐련'에 불을 붙여 두어 번 빨아서 연기를 깊이 들이마셨다가 내뿜고, 뭐라고 말하고, 오른손에 담배를 쥐어서 왼손 엄지와 검지로 담뱃불을 끄고, 불 꺼진 담배를 아래 오른쪽 조끼 주머니에 넣는다. 그리고 10분 뒤에 이 과정을 되풀이한다. 이렇게 하면 사내아이가 하루 종일 담배를 물고 있는 것처럼 보여도 사실은 하루에 1페니짜리 한 갑만 피우는 것이다.[14]

이처럼 일부러 공개적으로 흡연하는 방식 — 맛이나 음미보다 남에게 보이는 것이 더 중요한 — 은 성인이 되도록 이어진다. 1930년대와 1940년대에 매스-옵저베이션(Mass-Observation, 대중들의 생활을 관찰하기 위해 설립된 사회연구기관—옮긴이)이라는 사회인류학자들 일단이 영국 노동계급의 흡연 습관을 조사했다. 조사 결과 술집 중심의 문화 속에서 궐련은 사내다움의 공공연한 과시에 중요한 도구로 나타났다. 몸짓을 하든 말로 대화를 하든 마찬가지였다. 술집에서 친구나 동료에게 담배를 내미는 행위는 집단을 구분짓는 데 도움을 주었다. 그것은 집단을 가르고 비흡연자를 배제시켰다. 이는 산업혁명 이전의 양식이면서도 19세기에도 이어져 온 공적, 공동의 소비 형태를 유지했다. 매스-옵저베이션은 특히 노동계급 흡연자들 사이의 공격적 남성 문화에 주목했다. 노동계급에서 흡연 관습과 관련하여 만들어진 용어들은 특정 젠더 중심의 흡연 정체성을 표현한 것이었다.

흡연자들은 꽁초를 내던진다 또는 던진다라고 표현하기를 좋아한다. 이보다 약한 버린다는 표현보다 많이 쓴다. 그리고 꽁초를 멀리까지 날려보내는 일이 잦다. 또한 이들의 행동은 이들의 말보다도 자주 공격적인 외피를 두른다. 어떤 이는 꽁초를 '짓밟는다' '짓뭉갠다' 심지어 '죽인다' 는 말을 한다. 가장 좋아하는 장난은 꽁초를 불에 넣어 태워 죽이거나 가까이 있는 액체에 넣어 익사시키는 것이다. 어떤 사내는 이렇게 말했다. "나는 꽁초가 저절로 꺼지도록 내버려둘 수 없어. 난 꽁초를 뭉개버려야 해."[15]

매스-옵저베이션은 흡연자 수십 명을 인터뷰하여 사람들이 왜 흡연을 시작하게 되었는지를 조사했다. 흡연자 자신이 흡연 습관을 갖게 된 이유로 설명한 것 가운데에는 사회적 요인이 우세했다. 그리고 그 습관을 이어가는 이유를 설명할 때는 개인적이고 심리적인 요인이 훨씬 우세했다. 흡연자들은 담배의 진정 작용이나 약리적 효능, 흡연이 주는 느낌, 더 나아가 파이프나 여송연 또는 궐련의 시각적 심미성 등을 이유로 들었지만 사회 환경의 중요성은 여전했다. 한 흡연자는 여덟 해 동안 그 습관을 유지해온 것이 사교적 분위기를 유지하기 위해서였노라고 실토했다. 사실 그는 담배를 전혀 좋아하지 않았던 것이다. 또 그는 동료나 새로 알게 된 사람들에게 후하게 나누어줄 담배를 가지고 다녔다. 모든 사람들이 '마음대로' 피우게 하기 위해서였다. 또 다른 사람은 '친구를 만나서 안부를 묻는데 더 물어볼 말이 다 떨어진 민망한 순간에' 담배를 권한다고 했다.[16]

20세기 중반 즈음, 궐련 흡연자들이 인구의 대다수를 차지했고 광고인들은 이 엄청난 애연가 집단을 미화하고자 했다. 많은 광고가 세상을 흡연자들의 거대한

공동체로 그리며 군중들이 있는 운동 경기를 그린다. 이는 모든 사람들이 특정 담배의 잠재적 구매자임을 암시한다. 두 번의 세계대전에서 미국 총사령관은 담배 공급이 식량 공급보다 중요함을 깨달았다. 담배는 단결, 사기, 기강에 도움을 주었다.[17] 전선에서 싸우는 영국 흡연자들을 후원하기 위해 온 나라가 집단적인 노력을 기울였다. 신문과 상인들은 병사들이 육군성(War Office)에서 매주 받는 배급 식량 2온스 말고도 궐련과 담배를 받을 수 있게 하자는 운동을 벌였다. 예를 들어 제1차 세계대전 때 『피플(People)』은 우드바인스―'토미가 가장 좋아하는 담배'―를 포장 없이 1페니에 열 개라는 싼 가격에 보내자고 독자들에게 호소했다. 아니면 기증을 약속한 '담배 기금(Tobacco Fund)'에 기부해 달라고 했다.[18] 궐련은 나라를 위해 전쟁에서 승리하도록 하는데 일조했다. 두 번의 세계대전은 영국을 흡연 국가로 만들었다. 1940년대 말 즈음, 성인 남성의 약 5분의 4와 성인 여성의 5분의 2 정도가 담배를 상용했다.[19]

이 거대한 집단적 흡연의식으로 무장된 비평가들은 1950년대와 1960년대에 담배와 폐암, 담배와 심장질환을 연관짓는 건강 개념에 맞서 결집했다. 암은 흡연자들로 하여금 흡연이라는 정체성을 더욱 확실히 인식하게 했다. 『데일리 익스프레스(Daily Express)』의 글에서 채프먼 핀처(Chapman Pincher)는 그가 무해한 즐거움이라고 여긴 것을 뿌리 뽑으려는 의료 정책을 공격했다. 그는 정부와 왕립대학 의사들이 가족주의(paternalism)를 억압하는 잘못을 저질렀다고 생각했다. 이들의 주장은 '자유에 대한 거부'였다. 그는 모두 단결하여 '간섭하는 의사들'[20]을 반대하자고 흡연자들을 선동했다. 그는 다른 많은 비평가들의 지지를 얻었다. 이 비평가들 또한 높은 흡연율이 지속되는 현실이 만족스러운 듯했다. "영국인은 쉽게 두려워하지 않는다."고 한 거만한 언론인이 발표하기도 했다.[21] 프리스틀리(J. B. Priestley)도 흡연 인구의 건강을 협박하는 분위기를 우려했다. 그런 분위기가 파이프 흡연자들에게도 영향을 미치고 브라이어 파이프가 문화적으로 소멸하는 비극이 찾아올 것을 경계했다. 브라이어 파이프는 영국인의 냉철함, 견실성, 상식적임의 '인종적 상징' 이었기 때문이다.[22]

그러나 흡연과 건강 인식의 가장 놀라운 결과는 흡연자들 사이에서 새로운 방식의 사교가 등장한 것이었다. 1962년 왕립대학 보고서가 발표된 직후의 새해에는 '금연' 이라는 새로운 문화가 생겨났다. 흡연자들은 자신이 금연에 실패했으면서도, 친구들과 동료들의 금연 노력을 돕고 격려했다. 1971년 『데일리 미러(Daily Mirror)』기자 몇 사람이 동시에 금연을 시작했다. 이들은 서로 다른 금연 도구를 써서 실험에 들어갔다. 신문은 며칠에 한 번씩 이들의 금연 과정을 보도하면서 이 새로운 금연자 클럽에 대한 독자들의 공감을 이끌어냈다.[23] 미러에 보도되는 공동의 금연 행위는 앤디 캡(Andy Capp)이 항상 '늘어지게' 물고 있는 담배만큼 저하된 건강 상태와 절연하려는 삶의 방식의 선택이었다. 기자 몇 사람이 패배를 시인하고 다시 담배를 피우기 시작하자 그들의 실패담은 모든 흡연자들이 겪는 이해할 만한 과정으로서 유머러스하게 보도되었다.

오늘날 수많은 비평가들은 새로운 흡연자를 그려냈다. 건강을 염려하는 서구 소비문화가 가득한 크롬 도금으로 번쩍거리는 쇼핑몰, 그곳에 가려진 어두운 뒷골목에서 등장한 고독한 개인, 새로운 반항자의 모습이다. 여기서 그들은 영화배우 험프리 보가트와 로렌 바콜에 함축되어 있는 개인주의자라는 양식에 의지했다. 그러나 그들의 분석을 들여다보면 새로운 흡연 환경―공공장소의 흡연 금지, 소극적인 흡연에 대한 과장된 위협, 흡연이 국가 보건 서비스에서 감당해야 할 몫의 왜곡된 산정―조차 변함없이 사교와 흡연 문화에 뿌리박고 있음을 알 수 있다. 거기에 새로운 말보로 컨트리가 있다. 고독한 카우보이의 땅이 아니라 공중 보건의 힐난에 맞서 단결한 사교적인 도시인들의 땅이다.

흡연 방식이 매우 다양한 부유층은 정체성을 한마디로 정리하기 어렵다. 다행히도 흡연 반대자들 덕택에 흡연자들은 언제나 자신들이 사교적이고 눈에 띄는

집단의 일부임을 자각할 수 있었다. 19세기에 급진적인 금연 개혁가들의 소규모 집단이 남배반대협회(Anti-Tobacco Society)를 창설하여 흡연자들과 흡연을 반대하는 소책자를 발행했다. 코프의 담배 회사는 이를 회사를 위한 광고 자료로 삼았다. 〈디바 니코티나의 추구〉에서 담배 숭배자들은 거룩한 풀을 손에 넣으려고 열망한 나머지 존 커크(John Kirk) 경, 찰스 드리스데일(Charles Drysdale) 박사, 뉴먼(F. W. Newman) 교수 같은 담배 반대자들을 짓밟고 있다. 이 그림의 구름 속에는 '파멸의 고지자'가 '위선의 우산'을 들고 있다. 다른 포스터에서는 흡연 반대자가 파이프를 물고 있는 황새, 왜가리, 펭귄, 홍학들에게 헛되이 설교를 늘어놓는다. 그는 롤러스케이트를 탄 채 미끄러지고 있으며 새들은 그에게 아랑곳하지 않고 자기들끼리 재미난 모습이다. 『코프 타바코 플랜트(Cope's Tobacco Plant)』(코프 회사에서 발행한 월간 잡지─옮긴이)에서는 오랜 담배 반대 운동의 재정 문제를 조롱했다. 제조업자들은 담배반대협회의 지도자 토머스 레이놀즈(Thomas Reynolds)에게 『안티-타바코 저널(Anti-Tobacco Journal)』의 발간을 중단하면 1,000파운드의 위로금을 주겠노라고 공언했다.[24] 그 뒤 담배 제조 반대자들의 히스테리컬한 노호보다 자신들의 지위가 훨씬 막강함을 과신한 제조업자들은 『코프 타바코 플랜트』가 발행될 때마다 한 페이지를 담배 반대 운동에 내주었다. 그들은 레이놀즈의 최대의 적이 그 자신임을 보여주었다. 그들은 『안티-타바코 저널』 기사들을 패러디했다. 더 나아가 그 운동의 무효성을 알리기 위해 '찻주전자

(teapot)반대협회' 창설을 제안했다. 레이놀즈는 결코 이에 말려들지 않았다. 그러나 그가 여기에 말려들었다면 적어도 그는 자신이 만났던 사람들보다 훨씬 많은 사람들과 대화를 하게 되었음을 알았을 것이다.

오늘날 흡연반대운동은 더 많은 지지를 얻고 있으며 그 운동에 정당성을 부여해주는 과학적 증거의 토대도 풍부하다. 그러나 이는 운동이 완전히 성공했음을 뜻하지 않는다. 세상에 널리 알려진 흡연의 위험성을 익히 알면서도 성인의 3분의 1 정도는 아직도 흡연을 하고 있다. 흡연자들의 새로운 사교 방식은 긍정적인 요인과 부정적인 요인 모두의 산물이다. 부정적인 요인은 공중보건 담당자들과 입법자들 사이에 증가된 흡연 반대 활동의 결과이다. 그러나 오래 전부터 의료 기관의 승인을 받은 협회들로부터 긍정적인 요인이 밝혀지고 있다. 1958년에 『랜싯(Lancet)』(국제적인 의학 잡지—옮긴이)이 흡연과 폐암 사이에 모종의 연관이 있다고 인정하자 어떤 사람은 흡연자들이 '급하고, 에너지가 넘치며, 충동적이고, 독립적이고, 재미있는 사람들이며, 흥미로운 일을 맹렬히 추구하고, 전쟁 때는 전투 부대에서 군복무를 하는' 이들이라고 설명했다. 이와는 반대로 비흡연자들은 '침착하고, 꾸준하고, 믿을 수 있고, 성실하고, 조금은 말수가 적은 가정적인 사람으로, 전쟁 때는 전문화된 비전투 부대에 이끌리는 사람' 이라고 설명했다.[25] 오늘날 흡연자들은 사무실 바깥에서 담배를 피우느라 춥고 비에 젖을지도 모른다. 그러나 적어도 그들은 『랜싯』이 거의 50년 전에 알았던 것을 알고 있다. 바로 흡연자들이 더 좋은 사람들이라는 것이다. 물론 흡연자들은 오늘도 함께 어울려 담배를 피우고 있다. □

||||주

01. 《가자! 서쪽으로(Westward Ho!)》(1855)에 나오는 이 문구는 모든 Westward Ho! 담뱃갑마다 쓰여 있었다.
02. Lord Byron, '섬(The Island)', 2편 19연 (1823), 《바이런 경의 시작품(The Poetical Works of Lord Byron)》 (London, 1857), p. 268.
03. J. M. Barrie, 《니코틴 부인(My Lady Nicotine)》(1890) (London, 1902).
04. 셜록 홈스의 이런 흡연 습관은 그의 모험담에서 알 수 있는 것으로, 대부분의 이야기에서 언급된다. 특히 '바스커빌 가의 개(The Hound of the Baskervilles)' '남색 보석(The Mazarin Stone)' '머스그레이브 가의 의식(Musgrave Ritual)' '스파이(The Naval Treaty)' '사라진 신랑(A Case of Identity)' '너도밤나무집의 수수께끼(The Copper Beeches)'

'어느 기술자의 엄지손가락(The Engineer's Thumb)' '빈 집의 모험(The Adventure of the Empty House)' '보헤미안 왕국의 스캔들(A Scandal in Bohimia)' 그리고 '소포 상자(The Adventures of the Cardboard Box)', A. Conan Doyle, 《셜록 홈스 오리지널(Original Illustrated Sherlock Holmes)》(Edison, NJ, 1997)를 참조.

05. A. V. Seaton, 빅토리아 영국에서 코프의 담배 판촉(Cope's and Promotion of Tobacco in Victorian England)', 『저널 어브 애드버타이징 히스토리(Journal of Advertising History)』, 4/2 (1986), p. 12.

06. 《존 프레이저 문서(The Papers of John Fraser)》, 리버풀 대학 스페셜 컬렉션, 파일 680.

07. M. L. de la Ramee [Ouida], 《두 깃발 아래서(Under Two Flags)》 (1867), (Oxford, 1995), p. 18.

08. 이름 모름, 구름 속의 모든 것(All in the Clouds)', 《1년 내내(All the Year Round)》, 15/369 (1866), pp. 448; 이름 모름, 옛날 영국 파이프들(Old English Tobacco Pipes)', 『체임버스 저널』, 73 (1986), pp. 495-6; 점토 파이프(Clay Pipes)', 『타바코 트레이드 리뷰(Tobacco Trade Review)』, 6/70 (1873), p. 123; R. Quick, 옛날 담배 파이프(The Antiquity of the Tobacco Pipe)', 《골동품 애호가(Antiquary)》, 17 (1896), p. 158.

09. 흡연에 대하여(On Smoking)', 『타바코 트레이드 리뷰(Tobacco Trade Review)』, 2/22 (1896), p. 158.

10. W. Collins, 《월장석(The Moonstone)》 (1868) (Ware, 1993), p. 282.

11. B. W. E. Alford, 《윌스와 영국 담배 산업의 발전(W. D. & H. O. Wills and the Development of the UK Tobacco Industry)》(London, 1973), p. 109; 아일랜드 궐련 시장의 성장(Increase of the Irish Roll Trade)', 『타바코 트레이드 리뷰(Tobacco Trade Review)』, 2/13 (1869), pp. 8-9; 코담배 시장의 쇠퇴(Decline of the Snuff Trade)', 『타바코 트레이드 리뷰(Tobacco Trade Review)』, 2/16 (1869), p. 56; 담배 시장에 대하여(On the Tobacco Trade)', 『타바코 트레이드 리뷰(Tobacco Trade Review)』, 10/115 (1877), p. 79; 스코틀랜드의 담배 시장(The Tobacco Trade of Scotland)', 『타바코 트레이드 리뷰(Tobacco Trade Review)』, 19/218 (1886), p. 42; 스코틀랜드의 담배 시장(The Tobacco Trade of Scotland)', 『타바코 트레이드 리뷰(Tobacco Trade Review)』, 20/231 (1887), p. 78; 아일랜드 궐련(Irish Roll)', 『타바코 트레이드 리뷰(Tobacco Trade Review)』, 23/270 (1890), p. 158; 시장에 대하여(Trade Topics)', 『타바코 트레이드 리뷰(Tobacco Trade Review)』, 24/277 (1890), p. 24; 시장에 대하여(Trade Topics)', 『타바코 트레이드 리뷰(Tobacco Trade Review)』, 24/279 (1890), p. 68; 씹는담배: 소매상인들이 알아야 할 것(Chewing Tobacco: Points for the Retailer)', 『타바코 트레이드 리뷰(Tobacco Trade Review)』, 27/323 (1894), pp. 337-8.

12. E. J. Urwick, 《우리 도시의 소년의 삶에 대한 연구(Studies of Boy Life in our Cities)》(1904) (New York, 1980), p. 7.

13. A. Paterson, 《다리를 건너 또는 남부 런던 강가의 삶(Across the Bridges, or, Life by the South London Riverside)》(London, 1911), p. 125.

14. 같은 책, P. 142.

15. 매스-옵저베이션, 사람 그리고 그의 담배(Mass-Observation, Man and his Cigarette)' (1949), 〈톰 해리슨의 대중 관찰 문서자료에서 파일 리포트 3192(File Report 3192 in The Tom Harrisson Mass-Observation Archive)〉 (Brighton, 1983), pp. 126-7.

16. 대중 관찰 문서자료, 서섹스(Sussex) 대학 도서관, 토픽 컬렉션(Topic Collections), 흡연 습관 1937-1965, Box 3, File A, P. Moore (416).

17. Richard Klein, 《담배가 최고(Cigarettes Are Sublime)》(Durham, NC 그리고 London, 1993), p. 135.

18. 〈피플(People)〉, 1915. 12. 19, p. 2.

19. J. W. Hobson과 H. Henry, 〈흡연 관습 형태: 1948년 헐튼 리더쉽 조사에서 취합된 정보를 기초로 한 연구(The Pattern of Smoking Habits: A Study Based on Information Collected During the Course of the Hulton Readership Survey)〉, 1948, (London, 1948), p. 4.

20. 『데일리 익스프레스(Daily Express)』, 1965년 2월 9일, pp. 1, 8; 『데일리 익스프레스(Daily Express)』, 1965년 2월 10일, pp. 5, 8.

21. 『더 타임스(The Times)』, 1958년 4월 7일, p. 7.

22. 『가디언(Guardian)』, 1965년 12월 23일, p. 5.

23. 『데일리 미러(Daily Mirror)』, 1971년 1월-2월, 다양함.

24. 〈코프 타바코 플랜트(Cope's Tobacco Plant)〉, 2/7 (1970) p. 75.

25. 『랜싯(Lancet)』 1 (1958), pp. 680-81.

아바나 여송연과 서구의 상상

진 스터브스 | Jean Stubbs

아바나를 피우는 것은
즐거운 탐닉의 가장 멋진 형태로 널리 알려져 있다.[01]

1990년대 여송연 열풍이 한창이던 1997년, 미국 잡지 『뉴스위크(Newsweek)』는 '연기 내뿜기'와 '멋진 흡연광들'이라는 제목을 붙인 여송연 관련 기사 둘을 실은 적이 있다.[02] 후자는 멋진 디자이너의 의상과 술, 커피와 여송연을 중심으로 하여 X세대가 주도하는 시장의 변화를 다룬 기사였으며, 전자의 기사는 다음과 같다.

여송연은 냄새가 독하고 값이 비싸며 몸에 안 좋다. 그렇지만 유명인, 모델 그리고 평범한 여송연 흡연자들이 이 트렌드에 불을 지핀 덕택에 가장 유행하는 상품이기도 하다. 어떻게 이런 일이 생겨나는 것일까?……여러분은 전혀 몰랐을 수도 있지만 여송연을 한 번도 피워본 적이 없는 미국인들이 진짜로 있다. 어쩌면 당신이 그 한 명일지

도 모른다.[03]

　나는 미국 사람이 아니지만 여송연을 한 번도 피워보지 않은 사람이었다. 그런데 2001년 1월 쿠바의 부엘타 아바호(Vuelta Abajo)에 있는 농장에 갔을 때였다. 그곳은 여송연 전문가들에게는 성지나 다름없었다. 수확이 한창이던 때 1980년대의 농부 알레한드로 로바이나(Alejandro Robaina)—현재 그의 여송연 상표 베가스 로바이나(Vegas Robaina)가 있고, 올해의 아바나 여송연 농부(Havana Cigar Man of the Year)에 뽑혔다[04]—가 그의 담뱃잎으로 만 여송연을 내게 주었다. 우리는 그의 베란다에서 이야기를 나누며 시간을 보냈다. 그는 또 다른 여송연에 은으로 서명을 해서 간직하라며 내게—여송연 역사학자—주었다. 나중에 나는 이웃 도시 피나르 델 리오(Pinar del Rio)의 여송연 공장 옆에 있는 아바나 여송연 가게에서 금속 깡통(내 특별 담배 보관 상자)을 구입했다. 지금 그 여송연은 집에 있는 서재의 책꽂이에 보란 듯이 전시되어 있다. 나는 그 뒤로 흡연을 하지 않았지만 쿠바 담배에 관한 연구와 저술에 중독된 증세는 여전히 나아지지 않았다.

　최상품 여송연을 피우려면 1월이나 2월에 쿠바를 찾으면 된다. 부엘타 아바호에 가면 볕을 받고 자라는 담배밭이 초록빛 물결로 너울거리거나 그늘막에서 재배하는 담배를 덮은 흰 무명천이 바다처럼 넘실댄다. 아바나(Havana)는 여송연 애호가들이 특별 여행을 오는 여송연의 도시이다. 아바나는 해외에서 살 수 있는 가격의 일부만 주고 여송연을 구입하려는 관광객들로부터 수입을 거둔다. 1990년대 여송연 열풍은 양이냐 질이냐의 갈등을 일으켰다. 조건이 적합하지 않은 지역에서 여송연 담배가 재배되었고, 젊은 노동자들은 숙련되지 못했다. 질 좋은 수출 브랜드—코이바 시글로 3(Cohiba Siglo III), 오요 데 몬테레이 더블 코로나(Hoyo de Monterrey Double Corona), 몬테크리스토 A(Montecristo A), 파르타가스(Partagas), 라몬 알로네스 기간테스(Ramon Allones Gigantes) 또는 새 트리니다드(Trinidad)와 쿠아바(Guaba)—가 아바나 바깥의 비수출 공장에서 만들어졌다. 지금 이 문제는 개선되었고, 전문가나 신참자 모두 아바나 의사당 건물 옆에 있는 옛 파르타가스(Partagas) 공장이나 얼마 전 재개장한 여송연 호텔, 콘데 데 비야누에바 오스탈 델 아바노(Conde de Villanueva Hostal del Habano)에서 여송연을 피우

며 과거의 문제를 잊을 수 있다. 여송연을 피우는 느낌은 얼마 전 은퇴한 쿠바 여
송연 전문가의 서술에 잘 나타나 있다.

쿠바의 작가이자 세계적인 위대한 작가 알레호 카르팡티에(Alejo Carpentier)는 라틴아
메리카 문화 속에 아바나 여송연이 자리 잡고 있다고 이야기한다. 그는 그것을 신비한
리얼리즘의 세계라고 정의한다. 부엘타 아바호, 파르티도(Partido) 그리고 쿠바 여러
지역의 담뱃잎을, 이들 재배 지역의 기후와 바람, 햇볕과 함께 만들어내는 농부와 공장
노동자들의 현실이 리얼리즘이라면……신비함은 그 향락에 흡연자의 입천장에 닿는
멋진 선물에 있다.[05]

아바나의 신비

쿠바 사람들은 여송연을 안다. 누가 오래도록 이야기를 늘어놓으면, contando
la historia del tabaco en dos tomos라는 말을 듣는데, 이는 두 권 분량의 담배 이야
기를 한다는 뜻이다. 담배는 분명히 쿠바와 쿠바 사람들에게 중요하며, 모든 담
배 제품 가운데에서도 여송연이 신화적 위치를 차지하고 있다.

쿠바 여송연은 오래 전부터 세계 최고로 여겨져 많은 곳에서 모방 생산되었다.
초기의 여송연은 아메리카 원주민의 것이었지만, 1492년 콜럼버스의 정복 이후
이야기는 대담한 복제, 밀수 그리고 에스파냐 식민 독점자본에 대한 봉기로 흘
러갔다. 벌이가 좋은 여송연은 19세기에서 20세기 세계 여송연 ― 담배 경제의
일부였던 독일, 영국, 프랑스 그리고 북아메리카 자본의 먹이였다. 이들의 혼합
담배 제품(tobacco blend, 두 종 이상의 담배를 혼합해 만든 제품―옮긴이)은 카메룬,
터키, 자바, 수마트라 같은 먼 나라에서 생산되었고, 이 제품의 주요 시장은 런
던, 암스테르담, 브레멘, 뉴욕이었다. 여송연 또한 1868년 쿠바가 에스파냐를 상
대로 첫번째 독립 전쟁을 일으킨 때부터 1959년 쿠바 혁명을 거쳐 1990년대 여
송연 열풍에 이르기까지 주요 정치적 격동, 망명 사회 그리고 경쟁적 자본의 중
심부에 있었다.

아바나 여송연의 세계 신화는 5세기도 더 전에 시작되었다. 당시 에스파냐 사

절에는 남자들이 손에 불붙은 관솔을 들고 있다고 기록했다. 황금을 찾던 콜럼버스는 여기에 별로 관심이 없었지만 원주민들은 분명히 손에 불붙은 것을 쥐고 있었고, 그것을 담배(tabacco)라고 불렀다. 쿠바 민족지학자 페르난도 오르티스(Fernando Ortiz)[06]는 담배를 인디언과 뗄 수 없는 벗 그리고 신화, 신앙, 마법, 의학, 의례, 집단적 자극, 공적이면서 사적

금-돋을새김을 한 19세기 아바나 여송연 라벨. 호화로운 칼릭스토 로페스(Calixto Lopez) 공장 그림.

인 관습, 정치와 전쟁의 일부로 그리고는 했다. 인간 화물로 아프리카에서 쿠바로 수송되어 온 노예들에게 그것은 불경스러우면서도 성스러운 것이었다. 그리고 오늘날까지도 아프리카―쿠바인의 종교에서 중요한 위치를 차지한다. 담배는 신세계서 구세계로 전해진 뒤 현대사의 필수품 가운데 하나가 되어 다시 돌아왔다. 쿠바의 경우, 콜럼버스가 보았던 그것은 19세기와 20세기의 고급 담배가 되었다. 그것은 쿠바에서 에스파냐어로 타바코(tabaco) 또는 푸로(puro)(tobacco와 pure로 그대로 옮기면 된다)로 널리 알려지게 되었고, 엘 아바노(El Habano, 세계적으로 우수한 여송연을 생산하는 호화로운 공장이 있는 아바나의 이름을 딴 것)로 더 알려지게 된―아바나 여송연, 간단히 말해서 아바나였다.

여송연 문화에서 도상학(iconography)이 등장하였는데 이는 전통의 창조, 가상의 공동체, 문화적 쟁점을 풍부하게 피워낸 영역이었다. 19세기 후반 담배 미술은 시각적 상상력에 불을 지폈다. 빅토르 패트리시오 란달루스(Victor Patricio Landaluze)가 판화로 새긴 여송연을 피우는 여성 치료사에서부터, 다색 석판술을 이용하여 유례없이 아름다운 색채까지 입힌 아름다운 금―돋을새김 여송연 라벨까지가 이에 속했다.[07]

19세기 후반의 국내 ‘순 아바나’ 산업을 저술한 플로리다의 역사학자 글렌 웨스트폴(L. Glenn Westfall)은 이렇게 논평했다. “여송연은 신분, 남성의 성공 그리고 유능함의 잣대와 동의어였다.……더욱 정교한 인쇄 기술과 함께 매출이 증가했다.……제조업자들은 에스파냐 분위기를 내는 브랜드와 이미지를 광고했다.”

08 에스파냐 분위기는 궐련이 공장에서 대량 생산된 1920년대 미국에서 인기를 잃었다가 20세기 후반에 과거의 인기를 되찾았다.

| 역 공 격

1990년대 여송연 열풍의 배경에는 뉴욕에 본거지를 둔 화려한 잡지『시가 아피시오나도(Cigar Aficionado)』의 시장 선도 활동이 많은 부분을 차지한다. 이 잡지는 1992년 처음 간행되었고 편집자는 마빈 샨켄(Marvin Shanken)이었다. 잡지는 흡연 반대에 대한 여송연 흡연자들의 반대 운동의 상징이었다. 그 창간호에서 한 뉴욕 사람은 이렇게 말했다.

매일 밤 저녁을 먹은 뒤 나는 여송연을 가지고 개 두 마리를 데리고 파크 애비뉴(Park Avenue)로 걸어간다. 아주 많은 친구들이……최근에 여송연 흡연을 반대하는 교활한 운동 탓에 동요하고 있다. 이 때문에……나는 가끔 방어하고 논쟁해야 하며 더 나아가 미국 흡연 반대파의 로비에 맞선 활동가가 되었다.[09]

그는 계속해서 1940년대에 군중을 향해 손을 흔들던 윈스턴 처칠을 추억한다. 당시 처칠은 "아바나 여송연(처칠의 이름을 붙인 여송연도 있었다)을 물고 있었고, 1950년대 대중은 파워 엘리트 집단의 남성들 사이에 유행하던 여송연 흡연을 받아들이고 존중했다. 1960년대 초반에 케네디는 가장 좋아하는 아바나를 피웠다." 그는 이렇게 말을 맺었다. "미국이 전쟁을 하지 않을 때, 사람들을 벌하고자 하는

- 최고의 여송연 국외자:피델 카스트로, 『시가 아피시오나도』 1993~1994년 판에 실린 '슈(Shoe)'가 그린 만화.

청교도적 욕망이 가정에서부터 솟아난다."[10]

한 해 뒤, '일어나라' 라는 제목이 붙은 샨켄의 사설은 목소리를 높였다. "여송연 흡연자들이, 무시당하고 고립된 소수자보다도 더 나쁘게 인식되고 있다.······ 우리의 힘이 얼마나 막강한지 세계에 알리자."[11] 이 사설에 붙어 있는 만화에서는 여송연을 피우는 사람들에게 따라다니는 소외자라는 낙인을 이야기하며, 가장 위대한 소외자로 카스트로를 닮은 인물(230쪽 아래 참조)을 등장시켰다. 카스트로는 10년 쯤 전에 금연을

- 마이애미 바이스 광고:허벅지에서 여송연을 마는 현대의 카르멘 ― 『시가 아피시오나도』 사진.

했지만 여전히 최고의 금기 아이콘이었다. 그는 1960년대 초반 여러 번이나 CIA의 암살 표적이었지만 암살 시도는 모두 실패로 끝났다. 독극물을 넣은 여송연이 암살 시도에 쓰인 뒤로 카스트로는 그만을 위해 만들어 확실하게 안전을 보장한 코이바 여송연만 피웠다. 그러나 그 뒤의 커버 기사들은 흡연의 권리에 아바나를 피울 권리가 포함됨을 분명히 했다. 워싱턴이 40년 동안 쿠바에 무역 금지 조치를 취하고 있었기 때문에 미국에서는 아바나가 불법적이었고 그 때문에 더욱 매력적이었다. 여성들 사이에 여송연 흡연이 지속적으로 늘고 있다는 문제 제기에도 불구하고 『시가 아피시오나도』의 부제는 '남성들을 위한 좋은 생활 잡지' 이다. 그리고 분명히 성적(sexual)이라고 표현할 수는 없어도 관능적인 광고들을 싣는다. 한 예로 오늘날의 〈마이애미 바이스(Miami-vice, 1980년대 미국 TV에서 인기를 끌었던 경찰 드라마―옮긴이)〉의 카르멘이 젊은 그녀의 허벅지에서 여송연을 마는 듯한 인상을 주는 광고가 있다. 『시가 아피시오나도』의 발행부수는 치솟았다. www.cigaraficionado.com에서는 '명예의 전당(Hall of Fame)' 과 '여송연 스타(Cigar Stars)' 로 웹에서 혁명을 이어가며, 1990년대 열풍 속에서 산업을 주도한 이들을 칭송했다.

여송연의 유행

1997년 『뉴스위크』는[12] 기사 '여송연의 인기는 계속될 것인가? 트렌드 따라잡

기'를 실었다. "모든 트렌드—여송연, 롤러블레이드, 문신—는 예견할 수 있는 유행 단계를 거친다고 아이코노컬처 사(Iconoculture, Inc.)의 마케팅 컨설턴트 로 렌스 새뮤얼(Lawrence Samuel)은 말한다. 주류 트렌드는 소멸하여 소소한 유행 (microtrend)으로 변화하거나 국가적 오락으로 굳어진다."[13]는 부제가 달려 있었 다. 이 기사는 주변기(유행 이전), 유행기(트렌디), 절정기(유행 이후), 변이기(새로 운 유행)의 네 단계를 이야기한다. 1995년 이전 은행가, 투자자, 변호사들이 여송 연 하룻밤 금연(smoke-out cigar night)의 정치적 올바름을 비웃은 주변기, 1995년 멋진 여피 족과 젠더 벤더(gender bender, 성정체성 파괴자, 자신의 몸에 양성의 성적 경향을 동시에 표현하는 이들—옮긴이), 대학생들이 (베이비붐 세대를 위한) 『시가 아 피시오나도』의 구독을 자랑하며 (X 세대) 여송연 술집이나 흡연할 수 있는 간이 식당에서 여송연을 피운 유행기, 1996년 코퍼릿 아메리카(Corporate America, 미국 을 대표하는 거대 기업들—옮긴이)가 이익을 거두고 부두노동자 조와 제인(Joe and Jane, 평범한 노동자들을 가리키는 말—옮긴이)이 '즐거운 악습'인 여송연을 교외로 끌어들인 절정기 그리고 도심의 젊은이들과 쿠바 불법입국자들인 밀수업자들이 다양한 제품을 만들어낸 1997년의 새로운 유행기로 나누었다. 그 뒤로 미국 여 송연 매출은 줄어들지만 다른 지역의 여송연 특히 쿠바 산은 매출을 이어갔다. 1998년 영국 잡지 『이코노미스트(Economist)』는 '쿠바 여송연:전성기가 이어지 다' 라는 제목의 기사를 실었다.

> 1985년 피델 카스트로가 여송연 흡연을 그만 둔 뒤로, 세계의 많은 이들도 여송연을 끊었다.……쿠바 산업은 끝난 것으로 보였다.……그러나 쿠바 경제는 되살아났다. 여 송연은 부자들의 필수 소지품이고 미국에서는 공공장소에서 흡연을 실질적으로 금지 한 정치적 올바름에 대한 반발이 일고 있다. 이 반동은 유럽에서 더 크게 일고 있다. 자 유주의자(그리고 난봉꾼들)들이 전세계 법정에서 단결하고 있다.[14]

아바나 여송연 이벤트는 필수 의례(de rigeur)가 되었다. 1997년 4월 『쿠반 리뷰 (Cuban review)』의 기사는, 유명한 트로피카나 카바레(Tropicana Cabaret, 쿠바에서 가장 유명한 나이트클럽—옮긴이) 갈라디너(gala dinner, 특별한 이벤트와 만찬을 함께

하는 것—옮긴이)에 40여 개국에서 온 700명이 참석했다고 전했다. 피델 카스트로도 참석한 이 연회에는 미국의 규제를 무시한 미국인 137명이 있었다.[15]

| 여송연 도시들

쿠바 본래의 여송연 가공 과정은 다른 나라들에서 모방된다. 마크 스터클린(Mark Stucklin)은 '고급 여송연은 통잎 그대로를 속대잎으로 써서 손으로만 만든 것이다. 속말이 도구를 쓰지 않고 손으로만 속대잎을 싸는 것은 쿠바뿐이다.……속대가 긴 수제 여송연의 발달은 다른 어느 나라보다도 쿠바 덕택이다.……' 하고 말했다.[16] 다른 나라에서 기본적인 가공으로 생산되는 값싼 여송연—미국에서는 스토기(stogy)라고 한다—은 짧은 각초를 속대잎으로 넣고 담배 파편들을 눌러서 만든 종이 바인더로 싼 것이다. 그렇지만 쿠바 산 고급 여송연과 담뱃잎에 대한 추구가 있었기에 19세기 후반 전쟁의 상처를 입은 쿠바와 20세기 후반 혁명 국가들 출신의 망명자들이 주변의 카리브 해와 중앙아메리카로 가게 되었다. 그리고 키웨스트(Key West), 탐파(Tampa), 이보 시티(Ybor City)에서부터 예전의 마르티 시티(Marti City)이자 오늘날의 오칼라(Ocala)를 거쳐 잭슨빌(Jacksonville), 탤러해시(Tallahassee) 그리고 암스테르담, 수마트라, 아바나라는 이름이 붙은 팬핸들 개즈던(Panhandle Gadsden) 카운티의 마을에 이르기까지 플로리다의 거의 모든 지역에 자리 잡게 되었다.

쿠바 아바나가 여송연의 도시라면 당시 키웨스트는 '미국의 여송연 도시'였고, 탐파(더 구체적으로는 웨스트탐파와 이보 시티)는 '세계의 여송연 수도'였다.[17] 이들의 연관 속에서 망명 중이던 쿠바 독립운동 지도자 호세 마르티(Jose Marti)는 1892년 그의 쿠바혁명당(Cuban Revolutionary Party)을 원조할 방법을 탐파에서 찾았다. 이보 시티에서 만든 것 가운데 가장 유명한 여송연을 쿠바로 밀수하면서 1895년의 무장봉기 명령을 전달한 것이다. 이보 시티와 탐파는 그들의 과거 환영일 수도 있지만 그 노동자들은 과거의 이상주의, 급진주의, 민족주의 그리고 너무 자주 잊혀지는 흡연 문화를 기록하고 있다. 1972년에 발간된 『플로리디언(Floridian)』 가운데 한 호는 이보 시티의 고급 여송연을 '역사와 낭만과 시로 가득 찬 불붙은 갈색 뇌관'이라고 묘사하며, 생존해 있는 소수 여송연 제작자 가운데 한 사람인 76세의 세르반도 로페스(Servando Lopez)에 관해 썼다.

그가 만든 여송연에 불을 붙일 때 그의 눈은 반짝인다. 창의 줄무늬 사이로 뚫고 들어온 햇빛에 그의 머리카락이 빛난다. 그는 여송연이 고르게 타 들어가는지 주의 깊게 확인한다. 그것은 좋은 여송연을 판별하는 한 방법이다. 그는 전문가가 하듯이 재가 길게 남는지를 본다. 로페스는 남루한 옷을 입고 다리를 절뚝거리는 노인이나 너무 가난해서 옷을 제대로 입지 못하는 사람들이 기꺼이 몇 센타보(centavo, 페루의 최소 화폐 단위로 1/100페소—옮긴이)를 내고 고급 여송연의 품위를 살 때 기쁨을 얻는다.[18]

1980년대 중반—여송연 매출이 사상 최저를 기록하고 여송연의 신비감이 할리우드 동경의 일부가 되었을 때—탐파 지역 사학자들은 가까스로 개발업자들에 의해 이보 시티가 붕괴하지 못하게 막았다. 루이스 페레스 주니어(Louis A. Perez Jr)는 호세 데 라 크루스(Jose de la Cruz)를 인터뷰했다. 그는 아바나 여송연 노동자 파업 이후에 쿠바를 떠나 1912년 탐파에 도착했고, 그 뒤 1931년 대파업의 주동자가 된 사람이었다. 페레스의 기사에서 그는 1920년대와 1930년대의 열정을 이야기한다.

우리는 오랫동안 말이 없었고, 돈 호세는 연기만 내뿜었다. 잿빛 감도는 형체 없는 흰연기가 구불거리며 천장으로 피어올랐다. 얼마쯤 지나자 그는 나이 탓에 무거워진 팔을 시계추처럼 휘저어 남아 있는 연기를 무심히 흩뜨렸다.……"자네도 아다시피 우리는 승리했네. 역사가 뭐라고 말할지 나는 아네.……하지만 나는 그게 그렇지 않다는 것을 자네가 알았으면 하네."[19]

망명자 농부들, 제조업자 그리고 이들보다는 적었지만 노동자들이 1959년 성공(쿠바 사회주의 혁명—옮긴이)한 이후 위기를 맞은 1989년(소련 및 동구권 붕괴—옮긴이) 이후의 쿠바 아바나에 '국외 아바나'가 진지하게 도전장을 내밀게 되었다. 이들의 후원자인 소비에트연방이 해체되었고, 적국인 미국은 목줄을 조여

왔다. 바로 그때 여송연의 부활이 시작되고 있었다. 1995 년 쿠바계 미국 작가 구스타보 페레스-피르마트(Gustavo Perez-Firmat)는 이렇게 썼다.

체 게바라, 1960년대 쿠바 혁명의 상징. 여송연을 피우는 모습이 자주 보였다.

> 유배자의 삶은 대체하는 삶이다. 아바나에서 얻을 수 없는 것은 마이애미에서 만들라.……망명지의 삶이란, 추억과 상상력의 결합. 모든 망명객은 돈키호테 같은 상상력의 전도사, 세상이 자신의 야망과 이상에 순종하도록 세상을 창조하는 이. 스무 해 내내 리틀 아바나(Little Havana, 마이애미에서 쿠바 문화가 밀집되어 있는 곳—옮긴이)에서 가장 인기 있는 식당이……여송연 연기와 거울들로 가득 차 있었다는 것은 우연이 아니다.[20]

미디어 전쟁이 달아올랐다. 마르틴 멘디올라(Martin Mendiola)는 마이애미 『엘 누에보 헤럴드(El Nuevo Herald)』의 정기 칼럼 '순수한 연기(Puro Humo)'에서 불만스럽게 토로했다. "세계 최고의 여송연이 어느 것이냐고 물으면, 『시가 아피시오나도』를 비롯하여 대부분이 쿠바 여송연이라고 대답한다.……그러나 우리는 도미니카공화국, 온두라스, 니카라과, 자메이카, 카나리아 제도에서 나는 여송연의 품질이 훨씬 좋다는 것을 안다.……이 여송연들은 쿠바 선조들이 만들었거나 그들에게서 만드는 방법을 배운 것이다."[21] X 세대 이후 『제너레이션 N(Generation ñ)』이라는 잡지를 발행했고, 흡연을 반대하는 플로리다에서 자라난 마이애미의 쿠바계 미국 젊은이들은 쿠바 여송연을 재발견했다. "결국은……여송연이다! 피는 물보다 진하다."[22] 그들은 빌트모어호텔(Biltmore Hotel)에 뻔질나게 드나들었다. 코럴 게이블스(Coral Gables)에 있는 그 호텔은 1926년에 세워져 1990년대에 다시 전성기를 맞았다. 금요일 밤이면 뜰에서 약식 야회복을 입고 참석하는 여송연 만찬 '별밤의 여송연(Cigars under the Stars)'을 열었기 때문이다. 여송연 페스티벌들이 키웨스트에 새롭게 생겨났다. 여송연 가게들은 야구와 손을 잡고 아바나 롤러 펜, 아바나 초코 그랜드 시가, 아바네로스 양초 그리고

평범한 재떨이, 머그 잔, 야구 모자 같은 추억이 깃든 골동품을 팔았다.[23]

유사 제품 그리고 똑같거나 비슷한 브랜드의 마케팅으로부터—우선적으로 유럽 시장과 관계를 맺고 있던 쿠바의 브랜드들 그리고 전체적으로 미국 여송연 산업에 포함되는 해외 브랜드들—경제적·정치적·문화적 쟁점들이 등장했다. 또 이로부터 전통의 창조, 가상의 공동체가 무르익는다. 그러나 포트 로더데일 (Fort Lauderdale)에서 여송연 술집을 운영하는 이의 말을 빌자면 "미국 문화는 아직도 성숙하고 있다. 우리는 좋은 여송연을 피운다. 그리고 고급 와인을 마신다. 미국 문화는 자라나고 성숙하고 있다".[24] 그렇다면, 아바나 진품을 피우는 기쁨을 불법화한 40년 동안의 미국 금수 조치는 마침표를 찍을 가능성도 있다.▫

||| 주

01. Sergio Morera, Simon Chase 그리고 Bill Colbert, 《아바나:태양, 흙 그리고 기술의 특별한 만남(Havanas:A Unique Blend of Sun, Soil and Skill)》(London, 1993), 발행지 모름.

02. Kendall Hamilton, '연기 내뿜기(Blowing Smoke)', 『뉴스위크(Newsweek)』, 1997. 7. 21, pp, 54-61; Mark Peyser 등, '멋진 흡연광들(Cool Fools)', 『뉴스위크(Newsweek)』, 1997. 7. 21, p. 54-61.

03. Hamilton, '연기 내뿜기(Blowing Smoke)', p. 54.

04. 『시거 월드(Cigar World)』, 겨울, 1998-9, p. 2.

05. Adriano Martinez Rius, 《아바나가 최고(Habano el Rey)》(Barcelona, 1998), p. 11.

06. Fernando Ortiz, 《쿠바의 두 요소:담배와 설탕(Cuban Counterpoint:Tobacco and Sugar)》(1940)(Durham, NC, 1995). 오르티스는 담배와 설탕의 대조점을 밝혔다. 그에 대해서는 《쿠바의 두 요소(Cuban Counterpoint)》 1995년 판의 Fernando Coronil의 서문 참조; Antonio Benitez-Rojo, 《되풀이되는 섬:카리브 제도와 포스트모던의 관점(The Repeating Island:The Caribbean and the Postmodern Perspective)》(Durham, NC 그리고 London, 1990); 그리고 Gustavo Perez-Firmat, 《쿠바의 상황:쿠바 문학에서 번역과 정체성(The Cuban Condition:Translation and Identity in Cuban Literature)》(Cambridge, 1989). 나는 해외와 쿠바 아바나 여송연이라는 대립물을 새로 제시하고자 한다. 대립관계에 담배의 재등장:1990년대 쿠바에서 부활한 것 두 가지 — Fernando Ortiz와 아바나 여송연에 대한 고찰(Recentering Tobacco in the Contrapunteo:Reflections on Two 1990s Cuban Revivals--Fernando Ortiz and the Havana Cigar)', 《쿠바의 두 요소:페르난도 오르티스의 유산과 아바나 여송연(Cuban Counterpoint:The Legacy of Fernando Ortiz and the Havana Cigar)》, Mauricio Font와 Alfonso Quiroz 엮음, (Lanham, MD, 근간).

07. 풀컬러 재현에 관해서는, Antonio Nuñez Jimenez, 《아바나 여송연의 여행(The Journey of the Havana Cigar)》(neptune, NJ, 1998); Joe Davidson, 《여송연 라벨의 예술(The Art of the Cigar Label)》(Secaucus, NJ, 1989); 《플로리다 쿠바 전통의 흔적(Florida Cuban Heritage Trail)》(Tallahassee, FL, 발행일 모름); 그리고 Narciso Menocal, 《쿠바 여송연 라벨:쿠바와 플로리다의 담배 산업:석판인쇄술과 건축의 황금기(Cuban Cigar Labels:The Tobacco Industry in Cuba and Florida:Its Golden Age in Lithography and Architecture)》(Coral Gables, FL, 1995).

08. L. Glenn Westfall, '쿠바 여송연 산업과 그 시대(The Cuban Cigar Industry and its Age)', 《장서표:사우스 플로리다 대학 탐파 캠퍼스 도서관 스페셜 컬렉션(Ex Libris:The Special Collections in the University of South Florida Tampa Campus Library)》(Tampa, 발행일 모름), 발행지 모름.

09. Guy Talese, '시가와 함께 산책하기(Walking my Cigar)', 『시가 아피시오나도(Cigar Aficionado)』, 1992년 가을, p. 37.

10. 같은 책, p. 41.

11. 『시가 아피시오나도(Cigar Aficionado)』, 1993년 겨울, p. 9.

12. 이 내용을 실은 특집 기사는, Hamilton, '연기 내뿜기(Blowing Smoke)', pp. 54-61.

13. '여송연의 인기는 계속될 것인가? 트렌드 따라잡기(Will Cigars Stay Hot:How to Track the Trend)', 『뉴스위크(Newsweek)』, 1997. 7. 21. p. 59.

14. '쿠바 여송연:전성기가 이어지다(Cuban Cigars:Let the Good Times Roll)', 『이코노미스트(Economist)』, 1998. 5. 2, pp. 59-60.

15. Francisco Isla, '코이바 여송연이 세계를 정복하다(The Cohiba Has the World at its Feet)', 『쿠반 리뷰(Cuban Review)』, 2/23(1997년 4월), p. 13.

16. Mark Stucklin, 《여송연 안내서:세계 최고급 여송연 브랜드 구매자를 위한 길잡이(The Cigar Handbook:A Buyer's Guide to the World's Finest Cigar Brands)》(New York, 1997), p. 8.

17. L. Glenn Westfall, 《돈 빈센트 마르티네스 이보, 그와 그의 제국:19세기 쿠바와 플로리다에서 순 아바나 산업의 발달(Don Vicente Martinez Ybor, the Man and his Empire:Development of the Clear Havana Industry in Cuba and Florida in the Nineteenth Century)》(New York과 London, 1987)과 《키웨스트:미국의 여송연 도시(Key West:Cigar City USA)》(Key West, FL, 1984); Armando Mendez, 《여송연의 도시:웨스트탐파(Ciudad de Cigars:West Tampa)》(Tampa, FL, 1994); Jose Rivero Muñiz, 《이보 시티 이야기(The Ybor City Story)》(1958)(Tampa, FL, 1996); Gerald E. Poyo, 《모두와 함께 그리고 모두를 위해(With All and for the Good of All)》(Durham, 1989).

18. Allen Cowan, '좋은 여송연은 연기 이상이다(A Good Cigar is More than a Smoke)', 《플로리디언(Floridian)》, 1972. 11. 26., p. 24.

19. Louis A. Perez Jr, '이보시티의 기억(Ybor City Remembered)', 《탐파 베이의 역사(Tampa Bay History)》, 7/2(1985년 가을/겨울), pp. 170-71.

20. Gustavo Perez-Firmat, 《내년에는 쿠바에서:어느 쿠바인의 미국에서 성년 맞이(Next Year in Cuba:A Cubano's Coming-of-Age in America)》(New York, 1994), p. 82.

21. Martin Mendiola, '순수한 연기(Puro Humo)', 《엘 누에보 헤럴드(El Nuevo Herald)》, 1997. 7. 22, p. 8.

22. 『제너레이션 엔(Generation ñ)』, 2/13(1997. 8.) 참조.

23. 『제너레이션 엔(Generation ñ)』, 2/16(1997. 12.) 참조.

24. Stephen Schatzman, '완전히 새로운 세대의 여송연 흡연자들이 있다(There's an Entire New Generation of Cigar Smokers)', 《사우스 플로리다 구어메이(South Florida Gourmet)》(1998. 7.), p. 14.

정향담배의 세기

마크 하누스 | Mark Hanusz

■□ 이런 장면을 상상해보자. 며칠 동안 가슴에 통증이 있어 괴로워하다가 마침내 약이라도 먹어야겠다고 결심한다. 가까운 약국에 가서 통증을 없애는 약이 있을지 약사에게 묻는다. 약사는 알겠다는 듯 고개를 끄덕이며 조제실로 들어간다. 약사가 꺼내 와서 내미는 약은 담배 한 갑이다. 약사는 일주일 동안 하루에 세 번씩 피우라고 한다.

이렇게 담배를 처방하는 일은 담배가 건강에 해롭다고 광고하는 오늘날에는 있을 수 없는 일이다. 그러나 약 100년 전, 센트럴자바(Central Java) 주의 쿠두스(Kudus)라는 작은 마을에서는 일반 기침을 완화하는 데 가장 많이 쓰이는 처방이 담배였다. 하지만 이 담배는 여느 담배와는 다른, 정향을 혼합한 크레텍(kretek)이었다. 정향담배는 오늘날 2억이 넘는 인도네시아 사람들의 삶 어디에서나 볼 수 있는 것이다.

1880년 즈음 하지 자마리(Haji Jamahri, 하지라는 존칭은 메카 순례 의무를 마친 이슬람교도를 일컫는 말)라는 쿠두스 주민이 가벼운 천식을 앓고 있었다. 고통을 덜고자 그는 정향 기름(eugenol, 유게놀)을 가슴에 발랐다. 유게놀은 오랜 세월을 아

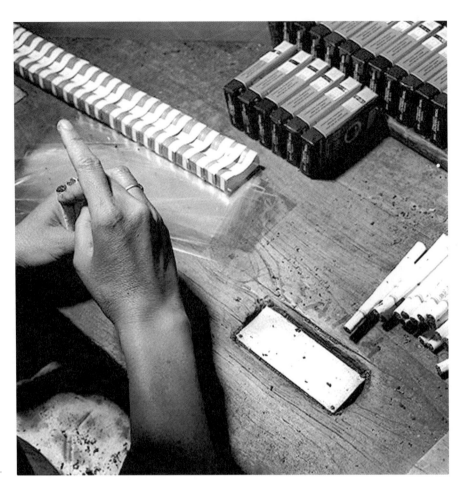

- 손으로 마는 크레텍.

스트린젠트로 쓰여 왔다. 오늘날 가장 흔하게 쓰이는 곳은 치과이다. 유게놀로 통증이 조금 가라앉자 그는 아픈 폐에 더 가까이 사용하면 정향의 치료 효과가 더 커지지 않을까 생각했다. 정향을 담배와 섞어서 피우면 어떻게 될까?

전해 오는 이야기로 그는 바로 그렇게 했고 곧바로 기침이 멈추었다고 한다. 그는 가까운 아포틱(apotik, 약국)에 자신의 제품을 공급하기 시작했다. 얼마 지나지 않아 그의 정향담배(rokok cengkeh)는 오늘날의 기침 시럽이나 마찬가지인 기침약으로 여겨졌다.

20세기로 들어서면서 이 새로운 흡연 관습은 더 많은 사람들을 사로잡았다. 정향담배를 약으로 쓰지 않고 담배와 정향 혼합물의 맛을 음미하는 이들이 나타난 것이다. 새 제품 이름이 크레텍으로 바뀐 이유는 정향이 타면서 튀고 갈라지는

크레텍 갑 그림이 바닥에 그려
진 사기 그릇.

소리(케레텍-케레텍)가 나기 때문이다. 하지 자마리는 그의 발명품이 가지고 있
는 상업적 잠재력을 간파하지 못했지만 또 다른 쿠두스 사람은 그것을 알아챘
다. 이 사람 니티세미토(Nitisemito)가 크레텍 산업의 창시자였다.

니티세미토는 쿠두스에서 다양한 허드렛일을 하고 있었는데, 사람들이 정향을
섞은 담배를 나날이 많이 피우고 있음을 알아챘다. 당시 모든 크레텍은 손으로
만 것이었고 재료는 따로따로 구매했다. 번개처럼 지나가는 영감을 얻은 니티세
미토는 재료들을 혼합하여 한데 포장해서 상표를 붙여 팔기로 결심했다. 그는
상표로 여러 이름을 고민하다가 마지막으로 발 티가(Bal Tiga, 세 개의 공)로 결정
했다. 1906년 그는 회사 발 티가 니티세미토를 창립했다.

니티세미토는 네덜란드 동인도(지금의 인도네시아)에서 유례없이 독특한 여러
방법으로 제품을 광고하고 공급했다. 자바의 모든 장에 가판대를 세우고 크레텍

- 인도네시아 가게에 진열된 퀄
  련들.

을 팔며 경품도 주었던 것이다. 찻주
전자나 담배 케이스 심지어 자전거도
경품으로 나왔는데 모든 경품 제품에
니티세미토 로고가 들어가 있었다.

　전통적인 '하얀' 퀄런[BAT나 파로카
(Faroka) 같은 회사 제품]은 대부분의 소
비자들이 선택하는 제품이었지만 발
티가의 성공에 힘입어 다른 경영자들
도 쿠두스 부근과 자바의 다른 지역에
회사를 세웠다. 대부분의 크레텍은 옥

수수 껍질로 만 것이었는데 솔로(Solo)의 마리 칸젠(Kangen)과 수라바야(Surabaya)
의 HM 삼푸르나(HM Sampoerna) 두 회사는 종이로 말았다. 오늘날에도 삼푸르
나의 지삼수(Dji Sam Soe)는 인도네시아에서 가장 인기 있는 브랜드 제품이다. 재
미있게도 지삼수 포장 뒷면에는 이 정향담배가 바툭(batuk, 기침)에 효과가 있다
는 글귀가 들어 있다. 크레텍이 약국에서 팔리던 옛 시절을 보는 것 같다.

　1920년대와 1930년대에 크레텍 생산이 급속하게 증가했지만 하얀 퀄런을 최
고 자리에서 밀어내지는 못했다. 크레텍은 여전히 중류계급의 담배로 여겨졌고
하얀 퀄런은 멋과 특권을 의미했다. 제2차 세계대전과 일본의 점령으로 담배와
정향이 희귀해지면서 크레텍 생산이 대부분 중단되었다. 그러나 종전과 그에 따
른 독립 직후 인도네시아는 크레텍 생산을 재개했다.

　크레텍의 지위가 단순한 가미 담배에서 국가적 상징으로 올라선 것은 1960년
대 후반에서 1970년대 초반에 들어설 무렵이었다. 세 가지 요인이 크레텍 생산
과 소비의 급속한 성장—자바 섬만이 아니라 인도네시아 전역에서—에 영향을
미쳤다. 첫째, 1970년대 초 오일 호황으로 정부의 금고에 돈이 쌓이고 국내 산업
이 성장했다(크레텍이 성장의 중심이었다). 둘째, 강제적 이주정책으로 인구가 과
밀한 자바, 발리 그리고 마두라(Madura) 섬 주민들을 다른 섬으로 강제로 이주시
켰다. 새 지역에 정착한 이주자들은 여전히 가장 좋아하는 브랜드의 크레텍을
구매했고 크레텍 회사들은 이 새로운 시장에 제품을 공급하기 시작했다. 마지막

요인이 아마도 가장 중요한 요인일 터인데 그것은 선별된 기업들이 크레텍 생산 공정을 자동화하는 기계를 구입하도록 정부가 허가한 것이었다. 그때까지 모든 크레텍은 손으로 말았기 때문에 기계 생산한 흰 궐련 옆에 진열하면 촌스러워 보였다. 1968년 말랑(Malang) 섬의 벤툴(Bentoel)이 크레텍을 대량 생산할 기계를 최초로 구입함으로써 이 모든 것은 곧 바뀌게 되었다. 영국 회사 몰린스 머신즈(Molins Machines)는 벤툴에 크레텍을 생산할 기계 한 대를 공급하기로 했다. 1974년 벤툴 비루 인터내셔널(Bentoel Biru International) 사에서 최초로 기계 생산된 크레텍이 시장에 선보였다.

1974년에 생산된 궐련 수는 전체적으로 다음과 같다. 손으로 만 크레텍 270억 개비, 흰 궐련 240억 개비, 기계 생산된 크레텍 고작 5,100만 개비. 세 해 뒤, 손으로 만 크레텍 380억 개비, 흰 궐련 230억 개비, 기계 생산된 크레텍 40억 개비로 크레텍 생산량이 4,000퍼센트가 넘게 폭발적으로 증가했다. 다른 회사들이 기계를 구입하고 자사 브랜드를 개발하기 시작하자 1985년에는 기계로 생산된 크레텍이 손으로 만 크레텍의 생산량을 초과하게 되었다.[01]

20세기가 저물 무렵 크레텍은 인도네시아 전체 궐련 시장의 약 85~90퍼센트를 차지했다.[02] 현재 인도네시아에 크레텍 제조 회사는 500개가 넘고, 이들이 직접적으로 고용하고 있는 인구는 18만 명이 넘으며, 간접적인 고용 인구는 1,000만 명이 넘는다.[03] 이 산업은 인도네시아 정부 세수입의 가장 큰 부분을 차지하며, 최근의 금융 위기에도 거의 손실 없이 살아남은 유일한 국내 산업 가운데 한 분야이다. 또한 그 독특한 향으로 모든 방문객의 기억에 길이 남는 인도네시아 최고의 문화 상품이 된 지 벌써 100년이 흘렀다.

||| 주

01. GAPPRI(Gabungan Perusahaan Pabrik Rokok Indonesia / 인도네시아크레텍생산자협회) 연례 보고서, 1999.
02. 같은 책.
03. Mark Hanusz, 《크레텍: 인도네시아 정향 담배의 문화와 유산(Kretek: The Culture and Heritage of Indonesia's Clove Cigarettes)》(1998년 7월), p. 14.

구원과 저항의 상징, 마리화나

J. 에 드 워 드 챔 벌 린 | J. Edward Chamberlin
배 리 체 반 스 | Barry Chevannes

■□

 1967년, 수련 중인 예수회 수도사로서 나는 수련을 마친 사제와 함께 빈민들에게 가서 살라는 허락을 받았다. 우리는 정확히 말하면 트렌치타운(Trench Town)이 아니라 로즈타운(Rose Town) 부근 빈민가의 공동주택에 숙소를 정했다. 거기서 나는 많은 래스터패리언 사람들과 친해졌는데, 그 가운데 한 사람이 이른 저녁 가지는 그들의 토론(reasoning)에 초청했다. 내가 갔을 때는 많은 사람들이 아직 일터에서 돌아오지 않은 때였다. 통나무나 돌, 그밖에 임시로 만든 긴 의자에 앉아 있던 남자들 여남은 명이 나를 따뜻하게 맞아주었다. 때가 되자 마리화나가 나왔고 성배에 불이 붙여졌다. 중요한 손님인 내가 처음 차례였다. 나는 그것을 받아서 불을 붙인 신도가 한 대로 따라했다. 왼손에 성배를 들고 엄지와 검지로 관을 말아 쥐고 빨아들였다. 아무 변화가 없었다. 또 빨았다. 그대로였다. 불빛도 보이지 않았고, 불꽃이 튀지도 않았다. 주인이 성배를 가져갔다. 그가 빨고 또 빨았다. 그는 몸짓으로—가까이 들여다보고 불을 가까이 대보면서—마리화나에 어떤 문제가 있었는지도 모르겠다는 뜻을 전했다. 아무도 다른 말이 없었다. 그는 마리화나를 더 내오게 해서 처음부터 다시 시작했다. 하지만 그가 다시 준비를 할 때, 나는 성배에서 빠지는 것이 좋겠다는 사람들의 공감을 읽었다. 다른 한 사람이 마리화나를 말아서 불을 붙여 내게 건넸다. 나머지 사람들은 성배를 돌렸다. 두번째 연기를 내뿜은 나는 멀미가 나서 친구 한 사람의 도움을 받아야 했다.

　나중에 ― 한참 나중에 ― 야 내가 마리화나를 젖게 했다는 사실을 알게 되었다. 나는 수위표(*watermark*) 위에 작은 구멍이 있는 것을 몰랐다. 그것이 밸브 노릇을 하도록 그 구멍을 엄지로 막고 빨아야 하는 것이었다. 그러니 연기가 물을 지나야 하는데 그 반대로 ― 물이 마리화나로 스며들게 된 것이었다. 예의 바른 주인인 그들은 내가 죄책감을 느끼지 않도록 무엇을 잘못했는지 설명하지 않았다.

― 배리 체반스

아무것도 방해할 수 없네
형제 조의 강한 설교를,
확신으로 가득 찬
그의 머리를.

그가 마리화나에 불을 붙일 때
아무도 그를 막을 수 없고,
닫혀만 있던 신의 문이
무지개처럼 빛을 발하네.

이제 파이프 순서,
물이 바닥에 고여 있는 파이프를
그에게 건네니 그가 파이프를 축복하네.
그는 설대를 굽어보며
오래 감사를 올리고,
북이 울리기 시작하네.

북이 울리네

하일레 셀라시에(Hail Selassie) 1세

자 래스터패리(Jah Rastafari),

방에 가득한 흑인의 힘

그리고 아름다움,

이글거리는 낙관주의……[01]

자메이카에서 흡연이란 마리화나를 뜻한다. "얼마나 담배를 피우느냐?"는 질문에 밥 말리(Bob Marley)는 '엄청'이라고 대답했다. 그는 말보로나 크레이번 애즈나 던힐이나 코로나를 이야기한 것이 아니다. 그가 이야기한 것은 마리화나였다.[02]

머리말의 발췌문을 비롯해서 이 글은 시와 음악 그리고 작가들과 래스터패리언(에티오피아 황제 래스 터패리를 신으로 섬기는 자메이카 흑인─옮긴이)의 사적 서술들로 이루어질 것이다. 이 이야기들은 자메이카에서 마리화나 흡연의 실제적 역사와 정신적 의미들을 드러낼 것이다. 세상을 향한 래스터패리어니즘이라는 영향력은 그 강력한 음악적 표현인 레게를 통해 전파되었다. 서인도제도 출신의 많은 작가들 특히 시인들은 마리화나 흡연을 구원과 저항의 중심부에 놓았다. 그와 동시에 마리화나 흡연은 의식의 고양된 상태의 상징일 뿐만 아니라 시민사회의 관습에 대한 젊은이들과 래스터패리언의 저항의 상징이 되었다. 오랜 문학 전통 속에서 마리화나 흡연은 성자와 죄인 모두의 훈장이고, 수도원과 감옥에 유배됨의 훈장이다. 이 글은 이 모순에 초점을 맞추고자 한다.

바베이도스의 시인 카마우 브래스웨이트(Kamau Brathwaite)가 쓴 〈비둘기 날개〉라는 시는 가난한 이, 절망한 이, 버림받은 이에게 있어 마리화나의 의미와 예언적 명상에 있어 마리화나의 의미를 모두 담고 있다. 이 시는 성서적 이야기와 감상적 언어로 깊은 갈망과 절망 속에서부터 연기처럼 피어오르는 신세계에 대한 희망의 리듬으로 변화되는 래스터교도를 그리고 있다. 당대의 소설〔특히 현대 자메이카 최초의 소설 가운데 하나인, 로저 마이스(Roger Mais)의 《신도(Brother Man)》〕, 인기 있는 노래 그리고 조지 허버트(George Herbert)와 헨리 본(Henry Vaughan) 같은 17세기 신비주의자들과 제라드 맨리 홉킨스(Gerard Manley Hopkins)와 엘리엇(T. S. Eliot) 같은 현대 기도시를 포함하는 종교시의 전통에 기대고 있는 시다.

래스터패리언 신도

부스럼 위에 난 턱수염

이가 우글거리는 머리를 하고

생쥐를 지켜보네

번화가 판잣집 그의 부엌

마룻바닥으로 기어 올라오는

생쥐를 보고 웃네

가난하지만 건강한 이들에게 축복을 내리소서

그가 중얼거리네

가난한 이들은 이 자산을 물려받아야 하므로

마음이 착한 이들에게 은총을 내리소서

그는 불만스럽네

착한 마음은 보이지 않으므로.

래스터패리언 신도

부스럼이 보이고

어울리지 않는 머리를 하고

가난한 구멍으로 내려가는

생쥐를 지켜보네

그는 평정심을 구하려

마리화나 파이프에 손을 뻗으며

웃네

생쥐의 눈, 뜨거운 경석(輕石)이

그의 방에서 빛나는 걸 보고는

루비처럼, 라인석처럼

그리고 갑자기 다이아몬드처럼 반짝이는 걸 보고는[03]

홉킨스의 위대한 소네트 〈그 본성은 헤라클레스의 불이며 부활의 위안(That
Nature is a Heraclitean Fire and of the Comfort of the Resurrection)〉은 여기서 신도가 명

상에 들었을 때 신비한 체험을 하는 모습을 그린다. 홉킨스의 시에서 변형의 순
간은 다음과 같이 묘사된다.

섬광이 빛나고, 갑자기 트럼펫이 울릴 때,

나는 문득 예수이네, 예수가 나이므로,

이 사내, 웃음거리, 가난한 바보, 놀림감, 성냥개비, 불멸의 다이아몬드는,

불멸의 다이아몬드라네.[04]

계시의 순간은 종교적이다. 결국 신앙이 래스터패리의 핵심이다. 그러나 신도
에게는 여전히 세속적인 억압이 있다. 매우 진지한 래스터패리언 언어 표현은
억압의 의미와 느낌을 다음처럼 표현했다.

그리고 나는

래스터패리언

바빌론의 번영 속에서

달과 이 성배의 평화에

사로잡힌, 나는

예언자, 가수, 빈민가의 비판자,

트렌치타운, 던글(Dungle) 그리고

영스타운(Young' Town)의 수호자,

일어나 걷는다

지금은 잠잠한 불행의 거리를

두려움과 사랑이 가득한 눈으로

거리를 살피고

사람들이 우는 소리,

사람들이 외치는 소리를 듣고

북을 울리고

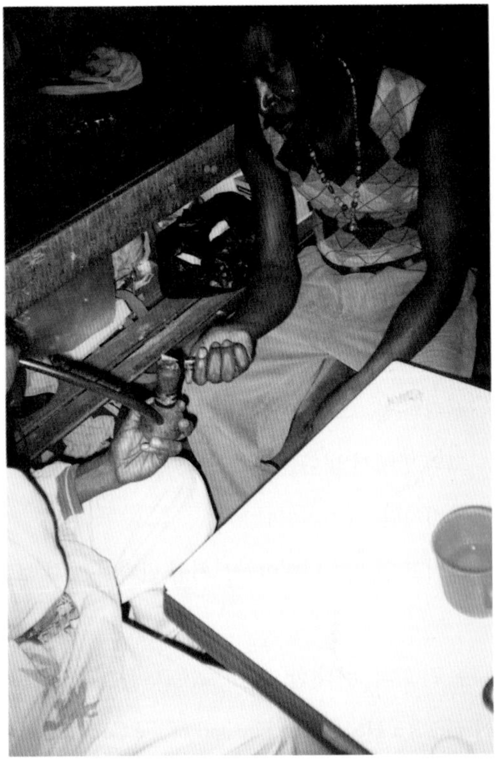

펼쳐라

날개를,

날아가는 것을 보아라

날아올라라

높이

주의 영광 속에 높이높이.⁰⁵05

마리화나를 피우는 방법과 문화적 중요성은 자메이카에서 150년의 역사를 지닌다. 마리화나를 자메이카에 들여온 사람은 대개는 계약된 인도 하인들로 추정된다. 이들의 이주는 1840년대 후반부터 시작되어 20세기 초반까지 이어졌다. 그에 앞서 마리화나가 이용된 것은 말할 것도 없고 마리화나를 알고 있었다고 짐작할 만한 사료나 구전 자료는 전혀 없다.[06]

인도 사람들 사이에서 흡연은 '젠더가 분리된' 행위였다. 남성들만이 마리화나를 피웠고, 코치(kochi)와 사피(saapi)로 마리화나를 피웠다. 코치는 깔때기 모양의 그릇으로 재료를 넣고 숯 조각으로 다진다. 사피라고 불리는 축축한 넝마로 깔때기의 작은 끝을 덮고 거기로 마리화나를 빨아들인다. 여성들은 담배를 피울 수 있었는데 후카(huka)로 담배를 피웠다. 후카는 훨씬 정교한 도구로 물을 반쯤 채우는 그릇이 포함된다. 그 위에 코치를 올리고 관을 연결하여 빨면서 연기를 마신다.[07]

이 두 가지 흡연 방식의 차이점 가운데 하나는 연기 자체에 있다. 후카의 경우 연기는 물을 지나면서 증기가 되지만 코치만으로 피우는 연기는 마른 연기이다. 그러므로 후카가 덜 조악하고 더욱 품위 있는 방식이라고 생각할 수 있다. 사탕수수 농장에 일하러 가는 노동자들은 물그릇이나 관을 따로 가지고 갈 필요가 없는 코치와 사피를 흔히 가지고 다녔다.

마리화나는 아프리카 사람들의 문화 속에 용해되면서 그 이용 방식도 바뀌었을 것이다. 인도 사람들과 아프리카 사람들은 가까이 살면서 함께 일했다. 계약에 따라 토지를 받거나 구매한 인도 사람들은 아프리카 사람들이 사는 자유(노예 신분에서 벗어난 상태—옮긴이) 마을이나 교외 정착촌에 그리고 그 가까이에 터전을 잡았다. 이주해오는 인도 사람의 수는 그렇게 많지가 않아서 거의 인도 사람들이 살고 있는 가이아나(Guyana)의 마을들처럼 되지는 못했다. 설탕을 생산하는 군이나 읍 단위 지역 그리고 킹스턴의 콕번 가든스(Cockburn Gardens) 같은 교외 정착촌에 인구가 집중되어 있었지만 인도 사람들은 아프리카 사람과 날마다 교류할 수 있는 곳에서 살았다.

그렇지만 20세기에 들어설 때까지 마리화나 흡연은 인도 서민들과 매우 밀접한 관계를 유지했다. 아프리카 사람들이 마리화나 흡연을 받아들인 것은 20세기의 현상으로 대농장에서부터 시골 마을로 퍼져나갔고, 국내 이주를 통해 마침내 도시까지 퍼지게 되었다. 아프리카 사람들은 인도 사람들의 영향을 받아 신화를 둘러싸고 있는 마리화나를 신이 주신 거룩한 약초로 받아들였다. 그리고 약과 자극제로 그 효능을 설명하는 속신도 받아들였다.[08] 흡연 방식과 도구 또한 받아들여진 듯하다. 아프리카에서 유일한 그룹 브라더 러버(Brother Lover)가 설립하고 콥트교로 알려진 래스터패리 그룹만이 코치와 사피 방식을 이용했을 뿐, 대부분의 래스터패리들은 후카를 쓴다.

코치와 후카가 마리화나를 피우는 유일한 방법은 아니다. 물론 대부분의 마리화나는 오늘날 마리화나 담배로 알려진 여송연과 궐련으로 흡연된다. 이 방법이 단순한 전이에 의해 자메이카에서 발달했다고 보는 것이 타당하다. 왜냐하면 담배 산업은 오래 전에 생겨나 이미 흡연 관습이 자리 잡은 유럽 사람들의 요구를 충족시키고 있었기 때문이다. 마리화나 흡연의 가장 단순한 방법인 그것은 시골의 작은 땅에 마리화나를 재배하는 농부가 선호하는 방법이다. 소규모 농업 문화에서 농부는 일찍 일어나 '키작은나무밭'인 그의 밭으로 간다. 가기 전에 아마 '차(허브 차)'와 빵 한 조각을 먹었을 것이다. 그가 아침이 다 지나도록 일을 하면 그의 아내가 '참' 다시 말해 든든한 아침 겸 점심(brunch)을 내온다. 기본 요리와 소금에 절인 생선 또는 소금에 절인 고기를 말이다. 그는 다시 일을 시작해서 오후 늦게까지 일하고 집으로 돌아온다. 때로 농부는 혼자 일하지 않고 다른 이들과 함께 일손을 보태 일한다. 일손을 보태는 방법은 품앗이 또는 아침일(morning-sport) 또는 땅 파기이고 서아프리카 방식을 따라서 일하기도 한다. '아침일'이란 많은 사람들이 모였을 때 할 수 있다. 여자들은 현장에서 요리를 하고 남자들이 구멍을 파면 아이들이 구멍에 옥수수알이나 콩알을 넣는 것을 말한다. 이런 친근한 분위기에서, 남자들은 '땅 파기 노래'를 시작한다. 선창을 하고 그에 응답하는 노래를 부르면 일은 여가가 되고, 참을 먹는 동안 이야기꽃이 피어오르고 농담이 오간다.

참을 먹는 동안 농부들은 마리화나 담배를 말아서 '한 대 피우고' 나서 다시 일하러 간다. 그들은 마리화나를 피우면 더 열심히 일하게 된다고 한다. 마리화나와 고된 노동의 결합은 문화적으로 적응한 결과다. 루빈(Rubin)과 코미타스(Comitas)는 마리화나를 피우고 일을 하러 간 소규모 농부들에게서 더 많은 양의 에너지가 산출됨을 발견했지만 반드시 더 많은 일을 해내는 것은 아니었다. 오늘날 노동자들은 대개 건설 현장에서, 부두에서, 다양한 기술을 발휘하는 다양한 작업장에서 마리화나를 마음대로 피운다. 자메이카 노동자를 마리화나 흡연으로 이끄는 노동 풍조가 있는 것이다. 노동자들은 마리화나를 피우면 일에 집중이 더 잘 된다고 한다. 자메이카에서는 마리화나 담배를 입에 물고 말없이 일에 열중하고 있는 노동자를 종종 만날 수 있다.

마리화나와 래스터패리 그리고 래스터패리와 레게가 연관되기까지 인도 남성만이 오락을 목적으로 작업 뒤에 마리화나를 피웠다. 이와 함께 술도 마시며 민요나 성가를 불렀고 타발치(tabalchi, 바이올린)와 돌락(dolak, 북), 만지라(manjira,

종) 같은 악기 연주도 했다. 이런 시간을 통해 그들은 문화적 유산을 재확인하고 남성들을 사회집단으로 결속시켰다. 오늘날 뚜렷이 드러난 것처럼 아프리카 사람들은 마리화나의 사회적 이용을 받아들이면서, 이와 달리 오로지 종교적인 의미만을 부여했다. 마리화나를 여가로 이용하는 것은 오늘날 야외무대 공연, 정치 집회와 '파티(댄스파티)'로만 제한된다. 이때에는 공공연히 재료를 사서 담배를 말아 피울 수 있다.

1950년대 초반, 두번째 세대는 래스터패리의 전망을 충분히 가지고 있지 못하다는 것 그리고 지나치게 타협적이고 변명적이라는 것을 놓고 선배들과 논쟁을 벌이기 시작했다. 그들은 먼저 백인 식민 당국에 저항하는 태도를 보였다. 그들은 식민 당국과 아프리카 아동의 억압 상태를 연관지으며 예절 규범을 위반하는 자아─드레드록스(dreadlocks, 여러 가닥의 로프 모양으로 땋아 내린 머리─옮긴이)를 표출했다. 운동 내부에서 그들은 케냐 마사이족과 나란히 '용사' 또는 '드레드풀(dreadful)' '드레드(dreads)' '드레드록스(dreadlocks)'로 알려졌다. 그리고 운동 바깥으로부터는 버림받은 이라는 호칭을 만족스럽게 받아들였다. 이들의 태도는 곧 외적 인격(persona)의 일부가 되었고, 자아와 새로운 언어, 드레드 언어(dread talk, 래스터패리의 언어를 일컫는다─옮긴이)에 대한 완전한 체계가 곧 등장했다. '나'라는 주어는 '너'라는 목적어를 대체했고, 신의 모든 자녀는 '나와 나'가 되었다. 그리고 그들은 마리화나를 성체(sacrament)로 채택했다. 이 모든 일이 그들의 토론 속에서 벌어졌다. 인도 사람들이 전파한 관습이 자메이카 관습으로 변형되었다.

2000년 9월, 국가위원회(National Commission)가 설립되었다. 마리화나의 개인적·사적 이용을 합법화할 것인가를 결정하기 위한 위원회였다. 위원회는 많은 조서를 받았는데 그 가운데 래스터패리 대변인으로부터 받은 것이 있었다. 그의 보고서는 래스터패리 의례에서 마리화나의 의례적 기능을 올바르게 정리해놓았다. 그 보고서에서 우리는 래스터패리언 의례가 마리화나의 보편적인 오락적 사용을 받아들이고 변형시켜 위엄과 권능을 갖춘 의례의 성체로 이용하고 있음을 확인할 수 있다.[02] 래스터패리는 마리화나의 지위가 기독교에서 빵과 포도주의 지위와 같다고 주장한다. 그리고 포도주도 술이라는 사실을 지적하며 마리화나의 사용이 정당하다고 한다. 기독교도는 빵과 포도주를 먹음으로써 하느님과 소통한다. 래스터패리는 마리화나를 피움으로써 신과 한 몸이 된다. 이 결합으로 거룩한 깨달음이나 통찰력을 얻는다. 마리화나를 통한 개인적 명상 또는 신도들이 마리화나를 피우고 하는 고차원적인 토론을 통해 이를 얻을 수 있다. 마리화나의 성체로서의 권능은 반성과 내적 통찰이 없다면 의미가 없다. 따라서 이는 마법이 아니요 빵과 포도주의 화체설 같은 신앙의 비약도 아니다. 모든 의례적 흡연 행위는 신자들에게 깨달음을 주어야 하고, 이에 따라 신자들이 더욱 강해져 신에게 더 가까이 다가가게 해야 한다. 밥 말리는 마리화나가 의식을 고양시키고 사고를 집중시킨다고 말했다. "고요한 장소라면 마리화나 없이도 명상에 들 수 있다. 하지만 숲 속으로 들어가도 지저귀는 새들이 있다. 마리화나를 피우면 새들의 지저귐이 거슬리지 않고 쉽게 명상을 할 수 있다."[10]

이처럼 토론은 끝없는 발전의 무한한 가능성을 열어준다. 래스터패리는 토론 속에서 신의 의지와 계획을 알게 해주는 외부 사건들의 의미를 밝힌다. 토론을 통해 일상적 반응들의 모자이크를 만들고, 모자이크의 각 조각은 다른 조각들과 함께 사고방식, 태도, 입장, 주의라는 그림을 창조한다.

타락한 사회에 반대하는 더 큰 연대감의 형성에는 또 다른 요인이 있다. 밥 말리는 (1976년 6월의 어느 인터뷰에서) 말했다.

마리화나는 과일과 같다. 몸을 건강하게, 정신을 맑게 해준다.……마귀가 흡연을 불법화하는 이유는 사람들이 똑같이 생각하는 것을 마귀가 바라지 않기 때문이다. 내 친구들은 흡연을 할 때 나와 똑같은 것을 느낀다. 우리는 하나가 되는 것이다. 바빌론이 두려워하는 것이 그것이다. 사람들이 모두 똑같이 생각하는 것.[11]

이처럼 마리화나의 바로 그 불법성이 권능의 일부라는 의견이 있다. 이는 동시대 사회의 공리적이고도 도덕적인 편협한 가치가 주장하는 바이면서 동시에 권력에 대한 무시를 드러낸다. 말리는 덧붙였다.

당국은 마리화나를 피우지 말라고 말한다. 마리화나가 몸에 나쁘다는 것이다. 그러나 당신이 마리화나를 피우는 모습이 눈에 띄면 그들은 당장 당신을 감옥으로 데려갈 것이다. 나는 그래도 감옥에 갇히는 것보다 여기서 자유롭게 마리화나를 피우는 것이 더 좋다.[12]

그러나 그것이 항상 좋은 것만은 아니다. 신도 조(Brother Joe)에 관한 안소니 맥닐(Anthony McNeill)의 시에서는 바빌론(래스터패리언에게 바빌론은 '체제'와 '부패한 제도' '경찰'들을 뜻한다—옮긴이)이 개입한다. 방은 '검은 힘과 아름다움, 이글거리는 낙관주의'로 가득할 수도 있지만,

법의 생각은 다르다,
오늘 밤 바빌론은
하느님을 찬미하고 있던 신도 조를
노역장으로 끌고 간다.

누가 신도 조를 구할 것인가?
하일레 셀라시에는 멀리 있고
전혀 관심이 없다,
약속의 배가

자유항구에 도착하기까지는
셀 수도 없는 세월이 남아 있다.
빈민가에서 울리는 북소리는
오늘 밤 여느 때보다 슬프고

형제들은 마리화나 담배와 파이프를
깊이 빨아들인다.
밤이 지나기 전에
신도 조는 희생양이 되어

아직도 감옥에 있고,

하나뿐인 그의 여인은

그의 인간성을 더욱 예찬하며

오늘 밤은 마리화나를 멀리하고

변호사를 고용하여

참된 투쟁을 시작한다.

한편 곰팡내 나는 감옥에서,

조는 늘 하던 것처럼,

마법의 주문을 왼다.

하일레 셀라시에 1세

자 래스터패리,

그러나 옥문은 현실이고 굳게 닫혀 있다.[13]

자메이카의 시인들과 소설가들은 마리화나에 대해 두 가지 이야기를 들려준다. 하나는 마리화나를 위안과 구원의 견지에서 말하는 것이고, 다른 하나는 나쁜 결과가 생기고 희생자들이 죽임을 당하거나 감옥에 갇히는 일상의 현실을 그대로 들려주는 것이다. 이는 앞서 말했던 수도원과 감옥, 영적 은둔과 범죄에 대한 처벌이라는 모순을 반영한다. 마리화나는 자메이카의 일상에서 흥미로운 방법으로 둘 사이에서 타협한다. 그것은 반사회적 행위뿐 아니라 예술적 영감과도 결탁하며 반이성적 직관뿐 아니라 종교적 계시와도 결탁한다. 이 때문에 이들이 동일한 것일 수 있는지에 대한 끊임없는 의문이 제기된다. 자메이카에 있는 에티오피아 교회 장로이자 '직관적' 화가인 신도 에버랄드 브라운(Everald

Brown)에 대한 시에서 로나 구디슨(Lorna Goodison)은 그가 살고 있는 곳을 마리화나─그 지역에서는 콜리(colly)라고 한다─를 재배하는 곳, 예술가의 상상력이 펼쳐지는 곳으로 묘사한다.

장로이자 화가이자 래스터패리언
세인트 앤(St Ann) 머레이 마운틴(Murray Mountain)에 사는 이,
그곳엔 양의 빵(lambs' bread, 양은 온순하고 착한 이 곧 예수를 상징한다─옮긴이) 콜리가 자라네.
그는 꿈같은 풍경을 생생하게 그리네.
그의 머리 뒤로, 에티오피아 콥트 교회,
첩첩이 서 있는 산,
천사비를 뿌리려고 하는 회갈색 구름들을.[14]

그러나 이 땅의 젊은이들 또한 여기에 있다. 그들에게 그것은 매우 혼란스런 축복이다. 한편으로는 버림받는 이들, 바빌론의 법 울타리 바깥에서 사는 이들, 세계에 대한 의무를 회피하고 있는 이들과 함께 하라는 요청이다. 이는 오래된 요구이다. 다른 이들에게 마리화나는 더욱 사적인 탈출구를 제공한다. 구디슨은 이를 하노버(Hanover) 지역 불스 베이(Bull's Bay)의 한 풍경에서 이를 포착한다. 그곳에서 흡연과 꿈꾸기는 일상적 행위였다.

여기 어머니가 있네
어린 아기의 몸을 씻기네.
아이는 울면서 사지를 버둥거리네
몸을 뒤트네
짠물 속에서.

아이는 모래로 집을 짓고 있네
손가락 사이로 흩어지는

모래의 결을 느끼네.

때로 아이는 놀이를 멈추고

먼 바다를 바라보네

몽상가의 촉촉한 눈동자로.

한 젊은이가 있네

그가 막 나온 한 칸짜리 방은

그가 들어가 서기 힘들 만큼 낮네

그는 지금 코코플럼(coco plum) 나무

낮은 가지에 앉아

무언가를 피우고 있네……

그러자 활기차게 피어오르는 그의 꿈을 따라

방의 천장이 하늘에 닿을 듯하네.[15]

〈고통 받는 이들이 없기를〉이라는 제목의 시에서 또 다른 자메이카 사람 데니스 스콧(Dennis Scott)은 '고통 받는 이'의 환경을 그리며 위로를 담아낸다. 자메이카에서 고통 받는 이란 흑인이며 가난하고 주로 킹스턴의 초라한 빈민가에서 사는 이들을 일컫는다.

서인도제도의 많은 시들처럼 이 시는 운율과 문구에서 전통적인 영어의 서정적 표현들과 비슷한 점이 있다. 그러나 그 시어와 문장은 분명히 자메이카의 특성이 드러난다. 검은 번개(검은 번개는 깨달음의 공허한 측면을 나타낸다. 인도, 티벳에서는 금강살타의 화신인 바즈라사트바의 가르침과 관련이 있다—옮긴이)를 가리키는 말이면서 래스터패리언 '노래' 시인

('dub' poet, 레게 리듬에 맞춰 구어로 시를 노래하는 공연 형태를 'dub' poetry라고 한다. 1970년대 자메이카에서 생겨났다—옮긴이) 봉고 제리(Bongo Jerry)가 초기에 쓴 유명한 시의 제목이기도 한 '마브락(Mabrak)'이라는 낱말이 여기 나온다. '두려운 시간'이란 자메이카 사람이 아닌 이들에게는 공포의 시간을 뜻하겠지만, 자메이카 사람들에게는 바빌로니아의 혼란과 래스터패리언의 계시라는 뜻을 지닌다. '피의 북'은 마리화나의 매력이기도 한 공포와 환상 사이의 긴장 속에 울린다. '연주(version)'는 시인이 이야기를, 그만의 언어를 만들어냄을 일컫지만 그와 동시에 분당 45회전(45 rpm) 레코드 뒷면에 악기로 연주한 레게 음악을 수록함을 뜻하는 자메이카의 표현이다. 이때 디스크 자키가 자기만의 언어로 '목소리를 입히'는 경우도 있다. '나를 인정한다'는 문구는 다양한 의미를 지닌다. 신 또는 하느님의 권위를 인정하는 래스터패리언 모두의 존엄성을 인정하며 그들의 고난을 신이 인정하고 집단적인 실체(래스터 말로 '나와 나')를 인정하고 서로를 인정한다는 뜻이 된다.

  고통 받는 이들이 없기를,

  하지만
  내 뼈 위로 땀이 흐를 때
  시온은 또한 멀어 보이고
  내게는 연주가 있네—
  피의 북은
  계속 울리며 위로하네.
  나를 살아 있게 하네. 너처럼.
  우리는 여러 종류의 가난을 공유하고 있네,
  자아가 사랑을 확신할 때
  그리고 네 울타리 안에서 타오르는 불길처럼
  심장에서 연기가 날 때
  내 정신이 고양될 때,

이 조그만 살덩이, 내 도시의
배고픈 거리를 돌아다닐 때

내 삶의 두려운 시간 속에서
인간적인 모든 것이 나를 속박하고
빛의 홍수, 마브락과
내 갈망하는 안전한 땅에 이르지 못하게 할 때
나를 인정하네.[16]

스콧의 시는 많은 기교를 사용했고, 서정시의 문학적 권위에 의지하고 있다. 동시에 꾸밈없는 일상적 언어의 신빙성에 의지하고 있다. 이 시는 '드레드 언어(dread talk)'의 낱말들을 사용하고 있다. 드레드 언어란 본디 자메이카의 말하기 형태로서 래스터패리어니즘의 종교적·정치적·철학적 신념을 반영하며 진실한 신도들에게만 쓰이는—일종의 은어(폐쇄적인 집단의 배타적 암호로 시 또한 이에 의존하기도 한다)이다.

드레드 언어는 현재 더 널리 쓰이고 있으며, 특히 자메이카 젊은이들의 흑인 의식에 대한 확신과 흑인 권력에 대한 옹호를 대변한다. 1960년대와 1970년대에 레게 가사에 사용되면서 드레드 언어가 널리 알려지고 인기를 얻었다. 바람직한 방향 전환 속에서 드레드 언어가 오늘날 정통 교육에서 차지하고 있는 자리는 한 세대 전에 지역 방언이 가졌던 것과 똑같은 자리이다. "지난 날, 남은 아들이 쓰는 말을 듣고서는 그 아이마저 '래스터'가 되지 않도록 노심초사하고 기도했던 중류계급 부모들은 이제 미학적이고 의사-교육적인 태도로 항의하고 있다."고, 자메이카 언어학자 벨마 폴라드(Velma Pollard)는 말한다.[17] 〈래스터, 내 아들〉이라는 시에서 몽세라(Montserrat) 출신의 앤 마리 듀어(Ann Marie Dewar)는 이 근심의 애절함을 화자와 연관시켜 표출한다. 시의 언어는 래스터패리언의 언어이며 독립의 이미지를 제공한다. 그러나 품을 떠나는 아들을 바라보는 어미의 심정 또한 드러난다. 심지어—또는 특히—둘이 멀어진 현재의 거리에서도 둘을 묶어 주는 공통의 언어로 아들을 부르고 있다.

이제 너는 래스터가 되었구나, 내 아들아!

열여덟이 지나서 너는 그렇게 되고 싶었구나

오, 너를 부른다 에마뉴엘

난 이제 지난날 느꼈던 자랑스러움은 잊어야 해

네 증조할아버지가 네 머리에 손을 얹고

자신의 이름을 네게 지어주었을 때의 자랑스러움을!

그런데 너는 네 이름을 래스 이키도(Ikido)라고 하는구나!

예수는 에마뉴엘이라고 지었는데!

이키도라는 이름이 거룩한 이름이더냐?

내가 네 땋은 머리를 풀라고 할 때

일거리를 찾으라고 할 때

너는 네 엄마를 '딸'이라 부르는구나

어쩜 내게 그럴 수 있니?

아예 말을 듣지 않는구나, 내 아들아!

너는 셀라시에를 부르고

신을 부르는구나

다른 사람들보다 훨씬 더 지나치게 너를 이해하는 그들을!

너는 에티오피아를 꿈꾸는구나!

네가 꿈을 꿀 때

누가 네 아이들을 돌보겠니?

나는 어미의 젖이 생명의 양식임을 안다!

너는 네 아이들도 도통 말이 안 통하게 하겠지!

아이들을 어떻게 만들려고!

오! 네 스스로 네 아이들을 가르치겠다고

아이들을 그토록 지나치게 이해하겠다고

신이 네게 하듯이 말이니!

너는 신이 너를 이끌고 간다고 하는구나

성스런 풀이 가득한 명상의 언덕으로

거룩한 세계로!

그가 너를 부를 때, 내 아들아,

나는 어딘가에서 몸을 일으킬 게다,

넌 나를 볼 수 있을 거야,

그리고 나는 말할 거란다. '아들아, 떠나렴, 사랑을 갖고'

그리고 나는 울부짖을 거란다![18]

'동물원 이야기―'76. 1월'에서 성 루시안(St Lucian) 시인 켄델 히폴리테(Kendel Hippolyte)는 래스터패리어니즘의 언어와 비유를 사용한다. 유다의 사자(Lion of Judah, 예수를 가리킨다―옮긴이)와 래스터의 빨강, 초록, 황금색(빨강은 피와 형제, 초록은 에티오피아, 황금색은 태양을 상징―옮긴이) 그리고 '던글'(쓰레기더미의 다른 말로 지금은 사라진 킹스턴의 빈민가를 가리키며, 브래스웨이트의 〈비둘기 날개〉에서 언급한 이름이다)이 그것들이다. 이들은 고난의 시기였고 검은 번개도 없었던 두려운 시대, 1970년대에 래스터패리언의 경험의 표상이다.

이 던글의 드레드(래스터 신도를 가리킨다―옮긴이)가

'사자여!' 하고 말하자

빛이 번쩍이며

그의 머리에 천둥이 치네.

심장이 차갑고 눈이 어두운 이가

그의 신앙을 뒤흔들거나

그의 정당한 뿌리를 자르거나

그를 뒤흔들면

이 던글 드레드는 일갈하네

'래스터패리!'

빨강—초록—황금 무지개
자메이카에서 솟아올라
희고 엷은 하늘의 구름을 흩날려버리고—
에티오피아에 머무니……
바로 지금, 바로 여기
불가사의한 땅
두려운 삼라만상, 색깔은 바뀌고……
빨강—초록—황금 무지개
이 사내는 시온으로 가는 빠른 길을 찾네.

마리화나가 그를 거기에 데려가리
그리고—
그런데 무슨 일이지?
마리화나는 그의 손에서 흰 뼈로 변하네
무지개 신앙은 빛깔을 잃네,
도시는 그의 뿌리를 바짝 말리네.
그는 아직 눈으로 볼 수 있으나 번개는 없네.[19]

　　래스터패리 운동은 처음부터 마리화나가 줄 수 있는 각성에 의탁하여 시작된
것이 아니었다. 마리화나에 의탁하기 시작한 때는 래스터패리가 자메이카 국가
와 사회와 논쟁을 벌이기 시작했을 때였다. 래스터패리는 아프리카와 아프리카
사람들에 대한 중상모략을 비난하고 인종차별과 유색인종에 대한 편견이라는
마귀를 물리치고자 했으며 가장 기본적인 의문인 존재론에 직면했다. 그들은
문제에 직접 다가가고 투쟁의 중심 이슈 즉 자아, 흑인의 실존, 나, 나와 나를
투쟁의 전면에 내세움으로써 마커스 가비(Marcus Garvey, 1920년대에 미국 할렘가
를 중심으로 미국 최초의 흑인민족운동을 조직했던 흑인 지도자—옮긴이)의 범아프리

카주의의 전망을 발전시켰다. 그리고 거기에서 운동과 신으로부터 소외된 자아의 재귀속과 재통합에 착수했다. 래스터패리가 예술적이고 철학적인 의식을 강화하게 된 것은 다른 어떤 속성보다도 이에 기인한다. 이러한 날카로운 통찰력이 양의 빵을 연기로 승화시키고 숭배자들을 만물이 널리 보이는 유리한 고지로 실어 나르는 이 성배들 덕택에 기인하는 것이 아니라고 누가 이야기할 수 있을 것인가?□

||| **주**

이 글에 실린 시의 저작권자들과 계약하기 위해 모든 노력을 기울였다.

01. Antohny McNeil, '형제 조에게 바치는 시(Ode to Brother Joe)', 《'삶이란 영화'의 필름(Reel from 'The Life-Movie')》(Kingston, Jamaica, 1975), p. 29.
02. Bob Marley, 《그의 고백(In His Own Words)》, Ian McCann 엮음 (London, 1993), p. 82.
03. Kamau Brathwaite, '비둘기 날개(Wings of a Dove)', 〈통행의 권리(Rights of Passage)〉, 《새로 온 사람:신세계 3부작(The Arrivants:A New World Trilogy)》(Oxford, 1973), p. 42에서.
04. Gerard Manley Hopkins, '그 본성은 헤라클레스의 불이며 부활의 위안(That Nature is a Heraclitean Fire and of the Comfort of the Resurrection)', 《제라드 맨리 홉킨스의 시(The Poems of Gerard Manley Hopkins)》, W. H. Gardner와 N. H. MacKenzie 엮음, 4번째 판 (Oxford, 1970), pp. 105-6.
05. Brathwaite, '비둘기 날개(Wings of A Dove)', pp. 42-3.
06. Vera Rubin과 Lambros Comitas, 《자메이카의 마리화나(Ganja in Jamaica)》(Mouton, 1975), pp. 15-16.
07. Barry Chevannes, '자메이카 약물 이용의 배경(Background to Drug Use in Jamaica)', 〈연구 논문(Working Paper)〉No. 34, 사회경제연구소 (서인도제도 대학, Mona), p. 10.
08. Ajai Mansingh와 Laxmi Mansingh, 《래스터패리언에 미친 힌두의 영향(Hindu Influences on Rastafarianism)》, 카리브의 계간 학술지 (서인도제도 대학, Mona, 1985).
09. Barry Chevannes, Webster Edwards, Anthony Freckleton, Norma Linton, DiMario McDowell, Aileen Standard-Goldson과 Barbara Smith, 〈마리화나에 대한 국가위원회 보고서(Report of the National Commission on Ganja)〉(Jamaica Information Service, 2001년 9월), pp. 31-2.
10. Bob Marley, 《그의 고백(In His Own Words)》, p. 82.
11. 같은 책, pp. 81-2.
12. 같은 책, p. 82.
13. '형제 조에게 바치는 시(Ode to Brother Joe)', pp. 29-30.
14. Lorna Goodison, '스튜디오 1:신도 에버랄드 브라운(Studio I:Brother Everald Brown)', 《순회하는 은총(Travelling Mercies)》(Toronto, 2001), p. 63, 작가의 허락을 받아 재발행.
15. Lorna Goodison, '불스 베이, 루시아(Bull's Bay, Lucea)', 《우리에게, 모든 꽃은 장미이다(To Us, All flowers Are Roses)》(Chicago, 1995), pp. 66-7, 작가의 허락을 받아 재발행.
16. Dennis Scott, '고통 받는 이들이 없기를(No Suffers)', 《엉클 타임(Uncle Time)》(Pittsburgh, 1973), p. 53.
17. Velma Pollard, '드레드 말의 사회사(Social History of Dread Talk)', 『계간 캐리비언(Caribbean Quarterly)』 28/4 (1982), p. 25.
18. Ann Marie Dewar, '래스터, 내 아들(Rasta, Me Son)', 『계간 퍼시픽 모아나(Pacific Quarterly Moana)』 8/3 (1983):《한 민족의 슬픔:카리브 제도의 새로운 글쓰기(One People's Grief:New Writing from the Caribbean)》, Robert Benson 엮음, 특별판, pp. 70-71.
19. Kendal Hippolyte, '동물원 이야기 — 자 '76(Zoo Story — Ja '76)', 《성문(Voiceprint)》, Stewart Brown, Mervyn Morris와 Gordon Rohlehr 엮음, pp. 62-8.

흡연과
올 댓 재즈

스티븐 코트렐 | Stephen Cottrell

■□

희미한 불빛의 지하 클럽에서 소규모 재즈 악단이 연주를 하고 청중들은 편안하게 감상한다. 소근소근 이야기를 나누는 소리와 간간이 들리는 유리잔 부딪히는 소리에 아랑곳하지 않고 연주자들은 즉흥 연주를 이어간다. 연주 내내 담배 연기는 짙게 깔리고 에어컨은 윙윙 돌지만 연기는 빠져나가지 않는다. 이마에 땀방울이 맺힌 피아니스트는 내내 입 한쪽에 담배를 늘어뜨린 채 연주를 하고 드러머도 담배를 물고 있다. 색소폰과 트럼펫 연주자들도 담배를 피우지만 이들이 담배를 피우려면 다른 솔로 연주 때까지 기다려야 한다. 이들은 금방 담배를 집을 수 있게끔 악기에 담배를 꽂아 놓았다가 몇 소절 연주를 쉬는 틈을 타서 재빨리 몇 모금 피운다.

진부하다고 할 수 있을 만큼 전형적이기는 하지만 이런 이미지는 많은 이들에게 친숙하게 느껴진다. 많은 영화와 사진 그밖의 미디어에서 재즈 뮤지션들이 위와 비슷한 환경에서 연주하는 장면이 많이 그려지기 때문이다. 그러나 모든 전형이 그러하듯이 그러한 이미지들은 사실을 미화하거나 과장할 수 있으면서 동시에 진실의 알맹이들을 담고 있다. 본질적으로 20세기 음악 장르인 재즈의 진화는 같은 시기 담배 제품 소비의 확산과 밀접한 관련이 있다. 궐련과 여송연 그리고 파이프 흡연은 우리가 재즈 뮤지션에 대해 갖는 전형적인 이미지를 창조하고 유지하는 데에 저마다 기여했다. 여기서 마리화나의 역할—특히 1920년대와 1930년대에—은 특히 중요하다.

담배 산업은 재즈의 발달에 영향을 끼쳤다. 담배 소비가 영향을 끼쳤고 또 흡연 소도구들은 일부 뮤지션들의 원시적인 악기가 되었기 때문이다. 재즈 문헌을 보면 궁핍한 재즈와 블루스 연주자들이 여송연 상자를 사용했다는 일화가 나온다. 시드니 베쳇(Sydney Bechet)은 13세의 어린 나이에 여송연 박스를 조악한 악기로 만들어 클럽에서 연주했다고 알려져 있다.[01] 빅 빌 브룬지(Big Bill Broonzy)는 비슷한 이야기를 앨런 로맥스(Alan Lomax)에게 들려주었다.

나는 올드 맨 시시 라이더(Old Man See-See Rider)에게 들러붙어 그가 기타를 만든 방법을 알아냈네. 그리고 가게에 가서 여송연 박스와 큰 나무 상자를 얻었지. 나와 루이스라는 친구는 큰 박스로 기타를 만들었네. 여송연 상자로는 내가 바이올린을 만들었지. 그런 다음 숲으로 가서 히코리 가지를 잘라오고 어머니의 실을 가져다가 활을 만들었네. 우리는 이렇게 현악기를 갖게 되었지. 나와 루이스는 야외공연이나 술집에서 시시 라이더의 현이 끊어지길 기다렸지. 그러면 우리는 끊어진 현을 묶어주면서 우리가 집에서 만든 악기를 보여주었다네.[02]

미국 남부 가난한 하층계급에게 여송연 박스는 분명히 값진 자원이었고 그 생산자들의 기대와는 매우 다른 방향으로 이용되었다.

재즈의 기원에 대해서는 아직도 논란이 많다. 재즈가 1900년대로 접어든 직후 뉴올리언스에서 생겨났다는 데에는 거의 이견이 없다. 그러나 재즈가 뉴올리언스의 홍등가인 매음굴에서 발생했다는 일반적인 주장에 대해서는 의견이 분분하다. 홍등가에서 원조 재즈 뮤지션들을 고용하여 달리 재즈를 알 턱이 없던 고객들에게 공연을 하면서 재즈가 퍼져 나갔다는 주장이다.

그 초창기에 루이 암스트롱의 중요성과 맞먹었던 베쳇은 이 견해를 반박한다.

뉴욕에서 얼 하인스(Earl 'Fathar' Hines), 1947년 3월.

그는 (꼭 정확하지만은 않은) 그의 자서전에 이렇게 쓰고 있다.

사람들은 재즈가 매음굴에서 시작한 것으로 알고 있다. (하지만) 연주자들은 정기 연주나 하룻밤 연주 계약이 없을 때, 파티나 야외공연이나 무도회가 없을 때에는 집으로 갔다.……당신이 매음굴에서 악기를 연주해야 했다고 쓰인 모든 글은 거짓이다.……연주자들이 그렇게 할 실제적인 필요가 없었는데도 어떻게 매음굴에서 재즈가 시작되었다고 말한단 말인가?

그러나 베쳇의 주장과 다르게 초기 재즈 연주가들은 항상 불법적이거나 비도덕적인 또는 둘 다인 것으로 보이는 여가와 관련된 오점을 가지고 있다. 도박, 난교, 알코올 중독 — 알코올 금지 시대(1920~1933)에도 알코올 소비가 심했다 — 은 당시 뮤지션들과 자주 연계되던 행위였고, 그럴듯한 이유도 따랐다. 알코올 중독은 특별한 문제였고 수많은 음악인들을 무너뜨렸다. 주목할 만한 사례는 위대한 코넷 연주자 빅스 바이더베크(Bix Beiderbecke)이다. 그러나 초기 재즈 뮤지션들이 이러한 악습의 유혹을 떨치기란 어려웠다. 이들 불법 행위의 많은 부분이 뮤지션들이 일하는 장소에서 이루어졌기 때문이다. 뉴올리언스의 매음굴과 그밖에 음흉한 장소만 그런 게 아니라 그 뒤 1920년대와 1930년대에 많은 뮤지션들이 진출한 캔자스, 시카고, 뉴욕의 클럽도 마찬가지였다.

물론 흡연 자체는 결코 금지된 적이 없었고, 초기에는 마리화나 또한 금기가 아니었다. 이처럼 재즈의 전통이 남에서 북으로 이동하면서 이 순한 마약성 약물도 재즈 연주자들 사이에서 점점 더 인기를 끈 것 같다. 처음에는 흑인보다 백인 연주자들 사이에서 더 유행이었지만[04] 금세 양쪽 인종 모두에게 관습이 되었다. 마리화나는 뒤뜰에서 재배할 수 있었기에 비교적 값이 쌌고 멕시코 이민자들과 남부 흑인들에 의해 시카고 지역으로 전파된 것으로 보인다.[05] 또한 '메즈(mezz)' '머글(muggle)' '차' 또는 '풀(weed)' 같은 다양한 별칭으로 불리며 '리퍼

(reefer)'라 불리는 궐련 형태로 흡연되었다. 리퍼는 뮤지션들이 흔히 고용되는 거리, 클럽, 무도장 어디에서나 사용되었다. 이 흡연자들을 '바이퍼(viper)'라 불렀고 이러한 속어들은 당시 만들어진 곡의 제목이나 가사로 많이 쓰였다. 패츠 월러(Fats Waller)의 '바이퍼의 드래그(drag)' 루이 암스트롱의 '머글스' 그밖에도 '풀의 노래' '리퍼를 피우며' 등 많은 예가 있다. 몇 가지 사례만 보아도 당시에 마리화나가 널리 이용되고 인기가 있었을 뿐 아니라 뮤지션들이 그들의 음악에서 기꺼이 그에 대한 경의를 나타냈음을 알 수 있다.

공연 중에 실제로 얼마나 많이 마리화나를 피웠는지에 대해서는 논란이 있지만 마리화나 흡연의 많은 부분이 특정 경우와 상관없이 뮤지션들의 사교에 이용되었음은 분명하다. 마리화나를 피웠다고 시인한 뮤지션들 가운데 실제로 마리화나에 취해서 연주했다고 말하는 이는 거의 없다. 예를 들어 호기 카마이클(Hoagy Carmichael)은 사교 모임에서만 마리화나를 피웠다고 주장한다.[06] 많은 뮤지션들은 마리화나가 창조성을 억압했다고, 적어도 어떤 면에서는 그들의 음악적 능력을 감소시켰다고 말한다.[07] 하지만 무대 뒤에서 또는 공연 중간 쉬는 시간에 마리화나를 말아 피웠다고 말하는 뮤지션들이 많다. 그러한 점을 보면 특정 뮤지션들이 적어도 그들의 일부 공연에서 약물에 취해 공연하지 않았다는 말은 믿기 힘들다. 중요한 한 인물 ─ 메즈 메즈로(Mezz Mezzrow) ─ 은 이것이 사실이며 마리화나가 그의 공연에 매우 이로웠다고까지 표현했다.

메즈로는 재즈 문화와 마리화나의 관계에서 중심적인 인물이다. 그가 1920년대와 1930년대에 뮤지션들과 다른 사람들에게 마리화나를 공급한 주요 인물이었기 때문이다. 그는 마리화나와 자신을 매우 동일시했기에 '메즈'라는 마리화나의 완곡한 표현도 그의 이름에서 진화해 나온 것이었다. 뮤지션으로서 메즈로의 재능에 대해서는 논란이 많다. 베이스 연주자 팝스 포스터(Pops Foster)는 메즈로가 '그저 무대에 서서 푸푸(메즈로는 클라리넷 연주자이다─옮긴이)거릴 뿐이다. 나는 그를 좋아한다. 하지만 그는 재즈를 전혀 연주할 줄 모르는 사람'[08]이라고 나중에 쓴 글에서 밝혔다. 이처럼 메즈로는 그의 연주로 기억된다기보다 (수많은 음반을 냈지만) 매우 독특한 자서전 《블루스야말로(Really the Blues)》로 더 기억되는 연주자이다. 그의 자서전은 때로 러니언(Runyon, 대표작 〈아가씨와 건달들〉에서 지역 속어를 많이 쓴 것이 그의 상징처럼 되었다—옮긴이) 류의 코믹한 언어로 쓰였지만 그의 삶과 시대에 대해 다채롭고 가끔은 아름다운 기억을 드러내고 있다. 메즈로는 유대인 혈통의 백인 뮤지션이었지만 평생 자신의 뿌리를 거부하고 당시 유색인 뮤지션들 사이에 통용되던 방식이나 말투를 썼다. 그가 '흑인화'에 얼마나 열심이었는지 그는 나중에 자신이 실제로 신체적으로도 검게 변하기 시작했다고 믿게 되었다.

메즈로는 술집과 매음굴에 자주 나타났고 태연하게 천박한 삶에 대한 추구를 드러냈다. 그러나 마리화나와의 관계와 다른 뮤지션들과의 관계를 솔직히 털어 놓는 태도는 긍정적이다. 그는 마침내 자신이 '차'라고 표현한 마리화나가 뮤지션의 연주를 고양시킬 수 있다는 믿음을 밝힌다.

차는 참된 거장의 영역으로 뮤지션을 이끈다. 많은 재즈 연주자들이 그걸 피우는 이유가 거기에 있다. 당신은 자기 병아리들을 굽어보는 늙은 암탉처럼 밴드의 다른 동료들을 얕잡아보게 된다. 가장 멋진 일은 이것이다. 마리화나에 취해 연주하는 내내 당신의 연주부가 머리 속에 환하게 빛나고 있다는 것이다. 마치 원맨 밴드가 된 것처럼 말이다. 곡의 기본 흐름을 들으면서 전혀 실수하지 않고 즉흥 연주를 할 수 있다.……당신에게는 모든 것이 제대로 들린다. 그 힘과 확신을 느끼게 될 때, 당신의 기분은 최고조에 이른다.[02]

마리화나에 대한 메즈로의 이상적인 주장은 한 단계 더 나아가서 자신의 동료들과 술을 지나치게 좋아했던 뮤지션들을 비교한다. 그는 단순히 삶의 방식을 비교하는 데에서 더 나아가 '바이퍼들'이 '바틀 베이비(bottle baby, 원래는 젖병에 담은 우유로 기른 아이라는 뜻이지만 여기서는 술병을 뜻한다—옮긴이)'보다 더 높은 음악적 성취를 이루었다고 주장한다.

우리는 술을 엄청 마신 뒤에 술잔을 깨고 시끄럽게 구는 바틀 베이비 뮤지션들과 비교할 때 차원과 수준이 달랐다. 우리는 떠들썩하고 너저분한 것보다 주변이 편안하고 이완되고 부드럽고 온화한 걸 좋아했다.……또 술 취한 이들은 좋은 음악을 연주하지도 못했고―그들의 음색은 경직되고 나빴다. 자연스럽지 않고 부드럽지 않고 혼이 담기지 않았다―음악이 저절로 흘러가게 하는 대신 음악을 망쳐버렸다. 우리 바이퍼 무리는 진실로 멋진 음악을 만들려는 이들이었고 모두가 영감의 빛을 밝히고 있었다. 술꾼들은 자신의 악기에 금방 싫증을 내고 지겨워했는데 그건 술이 그들의 이성을 갉아먹었기 때문이다.[10]

― 장고 라인하르트(Django Reinhardt), 뉴욕 아쿠아리움, 1946년 11월.

불행히도 마리화나가 이롭다고 한 메즈로의 이상주의는 삶의 일화들과 불편하게 어울린다. 그의 자서전은 그가 나중에 아편 중독에 빠지고 그것을 끊으려고 분투하는 그의 모습을 생생하게 그리고 있다. 그가 주장하는 많은 부분은 억지스럽고 당시 음악적 선각자들과 그와의 관계는 그가 이야기하는 것보다 훨씬 일방적이었을지도 모른다. 그러나 당시 재즈 뮤지션들에게 마리화나를 공급하는 데 있어 그가 중심 역할을 했다는 데에는 의심의 여지가 없다.

메즈로의 이름도 중요한 이유는 마리화나 소비자 가운데 가장 유명한 사람이었을 루이 암스트롱의 가까운 친구―그리고 분명히 정기적 공급책―였기 때문이다. 암스트롱이 마리화나를 편애했다는 것은 1920년대와 1930년대에 널리 알려져 있었다. 그는 나중에 마리화나를 끊었다고 주장했지만―다른 사람들은 이를 반박한다―마리화나의 효과에 대해 좋은 기억을 가지고 있다. 1971년 사망 직전에 쓰인 다음 회고담은 이를 분명히 드러낸다. 암스트롱은 마리화나를 가리키는 속어 가운데 가장 좋아하는 표현―'게이지(gage, gauge)'―을 회고담에서 밝히면서도 그만의 독특한 개성으로 마리화나를 '마리 워너(Mary Warner)'라고 표현한다. 그리고 끝내 마리화나를 끊게 된 이유가 마리화나 소지로 법적 처벌을 받았기 때문임을 비친다.

우리가 늘 말하곤 했지만 게이지는 마약이라기보다 약에 가깝다. 그러나 탄압이 계속되는데도 누구도 할 수 있는 일이 없다. 내 한창 때의 바이퍼들은 끝내 나이가 들었다. 너무 늙어서 심한 처벌을 당할 일이 없다. 하지만 우리 모두 므두셀라(Methusela, 노아의 홍수 전에 1,000살 가까이 살았던 족장—옮긴이)만큼 늙었어도 우리의 추억에는 게이지에서 얻은 아름다움과 따스함이 늘 넘칠 것이다. 나는 그것이 전혀 부끄럽지 않다. 마리 워너, 내 사랑, 너는 분명 좋았고, 나는 너를 '대단히 많이' 즐겼다. 하지만 값을 치르기엔 가격이 조금 높았지.(법을 잘 아니까) 처음에 너는 '경범죄'였지. 그러나 세월이 흐르면서 너는 실수를 바로잡으며 점점 까다로워졌다. 그러니 '잘 가거라.' 나는 너를 내려놓아야 한다. 내 사랑.[11]

1930년대에 나날이 유명해진 암스트롱은 자신의 이미지와 평판을 염려했던 것인지 모른다. 특히 더 나중에 국제적인 스타가 되고는 더욱 그랬을 것이다. 그는 1931년 3월에 열흘 정도 캘리포니아 감옥에 갇힌 채 재판을 기다렸다. 그 이유가 마리화나 탓임을 그는 결코 잊지 않았다. 당시에도 그는 이미 꽤 유명해진 상태여서 그 사건은 시카고 신문의 1면을 장식했다. 일부 기자들은 그가 6개월 구금형을 언도받을 것이라고 추측했다. 그는 끝내 집행유예를 받았다.[12]

마리화나 흡연은 매우 널리 퍼져서 재즈 문화에 꼭 필요한 부분이 되었고, 더 나아가 음악적·기술적 지식을 전파하는 구전 양식의 필수적인 버팀목이 되었다. 트럼펫 주자 벅 클레이턴(Buck Clayton)은 암스트롱에게 트럼펫의 슬라이드를 어떻게 연주하는지 물었을 때를 떠올린다. 그러자 무대 뒤편 화장실에서 즉석 수업이 벌어졌는데 마리화나도 함께 피웠다고 한다.

그리고 그는 내게 담배를 주었다. 내가 흔히 보던 종류와는 다른 갈색 궐련이었다. 나는 궐련을 바라보았다. 그는 내가 그게 뭔지 모른다는 것을 알아챘다. 그가 말했다. "이봐, 내가 피우는 걸 보라구." 그는 간이의자에 앉아 불을 붙였다. 그리고 연기를 내뿜으며 말했다. "이제 이야기해 주지." 그리고 다시 연기를 내뿜고 내게 마리화나를 건네면서 싱긋 웃었다. 나는 궐련을 받아 피웠다.……연기를 내뿜고는 그에게 다시 내밀었다. 그가 한 번 피우고는 다시 내게 내밀었다. 우리는 이렇게 한 대를 다 피웠다.[13]

'차'를 피우는 것은 뮤지션들에게 사교의 일부였을 뿐 아니라 마리화나를 피우지 않는 이들에게는 마리화나를 피우는 사람들의 행동 방식을 따르라는 엄청난 압력이기도 했다. 폴 벌리너(Paul Berliner)는 베이스 연주자 버스터 윌리엄스(Buster Williams)에 관해 쓴 글에서 그가 처음 연주 투어를 시작하기 전에 그의 아버지가 "그를 따로 불러서 '들이마시지 않고' 마리화나 피우는 법—다른 뮤지션들을 공격하지 않고 그들의 악습을 배우지도 않는 방법—을 가르쳤다."[14]고 했다. 또 다른 (이름이 알려지지 않은) 뮤지션은 재즈 문화 내에 뿌리박고 있는 동료들의 압박에 이와 비슷한 생각을 밝힌다.

나는 다른 사람들과 어울려 약에 취하지 않았다. 드러머가 언젠가 내게 한 말이 기억난다. "이봐, 자네도 해보겠어? 자네만 따로야." 나는 말했다. "나는 자네들과 함께 연주해야 해. 그게 내 직업인걸. 그렇다고 해서 자네들과 한 몸이 되어 자네들이 하는 대로해야 하는 건 아니잖나." 모두가 집단의 모든 사람을 좋아하는 것은 좋다. 하지만 내가 마리화나를 피우고 거기에 취해서 다른 사람들이 나를 좋은 사람이라고 생각하는 것은 역겨울 것이다.[15]

이러한 압력은 1920년대와 1930년대 마리화나 흡연에만 나타나는 특징이 아니다. 그것은 1940년대와 1950년대에 헤로인이 '차'를 제치고 새로운 약물로 부상했을 때에도 나타난 특징이었다. 예를 들면 찰리 파커(Charlie Parker)의 보조자들은 찰리 파커처럼 연주하기 위해서는 자신들도 그의 약물 중독을 배워야 한다고 느꼈다. 이와 같이 잘못된 우상 숭배는 많은 경우에 비극적 결말을 낳는다. 마리화나는 많은 이들에게 중독성이 없고 비교적 무해한 오락적 약물로 비친다. 그러나 '하나가 또 다른 결과를 낳는' 약물 중독의 법칙에 동의하는 이들은 재즈 뮤지션들과 다양한 종류의 자극제 간의 역사적으로 밀접한 관련 속에서 그들 주장의 많은 근거를 찾아낼 것이다.

물론 어느 시대든 당시 뮤지션들이 이용하고 남용한 물질이라는 견지에서 재즈의 진화를 읽을 수도 있다. 뉴올리언스 전통의 활기와 즐거움은 그것을 유지하도록 알코올이 중심적인 역할을 한 덕택이다. 또한 훨씬 부드럽고 훨씬 아름

소프라노 색소폰을 연주하는 콜트레인. 오른손에 궐련을 들고 있다.

다운 스윙재즈 연주자들, 예를 들어 레스터 영(Lester Young)은 더욱 달콤하고 환상을 불러일으키는 마리화나의 효능에 영향을 받은 듯하다. 재즈에서 더 분화된 열광적인 비밥(bebop) 계통은 헤로인 환각 경험과 음악적 동의어이다. 헤로인은 종전 이후 수많은 재즈 연주자들의 삶을 파괴했다. 더 형식적 계통인 마일스 데이비스(Miles Davis) 또는 존 콜트레인(John Coltrane)의 후기 작품이 가지는 추상성은 훨씬 정결하고 마약 의존이 덜한 삶의 방식으로 생각될 수 있다. 두 음악가 모두 이전의 중독성 강한 약물과 알코올 소비를 거부했다.(하지만 콜트레인은 죽을 때까지 담배를 피웠다.)

재즈 연주자들 사이에서 약물 이용은 줄어들고 있다. 뮤지션들은 서구의 다른 사람들과 마찬가지로 건강 의식이 높아졌다.[16] 하지만 아직도 가끔은 재즈 클럽의 무대 뒤에서 '별난 담배'가 타들어가는 달콤한 냄새를 맡을 수가 있다. 무대 앞에서는 소규모 재즈 악단이 한꺼번에 뱉어내는 연기가 위로 피어올라 객석에서 감돌고 있다.

|||주

01. David Perry, 재즈의 거장들(Jazz Greats)' (London, 1996), p. 77.
02. Alan Lomax, 《블루스가 시작된 곳(The Land Where the Blues Began)》(London, 1994), p. 428.
03. Sidney Bechet, 《부드럽게 해 봐:어느 자서전(Treat it Gentle:An Autobiography)》(New York, 1960). Robert Gottlieb 엮음, 《재즈 읽기:1919년부터 현재까지 전기, 르포, 비평 모음(Reading Jazz:A Gathering of Autobiography, Reportage and Criticism from 1919 to Now)》(London, 1997), p. 8.
04. Burton W. Peretti, 《재즈의 창조:미국 도시의 음악, 인종 그리고 문화(The Creation of Jazz:Music, Race and Culture in Urban America)》(Urban, IL, 1992), p. 139.
05. 같은 책.
06. Hoagy Carmichael, 《스타더스트 로드(The Stardust Road)》(New York, 1946), p. 53.
07. Peretti, 《재즈의 창조(The Creation of Jazz)》, pp. 140-41.
08. Pops Foster와 Tom Stoddard, 《팝스 포스터:뉴올리언스 재즈 연주가의 전기(Pops Foster:The Autobiography of a New Orleans Jazzman)》(Berkeley, CA, 1971), p. 167.
09. Mezz Mezzrow와 Bernard Wolfe, 《블루스야말로(Really the Blues)》(London, 1993), p. 74.
10. 같은 책.
11. Max Jones와 John Chilton, 《루이:루이 암스트롱 이야기(Louis:The Louis Armstrong Story)》(St Albans, 1975), p. 138.
12. 같은 책, p. 133.
13. Gottlieb, 《재즈 읽기(Reading Jazz)》, pp. 70-71.
14. Paul Berliner, 《재즈를 생각함:즉흥 연주의 무한한 기법(Thinking in Jazz:The Infinite Art of Improvisation)》(Chicago, 1994), pp. 40-41.
15. 같은 책, p. 438.
16. 같은 책, p. 453.

역사의
격동을 불러온
위험한 유혹

저우 쉰 | Zhou Xun

▪▫ 19세기로 들어서면서 세계는 점차 소비 사회로 변화하고 있었다. 중국은 세계 최대의 아편 시장이 되었고, 이는 청조의 통치 구조를 위협했다.[01] 청조가 붕괴할 즈음 아편의 과다 소비는 그 붕괴의 축도였고 '수챗구멍'이었다. 내부 부패의 원천이자 군사력 약화와 혼란의 원인이었다. 사람들이 너무 많이 놀고 충분히 일하지 않게 된 것이다.[02] 아편 흡연은 중국 '최악의 질병'이 되었다. 이는 중국 경제, 사회, 정치 운명과 피할 수 없이 얽혀 있는 문제였다. 그러나 그것은 인습적인 견해가 주장하는 것처럼 서구 식민주의자들이 '전파한' 질병이 아니라[03] 제 구실을 못하는 사회의 징후였다. '위험한' 사회 집단과 연계되면서 아편 흡연은 '순수한 오락'에서 '악습'으로 변질되어 왔다. 그 소비층 또한 특권층과 부유층에서부터 쿨리(cooly, 하급 노동자─옮긴이), 빈민층, 매춘부, 범죄자, 사회 하층민으로 확대되었다. 새로운 범주의 사회 계층인 '아편쟁이'가 중국에 등장했다. 아편 이용자들이 변화함에 따라 그 이용과 의미 또한 변화했다.

1840년과 1860년 두 번의 아편전쟁을 치렀는데도 중국에서 아편 흡연의 하향 확산은 19세기 후반기에 더욱 빨라졌다. 공식적 통계에 따르면 1880년 즈음 중국에서 아편 흡연자의 수는 3,000만 명에 달했다.[04] 그러나 이는 단순히 경제적 결과물이거나 권력 또는 특권의 산물로 간주될 수 없으며, 단순히 사회 모방론으로도 설명될 수 없다. 변화는 복잡한 문제이고 그 원인과 결과 또한 마찬가지이다. 현대 소비 방식의 변화라는 관점에서 볼 때 많은 요인들이 고려되어야만 한다. 그것은 중국 사회 내의 기본적 변화의 결과이기도 하겠지만 바깥 세계에서 일어난 변화와 연관지어 생각해야 한다. 철도의 발명은 급속한 변화의 동력이자 상징이었다. 철도의 발명으로 아편과 담배 그밖의 상품의 국내 시장이 확대되었다. 식민지의 팽창은 새로운 상호의존 관계를 낳고 세계를 재편했다. 유럽의 정치 혁명과 산업혁명의 영향으로 소비에 '현대적 삶'이 입혀졌다.

모든 상품에서 소비자들의 입맛은 상품의 품질과 다양성을 결정하는 중요한 요소 가운데 하나였다. 그러나 '입맛'의 의미는 입에서 느끼는 감각이라는 단순한 뜻을 초월한다. 19세기가 완전히 저물고 나서 새로운 도시 중심부에 부르주아가 등장했다. 이때부터 '멋있는'은 '세련된' '교양 있는' '품위 있는' 또는 '값비싼' 성질들과 관련되었다. 이와 달리 '멋없는'은 그저 '싸다'는 뜻이었다. 지난날 단순히 아편을 소지한다는 것은 부와 권력의 상징으로 비쳐졌지만 이제 아편에 대한 '입맛'은 사회적 지위의 잣대가 되었다. 그러한 계급 차이는 아편굴의 수준과 가격 수준에도 반영되어 나타났다. 청조(1644~1911) 후반에는 아편 소비자 계층이 뚜렷이 분리되었다. 이는 당대 중국 사회 계층을 그대로 반영했다. 만주족 귀족, 고위 관리, 거부 상인들이 상류계급 소비자들이었다. 중류계급 아편 흡연자들은 중하위 관리들, 변호사, 은행가, 그리고 전문직들로 구성된 신흥 도시 엘리트들이었다. 하층계급 아편 흡연자들은 쿨리, 예능인, 매춘부, 거지, 지하 범죄 조직이었다. 지방에는 또 다른 범주의 아편 흡연자들이 있었다. 주로 아편을 생산하는 농부들이었다. 이들 대부분은 아편을 의학적 목적이나 오락적 목적으로 이용했다. 상류 및 중상위계급 소비자들은 외국 수입품—값이 가장 비싸서 최상의 품질로 여겨지는 제품—과 국내에서 생산된 최고 품질의 윈난(雲南省) 아편을 피웠다. 중하위계급은 흔히 값이 덜 비싼 쓰촨(四川省) 아편을 피웠고, 하층계급은 아편을 끓인 뒤에 남는 찌꺼기로 만든 것(dross)을 피웠다.[05]

아편 소비자들의 사회·경제적 차이는 품질과 가격뿐 아니라 소비량과 형식에

清朝末期の古い写真
1870-1900

12 POST CARDS

서도 나타났다. 쾌락이라는 개념은 소수 아편 흡연자들 사이에서 계속 유지되었지만 그것은 또한 여가의 한 형태로도 여겨졌다. 여가라는 현대적 개념은 산업사회의 부산물이었다. 그것은 시간을 보낸다는 의미의 새로운 정의였고, 발생 단계에 있는 도시사회의 새로운 정의였다. 모든 현대산업사회에서와 마찬가지로 19세기 후반기에 중국 해안의 몇몇 도시들이 급속하게 경제가 발전하면서 그 결과로 중대한 사회 변화가 일어났다. 구시대 엘리트들처럼 신흥 부르주아들에게 잉여 소득이 생긴 것이다. 하지만 이들은 일해서 돈을 버는 사람들이었다. 옛 엘리트들처럼 쾌락을 추구하는 마음도 있었지만 그들은 그들의 시간을 여가와

일로 구분하고자 했다. 이 신흥 계급에게 노동은 규율, 질서, 체계 그리고 통제라는 긍정적 가치들과 연관되었다. 이에 반해 여가는 자발성, 무질서, 이완, 자유를 나타냈다. 여가는 개인의 복지를 드높이면서 동시에 한 사람의 부와 신분의 잣대일 수 있었지만 낭비와 탐닉, 생산성 저하의 원인일 수도 있었다. 아편 흡연은 여가의 자유를 표상했다. 이는 노동계급 구성원들도 일정이 허락한다면 아편 흡연을 즐길 수 있음을 뜻했다.

여가와 노동의 분리는 또한 여가 활동이 일터 바깥에서 이루어져야 함을 뜻했다. 옛 엘리트들과 부유층은 배타적인 개인 저택과 별장에서 계속 여가를 즐겼다. 19세기 중반에 회의소(guildhall)가 생겨나 전문직의 여가 공간이자 회의 장소

- 광저우에 있는 아편굴 내부.
  (1900년)

가 되었다. 동시에, 절, 공원—도시 사회의 새로운 특징—그리고 급속히 증가한 극장, 찻집, 아편굴이 새로운 '대중'의 여가 기반이 되었다.[06] 이와 같이 아편 흡연은 19세기 후반기에 인기 있는 오락과 여가 형태로 자리 잡았다.

흡연 문화가 중국에서 특히 널리 퍼진 이유를 생각할 때 중국 전통 사회의 특성들을 상기하는 것이 또한 중요하다. 지배권을 유지하기 위해 정부는 유교 사상에 근거한 정책들을 실행했다. 일반 백성들은 정치에 개입하지 말고 느긋하게 집안 일이나 돌보도록 장려되어 백성들은 말썽을 일으키지 않았다.[07] 교육, 스포츠, 예술은 특권층의 필수 분야로 여겨졌고 대다수 백성들은 그러한 여가를 가까이할 수 없었다. 그들에게 유일한 오락은 도박과 음주, 흡연이었다. 도박이나 음주는 사람을 흥분시켜 싸움과 같은 위험한 행동을 일으킬 수 있다. 하지만 아편은 진정제이고 담배 또한 '평화로운 풀'로 알려져 있다. 이 둘은 모두 행복감을 일으킨다고 알려져 있으며 진정 작용이 있어 수면을 촉진한다.[08] 사람들은 가끔 누워서 이야기하며 파이프를 돌려 피우다 잠이 들었다. 아편 흡연 또한 많은 사람들을 집이나 아편굴에 아무 말썽 없이 머물게 했다.

아편굴은 다른 많은 대중적 여가 공간처럼 사교적 만남의 장소가 되었다. 아편 자체가 그렇듯이 아편굴의 수준도 다 달랐고 그에 따라 모여드는 사람들의 유형도 달랐다. 가장 고급한 아편굴은 '신흥 아편 감정가'만을 모셨고, 가난한 사람들이나 떠돌이들이 가는 값싼 시설도 많았다.[09] 아편굴은 그들의 '집'이 되었고, 아편 흡연은 삶의 비참함과 도시 생활의 압박에서 벗어난 안식과 피난처였다. "지옥 같은 삶에서 살아남으려고 애쓰는 이들은 일단 아편을 입에 대면 곧 모든 고통과 괴로움을 잊었다."[10] 이 현상은 중국에만 국한된 게 아니었다. 아편은 빅토리아 시대 영국에서도 노동계급이 참상과 기구함에서 벗어나는 탈출구였다. "남자들은 불안과 가난에 대한 두려움을 진정시키려고 직기와 막장과 논밭에서의 오랜 노동의 기억을 잊으려고 아편을 찾았다. 여자들은 가족을 부양하고 남

편을 먹여 살리기 위해 애쓰며 사는 끔찍하게 가난한 삶에 무감각해지기 위해
아편에 기댔다."[11] 청조 후반의 노동 대중들에게 아편을 몇 모금 흡연하는 것은
'피로 회복제'이기도 했다.

원래 아편굴 말고도 대부분의 호텔에서 레스토랑이나 카페와 비슷한 아편굴을
두었다. 사실 아편굴과 호텔 아편굴 사이에 차이점은 거의 없었다. 아편굴과 레
스토랑 사이의 차이점도 많지 않았다. 아편굴이냐 호텔이냐 레스토랑이냐의 선
택은 사람들이 다른 어떤 서비스를 받을 수 있느냐에 따라 결정되었다. 충칭(重
慶)에서 최고 목욕탕은 고객들을 위해 흡연실을 두었지만 그곳의 아편값은 훨씬
비쌌다. 사람들은 또한 매음굴에서 아편 서비스를 받을 수 있었다.

모든 거래에는 그만의 회의소와 경매소가 정해져 있었고, 거기서 아편 흡연은
의례처럼 이루어졌다. 아편 없이는 어떤 사업 행위도 이루어질 수 없었다. 충칭과
루저우(盧州)를 왕복하던 여객선에서는 소년들이 돌아다니며 차와 아편을 제공

했다. 이름난 불교 성지인 아미산에서도 승려들이 순례자, 관광객, 쿨리에게 아편을 팔았다. 중국 남서부 쓰촨의 가정에서 아편은 접대의 필수품이었다. 손님이 왔을 때 아편등에 불이 꺼져 있으면 올바르지 않고 예의에 어긋난 것으로 여겼다. 부유한 많은 가정에서는 아들에게 아편을 피우라고 권하기도 했다. 아편을 피우지 못하거나 올바르게 피우지 못하는 것을 사교적 품위의 결여로 보기도 했기 때문이었다.[12] 아편 흡연은 또한 남편을 요리하는 훌륭한 방책이자 가정의 구세주이자 절약형 악습이자 젊은이들이 가산을 탕진하는 것을 막는 방편이었다.[13]

20세기 초반, 중국이 완전히 '현대화'의 길로 접어들면서 극장, 당구장, 수영장 같은 현대 여가 시설이 등장했다.[14] 상하이 같은 도시에서 '현대적'이고자 열망하는 중국 도시인들은 서구적인 것을 탐냈다. 서구적인 것이 '이국적'인 것으로 인식되었다. 결과적으로 서구 양식의 제품이 홍수처럼 밀려들어왔다. 얼마 지나지 않아 투자자들은 중국이 주요 소비 시장임을 파악했다. 도시 거주자들은 통조림, 분유, 껌, 외국 담배, 신기한 서구식 의약품에 빠져들었다. 그들에게 외국 담배를 피우고, 서구 약품을 구입하고, 극장에 가고, 쇼핑을 하는 것은 특권적 행위였다. 이에 반해 아편 흡연과 파이프 흡연 그리고 전통적 방식의 여흥은 갈수록 중국 '퇴보'의 상징으로 인식되었다.[15] 소비자들은 외국 담배를 유난히 좋아했다. 외국 담배는 우아하게 피울 수 있고, 편리하게 가지고 다닐 수 있으며, 멋스럽고, 산뜻한 맛이 났기 때문이다.[16] 이것이 현대적 삶의 이미지였다. 여행은 날이 갈수록 인기를 끈 현대적 일상이 되었기 때문에 몇 가지 담배 브랜드는 '현대 여행자들에게 최상의 벗'이라고 광고했다.[17] 여송연을 피우는 사람들도 있었다. 도시의 현대적 삶의 압력에 의해 많은 이들이 더욱 자극적인 악습을 추구한 것으로 보인다. 도시 거주자들은 독한 술을 마시며 빠른 음악을 들었고, 독한 여송연을 피우며 그들의 신경을 자극했다.[18] 값비싼 여송연을 피울 능력이 없는 이들을 위해 일부 제조회사는 모르핀과 헤로인을 첨가하여 비교적 '순한' 궐련의 효과를 개선했다. 문헌 자료를 보면 1936년 상하이 시장에 판매되던 53가지 브랜드의 궐련이 모르핀과 헤로인을 함유하고 있었음을 알 수 있다.[19] 마취제도 일부 첨가되어 제조회사의 비용을 절감하고 이윤을 증대시켰다. 당시 중국에서 모르핀과 헤로인 원료는 매우 쌌다. 그것은 고객들을 사로잡는 수단이기도

- *위*. 1930년대 쌍학 담배 광고.

- *아래*. 1930년대 삼배 담배 광고.

했다. 20세기 초반에 중국은 세계 최대의 마약 시장이었다. 마약류가 불법화되자 많은 이들이 헤로인이나 모르핀을 담배와 섞어서 파이프나 궐련 끄트머리에 숨겼다. 이러한 방법으로 사람들은 남모르게 공개적으로 '마약'을 할 수 있었다.[20] 그러나 궐련 생산자들이 기회를 남용한 탓에 결국은 공식적으로 약물이 금지되었다.

소비자들에게 유리했던 점은 '지금 사고 계산은 나중에'라든가 '하나를 사면 하나는 무료' 따위의 매수 제의를 수시로 받는 것이었다. 예를 들어 담배 한 갑을 사면 라이터—이 또한 당시 유행품—가 딸려 왔고, 담뱃갑을 모으는 게 유행이 되었다. 현대의 삶에서 흡연 용구는 그 불편함 때문에 날이 갈수록 골동품 취급을 받게 되었다. 대신 담뱃갑이 새롭고 인기 있는 소장품(objet d'art)이 되었다. 담배는 세트로 팔리기도 했고—세트 전체를 모으려면 담배를 몇백 갑 사야 했다—아이들 또한 대상이 되었다. 중국의 유명하면서도 비극적인 문인 가운데 한 사람인 주 시앙(Zhu Xiang, 朱湘, 1904~1933)은 어린 시절에 담뱃갑에 관심을 갖게 되면서 흡연에 대한 갈망이 시작되었음을 내비친다.[21] 외국 담배, 라이터, 담뱃갑이 흡연 전통을 현대적인 것에 대한 추구로 변모시켰다.

궐련 흡연이 나날이 인기를 얻어감에 따라 궐련 제품도 수없이 많아졌다. 외국 브랜드와 경쟁하기 위해 중국 제품들은 광고에 애국적 슬로건을 내세웠다. 이에 따라 브리티시 아메리칸 타바코(British-American Tobacco) 같은 외국 회사들은 중국 풍토에 맞게 광고 정책을 바꾸었다.[22] 중국 내 대량 소비를 달성하기 위해 대량 생산과 대형 마케팅이 독려되었다. 영민한 광고인들은 궐련 광고로 돈을 벌었다. 특히 의약품과 마찬가지로, 궐련 또한 중국 광고의 선구자였다.[23] 궐련과 특허 의약품 광고는 상하이 같은 현대 도시에서 신문사들을 급속도로 성장시킨 돈줄이었다. 신문 광고란의 반쯤은 그들의 광고문구와 아름다운 사진들로 채워졌다. 상하이에서부터 청두(Chengdu, 成都)에 이르기까지 현대 도시들은 "담배 한 대 피우세요."와 같은 거대한 광고로 뒤덮였다. "아름다움은 감미롭습니다. 담배도 감미롭습니다. 국산품은 더욱 감미롭습니다."와 같이 생뚱맞은 글귀도 있었다.[24] 그러나 이들 광고를 중국에서 일어나고 있던 사회·문화적 변화라는 맥락에서 읽는 것이 중요하다. 아편 흡연이 국가의 약화와 가정의 불행과 연관되고, 인종적 퇴보를 불

옆면. 1930년대 파이어릿 (Pirate) 담배 달력 그림.

러오는 위협으로 간주되었던 데에 반해 궐련 광고는 건강, 현대적 삶의 양식, 애국주의를 증진시키고자 했다. 예를 들어 멋진 옷을 입은 주부가 남편에게 황룡 (Golden Dragon) 담배 한 깡통을 건네는 모습을 담은 한 광고에서 인물들은 전통의 상을 입고 있지만 현대적 소파에 앉아 있다. 건강한 흑인 미녀가 등장하는 라 예바난(La Yebanan) 담배는 생기를 주고 병을 줄인다고 주장했다.[25]

많은 광고에서 여성 이미지를 사용하는 것은 매우 인상적이다. 고전적인 중국 미녀의 얼굴은 현대 여성의 벌거벗은 몸뚱이와 같았다. 그러나 이들 이미지를 단순히 남성 소비자들을 사로잡으려는 성적 대상물로 보아서는 안 된다. 또 이들은 현대 중국의 새로운 미적 경향을 나타내는 것에 머무르지 않는다. 그들은 신체적 건강의 구현물 — 현대 중국의 새로운 이미지이면서 현대화 속에 숨어 있는 전통의 이미지였다. 이들은 중국의 현대화가, 변화하고 있는 새로운 도시 여성의 라이프스타일에 반영된다는 관점을 드러냈다. 중국의 일부 현대 남성 엘리트들에 따르면 중국 여성들은 전통적인 중국에서 가장 억압받고 착취당하는 계층이었다. 그들은 정숙했고, 개인적 자유가 없었다.

현대 중국에서 '새로운' 여성은 가정을 벗어나 시민이 되어야 하는 것으로 여겨졌다. 그녀는 더 이상 가족의 희생양이 아니라 조국과 사회의 밑거름이다. 다시 말해 나라의 발전을 위해서는 전통적인 여성의 미덕 또는 자기희생의 정신을 모든 중국 시민이 갖추어야 하고 그러한 미덕이 현대화의 뿌리로 간주되는 것이다.[26] 그러나 중국에서 교양 있는 현대 여성들은 거의 흡연하지 않는다. 여성은 미덕을 갖추고 악덕은 남자들의 영역이어야 한다는 인습적인 관념 때문이다. 중국 전통에서 여성들은 집에서 흡연했고, 그것은 그들의 권태와 좌절을 상징했다. 따라서 흡연은 옛 사회에 속박되어 있다는 상징이었다. 새롭고 독립적인 현대 여성들은 줄담배에서 벗어나야 한다. 신여성은 가정이라는 새장을 떠나 소양을 갖추어 사회에 이바지하고 안락한 가정을 이루어 건강한 자녀를 양육하고 조국의 진보에 공헌해야 한다.

여성 이미지 말고도 인기 있는 전통적 새해 그림들 또한 광고에 널리 쓰였다. 이 그림들은 현대 소비자들에게 국가 유산을 상기시켰고, 담배가 더 많은 사람들에게 다가가게 했다. 담배 생산자들 또한 선전 문구의 힘, 회사 로고, 상표, 유명인의 추천, 사회 지위에 대한 부각, 변치 않는 매력을 유지할 필요성을 깨달은 최초의 경영자들이었다. 철도, 증기선, 전신의 심화 발전과 기타 통신 혁명의 현실화에 힘입어 국내 및 국제 시장은 나날이 성장했다. 전쟁의 물결과 경제적 이민자들이 중국에 새로운 소비자들을 만들어냈다. 예를 들어 상하이 인구는 1937년 300만 명에서 1938년 650만 명으로 폭발적으로 증가했다. 새 이주자들은 돈이 많지 않았지만 기꺼이 1달러를 내고 '아편'을 사곤 했다. 대량 생산 덕택에 궐련은 매우 값이 싸고 쉽게 구입할 수 있었다. 아편과 달리 담배는 흡연이 합법적이어서 거리마다 있는 가판대, 찻집, 극장, 공연장 등에서 파는 것을 언제든 피울 수 있었다. 20세기 초반에 담배가 여전히 도시의 소수 '현대적 엘리트'들을 위한 상품이었다면 1930년대에는 대량 소비재가 되었다. 그 소비자들은 현대 도시인에 국한되지 않고 전통적인 농부들까지 포함했다. 1934년 한 중국 언론인은 이렇게 썼다. "쑨원(孫文)이 도대체 누군지도 모르는 중국 시골 마을이 아직도 많다. 하지만 루비 퀸(Ruby Queen) 담배를 모르는 곳은 드물다."[27]

공산당 정부는 1949년 이후 많은 '낡은' 관습을 폐지했지만 궐련 흡연과 담배 산업은 장려했다. 오늘날 세계 흡연자의 3분의 1이 중국에 산다. 공산주의 중국에서 흡연 문화의 평준화는 대개 정부의 인가를 통해 이루어졌다. 1949년에서 1979년까지 정부는 흡연에 대해서 건강상의 경고를 표명한 적도 없고 그것을 부르주아적인 것으로 간주하지도 않았다. 오히려 담배는 공산주의 인민들에게 과거나 지금이나 변함없는 대중적인 일용품이다. 공산당 최고 간부들 대부분은 줄담배를 피운다. 덩샤오핑(鄧小平)은 심지어 그의 장수 비결 열 가지 중에 한 가지로 담배를 꼽았다.[28] 〔덩의 사후에, 홍콩의 베스트셀러 영어권 작가로 널리 알려져 있는 누리 니타치(Nury Nittachi)는 "덩은 92세에 사망했다. 우리는 여기에서 배워야 한다. 흡연이 사람을 죽인다는 것을."이라고 우스갯소리를 했다.〕 이렇게 볼 때 흡연은 권력과 특권의 표상이다. 그것은 사회관계에서도 중요한 역할을 한다. 흡연하는 것은 사교적인 것이고 중국은 흡연하기 알맞은 환경이다. 손님들에게 담배를 권하는 것은 친절한 태도이고 권한 담배를 마다않고 받는 것은 예의 바른 태도이다. 궐련은 승진하려고 할 때, 상사와 좋은 관계를 맺으려고 할 때, 선물로 사용되기도 한다. 담배는 가장 많이 선택되는 선물 가운데 하나이다. 예를 들어 마오 시대에 궐련은 마오의

2004년 베이징의 한 가게에 진열된 담배.

리틀 레드 북(Little Red Book)과 함께 결혼 선물로 선택되곤 했다. 궐련은 또한 화폐 노릇도 한다. 초기에 궐련은 기차표, 양식, 의약품을 구매할 때 사용되었다. 오늘날에는 무엇보다도 운전면허증과 학위 증서를 살 수 있다. 중국에서 담배 한 갑이 없다면 "한 발짝도 움직이기 힘들다". 흡연은 또한 성별 정체성을 확립하는 데에 본질적인 역할을 한다. 궐련 흡연은 남성성의 표현으로 '사내가 담배를 피우지 않으면 사는 것이 재미가 없다'고 여겨진다. 하지만 흡연을 하는 여성은 꺼려지고 올바르지 않게 여겨진다.[22] 또한 흡연은 지성을 상징한다. "글 쓴 것이 마음에 들지 않으면 담배가 대신 고치게 하라."는 속설이 말해주듯이.

오늘날 중국에서 흡연은 '멋진' 행위이다. 매스 미디어는 흡연하는 스타들과 유명인들의 이미지로 뒤덮여 있다. 흡연은 부의 표현이다. 한 사람의 가치와 부는 그가 피우는 궐련의 브랜드가 말해준다. 흡연은 전문가에게 꼭 필요한 부분이다. 담배를 교환하지 않고서 성사되는 일은 거의 없기 때문이다. 더욱더 많은 전문직 여성들이 흡연을 습관으로 삼고 있다. 흡연은 또한 중국 소수의 전위 예술가 집단과도 관련이 있다. 담배는 저항 정신을 표상하면서 동시에 잃어버린 그들의 영혼을 위로한다. 이는 대중가요 〈이상한 연기(Strange Smoke)〉의 노랫말에서도 드러난다.

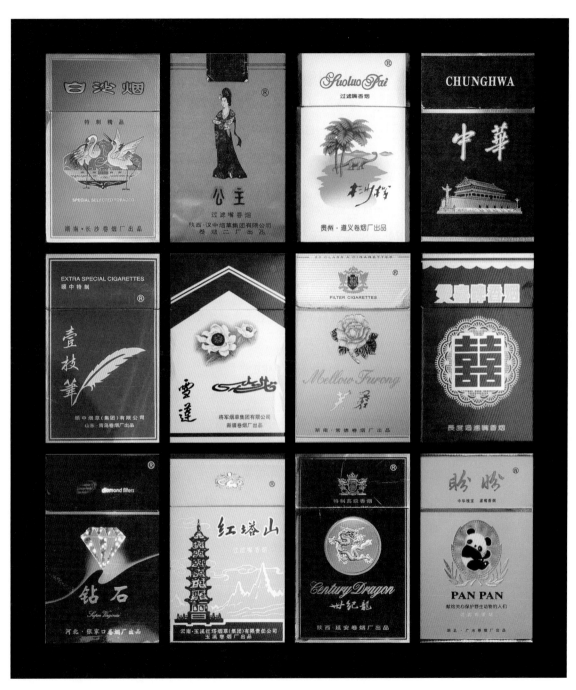

- 중국 담뱃갑 모음. 사진 촬영:마커스 원리(Markuz Wernli).

어머니는 주무시고 나는 문을 빠져나왔지

그리고 그 이상한 연기 속으로 들어갔지

나는 깊게 들이 쉬고 허공에 뿜어냈어

나는 부모님 돈을 모두 이상한 연기에 쏟아 부었지

나는 쾌락의 꼬임에 넘어갔어

이상한 연기가 내 머리를 가득 채우지

나는 꿈속에 살아

깨어나 둘러보면 모든 건 그대로 있고

이 사악한 운명이 두 팔을 벌려 나를 부르지

그래서 나는 울지 이제 눈물조차 마르고

어머니와 아버지는 이 때문에 고통스럽겠지?

이 때문에 두 분 평생의 희망은 산산조각 났겠지?

오, 어머니, 나를 안아주세요

이 이상한 연기에서 나를 구해주세요.[30]

　　상업적 앨범에 수록된 이 가사는 변함없이 흡연되고 있는 다른 재료를 가리키고 있다. 중국에서 이 재료의 소비가 계속 확산되고 있음을 짐작하게 한다. 노랫말은 절절하고 노래의 현실에서 중국은 아편 구름 속에 뒤덮여 있다. 중국 현대의 역사는 흡연의 역사와 밀접하게 얽혀 있다. 파이프부터 궐련까지 흡연은 이제 현대 중국의 문화적 전통에서 확고한 자리를 차지하고 있다.□

||||주

01. Qi Shihe, 『후앙 주시와 쉬 라이지의 보고서 합본호(Huang Juci Xu Laiji zouyi hekan)』 (Beijing, 1959), p. 69.
02. 《청조 가경제 전기(Qing Renzhong shilu)》, 270권;　'아편 판매와 소비를 불법화한 칙령들(Zhu xingbu niding fanmai xishizhe ketiaozhuiming shangyu)'. Yu Ende, 《중국에서 아편 금지 변화의 역사(Zhongguo jinyan faling bianqianshi)》 (Shanghai, 1934), pp. 72-3도 참조.
03. T. Chung, 《중국과 용감한 신세계(China and the Brave New World)》 (Bombay, 1978), p. 144.
04. Li Gui, 《아편의 짧은 역사(Yapian shilue)》 (19세기), 2권, pp. 3-6; 《아편전쟁에 대한 역사 기록들(Yapian Zhanzhen Shilao Huiban)》로 재출간, (Shanghai, 1954), 4권, pp. 203-50.
05. De Mei, '상하이 하층의 삶에 대한 고찰(Shanghai xiachen shehui jianying yiye)', 《아편:국가 문제(Judu yuekan)》,

101 (1936. 5.), pp. 36-8.

06. 공적인 공간에 대해 살펴보려면, Oscar Newman, 《방어할 수 있는 공간(Defensible Space)》(New York, 1965) 참조. 왕조 후기의 공공장소와 도시 문화에 대해서는, Wang Di, '거리 문화:청조 후기 청두의 공적 공간과 도시 평민(Street Culture:Public Space and Urban Commoners in Late Qing Chengdu)', 《현대 중국(Modern China)》, 24/1 (1998. 1.), pp. 34-72; Shi Mingzheng, '황실 정원부터 공원까지:20세기 초반 베이징에서 도시 공간의 형성(From Imperial Gardens to Public Parks:The Transformation of Urban Space in Early Twentieth-Century Beijing)', 같은 책, pp. 219-54; Li Deying, '도시의 공적 공간과 사회적 삶:중국 현대 도시 공원의 사례 연구(Public Space and Social Life in City:A Case Study of the Modern Urban Park in China)', 《도시 역사 연구(Urban History Research)》, 19-20 (2001. 1.), pp. 127-53.

07. 예를 들어, Cai Bubai, '아편 규제에 대한 내 견해(Woduiyu jinyan de guangan)', 《아편 반대 운동에 대한 특별 간행물(Jinyan zhuankan)》(Shanghai, 1935), p. 9.

08. William Lockhart, 《중국의 의료 사절:스무 해 동안의 이야기(The Medical Missionary in China:A Narrative of Twenty Years' Experience)》(London, 1861), p. 392; Cai Bubai, '아편 규제에 대한 내 견해(Woduiyu jinyan de guangan)', p. 9.

09. '항저우에서 온 편지:청조 후기 항저우(Hangzhou tongxun:Qingmo Hangzhou)', 《아편:국가 문제(Judu yuekan)》, 93 (1935), p. 6.

10. 같은 책, p. 9.

11. Martin Booth, 《아편:역사(Opium:A History)》(London, 1997), pp. 60-61.

12. Xie Zhoshen, '쓰촨 아편 문제의 회상(Yi Sichuan yanhuo)', 《쓰촨 역사 기록 모음(Sichuan wenshi zhiliao jichui)》(Chengdu, 1996), 6권, pp. 499-500. Shang Kei, '옛 청두의 숙박업(Jiu Chengdu de luguanye)', 《이야기들(Longmenzhen)》, 6 (1983), pp. 17-24.

13. Cai Bubai, '아편 규제에 대한 내 견해(Woduiyu jinyan de guangan)', p. 9.

14. Fen Zhicheng 엮음, 《옛 청두(Lao Chengdu)》(Chengdu, 1999), pp. 163-70, 199-202, 275-7, 280-82. Huang Jiren, 《옛 충칭(Lao Chongqing)》(Nanjing, 2000), pp. 101-6.

15. 청두의 외국 담배에 대해서는, Xu Borong, '담배와 외국 상인들(Xiangyan yu waishang)', 《이야기들(Longmenzhen)》, 4 (1996), pp. 96-7; Du Zhenghua, '영국과 미국 담배 회사들과 충칭의 담배 소비자 시장(Ying Mei yanchao gongshi yu Chongqing juanyan shichang)', 《역사 기록 모음(Sichuan wenshi zhiliao jichui)》, 3 (1996), pp. 279-91.

16. Xu Borong, '담배와 외국 상인들(Xiangyan yu waishang)', pp. 96-7.

17. 《여행잡지(Luyou zazhi)》, 3/3-4.

18. Taisheng, '모르핀과 빨간 알약(Mafei yu hongwan)', 《아편:국가 문제(Judu yuekan)》, 83 (1935. 1.), pp. 6-7.

19. 제 2 국립 문서보관소, Nanjing, 12/1188.

20. 상하이 시 문서보관소, U1/4/2690, 2691.

21. Zhu Xiang, '담배(Yanjuan)', Lo Pin 엮음, 《담배, 술, 차 그리고 딤섬에 관한 유명인들의 이야기(Minjia bixia de yanjkuchadian)》(Beijing, 1994), pp. 298-304.

22. 현대 중국에서 외국 담배 기업에 관한 이야기는, Sherman Cochran, 《중국의 대기업:담배 산업에서 중국과 외국의 경쟁, 1890-1930(Big Business in China:Sino-Foreign Rivalry in the Cigarette Industry, 1890-1930)》(Cambridge, MA, 1980) 참조.

23. 현대 상하이의 상업 광고에 대해서는, Sherman Cochran, '20세기 초반 중국에서 광고의 다국적 기원(Transnational Origins of Advertising in Early Twentieth-Century China', 《난징의 길 닦기:상하이의 상업 문화, 1900-1945(Inventing Nanjing Road:Commercial Culture in Shanghai, 1900-1945)》, Sherman Cochran 엮음, (Ithaca, NY, 2000) 참조.

24. 《좋은 벗 그림잡지(Liangyao huabao)》, 6 (1926. 12. 15.).

25. 황룡 광고는, 같은 책 참조. 라 예바난 광고는, 《여행잡지(Luyou zazhi)》, 3/3 (1929).

26. Wang Jingwei: '여성의 세계에 대한 고찰(Duiyu nujiede ganxian)', 『여성 잡지(Funu zazhi)』, 10/1 (1924), pp. 106-8.

27. Cochran, 《중국의 대기업(Big Business in China)》, p. 199에서 인용.

28. Iris Cheng, Virginia L. Ernster와 He Guanqing, '중국인민공화국 동 베이징 주민 847명의 담배 흡연(Tobacco Smoking among 847 Residents of East Beijing, People's Republic of China)', 『공중위생학 아시아-태평양 저널(Asia-Pacific Journal of Public Health)』, 4/2-3 (1990), pp. 156-63.

29. 같은 책.

30. '이상한 흡연(Strange Smoke)', 작곡 Yasin Mukhpul, 노래 Abdulla Abdurehim, 1996. 《침묵의 메아리(Sukuttike Sada)》, Xinjiang Recoring Co. 이 노래를 함께 감상한 런던 대학 SOAS의 Rachel Harris에게 고마움을 표하고 싶다.

깨끗한 흡연에서 예의바른 흡연까지

대니얼 길먼 | Daniel Gilman

　■□ 30대 중반에 와이셔츠 소매를 걷어 올린 잘생긴 일본 남자가 고요한 원시림 속의 크나큰 통나무에 앉아 있다. 그는 담배를 피우고 있다. 그는 마지막으로 여유롭게 담배를 빨고 셔츠 주머니에서 작은 상자를 꺼낸다. 상자를 열어 담배꽁초를 넣는다. 화면이 어두워지고 '깨끗한 흡연 방법' 이라는 글귀가 나타난다.

　광고의 전형적인 수단이 모두 거기에 있다. 멋진 사람, 아름다운 자연 환경, 흡연과 아름다움, 휴식과의 연결. 그것은 억센 카우보이가 거대한 미국 사막에 이처럼 혼자 있는 모습을 담은 고전적인 말보로 광고와 그다지 다르지 않다. 그러나 첫번째 광고에서는 브랜드 이름이 전혀 나오지 않는다. 이것은 무엇보다도 말보로맨과는 조금 다른 동력이 작용한다는 것을 암시한다. 대부분의 영어 원어민들에게 '깨끗한 흡연 방법' 이라는 문구는 멋지고 부드럽고 개성적인 것을 일컫는 느낌을 준다. 그러나 '깨끗한 흡연 방법' 의 뜻을 일본 사람에게 묻는다면 전혀 다른 대답을 듣게 될 것이다. "예의를 지켜라."

　일본 정부가 이 광고를 지원하고 있고, 적어도 4반세기 동안 그래 왔다는 것을 알게 된다면, 말보로맨과 '깨끗한 흡연 방법' 의 차이점은 훨씬 커 보인다. 미국의 공공기관은 '흡연이 사람을 죽인다'처럼 눈길을 사로잡는 슬로건과 시신이 담긴 자루 사진들로 흡연을 규정한다. 이에 반해 일본의 공공기관은 전혀 다른 길을 택했다. 일본에서 두 가지 상품—담배와 소금—은 정부 독점 품목이 되었다. 1985년부터 담배를 관리하는 정부기관이 일본담배산업주식회사(Japan Tobacco, 이후 JT로 칭함)로 바뀌었다. JT는 일본 정부가 66퍼센트를 소유한 의사-자율 기업이다. JT는 아직도 국내 생산되는 담배에 완전한 독점권을 가지고 있지만 주식 시장에서 거래된다. 두말할 필요도 없이 JT는 일본 정부 세수의 주요 원천이고 지역에서 걷히는 담배세는 지역과 시정부 수입의 주요 원천이다. 일본 담배 산업과 그에 따른 광고는 공적 책임과 재정적 필요가 교차하는 지점에서 발전했다. 일본의 흡연은 16세기에 시작된 역사 속에 깊이 뿌리박고 있다. 또 이와 관련된 건강 문제들은 담배 산업으로 하여금 광고를 발전시키게 했다. 광고는 '나쁜 흡연'을 버리고 '좋은 흡연'—이면서 '일본적인 흡연'을 창조하고자 했다. 이처럼 정부는 흡연에 대해 긍정적인 이미지를 유지하는 동시에 관련된 사회 문제들을 적극적으로 알렸다. JT는 이 과정에서 일본 문화의 중심 관심사 두 가지, 사회적 책임과 전통을 일깨웠다.

다도와 같은 일본의 특정 예법은 도라는 이름이 붙는다. 그것은 '길'이나 '방법'을 뜻한다. 예를 들어 다도는 '차의 길'이고 유도는 '넘기는 방법'이다. 이들 방법은 기술에 그치지 않고, 정신적이고 영적인 계몽으로 이르는 길이다. 현대 일본의 궐련 광고에서 '좋은' 흡연이 갖는 긍정적이고도 고상한 힘은 무한하다. 중독과 질병의 문제들은 '나쁜 흡연'으로 국한되거나 분류된다. JT가 '흡연 방법'까지 창조하지는 않지만 의도는 그러하다.

일본의 담배 흡연 역사를 이해하려면 설명이 더 필요하다. 담배가 1570년에서 1595년 사이에 유럽 상인들로부터 일본으로 들어왔다는 것은 거의 확실하다. 일본 그림에 흡연 장면이 등장하기 시작한 때는 에도 시대(1603~1868) 초반부터이다. 제국의 왕자 토시히토(智仁親王)는 1609년에 '비천한 사람이나 학식 있는 사람이나 여느 백성들 가운데에서, 이 풀을 좋아하지 않는 사람이 없다.'[1]고 썼다. 일본에서는 예로부터 외국 수입품이 급속한 일본화 과정을 거치며 원래의 것과 별개가 되고 점점 일본 문화로 통합되었다. 예를 들어 많은 기름에서 튀겨내는 요리는 포르투갈 사람들이 들여온 것이지만 곧이어 뎀푸라(Tempura) — 채소와 새우를 묽은 소스에 적셔 튀긴 것 —로 발전했다. 고운 살담배를 넣어 피우는 길고 가는 담뱃대 키세루의 발전과 함께 흡연은 급격히 확산되었다.

메이지 시대(1867~1910)는 350년간 지속된 일본의 고립을 종식하고, 서구 기술과 유행이 대량 유입된 시기였다. 그 가운데 궐련이 있었고, 엄청난 인기를 끌게 되었다. 궐련 판매는 처음에 외국 수입품, 특히 미국산이 대부분을 차지했지만 얼마 지나지 않아 1874년부터 여남은 일본 브랜드가 출시되었다.

1904년 정부가 담배 독점권을 가지면서 이들 회사는 단명했다. 이때가 현대 산업의 역사가 시작된 때이다. 독점이 시작된 뒤로 지금껏 변한 것은 거의 없다. 1906년 정부가 출시한 브랜드인 황금박쥐(Golden Bat)가 오늘날까지도 판매되고 있는 것을 보면 알 수 있다.

독점의 시작으로부터 정부의 영향력이 뚜렷해졌다. 궐련 포장 분야는 곧 연장된 공보 영역이 되었다. 히로히토의 즉위를 기념한 '글로리(Glory)'와 제1차 세계 대전 종전을 기념한, 아직도 인기 있는 브랜드 '평화(Peace)' 같은 기념 브랜드가 생겨났다. 제2차 세계대전 동안 영어가 전면 금지되었고, 궐련 브랜드 이름도 마찬가지였다. 종전까지 '황금박쥐'는 '황금 연'을 뜻하는 킨시(kinshi)로 불렸다.

제2차 세계대전 이후, 궐련 광고의 정치적 의미는 사라지고 훨씬 정교한 문화적 동력이 등장하기 시작했다. 전후 식량 배급의 결과로 주로 야쿠자 조직들이 운영하는 거대한 검은 시장이 궐련과 담배 분야에서 발달했다. 정부는 가끔 식량과 그밖에 기초 필수품의 유일한 원천이 되곤 하는 검은 시장을 용인했지만 특히 궐련은 그대로 둘 수 없었다. 당시 담뱃세는 20퍼센트가 넘어 정부 수입의 중요 원천이었다.[02] 정부는 검은 시장을 뿌리 뽑아야 했고 동시에 흡연 인구를 유지해야 했다. 이를 위해 사회 책무와 문화적 전통에 호소하는 광고가 더욱 전통적인 광고와 혼합되었다. 1948년의 유명한 검은 시장 척결 포스터 문구는 다음과 같다. "검은 시장 담배를 끄고, 문화의 불을 붙이자." 검은 시장 담배는 나쁜 것으로 광고되었다. 그것이 단순히 불법이어서가 아니라 문화를 훼손하기 때문이었다. 그것은 일본적인 담배가 아니었던 것이다. 정부 생산자에게서만 담배를 구입함으로써 구매자들이 조국을 후원할 뿐 아니라 전쟁으로 황폐해진 문화

텐구 담배 포스터.

를 되살린다는 것이 중요한 홍보 내용이었다.

이와 같은 사례를 궐련 브랜드 평화에서 찾아볼 수 있다. 아름답고 멋진 옷을 입은 여성이 도시 밤거리를 연상시키는 불빛들을 배경 삼아 서 있다. 이는 궐련 과 아름다운 여성, 부와 흥미로운 밤 생활을 연관 짓는다. 이는 오늘날에도 소비 자들에게 심어주고자 하는 두 관념을 보여주는 사례이다. 첫째, 정부는 궐련을 팔고자 한다. 둘째, 정부는 좋은 흡연과 나쁜 흡연 간의 — 이 경우는 검은 시장 담배와 정부 담배 간의 — 도덕적 · 문화적 차이점을 드러내고 있다. 좋은 흡연은 또한 언제나 일본적인 담배 흡연을 뜻하며 설득력 있는 다른 관념, 이 경우에는 문화적·경제적 갱생의 의미를 표출한다.

전후 경제 호황과 함께 흡연은 일본에서 전례 없는 인기를 얻었다. 1965년에는 20세 이상의 일본 남성 가운데 82.3퍼센트가 담배를 피웠고, 1967년 일본은 세계에서 가장 잘 팔리는 담배 '하이라이트(Hi-Lites)'를 만들었다. 여성 흡연 인구는 훨씬 적어서 16퍼센트에 지나지 않지만 여성 흡연자가 매우 특별하게 비치지 않을 만큼 높은 수치였다.[03] 반대로 미국에서는 남성의 51.9퍼센트만이 흡연을 하고 여성의 33.9퍼센트가 흡연을 했다.[04] 일본의 흡연 인구 비율이 높기도 했지만 일본 대부분의 가정에 흡연자가 있었다. 이에 반해 미국은 가정 내 흡연자가 있는 비율이 50퍼센트 정도였다.

이때는 일본 담배 산업의 황금기였다. 정부 독점은 경쟁 상대가 없었기에 수입품을 극도로 제한했고, 상시 흡연 인구가 전체 인구의 반이었다. 이 돈이 전부 정부로 곧장 들어갔다. 오늘날에도 정부로 곧장 들어가는 이윤 말고도 궐련값의 거의 60퍼센트가 세금이며 그 반이 지역 시정부로 들어간다. 하지만 황금기는 오래 가지 않았다. 10년 동안 흡연 인구 비율이 천천히 줄더니 (총매출은 증가했지만) 1975년에서 1985년 사이에 흡연자 수가 급락했다. 이전 10년에 비해 거의 반으로 줄어든 것이었다. 남성 흡연자 비율이 76.2퍼센트에서 64.6퍼센트로 떨어졌고, 이 저하 현상은 계속 이어졌다. 1980년대와 1990년대를 거치면서는 한 해에 1퍼센트 포인트씩 떨어졌다. 이 급강하는 또한 현대 일본 흡연 역사에서 최근의 두 가지 주요한 사건과 동시에 일어났다.[05]

흡연 인구의 감소는 담배와 관련된 건강 문제를 인식하면서 생긴 결과이다. 1972년 일본 정부는 건강에 대한 경고 문구를 담뱃갑에 처음 넣었다. 이 경고는 아직까지 크게 변하지 않았다. 미국은 "담배는 암을 일으킬 수 있습니다."처럼 구체적이고 거친 표현을 다양하게 써 왔는데 일본은 "담배를 너무 많이 피우면 건강에 해로울까 염려되니 너무 많이 피우지 않도록 주의하십시오."와 같은 표현을 쓴다. 공익 광고를 하면서도 흡연 산업 자체를 크게 흔들지 않게끔 좋은 흡연과 나쁜 흡연을 구분하려는 의도가 여기서도 뚜렷이 나타난다.

1974년 '깨끗한 흡연' 광고가 시작되면서 이 경향은 정점에 이르렀다. 처음 광고 가운데 하나는 크고 푸른 사과 위에 "깨끗한 흡연, 우리 마을과 자연의 아름다움을 지켜줍니다."라는 글귀가 들어가 있다. '하루에 사과 한 알이면 의사가 필요 없다'는 속담은 일본에서 알려져 있지 않지만 비유는 비슷하다. 사과를 먹는 것—건강 활동의 전형—과 흡연 사이에 연관은 분명하게 드러나지 않지만 내포하는 의미가 비슷하다. 이 경우 예의를 지킨다는 것은 단순히 타인을 돕는다는 의미에 그치지 않고 흡연 행위

- 깨끗한 흡연 담배 광고.

를 좋고 건강한 것으로 탈바꿈시킨다. 이 광고는 오늘날까지 다양한 형태로 이어지고 있다. 이 글 처음에 묘사한 상업 광고도 거기에 포함된다. 광고 이외에도 JT는 일본철도공사(Japan Railways)와 손잡고 기차와 역 플랫폼에 흡연구역을 지정했다. '깨끗한 흡연' 슬로건은 이들 구역 대부분에 걸려 있다. 이로써 비흡연자를 보호함과 동시에 문구의 의미가 강하게 전달되며 공식적인 구속력을 발휘한다.

이처럼 '깨끗한 흡연' 광고는 '예의를 지키라'는 메시지와 연계되면 그 의도가 분명하게 드러나지 않지만 오히려 정부 당국과 연계되면 분명해진다. 다른 공익광고들 또한 이 정교한 노선을 따른다. 예를 들어 한 편의점에는 맥주병과 담뱃갑이 춤추는 그림이 걸려 있다. 그리고 "20세가 되면 술과 담배를 사도 좋습니다!"는 글귀가 적혀 있다. 아이러니하게도 일본은 담배와 술 자판기 수가 50만 대가 넘는 나라이다.

2001년 새로운 캠페인이 시작되었다. "JT가 변하고 있습니다!" 이는 25년을 이어온 '깨끗한 흡연 방법' 캠페인을 확 바꾸려는 첫걸음이었다. 새 캠페인은 '기쁨'으로 불린다. 흡연 인구의 지속적 감소로 인해 사실상 정교한 노선이 필요 없어졌다. 포스터와 광고물은 모두 사람들에게 '예의를 지킬' 기회가 주어지는 장면을 그린다. 다음은 그런 포스터에 실려 있는 글귀이다.

사람들은 "담배 피워도 괜찮습니다." 하고 말한다. 나는 "고맙습니다만 나중에 피우겠습니다." 하고 말한다. 나는 담배 피우기를 좋아하지만 담배를 피우지 않는 것을 선택

할 수도 있다. 한 예로 내가 꽤 오랜 여행에서 돌아오는 길이었다. 기차 플랫폼에서 나는 생각했다. "담배 한 대 피우고 싶다." 나는 일을 마친 뿌듯함을 느꼈고 조금 피곤했다. 가끔 이런 경우에 담배 한 대는 정말 맛있다. 벤치에 앉아 담배에 불을 붙이려다 옆자리에 앉아 있는 남자가 핫도그를 들고 있는 것을 보게 되었다. 그는 내가 담배에 불을 붙이려다 말자 웃음을 지으며 말했다. "피우셔도 괜찮습니다." 그리고 재떨이를 가리켰다. (거기가 흡연 구역임을 뜻한다) 나는 고맙다고 하며 담배를 주머니에 넣었다. 어떤 따뜻한 느낌이 천천히 가슴을 채워 왔다. 그 때도 그리고 어느 때라도 흡연은 즐겁지만 흡연하지 않는 것도 즐겁다. 나는 그런 사람이 되고 싶다.[06]

이 광고는 타인에 대한 배려, 자기 절제, 예의바름을 강조한다. 이 모두는 일본 사회에서 중요한 가치들이다. 동시에 이 광고는 한 사람이 흡연을 선택했다가도 절제할 수 있고, 성인으로서 흡연할 권리가 있음을 강조한다. 이는 담배 중독의 결과를 염려하는 분위기가 확산되자 그 반작용으로 생겨난 것이 분명하다. 중요한 것은 중독이 아니라 '좋은 흡연자'이다. 더 나아가 좋은 흡연자는 타인의 이익을 위해 그 절제력을 발휘한다. 결국 이 공익광고는 사람들을 간접적인 흡연에서 보호하고자 하는 겉모습 뒤로 '흡연은 즐겁다. 담배는 맛있다.'는 뜻을 분명하게 전달하고 있다.

JT 웹페이지는 흡연 및 일본에서 흡연의 지위를 알 수 있는 훌륭한 정보의 원천이다. '흡연:성인의 취미'라는 섹션은 JT의 세계, 흡연자를 뜻하는 평범한 일본 낱말 키츠엔샤(喫煙者)가 흡연을 사랑하는 사람 아이엔샤(愛煙者)로 대체된 세계를 보여준다. 이 웹페이지는 내용이 수백 페이지나 되지만 매우 이해하기 쉽다. 예를 들어 '담배의 다른 이름들'이라는 섹션으로 들어가면 담배를 가리키지만 지금은 쓰이지 않는 말인 기억풀(오모이구사, 思い草)을 둘러싼 어원에 대해 많은 것을 알 수 있다. 이 웹페이지는 회사의 판매 정책이 낳은 결과물이 아니라 그 핵심임이 분명하다.

'담배의 정신적 속성' 섹션은 '정신적(spiritual)'이라는 말이 마음, 영혼, 정신을 뜻하는 일본말 코코로(心)에서 나온 것임을 알려준다. JT에 따르면, 이 속성

- 무라이 브로스 사의 담배 광고.

- 경마장 도박과 흡연, 교토.

에는 29가지가 있다. 몇 가지를 예로 들면 '멋진 담배' '이완시키는 담배' '게으른 담배' '혼란과 근심을 덮어주는 담배' '사랑의 담배' '우정의 담배' '공상의 담배' '몸짓 담배' '자연과의 교감을 더하는 담배' '개인적 담배' '만남의 담배'가 있다. 이 사이트는 구성도 잘되어 있지만 조금 예스럽고 시골 느낌이 나는 일본말로 두 인물이 대화하는 형식으로 쓰여 있다. 언어체 자체에서 예스런 시골 이미지의 일본을 떠올리게 하며 친근하게 농담조로 쓰여진 글에서 두 할아버지가 말하고 있는 듯한 느낌을 준다. 또한 거의 모든 논점이 에도 시대 흡연 문제를 중심으로 다루고 있거나 거기에서부터 출발하고 있다. JT는 흡연이 수많은 아름다운 방식으로 삶을 풍요롭게 해주고 있음을 알려줄 뿐 아니라 흡연이 일본 전통의 계승임을 드러낸다.

위와 같은 담배의 구분은 서구 관점에서는 매우 특이해 보일 수 있지만 일본에서는 문화적 규범을 따른 것이다. 일본 다도에서는 '고요한 차' '말하는 차'와 같이 비슷한 용어로 쓰임새의 차이를 구분하곤 한다. 다도는 선불교 전통에 기원을 두고 있는데 선불교에서는 가장 단순한 행위가 심오한 의미를 담고 있을 수 있다고 본다. 한 사람의 행위는 그것에 수반되는 의식 상태보다 중요하지 않다. 따라서 차를 내는 단순한 행위는 삶의 모든 측면─사회적이고 정신적인 측면을 반영하는 의례가 될 수 있다. JT는 동일한 원리에 뿌리를 두고 흡연을 판매한다.

29번째 쓰임새인 '멋진 담배'는 일본말로 이키(いき)라고 표현할 수 있는데 이는 '의지' '영혼' 그리고 '삶'이라는 표현과 동음이의어이다. 이 이야기는 여성 흡연자들에 초점을 맞추고 있는데 특히 에도 시대 극장을 배경으로 다루고 있다. 이들 여성에게는 '섹시하다'는 표현이 더 어울릴 것이라고 한다. 또한 이것

을 그저 유행으로 바라보아서는 안 된다고 알려준다. "멋[이키]은 정신의 문제이다. 외모가 멋지더라도 정신이 비뚤어졌다면 품위가 없다. 멋은 오늘날 흡연 예절과 관련된 우리 문제와 연관된다."[07] 하지만 이것은 단순히 유행 문제가 아니다! 흡연 예절이 나쁜 사람들은 사회적으로 무익할 뿐 아니라 정신적으로 타락한 것이다. 더 나아가 예의를 지키고 올바르게 흡연하는 사람들은 정신 또한 올바른 것이다.

다도에서처럼 한 사람의 흡연 방식은 사회적 지위의 표상일 뿐 아니라 내적 조화의 표출이다. 실제적인 것과 정신적인 것의 경계를 넘나드는 이것은 선적 사유의 특징이다. 물론 흡연은 영혼과 멋의 추상적 표현이거니와 실제적 쓰임새도 있다. '게으른 담배'에 실려 있는 다음의 표현처럼 말이다.[일본말 무이(むい, 無爲, '게으른 담배'의 '게으른'에 해당하는 일본말―옮긴이)는 영어의 부정적인 의미를 딤고 있지 않다.]

조금 여유 시간이 생기는 때가 있다. 그러나 무엇을 해야 할지 모르고 목표도 없어 보인다. 할 일이 아무것도 없다는 것을 알게 될 때 당신의 태도는 어색해진다. 거북하게 느끼면서 사람들이 당신을 무시하고 있다는 생각을 하게 될 때 당신의 여가는 사라진다. 그럴 때 담배에 불을 붙이면 완벽하다. 연기가 천천히 피어오르는 것을 보면서 더는 남의 시선을 의식하지 않게 된다. 잠시 동안 자기만의 세계에서 쉴 수 있다.[08]

꽉 짜인 학교교육을 벗어나자마자 고된 노동과 사회 환경 속에서 살아가는 일본 노동자에게 '자기만의 세계'라는 표현은 강력한 힘을 발휘한다. 그것은 실제적인 충고이기도 하다. 전형적인 일본 회사는 쉴 틈이 거의 또는 전혀 없다. 5분 동안 자리를 비우고 서성거리는 것조차 무책임한 태도로 여겨진다. 그러나 흡연은 게으르게 비쳐지지 않는 사회적으로 인정되는 휴식 방법이다. 그렇지만 JT는 한 발 더 나아가 흡연 행위 자체가 사회적 압력을 의식할 필요조차 못 느끼게 한다고 말한다. 이는 단순히 "잠깐 쉬면서 담배 한 대 피울래?" 하고 말하는 것보다 훨씬 강력하게 흡연으로 이끌어낸다.

흡연을 부추기는 듯한 모든 섹션은 되도록 일본의 색채를 띠고 있다. 에도 시대

흡연을 역사적 밑바탕으로 이용하면서 연극, 책, 텔레비전 드라마 같은 문화적 맥락에서 흡연을 언급한다. 예를 들어 24번 ─ '사랑의 담배' ─은 에도 시대 역사의 상술로 시작하여 매춘부들이 남자들에게 접근하는 방식이 담배를 권하는 것이었다고 설명한다. 다음으로 책과 영화의 고전적인 애정 장면에서 담배가 어떻게 등장하는지를 문헌의 인용들을 통해 보여준다. 20세기 일본 문학의 걸작, 가와바타 야스나리(川端康成)의 《이즈의 무희(伊豆の踊子)》(1926년)도 인용하고 있다. 인용 장면에서 서술자는 찻집에 앉아 있다. 담배를 피우려 하자 무희가 재떨이를 그 앞으로 밀어준다. JT는 이를 심오한 순간이라고 말하며 논평한다. "남자와 여자는 함께 담배를 피우며 가까워질 수 있다. 실제로 담배를 피우지 않아도 말이다. 예를 들어 남자가 담배에 불을 붙이려고 하는데 여자가 그에게 불을 건네주거나 재떨이를 가까이 놓아주는 것으로 말이다. 이는 남자를 행복하게 하는 행동이다!"

일본의 담배 문화에서 담배는 일본의 정신을 표상한다. 긍정적이거나 부정적인 함의는 일본적이라고 알려지는 것보다 중요하지 않다. JT 담배소금박물관이 작가 다자이 오사무(太宰治)가 황금박쥐를 피운 것으로 유명하다고 말하는 데서 이를 잘 알 수 있다. 다자이 오사무는 사실 약물 남용과 알코올 중독 그리고 수많은 자살 기도로 유명한 사람이었다.

이처럼 흡연은 본질적으로 일본적인 것이다. 그것은 정신적이고 사회적인 발전의 방편이고 사회에 적응하는 도구이며 사회 제약을 벗어나는 길이다. 대부분의 전통 양식이 불교 또는 신토(神道)와 연관이 있지만 JT는 담배를 종교와 연관 짓지 않는다. 종교와 관련지어 설명한 유일한 부분은 '기원 담배(Prayer Tobacco)'이다. 고대 마야인들이 종교 의식에서 기도할 때 담배를 이용했다고 설명하고 있다. 이 섹션은 다음 논평으로 끝을 맺는다. "(이 경우에) 기도의 느낌은 무의식적으로 작용한다. 기도를 올림으로써 우리는 괴로운 느낌을 털어내고 평화의 순간을 얻는다. 담배 연기가 피어오르는 걸 보면서 연기가 우리 감정까지 싣고 하늘로 올라간다고 생각할 수 있는 이유가 이 때문이 아닐까."

담배 도입 후 거의 300년 동안 쇄국이 이어지면서 민족적·문화적 체내화가 이루어졌다. 일본에서 담배의 문화적 의미는 매우 깊게 배어들어 서구식 궐련이 유행할 때에도 문화적·민족적 자각은 사라지지 않았다. 어쨌든 흡연의 보편성은 일본에도 찾아들었고, 일본은 서구에 문호를 개방하는 동시에 자국 문화를 보호하려 했다. 담배는 문화적 보루였다. 또한 담배 매출은 거의 100년 동안 모든 단위의 정부에 세수의 중요한 원천이었다. 담배사업법(Tobacco Business law, JT를 탄생시킨 법률)에서도 담배 매출을 유지하는 것이 정부와 이해관계가 있음을 밝히고 있다. "……담배 관련 세금이 재정 수입에서 차지하는 역할을 생각할 때……이 법은 따라서 국가 담배 산업의 올바른 성장을 고려하고 있다."[02] 그러나 흡연의 건강상 문제를 무시하는 것은 불가능하다. 세계보건기구는 흡연을 세계 최악의 건강 문제 가운데 하나로 보고 있다. 이 두 이해관계 사이에서 정부는 중간의 길을 선택했다. 흡연자의 권리와 비흡연자의 권리 모두를 보호하고자 하는 것이다. 정부는 공개적으로 흡연을 지지할 수 없으므로 정부가 주도하는 기업이 흡연 방법(Way of Smoking)을 만들어냈다. 이 흡연 방법은 보통의 나쁜 흡연과 다른 흡연 방법이다. 이 '좋은 흡연'은 사회적으로 책임지고 절제하는 방식(그래서 중독과는 전혀 다른 방식)이고, 일본의 전통미를 따른 문화적·정신적 표현 양식이다. 비흡연자들의 불만이 뚜렷이 표출될 때에도 흡연자들이 부정적인 이미지로 그려지거나 무시되지 않는다. 흡연은 비난받는 동시에 예찬될 수 있다. 학교에는 흡연 반대 포스터들이 붙어 있지만 기차에는 '깨끗한 흡연 방법'이 붙어 있다. 이렇듯 문화적으로 균형 잡힌 태도로 건강에 대한 염려를 표출하고 동시에 세수의 원천을 보호하면서, 모두는 더 큰 사회적 선을 위한다고 생각한다. JT에 따르면 "성인다운 흡연은 세상을 바꾸어나가는 작은 첫걸음일 수 있다".[10]。

||| 주

01. 담배소금박물관 카탈로그, 영어판, 일본담배재단 (1988), p. 18.
02. 같은 책, p. 43.
03. 국립암센터, 일본:http://www.ncc.go.jp/en/statistics/1997/index.html
04. 미국폐협회:http://www.lungusa.org/data/smoke/smoke.1pdf
05. 국립암센터, 일본:http://www.ncc.go.jp/en/statistics/1997/tables/index.html
06. JT 페이지 딜라이트 운동:http://www.jtnet.ad.jp/www/JT/JTI/delight/Welcome.html
07. JT 웹페이지:http://www.jti.co.jp/JTI/tobacco/touzai/essay29.html
08. JT 웹페이지:http://www.jti.co.jp/JTI/tobacco/touzai/essay29.html
09. 흡연 반대 사이트:http://anti-smoke-jp.com/keneneg.html
10. JT 웹페이지:http://www.jtnet.ad.jp.www/JT/JTI/shikouhin/essay/23.html

담배에 정복당한 카자흐스탄

루스 만델 | Ruth Mandel

▪▫ 이 글은 소비에트와 포스트-소비에트 시대 중앙아시아에서 흡연의 상징과 관습, 궐련 생산과 소비를 다룰 것이다. 중앙아시아에서 벌어진 엄청난 정치·경제 변화의 견지에서 변하지 않은 것과 변한 것들도 밝히려 한다. 이 글의 틀을 이루고 있는 '이전'과 '이후'는 1970년 동안의 국가 통제 경제에서 시장의 요구와 압력에 맞서 고군분투하는 체제로 이행한 것을 의미한다. 그러나 국가사회주의 시대에도 소비에트 인민들 옆에 있었던 담배 산업이 세계 시장, 세계적 사건, 지정학적 조건에 얽혀 있었음을 알게 될 것이다. 그러나 아래에서 논의되듯이, 소비에트 담배 '시장'은 서구의 흡연 경제와 매우 달라 보였다. 그리고 흡연이 성별로 분리된 행위가 되는 과정에서 특히 뚜렷하게 드러나는 흡연과 현대화의 관계에 대한 소비에트와 포스트 소비에트의 시각이 논의된다.

흡연을 말할 때 카자흐스탄 사람들(이름뿐인 민족 집단 카자흐가 아닌 카자흐스탄 시민들)은 때로 그들이 배운 소비에트 선전 문구를 이야기한다. "니코틴 한 방울이 말을 죽일 수 있다." 교과서와 종합진료소 벽에서 본 죽은 말 그림이 어린이들 뇌리에 뚜렷이 새겨졌다. 이 그림의 힘은 겨우 니코틴 한 방울에 크고 튼튼한 동물이 쓰러진다는 이야기에서만 나오지 않는다. 그 힘은 말이 카자흐 전통 문화의 필수 요소였다는 사실에서 비롯된다. 카자흐는 유목사회로서 수송과 양식을 말에 의존하고 있었다. 중년층의 카자흐스탄 사람들이 그림을 처음 본 지 40년이 흐른 지금도 죽어가는 말 그림을 생생하게 묘사할 수 있다는 데에서 그 의미의 깊이를 짐작할 수 있다. 그러나 이에 대해 가볍게 반박하는 사람도 있었다. "하지만 사람은 말이 아니잖아. 한 방울로는 사람을 못 죽인다고."

이러한 반론은 소비에트 시대에 공식적으로 펼쳐진 흡연 반대 운동과 남성성, 남성다움 그리고 아래에서 드러나듯이 애국심과 전쟁 사이에 명백하게 존재했던 긴장을 짐작케 한다. 소비에트 시대에 다른 긴장들도 물론 있었다. 흡연 반대 운동을 한 국가가 궐련을 생산하고 공급했기 때문이다. 그러나 흡연의 사회경제학을 검토하기 전에 카자흐스탄과 그 담배 작물이 자리 잡은 배경을 간단히 알아보고자 한다.

| 카 자 흐 스 탄 의　집 단 농 장 과　담 배

카자흐스탄은 예전 소비에트 연맹의 중앙아시아 다섯 개 나라 가운데 가장 크다. 카자흐스탄은 알타이 산맥부터 시작하여 동쪽으로 몽골과 접하고 서쪽으로 볼가 강과 맞닿은 거대한 땅이다. 카자흐스탄 혼자서 서유럽 크기와 맞먹는다. 러시아(카자흐스탄의 가장 중요한 정치 동맹이자 교역 상대)와 국경을 맞대고 있고, 그 길이는 6,846킬로미터에 이른다. 동쪽으로 이웃하고 있는 중국과 맞닿은 국경은 1,533킬로미터이다. 땅으로 둘러싸인 나라로서 키르기스스탄, 투르크메니스탄, 우즈베키스탄과도 국경을 맞대고 있다. 천연자원이 풍부한 카자흐스탄은 오늘날 석유 관계에서 세계적 주요 국가로 떠올랐다. 그 통치자들은 카스피 해의 유전이 차세대 쿠웨이트가 될 것이라고 장담한다.

또 스텝 지역이라서 집약적 농업에 적합하지 않지만 니키타 흐루시초프(Nikita Khrushchev)가 처녀지를 소비에트 식량 생산지로 변모시키려 했던 유명한 처녀지 개척 계획('Virgin Lands' project)이 벌어졌던 땅이기도 하다. 밀은 기대했던 만큼 생산량을 내지 못하고 몇 년 동안 그릇된 전략과 예측(USSR에서 흔하던 일)만 세

- 러시아 궐련갑 : 아폴로 - 소유
 즈, 알마 - 아마(Alma-Ama), 벨
 로모르카날, 카자크스탄
 (Kazkstan), 메데이(Medey).

우다가 실패로 끝났다. 그러나 카자흐스탄 소비에트사회주의공화국의 인구 규
모와 다양성이 매우 증가하여 '다민족' 특성을 얻게 된 것도 그 한 결과였다. 이
는 이름뿐인 국민인 카자흐의 소수자 지위를 강화했다.

　옛 소련은 USSR 초기에 유목민과 반유목민들에게 집단농장을 강요했다. 집단
농장화 과정에서 인접한 정착촌들이 재편되어 콜호스(Kholkhoz) 또는 소프호스
(Sovkhoz)라는 집단농장 또는 국영농장으로 제도화되었다. 알마티(Almaty) — 예
전에는 수도가 알마아타(Alma-Ata)였다 — 부근에는 수많은 담배 재배 농장이 있
었다.〔1998년 북부 스텝에 있는 도시 아스타나(Astana)로 수도를 옮겼다.〕

　9월마다 십 대들이 '수확 봉사자(harvest volunteer)' 라는 작업대로 조직되어 담

뱃잎을 땄다. 모은 담뱃잎은 말려서 발효시켰다. 그 다음 석회석에서 추출한 칼슘수산화물 ― Ca(OH)2 ― 용액으로 불이 타들어가는 품질을 향상시켰다. 그리고 담배를 잘라 밴더롤(banderol, 가공된 담배의 커다란 롤)을 만들었다. 이것을 알마아타로 보내면 알마아타 담배 공장(Almatinski Tobachni Kombinat, ATK)에서 이것을 가지고 궐련을 생산했다.

USSR의 흡연 구조 : 생산과 소비

소비에트연방의 흡연 문화와 서구 나라들의 흡연 문화의 차이점은 종류와 브랜드, 생산자의 본성 그리고 마케팅과 광고에서 나타난다. 궐련 제조는 소비에트연방 전역에서 이루어졌다. 가장 유명한 공장 가운데 하나는 모스크바의 야바(Yava)에 있었고, 이곳은 오늘날에도 운영되고 있다. 모든 소비에트 공장은 똑같이 필터가 없는 제품―프리마(Prima), 파미르(Pamir), 벨로모르카날(Belomorkanal)―을 생산했다. 이들 제품은 모두 USSR 전역에서 표준화되어 있던 무게, 수치, 품질 관리 분류 기준에 합치하는 제품이었다. 벨로모르카날(정치범들로 구성된 노예노동집단을 이용했던 최초의 스탈린주의 산업화 프로젝트. 그 이름을 딴 제품)은 사실 궐련이 아니라 파피로사(papirosa, 복수형 parirosi)에 가깝다. 파피로사는 길고 속이 빈 마분지 필터(tip)를 흡연자가 눌러 접게끔 생긴 것이다. 제2차 세계대전 동안 파피로시는 시중에서 구할 수 있는 유일한 형태의 궐련이었고 그 뒤로 계속 생산되어 왔다![01]

1960년대 후반 필터 담배 오르비타(Orbita)가 생산되었다. 모든 담배는 네 등급으로 분류되던 때였고 '4등급'인 오르비타는 최상의 품질이었다. 궐련 가격은 1961년부터 1981년까지 안정되었다. 25개비 1갑에 파미르는 12코펙(kopeck, 러시아 화폐 단위, 1/100루블―옮긴이)이었고, 벨로모르카날은 22코펙, 20개비 1갑인 프리마는 14코펙으로, 버스표 한 장 값 5코펙의 몇 곱쯤 되는 가격이었다. 파미르는 너무 독하고 냄새가 고약해서 '원자핵융합반응'이라는 별명이 붙었다. 이 담배를 피워본 사람의 설명에 따르면 그 담배는 어찌나 고약한지 '누가 가까이에서 그 담배를 피우면, 자살하고 싶을 것'이라고 한다. 품질이 더 향상된 폴료트(Ployot)가 나중에 생겨났는데 이는 값이 비싼 프리마에 해당했다.

1960년대 후반, 오르비타가 카자흐스탄 알마아타 담배 공장에서 만들어졌다. 이 필터 담배는 시장에서 가장 비싼 30코펙에 팔렸다. ATK는 인기 있는 직장이었다. 노동자들이 담배와 궐련을 빼내기가 비교적 쉬웠기 때문이다. 이들은 담배를 내다 팔거나 검은 시장에서 다른 물품과 서비스로 바꾸었다.

1970년대에 소비에트의 담배 생산은 새로운 국면으로 접어들었다. 상표 등록이 된 궐련―다시 말해 파미르, 벨로모르카날, 프리마 또는 오르비타가 아닌 다른 담배 ― 이 만들어졌다. 1975년부터 1977년에 생산된 아폴로-소유즈(Apollo-Soyuz)는 해빙기의 나사(NASA)-소비에트 우주계획을 기념하여 만들어졌다. 값이 거의 60코펙에 이른 아폴로-소유즈는 카자흐스탄에서 외국 담배처럼 여겨질 만큼 특별한 제품으로 러시아와 몰도바(Moldova)에서 생산되었다. 사람들은 모든 좋은 것들이 러시아 중심부인 모스크바에서부터 카자흐스탄으로 흘러든다고 생각했다. 다른 많은 것들과 마찬가지로 아폴로-소유즈도 이처럼 영광스러운 것이었다. 1977년에서 1986년까지 똑같은 공장에서 말보로를 만들어냈다. 당시 USSR에서 유일한 서구의 담배회사는 필립 모리스였다. 말보로는 터키와 버지니아 담배의 혼합 제품으로 1루블(100코펙)이라는 어마어마한 값에 팔렸다. 상표가 없는 담배보다 몇 곱이나 비싼 값이었다. 다른 필립 모리스 제품들로 체스터필드(Chesterfiled)와 본드 스트리트(Bond Street)가 생산되었다.

당시 '세계적인'(소비에트적 의미로) 궐련들이 이 지역에 토착화되어 생산되었다. 아마 안전하게 걸러진 방식으로 지역 풍토와 정서에 다가가기 위함이었을 것이다. 이에 따라 상표가 없는 필터 담배 오르비타도 성격을 바꾸어 카자흐스탄 입맛에 더 가깝게 생산되기 시작했다. 카자흐스탄에 맞게 만들어진 또 다른 브랜드는 메데오(Medeo)였다. 메데오 이름은 알마아타 외곽의 산맥에 위치한 멋진 올림픽 아이스 링크 이름을 딴 것이었다. 코스모스(Kosmos)와 콕 튜브(Kok Tyube, 알마아타 외곽 산맥에 유명한 전망대가 있는 곳) 같은 새로운 국내 브랜드도 시장에 진입했다.

1970년대와 1980년대에는 다른 외국 브랜드들이 나타났다 사라졌다. 폴리시 스포트(Polish Sport)와 북한과 쿠바의 필터 없는 담배들은 질이 낮은 제품으로 여

겨져 인기를 얻지 못했다. 하지만 불가리아 궐련은 한 등급 높았다. 소비에트 제 트기 투폴레프(Tupolev)의 이름을 따고 소련국영항공(Aeroflot)이 광고주인 TU 134, BT(Bulgar Tabak, 불가리아 담배―옮긴이), 스튜어디스(Stewardess) 그리고 쉬시 프카(Shchipka)가 그것들이다. 서구에서 생산된 궐련은 거의 구하기 힘든 외화로 만 구입할 수 있었다. 그것도 베리오스카(beriozka)라 불리는, 서구 관광객들을 겨 냥한 특별한 외화 상점에서만 팔았다.

다른 상표 담배들은 계절별로 구입할 수 있었다. 모스크바 야바 공장은 1년에 한 번씩 '근하신년'이라는 뜻의 스 노빔 고돔(S'novom godom) 담배를 생산했다. 제2차 세계대전 '승전일' 5월 9일을 기념하여 다바이 자쿠림(Davai zakourim)이 만들어졌는데, 그 뜻은 '자, 담배 피우자'로 대중가요의 가사를 딴 것이었다. 이 와 비슷한 담배들로 군인들에게만 지급되는 담배도 있었다. 인구의 많은 부분을 차지하고 있는 군대는 한 갑에 9코펙만으로 담배를 살 수 있는 특권이 있었다. 필터도 없는 이 질 낮은 군용 브랜드는 특별 상점에서만 판매했는데 '사냥꾼'을 뜻하는 아호트니치(Ohotnichi), '북쪽'을 뜻하는 셰베르느이(Severnye) 두 가지 브랜드가 있었다.

더 경제적인 방법은 담배 재료를 신문지에 말아 피우는 것이었다. 특히 시골에서는 이렇게 담배를 피웠고 오늘날까지도 그렇게 하고 있다. 이전 소비에트연방에서는 대개 유리잔을 단위로 퍼 담는 담배재료를 어느 시장에서나 팔았다. 시골 가정에서 담배를 직접 기르기도 했다. 싸모싸뜨(samosad, 직접 재배한)라 불리는 이 담배는 인기를 끌어 '내 주머니에는 맛있는 싸모싸뜨가 있어'라는 노랫말이 생겨날 정도였다. 더 싼 담배는 마호르카(makhorka)로 담뱃잎이 아니라 으깬 담배 줄기로 만든 담배 부산물이었다. 250그램짜리 마호르카 한 봉지는 6코펙에 지나지 않았다. 궐련 한 개비에 담배가 1그램 정도 들어가니, 한 봉지면 엄청난 양이었다.

앞서 말한 것처럼 담뱃값은 1981년까지 그대로였다. 1981년 브레즈네프(Leonid Brezhnev)는 인플레이션에 따라 담뱃값을 인상했다. 벨로모르카날이 25코펙으로, 프리마가 20코펙으로, 카자흐스탄이 30코펙에서 40코펙으로 30퍼센트나 인상되었다. 이때 처음으로 외국 수입제품이 출시되었고, 레이놀즈의 브랜드 윈스턴(Winston)도 그 하나였다.

1980년대에 레닌그라드에서 학창시절을 보낸 한 카자흐 남자는 인텔리겐차―과학아카데미에 있던 그의 교수들과 연구자들―모두 벨로모르카날을 피웠다고 이야기했다. "벨로모르카날을 피우던 사람들은 모두 전쟁을 겪었고, 전쟁 때부터 벨로모르카날을 피운 이들이었다. 하지만 우리 학생들은 대개 불가리아 담배를 피웠다." 전쟁에서 살아남은 이들이 벨로모르카날을 선호했다는 사실은 제2차 세계대전을 겪은 강렬한 기억이 '흡연하며 추억하는' 상징적 행위로 구현되었음을 암시한다. 더 나아가 전시에 흡연을 했던 시민들은 그것이 군수 산업에 이바지하는 일이고 (아래 참조) 애국 행위로 비쳐질 수 있음을 알고 있었을 것이다.

흡연 행위는 USSR에서 서로 다른 의미를 지녔다. 레닌그라드와 카자흐스탄의 흡연 관습을 비교할 때 앞의 학생이었던 이는 이렇게 설명했다. 러시아에서는 지식인들이 벨로모르카날을 선호했고, 카자흐스탄에서는 "젊은이들이 벨로모르카날을 피울 때는 그 안에 대마초를 넣어 피우곤 했다. 알마티에서 누가 벨로모르카날을 피우면 십중팔구는 그런 것이라고 생각하면 된다".

카자흐스탄은 전통적으로 흡연을 하지 않았다고 주장하는 이도 있다. 어떤 카자흐 남자는 그들이 흡연을 배운 것은 도시화된 러시아의 영향을 받았기 때문이라고 말했다. 흡연은 아니었더라도 남부 카자흐스탄과 그에 인접한 우즈베키스탄에서는 담배를 사용했다. 남자들은 때로 석회로 발효시킨 담배 나스파이(nasfai)를 씹었다. 흡연 문제 말고도 한 평범한 카자흐 사람이 한 말에서 러시아의 영향력에 대한 양면적인 태도가 드러난다. "러시아 사람들은 우리에게 술, 담배, 욕 그리고 서서 오줌 누기를 가르쳐주었다."(쪼그리고 앉아서 오줌 누는 것이 편한 자세이다.)

│ 총 알 과 담 배

전직 소비에트 군대 장교 한 사람은 궐련 지름과 총알 지름을 의도적으로 일치시킨다는 것을 교육 과정에서 배웠다고 설명했다. 이론적으로 따지면 모든 담배 공장이 하룻밤 사이에 탄약 공장으로 개조될 수 있는 것이다. 제2차 세계대전 중에 가장 애용되었던 벨로모르카날은 전쟁 초기에 쓰이다가 기관총에 밀려난 901빈토프카(vintofka, 소총)의 직경과 꼭 맞았다. 7.62밀리미터의 기관총 탄약은 표준적인 궐련 지름과 정확히 일치했다. 1980년대에는 아르크티카(Arktika)가 등장하여 인기를 얻었다. 지름이 더 좁은 이 담배는 새로 개발된 총알 5.45와 지름이 똑같았다. 일부러 무게중심을 어긋나게 맞춘 이 총알은 신체를 직선으로 관통하지 않는다. 목표에 명중한 뒤에는 총알이 방향을 바꿔 진행하기 때문에 더 큰 손상을 입힐 수 있었다. 총알과 담배와의 이런 관계는 중앙통제생산이 우세한 곳에서 흡연과 전쟁, 위험물과 애국심 사이에 밀접한 관계가 있음을 드러낸다.

1990~1991년, USSR이 붕괴하기 이전의 위기 시절에 소비에트는 엄청난 물자 부족을 겪었다. 인민들은 쿠폰을 받아서 설탕, 보드카, 비누, 담배(달마다 담배 열 갑씩 배급됨) 같은 한정된 물자와 교환했다. 쿠폰이 통용되는 검은 시장이 하

룻밤 사이에 등장했다. 이 비화폐 경제에서 예를 들어 보드카 쿠폰은 담배 쿠폰과 교환될 수 있었다. 1992년 1월 1일, USSR이 공식적으로 해체됨과 동시에 쿠폰이 금지되었다. 이는 가이다르(Gaidar, 옐친이 수상으로 등용했던 이, '충격요법'으로 불린 급진경제개혁을 단행함—옮긴이)의 충격요법 이후의 변화상이었고 담배 생산을 감독해 왔던 식품산업부도 해체되었다.

┃ 흡 연 은 건 강 에   해 롭 습 니 다

1971년 야바 담뱃갑에 경고 문구가 처음으로 인쇄되었다. 브레즈네프 통치 후기에 흡연 반대 및 음주 반대 운동이 시작되었고, 법적 흡연 연령이 14세에서 16세로 높아졌다.(나중에 미하일 고르바초프는 음주 연령을 18세에서 21세로 높였다.) 흡연은 대부분의 공공건물에서 허용되지 않았고, 허용되는 곳에서도 비흡연 구역을 지정하곤 했다. 영화 흡연 장면은 젠더를 분리했다. 영화에서 여성들이 흡연하는 장면은 거의 없었고, 남성들은 흡연 장면이 있었다.

앞에서 말한 것처럼 사람을 죽이려면 말에게 먹인 것보다 니코틴이 더 많이 필요한 것은 분명하다. 어쨌든 세계보건기구는 국제적으로 흡연의 유해한 영향들을 감독한다. 이전 소비에트연방에서 취합된 통계를 전적으로 신뢰할 수는 없지만 그것과 상관없이 흡연은 예상 수명의 유례없는 감소에 이바지한 것으로 파악된다. 인구통계학자들이 당황할 만한 것이 산업사회에서 예상수명이 감소된 경우는 처음이었다. 남성의 예상 수명은 서유럽보다 15년 정도나 낮았다.[02] 1990년대 후반, 카자흐스탄의 평균 남성 수명은 59.6세, 여성은 70.6세로 (둘 합쳐서) 평균 64세였다. WHO가 '유로'로 보는 (아이슬란드부터 러시아, 핀란드를 거쳐 타지키스탄까지 모든 나라 포함) 지역 전체에서 카자흐스탄보다 예상수명이 더 낮은 나라는 투르크메니스탄뿐이다.

사망 원인의 대부분은 심장혈관과 호흡기 질병, 다시 말해 흡연 관련 질병이었다. WHO는 2년 동안 흡연이 감소하다가 USSR이 붕괴했다고 보고했다. 경제 붕괴가 수반되면서 이 현상도 그것으로 끝났다. 1990년대 중반에는 전체 인구(성인들만이 아니고)의 3분의 1이 흡연하고 있으며, 사망률 수치도 높은 것으로 밝혀졌다.

1991~1993년까지 평균 연간 (연령을 기준으로 한) 폐암 사망률은 남성이 96/100,000
명, 여성이 12/100,000명이었다. 담배가 사망 원인이 된 것은 1995년 25,000건(전체
사망수의 20퍼센트)으로 측정된다. 이들 가운데 20,000건이 남성이고 5,000건이 여성
이었다. 1995년 전체 사망 남성의 30퍼센트〔그리고 35-69세의 사망 남성의 반 정도(46퍼
센트)〕가 담배에서 비롯된 것이었다.[03]

카자흐스탄 정부는 흡연 반대 운동을 전파하는 데에 모순적인 태도를 취했다.
한편으로는 전국의 광고판에서 대통령이 '건강한 삶의 방식'을 발의하고 '카자
흐스탄 2030'을 광고한다. 2030년은 국가의 건강과 복지가 확인되는 목표의 해
를 말한다. 한편 다른 광고판에서는 흡연자들의 멋진 생활 방식을 광고한다. 개
인이 담배를 판매하는 것이 합법이며, 나라에서 흡연을 최소화하는 방안을 강구
한다는 이야기는 들리지 않는다. (개인적인 담배 판매는 러시아에서는 불법이다.) 더
나아가 카자흐스탄에서 가장 인기 있는 텔레비전 프로그램은 대통령의 딸이 운
영하는 국영방송의 드라마인데, (315쪽 사진 참조) 럭키 스트라이크(Lucky Strike)
와 그밖에 브리티시 아메리칸 타바코의 제품들을 광고했다.

| 브랜드 ― 과 거 와   현 재

오늘날 카자흐스탄에서 판매되는 담배 브랜드는 영속성과 변화의 아름다운
변주를 보여준다. 소비에트 시대에 인기 있던 한 브랜드는, '카자흐스탄의'라는
낱말의 러시아 형용 형태인 카자흐스탄스키예(Kazakhstanskye)로 불리던 것이다.
이 브랜드는 포장만 살짝 바꾸고 ― 원조 소비에트 포장은 새롭게 나온 딱딱한
판지 포장 속에서 쉽게 눈에 띈다 ― 키릴 문자가 아닌 카자흐 알파벳으로 카자
흐스탄이라고 이름을 써 놓았다. 담뱃갑 앞면에 이 담배 이름과 함께 '필터 담
배 20개비'라고 카자흐 말로 쓰여 있다.(똑같은 내용이 뒷면에 작은 글씨의 러시아
말로 쓰여 있다.) 그러나 작은 글씨들을 읽으면 생산자가 국가 독점이 아니라 필

립 모리스임을 알게 된다. 이와 비슷하게 인기 있는 브랜드 아폴로-소유즈와 메데오도 필립 모리스가 사들였다. 두 브랜드는 소비에트 시대부터 있던 것이다. 필립 모리스의 방침은 소비에트 포장을 그대로 사용하되 앞면에는 카자흐 말을, 뒷면에는 러시아 말을 쓰도록 하는 것이었다. 아폴로-소유즈는 지금도 다른 제품들과 달리 1975년에 처음 나왔을 때처럼 부드러운 포장에 담겨 팔린다. 다만 한 면에는 영어로 아폴로를 먼저 쓰고, 반대쪽에는 러시아 말로 소유즈를 먼저 쓴다.

표면적으로는 국내 제품인 새 브랜드들도 등장했다. '칭기즈칸'이라는 이름의 제품은 특이하게도 까만 상자에 흉포하게 생긴 신화적 존재가 금색으로 그려져 있고, 십자 둘레로 용과 독수리와 악마가 그려진 포장이다. 다른 브랜드들처럼 이 제품도 앞면은 카자흐 말로 뒷면은 러시아 말로 씌어 있다. 이 제품은 카자흐스탄 남쪽 끝에 있는 도시 심켄트(Shymkent)에 있는 소비에트 시대에 사탕 공장이었던 곳에서 만들어지며 처음에 레이놀즈가 출시한 제품이었다. 작은 글씨들을 읽어보면 이 브랜드는 '특별하고 최고급 담배로 만들어지며, 태평양에서부터 흑해에 이르는 땅을 통치했던 황제 칭기즈칸의 옛 영토인 카자흐스탄에 사는 자유롭고 자긍심 높은 사람들을 위해 만들어졌'음을 알 수 있다.

| 서구의 침투

카자흐 필름은 중앙아시아에서 가장 큰 영화 스튜디오였지만 지금은 거의 잊혀진 곳이다. 1996년에서 2000년까지 카자흐 필름(Kazakh Film)이 유일하게 한 일은 제작팀에서 드라마 하나를 제작한 것이었다.[04] 하지만 이것은 단순한 드라마가 아니라 카자흐스탄 최초의 드라마였다. 영국계 자본을 기반으로 민영─공영 합작으로 출발한 이 드라마는 계도를 위한 개발 원조 프로젝트였다. 쉽게 말해 줄거리 이면에서 시청자들은 자본주의, 사유화, 시장, 시민사회 그리고 민주주의에 관해 중요한 내용을 배웠다. 사적 광고주라고는 전혀 없는 환경에서 민영-공영 합작 투자 사례로서 시리즈 제작자들은 광고를 얻으려 애썼다. 그들이 찾아낸 첫번째 광고주 가운데 하나가 브리티시 아메리칸 타바코였다. 카메라 감

독들은 세트장에서 조명을 제대로 잡아내느라 무수한 시간을 보냈다. 켄트나 럭키 스트라이크 포장지가 가장 잘 보이는 각도를 포착하기 위해서였다. 적절한 PPL(product placement, 특정 상품을 소도구로 이용해 광고효과를 노리는 기법—옮긴이)이 광고주에 대한 보상이었기 때문이다.

서구에서 텔레비전 광고와 PPL이 금지되자 BAT, 레이놀즈 그리고 필립 모리스는 떠오르는 시장과 이전 소비에트연방의 느슨한 규제 환경과 지체 없이 손을 잡았다. BAT는 시장을 제대로 선택한 것이었다. 이 드라마 〈교차로(Crossroads)〉는 카자흐스탄에서 최고 인기 있는 프로그램이 되었다. 시청사들은 화려한 색감의 궐련 포장지와 젊고 멋진 텔레비전 스타들이 연기를 길게 들이마시는 모습을 보았다. 시청자들과 인터뷰해보니 배우들이 입은 것, 배우들의 머리 모양, 실내장식, 담배 브랜드를 더 유심히 보았다고 대답한 이들이 많았다. 드라마의 속뜻에서 전달하려고 했던 메시지는 시청자들에게 그것들보다 중요하지 않았다.

서구의 거대한 담배 기업들은 엄청난 돈을 투자하여 도처에 광고를 했다. 해마다 거의 30만 달러에 가까운 돈을 쏟아 부어 알마티의 공공 실외 광고판 7,270제곱미터를 담배 광고로 뒤덮는다. 이 가운데에서 67.8퍼센트를 필립 모리스가 차지한다. 다음이 JTI, 갈라어(Gallaher), 림츠마(Reemtsma) 그리고 BAT이다.[05] 광고판들이 알마티 산맥의 스카이라인을 훼손하고 말을 탄 억센 말보로맨이 산꼭대기에 나타났다. 몇 층 높이에 이르는 벽화들이 소비에트 시대의 낡은 주택가 벽면을 차지하여 똑같은 메시지를 전한다. 보드카, 주스, 속옷, 사탕, 궐련, 반짇고리 등 놀랄 만큼 다양한 물건을 파는 가두 매점에는 화려한 색깔의 담배 광고들이 그려져 있거나 붙어 있다.

그러나 더욱 인상적인 것은 젊은 여성들을 이용하는 것이다. 화장을 짙게 하고, 반짝거리고 몸에 딱 달라붙는 자극적인 옷을 입고, 뾰족 구두를 신은 이 여성들이 도시의 식당가, 젊은이들의 페스티벌, 콘서트, 공원 등을 돌아다니며 소형 담뱃갑을 나눠주면 사람들이 받아간다. 서구 담배 회사들은 더욱 혁신적으로 젊은이들을 겨냥한 큰 음악 파티나 이벤트를 개최하고 거기에서 무료로 담배를 나눠준다.

서구 회사들은 영악한 광고 기법을 만들어냈다. 예를 들어 이웃한 키르기스스탄에서 대중들은 서구 담배 스티커와 라벨(독일 담배 회사)을 무료로 얻을 수 있다. 이들을 자동차, 옷, 가방 등 눈에 띄는 곳에 잘 보이게 붙이고 다닌다. 그러다가 이것이 서구 회사 팀의 눈에 띄면 상품을 탈 수 있다. PC, TV, 음악기기들이 상품으로 주어지는데 일등상은 이탈리아 그랑프리(Gand Prix, 자동차 경주를 말한다—옮긴이) 여행권이다. (카자흐스탄에) 연간 200만 달러의 광고비를 쏟아 붓는 필립 모리스는, 젊은이들을 겨냥한 매주 두 시간짜리 생방송의 제작비를 지원한다. 이 프로그램은 궐련 광고와 오락 도박기가 등장하는 프로그램이다.

1993년 필립 모리스는 ATK의 지분 49퍼센트를 샀다. 그 지분은 1994년 97퍼센트로 증가했다. 그리고 오늘날 알마티에서 연간 200억 개비의 담배를 생산한다.[66] 영국 담배 회사 갈라어는 1994년 카자흐스탄에 담배를 수출하기 시작했다. 그들의 소버린(Sovereign) 브랜드는 회사 문서에 따르면, '상당한 시장점유율'을 달성했다. 갈라어는 알마티에서 32킬로미터 떨어진 곳에 연간 30억 개비 생산 규모의 궐련 공장을 세웠다. 1998년에는 립츠마와 합작하여 소버린 말고도 스테이트 라인(State Line) 브랜드를 생산한다.

| 젠더가 분리된 흡연과 국가의 붕괴

서구 회사들은 젊은 여성들을 이용해서 제품을 퍼뜨리는 방법으로 젠더가 분리된 흡연 관습을 변화시키려 했다. 소비에트 시대에 공개적인 흡연은 대개 남성의 관습이었다. 음주와 마찬가지로 그것은 소비에트 남성 정체성 형성의 일부일 뿐 아니라 도피 장치로 작용했다. 소비에트 이전 시대에 음주는 러시아의 특성으로 간주되었고, 흡연과 함께 남성의 악습으로 허용되었다. 혁명 뒤 이들 관습은 소비에트 사상으로 통합되었고, 남성성에 대한 러시아적 관념도 소비에트 관념으로 진화했다. 공공연히 흡연하는 여성들을 경멸하곤 했고 그런 행위는 관습을 거스르는 것으로 보았다. 필터 담배가 도입되고 서구 대중 이미지에 자주 노출되면서 조금은 변화가 생겨났다. 하지만 '착한 여자'는 흡연하지 않는다는 것이 일반적인 관념이었다.

　흡연은 세계적인 관습이면서도 소비에트 경향에 가깝게 토착화되었다. 예를 들면 기존의 담배 이름을 바꾸거나 이름을 새로 지었다. 그러나 앞서 언급한 긴장을 떠올려보자. USSR에서 (부드럽기는 하지만) 공식적인 흡연 반대는 반대에 부딪히거나 더 나아가 힘을 잃었다. 첫째 이유는 공중보건과 환경 문제에 대해 소비에트가 거만한 태도를 가졌기 때문이다. 둘째는 담배가 군사적 가치와 실제적이고도 객관적으로 연관되었기 때문이다.

　포스트 소비에트 시대에 흡연은 더욱 변화했다. 허용된 남성적 악습이었던 흡연은 누구에게도 방해 받지 않는 소비자의 선택권으로 변형되었다. 구 소비에트 연방은 광범위한 서구 미디어 이미지들의 사실상 공격 목표였다. 여기에 우선적으로 이용된 방법은 광고와 위성 텔레비전이었다. 많은 이들(특히 30세 이하 세대)에게, 서구 현대적인 것이 소비에트적인 것보다 훨씬 우월한 것으로 정의되었다. 서구 현대적인 것을 실현할 힘은 새로운 소비재와 가능성을 받아들이는 것이었다. 서구 정부와 국제적인 개발 기구들이 돈을 쏟아 부으며 민주주의와 시장경제를 가르치자, 구 소비에트의 중앙아시아로 이르는 길이 담배 회사를 향해 활짝 열렸다. 이에 따라 담배 회사들이 소비에트 관리자들의 후임자가 되었다. 이들의 진출은 현재의 느슨한 규제 분위기를 밑바탕으로 삼고 있는데, 이런 느슨한 규제는 소비에트 관리기관의 붕괴, 카자흐스탄의 미약한 규제와 집행 구조 및 환경 탓이기 때문이다. 또 정치적 사회적 가치가 현저하게 변화함에 따라 외국 회사들은 서구 현대적인 것을 동경하는 포스트 소비에트의 열망을 한껏 이용하며, 담배 시장을 젊은 여성으로까지 확대했다. 아이러니하게도 이들 외국 회사는 소비에트 브랜드의 부활, 칭기즈칸 담배에서처럼 새로운 민족주의적 흡연의 정착을 새로운 원산종의 역할로 보았다. 남성적이었던 제품과 관습에서 그 남성성이 희석되면서 사회적 의미가 변화했다. 이제 흡연 행위는 젠더의 경계를 넘나들며 흡연 행위는 여성화되어 왔다. 이 변화를 조종하는 것은 세계적인 담배 회사로 대변되는 새로운 사회공학자들이었다.

이 글은 흡연과 담배가 20세기 러시아, 소비에트와 포스트 소비에트 역사를 거치며 어떻게 영향을 미쳐 왔는지 살펴보았다. 혁명, 제2차 세계대전, 데탕트, 포스트 소비에트의 독립 등의 역사 단계마다 흡연 관습과 상징들은 이들 변화를 반영했다. 문화적 의미가 배어든 흡연은 젠더가 분리된 경제, 정치, 사회관계들의 리트머스 시험지와 같다. 또 소비에트와 포스트 소비에트 시대의 담배 생산과 소비의 분석은 세계가 지역을 어떻게 이용하는지 또 그 반대는 어떤지를 드러낸다.

세계 전쟁을 배경 삼아 보면 흡연은 추억이기도 하고 애국 행위이기도 하다. 전쟁은 상징적인 아이러니를 표출했다. 민주화를 위한 전쟁임을 내세우면서 민간인들을 군인들만큼이나 위험에 빠뜨렸다. 흡연을 통해서 탄약 공장을 상시 준비 상태로 유지함으로써 흡연 행위는 집단적 애국주의의 하나가 되었다.[07] 나중에 벨로모르카날을 피우는 일은 세대적 기억 장치로 작용했다. 혁명 이후 조국이 직면했던 가장 상처가 큰 사건, 대애국전쟁에 애국적·집단적으로 동일화하는 수단이었던 것이다.

죽어가는 말 이미지로 돌아가면 그런 식의 광고는 분명히 효과가 크지 않았다. 세계보건기구에 따르면 그러한 광고는 나날이 효과가 줄어들며 흡연 증가가 예상된다고 한다. 포스트 소비에트의 독립 시대는 현대 서구의 상징과 인기 있는 담배에 취약성을 드러냈고, 이와 동시에 국가는 다양한 수준에서 부패를 드러냈다. 그러므로 흡연 양식, 흡연과 그 관습의 상징적 차원들을 시장 경쟁의 특성으로서 분석함으로써 우리는 현대 카자흐스탄과 그 복잡한 사회적 · 정치적 · 경제적 상황을 더 잘 이해할 수 있다.□

주

01. 《파피로시(Papirosi)》(복수형; 단수형은 papiros) 소비에트연방 이전. James A. Shaw의 서술 참조, http://www.wclynx.com/burntofferings/packsrussian.html

02. 더 자세한 내용은, M. Fishbach, 《소련의 환경 파괴:공격받는 건강과 자연(Ecocide in the USSR:Health and Nature under Siege)》(New York, 1992); M. McKee, 러시아 수명 위기의 수수께끼 풀이(Unraveling the Enigma of the Russian Mortality Crisis)', 《인구 성장 고찰(Population Development Review)》, 25 (1999), pp. 361-6; M. McKee 등, 러시아의 흡연 양상(Patterns of Smoking in Russia)', 『보건 의학(Public Medicine)』, 7 (1998), pp. 22-6.

03. 담배냐 건강이냐:세계 현실에 대한 보고서(Tobacco or Health:A Global Status Report)', 세계보건기구 (1999).

04. R. Mandel, ''의식의 마셜 플랜'':카자흐 드라마의 정치경제학(A Marshall Plan of the Mind:The Political Economy of a Kazakh Soap Opera)', 《미디어 세계:새로운 영역의 문화인류학(Media Worlds:Anthropology on New Terrain)》, F. Ginsburg, L. Abu-Lughod 그리고 B. Larkin 엮음 (Berkeley, CA, 2002), pp. 211-28.

05. 카자흐스탄 담배 시장의 경쟁에 대한 보고서(Report on Competition in Tobacco Market, Kazakhstan). 갤럽 미디어 아시아 (2001).

06. 〈리퍼블리카(Republika)〉, 2001. 2. 15.

07. 흡연과 전쟁에 관해서는, N. J. Saunders, 「금속 몸체, 기억의 껍질:(Bodies of Metal, Shells of Memory):''참호 예술과 대전의 재순환(Trench Art and the Great War Re-cycled)'''', 『물질 문화 저널(Journal of Material Culture)』, 5 (2000), pp. 43-67; 또 N. J. Saunders, 《참호 예술:짧은 역사와 길잡이, 1914-39(Trench Art:A Brief History and Guide, 1914-39)》(Barsnsley, 2001) 참조

코카인
체험

알베르토 카스톨디 | Alberto Castoldi

■□ 20세기로 접어들 당시 유럽과 미국에서는 규제 없는 약물 이용에 대한 반대가 나날이 거세지고 있었다. 1914년 초에 미국은 해리슨 법안(Harrison Narcotic Act)을 통과시켜 마약 거래자들을 철저히 단속하게 되었다. 그 전에도 마약의 급속한 확산을 우려하는 사회적 분위기가 있었다. 예를 들어 1903년부터 코카인이 코카콜라 성분에서 빠졌다. 그리고 그 뒤 10년 동안 언론의 주도로 여론은 약물 문제에 대해 강경한 입장을 취하게 되었다. 1916년 프랑스 의회는 마약 거래와 이용 반대법을 만장일치로 통과시켰고, 이는 1922년 더욱 엄격하게 개정되었다. 1970년, 약물 의존성을 척결하려는 프랑스 정부의 건강 정책은 약물 이용자들에게 환자이면서 범죄자라는 이중적 지위를 부여했다. 이로써 마약 중독자가 공식적으로 탄생했다. 약물 금지는 약물 이용의 역사에서 눈에 띄는 전환점이다. 이를 통해 완전히 새로운 사회적 지위와 행위가 광범위하게 발생했다. 코카인 중독자는 불법적으로 약물을 구해야 하기 때문에 사회적으로 비생산적이고 병들고 잠재적으로 위험한 존재로 인식되었다. 이와 함께 마약을 거래하는 범죄조직이 확산되고, 국제적 마약 거래의 발판이 순식간에 마련되어 매우 다양한 형태

의 불법 행위를 파생시켰다.

코카인 중독자로 진단되면 그는 사회의 희생양으로서 집단적 삶의 외곽으로 유폐되었다. 그가 비난 받는 이유는 코카인 중독의 쾌락 그 자체 때문이 아니라 그 기쁨이 인간의 본성과는 다른 어떤 것, 인공적인 것에서부터 오는 것이라는 데에 있다. 그것은 무익한 고통을 수반하는 기쁨이다. '자연스러운' 또는 '본래의' 몸을 지킨다는 것은 서구 문화의 기초가 되는 규범적인 용어들, 이를테면 나자신, 양심, 이성, 자유, 소외, 성차, 비양심, 죽음과의 연관, 승화, 현실, 법과 같은 용어로 표현된다. 익히 알려져 있듯이 앙토냉 아르토(Antonin Artaud)는 두 '공적' 문서 — '존경하는 마약법 입안자들에게 보내는 서한(Letter to the Honorable Legislator of the Law on Drugs)'과 '아편의 근절(Liquidation of Opium)'[01] — 에서 법에 의한 금지를 맹렬히 반박했다. 그는 이들 문서에서 마약법을 그의 실제적 실존과 독창성에 대한 위협으로 본다. 이로 인해 약물의 치료 역할 문제가 공개적으로 논의되었다. 그것은 약물의 사회적 위험성을 신랄히 비판하는 쪽에서 흔히 간과했던 문제였다.

물론 코카인의 역사, 그 발견과 이용을 말하는 쪽은 그 이로운 면만 드러낸다. 하지만 남아메리카 주민들이 사용했던 코카와 백인들이 만들어낸 코카인은 분명한 차이가 있다. 안데스 산맥 같은 가혹한 터전에서 굶주린 토착민들은 살아남기 위해서는 정복자(conquero)가 되어야만 했다. "코카인은 약물이 아니다. 그것은 양식이다."[02]

중세 종교재판소는 코카의 사용을 경멸했고, 1552년 리마최고의회(First Council of Lima)는 그것이 '악마의 행위'라고 결론지었다.[03] 그렇지만 그것은 이후 2세기 동안 특히 병사들 사이에서 지속적으로 사용되었다. 첫번째 샘플들이 파리로 보내진 것은 1750년 조제프 드 쥐시외(Joseph de Jussieu)에 의해서였다. 장 밥티스트 드 라마르크(Jean-Baptiste de Lamarck)는 그것을 코카 나무(Erythroxylum coca)라는 식물 범주로 분류했다.[04] 거의 1세기 뒤인 1859년에 알베르트 니만(Albert Niemann)이 처음으로 코카의 알칼로이드를 분리함으로써 1863년부터 코카인으로 알려지게 되었다.[05] 위그 웨델(Hugues d'Algernon Weddel),[06] 요한 야콥(Johann Jacob von Tshudi)[07] 그리고 파올로 만테가차(Paolo Mantegazza)는 코카인의 특별한 영양 성분과 강장 성분을 확인했다. 이는 17세기 초반 가르실라소 데 라 베가 (Garcilaso de la Vega)의 저서 《잉카제국실록(Royal Commentaries of the Incas)》 이후로 줄곧 제기되었던 코카인의 장점이었다.[08] 특히 만테가차는 남아메리카에 있을 때 직접 코카인을 이용했던 이로 1859년 저서 《코카의 위생적이고 의학적인 가치들(Sulle virtù igieniche e medicinali della coca)》을 펴내어 코카 잎사귀의 치료 효과에 대한 자신의 견해를 피력했다.[02] 한편 카를 콜러(Karl Koller)는 코카인의 마취 효과에 더 큰 의미를 부여했다.[10] 신경 끝에 사용하면 가장 먼저 통각을 마취시키고, 그 다음으로 뜨겁고 차가움을 느끼는 감각을 마비시키고, 마지막으로 촉각을 마비시킨다. 따라서 코카인은 외과수술에 가장 많이 이용되며, 어린이들에게도 진통제로 흔하게 이용되었다. 1886년 볼티모어에 있는 존스 홉킨스 병원에 근무하는 윌리엄 핼스테드(William Halstead)는 코카인을 외과수술뿐 아니라 자신에게도 썼다. 그는 몇 년 동안 날마다 자신에게 코카인을 주사했다. 그래서 나중에 모르핀 중독이 되어버렸다.

테오도르 아쉔브란트(Theodor Aschenbrandt)의 《임상 관찰(Clinical Observations)》을 읽고나서 지그문트 프로이트는 만테가차의 연구를 알게 되고 스스로 코카인을 시험해보기로 했다.[11] 그는 빈 대학 실험의학연구소 조교로 있을 때인 1884년 코카인을 하기 시작했다. 그는 3년 동안 규칙적으로 코카인을 했고 1895년까지는 가끔씩 했다. 연인 마르타 베르나이스(Martha Bernays)에게 보낸 편지에서 그는 자신의 연구 과정과 성공에 대한 기원을 밝혔다. "나는 코카인이 모르핀과 함께 그리고 모르핀보다 우선하여 쓰였으면 하오."[12] 1884년 7월에 쓴 글에도 이런 바람이 드러나 있다.[13] 프로이트는 다름슈타트(Darmstadt)의 메르크(Merck) 회사에 코카인을 주문하고 그램 당 1. 27달러에 이르는 비싼 값을 지불했다.[14] 체험 결과는 좋았고, 프로이트는 코카인에 대한 예찬을 억누르기 힘들었다. 코카인은 '기분을 들뜨게 하고 지속적인 행복감'을 줄 수 있었다. 그리고 피로감 없이 '집중적인 정신노동이나 육체노동'을 할 수 있는데 중독성은 없었다. 이러한 장점에다가 마취 효과까지 지니고 있으니, 프로이트가 식구들과 친구들에게 그 체험을 권유한 것이 놀랄 일은 아니다. 그는 마르타가 건강해지도록 코카인을 권유했고 마르타는 혈색이 좋아졌다.[15]

이러한 권유 분위기를 타고 프로이트는 동료 에른스트(Ernst von Fleicshl)에게 모르핀 대신 코카인을 써서 모르핀 중독에서 벗어나 보라고 권했다. 실험은 비극적으로 끝났다. 에른스트는 곧 코카인에 중독되어 코카인 과다로 사망했다. 프로이트는 깊은 죄책감을 느꼈다. 프리드리히 알브레히트 아돌프 에를렌마이어(Friedrich Albrecht Adolf Erlenmayer) 같은 프로이트 비판자는 프로이트가 코카의 무해성을 증언함으로써 알코올과 모르핀과 더불어 새로운 저주가 확산되도록 촉진했다고 비난했다.

모르핀은 주사기(프라바즈 주사기)를 이용할 수 있다는 점에서 속도와 편리의 이점이 있다. 주사기 덕택에 적절한 때에 그때그때 공개적으로도 모르핀을 주사할 수 있었다. 이와 달리 코카인은 은밀함과 과시의 혼돈에서 벗어나 더 큰 주의와 정교한 의식을 요구했다.

코카인은 물에 녹여 액체 형태로 섭취할 수 있다. 이는 19세기 말에 가장 흔하게 쓰인 방법이있다. 1863년 안셀로 마리아니(Angelo Mariani)는 강장 음료 '마리아니의 페루 코카 강장 와인'[16]을 만들어냈다. 이는 무척 인기를 끌어 그 애호가들이 무수히 많았다. 콜레트, 토머스 에디슨, 입센, 빅토르 위고, 쥘 베른(Jules Verne), 샤를 구노(Charles Gounod), 쥘 마스네(Jules Massenet), 에밀 졸라 그리고 교황 레오 8세가 모두 마리아니 와인을 좋아했다. 또 코카인을 섞은 샴페인을 즐기는 이들도 있었다. 미국에서는 코카인을 섞은 위스키가 인기가 있었는데 1885년 존 스타이스 펨버튼(John Styth Pemberton)이 코카콜라를 만들어내어 크게 성공을 거두었다. 그때까지 가장 강력하고 가장 즉각적인 효과를 얻는 방법은 정맥 주사였다. 이는 코카인을 혈액에 직접 주입하는 방법이다. 아서 코난 도일의 탐정소설 셜록 홈스는 《네 사람의 서명(The Sign of Four)》(1890년)에서 '7퍼센트 용액'을 사용한다. 그 장면에 이 의례적 측면이 길게 서술된다. 친구 왓슨 박사의 근심 어린 시선에 홈스는,

맨틀피스(mantlepiece, 벽난로 앞면의 장식 구조 전체—옮긴이) 귀퉁이에서 병을 집어들고 깔끔한 염소가죽 케이스에서 피하주사를 꺼냈다. 길고 하얀 손가락으로 초조한 듯이 바늘을 고정시키고 왼쪽 옷소매를 걷어올렸다. 잠시 동안 그는 힘줄이 튀어나온

HIS HOLINESS POPE LEO XIII
AWARDS GOLD MEDAL
In Recognition of Benefits Received from
VIN MARIANI
MARIANI WINE TONIC
FOR BODY, BRAIN AND NERVES
SPECIAL OFFER - To all who write us mention-
ing this paper, we send a book containing por-
traits and endorsements of EMPERORS, EMPRESS,
PRINCES, CARDINALS, ARCHBISHOPS, and other distin-
guished personages.
MARIANI & CO., 52 WEST 15TH ST. NEW YORK.
FOR SALE AT ALL DRUGGISTS EVERYWHERE. AVOID SUBSTITUTES. BEWARE OF IMITATIONS.
PARIS-41 Boulevard Haussmann, LONDON-83 Mortimer St. Montreal-87 St. James St.

교황 레오 8세(1810~1903)는 코카인을 가미한 와인 빈 마리아니(Vin Mariani)를 좋아했다. 이는 19세기 중반 유럽에서 매우 인기 있는 음료였다. 애틀랜타의 존 펨버튼은 1886년 그의 첫번째 혼합 음료 코카콜라를 만들었다. 그는 원래 빈 마리아니를 모방할 생각이었지만 금주 단체와 마찰을 피하려고 와인을 포기했다. 그러나 그는 코카인을 그대로 남겨 두었고, 코카인은 그 뒤 적어도 20년 동안 콜라의 성분이었다.

팔뚝과 손목을 지그시 바라보았다. 수없이 많은 주사바늘 자국이 점점이 찍혀 있었다. 마침내 그는 뾰족한 바늘을 찔러 넣고 작은 피스톤을 눌렀다. 그리고 벨벳을 댄 안락의자에 깊숙이 앉아 만족스런 한숨을 길게 내쉬었다.[17]

그러나 코카인 용액의 이용은 얼마 가지 않아 흰 가루에 밀려나게 되었다. 흰 가루를 코로 들이마시면 코점막의 혈관에 의해 뇌로 전달된다. 오늘날까지 가장 보편적으로 이용되는 방법은 종이나 지폐를 만 것으로 또는 빨대로 가루를 들이마시는 방법이다. 코카인의 색깔은 그 매력을 돋보이게 한다. 아편은 파란색, 대마초는 초록색, 에테르는 투명하고, 메스칼린은 노랗고, LSD는 반투명이고, 엑스터시는 무지개빛이지만 코카인은 희다. 매우 새하얀 빛이기 때문에 눈이라는 이름도 붙었다.

콜러(Koller)는 코카인의 마취 효력과 진통 효력을 강조했지만 프로이트는 높은 정신적·신체적 활력을 유지하는 느낌과 먹지 않고 자지 않아도 견딜 수 있는 느낌을 주는 도취 효과를 내세웠다. 약물에 의지하고자 하는 행동에 대해 왓슨 박사가 반대 의견을 내세우자 홈스는 '정신적 고양을 원한다'고 대답한다.[18] 그는 풀기 힘든 사건에서 정신적 고양을 얻는데 사건이 없을 때는 약물로 얻는다는 것이었다.

코카인은 생기와 힘을 고양시키고자 하는 의지를 다른 약물보다 더 강하게 불러일으키는 듯하다. 그와 동시에 욕망의 구조를 강화하는 듯하다. 코카인의 이용은 주체를 늘 지배당하는 존재로 보는 욕망 이론의 완벽한 예증이다. 욕망은 탐욕스럽고 그에 응하는 것은 밑이 보이지 않는 심연으로 가라앉는 것이다. 쾌락을 주는 게 아니라 고통을 피했다는 인도감만을 줄 뿐이다. 고통 없음, 그것은 화학적으로 만들어진 주인-노예 모순이 지배하는 부정적 쾌락이다. 이런 점에서 도취제를 비롯한 모든 약물은, 역설적이게도 고통을 순간적으로 없애주는 마취제이다.[19]

프로이트의 코카인 체험이 그의 정신분석이론의 형성과 연계되었다고 생각하는 것이 완전히 불가능한 것은 아니다. 정신분석이론은 약물 중독이 그렇듯이 쾌락 원칙과 현실 원칙의 대립에 기반하고 있기 때문이다. 성인이 된다는 것은 쾌락을 유예하는 것이다. 또한 쾌락을 세상의 방식 그리고 자기 보존 방식과 조화하는 대상물이 되도록 이끄는 것이다. 프로이트 정신분석학에서 쾌락은 용해되지 않는 긴장을 진정시키는 것이고, 코카인은 비록 쾌락을 증대시키지는 못해도 공허를 채워준다. 그러므로 중독은 욕망 앞에서의 도피, 탐욕의 부정으로 보인다. 비록 우리가 수용할 수 있는 모든 쾌락을 누리기에 알맞은 것은 아니지만 그럼에도 불구하고 프로이트에게 욕망은 그칠 줄 모르는 탐욕이 아니다. 하지만 신경증, 꿈, 중독에서는 예외이다. 한편 라캉은 욕망이 언제나 생생히 살아 있는 것은 그것이 탐욕스럽기 때문이며, 욕망의 근본적 본성의 밑바탕은 불만족이라고 주장한다.

프로이트와 도일이 코카인을 마주하고 있던 그 시절에 로버트 루이스 스티븐슨(Robert Louis Stevenson) 또한 약물들의 놀라운 효능에 흥분하고 있었다. 그는 특히 아편을 이용해서 불면증을 치료했지만 저술의 자극제로 코카인에 의지했다. 지킬 박사와 하이드라는 이중적 인물이 이런 체험에서 나왔는지도 모른다. 등장인물이 이용하는 신비한 독약이 직접적으로 코카인을 떠올리게 하지는 않는다. 또 그 붉은빛으로 보아 아편제일 가능성을 암시하는 듯도 하지만 그 효과는 결코 진정제가 아닌 도취제의 효과로, 코카인의 효능과 똑같다. "나는 더 젊어지고 더 가벼워지고 더 행복한 느낌을 몸으로 느꼈다."[20]

스티븐슨이 그려내고 있는 애매모호함은 20세기 초반에 기록된 연구 자료들을 통해 바로 코카인의 특성임을 알 수 있다. 처음에 코카인의 사용은 엘리트 지성인에게 제한되어 있었지만 제1차 세계대전부터 서구 세계 전체로 급속하게 퍼져 나가 파리, 빈, 베를린, 런던, 뉴욕의 길거리에서 자유롭게 매매되었다. 코카인은 군인들이 선호하던 약물이었지만 모든 사회 계층이 사용했다. 사람들이 모여서 '약물 파티' 또는 '5시 코카인 파티'를 여는 클럽들이 속속 생겨났다. 이 코카인 과용의 직접적인 결과로, 또한 할리우드 배우 패티 아버클(Fatty Arbuckle)이 관련된 사건처럼 다양한 폭력 사건들이 발생한 뒤로 1920년대가 저물어갈 무렵 모든 나라에서는 코카인에 대한 의존이 조금 줄어들기 시작했다.

코카인에 대한 지성인들의 반응은 냉소적인 풍자부터 가장 극심한 고통의 기록에 이르기까지 크게 달랐다. 프랑스에서는 전위 예술가들이 코카인을 가장 많이 사용했다. 창조적 욕구와 관련되어 쓰이기도 했지만 사회적 소외의 어려움을 달래는 데에도 쓸모가 있었다. 1919년 젊은 시인 로베르 데스노스(Robert Desnos, 1900~1945)는 〈코코에 붙이는 시(Ode to Coco)〉[21]를 썼다. 이 시에서 시인은 소리가 비슷한 말들로 말장난을 한다. 앵무새, 수탉의 울음, 코코넛, '매춘부' 그리고 마지막으로 코카인까지(parrot, cock's crow, coconut, cocotte, cocaine). 하지만 그는 아편을 가장 선호한다고 밝힌다. "나는 사람들 눈에 띄지 않는, 해로운 양귀비 밭이 있지 / 양귀비는 너, 코코보다도 내 눈을 더 밝게 밝혀주지!"[22]

몇 해 뒤 역시 프랑스에서, 빅토르 시릴(Victor Cyril)은 몽마르트 코카인 거래상과의 인터뷰 《코카인, 현대의 독약(La Coca, poison moderne)》[23]을 펴냈다. 그 전에는 술집 같은 공공 장소의 화장실 또는 심지어 약국에서도 코카인을 구입하기가 쉬웠다. 이런 곳에서는 작은 병에 코카인을 담아 팔았다. 코카인이 금지된 뒤 이런 방법은 사라졌고, 코카인은 사람에게서 사람으로 직접 전달되었다. "가만히 누워서는 결코 코카인을 구할 수 없다!"[24] 사람들마다 코카인과 헤로인, 모르핀 또는 아편을 섞어서 자기만의 칵테일을 만들었다. 보고되는 효과는 프로이트가 느꼈던 효과와 동일하다. 세상이 훨씬 아름답고 편안해지며, 코카인을 한 사람은 마치 초인이나 신이 된 것처럼 느껴진다.

이와 비슷하게 《어려운 죽음(Mort difficile)》[25]에서 젊은 르네 크레벨(René Crevel, 1900~1935)은 뒤몽-뒤푸르(Dumont-Dufour) 가족의 모자지간의 재미난 대화를 통해 약물 지식이 일반 대중들에게 전해지는 방식을 그려낸다. 어머니는 아들이 코카인을 주사했다고 꾸짖는다. 아들은 코카인은 정맥주사를 이용하지 않고 들이마시는 거라고 대답한다. 어머니는 화를 내며 "모든 약물은 피하주사를 하게 되어 있어."[26] 하고 반박한다. 이에 아들은 이미니가 자기보다 잘 안다고 생각해서 "어머니도 코카인 주사를 놓아보신 거예요?" 하고 묻는다. 1903년 공동 저서 《인간의 무기력(Mortelle Impuissance)》[27]에서 조르주 노르망디(Georges Normandy)와 샤를 푸엥소(Charles Poinsot)는 코카인 용액을 마신 뒤의 극적인 효과를 자세하게 묘사했다. 시술자는 가장 먼저 창조성이 증가하는 듯한 흥분을 느낀다. 그 다음 가장 고통스러운 환각이 일어나면서 벌레들이 우글대는 시체가 된 듯한 느낌을 받는다. 약의 통렬한 효과를 지속하려면 모르핀을 사용한다. 한편 《문명인(Les Civilisés)》[28]에서 클로드 파레르(Claude Farrère)는 또 다른 방법 곧 코카를 권하는 방법을 이야기한다. 사이공(Saigon)에서 메빌(Mévil) 박사는 자신이 유혹하려는 여자들에게 주려고 코카인 알약을 처방한다.

1930년 아게예프(M. Ageyev)의 '코카인이 있는 소설(Novella with Cocaine)'이라는 소설 초고가 파리에 도착했다. 소설은 곧 러시아 망명자 사회에서 인기를 얻었고, 최종적으로 《코카인이 있는 소설(Novel with Cocaine)》[29]이라는 제목으로 출판되었다. 작가에 대해서 확실히 알려진 것은 전혀 없다.[30] 그러나 소설에서 서술자의 목소리는 도스토예프스키의 방식을 닮아 있고 '병자의 기록에서(Po zapiskam bol'nogo)'와 같이 내용을 설명하는 부제로 시작한다. 서술자는 자신을 굴욕적인 향락과 고통에 사로잡힌, 부도덕하고 가증스럽고 천박한 존재로 드러낸다. 약물의 이용과 효과에 대한 매우 자세한 서술은 그가 약물과 가깝다는 것을 증명하지만 이미 알려진 사실 외에 새롭게 보태진 것은 없다. 서술자는 약물을 공급해주는 미크라는 친구에 의해 처음 코카인을 알게 되고 '코의 처녀성'[31]을 잃는다. 처음 나타난 효과는 마취 효과이다. 이가 완전히 무감각해져서 "이 하나를 건드리면

그 옆으로 다른 이가 모두 술술 빠지는 듯한 느낌이 들었다".[32]

이 느낌은 점점 몸 전체로 퍼져 간다. "내 몸이 머리가 잘려나간 시체처럼 차갑게 얼어붙는다."[33] 그리고 천천히 공간 감각과 관련된 극적인 단계로 넘어간다. 서술자가 공포를 느낄 만큼 방이 빙빙 돌며 한쪽 벽이 무너지기 시작한다. "한쪽 귀퉁이가 내 아래로 내 뒤로 무너져 내리더니 내 위로 솟아오르고는 한 번 더, 이번에는 더 빨리 허물어진다."[34] 약효가 떨어지면 매우 고통스러운 정신 상태가 된다. '고통스럽고, 몸이 찢어지는 듯한 피할 수 없는 반응(의사들은 절망이라고 표현한다)' 이 온다.

얼마 지나지 않아 코카인 중독은 처음의 행복감을 감소시킨다. 시술자는 처음의 행복감을 다시 얻기 위해 거듭 흡입하지만 소용이 없다. 소설의 중심인물에게 일어났던 것처럼 중독에 의한 죽음이 기다리고 있을 뿐이다. 《모르핀(Morphine)》[35](1927년)에서, 미하일 불가코프(Mikhail Bulgakov) 또한 코카인에 의탁하여 약물에서 벗어나려고 하지만 참담한 결과를 맞이한다. 중심인물은 처음 주사에서 평정감을 느끼며, 평정감은 기쁨과 행복감으로 바뀐다. 그러나 그 효과는 곧 사라지고 고통이 엄습한다. 불가코프는 모르핀을 코카인으로 대체하려는 이들에게 경고를 준다. "코카인은 끔찍하고 믿을 수 없는 독약이다."[36]

약물을 자세하게 다룬 최초의 이탈리아 소설 《코카이나(Cocaina)》의 배경 또한 프랑스이다. 디노 세그레(Dino Segre)가 '피티그릴리(Pitigrilli)'[37]라는 필명으로 발표한 소설이다. 소설의 중심인물 티토 아르노디(Tito Arnaudi)는 파리에 사는 이탈리아 언론인으로 몽마르트 지역의 코카인과 코카인 중독자를 조사하는 일을 시작하려 한다. 티토는 코카인 사용자들과의 친분을 통해 때로는 매혹되고 때로는 염증을 느끼며, 그들의 행위 전체를 관찰하여 한 시대를 정리하고자 한다. 피티그릴리는 코카인을 섭취할 뿐 아니라 모르핀과 에테르를 샴페인과 함께 마시며 '클로로포름(마취제의 일종—옮긴이) 딸기' 를 대접하는 상류층의 분위기에 특히 놀라움을 금치 못한다. 이들에게 마약 체험은 사교의 일부이다. 남성들과 여성들이 점심 초대를 하듯 서로를 초대하여 '코카인 파티' 를 연다. 코카인의 쾌락이 성적 쾌락에 비견될 만큼 마약에 대한 추구는 그들의 사회적 행위를 지배한다. 코카인 중독자가 코카인을 흡입하면 '촉촉하고 떨리는 입술' 을 지닌 여인이 튀어나와 그에게 입 맞춘다. "그의 윗입술을 맛있게 핥으며 혀를 그의 콧구멍에 밀어 넣는다."[38]

약물 효과는 신체와 정신 모두에 작용한다. '억눌렸던 생각들'이 '끓는 물에 넣은 마른 찻잎처럼'[39] 퍼지면서 행복감이 느껴진다. 또 고통스러운 결과도 나타난다. "발이 얼음장 같고 머릿속이 불타는 듯하다."[40] 인격은 분열된다. "내 안에 있는 두 사람이 나타나 내가 나 자신을 증오하는 것처럼 서로 비난하고 서로 무시한다."[41] 지각력도 변화한다. "코카인은 시간을 허물어뜨리는 장난을 한다."[42] 티토 아르노디는 모드-코카이나(Maud-Cocaina)와 사랑에 빠진 뒤 28세에 죽는다. 그의 죽음은 그 무기력함을 예찬하며 의식적으로 스스로를 살해하는 시대에 대한 상징으로 여겨진다.

파리는 또다시 알레이스터 크로울리(Aleister Crowley, 1875~1947)가 《마약쟁이의 일기(Diary of a Drug Fiend)》(1922년)에 기록한 마약 체험의 무대가 된다.[43] 코카인은 그가 경험한 유일한 마약 종류였다. 당시에는 런던에서 우편으로 코카인을 부칠 수 있었고, 그렇게 하면 흔히 쓰이던 것보다 순도가 훨씬 높은 것을 구입할 수 있었다. 크로울리는 코카인을 인상적으로 묘사한다. 그것은 마취 효과가 있어 신체의 고통을 무디게 하며, 모든 근심을 소멸시켜 지극한 행복감을 느끼게 하는 '뜻밖의 장점'이 있다.

이 점은 특히 독일어권에서 견해가 다른 지성인들 예를 들면 게오르그 트라클(Georg Trakl)과 고트프리트 벤(Gottfried Benn)에게 영향을 미쳤다. 둘 모두 코카인을 많이 사용했다. 트라클은 클로로포름과 베로날(veronal, 최면 진정제—옮긴이)을 써 본 뒤 코카인으로 바꾸었고 과다 복용으로 추정되는 원인으로 1914년 사망했다. 그가 '하얀 잠'과 '검은 눈'[44]을 예찬한 뒤의 일이었다. 이와 비슷하게 벤은 밤이면 약물을 하고 환각에 빠졌다. "오 밤이여! 나는 코카인을 한다."[45] 이에 반해 다양한 약물 체험[에테르, 아편, 대마초, 환각제, LSD 그리고 페요틀(peyotl, 버섯의 일종으로 마취제—옮긴이)] 기록에서 에른스트 융어(Ernst Junger)는 약물 복용이 그 나름의 어떤 매력이 있는지를 끈질기게 서술한다. 눈처럼 하얗고 공단처럼 반짝이는 하얀 가루로 채워져 있는 작은 상자, 코로 흡입하기 위해 가루를 뜰 때 쓰는 금속 숟가락 그리고 코, 입, 이마와 온몸을 얼어붙게 하고 무감각하게 하는 그 아

찔한 효과까지.[46]

제2차 세계대전 이후 약물 체험을 가장 많이 한 곳은 영어권이었다. 티모시 리어리(Timothy Leary)와 함께 윌리엄 버로스(William Burroughs)는 평생 모든 종류의 약물을 해본 것으로 유명한 인물이었다. 처음에 그는 마취제 특히 모르핀과 헤로인에만 관심이 있었다. 하지만 나중에는 코카인을 시작했다. 불가코프의 충고와는 달리 그는 코카인을 모르핀 주사와 같이 하라고 충고했다. 《벌거벗은 점심(The Naked Lunch)》[47]에서 그는 코카인이 역대 가장 효과적인 약물이라고 밝힌다. 하지만 효과가 지속되는 것은 몇 분뿐이다. 다시 말해 그것이 중독을 일으키지 않는다고는 해도 쾌락을 연장시키려면 계속 흡입을 해야만 한다는 것이다. 이 때문에 모르핀이 필요하다. 모르핀은 코카인이 불러일으키는 초조함을 없애고 과다복용을 막는다. 버로스는 코카인 중독자들이 밤을 새우며 헤로인과 코카인을 번갈아 주사하거나 아니면 헤로인과 코카인 혼합물을 한 주사기에 넣은 '스피드 볼(speed ball)'을 주사하기도 한다고 주장한다.

1960년대와 1970년대에 위대한 과학소설가 필립 딕(Philip K. Dick, 1928~1982)은 여러 종류의 약물을 체험했다. 하지만 버로스와 달리 그는 마취제보다 코카인과 암페타민을 좋아했다. 재활치료 뒤 그는 《스캐너 다클리(A Scanner Darkly)》[48]를 펴냈다. 이는 마약중독자인 한 범죄자의 불안한 초상이다. 그가 복용하는 마약은 이른바 서브스탠스 디(Substance D)라는 알약이고, 그 효과는 코카인과 매우 비슷하다. 약물은 신세대 작가들 브렛 이스턴 엘리스(Bret Easton Ellis)의 《영 미만(Less Than Zero)》(1986년)[49]과 아메리칸 사이코(American Psycho)(1991년),[50] 제이 매키너니(Jay McInerney)의 《대도시 밝은 불빛(Bright Lights, Big City)》(1984년),[51] 캐리 피셔(Carrie Fisher)가 자신의 재활 과정을 서술한 《할리우드 스토리(Postcards from the Edge)》(1987년)[52]의 소설에서도 등장한다.

그동안 코카인은 급속하게 확산되었고, 롤링 스톤스의 키스 리차드(Keith Richards)에서부터 케일(J. J. Cale)에 이르는 뮤지션들 그리고 스포츠 영웅들이 사용함으로써 그 인기가 더해졌다. 흡연이 1920년대에 코카 대용물로 채택되었다는 주장에는 조금 의심스러운 점이 있다. 하지만 1980년대 이후 흡연은 코카 파생물 소비를 대신한 우세한 방법으로 자리 잡았다. 올리버 스톤의 〈월 스트리트

〈Wall Street)〉(1987년)에서부터 〈보일러 룸(Boiler Room)〉(2000년)에 이르기까지 영화에서 '여피'들이 보여준 코카인 흡입이 대중들의 뇌리에 인상적으로 각인되고, 크랙 같은 값이 싼 코카인 부산물의 거래가 활발해지면서 그 인식에도 분열이 일어났다. 크랙은 의성어로 짐작되어 왔다. 불을 붙여 연기를 마시는 크랙은 갈라지는 소리가 난다. 연기를 마시는 방법은 주사 방법보다 더 많은 양의 알칼로이드를 혈액에 흡수시킨다. 크랙은 갈수록 소수 인종 그룹이나 도시 하층민들이 이용하게 되었다. 화이트칼라 노동자들은 거래상과 사용자의 비밀스러운 거래를 통해 크랙을 공급 받았다. 눈에 띄지 않고 굳게 폐쇄되어 있는 크랙 공급상에서 문에 뚫린 구멍을 통해 거래를 하는 것이 크랙의 이미지였다. 이름난 정치인들과 운동선수들이 크랙 사용으로 체포되는 사건들이 일어난 뒤에도 크랙과 소외 계층이 연관된 이미지는 결코 사라지지 않았다. 어쨌든 소더버그의 〈트래픽(Traffic)〉(2000년)에서 사회사업가들이 프리 베이스(코카인과 에테르 혼합물—옮긴이)에 의존하는 부르주아 학생들을 비난하는 장면은 의미심장하다. 그것이 학생들의 계급 배경에 어울리지 않는 행동이며, 그들은 빈민가 자식들이 아니라는 것이 이유였다. 흡연 일반이 낙인을 지닌 것처럼 크랙 흡연과 코카인 소비는 특히 불명예의 대상이 되었다.▫

||||주

01. A. Artaud, 존경하는 마약법 입안자들에게 보내는 서한(Lettre à Monsieur le legislateur de la loi sur les stupefiants)' (원래는 《Ombilic des Limbes, Nouvelle Revue Francaise, Paris, 1925》), 《전집(αuvres completes)》, 전 26권 (Paris, 1956-94), 1권, pp. 80-84; 그리고 '일반적 안전:아편의 근절(Surete generale:Liquidation l'opium)' (원래 《초현실주의 혁명(Revolution Surrealiste)》, 2, 1925에서), 《전집(αuvres completes)》으로 재발행, 전 26권 (Paris, 1956-94), 1권, pp. 319-24.

02. '코카인은 약물이 아니다. 그것은 양식이다(La coca non es una droga, es comida)' : 식품 이용과 코카 이용의 차이점에 대해서는 Stephen Hugh-Jones, '코카, 맥주, 여송연 그리고 야페(Coca, Beer, Cigars and Yape)', 《소비 관습:역사와 인류학 속의 약물(Consuming Habits:Drugs in History and Anthropology)》, J. Goodman, P. E. Lovejoy와 A. Stewart 엮음 (London, 1995), pp. 47-66.

03. D. Streatfeild, 《코카인:어떤 전기(Cocaine:An Unauthorised Biography)》 (London, 2001), p. 29.

04. J.-B. Lamarck, 《종의 분류:체계적인 식물 사전(Illustations de genres:Dictionnaire de botanique methodique)》 (Paris, 1785); P. Browne, 《자메이카의 시민사와 자연사(The Civil and Natural History of Jamaica)》 (London, 1756), pp. 278.

05. A. Niemann, 〈코카잎의 새로운 유기 성분에 대하여(On a New Organic Base in the Coca Leaves)〉, 박사 논문, 괴팅겐 대학, 1860.

06. H. A. Weddel, 《볼리비아 북쪽 여행(Voyage dans le nord de la Bolivie)》 (Paris, 1853).

07. J. J. von Tshudi, 《페루:Peru:1839-1842년의 여행담(Reisekizzen aus den Jahre 1839-1842)》 (St Gallen, 1846).

08. G. de la Vega, 《잉카제국실록(Royal Commentaries of the Incas)》 (1609-17) (Madrid, 2000); 《잉카제국실록(Royal Commentaries of the Incas)》 재출간, New York, 1981.

09. P. Mantegazza, 《코카의 위생적이고 의학적인 가치들(Sulle virtu igieniche e medicinali della coca)》 (Milan, 1859).

10. K. Koller, 《국소마취의 시초에 대한 역사 기록(Historischen Notiz Uber die Anfange der Lokalanastesi)》 (1928), 《코카인에 대하여(Un peu d'encre sur la neige)》 D. Antonin 엮음 (Paris, 1997).

11. 프로이트의 코카인 체험에 대해 자세히 알려면, E. Jones, 《지그문트 프로이트:삶과 업적(Sigmund freud:Life and Works)》, 전 3권 (New York, 1953-7), 1권, pp. 113-36 참조. 이후의 자료들 가운데 이를 출처로 하는 것들이 있다.

12. 같은 책, 1884. 5. 25. 편지.

13. '코카에 대하여(Uber Coca)', 《집단 치료 문서 자료(Archiv fur der Gesammte Therapie)》 (1884), p. 289; 《지그문트 프로이트의 완벽한 심리학적 업적에 대하여(Standard Edition of the Complete psychological Works of Sigmund Freud)》의 영문 발췌문 참조, 전 24권, J. Strachey (London, 1953-7), 1884. 4. 21. 편지.

14. 1885년 2월에서 10월에 메르크 사는 그램 당 23 독일 마르크에서 1마르크를 받았다.; D. Streatfeild, 《코카인:어떤 전기(Cocaine:An Unauthorised Biography)》 (London, 2001), p. 80.

15. E. Jones, 《지그문트 프로이트:삶과 업적(Sigmund freud:Life and Works)》, 전 3권 (New York, 1953-7), 1884. 4. 21. 편지.

16. 프랑스어:'빈 마리아니(Vin Mariani)':이탈리아 어:마리아니 토닉 와인에서 페루 코크까지(Vino Tonico Mariani alla Coca del Peru)'.

17. A. Conan Doyle, 《네 사람의 서명(The Sign of Four)》 (London, 1890), 1장, 처음.

18. 같은 책.

19. 이 연관에 대해서, G. Sissa, 《쾌락과 악:약물의 철학(Le Plaisir et le mal:Phiosophie de la drogue)》 (Paris, 1997) 참조.

20. R. Louis Stevenson, 《지킬 박사와 하이드 씨(The Strange Case of Dr Jekyll and Mr Hyde)》 (London, 1886); 이 표현은 마지막 장 '헨리 지킬의 자세한 설명(Henry Jekyll's Full Statement of the Case)'에 나온다.

21. Robert Desnos, '코코에 붙이는 시(Ode to Coco)', 내 저서 《약물에 관하여:1800년에서 1900년의 문학과 약물(Il testo drogato:Letteratura e droga tra ottocento e novecento)》(Turin, 1994), p. 157에 문구를 인용함. 이와 관련하여 프랑스인들의 체험을 다룬 더욱 최근의 연구는, M. Milner, 《토머스 드 퀸시와 앙리 미쇼의 약물에 관한 상상력(L' imaginaire des drogues, de Thomas De Quincey a Henri Michaux)》(Paris, 2000) 참조

22. Desnos, '코코에 붙이는 시(Ode a Coco)': 나는 사람들 눈에 띄지 않는 해로운 양귀비 밭이 있지 / 양귀비는 너, 코코보다도 내 눈을 더 밝게 밝혀 주지('J'ai des champs de pavots sournois et pernicieux / Qui, plus que toi, Coco! Me bleuiront les yeux.)'

23. Victor Cyril과 Dr Berger, 《코카인, 현대의 독약(La Coca, poison moderne)》(Paris, 1924).

24. '가만히 누워서는 결코 코카인을 구할 수 없다(On ne la trouve plus deposee nulle part' Antonin, 《코카인에 대하여(Un peu d'encre sur la neige)》, p. 70.

25. Rene Crevel, 《어려운 죽음(Mort difficile)》(Paris, 1926; Salvador Dali가 서문을 쓴 새로운 판, 1974); 이 책의 영어 번역판은 없다. M. Raffaeli가 옮긴 이탈리아어 판 참조 (Turin, 1995).

26. 같은 책, p. 41.

27. G. Normandy와 C. Poinsot, 《인간의 무기력(Mortelle Impuissance)》(Paris, 1903).

28. Claude Farrerre, 《문명인(Les Civilises)》(1921), Antonin, 《코카인에 대하여(Un peu d'encre sur la neige)》, pp. 111-13에 인용.

29. M. Ageyev, '코카인이 있는 소설(Novella with Cocaine)'(《Roman s kokainom》), 《Chisyel》, no. 10 (1934)에 최초로 실림; 재출간, Moscow, 1990; 《Roman avec cocaine》(Paris, 1990); 이탈리아어 판 《Romanzo con cocaina》(Rome, 1984) 참조.

30. 그러나 1990년 러시아에서 재출간된 N. A. Struve의 평론 '불가사의한 소설(Mystery Novel)'(《Roman zagadka》)(부록, pp. 200-21) 참조. 그는 블라디미르 나보코프(Vladimir Nabokov)와의 연관성을 제시한다.

31. Ageyev, '코카인이 있는 소설(Novel with Cocaine)' (이탈리아어 판), p. 115.

32. 같은 책, p. 117.

33. 같은 책, p. 124-5.

34. 같은 책, p. 127.

35. M. A. Bulgakov, '모르핀(Morphine)' (《Morfiy》), 〈보건부(Meditsinsky Rabotnik)〉에 처음 실림, 1927. 12.; 《선집 (Sobranie Sochinenie)》으로 재출간, 전 10권 (Ann Arbor, 1982), 1권, pp. 99-129; M. Curletto의 이탈리아어 판 《Morfina》(Genoa, 1988) 참조

36. 같은 책, p. 100.

37. Pitigrilli, 《코카이나(Cocaina)》(1921), Milan, 1982 재출간 참조; 영어판은 E. Mosbacher의 《Cocaine》(Feltham, 1982).

38. 같은 책.: 'con le labbre bagnate, vibranti······e gli lecco ghiottamente il labbro superiore, gli introdusse la lingua nelle nari', p. 24.

39. 같은 책.: 'le idee accartocciate······le foglie secche del te sotto l'acqua bollente', p. 86.

40. 같은 책.: 'freddo ai piedi, fuochi artificiali nel cevello', p. 35.

41. 같은 책.: 'i due individui che sono in me si criticano, si condannano in modo che ne risulta l'odio di me contro me stesso', p. 106.

42. 같은 책.: 'la cocaina compie il crudele prodigio di deformare il Tempo', p. 104.

43. A. Crowley, 《마약쟁이의 일기(Diary of Drug Fiend)》(London, 1922; 1979 재출간).

44. '검은 눈(Schwarzliche Schnee)': 추론(Nachlass) ('1912-14년의 시들(Gedichte 1912-14)')에서, 제목 없는 시들 참조, G. Trakl, 《봉인지와 편지(Dichtungen und Briefe)》, 전 2권 (Salzburg, 1996), 1권, p. 32.

45. 예를 들어, '오 밤이여! 나는 코카인을 한다(O Nacht! Ich nahm schon kokain)': '오 밤이여!(O Nacht!', G. Benn)', 《선집(Gesammelte Werke)》, 전 8권 (Wiesbaden, 1960), 1권, p. 53.

46. E. Junger, 《이해:약물과 중독(Annahrungen:Drogen und Rausch)》(1970), 《전집(Sammtliche Werke)》(전 18권) (Stuttgart, 1978-81), 11권, 특히, pp. 193-219.

47. W. Burroughs, 《벌거벗은 점심(The Naked Lunch)》(1959), G. Ballad의 서문으로 재출간 (London, 1991).

48. Philip K. Dick, 《스캐너 다클리(A Scanner Darkly)》(1977; 재발행, London, 1999).

49. B. E. Ellis, 《영 미만(Less than Zero)》(New York, 1986).

50. B. E. Ellis, 《아메리칸 사이코(American Psycho)》(New York, 1991).

51. J. McInerney, 《대도시 밝은 불빛(Bright Lights, Big City)》(New York, 1984).

52. Carrie Fisher, 《할리우드 스토리(Postcards from the Edge)》(London, 1987).

흡연과 사교

■□ 클로드 레비 스트로스(Claude Lévi-Strauss)는 모든 인간관계 대 외부 세계라는 그의 이분법에서 담배를 조금 독특한 자리에 놓는다. 그의 저서《꿀에서 재까지 (From Honey to Ashes)》에서 담배는 날것도 아니고 요리된 것도 아니다. 그것은 초요리(metaculinary)이다. 담배는 세계의 자연물에서 발견되는 모든 특성과 인류가 만들어낸 것에서 발견되는 모든 특성을 함께 가지고 있다. 흡연은 인간적이라는 것이 의미하는 것의 본질을 정의한다. 우리는 식사 뒤에 클럽에서, 다른 이들과 함께 담배를 피운다. 우리는 둘이서(이상적으로는 섹스 뒤에 침대에서) 담배를 피운다. 그리고 우리는 혼자 담배를 피운다. 이 모든 경우에 흡연 행위 자체는 우리가 인류라고 부르는 네트워크에 대한 우리의 관계를 강화한다. 혼자 담배를 피우는 것조차 타인과의 단절을 나타낸다. 그러나 흡연은 최상의 대화를 구성한다. 윌리엄 쿠퍼(William Cowper)가 1782년 피력했듯이, "파이프로 점잖게 연기를 내뿜으며 / 한 번에 반 문장이면 족하다". 1883년 랄프 왈도 에머슨(Ralph Waldo Emerson)과 토머스 칼라일(Thomas Carlyle)이 만났던 일화가 있다. 두 사람은 파이프 하나를 같이 피우며, 밤이 깊도록 말없이 앉아 있었다. 둘은 헤어지며 그날 밤 매우 유익하고 즐거웠다고 인사를 나누었다. 로버트 루이스 스티븐슨은 1881년에 흡연이 최고의 남편을 만든다고 썼다. "여자들은 절대금주자나 흡연하지 않는 사내와 결혼해서는 안 된다.……남자를 앞뜰에 붙들어두는 것, 들뜬 공상과 지나친 모든 야망을 억제하는 것, 만족과 기쁨을 주는 것은 모두 집안에 분명히 행복을 준다." 흡연은 최상의 병사를 만든다. 영국의 의학 정기간행물 『랜싯』 1914년 10월 3일자에서 편집자는 이렇게 썼다. "조마조마한 전투에 참여한 해군이나 육군 병사들이 어디서 위안을 얻는가를 생각하면 우리가 담배 흡연에 대해 갖는

많은 편견들은 말끔히 지워버릴 수 있다.……겨우 틈을 얻어 이 지당한 탐닉에 빠질 수 있을 때, 병사에게 담배는 진정한 위안이자 기쁨일 것이다." 50년 뒤 아르헨티나인 혁명가 체 게바라는 쿠바 산 속에 있던 때를 회상하면서, '게릴라 전사의 삶에서 일반적이면서 매우 중요한 위안은 담배 한 대이다.……휴식의 순간에 담배 한 대는 고독한 전사의 둘도 없는 친구'라고 한다. 흡연은 사회에서 잘 이용되다가 그 위험―서구에서 흡연의 가장 초기 단계부터 제기되었던 위험―에 대한 근심이 커지고, 흡연 자체가 개인과 부부와 사회의 살인자로 인식되는 때가 온다. 짙은 구름(간접흡연 형태)이 아무 의심 없는 옆 사람 몸뚱이에 침투해서 사회관계뿐 아니라 생명 자체를 앗아간다. 여기서 개인들 사이의 연대로서 흡연의 연결 고리는 끊어진다. 그러나 이는 아마도 포스트모던의 또 다른 징표일 뿐이라고 로버트 푸트남(Robert D. Putnam)은 그의 저서《혼자 볼링하기:미국 사회의 붕괴와 부활(Bowling Alone:The Collapse and Revival of American Community)》(2000년)에서 말한다. 푸트남은 사회 자본―우리가 서로 연결되어 있는 구조 자체―이라는 우리 주식이 폭락하여 우리 삶과 사회를 피폐하게 하고 있다고 경고했다. 우리는 나날이 사교성을 잃어가고 있다. 우리가 참여하는 단체의 수가 적어지고 있고, 이웃들도 잘 모르며, 친구들도 덜 만나고, 심지어 가족끼리도 뜸하게 만난다. 수많은 디너파티는 반으로 줄었다. 심지어 혼자서 볼링을 한다. 볼링을 하는 미국인은 예전보다 늘어났지만 함께 볼링을 하지는 않는다. 이 모든 경우에 우리에게는 흡연이 허락되지 않거나 혼자서 흡연한다.▫

- 위. 조슈아 프라이(Joshua Fry)와 피터 제퍼슨(Peter Jefferson)의 1775년 〈버지니아 인구 밀집 지역 지도〉 일부. 배, 노동자들, 파이프를 피우고 있는 '주인' 이 그려진 그림.

- 왼쪽. 존 스미스(John Smith) 선장의 1612년 〈버지니아 지도와 그 지역 설명〉 일부. 추장 포와탄(Powhatan)이 오두막에서 파이프를 피우는 모습. '포와탄은 이 주와 유행을 지배했고, 스미스 선장은 그의 포로가 되었다, 1607년.'

- 아래. 로빈슨(H. R. Robinson), 흡연자들.

THE SMOKERS.

- *위.* '몰입', 프랭크 레슬리(Frank Leslie)의 『선데이 매거진』(1891년) 일러스트레이션.

- *아래.* 수많은 보스턴 사람들이 남북전쟁 이전에 갈색 여송연을 피웠다. 보스턴 사람들의 조상들은 여송연 흡연자를 위한 특별 공간을 나무 우거진 보스턴 공원에 마련했다. 그곳은 흡연 서클이었다.

- 위. 미국 어느 도시의 거리에서 다른 이에게 담뱃불을 붙여주는 남자. 1900~1910년.

- 아래. 담배 휴식 시간. 폭격에파인 웅덩이에서 휴식하는 하사관. 포페랭그(Poperinghe), 1917년.

- *맨 위.* 어빙 래퍼(Irving Rapper)의 1942년 영화 〈가라, 항해자여(Now, Voyager)〉에서 폴 헨리드(Paul Henried) 와 베트 데이비스(Bette Davis) 스틸 사진.

- *가운데.* 뉴욕 흡연 금지령.

- *맨 아래.* 바그다드에서 흡연하는 남자들.

- 흡연하는 호치민과 마오 쩌뚱, 베트남, 1960년.

_제2부

예술과 문학 속의
흡연

SMOKING IN ART AND LITERATURE

그림으로 읽는 흡연의 상징성

베노 템펠 | Benno Tempel

■□ 지금은 화가들에게 힘든 시대이다. 미술 작품이 사회 여론과 합치하지 않으면 경찰이 작품을 몰수하고 화가를 기소한다. 소아성애와 같은 사회적 변태와 아동 포르노그래피 추방 운동 탓에 벌거벗은 아동이 나오는 작품의 평판까지 무너졌다. 담배를 묘사한 작품이 몰수된 적은 없지만 그것은 어쩌면 시간문제인지도 모른다. 담배 광고 금지는 키스 하링(Keith Haring)의 〈럭키 스트라이크〉 연작(1980년)을 위험 구역으로 몰아넣었다. 어쩌면 그림의 인기 주제가 사라질지도 모른다. 흡연이 늘 건강하지 않은 것으로 인식된 것은 아니지만 담배는 17세기 이후로 거센 반발을 불러왔고, 예술가들은 이 기회를 감사히 이용했다. 17세기 이후 서구 화단에서 흡연의 다양한 묘사는 사회 여론의 변화를 반영한다. 아래의 몇 가지 인상적인 사례들은 파이프, 여송연, 궐련의 상징적 중요성을 강조한다.

| 네덜란드 황금기 미술에서 흡연이라는 주제

황금기라고 알려진 17세기 네덜란드 전성기에 새롭고 특징적인 네덜란드 미술 양식이 등장했고, 담배와 그 속성은 거기에서 특별한 자리를 차지했다. 누가 최초로 흡연자를 그렸는가는 확인하기 어렵지만 담배는 황금기 작품에 매우 자주 등장하므로 그 모든 면을 여기에서 다 논의하기는 어렵다. 남부 유럽 화가들에게 그들의 신화적이고 고전적인 장면에 비해 파이프는 매우 현대적이었다. 그러나 네덜란드 예술에서 명백한 현실은 종종 위장한 상징성을 숨기고 있었고, 이런 작품은 도덕주의를 뚜렷이 부각시켰다. 얀 스텐(Jan Steen)의 〈노래를 들으면 따라 부르게 돼(The Way you Hear it is the Way you Sing it)〉라는 작품에서 아버지는 아들에게 파이프를 피우게 하는 나쁜 본보기를 보여준다. 아이는 어린 나이부터 타락한 생활 습관에 젖는다.

그림은 흡연이 가난한 이들의 오락인 사회 현실을 자주 반영한다. 가난한 이들은 담배를 피우는 술집에서 시름을 잊는다. 그들이 별 근심 없이 삶을 살고 있었는지는 모르겠지만 1601~1602년 암스테르담을 휩쓴 전염병과 1602년의 지진은 그 삶을 무너뜨렸다. 담배 연기가 전염병을 물리친다는 말이 돌면서 가난한 사람들은 열심히 파이프를 찾았다.[01] 그들의 사회 지위는 전염병 앞에 미약했지만 흡연은 그들에게 희망을 주고 배고픔을 덜어주었다. 테르 보르흐(Gerard ter Borch)와 플랑드르의 화가 테니르스(David Teniers the Younger, 다비트 테니르스는 부자지간이 모두 화가였고 이름도 같다. the Younger가 아들이다―옮긴이)는 최하층 계급을 주로 그렸는데, 그들의 모습은 문명사회 관습과 거리가 멀고 천박했다. 이 그림들은 하층민을 조롱하기 좋아하는 상류층에게 즐거움을 주기 위한 것이었다. 흡연은 그러한 그림에서 빠질 수 없는 요소였다. 그 그림들은 흡연을 예찬한 것이 아니었다. 흡연은 사회적 일탈을 암시했다.

화가들이 술집이나 매음굴에서 음주와 흡연 장면을 그렸는지 확인하기는 어렵다. 흡연이 사람들을 내부에서부터 건조시켜 목마름을 느끼게 하고, 사람들은 이 갈증을 맥주로 축인다는 말이 있다. 이는 악순환이다. 칼뱅주의 네덜란드공화국에서 중시하는 중용은 그러한 악습을 반대한다. 흡연은 신체 무기력증을 일으키고, 따라서 귀중한 시간을 낭비하게 한다.[02]

17세기 여성 흡연자들의 초상은 거의 없다. 여성이 있는 장면은 흡연자와 음주자에게 불행이 찾아오는 장면이다. 여성들은 흡연 장소를 운영했다. 여성들은

약삭빨라서 술에 취해 쾌락을 추구하는 이들이 몸을 가누지 못할 때 그들의 돈을 뺏었다.[03] 사실 이런 장면에서 상황을 지켜보는 것은 여자들이다. 화가들은 여성을 부정적인 시각으로 그리려던 것이 아니었고 그들을 이용해서 도덕적 교훈을 주고자 했던 것이다. 화가들은 때로 작품 속에 들어가 그토록 어리석은 행동이 어떤 운명을 낳는지를 관찰자의 위치에서 분명히 보여주고 있다. 또 다른 주제는 나이 든 여자가 파이프에 담배를 채우는 것이다. 하지만 이 파이프는 그 여자가 쓰려는 것이 아니다. 그 여자는 뚜쟁이이고 몸짓은 음탕하다. 파이프는 주제를 뚜렷이 드러내는 상징이다.

파이프는 자화상에도 가끔 등장했다. 이로써 자화상은 상징적인 의미를 갖게 된다. 텅 빈 캔버스를 등 뒤에 놓고 담배를 피우는 화가의 모습은 그가 시간을 낭비하고 있음을 강조한다. 화가가 캔버스를 마주 하고 있다면 흡연이 영감을 준다는 뜻이다.

네덜란드공화국에서 담배 산업이 상업적으로 성장함에 따라 흡연은 더욱 남부

끄럽지 않은 일이 되었다. 연기의 열기와 유독 물질을 줄이기 위해 설대가 더 길어졌다. 이에 따라 사회는 더 빨리 흡연을 받아들이게 되었고, 긴 파이프는 지위의 상징이 되었다.[04] 부유층 사이에 나날이 흡연이 퍼지면서 캔버스에서 농민 층이 조금은 사라졌다. 흡연은 더 나아가 특권이 되었다. 1660년 즈음부터 우아한 파티—예를 들어 할스(Dirck Hals)의 작품에서처럼—의 인물들은 멋스럽게 파이프를 들고 있다. 화려한 정물화는 즐거움을 주는 대상을 묘사한다. 공화국의 번영에 따라 화려한 묘사에 대한 선호가 증가했다. 흡연은 안락한 삶을 반영했다.

17세기 초반에 흡연은 건강하지 못하다는 낙인을 아직 지니지 않았다. 담배는 약으로 여겨질

- 오스타데, 〈실내에서 흡연하는 약제사〉, 1646년, 패널에 유화.

- 몰리나르(Jan Miense Mole-naar), 〈냄새〉, 1637년, 패널에 유화.

정도였다. 그러나 약들 사이에서 흡연하는 남자를 그린 오스타데(Adriaen van Ostade)의 〈실내에서 흡연하는 약제사(An Apothecary Smoking in an Interior)〉와 같은 그림은 드물다. 그림 속의 흡연은 약이 아닌 오락으로 더 많이 그려졌기 때문이다.

시간의 흐름은 미술에서 지속적으로 나타나는 주제였다. 바니타스(vanitas) 정물―감상자에게 삶의 덧없음과 불확실성을 전달하는 소재를 모아 놓은 정물―에서 파이프는 영혼의 구원을 가로막는 지상의 행복을 나타낸다. 연기가 되어 피어오르는 담배처럼 삶은 짧다. 신체 기능의 묘사도 자주 등장한다. 예를 들어 오줌 누는 사람들은 신체의 무상함을 강조하는 표현이다. 똥을 닦아주는 인물이 흡연자임을 암시하는 그림은 냄새를 상징한다. 담배 연기는 오감을 상징하는 데 매우 자주 등장한다. 담배는 냄새를 표상할 뿐 아니라 미각의 상징이기도 하다.

리오타르, 〈공중목욕탕에서 터키 옷을 입고 하인에게 지시를 하는 프랑스 여인〉. 1744년, 파스텔.

| 이 국 적   세 계

네덜란드의 황금기가 쇠퇴하면서 그림에서 흡연 묘사가 사라졌다. 18세기 그림에서는 흡연이 묘사된 장면을 아주 드물게 볼 수 있다. 프랑스 화가 샤르댕(Jean-Baptiste-Siméon Chardin)은 17세기 네덜란드 화풍의 영향을 받아 그의 그림에 가끔 파이프를 그려 넣었지만 그는 예외적인 화가였다. 흡연은 미술에서뿐 아니라 일상생활에서도 매력을 많이 잃었다. 우아한 로코코 시대에는 귀족 계층과 궁정에서 유행이었던 코담배가 흡연을 대체했다. 농민들과 일반 백성들이 파이프를 피웠고, 파이프는 번영의 상징이라는 속성을 잃었다. 손에 놓은 코담배를 조심스레 맡고 고상하게 재채기하는 모습은 그림에서 거의 볼 수 없다.

18세기 그림을 보면, 흡연이 서구에 존재하지

않았다는 생각을 하게 된다. 그러나 이국 취향에 파이프를 위한 자리가 마련되어 있었다. 구아르디(Antonio Guardi), 베르네(Joseph Vernet) 그리고 특히 리오타르(Jean-Etienne Liotard)의 작품에 나타난 파이프는 더할 나위 없는 본보기이다. 규방 여성들이 흡연하는 장면은 그들의 관능적 수동성과 권태를 강조한다. 시타(sitar, 기타와 비슷한 현악기—옮긴이), 긴 수염, 파이프는 이국적 묘사의 전형들이다. 이들은 18세기 대중들이 매우 사랑했던 이색적인 것들에 대한 열망을 충족시켰다. 그러한 그림들 또한 유럽과 동양의 무역이 성장했음을 반영한다. 계몽주의는 과학, 예술, 문학에 나타난 타국에 대한 관심을 북돋웠다. 오랜 세월 동안 흡연은 미지의 장소와 연계되었고, 이 이국 취향의 사례들은 오늘날까지도 찾아볼 수 있다.

중류계급의 즐거움과 예술적 자유

18세기 후반과 19세기 초반에 화가들은 흡연을 단순한 즐거움의 상징으로 이용했다. 루소 식으로 시골에서 사는 삶이 이상적으로 그려졌다. '고상한 미개인'은 자연과 하나가 되어 고요함 속에서 파이프를 피웠다. 파이프는 고대 폐허에 있는 목동을 묘사한 전원적인 시골 풍경에서도 나타난다. 흡연은 시간을 초월한 묵상을 상징했다. 농부와 목동의 일상은 늘 한결같았고, 파이프를 피우는 것은 시간의 흐름을 무효로 만들었다. 흡연은 시간을 소멸시켰다.

청교도적인 19세기에 여성들의 흡연은 거부되었다.[05] 여성의 자리는 가정이었다. 여성은 가정의 순수한 안주인이자 어머니이자 천사였다. 흡연은 남자들의 방—흡연하는 모임, 당구장, 도서관—에 국한된 일이었고, 그곳에서 흡연은 무해한 일상 활동의 일부이자 중류계급의 즐거움이었다. 파이프는 독일 비더마이어(Biedermeier, 신고전주의와 낭만주의 사이의 전환기에 중류계급의 오락거리를 흔히 다룬 양식—옮긴이) 양식의 캔버스에 흔히 등장했다. 이 양식은 이들 부르주아의 평온함과 당대의 일상적 장면을 재현했다. 그러나 파이프를 집는 것은 세계적 낭만주의의 대담한 장면에 견줄 만큼 극적이지 못했다.

낭만주의 시대는 화가의 개성을 강조했다. 화가들은 주제에 대한 개인적 관심과 느낌을 중시하기 시작했다. 그리고 자신을 부르주아와 구별했다. 이에 따라 19세기에 걸쳐 흡연은 유럽 화단에 자리를 확보했다. 흡연은 지적 분위기를 인상적으로 묘사하는 데에 쓸모 있는 방법임이 입증되었다. 화가, 작가 그리고 철학가들은 허공으로 구불거리며 피어오르는 담배 연기 속에서 생각에 잠겨 있었다. 화가가 생각에 잠긴 채 응시하고 있다는 것은 그가 흡연한다는 사실로 알아볼 수 있었다. 마네(Edouard Manet)의 〈스테판 말라르메(Stephane Mallarme)〉에서처럼 솟아오르는 연기구름이 '시'를 썼고 영감을 주었다. 이 그림은 니코틴의 효과라고 여겨지던 것들을 표상한다. 니코틴은 몸에는 평온함을 정신에는 각성을 준다고 여겨졌다. 흡연은 그와 동시에 화가의 독립적인 정신의 상징으로 많은 자화상에 표현되었다. 자의식과 약간의 거만함으로, 화가들은 자신을 부르주아 사회에 대해 우월감을 느끼는 보헤미안으로 표현했다. 여기서 흡연은 오랜 세월 동안 존재해왔다는 사실과 상관없이 단연코 현대적이다.

새 시대의 화가들이라고 알려진 인상주의 화가들은 흡연자를 거의 그리지 않았다.[06] 그들이 그린 일상의 '단편'에서 흡연의 속성은 지팡이, 중절모 또는 장갑 같은 사물로 대체할 수 있었고 따라서 상징적인 의미가 사라졌다. 한편 상징적이고도 심리적인 성격이 더욱 짙은 후기 인상파는 흡연에 대한 관심을 다시금 불러일으켰다. 새로운 연관이 생겨났다. 예를 들면 흡연과 스포츠—오늘날의 관점에서는 대립물—가 사회와 예술에서 뗄 수 없는 묶음이 되었다. 이 현상은 1900년대 즈음에 생겨나 몇십 년 동안 이어졌다.[07] 쇠라(Georges Seurat)의 유명한 그림 〈그랑드자트 섬의 일요일 오후(A Sunday Afternoon on La Grande Jatte)〉 (1884~1886; 시카고 미술협회)에서 흡연하는 두 인물이 눈에 띈다. 왼쪽으로는 파이프를 피우는, 뱃놀이 하는 이가 눕듯이 기대어 있다. 말쑥하게 차려 입은 앞 오른쪽의 신사는 여송연을 피우고 있다. 이는 그와 그 옆에 있는 여성, 바로 고급 매춘부 간의 불평등한 관계를 나타낸다. 쇠라가 남근의 상징으로 여송연을 이용한 것 또한 중요하다.

그림에서나 현실에서나 여성들도 천천히 궐련을 입에 물기 시작했다. 첫번째가 매춘부들이었다. 로트레크나 고흐는 술집 테이블에 앉아 있는 여성들을 그렸다. 관찰자는 한눈에 그들의 직업을 알아챌 수 있다. 그들은 파우더로 얼굴을 하

얗게 칠해 매독 증세를 감추고 있다. 일부 화가들은 동그란 담배 연기 사이로 여전히 음흉해보이는 표정을 드러내는 음산한 분위기를 포착했다. 여자들은 불꽃에 달려드는 나방처럼 고객들을 유혹하고자 했다. 공공연한 흡연이 정숙한 여성들의 일이 아니었다는 것은 두말할 나위가 없다. 그러나 1900년 이후로는 여성들이 누릴 수 있는 멋지고 세련된 여가가 되어 '광란의 1920년대'에는 여성 흡연자 수가 치솟았다. 만 레이(Man Ray)의 페기 구겐하임(Peggy Guggenheim, 미술품 수집가, 미국 뉴욕 화단의 후원자—옮긴이)(1924년) 사진은 이의 좋은 본보기이다. 여성 사진에는 이제 새하얀 담배가 언제나 나온다.

　19세기 후반에 생겨난 또 다른 주제는 삶의 우울함이다. 담배는 소름 끼치는 장면의 강도를 더했다. 고흐의 〈불붙은 담배를 문 해골(Skull with a Burning Cigarette)〉은 가장 초기의 본보기 가운데 하나이다. 이 그림을 흡연에 대한 경고—오늘날 담뱃갑에 그려진 그림들보다 훨씬 강렬한—로 보고자 하는 사람도 있지만 고흐는 여기서 학생이 할 법한 장난을 하는 것이다. 화실의 해골들은 예술의 소도구였지만 가끔 웃음거리의 도구로 이용되었다.[08] 파이프를 피웠던 고흐

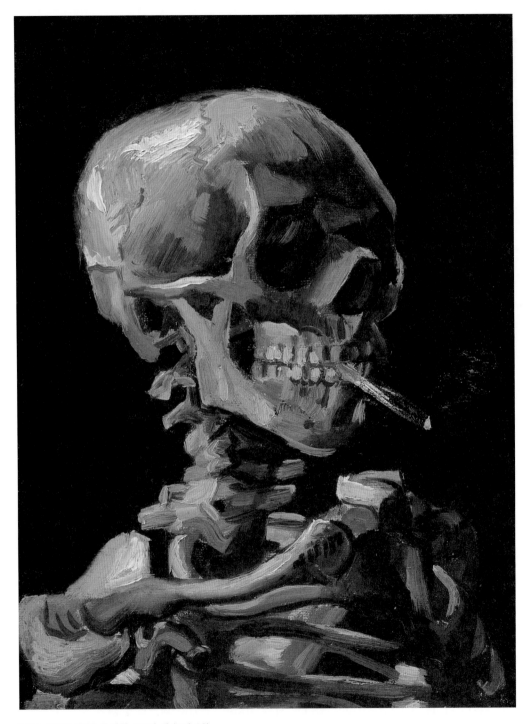

˗ 고흐, 〈불붙은 담배를 문 해골〉, 1885년, 캔버스에 오일.

는 가르침을 주려 했던 것이 아니라 소름 끼치는 장난을 하고 싶었을 뿐이다. 뭉크(Edvard Munch)의 불길한 작품들에서는 퇴폐적(Fin-de-siècle) 숙명론이 계획적으로 작동한다. 인상적인 〈자화상(self-Portrait)〉과 〈세인트 클라우드의 저녁(Evening in St Cloud)〉(두 작품 모두 오슬로 국립미술관 소장)에서 알 수 있듯이 짙은 연기는 심리적 혼란을 반영한다. 이 작품들은 사회가 성적으로 충만하고 그 사회에서 인간의 행위가 본능에 의해 결정된다는 지그문트 프로이트의 견해를 예고하는 듯하다.

| 계 급 사 회 의 게 임

궐련과 여송연은 19세기에 소개되었지만 서로 다른 종류의 흡연 재료들이 특별한 의미를 지니게 된 것은 20세기에 와서의 일이었다. 이제 화가는 흡연 방식을 통해 한 사람의 특정 이미지를 창조할 수 있었다. 파이프, 궐련 그리고 여송연이 그림에서 매우 강렬한 전형성을 드러내게 됨으로써 이들 이미지가 오늘날 사회적으로 널리 받아들여지게 된 점은 인상적이다. 흔히 파이프와 여송연은 권위 있는 인물에 어울린다고 한다. 그러나 여송연과 달리 파이프는 사려 깊음과 차분함을 표상한다. 파이프와 문학이 뗄 수 없는 것처럼 보인다는 것은 엄연한 사실이다. 소설에 나오는 탐정 셜록 홈스와 매그레(Maigret, 작가 심농의 탐정소설에 나오는 서장-옮긴이)는 파이프를 피운다. 화가들은 작가들도 비슷하게 특징짓는다. 예를 들어 파블로 피카소(Pablo Picasso)는 〈시인(The Poet)〉에게 파이프를 주었고, 마르쿠시스(Louis Marcoussis)는 시인 아폴리네르에게 파이프를 주었다.(1912년, 필라델피아미술관) 한편 여송연은 부를 의미한다. 재벌과 범죄조직원은 여송연을 피우며 그들의 막강한 지위를 드러낸다. 그것은 야비하고 냉정한 성격을 강조한다. 전형적인 카멜(Camel)의 생존력 광고와 말보로 카우보이 광고에서 명확히 알 수 있는 것처럼 궐련은 모험, 위험, 힘과 젊음을 표상한다. 그러나 궐련은 또한 불안하고 걱정이 많은 사람을 상징한다.

파이프는 20세기의 입체파에게 특히 인기가 있었다. 입체파의 정물화에서는 기타, 신문, 안경과 함께 파이프가 반복적으로 등장한다. 이들은 일반적으로 예

￣ 피카소, 〈시인〉, 1911년, 캔버스에 오일.

술가의 보헤미안다운 삶을 반영하는 속성들과 거리가 멀다. 하지만 입체파가 보헤미안처럼 산 것을 생각하면 더 타당한 동기가 달리 있는 듯하다. 명백한 부르주아 대상물은 전위적인 형식의 새로운 언어의 주체가 되었다. 따라서 파이프와 다른 소품들은 부르주아를 상징한다. 기타는 고전 예술의 하프에서 파생된 것으로 호색적인 관계를 암시하곤 했다. 기타의 겉모습은 여성의 신체를 뜻했다. 한편 파이프는 현대성과 남성을 인격화했다. 전통적인 기타를 해부하는 입체파가 종종 현대적 파이프를 사실적으로 묘사한 것은 흥미롭다.

입체파의 지적 게임이었던 것이 냉정하고 냉소적인 노이에 자흘리히카이트(Neue Sachlichkeit, 신즉물주의, 독일의 미술 운동—옮긴이)의 신랄한 풍자로 나타났다. 여송연, 파이

크리스티앙 샤드(Christiaan Schad). 〈하우스베인 박사의 초상(Portrait of Dr Hausbein)〉, 1928년, 캔버스에 오일.

프 그리고 궐련은 부르주아 사회에서 역할 분리를 드러내는 데에 이용되었다. 제1차 세계대전의 악몽 탓에 희망은 줄어들었다. 현대에 대한 신뢰가 줄어들면서 냉소주의가 만연했다. 미술에서 전통사회는 마치 아무 일도 없었다는 듯 평화롭게 흡연을 계속했다. 미술에서 흡연이 상징하는 것은 권태였다. 그러한 작품들은 남성과 여성의, 고용주와 피고용자의 불평등한 관계를 반영한다. 화가들은 종종 흡연의 속성이 다른 상징물을 이용하여 부르주아 도덕성에 대한 반대를 드러낸다. 궐련을 지닌 노동계급은 여송연을 든 착취자와 대립했다. 여송연—사회적 상징으로서—은 다브린그하우젠(Heinrich Maria Davringhausen)의 〈암거래상(The Black Marketeer)〉(1920~1921, 뒤셀도르프 쿤스트-팔라스트박물관)에서처럼 세력가를 특징짓곤 했다. 또한 19세기 후반에 흡연하는 매춘부와 함께 등장했던 강렬한 관능성이 계속 이어졌다. 조지 그로스(Georg Grosz)와 오토 딕스(Otto Dix)

같은 화가들은 등장인물들이 담배를 피우는 매음굴 장면을 그렸다. 매춘부들 자신이 여송연을 피우는 모습을 보이기도 했다는 사실은 브레히트(Bertold Brecht)의 표현을 인용해보면 가장 잘 설명된다. "위대한 천재는 매음에 열중한다(Ein grosser Geist belibt in 'ner Hure stecken')". [02] 남성에 대한 이 여성들의 힘은 너무나 크고 파괴적이어서 나약한 고객들을 불행에 빠뜨렸다. 나치즘의 대두와 함께 사회에 대해 극도로 냉소적인 견해가 위협적인 연기구름을 피워 올렸고 이는 다가오는 폭풍우를 예고했다.

마 지 막 연 기

제2차 세계대전 뒤, 불이 붙은 담배를 통해서 사회적 무기력과 세대 차이를 표현한 사람은 제임스 딘과 말론 브랜도 같은 젊은 반항아였다. 또 불이 붙은 담배는 그들에게 안정감을 주는 것이었다. 평범하고 일상적인 사물을 상징물로 바꾸는 팝 아트(Pop Art)는 청년 문화의 시각적 특징을 이용하곤 했다. 흡연자들이 아직 천민 취급을 받지 않고 거의 모든 사람들이 담배를 피우는 듯 보였던 1960년대에 궐련은 어디에나 있었다. 화가들은 평범한 궐련 광고를 재해석했다.

자본주의 대중문화는 강렬한 이미지를 제공했다. 담뱃갑은 작은 미술 작품 비슷했고 수집가들의 수집 품목이 되었다. [10] 다다이스트인 슈비터스(Kurt Schwitters)는 이미 제2차 세계대전 전에 그의 콜라주에 담배 상표를 썼다. 팝 아트는 슈비터스 작품의 유머를 흡연의 전형과 연계시켰다. 멜 라모스(Mel Ramos)는 벌거벗은 여인들이 여송연 위를 기어다니는 묘사로 광고계와 상품의 성애화를 조롱한다. 톰 웨슬만(Tom Wesselmann)은 궐련이 놓인 재떨이 뒤로 불룩 나와 있는 벗은 유방을 보여줌으로써 섹스와 담배의 진부함을 조롱한다. 그러나 소비 사회의 이미지는 결코 항상 다채롭고 화사하고 상쾌한 것만은 아니다. 다니엘 스포에리(Daniel Spoerri)는 식사가 끝난 냄새나는 식탁들을 모아놓았는데, 꽁초들은 접시에 남은 음식에 비벼 끈 모습으로 남아 있다. 이 모든 쓰레기 재료를 통해 흡연은 소비 사회의 낭비를 이상적으로 상징하는 소재가 된다. 꽁초, 성냥, 담뱃갑, 궐련지, 여송연 띠는 쓰레기 더미로 가는 물건들이다. 올덴버그(Claes Oldenburg)의 조각 〈거대한 담배꽁초(Giant Fagends)〉(1969년, 위트니미국미술관, 뉴욕)는 일회용 사회를 반영한다. 올덴버그는 역겨운 담배꽁초의 확대 사진을 보여주는 것으로 신체의 중독과 파괴를 강조한다. 그는 언젠가 자신의 작품을 '크나큰 진부함'의 표상이라고 설명한 적이 있다. 그러니 그가 담배꽁초를 이용하는 것은 놀랄 일이 아니다.

인류에 대한 혼란스럽고 불안한 이미지도 점차 등장한다. 화가들은 흡연을 이용하여 현대인의 불안과 권태를 표현할 수 있다. 베이컨(Francis Bacon)의 〈조지 다이어의 두 연구(Two Studies of George Dyer)〉(1968년, 핀란드 사라힐덴미술관)에서 재떨이는 꽁초로 그득하다. 그러나 다이어는 그래도 또 다른 담배에 불을 붙인다. 그것은 초조하고 신경증적이고 강박적인 줄담배의 초상이다. 인간 실존의 고독과 소외는 신디 셔먼(Cindy Sherman)의 사진에 예리하게 표현된다. 이들은 거의 평범한 사진들인데 궐련이 가끔 핵심적인 역할을 한다.

강화된 법안과 부정적 여론의 결과, 1980년대 즈음 흡연은 그 매력을 잃기 시작했고 그 이미지도 완전히 바뀌었다. 과거에 본보기였던 것이 오늘날 폐기물이 되었다. 리처드 프린스(Richard Prince)의 크고 반짝거리는 작품들은 자유로운 흡연자라는 전형, 매우 고독한 카우보이라는 전형을 조롱한다. 미국의 흡연 반대 운동을 통해 말보로맨이 무기력한 카우보이로 전락한 것은 거저 이루어진 일이 아니다. 세계보건기구는 화가들[한 예로, 미로슬로 발카(Miroslaw Balka)]에게 흡연의 위험성을 알리는 작품을 제작해 달라고 부탁했다. 핸슨(Duane Hanson)의 〈수퍼마켓에서 장 보는 사람(Supermarket Shopper)〉에서처럼 흡연은 이기적인 것이며 프롤레타리아 소비자와 관련되었다. 침울하고 비참한 흡연자는 실패자이다. 그는 이룬 게 없고 뚱뚱하고 욕심 많고 의지가 박약하다. 매력이라고는 전혀 없

" 발카, 〈주의〉, 2000년, 혼합 재료.

ᅳ 핸슨, 〈수퍼마켓에서 장 보는 사람〉, 1970년, 폴리에스테르, 섬유 유리에 유화 및 혼합 기법.

고, 남아 있는 것이라고는 중독뿐이다. 직업이 없는 그 남자 또는 그 여자의 삶은 수퍼마켓과 텔레비전이 제공하는 물건에 의해 지배되고 있다.

그러나 흡연 금지에 대한 요구가 커질수록 저항도 완강해졌다. 사치컬렉션〔Saatchi collection, 찰스 사치(Charles Saatchi)는 영국 광고계의 갑부며 미술품 수집광이다. 그가 선택한 작가는 금세 세계 유명작가가 된다—옮긴이〕과 관련된 영국 화가들은 그 충격을 솔직히 드러낸다. 사라 루카스(Sarah Lucas)는 입 끝에 담배 끄트머리를 물고 있는 자기 모습을 사진으로 찍었다. 〈맞불작전(Fighting Fire with Fire)〉이라는 제목에서 그의 공격 의도를 확실히 알 수 있다. 하지만 이런 태도로 충분할까? 규제 조치가 쏟아지는 마당에 서구에서 4세기 동안 이어진 흡연은 그 파국이 눈에 보이는 듯하다. 어쩌면 루카스의 태도가 옳다. 사회는 때때로 금기를 만들어 내려 했고, 미술은 그것을 타파할 수 있었으므로.□

| | | |주

01. Johann van Beverwyck, 《건강의 보고(Schat der Gesontheydt)》, 1636 ; Ivan Gaskell, '17세기의 담배, 일탈 그리고 네덜란드 미술(Tobacco, Social Deviance and Dutch Art in Seventeenth Century)', 《17세기 네덜란드 풍속화(Höllandische Genremalerei in 17. Jahrhundert)》, Henning Bock과 Thomas W. Gaehtgens 엮음 (Berlin, 1987), pp. 117-37. 17세기부터 자세히 검토하고자 한다면, Benno Tempel, 《Rookgovdijnen Kunsten : van olievert tot celluloid》(Amsterdam, 2003). 〈17세기 네덜란드 풍속화(Höllandische Genremalerei in 17. Jahrhundert)〉, 심포지엄 (Berlin, 1984), p. 120 참조

02. Simon Schama, 《풍요와 불안 : 황금기의 네덜란드 문화(Overvloed en onbehagen : De Nederlandse cultuur in de Gouden Eeuw)》(Amsterdam, 1989), pp. 206-13. (나는 Schama, 《재물의 문제(The Embarrassment of Riches)》 네덜란드 번역판을 이용했다. 이 책은 찾아보기가 잘 정리되어 있다.)

03. 〈교훈과 즐거움을 위하여 : 17세기 네덜란드 풍속화의 의미(Tot lering en vermaak : Betekenissen van Hollandse genrevoorstellingen uit de zeventiende eeuw)》, 전시 카탈로그, 암스테르담국립미술관 (1976), p. 124.

04. Gaskell, '17세기의 담배, 일탈 그리고 네덜란드 미술', Bock과 Gaehtgens, 《17세기 네덜란드 풍속화(Höllandische Genremalerei in 17. Jahrhundert)》, pp. 133-4.

05. Georg a. Bongers, 《니코티아나 타바쿰 : 네덜란드에서 담배와 흡연의 역사(Nicotiana Tabacum : The History of Tobacco and Tobacco Smoking in the Netherlands)》(Groningen, 1964), p. 196.

06. 예를 들어, Henri Loyrette, '현대의 삶(Modern Life)', 《인상파의 기원(Origins of Impressionism)》, 전시 카탈로그, 그랑팔레미술관, Paris, 메트로폴리탄미술관, New York (1994-5), pp. 265-93.

07. 1970년대까지 전문 체육인들이 담배 기업 광고에 등장하는 일은 특별하지 않았다.

08. Ronald de Leeuw, 《반고흐미술관(Van Gogh Museum)》(Zwolle 1997), p. 116.

09. Bertold Brecht와 Kurt Weill, '성적 결합의 시(Ballade von der sexuellen Horigkeit)', 《3그로셴짜리 오페라(Die Dreigroschenoper)》.

10. 인터넷에서 많은 정보를 얻게 됨으로써 이 주제를 다룬 많은 출판물이 간행되었다. 영국에는 담뱃갑 수집가(Cigarette Packet Colletors)와 같은 클럽들이 있다.

동양의 규방을 엿보는 서구의 눈

이반 데이비드슨 칼마르 | Ivan Davidson Kalmar

■□ 파이프는 19세기에서 20세기 초반의 화가들이 아름다운 장면을 '동양'의 그림처럼 보이게 하려고 할 때 없어서는 안 될 사물이었다. 당시 이 '동양'이라는 말은 주로 이슬람 세계를 가리켰다. 감각들을 자극하는 캔버스의 광회 속에서, 화려한 장막―그리고 가끔은 관능적인 여성의 몸뚱이들―은 촉각을 자극하고, 악기들은 귀에 울리는 듯하다. 미각과 후각을 자극하기 위해 커피가 담긴 놋쇠 주전자와 컵도 등장한다. 파이프 또한 커피처럼 맛과 향을 연상시킨다. 그러나 '동양적' 분위기를 형성하는 데 있어 파이프가 더 중요한 역할을 하는 것은 흡연이 한 사람의 의식 상태에 영향을 미칠 수 있는 것이기 때문이다. 이슬람 문명에서 가끔 파이프에 대마초나 아편을 넣는 것은 담배가 없어서가 아니다. 하지만 평범한 파이프 재료―향이 있는 담배―는 지속적으로 피울 때 중독을 일으킨다.

한참 동안의 여유로운 흡연은 바로 동양주의 화가들이 상상한 것이다. 파이프를 피우는 첩이나 병사들은 세상의 요구를 모두 잊은 채 한껏 여유를 부린다. 동양 미술에 등장한 파이프 두 종류는 모두 여유를 암시한다. 설대 길이가 보통 1.2

에서 1.5미터나 되는 긴 파이프는 지금은 거의 사용되지 않는다. 문어처럼 생긴 후카(houkha) — '동양'의 파이프로 여태까지 가장 자주 묘사된 — 는 그 생김새 때문에 사용자들이 차분히 그 옆에 앉아 관을 차례차례 넘겨주며 피워야 한다. 다시 말해 파이프는 서구 '동양주의' 미술에서 매우 느긋한 심미적 황홀감을 동양과 연계시키는 데에 이용되었다. 동양적 관능성은 언제나 느긋한 것으로 여겨졌다. 그러한 여유는 서구의 '문명'인들에게도 호소력이 있었다. 서구인들은 루소 세대부터 프로이트 이후 세대에 이르기까지 모든 세대에서 현대 사회가 장미 향기를 맡을 수 있는 우리의 여유를 어떻게 빼앗고 있는지를 성토하는 불만에 익숙했다. 바쁘다는 것은 벌써 200년 전에 부르주아의 대표적인 미덕으로 여겨졌다. '동양주의' 미술이 보여주는 지극히 게으른 이미지는 부르주아가 이해하고 있는 노동에 의혹을 품은 다양한 이들의 반자본주의 정서를 사로잡았다. 귀족들과 이자 수입에 기대어 사는 많은 부자들이 이런 사람들이었다. 프랑스에서 이들은 불로소득생활자(rentier), 멋쟁이, 낭만주의자, 보헤미안 그리고 화가 자신들이었다.

동양주의 미술은 물론 자본주의를 근본적으로 비판하지 않았다. 일부는 동양에 대해 지극한 감탄을 느꼈으면서도 동양에 대한 서구의 지배를 근본적으로 비판하지도 않았다. 결국 동양의 느긋한 즐거움은 그 게으름의 반대 측면으로만 이해되었고, 그 관능성은 저변의 불합리를 입증하기 위한 것이었다. 사실 후카가 암시하는 느긋한 쾌락은 동양인들을 근면한 노동의 대립물 — 또는 무능력의 증거로 보이게 했다. 노동 윤리 없이 진보가 있을 수 없으므로 이슬람의 백성들은 — 서구인들이 무기력한 침체라고 자주 묘사했던 것에서부터 벗어나기 위해 — 서구의 개입을 필요로 하는 것이다. 다시 말해 느긋하고 연기 가득한 동양의 관능성을 예찬하는 일부 개인의 정서는 동시에 서구 식민 지배를 정당화하는 사고방식에 밑바탕을 두고 있었다.

따라서 동양주의 미술의 절정기는 무슬림 세계에 대한 유럽 권력의 진출과 같은 시기에 이루어졌다. 그 발판을 마련한 것은 1798년 나폴레옹의 지중해 동부 원정이었고, 이를 통해 '이집트의' 것에 대한 유럽의 열광이 터져 나왔다. 이는 1830년 프랑스가 알제(Algiers)를 점령하면서 새로운 추진력을 얻었다. 동양주의

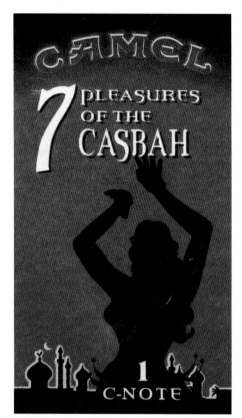

카멜의 'C-Note(100달러의 가
치가 있는 종이 돈-옮긴이)'
보너스 머니 카드.

미술의 절정기는 제국주의의 절정기인 19세기의 마지막 10
년에서부터 제1차 세계대전 발발까지였다.

물론 낭만적인 동양주의 이미지는 (그들이 감추고 있던 이슬
람 세계에 대한 정복 욕망과 마찬가지로) 그 이후에도 오랫동안
이어졌다. 담배 이름이기도 한, 담뱃갑에 그려진 낙타(camel)
는 험프리 보가트와 잉그리드 버그먼이 영화 〈카사블랑카
(Casablance)〉(1942년)에서 들이마시던 연기처럼 식민 제국의
이른 쇠퇴기에 등장한다. 어쩌면 그 동양주의의 일부는 영
화가 처음 나왔을 때조차 향수병을 앓고 있던 것인지도 모
른다.

어쨌든 카멜 광고는 광고를 처음 시작한 19세기 초반부터
성차별주의를 뚜렷이 드러낸다. 성차별주의는 파이프를 흡
연하는 동양인들을 묘사한 미술 장르의 특징이었다. 동양주
의는 거의 언제나 서구에 의한 동양의 지배 그리고 남성에
의한 여성의 지배를 암시한다.

카멜의 보너스 머니(bonus money)에 실린 관능적 이미지는
카멜을 피우는 즐거움을 '카스바(kasbah, 북아프리카의 토착민 거주지, 술집과 사창
가가 있다-옮긴이)의 쾌락'과 연관짓는다. 성적 매력이 넘치는 카스바의 여인들
은 벨리 댄서이거나 그 이상일 것이다. 유럽 사람들은 술집에서 일하는 벨리 댄
서들을 고르곤 한다. 그러나 더욱 흥미로운 것은 카멜 흡연자들이 상상한 '카스
바의 쾌락'이 아마도 그들에게 금지된 것―이슬람 남성들의 소유인 규방의 여
성을 넘보는 것이라는 점이다.

| 세 상 에 드 러 난 규 방

동양주의 이미지가 변함없이 만연하던 때에 규방을 암시하는 궐련은 두말할
것도 없이 잘 팔렸다. 규방은 오래 전부터 흡연과 관계가 있었다. 고전적인 19세
기 동양주의 미술의 하위 장르에서뿐 아니라 규방의 실내 소품에서도 파이프는

앵그르, 〈노예와 함께 있는 오
달리스크(Odalisque with a
Slave)〉, 1839～1840, 패널에
씌운 캔버스에 유화.

거의 빠진 적이 없다. 앵그르(Jean-Auguste-Dominique Ingres)의 작품은 생각할 수
있는 많은 내용을 담고 있다. 앵그르의 〈오달리스크(odalisques)〉에서 아름답게 그
려진 몸을 만지고 싶은 충동은 감각적인 옷감들이 화면을 채우고 있는 데에서
더해진다.

　그림의 파이프는 첩(규방의 여성) 자신이 막 사용한 것일지도 모른다. 어쩌면
담배보다 강력한 약물을 쓴 탓에 저토록 나른한 관능성을 발산하는 것일 수도
있다. 하지만 그 파이프는 첩의 남자를 위해 마련해 놓은 것일 가능성이 크다. 그
는 이 방에 들어오면 언제든 파이프를 들고 옆의 의자에 앉을 것이다. 여자는 이
미 방을 들어서고 있는 남자를 바라보고 있는지도 모른다. 우리가 그의 자리에
서 있다고 생각해보자. 거리낌 없이 규방에 들어오는 남자, 아름다운 첩이 맞아
주는 남자의 자리.

　이처럼 우리가 서 있는 자리가 누구의 자리인가 우리 자신에게 물어보자. 규방

의 주인인 이슬람 남성은 첩의 그림에 등장한 적이 없다. 그는 이곳이 주는 성적
판타지로부터 분명히 제외되어 있다. 텔레비전과 영화 연구의 많은 부분은 관찰
자에게 사교 상황을 제시하는 것으로부터 이루어졌다. 문제는 또한 동양주의 미
술과 관련된다. 앵그르의 작품이 겨냥하는 과녁은 유럽 남성이다. 그는 아무런
저항 없이 이슬람 남성의 규방에 침입했다(그의 적수인 이슬람 남성은 이미 패했을
것이다). 첩이 기다리는 것은 그이다.

앵그르의 첩과 마찬가지로 루브르박물관에 소장된 들라크루아(Eugène Delacroix)
의 1834년 작품 〈아파트에 있는 알제의 여성들(Women of Algiers in their Apartment)〉
은 '규방 실내' 장르의 전형이다. 당시 알제에서는 사실 후카가 베이루트나 다마
스쿠스에서처럼 흔하지 않았지만 설대 하나짜리 파이프보다는 이런 작품에 훨씬

– 장-레옹 제롬, 〈후카 라이터
(The Hookah Lighter)〉, 1898
년, 캔버스에 유화.

잘 어울린다. 부분적으로는 후카가 파이프와는 달리 혼자 서 있을 수 있는 물건이
어서 구도를 잡을 때 눈에 잘 띄는 위치에 놓기가 쉽다는 이유도 있다. 그러나 또
다른 이유는 그것이 사람에서 사람으로 건네지며 흡연해야 하는 물건이라는 점이
다. 그 덕분에 여러 흡연자들이 등장할 수 있다. 들라크루아의 그림에서 후카가 가
운데에 놓인 것은 여성들이 후카를 함께 피웠다는 것을 암시한다.

　한 명의 첩을 여러 명으로 대체한 것은 규방의 역할이 남성 능력의 은유로서
강조된 때문이다. 한 남성이 여러 명의 여성을 소유할 수 있으며, 여자들이 동시
에 흡연했다는 사실이 질펀한 성애의 판타지를 강화한다. 여자들의 표정과 자세
는 세 사람 모두 이미 중독되었음을 암시한다. 주인은 아직 보이지 않는다. 하지

만 세 사람의 초상은 유럽 남성을 관찰자의 자리에 둔다.

규방 장면에서 배경으로 흔히 나오는 것은 신비스러운 실내 구조이다. 이 그림에서는 반쯤 열린 문이 있다. 우리가 여기서 보는 것은 아마 그 일부에 불과할 것이다. 그림에 보이는 실내 뒤에는 또 다른 실내가 있다. 이러한 내면성은 들라크루아나 다른 동양주의 화가들의 작품에 공통적으로 표현되는 것은 아니지만 분명히 질을 암시한다. 그와 동시에 금지된 이슬람 공간에 침투하고자 하는 남성, 유럽 관찰자의―그리고 화가의―욕망을 강조한다. 또한 더 많은 여성들, 더 많은 성적 체험에 대한 열망을 낳는다. 고분고분한 규방 여성들을 제약 없이 무한정 손에 넣기를 바라는 것이다. 그림에서 알 수 있듯이 규방마다 후카는 꼭 있다.

| 백인과 흑인 노예

많은 동양주의 그림 속에서 백인 침입자를 바라보는 규방 여인은 놀랍게도 백인으로 그려져 있다. 앵그르의 〈그랑드 오달리스크(Grande Odalisque)〉은 실지로 프랑스 여인이다. 들라크루아의 여인들은 꼭 백인은 아니다. 그 이유는 살아 있는 모델, 아마도 유태인 여성들을 보고 그렸기 때문일 것이다. 얼굴 생김은 유럽 여성들과는 조금 다르다. 흑인 여성이 들라크루아의 그림에 등장하는 한 가지 이유가 이것이다. 그의 검은 살갗은 대비에 의해 첩들을 훨씬 유럽 여성처럼 보이게 한다.

가장 완벽하게 대리석처럼 흰 규방 여성을 그린 이는 가장 중요한 프랑스 동양주의 화가 가운데 한 사람인 제롬(Jean-Léon Gérôme)이었다. 그는 동양을 많이 여행했고 성실하다는 평을 얻었다. 하지만 그는 대리석처럼 피부가 하얀 여인을 찾아냈고, 그 여인이 서 있던 곳이 나일 강가였는지 센 강가였는지는 접어두기로 한 듯했다. 특히 인상적인 사례는 〈규방의 욕실(The Harem Bath)〉(1899년, 소장처 알 수 없음)이다. 백합처럼 흰 여인 셋이 흡연의 즐거움을 만끽하고 있고, 또 다른 알몸의 여인은 몸단장을 하고 있다.

제롬의 여인들은 분명히 백인이지만, 그 역시 가끔 흑인 노예를 구도에 등장시

옆면. 장-레옹 제롬, 〈첩(Odalisque)〉, 날짜 미상, 캔버스에 유화.

킨다. 그가 그렇게 하는 이유는 백옥 같은 피부와 검은 피부를 선명히 대비시키는 데에 그치지 않는다. 〈무어인의 욕실(Moorish Bath)〉(1870년, 보스턴미술관)에서 제롬은 그의 특징적인 대리석 같은 알몸과 함께 매우 검은, 남자처럼 보이는 하녀를 묘사한다. 하녀의 여성스럽지 않은 특징은 그녀를 주인의 성적 파트너로 상상하지 않게끔 한다. 주인을 위해 목욕을 하고 향수를 뿌리는 것은 하녀가 아니다. 그녀에게는 후카도 없다.

흑인 노예가 백인 규방 여성의 시중을 드는 사례는 동양주의 미술에서 수도 없이 많다. 여기서 자발적으로 규방에 갇힌 이는 유럽 여성으로, 그녀는 유럽 남성 관찰자의 상상 속의 소유물이다. 모차르트의 1782년 작품 〈규방으로부터의 납치(Die Entführung aus dem Serail)〉에서처럼 유럽 남성들이 백인 여성들을 해방시킨다는 매우 진부한 구성을 아이러니하게 변형시킨 것이다. 이처럼 동양주의 규방 그림은 동양이 서양에 투사된 것이 아니라 서구 여성이 무기력한 성노예라는 종속적인 지위로 왜곡 투사된 것이다. 그것은 19세기에서 20세기 초반 유럽의 성정치학에 대한 가부장적 대응이다.

그러나 그림에는 그 이상의 것이 있다. 동양주의 그림에는 언제나 성차별주의와 제국주의가 붙어 다닌다. 백인만으로 충분하지 않은 이유가 여기에 있다. 흑인 하인은 매력적이지 않지만 그림을 완성하는 데에 꼭 필요하다. 흑인 하인은 주종 관계를 세계화하여 유럽 사람들에게 떨어질 수 있는 비난의 화살을 돌린다. 서구 사상가들은 노예제도를 오래 전부터 '동양의 전제군주'[1]와 연계시켰다. 규방의 백인 노예 자리에 흑인 노예를 놓음으로써 이슬람 세계도 노예를 부린다는 것을, 그리고 아프리카 사람들을 노예로 쓴다는 것을 입증하는 것이다. 당시 서구 사회는 얼마 전에 이미 노예제도가 사라진 때였다. 따라서 이슬람이 계속 노예제도를 유지한다는 '사실'은 특히 서양인이 다른 인종을 노예로 삼으려고 한다는 생각을 지우는 데에 도움을 주었다. 물론 그것은 이슬람이 기독교보다 더 나쁘다는 것을 나타냈다. 서구인들은 이슬람을 지배하려는 서구의 열망을 이슬람이 거부할 수 없다고 생각해왔을 것이다. 이슬람도 오랜 세월 동안 다른 이들을 지배했고, 아직도 노예를—심지어 백인 노예를 매매하고 있으니 말이다.

그러나 상상 속의 규방과는 달리 현실에서는 대리석처럼 피부가 흰 여성들을 거의 찾아보기 힘들다. 이는 사진작가들에게 어려움을 주었다. 그들은 19세기가 저물어갈 무렵부터, 화가들이 팔아 왔던—그리고 여전히 팔고 있던—것과 똑같은 이미지인 '규방'에 있는 이슬람 여성들의 사진 기록을 고객들에게 제공하기 시작했다.

여행을 통해서 그리고 더욱 중요하게는 직접적인 군사적 · 상업적 확장을 통해서 동양과의 친밀도가 높아졌고, 서구 사람들은 이슬람 세계에 대한 '사실적인' 정보를 요구했다.

제롬의 캔버스는 구체성과 신선함이 흘러넘쳤다. 이 뚜렷한 사실주의는 컬러를 사용하지 못했던 당시 사진의 사실주의보다 우월했다. 그렇지만 사진기의 발명은 그 결과물에 개연성을 부여하는 매체의 탄생을 뜻했다. 사진기는 '실제' 순

- 래너트 앤드 랜드록 스튜디오, 〈장면과 전형:방 안의 무어 여인〉, 엽서.

0484   SCENES ET TYPES. — Mauresque dans son Intérieur. — LL.

6333 SCÈNES ET TYPES. — Type de Mauresque.

8003 — Mauresques d'Alger.

- 위. 〈장면과 상징：무어 여인의
전형〉, 엽서.

- 아래. 〈알제의 무어 여인들〉,
엽서.

간을 시공간적으로 포착하는 능력이 있었다. 그러나 실제로 규방에 들어갈 수
없었던 것은 화가나 사진작가나 마찬가지였다. 그래서 그들은 화가들처럼 허구
적인 규방 장면을 조작해냈다. 가끔 매춘부들이 투입되었던 모델들은 '전통 의
상'을 입고 앵그르, 들라크루아, 그밖의 전 세대 동양주의 화가들이 이미 정해
놓은 자세를 취하고 사진을 찍었다. 규방을 상상했던 동양주의 관습 탓에 만들

어진 사진을 보는 이들도 카메라의 눈이 포착해낸 민족학적 사실을 보고 있다고 믿었다.

객관적 현실감을 높이기 위해 모델들이 성적 대상이 아니라 '동양'의 인종적 또는 지리적 다양성을 대표하는 '상징'으로 나타내는 설명이 사진에 붙기도 했다. 말렉 알룰라(Malek Alloula)의 흥미로운 프랑스 알제리 엽서 연구를 보면, 똑같은 동양 의상을 입은 한 여인에게 '젊은 베두인 여성' '남부 소녀' '카바일(Kabyl) 족 소녀'[02]라는 다른 설명이 붙어 있는 것을 볼 수 있다! 이 설명들은 모델이 매우 이국적임을 보증한다. 이제 가상의 백인 노예 대신에 진짜 '동양' 여성이 등장한다. 규방의 하녀라는 그녀의 허구적 종속은—우리가 보듯이 언제나 매우 의도적인 것은 아니지만—매춘부라는 그녀의 참된 종속을 감춘다.

사진에서 후카는 동양주의 그림에서만큼이나 많이 등장한다. L. L(Lehnert and Landrock 스튜디오)의 사진 〈장면과 전형: 방 안의 무어 여인(Scenes and Types: Moorish Woman in her Interior)〉에서, 흡연 도구는 조금은 억지로 끼어 있는 듯 모델의 아름다운 긴 다리 곡선을 가린다.[03]

후카 옆으로 커피세트도 자주 등장한다. 커피잔은 하나가 아니라 셋이다. 첩은 결코 혼자 있지 않는다. 그녀는 자신의 '규방'과 주인의 성적 관심을 가까운 규방 여성들과 공유한다. 주인이 커피를 마시고 후카를 피우러 곧 온다고 해도 그는 그림의 첩과 함께—그리고 다른 여인들과 함께 커피를 마시고 후카를 피울 것이다.

이전의 그림 모델들을 넘어서 규방 여인들 엽서는 매춘부를 모델로 쓴 당대 포르노그래피 사진들을 모델로 삼고 있다. 동양주의 사진은 동양주의 그림들보다도 더 심하게 많은 사람들에게 익숙해져 있는 곳, 바로 매음굴을 유럽 남성들에게 권한다. 그들에게 규방은 본토에서 알고 있던 매음굴의 이국적인 연장이었다.〔물론 저속한 극장(burlesque theatre, 스트립쇼도 하던 극장—옮긴이)에서는 '동양' 배우들—여기서는 '외국 무용수'라 한다—이 나오기도 했다.〕 매춘부를 상상으로 변형시킨 규방 여인의 특별한 매력은 그녀가 소유자 한 남성에게만 속한다는 사실에 있었다. 본토에서 그가 돈으로 살 수 있는 여자들이라고는 다른 남자들과 공유하는 매춘부뿐이었기에 이렇게 권력의 상실감을 느끼는 남자들에게 그 판타지는 매력적이었다.

알룰라의 엽서 모음에는 일부 '작품'도 있다. 앵그르와 들라크루아가 나타냈던 규범적 미술 전통에 대한 강조 대신 '동양' 매춘부를 묘사하고자 하는 열망이 솔직하게 드러난 것들이다. 이 여성들은 이슬람 땅을 여행하거나 거기서 '복무하는' 많은 유럽 남성들에 의해 사실적으로 알려졌다. 많은 사진작가들 또한 그들을 후원했을 것이다. 이러한 '인종—포르노그래피' 작품들 속에서 후카는 매춘부의 친숙한 징표인 담배로 대체되곤 한다.

- 찰스 글레이르(Charles Gleyre), 〈아랍 여인, 카이로(Arab Woman, Cairo)〉, 1835년, 종이에 수채.

동양주의 그림과 서구 포르노그래피에서처럼, 사진에서도 한 명 이상의 여성을 찍는 게 유행이었다. 〈알제의 무어 여인들〉 사진은 들라크루아의 유명한 그림을 연상시키는 그 민족학적 제목을 통해 어느 정도의 체면을 유지한다. 그러나 특히 오른쪽 여성의 얼굴 표정과 담배의 등장은, 두 매춘부 및 '동양' 여성 일반과 연관된 성적 환락을 암시한다. 이러한 맥락에서, 사진의 제목은 이 이미지를 처음 본 사람들의 마음속에 떠오르는 숨겨진 생각, '모든 알제리 여성은 매춘부'라는 생각을 굳힌다. 이 여성들 모두 유럽 사람의 것이—또는 것이어야 한(?)—다.

식민 지배 하에서도 이슬람 사회는 유럽 침략자들로부터 대부분의 여성을 지켜냈다. 따라서 위의 명제는 이루지 못한 판타지로 남았다. 그러나 그것은 '동양'인들을 무제한으로 지배하고자 하는 바람이 성적인 차원에서 표출된, 어느 정도 의식적인 욕망이었다.

| 군인들과 벌거벗은 소년들

유럽 남성들의 성적이고 정치적인 지배의 주요 방해물은 이슬람 군인들이었다. 따라서 유럽 사람들은 이슬람 군인들이 동양주의 미술에서 규방 여인들처럼

무기력한 모습으로 나약하게 그려지길 바랐다.

　여기서 우리는 피상적인 예찬과 내적인 경멸의 뒤섞임을 다시금 발견한다. 제롬의 〈노래하는 바시 바조우크(Bashi-Bazouks Singing)〉(바시 바조우크는 전초전에 투입되었던 오스만 제국의 용병 또는 비정규군을 가리킨다—옮긴이, 1868년, 월터스아트갤러리, 볼티모어)는 서구인이 예찬함직한 우애 있는 장면이다. 그림은 네덜란드 민속 분위기가 넘치고 얀 스텐의 캔버스를 떠올리게 한다. 이 사람들 사이에 끼어들어 담배 한 대 피우면 좋을 것 같다.

　나중에 빅토리아 여왕이 총애하는 수상이 된 벤저민 디즈레일리(Benjamin Disraeli)는 동양 여행담을 기록한 일기에서, 알바니아에서 오토만 고위 인사를 만났던 일을 즐겁게 떠올린다. "나는 정말 투르크 사람이다. 터번을 두르고, 긴 의자에 쪼그리고 앉아 길이가 2미터에 가까운 파이프를 피운다. 메헤멧 파차(Mehemet Pacha)는 내가 매우 천천히 걷기 때문에 나를 영국인으로 생각하지 않는

- 장-레옹 제롬, 〈바시 바조우크
장교(Bashi-Bazouk Chieftain)〉,
1881~1882, 캔버스에 유화.

다고 말했다."[04] 디즈레일리에게 투르크 사람과 파이프를 피우는 것은 우정을 상징했고, 더 나아가 일시적일지라도 이국 문화의 관습에 젖어보고자 하는 의지를 표상했다. "나는 정말 투르크 사람이다." 이는 아메리카 원주민들과 피우는 평화의 파이프를 연상시킨다. 북아메리카에서는 '백인'과 '원주민'의 우정 어린 관계를 위해 평화의 파이프를 함께 피우는 것이 관례로 자리 잡았기 때문이다.[05]

그러나 이슬람 군인의 '느림'은 한편으로는 예찬되면서도 또 한편으로는 늘 무력함을 암시했다. 그런 군인은 결국 쉽게 패할 테니까. 〈개에게 연기를 뿜는 아르노(Arnaut Blowing Smoke at his Dog)〉(1882년, 소재지 미상)에서, 제롬은 이슬람 병사에 대한 평판이던 잔인함을 자기 개를 괴롭히는 무력하고 유치한 행동으로 변형시켰다. 이슬람 병사를 과소평가하는 것이 제롬의 의식적인 목표는 결코 아니었지만 그런 군인이 서구의 힘에 심각한 위협이 될 수 없음은 자명하다.

이슬람 남성들이 서구 남성들을 위협할 정도가 아니라는 인식은 동양의 동성애에 대한 서구의 선입견을 부분적으로 설명해 준다. 제롬의 〈뱀을 부리는 사람(The Serpent Charmer)〉(1870년, 스털링 앤드 프랜시스 클라크 아트 인스티튜트, 윌리엄 스타운)에서는 오토만제국의 서로 다른 지역 의상을 입은 병사들이 박 파이프 소리에 맞춰 코브라를 일어서게 하는 벌거벗은 소년을 바라본다. 그들은 초록색 터번을 두른 노인의 한쪽에 무기력하게 기대어 앉아 있다. 여기서 파이프의 긴 생김새는 많은 무기와 플룻을 나타낸다. 그것은 남근, 동성애, 소아성애의 암시임이 분명하다. 이러한 작품은 두말할 것도 없이 일부 서구 남성들(화가 자신을 포함한)이 그들의 섹슈얼리티 문제를 이슬람 남성들에게 투영함으로써 구체화하도록 도와주었다.

그토록 무기력한 이슬람 병사들이 오랫동안 서구 남성들을 궁지에 몰아넣을 수 있다고는 생각되지 않았다. 동양주의 미술에서, 비교적 악의 없는 민족지학적 이미지라는 외피 속에는 고전적인 군사적 승리에 대한 암시가 들어 있다. 군사적 승리는 남성의 '제거'와 여성의 성적 종속을 뜻한다. 이런 정신착란적 제국주의 판타지에서 정복자는 이슬람 남성의 방해 없이 요염한 첩의 방으로 자유롭게 들어갈 수 있다. 그녀는 승리한 서구 남성에게 몸을 바친다. 그가 담배를 피우려 할 때 그녀는 공작 깃털 부채를 부쳐줄 것이다.▫

||||주

01. 동양주의와 제국주의에 대해 가장 영향력 있는 작품은 Edward W. Said의 《오리엔탈리즘(Orientalism)》(New York, 1978)이다. '동양의 전제군주'가 서구의 상상력과 정치 철학에 미친 중요성에 대해서는, Alain Grosrichard, 《술탄의 왕궁: 동양에 대한 유럽인들의 상상(The Sultan's Court: European fantasies of the East)》(London과 New York, 1998) 참조.

02. Malek Alloula, 《식민지 풍의 규방(The Colonial Harem)》(Minneapolis, 1986), pp. 44-5.

03. 같은 책, p. 78.

04. Benjamin Disraeli, 그리스 나우플리아(Nauplia)에서 Benjamin Austen에게 보내는 1830. 11. 18. 편지. 브리티시 라이브러리(British Library) Add. MS 45908, fols 33-4.

05. 서구에서 담배는 아메리카 원주민과 동양의 이슬람 세계와 모두 관련되었다. 북아메리카 원주민과 지중해 이슬람 관례를 비교 검토하려면, Nabil I. Matar, 《신세계 발견 시대의 투르크, 무어 그리고 영국인(Turks, Moors and Englishmen in the Age of Discovery)》(New York, 1999).

오페라 속의 흡연

린다 허천 | Linda Hutcheon
마이클 허천 | Michael Hutcheon

▪▫ 무대와 무대 바깥에서 흡연 행위는 서구 문화 속에서 언제나 모순적인 의미를 지녀왔다. 이완제와 자극제로서 담배는 의학적인 면과 치명적인 면, 관능적인 쾌락과 성적 위험, 사회 연대 의식과 반항아의 소외감과 모두 연관되어 왔다. 이 이중적 본성의 또 다른 사례는 젠더 문제에서 발견된다. 16세기 프랑스와 17세기 네덜란드공화국에서는 남성과 여성이 모두 흡연했지만 그 다음 세기 유럽에서는 존경 받는 부르주아 여성들의 기호와 유행에서 흡연이 사라졌음을 우리는 알고 있다. 리처드 클라인(Richard Klein)이 예리하게 지적하듯이 일부 여성들 특히 '섹슈얼리티를 무대에서 드러내는 대가로 돈을 받는 이들, 다시 말해 여배우, 집시, 매춘부'[01]들은 계속 담배를 피웠다. 그리고 가부장적 사회의 특권에 도전하고자 했던 일부 여성들이 특히 담배를 피웠다. 그들은 자신을 남자 옷을 입고 여송연을 피우며 바지를 입은 조르주 상드(George Sand)라 상상했다.[02] 그러나 테오필 고티에(Theophile Gautier)가 1852년에 마리 매테이(Marie Mattei)에게 준 시 〈연기(La Fume)〉에서 뚜렷이 나타나듯이 젠더와의 가장 강렬한 연관성은 흡연과 성적 타락이었다. 여기서 다시 즐거움과 방탕이 함축적으로 얽힌다.

관능과 죽음을 표현한 파이프들, 뉴욕 공공도서관의 아렌츠 컬렉션 카탈로그에서.

흡연에 관한 이 변함없이 모순적인 이야기들은 19세기와 20세기 초반의 유럽 오페라 무대에서 모두 펼쳐졌다. 오페라는 다른 문화 양식과 마찬가지로 사회 관습의 반영이자 그에 영향을 미치는 것이다. 예를 들어 담배 광고에 매우 익숙한 우정과 남성들의 연대는 오늘날에도, 예를 들어 존 게이(John Gay)의 〈거지 오페라(The Beggar's Opera)〉(1728년)에서부터 자크 오펜바흐(Jacques Offenbach)의 〈호프만 이야기(Les Conte d'Hoffmann)〉(1881년) 같은 작품에서 흡연의 음악적 표현으로 나타난다. 영화에서 매우 인기 있는 고독한 반항아의 흡연 또한 오페라 무대에 등장한다. 푸치니(Giacomo Puccini)의 오페라 〈서부의 처녀(La Fanciulla del West)〉(1910년)에서 여송연을 피우는 보안관 잭 랜스(Jack Rance)는 험프리 보가트, 제임스 딘, 클린트 이스트우드가 나중에 영화에서 연기한 인물들의 전형이다.

오페라가 오랜 시간에 걸쳐 사랑과 죽음, 정열과 모순을 매혹적으로 펼치는 장르임을 생각하면 무대에서 특별히 담배를 피우는 장면이 유행하게 되었다는 사실이 그다지 놀랍지 않다. 흡연과 관능적 쾌락 특히 여성의 섹슈얼리티와의 연관은 지속되었고 또 이용되었다. 그러나 남성의 질투와 폭력이 이에 보태지며 연관관계는 훨씬 혼란스러워졌다. 두 요소는 무대 드라마를 매력적이고 열정적으로 만드는 데 이바지하는 것으로 오페라에 매우 자주 등장한다. 매우 평온한 시작도 많은 위험으로 끝나는 것을 우리는 안다. 예를 들어 볼프 페라리(Ermanno

Wolf-Ferrari)와 골리스치아니(Enrico Golisciani)의 1909년 오페라 〈수잔나의 비밀(Il segreto di Susanna)〉에서 우리는 한 여성의 도전적이지만 순수한 흡연의 관능적 아름다움에 대한 예찬을 본다. "향긋한 연기가 나를 애무해요(Sottile vapor mi carezza)". 수잔나는 스스로 향기 나는 사소한 나쁜 버릇(vizietto profumato)이라고 부르는 것을 한 달 된 남편에게 숨기기로 한다. 하지만 자기 계급의 여자가 흡연하는 것이 적절하지 않다는 것을 알고 있다. 매춘부들은 담배에 불을 붙임으로써 그들의 직업과 가용성을 광고할 수 있지만 부르주아의 신부는 이런 특별한 습관을 절대 드러내면 안 된다. 이 사회 계급에서는 남성들만이 흡연했다. 그러므로 그녀의 남편이 담배 냄새를 맡는다면 아내에게 정부가 있다고 생각할 것이다. 결국 그는 진실을 알게 되지만 무대 위에서 질투 어린 분노를 이미 폭력적인 행위로 발산한 뒤이다. 그의 극단적인 반응은 우스꽝스럽게 표현되지만 그 폭력이 잠재적으로는 오셀로의 질투만큼 비극적임을 우리는 늘 안다. 그러나 오페라 결말에서 질투심 강한 남편은 아내가 즐거움을 포기할 필요가 없다고 결론을 짓는다. 그는 아내와 함께 담배를 피운다. 아내는 자기 담배에 불을 붙인 뒤 입과 입을 마주 대고 남편 담배에 불을 붙인다. 두 사람은 진실한 사랑이 쉼 없이 타오름을 함께 노래한다(fuma sensa tregua). 그들이 담배에 다시 불을 붙이는 (합창하는 동안 담배가 당연히 다 타버렸으므로) 장면은 더욱 상징적이다. 두 사람은 더욱 가정적인 상징인 양초로 불을 붙인다. 그리고 부르주아에게 결혼의 쾌락을 나누도록 사회적으로 승인된 장소인 부부의 침실로 간다. 이 코미디는 흡연이 관능과 섹슈얼리티와 다양하게 연관되어 있음을 인정한 것이지만 중류계급 질서에 잠재적인 위협 요소를 유머와 길들이기를 통해 억제한다.

　부르주아에서 벗어나 노동계급으로 들어가면 폭력과 질투를 훨씬 직접적으로 대면할 수 있다. 이로써 유럽 언어에 존재하는 흡연과 연관된 많은 은유와 상투적 표현들도 파악하게 된다. 연기, 흡연, 성냥에 불붙이기는 불타오르는 질투심, 이글거리는 분노, 솟아오르는 의혹들을 암시한다. 푸치니와 주세페 아다미(Giuseppe Adami)의 단막극 오페라 〈외투(Il tabarro)〉(1918년)는 디디어 골드(Didier Gold)의 사실적 멜로드라마 〈치정살인(crim passionel)〉을 밑바탕으로 삼고 있다. 이는 파리 센 강에서 일하는 하역 노동자들 사이에 벌어지는 일을 담은 작품이

왼쪽. 1910년 초연한 푸치니의
〈서부의 처녀(La Fanciulla del
West)〉에서 잭 랜스 역을 맡은
파스퀘일 아마토(Pasquale
Amato).

오른쪽. 볼프 페라리의 〈수잔
나의 비밀〉에서 수잔나 역의
루크레지아 보리(Lucrezia Bo-
ri).

다. 작품은 짐배 소유자 미셸(Michele)이 황혼녘에 선내에 앉아 있는 것으로 시작
한다. 손에는 불이 붙지 않은 파이프가 있다. 아주 어린 아내 지오르게타
(Giorgetta)가 들어와서는 그의 파이프에서 연기가 나지 않는다고 말한다. 미셸은
이 말의 성적 함의를 알아채고는 파이프는 꺼질 수도 있지만 자신의 열정은 꺼
지지 않는다고 반박한다(Se la pipa è spenta / non è spento il mio ardor).

이 첫 장면은 지오르게타가 루이지(Luigi)에게 관심이 있다는 것을 안 미셸의
질투라는 줄거리를 잘 드러낸다. 루이지는 짐배의 젊은 노동자이고 또한 질투심
많은 사내여서 누구라도 지오르게타 옆에서 얼씬거리면 죽여버리겠노라고 위협
한다. 흡연과의 관련은 이어진다. 밤에 몰래 만나는 정부들의 '안전' 신호는 성
냥불이다. 성냥불은 둘의 열정이 타오르고 있음을 은유한다. 오페라의 절정은
지오르게타가 아니라 미셸의 장면이다. 미셸은 (불 꺼진 파이프에 불을 붙이기 위

해) 성냥을 켜고 이 때문에 아내가 부정을 저지르는 비극적인 장면을 포착한다. 남편은 살인으로 복수한다. 효과적으로 이미지를 자아내는 동시에 중요한 연기(演技) 행위이자 등장인물의 성격을 드러내는 수단인 흡연 행위는 이 오페라에서 결코 우연한 장치가 아니다.

연기와 흡연이 중요한 역할을 하는 가장 유명한 오페라는 아마 비제(Georges Bizet)의 〈카르멘(Carmen)〉(1874년)일 것이다. 카르멘은 남자의 질투와 여자의 성적 독립을 다룬 또 다른 비극이다. 이야기의 배경은 에스파냐이지만 이야기와 관련된 전반적인 문화는 분명히 프랑스이다. 그 원작은 메리메(Prosper Mérimée)가 1845년에 발표한 대중소설이었다. 소설은 문학적 지식과 프랑스인의 에스파냐 체험을 바탕으로 쓰였다. 그러나 파리 오페라 코미크(Paris Opéra-Comique)에서 열린 첫 공연은 실패작이었다. 프랑스 무대의 금기사항을 너무 많이 깼기 때문이었다. 이 가운데 하나가 다소 거친 여성들의 합창이었다. 여자들이 담배를 피워대며 서로 싸워가면서 합창을 한 것이다. 이야기 속에서 이들은 유명한 (그리고 실제 있었던) 세비야(Seville) 여송연 공장 노동자들이었다. 오페라 가사 작가 메이야크(Henri Meihac)와 알레비(Ludovic Halévy)는 이 공장 바깥을 첫 장면의 무대로 정했다. 19세기에 도시 외곽에 있던 이 큰 건물은 무장 군인들이 경비를 서야 했다. 공장에 여자들이 몇백 명이나 있었는데 (여자들의 재빠른 손놀림이 여송연을 마는 데 필요했다) 일부 여성들이 여름철 지독한 더위를 견디지 못해 옷을 일부 벗어던지는 것이 부분적인 이유였다. 남자들은 공장에 들어가려면 허가를 받아야 했지만 허가 받기는 어려웠다. 실제로 세비야 담배 공장은 얼마 지나지 않아 유럽 다른 나라의 남성들이 에스파냐 여행에서 꼭 둘러보는 필수 여행지가 되었다. 이곳을 방문하는 일과 그 여성 노동자들은 테오필 고티에, 피에르 루이스(Pierre Louÿs), 모리스 바레스(Maurice Barrès) 같은 작가들 덕택에 프랑스의 관능적 상상에서 중요한 부분을 차지했다.[03] 여성들의 이 '규방'에 대한 작가들의 묘사—옷 벗는 단계—는 질린다는 느낌부터 흥미롭다는 느낌까지 다양한 반응을 불러일으켰다.

오페라 가사 작가들이 카르멘의 무대를 세비야 여송연 공장으로 정하고 여성

비제의 〈카르멘〉 1952년 공연에서 담배 노동자들의 합창, 뉴욕 메트로폴리탄 오페라에서.

담배 노동자들이 흡연과 사랑의 노래를 합창하도록 결정할 때 기대했던 반응이 정확히 이것이었다. 비밀스러운 수잔나와 그 남편은 참된 사랑을 진정한 부르주아식으로 지속적인 흡연과 결부시켰다. 이와 달리, 훨씬 냉소적인 이 노동계급 여성들은 연기의 무상함을 사랑의 단기적인 속성과 연관짓는다. 그러나 그들 또한 흡연이 가진 관능적 쾌락의 중요성을 강조했다. 이 즐거움은 계급의 장벽을 초월하는 듯하다. 가사 작가들은 이러한 흡연 구조 속에 그들의 카르멘을 집어넣는다. 카르멘은 사랑을 노래하는 유혹적인 여인이지만 스스로 표현하기를 변덕스럽고 반항적인 집시의 본성을 가지고 있다고 한다. 많은 공연에서 카르멘은 입에 담배를 물고 등장한다. 우리는 카르멘의 넘치는 성적 매력을 알아챌 수 있다. 공장 바깥에 서 있는 군인들과 다른 남자들이 ― 또한 담배를 피우며 ― 우리에게 직접 말해 주며 그들의 노래로 그것을 강조하기 때문이다. 카르멘의 정열적이고 반항적인 기질은 그녀가 다른 여성 노동자와 싸운 죄로 체포될 때에 더욱 잘 나타난다. 그녀를 체포하는 군인 돈 호세(Don José)를 설득하여 도망치는 대목에서 그녀의 독립심과 의지가 입증된다.

이 유명한 카르멘과 돈 호세의 사랑 이야기는 질투심에 눈이 먼 이 과거의 애인이 투우사 에스카미요(Escamillo)와 새로이 사랑에 빠진 집시 요부를 살해하는 비극적 결말로 끝난다. 이러한 마지막은 또 다른 금기를 파괴했다. 카르멘이 오페라 코미크 무대에서 죽어간 최초의 여성이었던 것이다. 기록으로 남아 있는 반응들을 보면 이 금기의 위반은 파리 관객들에게 충격적이었던 것이 분명하다. 그렇잖아도 오페라가 시종일관 무례한 언동을 보여준 뒤였으니 말이다. 극의 공동연출가 카미유 뒤 로클(Camille Du Locle)은 이렇게 말했다. "집시, 담배 피우는 여자들이라니 ― 그것도 가족 극장, 결혼식 파티가 열리는 오페라 코미크에서?"[04] 첫 공연의 비평가들은 살해된 주인공을 비난하고 그녀의 유혹에 넘어간 순진하고 가엾은 남자를 불쌍히 여겼다.[05] 비극은 모두 '사악한' 카르멘 탓이었고 그의 열정 때문이 아니었다. 19세기 후반 파리 관객들이 돈 호세에게 공감할 수 있었던 이유를 이해하기 위해 우리는 당시 에스파냐 여성과 집시들을 다룬 프랑스 작품들을 이해할 필요가 있다.

빅토르 위고의 1829년 작품《동방시집(Les Orientales)》은 유럽의 문화-지리적 측면에서 에스파냐를 아프리카와 동방 사이의 어디쯤으로 위치를 정하고, 이 지역을 프랑스식으로 '동양화' 하는 장면이 있다.[06] 에스파냐 여성 특히 안달루시아(Andalusia) 여성들은 더욱 정열적으로 그려졌다.[07] 그러나 이런 전형화의 완벽한 함축적 의미를 드러내는 것은 집시의 무대 (그리고 문학적인) 묘사에서이다. 유대인들처럼 집시는 당시 프랑스 사람들이 집시 구역에서 날마다 볼 수 있는 외국인이었다. 따라서 두 집단은 유럽 '타자' 의 익숙한 은유로 발전했다. 신비한 야성의 아름다움과 거칠고 이질적인 도덕관념을 지녔기에 메리메의 집시 카르멘은 동물 이미지로 묘사된다. 그녀는 유혹적이지만 정직하지 못하고 앙큼하다.

오페라 주인공 카르멘의 인격은 파리의 가족 관객들에 맞게 상당히 부드러워졌지만 고전적인 요부의 이미지, 비록 이국적이기는 해도 관능적이고 음탕하고 매력적인 이미지를 유지하고 있다. 그녀는 매력적이면서 위험하다. 그녀가 집시라는 사실 또한 사회의 압박으로부터 자유로운 유목민 이미지를 부여했을 것이다. 역사적으로 집시들은 언어, 역사, 도덕이 매우 체계적으로 조직되어 있는 사람들이다. 그러나 유럽의 많은 나라들에서 미신에 사로잡혔을 뿐 아니라 사악하고 이국적일 뿐 아니라 두려운 존재로 여겨지며 박해받았고 지금도 마찬가지이다. 이러한 부정적인 이미지들이 메리메의 소설에서 시종일관 이용되었다. 특히 그는 1846년 판에 덧붙인 마지막 장에서 집시 여인들과 그들의 부도덕을 둘러싼 추측들을 언급했다.

여기서 카르멘의 성적·인종적 정체성의 일부인 사회적·성적 자주권은 그녀를 가정과 부르주아의 대립물로 만든다. 프랑스 중류계급 관객들은 그녀가 몰래 도망간 행동을 도덕적으로 비난받아 마땅하다고 여겼을 것이고 그녀가 흡연한다는 사실에서도 그랬을 것이다. 집시 여성들을 가리키는 프랑스 담배 브랜드—지탄(Gitanes)이 있는 것은 우연한 일이 아니다. 또한 카르멘은 노동계급이다. 수잔 맥클래리(Susan McClary)가 주장하듯이, 그녀의 음악은 에스파냐와 라틴아메리카의 인기 있는 댄스음악인 하바네라(habañera)와 세기디야(seguidilla)의 카바레 버전과 가깝다.[08]

21세기—흡연 행위로부터 계급, 인종 그리고 젠더의 묘사에 이르기까지 모든 것의 문화적 의미가 변화한 때—에 오페라 감독은 카르멘의 문화적·도덕적 일탈을 매혹적이면서도 위협적이게끔 어떻게 표출할 수 있을까? 우리 시대에, 담배는 건강에 해로워 보이지 과거에 생각했듯이 콜레라나 전염병의 예방책으로 여겨지지는 않는다. 그러나 우리는 초기 영화에 등장하는 흡연하는 여성들의 섹시함과 이국성의 이미지가 변함없이 유지되고 있음을 많은 영화들을 증거 삼아 알고 있다. 그러므로 감독은 전형을 파괴하고 과거의 그 사회문화적 뿌리를 드러내고자 할 수 있다. 루마니아 감독 루시앙 핀틸리에(Lucien Pintilie)는 1980년대에 웨일스국립오페라(Welsh National Opera)에서 〈카르멘〉을 제작했는데, 원작의 사회적 배경을 거의 알지 못하는 현대 관객들을 위해 오페라 〈카르멘〉과 주인공

- 지탄 담뱃갑.

카르멘의 의미를 성찰적으로 표현하고자 했다. 흡연의 즐거움을 담은 궐련 공장 노동자의 노래는 핀틸리에에게 의식적인 아이러니와 패러디를 통해 차이점들을 집중 조명할 기회를 주었다. 섹시한 여성들이 무대에 나오고 마치 그 연관에서 벗어날 수 없음을 강조하는 듯 엄청난 양의 궐련 연기가 코믹하게 퍼진다. 계속해서 요리 용어로 '회전 쟁반(lazy Susan)'과 비슷해 보이는 회전 무대에서 우리의 (그리고 남성의) 흡연을 보여준다. 이 노동자들은 모두 섹시했다. 그리고 모두 담배를 피웠다. 그러나 노래 끝에 관객들은 그들 가운데 일부가 여성이 아니라 여장 남자임을 알게 되었다. 성을 위반한 표현은 역사 시기에 따라 서로 다른 방법으로 표현될 수 있다.

오늘날 관객들의 마음속에 흡연에 대한 부정적인 이미지가 자리 잡고 있음은 두말할 나위가 없다. 감독들은 그 점을 노린다. 해리 소머스(Harry Somers)와 로드 앤더슨(Rod Anderson)의 1992년 오페라 〈마리오와 마법사(Mario and the Magician)〉는 커네이디언 오페라 컴퍼니(Canadian Opera Company)의 공연작이었다. 감독 로버트 칼슨(Robert Carsen)과 디자이너 마이클 레빈(Michael Levine)은 개막에 이용되는 주요 배경막으로—뮌헨에서 볼 수 있는 경고 문구처럼(독일은 금연을 철저히 지키는 나라로서 금연 표지가 있는 곳에서는 절대 흡연하면 안 된다—옮긴이)—눈에 잘 띄는 금연('Nicht Rauchen') 표지를 썼다. 이 표지는 이탈리아 무대에서 치폴라(Cipolla)라고 불리는 마법사가 마술을 부리는 장면에서도 쓰였다. 다만 이번에는 이탈리아 어로 Vietato di fumare라고 쓰였다. 치폴라는 대놓고 담배를 피우며 등장한다. 사람들의 안전이나 건강에 조금도 관심이 없음이 분명하다. 파시스트 선동정치가의 우화적 인물인 치폴라는 무대에서 연기하는 등장인물들과 객석에 앉아 있는 관객 일부에게 무례하게 연기를 뿜어낸다. 흡연의 부정적인 함의—간접 흡연에서부터 화재 위험까지—에 대한 현대적인 이해에 기대어 제작팀은 가사에서 경멸스러운 묘사들을 보충하여 관객들에게서 부정적인 반응이 나오도록 했다. 여기서는 흡연의 일반적인 이중적 본성이 단일한 정치사상으로 드러난다.

모든 무대 예술이 그러하듯 오페라는 관객을 고려해야 한다. 19세기에 오페라 가사 작가들은 흡연의 양면성에 기대어 무대 공연의 긴장을 정교화하고 심화할 수 있었다. 오늘날 그러한 시도는 훨씬 어렵다. 흡연과 관련된 문화적 · 의학적 의미들이 변화되었기 때문이다. 그러나 가장 최근의 〈카르멘〉 공연에서 주인공과 동료 공장 노동자들은 아직도 담배를 피운다. 그 이유는 이 공연의 플롯이 남성의 폭력과 질투와 더불어 흡연의 훨씬 부정적인 함의를 이용하기 때문일 것이다. 이는 관능적인 쾌락과 여성의 섹슈얼리티를 의미하는 흡연과 뚜렷이 대조되는 것이다. 다른 예술 양식처럼 오페라의 표현은 보편적인 것이 아니라 문화, 장소, 시간의 영향을 받는다. 그러나 아마도 영구적인 장치들이 있어, 강렬하고 극적인 결말에 이용될 수 있을 것이다. ▫

| | | 주

01. Richard Klein, 《담배가 최고(Cigarettes Are Sublime)》(Durham, NC 그리고 London, 1993), p. 117.
02. 남성의 지위와 같은 사회적 평등과 남성의 지위에 대한 위협의 문제에 대해서는, 이름 없음, 《파리의 흡연자들(Les Fumeurs de Paris)》(Paris, 1856), p. 86 참조.
03. 이들 여성 노동자들에 대한 언급에 대해서는 Théophile Gautier, 《에스파냐 여행(Voyage en Espagne)》(1845; Oxford, 1905), p. 159; Pierre Louÿs, 《여성과 꼭두각시:에스파냐 소설(La Femme et le pantin:roman espagnol)》(1898; Paris, 1916), pp. 77-8; Maurice Barrès, 《피, 쾌락, 죽음(Du sang, de la volupte et de la mort)》(Paris, 1894), p. 135.
04. Susan MaClay, 《조르주 비제:카르멘(Georges Bizet:Carmen)》(Cambridge, 1992), p. 16.
05. 예를 들어, F. de L.의 비평 〈두 세계의 고찰(Revue des deux mondes)〉, 2 (1875), pp. 475-80 참조.
06. Edward W. Said, 《오리엔탈리즘(Orientalism)》(New York, 1978) 참조.
07. Dominique Maingueneau, 《카르멘:신화의 뿌리(Carmen:Les Racines d'un mythe)》(Paris, 1984), pp. 22-4, 49-53, 58-60.
08. Jeremy Tambling, 《오페라, 이데올로기 그리고 영화(Opera, Ideology and Film)》(Manchester, 1987), p. 37; Susan McClary, 《여성의 결말들:음악, 젠더 그리고 섹슈얼리티(Feminine Endings:Music, Gender and Sexuality)》(Minneapolis, 1991), p. 57.

니코틴 찬양

유 진 엄 버 거 | Eugene Umberger

▪▫ 펜(W. A. Penn)이 말했듯이, "아마 종교만 빼면 담배와 흡연 관습이라는 주제에 소비되는 그 많은 인쇄기의 잉크와 종이만큼 잉크와 종이를 필요로 하는 주제는 또 없을 것이다."[1] 이 명제는 그가 한 세기 전인 20세기 초반에 《영험한 약초:담배의 역사(The Soverane Herbe:A History of Tobacco)》에서 한 주장인데 오늘날까지 변함이 없다. 그 뒤로 담배 문헌의 흐름은 멈추지 않았기 때문이다.

최근 50년 동안 담배와 관련된 모든 주제를 다룬 출판물들이 홍수를 이루었다. 산업, 기업의 역사, 담배 광고, '하는 법' 서적들(주로 파이프 흡연과 여송연 흡연), 흡연의 문화사회적 역사, 예술 속의 담배, 자료 목록(사전, 백과사전, 관계서적 목록), 고대와 현대 파이프의 역사와 이해, 흡연 논쟁, 흡연 장구(라이터에서 담배 다지개까지), 아바나 여송연, 점토 담배 파이프 등이 모두 담배 관련 주제들이다. 컬러 화보를 풍부하게 실은 외국어 출판물들도 있다. 그러나 이렇게 풍부한 담배 문헌 속에서 대개 한 가지 범주는 찾아보기 힘들다.

흡연 반대 정서가 널리 퍼진 이 시대에 담배를 예찬한 산문, 시, 노래를 다룬 서적은 어울리지 않는 듯하다. 하지만 지난날 그 책들은 매우 인기가 있었고, 다양한 종류의 (전문 용어를 쓰자면) '장정'으로 선보임으로써 독자들의 눈길을 사로잡았다. 그 두꺼운 서적들은 20세기 들어서 첫번째 10년 동안 절정기에 이르렀다. 당시 독자층은 '흡연하는 남성'들이었다. 이런 책들이 처음 급증한 때는 1880년대였다. 하지만 1930년대에 담배 소비 시장에서 여송연이 지배적인 종류로 부상하면서 많이 사라졌다.

이 책들이 1인당 담배 소비의 급증과 함께 등장했음은 놀랄 일이 아니다. 당시 주로 소비되는 형태는 여송연, 파이프 담배, 씹는담배였고 대부분 남성들이 소비자였다. 제1차 세계대전 때에 와서 궐련이 부상하는 극적인 변화가 나타났다. 군인들한테 궐련이 대량으로 공급되었기 때문이다. 이에 따라 궐련이 젊은 세대에 인기를 끌었다. 전쟁 이후 담배를 피우는 여성들이 나날이 늘어났다. 당시 흡연 반대(특히 궐련 반대) 운동과 상관없이 흡연은 더욱더 사회적으로 용인되었고 담배 산업은 오늘날 상상하기 어려울 정도의 높은 관심을 받았다. 이와 같은 사회 분위기는 흡연 찬성 서적의 출판에 유리했다.

이 시기에 출간된 많은 책들이 처음에는 구체적으로 담배를 예찬하는 것 같지는 않지만 더 가까이 들여다보면 산문, 시 그리고 흥미로운 일화, 담배에 대한 지식으로 가득 차 있다. 이 분야의 고전인 페어홀트(W. Fairholt)의 《담배:그 역사와 함의(Tobacco:Its History and Associations……)》가 아름다운 일러스트로 꾸며져서 1859년에 출간되었다. 매우 인기가 있었던 이 책은 두번째 판이 1876년에 나왔다. 책 전체에 걸쳐 문헌들이 많이 소개되는데, 이는 일러스트가 풍부한 빌링스(E. R. Billings)의 《담배:그 역사, 다양성, 문화, 생산과 상업(Tobacco:Its History, Varieties, Culture, Manufacture and Commerce……)》(1875년)의 책도 마찬가지이다. '담배 재배자' '상인' '사용자' 그리고 '학자와 장서'를 위한 책으로 소개된 이 책은 담배 판매의 마케팅 도구로도 이용되었다. 담배의 정해진 최소 주문량에 대해 이 책 한 권을 증정한 것이다. 펜이 1901년에 발표한 《영험한 약초》는 비슷한 범위의 자료를 포괄하고 있었지만 특별히 한 장을 바쳐서 담배 문헌을 정리해놓았다.

1915년 브레넌(W. A. Brennan)은 《담배 잎사귀:흡연자들을 위한 사실을 담은 책(Tobacco Leaves:Being a Book of Facts for Smokers)》을 펴냈다. 그는 "정확히 흡연

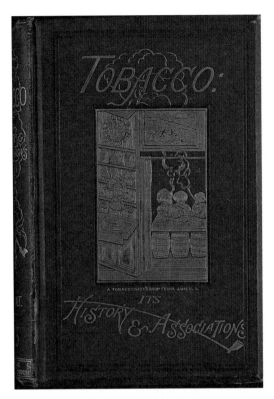

- 프레더릭 W. 페어홀트, 《담배: 그 역사와 함의……》, 두번째 판(London, 1876년), 천. 가운데 이미지는 리처드 브래스웨이트의 〈흡연 시대〉(London, 1617년)에 나오는 가장 최초의 것으로 알려진 한 영국 담배 가게 일러스트레이션을 약간 변형시킨 것이다.

자들을 위해 쓰인 책이 거의 없다.……흡연자들은 자신이 알아야 하는, 담배와 흡연에 관한 사실을 알려줄 책을 구하기 어렵다. 나는 재미가 있을지라도 꼭 필요하지 않은 내용이라면 뺐다."[02]고 밝히고 있다. 책은 사실만 서술하며 흡연의 낭만은 다루지 않는다. 그러나 흡연자가 '알아야 할' 내용은 매우 많다. 지은이는 다양한 담배 소비 형태뿐 아니라 담배 식물의 재배와 그 화학적 구성요소들, 담배의 생산, 담뱃잎의 보존 처리와 마케팅 심지어 담뱃잎의 재처리와 발효까지 알맞게 논의에 포함시키기 때문이다!

그렇게 광범위한 주제들이 이러한 책들(이미 언급된 책들)로 한데 묶일 수 있는 이유는 매튜 힐턴(Matthew Hilton)의 매력적이면서 깊이 있는 책《영국 대중문화 속의 흡연, 1800-2000 : 완벽한 즐거움(Smoking in British Popular Culture, 1800-2000 : Perfect Pleasure)》에서 더욱 뚜렷이 드러난다. 흡연이란 대중 현상에 대한 그의 견해가 가진 핵심은 다음과 같다.

흡연은 개인과 집단의 정체성에 중요하다. 그러나 이 정체성은 자아라는 특유의 자유분방한 개념에 단단히 뿌리를 두고 있다. 그 개념은 19세기 중반에서 후반에 특히 파이프와 여송연을 피우던 부르주아 신사들이 형성을 촉진한 개념이다. 그들의 흡연 관습에 대해 그들이 어떻게 생각했는가가 담배의 지배적인 의미를 형성했다. 그리고 그 의미는 다음 시대에 다른 사회 집단에도 퍼져 나갔다.[03]

물론 그는 우리가 여전히 이 유산과 더불어 살고 있으며 그 영향을 받고 있다고 한다. 부르주아 남성들이 그들의 습관에 대해 갖게 된 생각은 대개 그들이 흡연에 관한 정기간행물과 서적에서 읽은 내용의 영향을 받았다.

이러한 정기적인, 심지어 되풀이되는 정보의 원천들은 담배에 관한 비슷한 주제들을 다루었다. 역사, 식물학, 경작, 생산, 제조, 이용과 인류학까지. 이 모든 것들은 "담배에 관한 전체적인 지식을 제공했다.……그것은 가장 좋아하는 탐닉에 바치는 수많은 남성들의 예찬의 기초가 될 수 있었다". 또한 "생산, 과학, 의학, 역사의 남성적 영역 내에 한 대상에 대한 헌신을 심는 것은 그 사용을 합법화하는 것이다". 그것은 분명히 여성의 소비 세계와는 다르다.[04] 그의 해석은 그 나라만의 독특한 역사를 지닌 영국 문화를 토대로 하고 있다. 힐턴은 이를 인정하지만 개성과 개별성을 놓치지 않으면서도 흡연에 대한 자유로운 생각들이 서구 세계(대부분은 분명히 미국, 미국의 담배 역사는 영국의 담배 역사와 밀접하게 얽혀 있다.)의 다른 영역에 적어도 부분적으로 적용될 수 있다고 느낀다.

쾌락, 유머 심지어 거룩한 약초의 '유혹'을 집중 조명한 수많은 책들은 모두 1890년부터 1909년까지 담배 문헌의 전성기에 출간되었기 때문에 자연스럽게 하나의 집단을 이룬다.[05] 이들은 당시 출간된 많은 책들에 대한 이해를 돕고 그들의 인기를 짐작하게 하며 출판사가 실질적으로 독자들을 사로잡기 위해 상당히 두껍게 만든 책들이다.

조셉 나이트(Joseph Knight)의 《파이프와 쌈지 : 흡연자의 시집(Pipe and Pouch : The Smoker's Own Book of Poetry)》은 그의 회사 조셉 나이트사가 1895년에 펴냈다. 이 책은 천('대판 특제본'의 서명이 들어간 한정판 250부 포함) 또는 가죽 장정이었다. 거기에 실린 케이트 캐링턴(Kate Carrington)의 시 〈좋은 여송연 향기(The Scent of a Good Cigar)〉는 방에서 혼자 멋진 시간을 보내는 여인을 묘사하며 후각을 강하게 자극한다.

아름답고 고운 손으로
가끔 너의 손을 슬며시 잡을 때,
열린 문으로 소리 없이 들어오네,
그에 따라 기억이 되살아나네,
좋은 여송연 향기.

뭐라고? 아! 그게 나를 위한 거라고

내 심장만이 안다고

하지만 그 심장은 갑작스런 불꽃에 전율하고,

눈에 눈물이 고여 나는 볼 수가 없네,

그 좋은 여송연 향기 때문에.[06]

새뮤얼 롤런스(Samuel Rowlands)의 1611년 시 〈담배를 위하여(In Favor of Tobacco)〉는 담배의 족함을 이야기한다.

상다리가 휘게 차린 음식으로 배를 불리고

사람들은 돼지처럼 뚱뚱해지네.

하지만 그이는 소박한 사람

잎사귀 한 장이면 진수성찬,

냅킨으로 손을 닦을 필요도

손가락 끝을 닦을 필요도 없네,

부엌에는 늘 상자 하나가 있어

파이프에 고기를 굽네.[07]

나이트의 책은 그러한 시모음집 가운데 매우 드문 종류여서 오랜 세월 뒤에도 재출간되었다.〔1970년, 북스 포 라이브러리스 프레스(Books for Libraries Press) 발행〕

1896년 조셉 나이트사는 제임스 배리(James Barrie)의 《니코틴 부인：흡연을 연구함(My Lady Nicotine：A Study in Smoke)》의 책을 천과 가죽 장정으로 다시 펴냈다. 배리는 흡연에 관한 이 저서(1890년 초판 발행)보다 연극 《피터 팬(Peter Pan)》으로 더 유명한 사람이다. 이 책은 이 분야에서 보기 드문 소설적 작품으로 진정한 문학적 가치가 있다고 평가된다. "보기 드문 매력과 유머로 흡연의 섬세한 즐거움들이 이야기된다. 흡연을 신체적 습관으로 묘사하는 데 그치지 않고 정신적·영적 측면을 지닌 하나의 의식으로 제대로 묘사했다."[08] 배리의 애인은 둘이 결혼하게 되면 그가 담배를 끊어야 하는데 그의 생각으로 미루어볼 때 쉽지 않은 일임을 알고 있다. 배리의 생각은 다음과 같다.

나는 담배가 생겨남으로써 영국이 긴 잠에서 깨어났다고 알고 있고, 그렇게 느끼고 있다. 갑자기 삶에 새로운 포부가 생겨났다. 실존의 영광을 말하고 싶어졌다. 지금까지 집안의 자잘한 것들만 걱정하고 살았던 남자들이 입에 파이프를 물고 철학자가 되었다. 시인들과 극작가들은 담배를 피우며 잡생각을 쫓아버린다. 그러면 세계가 전에 알지 못했던 고결한 사상들이 그 자리를 메우며 들어온다.……온 나라에 담배와 함께 살고자 하는 열망이 들끓었다. 다시 말해 모든 사람의 눈앞에 숭고한 이상이 늘 있게 된 것이다.[02]

- 배리, 《니코틴 부인:흡연을 연구함》(Boston, 1896년), 천.

1896년에 《노래와 이야기 속의 담배(Tobacco in Song & Story)》(여송연 띠 책갈피 증정)가 아서 그레이사(Arthur Gray & Co.)에서 출간되었다. 지은이 존 베인 주니어(John Bain Jr.)는 미국에서 가장 오래된 담배 전문 신문 『타바코 리프(Tobacco Leaf)』의 소유주이자 발행인이기도 했다. 책은 흡연의 실질적 가치를 말하는 산문과 시를 적절히 담고 있다. "칼라일은 말한다. 흡연은 우리 유럽 사람들에게는, 남자들이 말없이 앉아 있으면서도 어색해 하지 않는 방법이고, 실제로 말해야 할 것 말고는 쓸데없이 말하지 않아도 되는 방법이다."[10] 그리고 자신의 태도를 증명이라도 하듯 "1833년 어느 날 저녁 에머슨이 크레이근퍼턱(Craigenputtock, 칼라일이 결혼해서 살던 곳—옮긴이)에 왔을 때 칼라일이 그에게 파이프를 건넸고 자신도 하나를 피웠다. 두 사람은 밤중까지 말없이 앉아 있었다. 그리고 악수를 하며 헤어지면서 몹시 유익하고 즐거운 저녁이었다고 서로 인사를 건넸다."[11]

남자는 담배와 결혼 가운데 하나를 선택해야 한다는 말도 자주 되풀이되는 말이다. 에드먼드 데이(Edmund Day)의 〈미혼남의 독백(A Bachelor's Soliloquy)〉에서 미혼남은 결혼을 선택한 듯하지만 마지막 연은 이러하다.

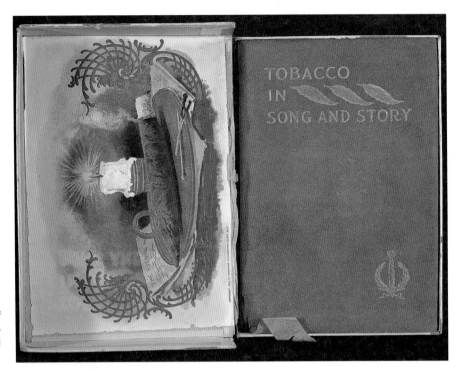

그럼 안녕, 오래오래 안녕―

결혼이 끝날 때까지,

결혼이 끝나면 그대 흡연을 계속하리라,

예전처럼.[12]

콜드웰사(H. M. Caldwell Co.)는 '아름다운 장정에 힘입은 과거의 모든 성공을
뛰어넘고자' 고전, 대중소설, 아동 서적, 특별한 날이나 휴일을 위한 서적들의
재출간에 주력했다. 1901년 회사는 《니코틴 부인》《노래와 이야기 속의 담배》
《목욕 가운과 미혼남과 그밖의 좋은 것들(Bath Robes and Bachelors and Other Good
Things)》세 권을 천과 가죽 장정으로 펴냈다.(마지막 책은 아서 그레이의 1897년 작
품 《지상의 좋은 것들：모든 남성들을 위하여(The Good Things of Earth：For Any Man
Under the Sun)》의 제목을 다시 붙인 것이다. 이 책에는 '내 파이프'와 '여송연'이라는
제목의 수필이 실려 있다.)

마지막 두 권의 가죽 장정은 판지 모조 여송연 상자에 담겨서 판매되었다.

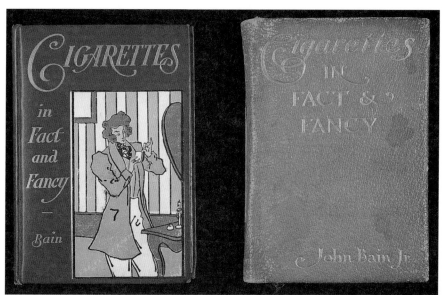

- *위*. 존 베인 주니어, 《사실과 공상 속의 담배》(보스턴과 뉴욕, 1906년), 천(왼쪽)과 돼지 가죽(오른쪽) 장정.

- *아래*. 조셉 나이트 엮음, 《파이프와 쌈지:흡연자의 시집》(뉴욕과 보스턴, 1905년), 천(가죽 쌈지에 포장).

1902년 콜드웰은 이 가죽 양장 책들을 함께 삼나무 모조 여송연 상자에 넣어서 '휴일용 및 선물용'으로 판매했다.

1905년 출판사는 인기가 식지 않던 《파이프와 쌈지》를 펴냈다. 원하는 이들은 천 장정 책을 특별한 가죽 쌈지에 넣어 구입할 수 있었다. 이 해에는 '흡연자의 장서(The Smoker's Library, 휘스트(Whist)나 유커(Euchre), '승자를 위한 독특한 선물'이라고 설명)'를 발행했다. 두 권의 가죽 장정 책을 삼나무 모조 여송연 상자에 담았던 '휴일판' 개념을 확대하여 《노래와 이야기 속의 담배》《니코틴 부인》《담뱃잎》《파이프와 쌈지》 네 권을 담았다.

존 베인 주니어의 《담뱃잎(Tobacco Leaves)》(1903년)은 그의 저서 《노래와 이야기 속의 담배》의 자매 서적으로 제작된 것으로 콜드웰 사가 담배 문헌으로 새롭게 펴낸 세 가지 책 가운데 첫번째였다. 《담뱃잎》에 실린 글 가운데에 데이비드 커티스(David Curtis)의 수필 '니코틴 부인과, 부인이 나를 유혹한 방법'은 힐턴의 비평 '19세기 후반의 흡연 예찬에 특이한 것은 담배를 믿을 만한 동료로 인격화하고 아내나 애인으로 여성화하고 더 나아가 신으로 신성화하는 것이다'[13]와 일치한다. 커티스는 그녀를 '누구나 환영하며 꼭 안아주고 달콤하고 향긋한 입맞춤을 한다. 잠깐 그녀의 매력에 빠져 사랑 놀음을 하면 나른하고 행복한 만족감을 느낀다. 난 아직도 그녀를 사랑한다!'고 고백한다.[14]

3년 뒤, 출판사는 이와 비슷한 또 다른 베인의 책 《사실과 공상 속의 담배(Cigarettes in Fact & Fancy)》를 펴냈다. 이 책의 가죽 장정은 돼지가죽을 씌운 점이 다른 책과 달랐다. 또 포장도 특이하게 판지 모조 여송연 상자였다. 이 책은 궐련을 예찬한 책이다. 세 가지 형태의 흡연을 비교한 하트(P. W. W. Hart)의 시 〈시에서 풍기는 느낌:비교(Rings Blown in Rhyme:Comparisons)〉에서 그 내용을 짐작할 수 있다.

파이프―집에서, 긴 의자에 앉아, 책을 읽을 때
여송연―친구들과 와자지껄 어울릴 때
하지만 궐련은 모든 거룩한 니코틴 종류 가운데에서
가장 섬세하게 한 모금씩 빨아야 하는 것.[15]

콜드웰의 세번째 독창적인 ― 그리고 마지막 ― 담배 서적, 《흡연자의 몽상:파이프와 쌈지의 자매 책(A Smoker's Reveries:A Companion Book to Pipe and Pouch)》(1909년)의 저자는 《파이프와 쌈지》를 엮은 조셉 나이트였다.

1914년에 콜드웰사는 도지 출판사(Dodge Publishing Co.)에 매각되었다. 도지 출판사는 이미 담배 문헌을 많이 출판한 회사로 찰스 웰시(Charles Welsh)의 《향기로운 풀:담배에 관해 전해지는 좋은 내용들(The Fragrant Weed:Some of the Good Things Which Have Been Said or Sung about Tobacco)》을 1907년에 펴냈다. 이 책은 처음에 모시 장정이었고 특별 '흡연자용'도 출간하여 담배와 파이프 한 벌과 같이 포장되어 판매되었다. 나중에

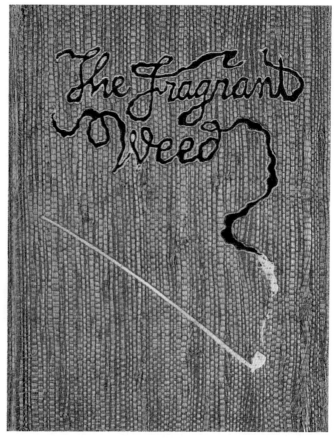

― 찰스 웰시, 《향기로운 풀》(뉴욕, 1907년), 모시.

는 벨벳 감촉 가죽과 천 장정으로도 나왔다. 이 책은 재미난 시들을 수록하고 있다. 톰 홀(Tom Hall)의 〈미혼남의 관점(A Bachelor's Views)〉에서 시는 결혼의 장점에 의문을 ― 특히 '파이프, 책, 포근한 안식처가 있는 사람의 경우' ― 던지며 이렇게 결론을 내린다.

그러니 축배를 들자

그녀를 위해

그는 그녀를 놓칠 수 없으니

아내는 필요가 없지

그냥 이렇게 살자

미혼으로

코프의 흡연실 소책자인 《흡연
자의 시문집(The Smoker's
Garland)》(1부), 2권(리버풀,
1889년); 《파이프와 해포석
(Pipes and Meerschaum)》, 9
권(리버풀, 1893년); 《코프의
혼합 담배(Cope's Mixture)》, 8
권(리버풀, 1890년); 종이. 일
러스트레이터의 약자 'G. P'는
'조지 파이프섕크(George
Pipeshank)'의 약자(디킨스의
유명한 일러스트레이터 조지
크룩섕크에게 경의를 표하기
위함)이다. 이는 존 윌리스의
필명으로 존 윌리스는 코프의
많은 책들과 그 광고에 그림을
그렸다.

그게 더 경제적.[16]

도지 출판사는 콜드웰 류의 담배 서적을 1917년까지 계속 펴냈다. 그때까지
이 분야의 모든 서적이 도지 출판사에서 재출간되었는데 오직 아서 그레이의
《목욕 가운과 미혼남과 그밖의 좋은 것들》만 나오지 않은 상태였다.

당시 다양한 담배 서적들은 대체로 호소력이 있었다. 1889년에서 1894년까지
리버풀의 코프 브라더스 사는 흡연실 소책자 시리즈를 펴냈다. 이들은 1870년에
서 1881년까지 코프 회사가 발행한 월간 정기간행물 『코프의 타바코 플랜트
(Cope's Tobacco Plant)』에서 많은 부분을 옮겨 놓은 것이었다. 토머스 코프와 존
프레이저(편집자이자 인쇄업자)의 문헌적 관심을 반영했던 정기간행물은 담배 산
업계의 전문 잡지일 뿐 아니라 흡연자 일반의 관심을 유발하는 발행물이 되고자
했다. "담배를 역사적·지리적·인종적·사회적·생리학적·문학적 그리고 그
밖에 생각할 수 있는 모든 연관 속에서 고찰했다. 정기간행물은 니코틴 지식을
담은 월간 백과사전이 되었다."[17]

모두 소책자 열네 권이 간행되었다. 이 책자들은 한 글쓴이가 정확히 지적했듯

이 『타바코 플랜트』의 중심 내용만 추리고 재미없는 부분은 뺀'[18] 것이었다. '흡연자의 교과서' '파이프 피우며 찰스 램(Charles Lamb) 엿보기' '호박:그에 관한 모든 것'(호박은 파이프 설대와 여송연 홀더를 만들던 재료) 같은 제목의 글들이 실렸다. 정기간행물과 소책자 사이에서 코프는 담배 산업의 발전―또는 자사 브랜드의 발전―을 넘어서 흡연 문화를 발전시키려 했고 성공을 거두었다.

코프의 첫번째 소책자가 나온 그 해에 등장한 것이 월터 해밀턴(Walter Hamilton)의 《흡연자를 위한 책 묶음:담배를 찬양하는 시와 패러디 묶음(An Odd Volume for Smokers:A Lyttel Parcell of Poems and Parodyes in Prayse of Tobacco)》이었다. 이 책은 파이프, 여송연, 궐련, 코담배에 대해 쓴 시들을 각각의 섹션으로 편리하게 묶어 소개했다. '흡연과 관련된 패러디'라는 섹션에는 셰익스피어, 워즈워스, 롱펠로 등을 모방한 시들을 수록했다. 여기서 편집자는 자주 『코프의 타바코 플랜트』의 내용을 빌려온다. 그 패러디 가운데 하나인 〈흡연을 고민하는 햄릿(?)〉의 시작은 이렇다.

피울 것이냐 말 것이냐, 그것이 문제인가?

- 월터 해밀턴 엮음, 《흡연자를 위한 책 묶음:담배를 찬양하는 시와 패러디 묶음》(런던, 1889년), 천; 쿤덜, 《파이프와 담배:흡연과 흡연자들에 대한 이야기》(런던, 1901년), 천; 앤드루 스타인메츠, 《흡연자의 길잡이, 철학자와 친구》(런던, 1877년), 천.

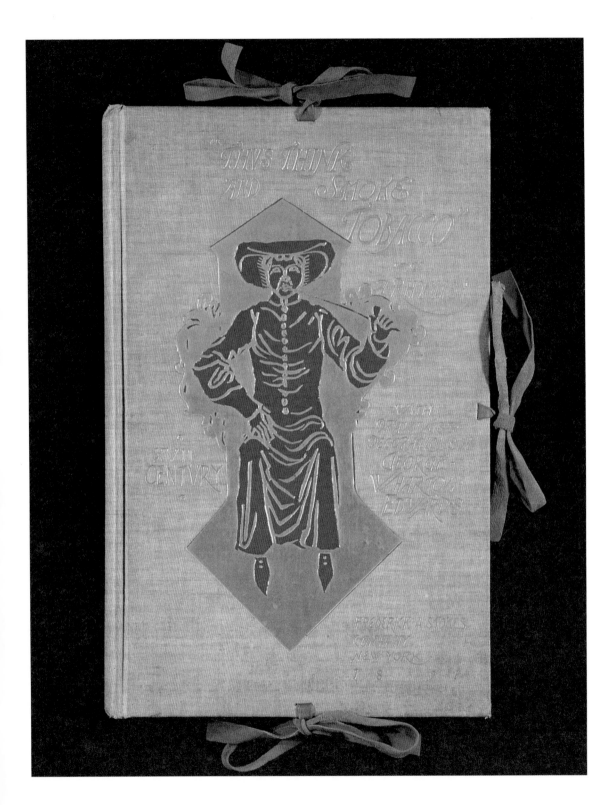

도덕적으로 볼 때,

담배를 맛 좋은 친구로 간직해야 하는지,

아니면 사람들이 음흉하고 비굴하게 만드는 습관이라고 표현

하듯,

위험한 친구로 여기고 피해야 하는지,

어느 쪽이 더 값진 일일까……[19]

시의 지은이는 '스목스피어(Smokespeare)' 이다. 2년 뒤에
프레더릭 스톡스사(Frederick A. Stokes Co.)가 《그러므로 생
각하고 흡연하라:시 한 편(17세기)(Thus Think and Smoke
Tobacco:A Rhyme)》을 펴냈다. 책 한 권 분량의 시 한 편으
로 이루어진 이 책의 두꺼운 판지 표지에 조지 훠턴 에드
워즈(George Wharton Edwards)의 그림이 실렸다. 표지도 인
상적이었지만 책 세 변에 가죽끈을 달아서 꼭 묶어 여밀
수 있게 만든 점도 눈길을 끌었다. 1897년 젠킨슨(J. M.
Jenkinson)이 피츠버그 여송연 생산자이면서 소매상인 젠킨슨사(R. & W. Jenkinson
Co.)의 판촉물로 만든 《위플렛(Whifflets)》은 눈에 띄는 시모음집이다. 세 해 뒤 증
보 출판된 두번째 판은 여송연 띠 책갈피와 자사의 고급 여송연 브랜드 '뒤케스
네 부케(Duquesne Bouquet)' 라벨을 증정했다.

수많은 책에 수록된 내용은 시보다 산문이 많았다. 흡연계의 대가[앤드루 스타
인메츠(Andrew Steinmetz)]가 펴낸 《흡연자의 길잡이, 철학자와 친구(The Smoker's
Guide, Philosopher and Friend)》(1877년)는 '무엇을 피울 것인가―무엇으로 피울 것
인가―담배에 관한 모든 진실, 역사, 식물, 제조, 일화, 사회, 의학 모든 면' 에서
와 같은 부제를 달아서, 흡연자들이 알고자 하는 일반적인 주제들을 다시금 강
조한다. 쿤덜(J. W. Cundall)의 《파이프와 담배:흡연과 흡연자들에 대한 이야기
(Pipes and Tobacco:Being a Discourse on Smoking and Smokers)》(1901년)는 '군인들과
담배' 에서부터 '의회의 파이프' 와 같은 장들을 수록하고 있는데 글쓴이는 '재배
와 제조' 에도 한 장을 내주고 있다.

- 블랑슈 맥매너스, 《영험한 약
초와 흡연자의 해:1905년 달
력》(보스턴, 1905), 가죽.

- 옆면. 프레더릭 스톡스, 《그러
므로 생각하고 흡연하라:시 한
편(17세기)》(뉴욕, 1891년), 천
장정에 가죽 끈.

페이버의 《여송연 라벨 아트》
(왓킨스 글렌, 1949년), 천, 나
무 모조 여송연 상자로 포장.

페이지사(L. C. Page and Co.) 또한 《파이프와 쌈지, 니코틴 부인》을 펴냈고 재
미난 달력을 책 형태로 만들었다. 《영험한 약초와 흡연자의 해(The Sov'rane Herb
and The Smoker's Year)》라는 제목의 책에서 프랜시스 밀턴(Francis Miltoun)은 내용
을 썼고 그의 아내 블랑슈 맥매너스(Blanche McManus)는 전 세계 대표적 흡연자
의 그림을 월별로 실었다. 앞표지는 모조 여송연 띠를 가로로 두르고 뒤표지는
세로로 둘렀다. 이 책도 1904년과 1905년 두 해 동안 천 장정과 가죽 장정으로
판매되었다. 마지막으로 윌프레드 조지 파팅턴(Wilfred George Partington)의 《흡연
의 느낌과 노래:롤리 시대 이후 산문과 시들(Smoke Rings and Roundelays:Blendings
from Prose and Verse since Raleigh's Time)》이 1924년 출간되었다[월터 롤리(Walter
Raleigh) 경은 영국의 모험가, 작가, 아메리카 초기 식민 개척자이다—옮긴이)]. 니코틴
예찬의 시대가 저물어가던 무렵이었다. 천 장정이나 가죽 장정으로 구입할 수
있었던 파팅턴의 책은 파이프 흡연, 여송연, 궐련, 코담배에 관한 일반적인 섹션

에서 벗어나 주제를 다양하게 확장했다. '여성과 담배' '흡연의 철학' '즐거움을 더하는 소품들' '제조법과 조언들' 같은 다양한 내용을 소개했다.

흡연 찬성 문헌(그리고 아름다운 장정과 포장)의 전성기는 19세기 후반에서 20세기 초반까지였지만 이 분위기를 이어나가려는 노력들이 있었다. 여송연 상자가 담배 서적 포장에 적절하고 유용함은 이미 입증되었다. 그 준비된 아름다움과 주제와의 밀접한 연관성을 직접 이용한 회사는 콜드웰만이 아니었다. 1949년 센추리 하우스(Century House)는 페이버(A. D. Faber)의 《여송연 라벨 아트(Cigar Label Art)》를 출간하여 나무 모조 여송연 상자에 포장했다. 한 섹션은 수많은 여송연 라벨들과 테두름(여송연 상자 둘레를 장식한 종이띠)으로 꾸며져 활자체와 석판인쇄술에 관심 있는 이들을 즐겁게 했다.

정확히 50년 뒤, 오스트리아의 잉그리트 메라너 KEG 출판사(Ingrid Meraner KEG-Verlag)는 잉그리트와 페테르 메라너(Peter Meraner)가 쓴 《아바나 사랑해요 (Habanos Mi Amor)》를 동시에 출간했다. 세 개 언어(독일어, 에스파냐어, 영어)로 쓰인 책의 작은 제목은 '여송연에 그리고 특히 여송연을 만든 이들에게 바침'이다. 이 책 또한 미닫이 뚜껑이 달린 나무 모조 여송연 상자에 포장되었다. 포장 방식의 자연스러운 진화 속에서 판지 여송연 상자가 실제로 책이 되었다. 그 예가 로버트 켐프(Robert Kemp)의 《완전한 여송연 책:삼차원적 참고자료 길잡이 (The Consummate Cigar Book:A Three-Dimensional Reference Guide)》(1997년)이다. 표지를 열면 삼차원의 일러스트레이션이 자동으로 튀어나오고 거기에 본문이 실려 있으며 그런 식으로 페이지가 계속 넘어간다.

이런 식으로 포장된 명시선집이 계속 등장했지만 저마다 특징이 다 달랐다. 왓킨스의 《향기로운 풀에서 영감을 얻은 시인들, 현인들, 이야기꾼들이 말하는 흡연의 기쁨(The Pleasures of Smoking as Expressed by those Poets, Wits and Tellers of Tales Who Have Drawn their Inspiration from the Fragrant Weed)》(1948년) 《담배 예찬:많은 시인들의 시 모음(In Praise of Tobacco:A Collection of Poems from Many Pens)》(1960년:레이놀즈 메탈스 사 발행, 알루미늄색 종이가 덮인 종이케이스에 포장되었다) 그리고 제임스 월턴(James Walton)의 《흡연(The Faber Book of Smoking)》(2000년)이 그 예이다(Faber는 출판사 이름—옮긴이).

사학자들은 이 분야에서 그들만의 기여를 해왔다. 키어넌(V. G. Kiernan)의 《담배:그 역사(Tobacco:A History)》(1991년)는 제목에서 예상되는 건조한 내용이 결코 아니다. 글쓴이는 전체적인 역사를 정리하려고 한 것이 아니라, '전 세계에서 담배와 그 진보에 관한 모든 종류의 이야기들, 남성과 여성과 민족이 그것을 어떻게 생각했는지를 알 수 있는 자료들'[20]을 주제, 시대, 지역별로 모아서 보여주고자 했다고 밝힌다. 이 책은 앞에 나왔던 명시선집 종류들과 매우 비슷하다. 더욱 최근에 힐턴의 《영국 대중문화 속의 흡연, 1800-2000:완벽한 즐거움》은 담배와 흡연이라는 주제를 다룬 책과 정기간행물을 흥미롭게 분석한다. 앞서 나왔던 흡연 찬성 문헌들의 일반 독자들이 매우 관심을 가질 만한 책이다.

1990년대 고급 여송연 열풍은 직접적으로 여송연 서적의 과잉 출판을 낳았고 조금 아이러니하게도 더욱 일반적인 흡연 찬성 서적들[예를 들어 일렌 바스(Ilene Barth)의 《흡연 생활(The Smoking Life)》, 쿤츠(K. M. Kuntz)의 《흡연:여송연, 궐련, 파이프 그리고 가연물들(Smoke:Cigars, Cigarettes, Pipes, and Other Combustibles)》이 있다.]도 수없이 출간되었다. 이런 출판 홍수는 요행수를 노린 부분이 있었다. 그러나 흡연 반대 분위기가 커진다고 해도 다양한 담배 문헌들—지나치게 흡연을 찬성하는 것이 아니어도, 적어도 객관적인 태도를 반영하는 문헌들이 계속 출판되기를 기대하는 근거는 충분히 있다. 월턴이 《흡연》의 서문에서 밝히듯이 그의 연구는 흡연 관습에 대한 묘비명을 쓰는(저술의 본래 목적 중 하나였던) 데에서 멀어지며 '흡연은……여기에 남아 있을 수 있다'는 결론에 이르게 했다.[21]

'찬성론자'와 '반대론자'—그리고 사회 비평가들—모두 칼 애버리 워너(Carl Avery Wener)가 약 80년 전에 했던 말을 들어보자.

나는 담배를 만들 때나 피울 때 담배를 친구처럼 생각할 뿐 아니라 민주주의의 거대한 영역으로 생각하고 싶다. 계층과 인종과 신념이 모두 다른 사람들이 파이프와 씹는담배, 여송연, 궐련을 가지고 모여서 공감과 이해의 연대를 이루고 공통의 관심사와 우정을 나누니 말이다. 나는 담배를 생산하는 일과 이 고귀한 풀을 소비하는 즐거움을 진정한 왕국으로 생각하고 싶다. 그 왕국의 백성들은 마음이 잘 맞고 그 왕국을 지배하는 사람들은 그 향기로운 잎사귀의 연기가 사람들의 마음속에 불러일으킨 더욱 따뜻한 마

음을 갖고 있다.[22]

흡연이 건강에 미치는 영향은 분명히 심각하지만 월턴의 결론처럼 흡연은 '섬세하고, 별나고, 무엇보다도 불가사의한 행위'[23]이다. 이는 앞으로도 이 가장 널리 퍼진 사회 관습을 비난하고 예찬하고 담담히 기록한 수많은 문헌을 낳을 것이다.▫

||| 주

01. W. A. Penn, 《영험한 약초: 담배의 역사(The Soverane Herbe: A History of Tobacco)》(London, 1901), p. 217.

02. W. A. Brennan, 《담배 잎사귀: 흡연자들을 위한 사실을 담은 책(Tobacco leaves: Being a Book of Facts for Smokers)》(Menasha, 1915), p. 7.

03. Matthew Hilton, 《영국 대중문화 속의 흡연, 1800-2000: 완벽한 즐거움(Smoking in British Popular Culture, 1800~2000 Perfect Pleasures)》(Manchester, 2000), p. 2.

04. 같은 책, p. 21.

05. 이들 책의 자세한 출판 역사와 다양한 판본 리스트를 살펴보려면 글쓴이의 논문, '"흡연자의 장서": 20세기 전환기 담배 저서들("The Smoker's Library": Collecting Possibilities in Turn-of-the-Century Tobacco Literature)', 《목록: 뉴욕 공립도서관 공보(Biblion: The Bulletin of The New York Public Library)》, 5/1 (1996. 가을), pp. 118-46 참조.

06. Joseph Knight 엮음, 《파이프와 쌈지: 흡연자의 시집(Pipe and Pouch: The Smoker's Own Book of Poetry)》(Boston, MA, 1894), p. 61.

07. 같은 책, p. 52.

08. Penn, 《영험한 약초(The Soverane Herbe)》, p. 231.

09. J. M. Barrie, 《니코틴 부인: 흡연을 연구함(My Lady Nicotine: A Study in Smoke)》, (Boston, MA, 1895), pp. 105-6.

10. John Bain Jr. 《노래와 이야기 속의 담배(Tobacco in Song and Story)》(New York, 1896), p. 28.

11. 같은 책, p. 83.

12. 같은 책, p. 70.

13. Hilton, 《영국 대중문화 속의 흡연(Smoking in British Popular Culture)》, p. 32.

14. John Bain Jr. 《담배 잎사귀(Tobacco Leaves)》(Boston, MA, 1903), p. 148.

15. John Bain Jr. 《사실과 공상 속의 담배(Cigarettes in Fact and Fancy)》(Boston, MA, 1906), p. 147.

16. Charles Welsh, 《향기로운 풀: 담배에 관해 전해지는 좋은 내용들(The Fragrant Weed: Some of the Good Things Which Have Been Said or Song About Tobacco)》(New York, 1907), p. 2.

17. Richard D. Altick, 『코프의 타바코 플랜트』: 빅토리아 시대 저널리즘의 에피소드('Cope's Tobacco Plant': An Episode in Victorian Journalism)', 『미국 서지학회 회보(Papers of the Bibliographical Society of America)』, 45/4 (1951), p. 337.

18. A. V. Seaton, 빅토리아 시대 영국의 코프 사와 담배 판촉(Cope's and the Promotion of Tobacco in Victorian England)', 『광고 역사 저널(Journal of Advertising History)』, 4/2 (1986), pp 21-2.

19. Walter Hamilton 엮음, 《흡연자를 위한 책 묶음: 담배를 찬양하는 시와 패러디 묶음(An Odd Volume for Smokers: A Lyttel Parcell of Poems and Parodyes in Prayse of Tobacco)》(London, 2000), p. 8.

20. V. G. Kiernan, 《담배: 그 역사(Tobacco: A History)》(London, 1991), p. 4.

21. James Walton 엮음, 《흡연(The Faver Book of Smoking)》(London, 2000), p. 8.

22. Carl Avery Wener, 《타바코랜드(Tobaccoland)》(New York, 1922), p. 9.

23. Walton 엮음, 《흡연(The Faver Book of Smoking)》, p. 8.

바이마르에서 할리우드까지 영화 속의 흡연

노아 아이젠버그 | Noah Isenberg

■□ 프리츠 랑(Fritz Lang)의 초기 범죄영화인 1922년 작품 〈도박사 마부제 박사 (Dr Mabuse, der Spieler)〉의 한 장면. 담배 연기가 짙게 들어 찬 비밀 클럽에서 카드 게임의 분위기가 점점 고조되어가고 있다. 못 박힌 듯 앉아 있는 도박사들은 쉴 새 없이 궐련과 여송연을 피워대고 있다. 담배 연기를 깊게 들이마시면 도박 솜 씨가 제대로 발휘되기라도 하듯. 이 세계, 발을 담그기만 하면 누구나 '코카인이 냐 카드냐?'의 기로에서 반드시 선택해야만 하는 세계에서 흡연은 칙칙하고 음 울하고 염세적인 분위기를 더할 뿐 아니라 — 이 분위기는 마침내 1940년대와 1950년대 할리우드 필름 느와르의 경향으로 자리 잡는다 — 사회문화적 변화의 기본적인 수단으로 작용한다.[01] 바이마르 영화에는 둥둥 떠다니는 짙은 담배 연 기 속에서 초조해하거나 차분했던 인상적이고 매혹적인 흡연자들이 아주 많다. 랑의 〈마부제〉에서 톨드(Told) 백작부인〔거트루드 벨커(Gerturde Welcker)〕은 호화 스런 긴 의자에 맥없이 기대어 손가락 사이에 쥐고 있는 기다란 궐련 홀더를 깊 게 천천히 빨아들인다. 그녀는 냉정하고 무감각한 태도로 마음속에서 도박사들 의 운명을 직시한다. 또 카를 그룬(Karl Grune)의 1923년 작품 〈거리(Die Strasse)〉

에는 이름 없는 필리스틴(philistine, 옛날 팔레스타인 서남부에 살던 민족—옮긴이) 사람〔유진 클로퍼(Eugen Klopfer)〕이 나온다. 그는 아내와 지루한 부르주아 생활—금연은 말할 것도 없고—을 대도시에 남겨두고 떠나왔다. 그는 결국 궐련을 피우는 요부〔에게데 니센(Aud Egede Nissen)〕의 먹잇감으로 전락한다. 그녀는 살인사건의 공동 음모자이고 절도미수범임을 드러낸다. 두 세계대전 사이에 독일 영화에서 탄생시킨 팜므 파탈(femme fatales)로 기억할 만한 이들은 또 있다. 캔자스에서 태어난 루이즈 브룩스(Louise Brooks)는 파프스트(G. W. Pabst)의 〈판도라의 상자(Die Buchse der Pandora)〉(1929)에서 경박한 나이트클럽 댄서이자 콜걸 룰루(Lulu)로 주연을 맡는다. 입에 매달려 있는 그녀의 담배는 뻔뻔함과 순진함을 동시에 나타낸다. 베를린의 마를레네 디트리히는 슈테른베르크(Josef von Sternberg)의 〈블루 엔젤(Der Blaue Engel)〉(1930년)에서 연기 가득한 카바레의 가수이자 남자의 넋을 빼놓는 요부 롤라 롤라(Lola Lola)를 연기하여 하루아침에 화젯거리가 되었다. 바이마르 영화의 흡연은 부르주아 여가의 문화적 상징인 경우가 많다. 한 예로 로버트 시오드맥(Robert Siodmak)과 에드가 울머(Edgar G. Ulmer)의 도시탈출 〈일요일의 사람들(Menschen am Sonntag)〉(1930년)을 꼽을 수 있다. 이와 함께 흡연은 대도시의 병리성과 편집증을 드러내기도 한다. 그 예가 랑의 〈엠(M)〉(1931년)이다. 가장 주목할 만한 것은 할리우드가 유산을 물려받아 이어가고 있다는 점이다. 바이마르 영화의 흡연은 할리우드에 길게 그림자를 드리우고 있다. 그것이 잘 닦아놓은 길을 비슷한 이미지들이 그리고 많은 영화제작자들과 배우들이 걷고 있다.

　바이마르 은막의 흡연자들 가운데 가장 두드러진 본보기가 누구일까. 너무나 널리 알려져서 수도 없이 모방되고 찬사를 받았으며—흡연 이미지들만 모아놓은 웹사이트가 생겨날 만큼—무수한 팬들과 충성스러운 숭배자들이 생겨난 사례는 바로 마를레네 디트리히이다.[02] 영화사에서 마를레네 디트리히처럼 담배를 사용한 사례는 아마 없을 것이다. 슈테른베르크의 〈블루 엔젤〉에서 성공을 거둔 뒤로 할리우드와 유럽에서 제작된 후반기 영화들에 이르기까지, 디트리히는 인상적인 독설가 주연 여배우였고 불붙은 담배를 어떻게 이용해야 할지 아는 배우였다. 디트리히와 연관된 다른 특징들(예를 들면 디트리히의 각선미)과 함께 흡연

은 그녀의 페르소나를 정의하는 데에 이바지하고 그녀의 매력을 표현하는 수단
으로 작용한다. 우리는 〈블루 엔젤〉의 한 장면을 떠올리기만 하면 된다. 실수투
성이 교수 래스〔에밀 야닝스(Emil Jannings)〕는 돌아와서 분장실에 있는 롤라 롤라
를 만난다.('사람들은 날 만나려고 다 돌아온다니까!') 그는 전날 클럽에 왔다가 그
녀에게 반한 김나지움 제자들을 만나 웃음거리가 된 다음이었다. 그도 그녀에게
반하고 있던 터였는데 자기도 모르게 롤라 롤라의 짧은 바지 한 벌을 가지고 간
것이었다. 래스는 화장대에 앉아 있는 롤라 롤라의 맞은편에 앉고 중간 정도로
클로즈업된다. 래스는 롤라 롤라에게 사과를 하지만 영 서툴러 보이고 롤라 롤
라는 냉정하게 담배를 한 대 물고 담뱃갑을 건넨다. 여기서 역력히 당황하는—
아마 롤라 롤라에게서 뿜어져 나오는 열기와 불붙지 않은 그녀의 담배 때문일
듯—래스는 실수로 담배들을 바닥에 떨어뜨린다. 래스가 담배를 집는 장면에서
슈테른베르크는 카메라로 래스를 따라가서 화장대 아래에서 그의 손과 무릎을
비춘다. 관객들도 래스와 똑같이 낮은 시선에서 롤라 롤라의 얇은 스타킹과 속
옷을 구경한다. 이때 롤라 롤라는 자신의 담배에 불을 붙이며 그녀 특유의 신랄
한 언설을 내뱉는다. "이봐요, 교수님. (그 아래에서) 볼일 다 끝나면 엽서나 한
장 부쳐주시겠어요?"[03]

수많은 배역을 맡았던 마를레네 디트리히에게 흡연은 그녀의 권위와 성적 매력
을 한껏 드높여 많은 숭배자들을 낳게 한다. 〈블루 엔젤〉이 즉각적인 반응을 얻으
며 디트리히는 미국에서 데뷔한다. 그녀의 미국 데뷔 영화가 된 슈테른베르크의
〈모로코(Morocco)〉(1930년)에서 디트리히는 술집 여가수 에이미 졸리(Amy Jolly)
역을 맡는다. 이 영화에서 그녀가 중산모와 연미복을 입고 대담하게 담배를 문 채
의자에 앉아 넋을 잃고 바라보는 관객들 사이를 유유히 지나가는 장면은 널리 알
려져 있다. 오손 웰스(Orson Welles)의 〈악의 손길(Touch of Evil)〉(1958년)에서 여송
연을 피우는 집시 여성—에이미 졸리처럼 짙게 피어오르는 담배 연기 속에서 자
주 클로즈업되어 비춰진—타냐 역을 맡아 카메오로 출연한 것도 잊혀지지 않는
다. 디트리히는 에이미 졸리 역 또는 타냐 역에서 흡연을 새로운 수준으로 끌어올
린다. 리처드 클라인은 《담배가 최고다(Cigarettes are Sublime)》에서 이렇게 말했다.
"흡연은……가시적인 관능적 즐거움의 원천이자 여성의 에로틱한 삶의 상징이

- 마를레네 디트리히, 슈타인베르크의 1932년 영화 〈금발의 비너스〉 스틸 사진.

다. 적어도 남성들에게는 그렇게 비쳐진다. 남성들에게 여성들이 흡연하는 장면은 위협적이면서 그보다 더욱 관음증적 흥분을 준다."[04] 디트리히의 주관객층—다시 말해, 담배를 피우며 연기를 뿜어내는 디트리히 이미지의 관객층—은 겉으로는 남성들이었다. 그러나 화면 안팎에서 여성들에게 주는 매력 또한 그만큼 컸다. 비평가 케네스 타이넌(Kenneth Tynan)의 표현대로 그것은 '젠더가 없는 성'[05]이기 때문이다. 물론 디트리히는 흡연의 강렬하고도 섹시한 매력과 매우 밀접한 연관이 있다. 그녀는 1950년 49세의 나이에 럭키 스트라이크 광고의 포스터 모델로 뽑혔다. 마부제의 톨드 백작부인과 크게 다르지 않은 모습으로 디트리히는 화려한 이인용 의자에 우아하게 앉아 무심하게 퀼런 홀더를 입술에 댄다. 광고는 이렇게 말한다. "마를레네 디트리히는 말한다. '나는 부드러운 담배, 럭키 스트라이크를 피워요!'" 은막의 전성기 이후에도 디트리히와 그녀가 흡연하는 멋진 이미지는 변함없이 쓰였고 패션 화보와 다른 헌정물〔멜 브룩스(Mel Brooks)의 1974년 영화 〈블레이징 새들스(Blazing Saddles)〉에서 서부의 상송 가수 릴리 폰 셧업을 연기한 마들렌 칸(Madeleine Kahn)의 뛰어난 패러디〕로 끊임없이 재생산되었다.

바이마르 배우들〔프리츠 코르트너(Fritz Kortner), 페테르 로르(Peter Lorre), 에밀 야닝스(Emil Jannings)〕도 디트리히처럼 오랜 동안 흡연 예술과 연관되었다. 또 감독들〔에른스트 루비치(Ernst Lubitsch), 무르나우(F. W. Murnau), 랑 그리고 다른 감독들〕은 영화에서 흡연을 제대로 이용했다. 랑의 고전 〈엠〉을 예로 들어보자. 이 영화는 흡연이 말 그대로 도시 분위기를 집어삼키는 영화이다. 강박적 아동 살해범 한스 베케르트(페테르 로르)가 석방되는 소식이 도시 거리를 강타하는 첫 장면에서부터 그를 제거하려는 세력들이 결탁하여 움직이는 마지막 장면에 이르기까지 미장센(mise-en-scene)은 줄기차게 연기를 끌어들인다. 영화 초반부에 다섯 사내가 마을 술집의 소박한 단골 테이블에 둘러앉아 여송연을 피우며 맥주를 마시고 있다. 살인자 얘기로 뒤덮인 호외 신문이 크게 외치는 소리를 못 믿겠다는 듯 듣고 있다. 그리고 몇 장면 뒤가 그를 제거하려는 두 주요 세력—베를린 지하 범죄조직의 조직원들과 경찰 수사관들과 시 관리들—이 각각 회합 장소에 모인 장면이다. 랑은 분리된 세계를 동시에 병치하여 연관시킨다. 대조적 장면의 정확한 삽입과 뛰어난 촬영기술로 두 공간에서 똑같이 연기가 피어오르게 함으로써 세력 다툼을 드러낸다. 두 집단이 살인자를 잡을 새로운 음모를 세우면서 화면에는 연기가 더욱 짙게 깔리며 시각적 효과를 더한다. 앤턴 케이스(Anton Kaes)는 이렇게 평했다.

- 마를레네의 1950년 럭키 스트라이크 광고.

편집은 공통의 목표—살인자 체포—를 드러내고 짙은 연기는 신분과 지위의 차이를 없앤다. 남자들의 흡연에는 묘한 공통성이 있나. 베케르트도 예외가 아니다. 그는 범죄 현장에 담배꽁초 세 개를 증거물로 남김으로써 정체를 드러낸다.……〈엠〉이 이토록 흡연에 초점을 맞추는 것은 사회가 견디기 힘든 긴장 아래 놓여 있음을 나타낸다.[06]

입에 여송연을 물지 않은 경찰 수사관 로만〔오토 베르니케(Otto Wernicke)〕을 상상하기란 불가능하다. 미궁의 범죄를 걱정하는 대중의 두려움을 자극하려고 타블로이드 신문에 기고할 글을 쓰면서 연쇄 살인범이 담배를 피우던 장면도 잊을 수 없다. 더욱 중요한 것은 그가 좋아하던 담배 브랜드(Ariston)가 결국은 그의 정체를 경찰에 폭로한다는 것이다.

랑의 도시 스릴러이면서 그의 첫번째 독일어 발성영화(〈엠〉을 말함—옮긴이)의 출시 뒤 오래 지나지 않아서 흡연과 개인적 정체성 사이—더 구체적으로는 흡연과 영화 관계자들 사이—의 융합은 반론을 불러일으킬 만한 정치적 의미를 지니게 되었다. 1937년의 선동적인 나치 소책자《영화—'예술', 영화—콘, 영화 부패: 영화 40년의 고찰(Film-'Kunst', Film-Kohn, Film Korruption:Ein Streifzug durch vier Film-Jahrzehnte)》에서 여러 가지 선동적인 기사들 가운데 여러 인물을 모아놓은 사진을 발견하게 된다. 사진이 실려 있는 〈여송연을 피우는 남자(Der Mann mit der Zigarre)〉라는 제목의 글은 결국 영화 비방글이다.[07] 사진에서는 쉽게 알아볼 수 있는 유명 영화인 여섯 명이 모두 담배를 피우고 있다. 감독 에른스트 루비치, 듀퐁(E. A. Dupont), 배우 프리츠 코르트너〔'프리츠 코르트너—콘(Fritz Kortner-Kohn)'으로 소개된〕, 세계적으로 유명한 찰리 채플린이 보인다. 모두 유대인이며(채플린의 경우는 잘못된 것이다), 정치, 문화, 윤리적 천민들로 소개되어 있다.[08] 그러나 〈엠〉

Ernst Lubitsch

Fritz Kortner-Kohn

Otto Wallburg-Wasserzug

E. A. Dupont

Kurt Ehrlich

Charlie Chaplin

- 〈여송연을 피우는 남자〉, 나치 소책자 《영화 - '예술', 영화 - 콘, 영화 부패 : 영화 40년의 고찰》에 실린 사진(베를린, 1937년).

이 독일 영화계에 폭풍우를 일으켰던 1931년 대표적인 배우로서 사회에서 가장 버림받은 인물을 연기한 페테르 로르(본명은 Laszlo Loewenstein)가 유대인이라는 것은 널리 알려진 사실이었다. 아동 살해범이라는 배역에서 로르의 병리학적 행동과 정신장애 증상은 배우의 유대인 혈통이란 측면에서만 이해된 것이 아니었다. 그러나 랑의 영화가 함축하고 있는 더 큰 문화적 의미를 이해하고자 한다면 그 정체성―그리고 그에 부수되는 흡연―을 완전히 무시해서는 안 된다.[09] (로르는 1933년 미국으로 이민한 뒤, 줄담배를 피우는 사악한 인물들을 계속 연기한다. 잊혀지지 않는 배역으로는 존 휴스턴의 1941년 작품 〈몰타의 매〉에서 연기한 조엘 카이로, 마이클 커티스의 1942년 작품 〈카사블랑카〉에서 연기한 우가르테를 꼽을 수 있다.)

바이마르 독일 영화계를 떠나 망명한 다른 많은 사람들처럼 프리츠 랑도 1934년(메트로―골드윈―메이어 사로부터 받은 멋진 계약서를 손에 들고) 할리우드로 갔다. 미국에서 그는 독일에서 탐구했던 특정 주제, 모티프, 영화 효과들에 계속 의지했다. 그중 하나가 영화 속에 흡연 장면을 정확하고 빈틈없이 배치하는 것이었다. 첫번째 미국 영화 〈격노(Fury)〉(1936년)에는 스펜서 트레이시(Spencer Tracy)와 실비아 시드니(Silvia Sidney)가 출연했다. 랑은 주인공 조 윌슨(Joe Wilson, 트레이시)―나중에 신원이 잘못 파악된 희생자가 되고 이에 따라 군중 폭력사태가 일어난다―에게 파이프를 피우게 한다. 이는 서민적이고 매우 미국적인 장식으로, 평범한 인물이 완벽하게 아름다운 결혼과 부르주아적 안락을 추구함을 상징적으로 나타낸다.[10] 랑은 다음 영화 〈하나뿐인 목숨(You Only Live Once)〉(1937년)에 대해 말할 때 중요한 화면의 버팀목으로서 여전히 흡연을 활용하고 있다고 밝혔다. "(헨리) 폰다와 (실비아) 시드니가 법을 피해 도망치고 실비아가 그에게 담배를 사 주는 장면에서 나는 아이러니한

분위기를 만들고싶었다. 실비아의 담배는 결국 꼬리가 밟히는 수단이 된다. 나
는 실비아가 럭키 스트라이크를 사는 게 좋을 것 같았다. 그 담배가 가져오는 불
행을 아이러니하게 강조할 테니까."[11] 그 뒤로 많은 영화에서, 랑은 흡연을 통해
아이러니한 분위기를 만들어내는 데 성공했다. 〈공포의 성(Ministry of Fear)〉
(1943년)의 극적인 오프닝에서는 파이프를 피우는 그림자 이미지가 영화 주인공
[레이 밀런드(Ray Milland)]에게 불안하게 다가온다. 〈주홍의 거리(Scarlet Street)〉
(1945) 앞부분에는 영화 주인공 크리스 크로스[에드워드 로빈슨(Edward G.
Robinson)]의 충성스러운 군 복무를 축하하는 장면이 나온다. 고급 여송연을 피
우고 나서 그는 자신의 운명인 부도덕한 길을 걷게 된다.

1940년대와 1950년대 미국 범죄영화를 통틀어 흡연은 존재에 대한 절망의 징
조로, 등장인물의 나약한 영혼을 지탱하는 심리적·정서적 버팀목으로 여겨지
게 되었다. 빌리 와일더(Billy Wilder)의 〈이중 배상(Double Indemnity)〉(1944년)에
서 비정한 보험회사 직원 월터 네프[프레드 맥머리(Fred MacMurry)]를 생각해보
자. 그는 담배를 깊이 빨아들이고 타르와 니코틴으로 상처를 치료하면서 심중의
목소리(voice-over, 말없는 인물의 마음속이 목소리로 표현되는 것—옮긴이)로 살인극
을 회상하며 털어놓는다. 유혹의 덫에 걸려 공모했던 사건을 '고백'하는 것이

다.[12] 영화에는 네프 말고 눈에 띄는 흡연자 둘이 더 있다. 한 사람은 눈부신 금발
에 궐련을 피우는 팜므 파탈 필리스 디트리히슨[바바라 스탠윅(Barbara Stanwyck)]
이다. 그녀의 성적 신비감은 권력과 기만이라는 느와르 요소와 결합되어 있다.
또 한 사람은 네프의 상사 바턴 케이스(에드워드 로빈슨)이다. 그는 불은 없더라
도 여송연 없이는 살 수 없는 사람처럼 보인다. 여태까지 살펴본 것처럼 할리우
드 필름 느와르 명작들 가운데 많은 작품들이 똑같은 망명자 제작자들[랑, 와일
도, 오토 프레밍거(Otto Preminger), 로버트 시오드맥, 에드가 울머 등]의 작품이다. 이
들은 1920년대 독일 영화에 충만했던 명암대비 조명, 짙은 연기 속의 그림자 등
을 통해서 이미 자신의 시각을—수련생이나 포부를 지닌 예술가로서 또는 노련
한 감독으로서—갈고 닦은 이들이었다.

　　바이마르 선배들에게 빚을 지고 있는 필름 느와르의 세련되지 않은 본보기 가
운데 하나가 울머의 〈우회(Detour)〉(1945년)이다. 프로듀서즈 릴리싱 코퍼레이션
(Producers Releasing Corporation, PRC)이라는 가난한 스튜디오에서 매우 적은 예산
으로 만들었고 찍는 데 일주일도 안 걸린 영화이다.[13] 와일더가 〈이중 배상〉에서
했던 것처럼, 울머는 정신적 외상을 입고 혼란스러워 하는 앨 로버츠[톰 닐(Tom
Neal)]의 심중의 목소리를 해설로 이용한다. 와일더의 월터 네프처럼 로버츠는

살인을 저지르게 되며 — 우발적이지만 — 결국 소름끼치는 불행에 직면하게 될
때 그의 담배에서 피어나는 연기와 재는 어둠 속으로 흩어진다. 운명이 로버트
에게 다가오기 전에 그는 정열적인 예술가이자 뉴욕의 한 재즈 클럽에서 교육받
은 피아니스트로 그려진다. 그는 훗날 크게 성공할 만한 재능의 소유자이다. 클
럽 폐점 뒤의 장면에서 입에 물고 있는 담배를 자신만만한 태도로 깊이 빨아들
이면서 열정적으로 피아노 건반을 두드리며 연주한다. 그러나 사랑하는 수〔클로
디아 드레이크(Claudia Drake)〕를 만나러 가는 불운한 여행을 시작하자마자 그는
자신을 태워준 자동차 여행자 사망사고의 용의자가 된다. 사랑하는 여인 수는
같은 클럽 가수였는데 이상을 실현하기 위해 할리우드로 떠나갔다. 게다가 그는
베라〔앤 새비지(Ann Savage)〕라는 믿지 못할 요부의 거미줄에 걸린 것을 알게 된
다.(베라는 이미 사망한 자동차 운전자의 차를 탄 적이 있는 여인이었다. 그녀는 운전자
의 뜻밖의 죽음에 관해 자신이 알고 있음을 무기로 앨을 제멋대로 조종하려고 한다.) 베
라가 한 모든 행동과 비슷하게 — 상스럽게 속사포처럼 떠들어대고 술잔을 뒤로
던지는 등 — 그녀는 제멋대로 담배를 피운다. 싸구려 호텔방에 갇혀 비극으로부
터 벗어날 길을 찾으려 하던 앨과 베라의 세계는 지저분하기 짝이 없다. 담배꽁
초가 재떨이에 수북하게 쌓여 있고 빈 술병들이 나뒹구는 장면은 매우 인상적이

다. 궐련 흡연은 적어도 그 전체적인 묘사와 분위기에 비추어볼 때 영화에 매우 필수적이었다. 그래서 영화 포스터는 두 인물(앨과 베라)이 손에 궐련을 들고 가로등 기둥에 등을 맞대고 기대어 서 있는 모습을 담았다.

바이마르 영화와 그 뒤 할리우드 느와르―그리고 말할 필요도 없이 많은 다른 시대와 다른 장르―에서 성장한 흡연 스타일이 오늘날 현대 영화에서도 발견된다. 이 혈통이 가장 뚜렷하게 이어지는 장르가 네오 느와르이다. 최근에 돌풍처럼 등장한 이 장르의 영화들에는 이름난 흡연자들이 화면 가운데를 차지하고 있다. 조얼(Joel)과 에선 코언(Ethan Coen) 형제의 〈거기 없었던 남자(The Man Who Wasn't There)〉(2001년)는, 존재론을 되짚어보게 하는 아름다운 흑백영화이다. 주인공 에드 크레인〔빌리 보브 손턴(Billy Bob Thorton)〕은 무료한 이발사이다. 그는 월터 네프나 앨 로버츠와 마찬가지로 끝내 고통에서 벗어나지 못하고 고통스럽게 안으로 침잠하며 담배를 갈구한다. 함께 출연한 프랜시스 맥도먼드(Frances McDormand)는 이렇게 말했다고 한다. "손턴이 화면에서 연기한 모든 것은 담배 피우기와 숨쉬기이다."[14] 그리고 이 매우 단순한 행위들은 필름 느와르로 급변하는 데 영향을 미친다. 코언 형제가 외롭지 않다는 증거가 있다. 『뉴욕 타임스 (New York Times)』 최근 기사는 1990년―이때까지 흡연 장면은 위축되어 왔다고 한다―이후 영화 흡연 장면의 명백한 부활을 다루었다. 기사는 새로운 (그리고 물론 오래된) 현상을 '조명! 카메라! 담배!'[15]라고 표현했다. 『시애틀 타임스 (Seattle Times)』의 또 다른 기자는 할리우드에서 흡연이 다시 유행하는 현상을 쉬운 말로 표현했다. "흡연은 아직도 매우 멋지고 정말로 섹시하다."[16] 영화 속의 흡연은 특히 미국에서 거센 반발에 부딪혔고 미디어는 거의 부정적인 의학 연구 결과에 대해서만 관심을 보였다. 그러나 흡연은 여전히 관객들을 사로잡고 매혹시킨다. 흡연 반대 운동과 상관없이 이 중요한 버팀목이자 문화적 상징―로맨스와 반항, 자기반성과 주흥(酒興)의 기본 도구―이 가까운 미래에 우리 사이에서 사라질 일은 없을 듯하다. 역사적으로 전쟁과 평화의 시대에 영화는 문화적 현실도피 수단으로 작용했다. 또한 아름다움, 음모, 환상, 상상이 운명에 대한 걱정을 압도하는 세계로 관객들을 데려가는 수단이었다. 어느 비평가는 이렇게 썼다. '사람들이 흡연과 관련하여 거부하는 모든 것이 영화에서는 이루어진다. 그것은 섹시하다. 그것은 매혹적이다. 그것은 멋지다. 무대의 흡연은 문제가 될 수 있다. 레스토랑의 흡연은 환영받지 못한다. 그러나 카메라에서 강제로 금지시키는 것은 더 이상 통하지 않는다.'[17]。

||| 주

01. 《도박사 마부제 박사(Dr Mabuse)》에 대한 자세한 논의에 대해서는, Tom Gunning의 최근작 《프리츠 랑의 영화: 통찰력과 현대성의 우화(The Films of Fritz Lang: Allegories of Vision and Modernity)》(London, 2000), pp. 87-116, '위대한 선언가, 마부제: 지배와 협력(Mabuse, Grand Enunciator: Control and Co-ordination)' 참조. 또 Lotte Eisner의 《프리츠 랑(Fritz Lang)》(London, 1976), pp. 57-67도 빼어난 저술이다.

02. 예를 들면, 웹사이트 http://smokingsides.com/asfs/D/Dietrich.html 참조.

03. 이 특별한 영화 장면의 대사는 독일 원고의 영어 번역판에서 인용한 것이다. Josef von Sternberg, 《블루 엔젤(The Blue Angel)》(London, 1968), pp. 58-9 참조.

04. Richard Klein, 《담배가 최고(Cigarettes Are Sublime)》(Durham, NC 그리고 London, 1993), p. 160.

05. Steven Bach, 《마를레네 디트리히: 삶과 전설(Marlene Dietrich: Life and Legend)》(New York, 1992), p. 74에 인용됨.

06. Anton Kaes, 《엠(M)》(London, 1999), pp. 45-6.

07. Carl Neumann, Curt Belling, Hans-Walther Betz, 《영화-'예술', 영화-콘, 영화 부패: 영화 40년의 고찰(Film-'Kunst', Film-Kohn, Film-Korruption: Ein Streifzug durch vier Film-Jahrzehnte)》(Berlin, 1937). 사진 합성물은 G. Asper의 새 연구 《'죽음보다 나은 것': 초상화, 영화, 기록(Etwas Besseres als den Tod……': Portrats, Filme, Dokumente)》(Marburg, 2002)에도 재등장한다. 또 Eric Rentschler가 나치 영화에서 이 책의 의미를 간단히 밝힌, 《미망의 내각: 나치 영화와 그 사후(Ministry of Illusion: Nazi Cinema and its Afterlife)》(Cambridge, MA, 1996), pp. 155-6 참조.

08. 1944년의 평론 '하층민으로서 유대인: 숨겨진 전통(The Jew as Pariah: A Hidden Tradition)'에서, 한나 아렌트(Hannah Arendt)는 비유대계 배우 찰리 채플린─'유대인(Jewish)' 영화, 예를 들어 〈위대한 독재자(The Great Dictator)〉(1940)를 분명히 연출한─을 하이네, 카프카 등과 같은 문화적·정치적 계통에 둔다. 그녀의 저서 《하층민으로서 유대인: 현대 시대에 유대인 정체성과 정치학(The Jew as Pariah: Jewish Identity and Politics in the Modern Age)》, Ron H. Feldman 엮음(New York, 1978), pp. 67-90 참조.

09. Kaes의 로르/베케르트에게 감지되는 유대인 특성, Kaes, 《엠(M)》, pp. 71-2.

10. 격노에 대해서, Gunning, 마부제(Mabuse)', pp. 212-34 그리고 Eisner, 《프리츠 랑(Fritz Lang)》, pp. 160-76 참조.

11. Timothy Corrigan, 《영화에 관한 저술의 간편 길잡이(Short Guide to Writing about Film)》, 두번째 판(New York, 1994), pp. 22-3에 인용.

12. 원래 각본과 같이 이 장면에 대해 자세히 알 수 있는 것은, Billy Wilder, 《이중 배상(Double Indemnity)》(Berkeley, CA, 2000), pp. 10-11.

13. 울머의 영화에 대한 날카로운 분석은, Andrew Britton의 '우회(Detour)', 《필름 느와르에 대하여(The Book of Film Noir)》, Ian Cameron 엮음(New York, 1993), pp. 174-83 참조.

14. Brian Rooney, 담배를 피우는 스타들과 비평가들: 등장인물들이 더 자주 흡연하고 있음을 밝힌 최근의 연구(Stars Smoke, Critics・Fume: A New Study Finds Movie Characters are Lighing Up More Often)', ABCNEWS.com, 2001. 1. 19.

15. Rick Lyman, '80년대: 조명! 카메라! 담배!(In the 80's: Lights! Camera! Cigarettes!)', 『뉴욕 타임스(New York Times)』, 2002. 3. 12.

16. Misha Berson, '할리우드 팬들이 새로운 흡연의 열풍을 내뿜다(Hollywood Fans Flames of New Smoking Craze)', 『시애틀 타임스(Seattle Times)』, 1996. 9. 15.

17. Mick LaSalle, '할리우드가 영화에서 다시 담배를 피우다(Hollywood Lights Up Again at the Movies)', 《샌프란시스코 크로니클(San Francisco Chronicle)》, 1996. 11. 5.

공허의 상징, 흡연

던 말런 | Dawn Marlan

　▪▫ 담배가 그 학명―니코티아나―을 가지게 된 것은 장 니코(Jean Nicot)의 지혜 덕택이다. 그는 1559년 리스본(Lisbon) 주재 프랑스 대사였다.[01] 그가 담배를 프랑스 왕궁으로 가져왔을 때는 온갖 증세에 신비하고도 강력한 치료 효과가 있는 만병통치약으로 알려졌다. 따라서 프랑스에서 담배 흡연은 오락이 아니라 의학에 속한 행위 또는 방식이었다. 이 과학적 또는 의학적 틀 그리고 담배가 사람의 건강에 좋게 또는 나쁘게 여겨지는(도덕적으로 다루어질 수밖에 없는) 문제에 대한 탐구는 유럽에서 담배의 도입과 흡연에 관련된 역사 문헌의 많은 부분에서 다루어진다. 유명한 담배 역사학자 네드 라이벌(Ned Rival)은 이렇게 쓴다. "담배의 선사시대에 흡연이 즐거움이나 오락으로 등장하지 않는다는 것은 매우 주목할 만한 일이다. 기록자들은 기껏해야 담배가 배고픔을 달래고, 피로를 풀어주며, 취기를 일으켰다는 사실들만을 늘어놓는다."[02] 그러나 배고픔을 달래고, 피로를 풀어주며, 취기를 일으키는 물질이, 즐거움이 아니라면 무엇을 생산한단 말인가? 담배와 즐거움 간의 연관이 소홀히 다루어지기는 했어도 이들 기록에 암시적으로 존재함은 사실이다. 담배가 유럽에 전해졌을 때 담배는 의학적 틀

속에서 논의되었지만 즐거움에 관한 의문이 담배의 정착 과정에서 빠진 적은 없었다. 담배가 억압되거나 거부될 때(반드시 이 경우를 말하는 것은 아니지만)에도 이와 마찬가지였다. 이 때문에 프랑스 사람들과 흡연과의 연관은 그것이 속해 있던 쾌락의 문화사에서 벗어날 수 없다.

흡연의 즐거움이 비교적 드러나지 않았던 것은 그 의문의 복합성 탓일지도 모른다. '어떤 것을 즐거움이라고 부를 수 있는가?' 리처드 클라인은 이런 의문을 제기하고 담담하게 흡연의 즐거움을 강조한 소수 학자들 가운데 한 사람이다. 그의 저서 《담배가 최고다》(1993년)는 프랑스에서 이 주제를 다룬 주요 문화적 저술 가운데, 흡연에 대해 난해하면서도 주목할 만한 해석을 제공하는 유일한 연구 자료이다. 클라인의 연구는 그 범위와 통찰력에서 내 글의 출발점이 되었다. 그러나 나는 프랑스 사람들과 흡연과의 관계에 대해 그와 다른 결론을 내렸다. 클라인에게 흡연의 즐거움은 칸트적 숭고함에 속한 체험의 질서이다. 내 관점에서 프랑스 문화 전통 속의 흡연은 무엇보다도 공허를 수반하는 즐거움이었다.

담배의 역사를 살펴볼 때 즐거움을 겉으로 표현한 일은 드물지만 아예 없는 것은 아니다. 몰리에르(Molière)의 〈돈 후안(Don Juan)〉— 교도소와 부르주아 세계에서 흡연 금지가 널리 퍼진 때였는데도 1665년 루이 14세 앞에서 상연된 — 에서 담배는 꼭 필요한 즐거움이라고 표현된다. 돈 후안의 하인은 '담배 없는 삶은 살 가치가 없는 것'이라고 선언한다. 우리는 그것을 유혹의 임무에서 나온 진술로 이해해야 한다.[03] 이 언설은 담배가 즐거움 — 호색한의 뚜렷한 목표인 일종의 성적 즐거움 — 과 관련됨을 암시할 뿐 아니라 공허함을 둘러싸고 있는 즐거움과 특정한 연관이 있음을 드러낸다. 담배는 요구받지 않은 관대함을 베풀게 하기 때문에 사람들을 고결하게 만든다고 스가나렐(돈 후안의 하인—옮긴이)은 말한다. 사람들은 다른 사람들이 담배를 달라고 하기도 전에 먼저 담배를 권하기 때문이다('au-devant du souhait des gens').[04] 욕망이 생겨나기도 전에 욕망을 충족시킨다는 것은 공허의 예방처럼 보일 것이다. 그러나 공허를 예방하려는 노력 가운데, 호색한은 공허를 확보한다.

《문학적 언화행위(The Literary Speech Act)》(1983년)에서 쇼샤너 펠먼(Shoshanah

Felman)은 반복(anaphora)의 관점에서 〈돈 후안〉을 해석한다. 반복을 통해 앞쪽 일들이 표면적으로 되풀이되며 종말을 향해 치닫는다.[05] 돈 후안이 앞쪽 일들을 반복함으로써 수많은 여성 편력으로 귀결되고 여성들은 등가원리 다시 말해 동일성이 없는 동일한 여인들의 가역성에 따라 동일한 것의 무한한 연쇄 가운데 일부가 된다. 돈 후안에게는 성적인 이야기가 발전되면 안 된다. 그 관계들은 그가 남발하는 결혼 약속만큼 공허해야 한다. 욕망의 대상들은 특이성을 잃는다. 돈 후안의 유혹 방법은 그의 희생자들에게 '이별(즉 공허)이 유혹의 필수적 측면'[06]임을 가르치는 데에 있다. 몰리에르는 연극 앞부분에서 담배를 찬양함으로써 즐거움을 공허한 성애로 보는 그의 철학을 드러낸다.

공허한 즐거움이란 담론은 대부분의 주요 문학 텍스트가 다루고 있다. 비록 그 가치는 저마다 다를지라도 현대 프랑스에서 즐거움이란 무엇인지를 알려준다. 예를 들어 17세기에 몰리에르와 더불어 라 파예트(La Fayette) 부인의 《클레브 공작부인(La Princess de Clèves)》(1678년)는 즐거움이 여성들에게 실현되지 않은 공상만큼이나 공허하게 다가가는 것으로 본다. 18세기에 라클로(Pierre Choderlos de Laclos)의 전형적인 방탕자 소설 《위험한 관계(Les Liaisons dangereuses)》(1782년)는 권력에 종속되는 한 즐거움은 공허한 것으로 묘사한다. 그리고 19세기 구스타브 플로베르(Gustave Flaubert)의 사실주의 소설 《보바리 부인(Madame Bovary)》(1857년)과 위스망스(Joris Karl Huysmans)의 퇴폐적인 소설 《역로(A Rebours)》(1884년)는 즐거움은 만족시킬 수 없기 때문에 공허한 것으로 드러낸다.

궐련이 인기를 끈 것은 19세기였다. 루이 나폴레옹이 줄담배를 피우는 본보기를 보여주었고 1848년 대변혁이 시작되면서 담배 소비가 늘어났다. 담배의 가치는 의학적 지위보다 미학적 지위와 관련하여 공공연하게 평가되었다. 그러나 궐련 흡연에 대한 클라인의 설명은 코담배를 맡았던 돈 후안의 에로티시즘(양적 축적, 의미의 부재, 부가 원리와 등가 원리를 수반하는)에 대한 펠먼의 묘사와 여전히 매우 비슷하다. "담배 한 개비 한 개비는 다른 담배를 함축한다. 흡연자는 연속으로 담배를 피운다. 담배 한 개비 한 개비는 필연적인 그 후계자를 계속 불러낸다……"[07] 코담배에서 궐련으로의 이동(몇 세기에 걸쳐 이루어진)에서 즐거움의 동일한 구조는 보존된다.

클라인의 책은 19세기 문학과 비평서에 묘사된 흡연의 즐거움을 열거한다. 시어도어 뷰렛(Theodore Burette)의 《흡연자의 생리학(La Physiologie du fumeur)》(1840년)은 흡연자와 흡연녀(grisette, 외설적이고 중독된 여자)[08]를 똑같이 다룬다. 샤를 보들레르(Charles Baudelaire)의 《1848년의 살롱(Les Salons de 1848)》에서 로레트(lorettes)라 불리는 하층계급 매춘부들은 궐련을 피운다.[09] 쥘 라포르그(Jules Laforgue)의 1861년의 시 〈궐련(La cigarette)〉은 궐련을 아름답고 위험한 여인 다시 말해 로레트와 동일시한다.[10] 그리고 메리메의 소설 《카르멘》(1845년)에서 여주인공은 문학 최초로 궐련을 피운다. 클라인은 그녀가 법외자, 마법사, 매춘부와 같다고 주장한다.[11] 클라인에 따르면, 여성들 사이의 흡연은

> 섹슈얼리티를 무대에서 드러내고 돈을 받는 이들, 바로 여배우, 집시, 매춘부에게서 처음 시작되었다. 그러한 여성들은 수동적으로 즐거움을 얻지 않고 도전적이고 적극적으로 즐거움을 찾음으로써 전통적인 역할을 배반한다.……사실 그녀는(흡연하는 여자) 훨씬 자유로워 보이기 때문에 훨씬 매력적일 수 있다.[12]

클라인의 관점은 흡연의 좋은 점에 맞추어져 있기 때문에 그는 흡연하는 여인의 이미지를 매력적으로 그린다. 그가 이들 이미지에서 주목하는 매력 — 그들이 제공하는 쾌락보다 아마 더 중요한 — 을 구성하는 데에 중요한 것이 공허함이다.[13] 공허에서 매력이 생겨난다는 것은 주관에 대한 모욕으로 비칠 수 있지만 공허는 모순적인 면을 제공한다. 한편으로는 존재에 대한 환상을 제공한다. 그것은 개인사에서 드러나는 관능적 분위기이다. 다른 한편으로는 부재와 맞닥뜨림(다시 말해 개인사가 지배하는, 상대방의 공허와 마주침)을 통해서 어떤 느낌과 비애감을 제공한다. 그러나 클라인의 도식화에서 죽음의 역할이 두드러지는 것과 상관없이 여기서 클라인이 강조하는 것은 공허가 아니라 권한이다. 흡연이 칸트적 범주인 최고의 자리에 놓일 때 매춘부들은 스스로 쾌락을 즐긴다. 초라한 오두막을 "피어오르는 궐련 연기가 초월한다". 그리고 흡연자들은 "모든 연기 속에 담긴 공포감이 깨닫게 하는 유한성을 위엄 있게 인식하며 전율할 수 있다".[14]

흡연을 미학적 현상으로 다루는 내 해석을 클라인의 해석과 차별화시키는 것은 진부함이라는 매우 비철학적인 범주이다. 진부하고 지속적인 전율을 주지 못한다면 흡연은 관심의 대상조차 될 수 없다. 그것이 진부하다면 자유와 자기만족의 상징인 로레트의 흡연은 위에서 설명한 프랑스 전통 속에 확고히 자리 잡을 수 없다. 프랑스 전통 속에서 흡연은 초월이나 자유의 에로티시즘이 아닌 공허의 에로티시즘을 의미한다.

우리가 프랑스의 흡연을 관능적 자유분방함과 연관짓는다면 그리고 그 관능적 자유분방함이 '영원성의 최고의 암시'[15]로 해석된다면 그것은 프랑스 흡연의 오랜 상징적 이미지들—프랑스 전통과 다른 이미지들—이 영화적이기 때문이다. 누벨바그(nouvelle vague, 프랑스 뉴웨이브)는 이런 이미지를 매우 많이 생산한다. 고다르(Godard)의 1960년 작품 〈네 멋대로 해라(A bout de souffle, Breathless)〉 마지막 장면에서 장 폴 벨몽도(Jean-Paul Belmondo)가 담배를 깊게 들이마시며 숨을 거둘 때부터 흡연은 '자기 파멸이 절대 자유가 되는 파리지앵의 태도—성적, 문화적, 무엇보다도 정신적 태도'와 멋지게 죽을 권리를 상징하기 시작한다.[16] 반항과 자기만족의 몸짓으로서 흡연은 구스 파르(Gus Parr)가 누벨 바그 틱(tic, 안면 경련 같은 병리현상—옮긴이)[17]이라 불렸던 것이 된다.

내가 주장해온 프랑스와 흡연의 관계—흡연이 즐거움과 그에 수반되는 공허로 특징지어지는 관계—가 가장 뚜렷하게 드러나는 때는 즐거움이 자유와의 연관에서 풀려나는 순간이다. 장 외스타슈(Jean Eustache)의 1973년 칸 수상작 〈엄마와 창녀(La Maman et la Putain)〉는 모든 진부함 속에서 흡연을 1968년 이후의 환멸과 연결시킨다. 영화에서 이용하는 흡연은 학생 운동과 누벨바그에 대한 논평이다. 학생운동과 누벨바그는 모두 전통적 즐거움의 붕괴와 새로운 즐거움의 창조 특히 자유와 연관된 즐거움의 창조에 이바지한 운동이다.[18] 외스타슈에게, 흡연은 누벨바그와 학생운동이 표상했던 자유로서의 즐거움이라는 담론을 중단시키고, 공허라는 범주에 대한 전통적인 프랑스 관점과 더 잘 어울리는 즐거움이라는 개념으로 대체한다. 그러므로 이 영화를 해석함으로써 매우 프랑스적인 흡연의 '공허한 즐거움'에 대한 관계를 자세하게 드러낼 수 있다.

220분이 넘도록 〈엄마와 창녀〉는 영화가 아닌 듯한 일상적인 대화들을 쏟아

＊ 위스타슈의 1973년 영화 〈엄마와 창녀〉의 스틸 사진들.

내고, 그 대화들은 섹스에 의해 중단되곤 한다. 거의 모든 대화 — 카페, 아파트, 빌린 자동차, 센 강변에서 — 에는 흡연이 동반된다. 가장 말을 많이 하는 알렉상드르[장 피에르 레오(Jean-Pierre Léaud)]는 집도 없고 직업도 없다. 그는 조금 연상인 마리[베르나데트 라퐁(Bernadette Lafont)]와 함께 산다. 마리는 알렉상드르의 자유연애주의에 마지못해 동의한다. 병원에서 작은 방 하나만 맡고 있는 간호사이며 자기를 원하는 남자와 스스럼없이 잠자리를 갖는 베로니카[프랑수아 르브룅(Françoise LeBrun)가 등장한다. 영화의 긴장은 마리와 베로니카 가운데 누굴 선택하느냐와 둘 사이의 대립 그리고 증폭되는 질투에 있다. 이를 통해 영화는 마리의 자살 기도 그리고 영화 마지막의, 때가 적절하지 않은 청혼으로 이어진다.

전개되는 장면에서 흡연은 두드러지게 나타나지만 그것이 대화의 주제로 떠오르지 않으며 장식적 기능을 가지고 있는 것으로 보이지 않는다. 그러나 영화에 등장하는 사물들은 있어도 그만 없어도 그만인 것을 보여주기 위해 이용되지 않는다. 오히려 흡연은 미장센에서 영화적 담론의 일부로서 카메라 앞에 계획적으로 놓인 지배적인 시각적 요소이다. 외스타슈가 '장 피에르, 베르나데트, 프랑수아 같은 등장인물처럼 많이' 고민했던 레코드플레이어처럼 알렉상드르의 담배는 등장인물로서가 아니라 상징으로서 중요한 기능을 한다.[19]

고다르의 조감독으로 시작해서 누벨바그를 발전시키고 완성한 외스타슈는 고다르 작품의 특징인 '이미지 건설(image-buiding)'에 분명히 관심이 있다.[20] 피터 월렌(Peter Wollen)은 이 과정을 '표상으로서의 역할에서 벗어나 상징적 암호들, 복잡한 암호의 상징들 속에서 의미론적 기능이 부여된'[21] 이미지들이라고 설명한다. 상징은 추상적 특성, 장점 그리고 아마도 더 적절하게는 사물의 상태를 풍자하는 이미지이다. 흡연은 신체 내부를 (그리고 그러한 내면을) 연기가 채우는 공간으로 정의함으로써 공허를 구체화한다. 가치의 공허함을 표현하고 건강과 행복 이상을 넘어서는 지위를 의미함으로써, 흡연은 영화의 이데올로기적이고 철학적인 모순들에 해답을 제공한다. 그리고 결국 공허로서의 흡연은 자유의 부정적 형태로 나타나며, 누벨바그의 탄생부터 학생봉기의 파국까지 10년 동안 유행했던 즐거움에 대한 이해를 전도시킨다.

놀랍게도 이 자유의 전도—부자유가 아닌 공허로의 전도—덕택에 영화는 비평가들이 '심히 반동적'[22]이라 했던 것과 반대가 된다. 물론 영화가 반동 정치를 지탱한다고 보이는 몇 가지 근거들이 있다. '파시스트가 판을 치는' 미장센, 과거의 확실성에 대한 향수, 가톨릭으로의 마지막 선회가 그것이다. 그러나 그 정치성을 비난한 바로 그 비평가들 가운데 많은 이들이 그들의 비평과는 달리 감동을 얻는다. 이는 외스타슈가 반동 정치학을 매혹적으로 만들거나 아니면 내가 앞으로 밝히려는 바와 같이 비평가들이 공허함을 부적절한 정치적 알맹이들로 잘못 해석하는 오류를 저지르기 때문이다.

알렉상드르의 관점은 마지막까지 영화를 지배한다. 영화의 정치학이 형성되는 것도 그를 통해서이다. 정복자 알렉산드로스 대왕의 이름에서 따온 알렉상드르는 그의 이름에서 느껴지는 정복 능력을 오로지 한 여자를 정복함으로써 전도시킨다. 그녀는 이미 황폐해진 여성이다. 그가 성적으로 정복한 베로니카는 타락한 여자이다. 이론적으로 제국주의자이고 본능적으로 반사회주의자이며 그러면서도 말로는 반자본주의자인 알렉상드르의 정치학은 소비사회를 반대하는 그의 입장에서 고수된다. 그는 특히 생산을 반대하는데, 아이러니하게도 알렉상드르가 태생적인 소비자가 될 수 있는 것은 생산 덕택이다. 알렉상드르의 정치학은 이 소비 경제와 연관해서만 이해될 수 있다.

레스토랑 파란 기차(Le Train bleu) 장면은 무익한 소비의 지배를 드러낸다. 먹는 것은 필요하면서도 쓸모없는 소비 행위로 그려지고, 흡연은 존재하지 않는다. 식사를 할 때 알렉상드르는 그의 지배적인 경제 원칙으로 공허함을 끌어들인다. 베로니카가 "우리 어떻게 살지?" 하고 묻자, 알렉상드르는 프랑스 퇴폐주의를 반영하는 문구로 대답을 대신한다. "난 지루한 게 좋아.……무의미한 게."[23] 그러나 공허는 지성적인 지위를 갖는 것이 아니라 신체 조건으로도 표현된다. 이 장면은 레스토랑 바깥에서부터 투명한 회전문을 통과하면서 시작한다. 이는 신체 섭리를 외부와 내부의 순환적 통로로 정의하는 건축적 은유이다. 또한 레스토랑에 갔을 때 알렉상드르와 베로니카는 배고프지 않았고, 둘은—빌린 돈으로—즐거움 없이 식사를 한다. 식사는 매우 불필요하고 배고픔을 대신하는 그들의 공허함을 입증하기 위한 것이다.

먹는 일을 소비라는 유용한 행위로 확립하기 위해 흡연은 여기서 상징으로서는 배제되었다. 따라서 이 장면(배고픔, 채무만으로 다 드러낼 수 없는 공허한 분위기)을 구성하고 있는 지적·신체적·경제적 형태의 공허는 다른 기의(signifier)들에 의지한다. 흡연이 상징으로서, 예를 들어 회전문과 차별화되는 것은 휴대성과 변형성 때문이다. 상징의 적응성(adaptability)은 알렉상드르의 적응성을 반영한다.

사실 모순적이고 상호 배타적인 세계관에 대한 알렉상드르의 적응성은 영화의 정치학을 추적하기 어렵게 한다. 그러나 그가 차용하고 있는 다양한 입장과 상관없이 영화는 파시스트적 해결책도 부르주아적 해결책도 주장하지 않는다.[24] 먼저 알렉상드르의 이름 없는 친구(우연하게도 여송연 흡연자)도 전 애인 질베르트(Gilberte, 친구는 파시스트이고, 전 애인은 자기만족적 부르주아)[25]도 세계관을 지배하지 않는다.[26] 둘째, 알렉상드르는 친구의 책에 끼워져 있는 나치 친위대 사람들 사진에 당황스러워한다. 마지막으로 알렉상드르와 베로니카는 다양한 다른 정치 철학적 경향들 예를 들어 퇴폐주의, 실존주의, 염세주의를 차용한다.

이들 경향은 서로 모순을 일으키기도 하지만 모두가 공허라는 개념과 흡연 행위에 각자 연관성을 갖고 있다. 퇴폐주의에서 감각들은 흡연 행위처럼 무감각해지는 극한까지 추구된다. 매우 비논리적인 행위로서 흡연은 실존주의의 불합리 ─복잡한 양면가치를 지닌 모든 것─와도 양립할 수 있다. 그러나 알렉상드르가 차용하는 모든 담론 가운데에서는 염세주의가 비록 엄밀하지는 않다고 해도 철학적 세계관과 삶의 방식으로서의 흡연 사이의 연관을 가장 잘 설명해준다. 모든 가치의 재평가를 요구하는 시스템 또는 전통적 가치 서열의 공허함을 드러내는 시스템에서(전통적 가치들을 헛되이 갈구할 때에도) 흡연은 건강과 행복의 가치를 더럽히는 행위가 아니며, 그 가치들처럼 건강과 행복을 압도하겠다고 하지도 않는다.("사람들은 더는 믿지 않아. 그게 파리의 장점이야.……사람들은 슬퍼." "내게 영향을 미친 건 네가 아니라 내 고통이야.")[27] 염세주의는 알렉상드르와 그의 친구들의 흡연을 그냥 허락한 것이 아니다. 그것은 거의 모든 장면에서 나타나는 흡연 문화, 건강과 힘의 경제 바깥의 문화를 고집한다.

가치들이 염세주의적으로 반전하는 가장 훌륭한 본보기는 알렉상드르의 일에 대한 비평이다. 그는 심지어 자신의 즐거움을 위해서조차 일하기를 거부한다. 그 이유는 여자를 유혹하기 위해서거나("내가 누군가에게 관심이 가면 그녀는 이미 호감을 느끼고 있지.")[28] 누군가와 끝내기 위해서이다.("시간이 해결해 주겠지.…… 내가 다른 사람의 일을 해야 한다고 생각하지는 마.")[29] 이러한 맥락에서 흡연과 이야기가 넘치는 카페는 흡연 특유의 수동적 행위의 중심 장소가 된다.[30] 그는 매일 오후 플로르(Flore, 카페 이름—옮긴이)에서 '직업처럼' 책을 읽겠다는 의지를 발표하지만 알렉상드르는 결코 그 일을 하지 않는다. 대신 그는 떠든다. 그러나 대화를 통해 진보하기보다 알렉상드르는 담배 연기와 모순적인 언설만 줄기차게 뱉어낸다. 마치 그의 담화의 비생산성을 보증하고, 흡연을 자기파괴적이 아닌 행위로 고양시키기라도 하는 듯하다.

알렉상드르에게 생산적인 이데올로기적 담화가 불가능하다는 사실은 그가 사전처럼 말하는 사람들에게 관심을 보이는 것을 설명해준다. 그러나 그가 예로 드는 것은 그 의미의 신뢰성에서만 사전과 비슷하다.

모든 음절을 또렷하게 발음하는 아랍 남자가 있었어. 그는 이렇게 말했지. "흑인 여성은 특이한 방식으로 성행위를 하는 것 같소. 남자가 그의 성기를 여자의 질에 삽입하면 그것은 거기에서(qu'il y fait) 용광로(fournaise)의 열기를 내뿜는 듯하오. 한 식민지 관리가 내게 그렇게 말했소."[31]

식민 통치 권력과 동일시하려는 바람 속에 아랍 남자는 그가 차지할 수 없는 지위, 바로 권력자의 지위에서 흑인 여성과 섹스하는 것을 부러워한다. 이 지위 덕택에 관리는 폭력의 장소를 개인적 소비의 장소로 변형시킨다. 폭력적인 격정은 선천적 특성으로 변모된다. '그것(qu'il y fait)'이 남성의 생식기를 말하든 질(le vagin)을 말하든 열기의 원인은 가려지고 흑인 여성의 섹슈얼리티만 강조되면서 결과적으로 식민의 동기인 폭력을 인종과 젠더에 기반한 섹슈얼리티와 주관성의 속성으로 변화시킨다. 흑인 여성은 공허하고(용광로라는 용기) 위험스럽게 소모적(1920년대와 1930년대 영화의 흡연하는 팜므 파탈처럼)이다. 용광로라는 낱말(fournaise)이 파이프 대통(fournau)이라는 낱말과 연관되며, 전멸의 이미지가 중성의(또는 공허한) 즐거움(흡연)의 이미지를 뒤덮는 것은 놀랍지 않다. fournaise와 fournau의 언어적 관계는 노예 노동에 의존했던 산업을 언급함으로써 식민지배의 폭력을 드러낸다.[32] 관리의 말을 되풀이했던 아랍 남자의 말을 되풀이하면서 알렉상드르는 그 말의 내용뿐 아니라 건널 수 없는 바다 저 너머에 있는 타인을 부러워하는 그의 위치까지 재생산한다. 그는 아랍 남자와 마찬가지로 일관되고 대담하게 이데올로기적일 수 없기 때문이다.

이 예에서 반동적 특성을 지닌 언설을 알렉상드르가 공허하게 모방하는 것은 그가 반동적임을 입증하는 것이 아니라 정확히 그가 그렇지 않다는 것을 입증한다. 이와 비슷하게 임신한 애인이 자유연애를 버리고 영화가 명백하게 가톨릭으로 끝나는 것은 실제로 이런 몸짓을 매우 소박하게 낭만적으로 나타내는 것이다. 영화의 끝을 반동으로 해석하는 것은 베로니카가 가톨릭에 끌리게 되는 맥락의 요소들을 무시하기 때문이다.

공허한 사랑의 징표로서 흡연이 상징하는 것은 이 맥락의 요소들 가운데 하나이다. 예를 들어 마리는 엎질러져서 자신의 아파트를 더럽혀놓은 재떨이를 알렉상드르와 베로니카의 격렬한 성행위와 자기와 알렉상드르의 공허한 사랑을 드러내는 상징이라고 해석한다. 한편 알렉상드르는 담배 한 갑을 베로니카에게 주며 자신이 마리와 싸움을 끝낼 때까지 자동차에서 담배를 피우며 기다리고 있으라고 한다. 하지만 그는 언제까지나 마리를 사랑할 거라고 베로니카에게 말한다. 담배는 기다림의 지루함을 덜어주는 도구이면서 모든 곳으로 향하는 사랑의 대체물로 기능한다.

흡연이 사랑의 공허함을 상징한다면(고전적 개념의 사랑이 부족함) 영화의 중심 사건을 표현하는 장면에서 사랑이, 담배를 받아들이는 과정에서 의사들이 그것을 '만병통치약'으로 간주하는 동시에 '헴록, 독약, 아편보다 훨씬 위험한 독약'으로 간주하는 구조에 따라 작용하는 것이 우연은 아니다.[33] 개인들은 이 가운데에서 흡연의 방식을 선택하지만 문화 속에서 담배의 보급은 자크 데리다(Jacques Derrida)가 파르마콘(pharmakon)의 논리라고 부른 것에 따라 이해될 수 있다. 파르마콘은 독과 약이 공존하는 것이다.[34] 마리의 자살 기도로 이어지는 장면에서 '공허한 사랑'은 이와 똑같은 논리에 따라 이해될 수 있다.

이 장면은 알렉상드르가 베로니카를 담배와 함께 차에 남겨두고 온 직후의 장면이고 그의 질투가 마리의 디너파티 중단을 초래한 직후의 장면이다. 마리의 아파트로 돌아간 알렉상드르는 베로니카에게 말한다.

알렉상드르: 너는 암 수술도 하고, 끔찍한 통증도 치료하잖아.……이 고통을 멈출 약을 찾아본 적은 없니? 이건 처음이 아니야.……첫사랑부터 쭉 그랬어. 알지, 전에, 옛날에 말이야, 사람들은 성교를 했고, 짝이 되었지. 아무 문제없이. 모든 사람과 모든 사람이. 그 편이 나았어. 그런데 어느 날 누군가가 한 여자를 혼자서 차지하기로 했어. 자기만 혼자서……그는 자기가 무슨 짓을 했는지 몰랐지. 그런데 약은 없니? 주사든, 수술이든……그렇게 고통스러운 걸로…….

베로니카: 비타민 'M' (Aime/사랑)[35]을 먹어야 해.

알렉상드르의 언설에서 사랑은 고통을 불러일으키는 질병이다. 하지만 베로니카는 그 치료제로 사랑을 이야기한다. 이들의 위치는 선택할 수 있는 것들을 둘러싼 견해 차이를 나타내는 데 그치지 않고 파르마콘처럼 사랑이 독이기도 하고 약이기도 하다는 것을 나타낸다. 막다른 골목의 구조는 자유(또는 공허한) 사랑이라는 이데올로기를 그들이 유지할 수 없는 이상으로 만든다.

베로니카가 치료제(비타민 M — Aime)라고 말한 공허한 사랑은 고통을 치료하는 만큼이나 고통을 퍼뜨리기 쉽다. 베로니카는 자신의 내적 공허를 해부학적 사실로 이야기하는 장면에서, 알렉상드르의 '아름다운 혈관'에 주사를 놓고 싶고 그를 치료하고 싶다고 말한다. 그녀가 탐폰을 빼기도 전에 그는 그녀의 몸속으로 들어가고 그녀는 탐폰이 콧구멍으로 나오겠다고 한다. 치료약이면서 고통의 원인이라는 비슷한 혼란 속에서 마리는 간호사 베로니카가 곧 올 거라고 이야기하고, 알렉상드르는 '담배를 사러' 밖으로 나간다. 그가 돌아오자 베로니카는 마리와 함께 침대에 앉아 있다. 알렉상드르는 담배가 아닌 장미를 들고 두 여자 사이로 뛰어든다. "매우 아름답군." 마리가 비꼬듯이 말한다. "나 줄 거야?"[36] 알렉상드르는 화해의 몸짓으로 꽃을 내밀지만 꽃을 두 여인에게 내밀었다가 아무에게도 주지 않는 것으로 그 몸짓에서 화해의 뜻을 없애버린다. 그가 주는 장미는 물론 담배 — 공허 — 이며 그것은 그의 떠남의 동기가 되었다. 결국 베로니카가 알렉상드르의 병에 처방한 약은 비타민 M이 아니라 비타민 C(c'est/this is)로, 낭만주의를 엄정한 사실주의로 대체한다. 알렉상드르가 움찔하자 베로니카는 그의 약 때문에 부작용이 생긴다면 그것은 그의 잘못이라고 이야기한다. 치료와 질병이 불가분의 것임을 거듭 나타내는 것이다.

그러나 영화가 자유연애를 질병인 동시에 약으로 정의함으로써 자유연애를 반대하는 것이라면 똑같은 논리 — 흡연 논리 — 는 생식적 사랑의 필연성을 반대하며 영화의 가톨릭 신앙을 맥락화한다. 베로니카의 모성은 그녀의 시종여일한 매춘부 근성이라는 맥락에서 해석되어야 한다. 알렉상드르가 베로니카를 처음 만나는 장면에서 둘은 시선을 교환하고 번갈아 나오는 장면에서 깊이 담배를 빤다. "나는 한 여자를 만났다. 그녀는 골루아제(Gauloises)를 피운다." 클라인이 밝혔듯이 골루아제는 군인 제품이다.[37] 베로니카는 섹스 군인(sex soldier)이고 자유라는 (잘못된) 명목으로 스스로를 파멸시키며 의무라는 개념을 제멋대로 전도시킨다. 그녀는 자신이 이야기한 섹스 방식처럼 즐거움이나 집중 없이 빨리 담배를 피운다. 매춘부처럼 그녀는 즐거움 없는 섹스를 할 수 있다. 그러나 섹스 횟수가 늘어나도 전혀 재산의 축적은 이루어지지 않는다. 그녀를 부자로 또는 완전하게 만들기는커녕 베로니카의 소비는 그녀를 더욱 공허하게 만든다.

나는 애인이 있을 만큼 있어 봤어.⋯⋯섹스도 했어. 아마 나는 만성 질환자인가 봐.⋯⋯만성 섹스 질환.⋯⋯수많은 남자들이 그렇게 나를 원했어, 공허 속에서(dans le vide). 그들은 가끔 내 빈 공간에서 섹스했어.⋯⋯하지만 너도 알다시피 난 어느 날 한 남자가 와서 나를 사랑하고 내게 아기를 만들어줄 거라고 생각해. 그가 날 사랑하니까. 사람들이 함께 아기를 만들고자 하지 않으면 사랑은 유효하지 않아.[38]

베로니카의 '만성 섹스 질환'은 여기서 그녀의 흡연과 마찬가지로 공허함에 대한 중독으로 나타난다. 그녀가 제시하는 치료법(아기 만들기)은 그녀의 질환을 구성하는 동일한 행위 — '빈 공간의 섹스', 알 수 없는 공허 — 를 요구한다. 다시 말해 자신의 만성질환에 대한 치료법을 이야기하면서 베로니카는 만병통치약/독약 구조의 난국을 유지한다.

영화의 마지막을 장식하는 임신 사실은 보수적 가치에 대한 옹호로 보기 어렵다. 알렉상드르에 의해 임신했을지도 모른다고 이야기한 뒤 베로니카는 알렉상드르가 방까지 따라오자 놀란다. 시나리오에는 베로니카가 알렉상드르에게 하는 질문 ("여기서 뭐하려고 따라오는 거야?")[39] 에, "그녀는 보바리 부인처럼 말한다."는 지문이 들어 있다. 《보바리 부인》은 타락 이야기의 관습적 종말을 나타낸다. 타락은 끝은 당연히 죽음이다. 보바리 부인의 종말은 죽음이 아니라 자살이다. 임신이라는 종말을 자살이라는 종말에 비유함으로써 외스타슈는 임신의 파괴적이고 인위적인 특성을 해답으로 제시한다. 가톨릭 해답은 분위기가 훨씬 낙관적일 것이다. 만약 그것을 의

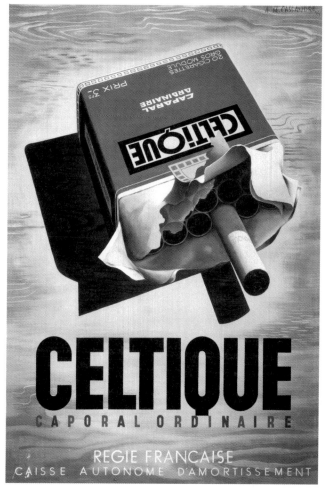

1934년 켈틱(Celtique) 담배 광고 포스터.

심한다면 베로니카가 구토를 시작하는데 이는 취했음을 뜻하며 임신 증상과 구분할 수 없기 때문이다. 마리의 자살 기도 때 알렉상드르가 마리를 토하게 해서 그녀가 주사한 독약을 제거하려고 했던 장면이 떠오른다. 독약은 베로니카의 약상자에도 매우 많았다. 영화의 끝을 장식하는 청혼은 질베르트의 약혼에 대해 믿을 만한 일인지를 물었던 알렉상드르의 반응을 떠올리게 한다. 그리고 영화의 마지막에서 베로니카 자신이 낭만적인 사랑의 해체를 조롱하는 듯하다. ("나랑 그렇게 섹스할 수 있는 사람은 너 말고 아무도 없어.")[40] 알렉상드르가 구석에 기대어 앉은 마지막 장면으로 영화가 끝남으로써 약혼은 아무것도 보장하지 않는다.

외스타슈의 영화는 정치학을 드러낸다기보다 정치학의 실패(그리고 그것보다는

덜하지만 누벨 바그의 실패)를 다룬다. 그것은 자유, 부자유와 즐거움 간의 관계를 표현한다. 그 관계는 흡연이라는 가시적 상징 속에 구체적인 형태로 주어지는 공허를 통해 더욱 잘 표현된다. 각각 엄마와 창녀로 표현된 마리와 베로니카는 흡연자들이다. 공허는 침대에 홀로 누워 에디트 피아프(Edith Piaf)를 듣는 엄마들에게나 가장 내밀한 갈등 속에 홀로 있는 매춘부들에게나 엄마와 창녀라는 범주에 해당하지 않는 이들에게 똑같이 속한다. 외스타슈는 우리가 공허를 유감스러워할 때 그 가치를 평가하게 한다. 그것이 만인에게 공통적이며 엄마들과 창녀들 사이의 다리라면 알렉상드르의 자기모순적 휴머니즘에 대한 마리의 해석은 옳다. 고정된 카메라 앞에서 담배를 흔들며, 클로즈업된 알렉상드르는 '거리의 사내가……미치는' 순간을 기념한다. 공허함, 유약함 심지어 광기까지 거부되지 않는다면 '재미있는 일이 일어날 위험이 있음'[41]을 알려주는 것이다.□

||||주

01. Count Corti, 《흡연의 역사(A History of Smoking)》, Paul England 옮김 (New York, 1932), p. 60.
02. Richard Klein, 《담배가 최고(Cigarettes Are Sublime)》 (Durham, NC 그리고 London, 1993), p. 11에 인용됨.
03. 같은 책, p. 181.
04. Molière, '돈 후안 또는 성의 향연(Don Juan ou le festin de pierre)', 《몰리에르의 완결극(Theatre complet de Molière)》 (Paris, 1882), p. 218.
05. Shoshnah Felman, 《문학적 언화행위:돈 후안과 오스틴; 또는 두 언어의 유혹(The Literary Speech Act:Don Juan with J. L. Austin; or, Seduction in Two Languages)》 (Ithaca, NY, 1983), p. 40.
06. 같은 책, p. 43.
07. Klein, 《담배가 최고(Cigarettes Are Sublime)》, p. 26.
08. 같은 책, p. 56.
09. 같은 책, p. 8.
10. 같은 책, p. 18.
11. 같은 책, p. 114.
12. 같은 책, p. 117.
13. 프랑스 전통에서, 욕망을 구조화하는 공허함을 채우는 데에서보다 그것을 모방하는 데에서 매력이 구성된다는 것은 놀랍지 않다.
14. Klein, 《담배가 최고(Cigarettes Are Sublime)》, p. 116-17, 2.
15. 같은 책, p. 2.
16. Gus Parr, '흡연(Smoking)', 《시각과 소리(Sight & Sound)》, 7/12 (1997. 12.), pp. 310-31. 파르는 또한 1920년대에 이미 흡연이 자유, 특히 여성 독립의 상징이었음을 지적한다. 그러나 〈숨을 거두며(A bout de souffle)〉에서조차, 법으로부터의 자유(예를 들면 죽을 권리)는 노예상태에서 이 자기만족을 손상시키는 문화적 질서로 필연적으로 이행하는 것임을 기억해야 한다.
17. 같은 책, p. 30.
18. 학생운동은 부르주아의 향락에 도전하고, 생식적 사랑을 조장하는 이데올로기를 자유 연애를 조장하는 이데올로기로 대체했다. 그러나 누벨 바그는 그 내용과 형식 모두에 있어 자유를 지지하며 부르주아 향락에 도전했다. Auteur 이론은

Alexandre Astruc의 caméra-stylo 개념과, 그 자유롭고 자연스러운 카메라 이용에서 산출되었다. Godard나 Resnais 같은 영화 감독들은 직접적인 이야기 구조로부터 벗어나려 했다. Louis Malle는 관습에 대한 도전을 다룬 영화를 제작했고, François Truffaut의 초기 영화들은 Gerald Mast가 '자유의 핵심적인 예술적 관념'이라 부른 것들을 토대로 했다. 현대 프랑스가 더욱 민주적이고, 더욱 자유롭고, 더욱 쾌락적으로 탄생한 1968년 5월에 대한 글들은, Claud-Jean Bertrand, '프랑스에서 새로운 탄생(A New Birth in France)', 〈미디어 연구 저널(Media Studies Journal)〉, 12/3 (1998 가을), pp. 92-9 참조. 누벨 바그에 대해 개괄하려면, Gerald Mast, 《영화의 짧은 역사(A Short History of the Movies)》, 네 번째 판 (New York, 1986), pp. 349-68.

19. Stephanie Lévy-Klein, '장 외스타슈와의 토론(Entretien avec Jean Eustache, 엄마와 창녀와 관련하여(à propos de la maman et de la putain))', 《긍정(Positif)》, 157 (1974년 3월), p. 54.

20. Lisa Katzman은 외스타슈의 '여성의 주관성과 남성의 불확실성'이 뉴웨이브를 확장했다고 주장한다. (p. 32) 이와 달리 Alan Williams는 외스타슈의 영화가 '누벨 바그 전성기로 후퇴'하는 것이라고 본다. Lisa Katzman, '세계의 끝(The End of the World)', 『영화 평론(Film Comment)』, 35/2 (1999년 3월-4월), pp. 30-37. Alan Williams, 〈이미지 공화국: 프랑스 영화 제작의 역사(Republic of Images: A History of French Filmmaking)〉 (Cambridge, MA, 1992), p. 393.

21. Peter Wollen, '고다르와 대항영화: 동품(Godard and Counter-Cinema: Vent d'Est)', 《이야기, 장치, 이데올로기(Narrative, Apparatus, Ideology)》, Philip Rosen (New York, 1986), pp. 123-4.

22. Jonathan Rosenbaum, '장 외스타슈의 엄마와 창녀(Jean Eustache's La Maman et la Putain)', 『시각과 소리(Sight Sound)』, 44/1 (1974-5. 겨울), p. 55. Pascal Bonitzer, '실내의 실험(L'experience en interieur)', 《영화 서적(Cahiers du Cinema)》, 247 (1973 7월-8월), pp. 33-6.

23. Eustache, 《시나리오(Scénario)》, p. 43.

24. 이러한 해석은 Keith Reader의 해석과 많이 일치한다. 그는 외스타슈의 영화를 5월 또는 5월 이후의 서로 다른 담론들에 대한 '다큐멘터리 몽타주'로 여길 수 있다고 본다. (p. 30) Keith Reader, '엄마, 창녀 그리고 남자(The Mother, the Whore and the Dandy)', 『시각과 소리(Sight Sound)』, 7/10 (1997. 10.), pp. 28-30.

25. 외스타슈의 질베르트는 Proust의 Gilberte 이름을 딴 것이다. Proust의 Gilberte는 오데트(Odette)의 딸이며, 엄마처럼 창녀다.

26. 사실 알렉상드르의 시아에서 이탈하는 것이 두 가지가 있다. (마지막 장면에서 마리와 베로니카가 각각 자신의 방에 있는 모습이 보일 때) 이는 여성들의 담화에 대한 알렉상드르의 지배권 상실과 영화에서 그들이 가진 주체성의 중요함을 모두 나타낸다.

27. Eustache, 《시나리오(Scénario)》, pp. 20-21, 16.

28. 같은 책, p. 19.

29. 같은 책, pp. 83-4.

30. Klein, 《담배가 최고(Cigarettes Are Sublime)》, p. 35.

31. Eustache, 《시나리오(Scenario)》, p. 72.

32. 아프리카 사람들을 대농장에 더욱더 많이 데려오기 위해 노예의 교환물로 담배가 이용되었다. 담배 경제의 순환적 본질에 대한 내용은, David T. Courtwright, 《습관의 힘: 약물과 현대 세계의 형성(Forces of Habit: Drugs and the Making of the Modern World)》 (Cambridge, MA, 2001), p. 149 참조 계약된 하인에서 아프리카 노예 노동으로 산업이 변화한 데에 대해서는, Jordan Goodman, 《역사 속의 담배: 의존의 문화(Tobacco in History: The Culture of Dependence)》 (London과 New York, 1993), p. 183.

33. Corti, 《흡연의 역사(A Hisory of Smoking)》, pp. 102-3, 185.

34. Jacques Derrida, '파르마콘(Le pharmakon)', 《전파(La Dissémination)》 (Paris, 1972), pp. 108-33.

35. Eustache, 《시나리오(Scénario)》, p. 103.

36. 엄마와 창녀(La Maman et la Putain), 장면 30. 마리의 대사는 영화에 나오지만 각본에는 없다.

37. Klein, 《담배가 최고(Cigarettes Are Sublime)》, p. 6.

38. Eustache, 《시나리오(Scenario)》, pp. 118-19.

39. 같은 책, p. 122.

40. 같은 책, p. 118.

41. 같은 책, p. 94. 외스타슈, 내 번역은 여기서 각본을 옮긴 것이 아니다. 각본에는 '아마 재미난 일이 벌어질 것'(il va peut-être arriver des choses intéressantes)이라고 표현되어 있다. 그러나 영화에서는 'il risque de passer des choses interessantes……'라고 나온다.

흡연과 미술

    □ 바이마르의 문화비평가 발터 벤야민(Walter Benjamin)은 그의 평론 〈일방통행(One-Way Street)〉(1928년)에서, "내 담배 끝에서 나는 연기와 내 펜촉에서 흐르는 잉크가 똑같이 편안하게 흐른다면, 나는 저술의 아르카디아(Arcadia)에 있는 것이다."고 썼다. 흡연은 창조성의 상징이다. 그러므로 16세기 이후 미술에서 흡연과 흡연자의 묘사에 집착한다는 것은 놀라운 일이 아니다. 흡연 행위 ― 아편이든 담배든 마리화나든 ― 는 창조 행위에 연관될 뿐 아니라 그 대행자가 된다. 흡연은 뜨겁기도 하고 차갑기도 하다. 그것은 복합적으로 작용하며, 창조성뿐 아니라 그것이 작용하고 있는 사회도 표현한다. 빌렘 클레스 헤다(Willem Claesz Heda)가 그린 관조적인 네덜란드 정물화 〈담배, 와인, 회중시계가 있는 정물(Still Life with Tobacco, Wine and Pocket Watch)〉(1637년)에서부터 이국적 화려함이 담긴 들라크루아의 〈알제의 여성들〉(1834년), 르누아르가 그린 아늑한 초상에서 파이프를 피우며 쉬고 있는 클로드 모네(Claude Monet)(1872년)에 이르기까지, 서구 미술은 담배를 이용하여 모든 화가들이 열망하는 바로 그 창조성을 비춘다. 루브르 박물관에 있는 샤르댕(Chardin)의 1737년의 정물 〈흡연실(La tabagie)〉에서 관찰자는 여느 방의 평범한 선반에 시선이 고정된다. 흡연자는 별생각 없이 긴 점토 파이프를 나무 상자에 걸쳐 두었다. 아직 불이 꺼지지 않은 대통에서 깃털같이 희미한 연기가 구불거리며 피어오르고 있다. 미술사학자 찰스 스털링(Charles Sterling)은 "이 사물들 속에서, 샤르댕은……어디에나 있는 것처럼 보이는 균형 잡힌 체계 가운데 하나가 어지러운 일상적 풍경 속에 숨겨진채 그들의 화가만을 기다리고 있음을 포착하여 표현한다."고 쓴다. 따라서 깃털같은 연기는 그 자체로 예술 세계의 덧없는, 그러나 미학적인 본질이다.

그 깃털 같은 연기는 영화의 세계로 이어진다. 빌리 와일더의 〈신셋 대로 (Sunset Boulevard)〉(1950년)에서 가느다랗게 연기가 피어오르던 글로리아 스완슨 (Gloria Swanson)의 우아하면서도 케케묵은 궐련 물부리 그리고 마이클 커티스의 〈카사블랑카〉(1942년)에서 릭의 눈으로 연기가 흘러들어가던, 험프리 보가트가 꽉 물고 있던 궐련은 모두 흡연의 기억들을 불러낸다. 흡연하면서 과거를 회상하는 장면에서 흡연 행위는 덧없는 연기의 의미 속에 숨은 차이점들을 관찰자가 이해하는 열쇠가 된다. 한 영화의 흡연 장면이 다른 영화 장면을 '예증'하는 경우도 그러한 모든 이미지가 연결되어 있음을 알려준다. 오손 웰스는 〈악의 손길〉(1958년)에서 삶에 찌든 멕시코인 타냐 부인을 연기한 마를레네 디트리히에게 입 끝에 여송연을 매달고 웰스 보안관에게 이야기하도록 한다. 이는 슈테른베르크의 〈블루 엔젤〉(1931년)에 나오는 매우 다른 장면인 연기와 섹스가 있던 장면을 떠오르게 한다. 마르셀 프루스트(Marcel Proust)는 옳았다. 과자(첫 장면에서 마들렌 과자를 먹으며 시간여행이 시작된다—옮긴이)에 대해서만이 아니라《잃어버린 시간을 찾아서(Remembrance of Things Past)》에서 "언젠가 들었던 소리나 맡아 보았던 향기를 지금의 일인 것처럼 떠올려보라.……그것은 시간의 질서에서 풀려나는 한 순간이다.……누구나 '죽음'이라는 말이 자신에게 아무 의미가 없음을 이해할 수 있다. 시간의 바깥에 놓이면 미래를 왜 두려워하겠는가?"라고 쓴 말이. 이처럼 흡연이 나타내는 것은 과거이면서 현재이면서 또한 미래이기도 하다. 그 미래에는 즐거움과 위험이 존재하지만 우리가 현실이 아니라 기억과 그 의미에 전념할 때 즐거움과 위험에 중재가 이루어진다.▫

— 얀 스텐(1629~1679), 〈파이프를 쥐고 앉아 있는 사람(Seated Man with a Pipe)〉, 캔버스에 유화.

위. 다비트 테니르스(1610~1690), 〈파이프를 피우는 여인(Woman Smoking a Pipe)〉, 캔버스에 유화.

아래. 제임스 길레이, 〈노예 계산서 분실 뒤 인자한 위로(Philanthropic Consolations, after the Loss of the Salve-Bill)〉, 1796, 에칭 채색.

Philanthropic Consolations, after the loss of the Slave-Bill.

- 에두아르 마네, 〈흡연자(The Smoker)〉, 1866년, 캔버스에 유화.

- 폴 고갱, 〈밤 카페(Night Café)〉,
1888년, 캔버스에 유화.

- 폴 세잔, 〈카드놀이 하는 사람들
(The Card-players)〉, 1890~1895,
캔버스에 유화.

- 조르주 브라크, 〈파이프가 있는 정물(Still-life with Pipe)〉, 1914년, 캔버스에 유화.

게오르그 그로스, 〈황혼(Dusk)〉, 1922년, 수채.

- 에른스트 루트비히 키르히너(Ernst Ludwig Kirchner), 〈모델이 있는 자화상(Self-portrait with Model)〉, 1910~1926, 캔버스에 유화.

- 수지 프림(Susie Freem)과 리즈 리(Liz Lee) 박사, 〈한 주에 한 보루(A Packet a Week)〉, 2002년, 나일론 단사 섬유, 담배꽁초, 뜨개 재떨이.

- 매기 햄블링(Maggi Hambling), 〈오스카 와일드와의 대화〉, 1854~1900, 1998, 청동, 애들레이드 가, 런던 WC2.

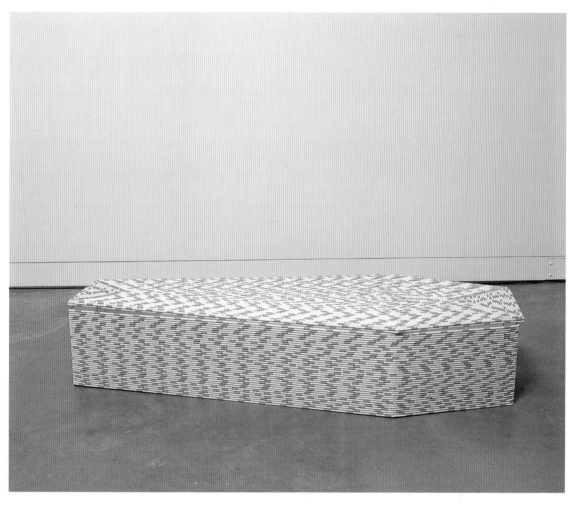

- 사라 루커스(Sarah Lucas), 〈고마워 그리고 잘 자〉, 판지 관, 퀼런, 형광등, 빨간 셀로판지, 2003년.

제3부

성(性) 그리고
민족성의 차이

SMOKING, GENDER AND ETHNICITY

Smoking, Gender and Ethnicity

유대인과 담배 산업

샌더 L. 길먼 | sander L. Gilman

■▫ 유대인과 흡연과의 관련을 뒷받침하는 신화는 시초부터 시작된 듯하다. 1492년 11월 2일, 크리스토퍼 콜럼버스는 쿠바라고 불리는 곳에 도착하여 선원 두 명을 보내 어떤 땅인지 알아보았다. 선원들은 11월 6일에 돌아와서 '연기를 마시는' 사람들이 사는 마을을 발견했다고 보고한다. 그들은 "타부코(tabuco) 한 끝에 불을 붙이고 다른 끝에서 빨았다.……그러자 그들은 멍하게 거의 취한 상태가 되었다." 두 사람 가운데 한 사람은 콜럼버스의 통역자인 루이스 데 토레스였다. 그는 "헤브루 말과 칼데아(아람) 말 그리고 아랍 말도 조금 할 줄 알았다."[01] 전설에 따르면 담배와 흡연을 유럽에 소개한 이는 이 루이스 데 토레스였다고 한다. 현대 학자들은 토레스가 그해 유대인과 무어인의 추방 뒤 에스파냐에 몰래 남아 있던 유대인 가운데 한 사람이었으리라고 추측한다.[02] 나중에 콜럼버스의 친구가 된 선교사 바르톨로메 데 라스 카사스가 널리 알려진 콜럼버스의 일기에 대한 해설로 펴낸 이 기록이 1825년에야 출판—그리고 그의 대표작《인도제국의 역사(History of the Indies)》는 1875년에야 출판—됨으로써 이 '전설'은 유대인과 담배를 둘러싼 19세기의 논쟁 속으로 들어간다. 19세기 후반의 학자들이 동유럽

학살 시기에 데 토레스와 유대인의 추방을 재빨리 연관짓고, 유대인과 담배를 밀접하고도 부정적으로 결부시킨 것 또한 그다지 놀랄 일이 못된다.[03]

라스 카사스의 기록이 출판되기 전의 1820년대―유럽 사회에 유대인이 적응하기 전―에 유대인과 흡연과의 연관은 긍정적인 것으로 보였다. 대부분 1492년 에스파냐에서 추방된 뒤 유럽 도시에 정착한 세파르디(Sephardi, 에스파냐 또는 포르투갈계 유대인―옮긴이) 유대인과 관련된 내용이었다. 이 유대인들은 분명히 다른 곳에서 온 이들이므로 사회 내의 국외자라고 할 수 있었다. 그들은 이국적으로 보였고 그들과 담배와의 연관은 그들을 더욱 이국적으로 보이게 했다. 그러나 유대인이 유럽에 적응한 뒤로 유대인은 그다지 두드러져 보이지 않게 되었다. 그러자 비유대계 사이비 과학계는 흡연과 유대인 관련설을 이용하여 유대인이 유럽 사람들과는 다른 인종적 본질을 가지고 있다는 그들의 주장을 뒷받침했다. 이 사이비 과학자들이 한 말은 세파르디 유대인이 아닌 그들과 함께 사는 동유럽 유대인의 정신과 몸을 일컬은 것이었다. 흡연과 유대인의 연관은 인종을 가르고 그 인종 범주를 유럽 밖의 중동이라는 이국적이고 원시적인 세계로 정하는 기능을 했다. 중동은 동유럽 유대인들이 속한다고 여겨지던 곳이다. 이 책략이 비극적이고 정치적인 인종 구분임은 오늘날에 와서 더욱 뚜렷이 알 수 있다.

유대인과 흡연 간의 관련이 순전히 상징적이기만 한 것은 결코 아니다. 유대인 개인들은 초기 현대 유럽의 담배 산업에서 중요한 역할을 했다.[04] 1612년 함부르크(Hamburg) 시의회는 포르투갈 출신의 세파르디 유대인들의 거주를 허가했다. 함부르크의 유대인들은 도시 안쪽에 살도록 허락받지 않았지만 게토에 살 필요는 없었다. 그들은 담배, 설탕, 커피, 코코아, 옥양목, 향신료 같은 이국적 물품들을 주로 도매로 거래하는 상인들이었다. 세파르디 거주지는 담배 같은 이국적 물품들과 연관성이 생겨났다. 세파르디 유대인들은 1683년 네덜란드의 주 그로닝겐(Groningen)에 다시 담배 상인으로서 정착했다. 유대인은 이국적 상품을 취급하는 상인으로 오래 인식되어 사람들은 유대인 하면 자연스럽게 이국적 제품들을 떠올렸다. 북유럽의 이국자로서 유대인들은 사치품이라는 담배의 긍정적 측면과 연결되었다.

담배가 주요한 유럽 상품이 되면서 유대인들은 담배의 재배와 처리, 가공에도 손을 댔다. 암스테르담과 함부르크 같은 도시의 전통적인 유대인 정착촌이 아닌 지역에서 유대인들은 우선적으로 시골의 직업에 종사하거나 작은 마을에서 살며 일했다. 19세기 초 독일 남서부의 바덴(Baden) 같은 주에서 유대인들은 프러시아와 라인란트에 사는 이들과는 달리 담배를 재배하고 가공하고 거래했다. 이 지역은 독일 담배 생산의 중심지였고, 유대인들은 19세기 초반부터 여송연과 파이프 담배를 구매하고 보존 처리하고 제조하는 중간상인으로 나날이 그 역할이 커졌다. 20세기 초반에 유대인들은 만하임(Mannheim) 시에서 전체 담배 관련 회사의 약 40퍼센트를 소유하고 있었다.[05] 더욱 전원적인 러시아제국에서, 카프카스 산의 유대인들〔타츠(Tats)와 다그추푸츠(Dagchufuts)라고도 알려진〕은 19세기까지 토지 소유와 경작이 허락되지 않았다. 그들이 가장 오래 종사한 직업은 쌀농사였지만 그들은 담배도 기르고 이에 따라 담배 거래도 했다. 합스부르크제국에서 유대인들이 담배 거래를 허가받은 것은 유대인 해방 직후였다. 세파르디 혈통인 디에고 다길라(Diego d'Aguilar)가 1743년에서 1748년까지 기독교 귀족을 중간상인으로 이용하면서 오스트리아에서 담배를 독점했지만, 1788년 이스라엘 회니그(Israel Honig)가 국영담배전매회사(State Tobacco Monopoly)를 설립했다.[06] 19세기부터 유대인들은 동유럽과 미국에서 담배업의 얼굴로 여겨졌다.

뢰서 앤드 볼프(Loeser and Wolf, 베를린 소재) 같은 회사는 담배업의 대명사가 되었다. 분할된 폴란드에서 레오폴트 크로넨베르그(Leopold Kronenberg)는 1867년에 생산된 여송연과 궐련의 25퍼센트를 생산했다.[07] 제1차 세계대전 이후에 유럽에서는 유대인과 흡연 산업의 관계가 변화했다. 폴란드 유대인은 국영담배전매회사에 고용이 금지되었다. 1930년대 초, 독일에 나치 정권이 들어서기 전에 나치돌격대 고위급들은 주요 궐련 생산자 하나를 '유대인 궐련'을 만든다는 이유로 고발했다. 회사 이사 한 명이 유대인이라는 것이 그 이유였다.[08] 반유대 논리의 렌즈를 통해서도 제1차 세계대전 뒤 유대인이 담배산업에 참여하고 있음은 명백히 관찰되지만 국외자 집단이 유럽으로 들여온 사치품이라는 안전판과는 더 이상 관련이 없었다.

17세기부터, 유럽 유대인들 또한 미국 담배업의 노동력이 되었다. 당시 아셀 앤드 솔로몬(Asher and Solomon) 같은 유대인 상사들이 코담배 시장을 지배했다.

키니 브라더스(Keeney Brothers)라는 유대인 회사는 '스위트 캐퍼럴스(Sweet Caporals, 감미로운 살담배라는 뜻—옮긴이)'를 팔았다. 이 담배는 19세기에 가장 많이 팔린 브랜드로, 이 회사에서는 유대인 노동자 2,000명을 고용했다. 1870년대와 1880년대에는 새뮤얼 곰퍼스(Samuel Gompers)가 여송연 노동자들을 조직하면서 노동조합운동이 시작되었다. 유대인들은 담배 소매상으로 규정되었다. 유대인과 흡연이 가진 연관의 역사를 살펴볼 때 미국이 간 길은 유럽과는 다른 길이었다. 우리는 여기서 유럽의 사례만 살펴볼 것이다.

그러나 유대인과 흡연의 연관성은 단순히 유대인 개인들이 담배 산업과 관계가 있다는 사회적 현실에만 근거하지 않는다. 아이슬란드에는 20세기 이전에 사실상 유대인들이 없었다. 하지만 수입 제품 가운데 하나가 유대인과 매우 밀접한 연관이 있다. 그것은 18세기 초 이후 핀란드 유대인들이 아이슬란드에 수출한 유대인 담배이다.[02] 이 사회적 사실은 유럽에서도 유대인과 담배를 둘러싸고 19세기에 걸쳐 더욱 발전한 유대인의 이질성 신화의 일부로 해석되었다. 그 신화가 아이슬란드처럼 머나먼 나라까지 알려졌다는 사실은 이 연관성의 힘을 드러낸다. 반유대주의는 이 연관성을 자기들에게 이롭게 이용했다. 사회 구조를 약화시키는 것으로 담배를 바라보는 이들은 그 기원을 유대인에게서 찾았다. 이 관점은 19세기 독일 낭만주의 시인들의 기독교 반유대 문헌에 서술되어 있다. 시인 클레멘스 브렌타노(Clemens Brentano)가 '독일-기독교위원회(German-Christian Table Society)'의 1811년 창립에 이바지한 것이 그 하나의 예이다. 그에게 '1696년 마르크 브란덴부르크(Mark Brandenburg)에 최초의 담배를 심었던 사람은' 유대인들이었다.

이렇게 그들은 우리 농민들의 발전을 가로막았고, 재배할 때부터 이미 고약한 냄새를 풍기는 이 식물로 흉악하게 증기 목욕을 하면서 그때 떠오른 죄스럽고 혼란스러운 사상을 퍼뜨렸다. 누구나 이 불쾌한 풀이 어떤 파멸을 초래하는지 알 수 있다. 가을이면 키가 크고 잎이 없는 줄기들을 볼 수 있다. 이 줄기들은 가난에 찌든 땅에 교수대처럼 우뚝 서 있다. 그것을 보면 예수가 모든 나무들에게 그의 몸무게를 지탱하지 말라 일러 모든 십자가가 무너지게 했다는 옛 유대 신화를 믿을 수 있다. 그러자 한 유대인이 마

귀의 땅에서 자라난 이 식물 줄기들을 길게 묶어 예수가 십자가에 못 박히도록 했다는 이야기를.[10]

유대인들 자신이 이 마취제에 깊이 중독되어 안식일에 흡연하지 않게 되어 있는 자신들의 율법을 파괴한다고 브렌타노는 말한다. 그들은 금요일에 큰 통에 연기를 불어넣어 토요일이 되면 불 없이, 다시 말해 담배에 불을 붙이는 일 없이 그 연기를 들이마셔 통을 비운다는 것이다. 브렌타노는 유대인들의 '눈에 띄는 유전 질환'이 바로 예수를 거부한 대가라고 생각한다. 흡연은 여기서도 유대인들의 선천적인 신체적·심리적 이질성의 징후를 설명하는 수단이 되었다.

클레멘스 브렌타노 같은 글쓴이들이 '무시무시하고 설명할 수 없는' 질병을 유대인 탓으로 돌렸던 것과 같은 맥락에서 흡연과 유대인을 둘러싼 논란은 19세기 후반에 다시 등장한다. 1858년 프랑스 신경학자 마르탱 샤르코(Martin Charcot)는 직업 초기에 '간헐적 절뚝거림(Claudication intermittente)'이라는 증상을 발견했다.[11] 이는 종아리에 통증과 마비가 자꾸 재발하면서 뻣뻣해지는 증세가 심해지며 결국은 다리를 완전히 쓰지 못하게 되는 증상이다. 겉으로 보아 정상적인 보행 리듬이 깨졌다는 것을 알 수 있다. 이는 걷기 같은 활동을 시작한 뒤 몇 분에서 한 시간 이내에 발생한다. 그러다가 증상이 저절로 사라지고 정상적인 보행 리듬으로 다시 걸을 수 있게 된다.

샤르코가 발견한 질환은 유대인의 병리학적 특성을 드러내는 하나의 자료가 되었다. 간헐적인 절뚝거림은 동유럽 유대인들과 관련된 특정 증상의 하나로 자리 잡았다. 1901년 바르샤바(Warsaw)의 히기어(H. Higier)는 긴 논문을 발표했다. 간헐적인 절뚝거림이 유대인의 인종적 기질의 상징이라는 견해를 정리한 논문이었다.[12] 그가 진찰한 23명의 환자들 대부분이 유대인이었고, 그는 질병의 원인이 '일차적으로 (환자들의) 신경적 기질과 말초신경계의 선천적 약점'에 있음을 발견했다. 히기어가 논문을 발표했을 당시 이것은 신경학 문헌에서 이미 기정사실이었다. 그런 증세는 동구의 시골에 사는 유대인 남성들에게서 발견되었다. 하인리히 싱어(Heinrich Singer)는 간헐적 절뚝거림을 '유대 인종에게 보편적으로 나타나는 선천적인 신경 증상……'[13]의 증거로 보았다. 이 둘 모두 반유대 담화이자 유대 하스칼라(Haskalah, 18~19세기 중부와 동부 유럽 유대인들의 계몽운동―옮긴이) 관점의 재판이다. 하스칼라는 동구 유대인들이 그들의 신앙 관습과 '2,000' 년 동안 받은 핍박 때문에 병을 앓고 있다고 본다. 유대 개혁가들은 병든 몸을 변화시키는 방법을 동구 유대인들을 사회적 속박에서 해방시키는 데에서 찾았다. 이 개혁가들은 동유럽 사람들의 몸속에 실병이 있다고 보고 유대인들의 몸을 그들과 격리시키려 했다. 유대인 역시 인종차별적 담론을 제기했다는 것은 아이러니하다.

현대 유대인의 몸이 보편적으로 허약하다는 증거를 찾지 않고 다른 방식으로 접근한 이는 바르샤바의 새뮤얼 골드플램(Samuel Goldflam)이었다.[14] 골드플램은 20세기 초반기에 가장 주목할 만한 신경학자 가운데 한 사람이었다.[15] 골드플램이 간헐적 절뚝거림 환자들을 분석한 내용 가운데 눈에 띄는 것

Mei' Cigarrenſpitz.

Was? ― Er wird ſchon „ſchwarz"!

은 그들 모두 동구 유대인이었다는 사실이 아니라 그들이 거의 모두 심한 골초들이었다는 사실이다. 따라서 신경질환이라는 꼬리표를 달게 된 원인은 병든 유대인의 몸이 아니라 담배 중독에 있다.[16]

유대인의 '신경 질환'에 대한 주요 비평에서 이름난 유대인 신경학자 토비 콘(Toby Cohn)은 간헐적 절뚝거림을 신경 손상 증상의 하나로 포함시켰다.[17] 사례로 든 증거의 특징들을 설명하고 유대인 신경학자 커트 멘델(Kurt Mendel, '인종' 문제를 전혀 얘기하지 않은[18])의 비평서를 근거로 그는 유대인에게 이 증후군을 유발하는 특정한 본성이 있음을 인정했지만 그 원인은 밝히지 못했다. 그때까지 근본적으로 다른 원인론 두 가지가 제기되어 왔다. 첫번째는 유대인 신체에 특히 말초신경계 질환과 관련한 신경병적 특성이 있음이 제기되었다. 골드플램과 콘이 제기한 또 다른 원인론은 담배의 오용과 그에 따른 말초 순환계의 폐색이었다. 빌헬름 에르브(Wilhelm Erb)에 따르면 간헐적 절뚝거림에서 주요한 영향을

9세기 마지막 무렵, 빈의 반유대 정기간행물 『키케리키(Kikeriki)』는 유대인의 검은 얼굴을 여송연 홀더로 표현했다. 전통적 종교예법인 옆머리와 현대 도시 거주자들의 중산모로 모순적인 이미지를 전달한다. 닭의 행동 때문에 고통스러워하는 모습이다.('키케리키'는 닭 울음소리를 나타내는 독일 의성어이다.)

- 1953년 과월절 전례서에 실린 이 그림에서 좋은 아버지는 흡연하지 않는다. 지갑 도둑은 흡연자이다.

미친 것은 담배이다.[19] 조금 더 나중에 이 증후군을 보이는 45건의 사례를 연구한 에르브는 놀랍게도 환자 가운데 적어도 35명이 심한 골초임을 밝혀냈다.[20] (이는 하루에 궐련 40~60개비 또는 여송연 10~15개비를 피운다는 뜻) 담배 오용의 악폐들의 사례에서 후자는 병역 의무를 회피하는 수단으로서 유대인의 신경증적 경향이라는 이미지에 대한 해답을 알려준다.[21] 담배 오용은 동구 유대인의 상징이지 서구 유대인의 상징이 아니다. 골드플램의 환자들은 모두 바르샤바 사람들이었다. 유명한 베를린 신경학자 헤르만 오펜하임(Hermann Oppenheim)은 그의 임상에서 간헐적 절뚝거림의 사례(다섯 해 동안 48건) 가운데 35에서 38건이라는 대다수 사례가 러시아 유대인임을 발견했다.[22] 동구 유대인의 의식은 사회 부적응자의 그것이고 그 신체는 이 상태를 구현한다. 그러나 확대 해석하지 않는 한 이것은 서구 유대인의 문제가 아니다. 다시 말해 추방당한 세파르디 유대인들이 담배업에 손을 댔을 때 그들은 주변 사회에 위협적인 존재가 아니었다. 그러나 서구 유대인들은 사회에 동화되어 더 이상 돌출된 집단이 아니게 되었기 때문에 사이비 과학자들은 돌출된 집단을 가정할 필요가 있었고, 그들은 동유럽 유대인 이미지를 포착했다. 서구 유대인은 사회에 뿌리내리길 바랐기 때문에 그들 또한 동유럽 남성의 신체를 공격했다.

간헐적 절뚝거림의 원인을 유대인들의 담배 과용에서 규명하고자 하는 바람은 오늘날 인종차별적 이론 속에서도 드러난다. 19세기 마지막 무렵 유대인들은 담배에 특히 중독 되기 쉬운 '인종' 이라는 표식이 이미 붙어 있었다. 이 즈음 담배 병리학에 관한 고전 문헌들 이를테면 프랑클 호흐바르트(L. von Frankl-Hochwart)의 저술은 모든 유대인들이 간헐적 절뚝거림 때문에 실어증 같은 특정 형태의 대뇌 이상도 오기 쉽다는 꼬리표를 달았다.[23] 간헐적 절뚝거림은 서구 유대인의 질환으로도 여겨진다. 그들이 사실 자리를 잘못 잡은 동양인이기 때문이라는 것이 그의 주장이었다. '동양인들' 은 토착 환경의 개방된 공간에서 흡연했기 때문

הגדה של פסח.

יְמֵי חַיֶּיךָ, הָעוֹלָם הַזֶּה. כָּל יְמֵי חַיֶּיךָ, לְהָבִיא לִימוֹת הַמָּשִׁיחַ:

בָּרוּךְ הַמָּקוֹם בָּרוּךְ הוּא. בָּרוּךְ שֶׁנָּתַן תּוֹרָה

denotes this time only; but ALL the days of thy life, denotes even at the time of the Messiah.

Blessed be the Omnipresent; blessed is he, blessed is he who hath given the law to his people Israel, blessed be he: the

― 율법학자 리버만(H. Lieberman)은 1879년 시카고에서 최초로 과월절 전례서를 헤브루어와 영어로 펴냈다. 여기서 악은 흡연하는 아이의 이미지로 표상된다. 아이는 현대 세속적인 세계의 유혹을 상징한다. 터번을 두른 아버지는 전통(동양적) 가치를 상징한다.

에 담배 관련 질병에 덜 민감했다.[24] 그러나 유대인들이 유럽에 와서는 동양의 방식을 새 환경에 적용할 수 없었다는 것이다. 유럽 사람들은 폐쇄된 공간에서 흡연했기 때문에 유럽에 온 유대인들은 병에 걸리게 되었다. '동양인들'이 적대적이고 현대적인 환경에 잘못 놓이게 됨으로써 병에 걸린 것이다. 이런 관점에서 유대인들은 그들에게 알맞은 곳 바로 중동(그리고 그 관습)에서 박리된 '동양인'들이었다. 이 관점은 1930년대 후반을 지나며 더욱 정교함을 띠었다. 프리츠 리

BÖRSEN HYÄNE
NEBBICH, IN DEITSCHLAND
GEHT'S MER BESSER ALS
IN GALIZIEN.

- 동구 유대인이 주식시장 투기
꾼으로 그려진 전형적 나치 이
미지, 1933년 이전. (사이비 유
대어로 그는 말한다. '어쨌든
나는 갈리시아보다 여기 독일
에서 더 부자가 되고 있어.')
여송연은 자본가인 유대인 이
미지의 기본 요소이다.

킨트(Fritz Lickint)는 담배를 주제로 한 저술에서 제1차 세
계대전 이전으로 돌아갔다. 그는 간헐적 절뚝거림이 유
대인의 신체에 담배가 미치는 주요한 영향을 증명한다는
주장을 되풀이했다. 더 나아가 담배의 과소비 원인이 음
주를 종교적으로 금지한 데에 있다는 사회적인 발언을
했다. 그러나 유대인에게는 그러한 금지가 없기 때문에
그의 주장은 가소로운 것이었다.[25]

과연 누가 누구에게 담배로 해를 끼치고 있는가? 흡연
이 야기한 유대인과 신경질환을 둘러싼 논쟁은 간헐적
절뚝거림의 사례 연구 이외에서도 발견할 수 있다. 현대
세계의 일상과 밀접한 관계가 있는 타락의 근본 원인을
찾는 과정에서, 빈의 유명한 외과의사 테오도르 빌로트
(Theodor Billroth)는 담배를 히스테리 그리고 현대 사회의
'과민증' 원인 가운데 하나로 지목했다.[26] 이 과민증은 생
존 경쟁의 결과이며 그에 따라 '지친 신경이 기능하기 위
해 차와 술과 독한 여송연의 자극을 필요로 하게' 된다.[27] 여기서 다시 유대인들
은 사이비 과학자들의 표적이었다. 그리고 유대인들이 선천적으로 현대적 삶의
압박을 견딜 수 없기 때문에 유대 남성들이 현대 사회의 최대 희생자로 여겨진
다는 점이 유대인들에 의해 강조되었다. 초기 비유대계 사이비 과학자들 그리고
시온주의자이면서 의사인 막스 노르다우(Max Nordau) 같은 유대인들도 이렇게
말했다. 19세기에 유대 남성들은 히스테리 같은 특정 형태의 정신질환에 걸리기
가 매우 쉬운 집단으로 추측되었다. 그리고 원인이 밝혀지지 않은 19세기 말의
여러 정신질환 가운데 대표적인 것이 흡연정신질환(Nicotinismus mentalis)[28]이라는
견해도 있었다. 흡연이 히스테리를 일으킨다면 동구의 남성 유대인들은 일반 의
학 상식의 관점에서 보았을 때 최고의 히스테리 환자이다. 그러나 과도한 흡연
이 과민증을 일으키더라도, 하루 여송연 세 대의 적당한 흡연은 '과민증'을 감소
시키는 치료 효과가 있다고 레오폴트 뢰벤펠트(Leopold Löwenfeld)는 보았다.[29] 현
대 세계와 흡연과 관련된 모든 질병을 앓고 있는 것으로 보이는 유대인들은 사

실 스스로 치료할 수 있는 셈이다!

현대의 질병에는 흡연 특히 여송연 흡연에서 기인하는 암들이 포함된다. 가장 유명한 유대인의 예가 지그문트 프로이트일 것이다. 그는 1923년 구강암 진단을 받았다. 프로이트에게 여송연은 여송연 이상의 의미였다. 그는 그가 연구할 수 있는 것도 담배 덕택이라고 했다.[30] 여송연 없이 지낸다는 것은 "덫에 걸린 여우가 그 다리를 물어뜯어내는 것과 같은 자해 행위였네. 나는 매우 행복한 게 아니라 오히려 인격이 박탈당하는 느낌이네." 그는 다시 심장마비를 일으킨 뒤 1930년 페렌치(Sandor Ferenczi)에게 쓴 편지에서 이렇게 불만을 털어놓았다.[31] 여송연은 그의 자아감의 중심적인 속성이었다. 그것이 없다면 그는 완전한 인간일 수 없었다.

프로이트에게 그의 아버지는 생산적인 흡연자의 본보기였다. "나는 여송연이 내 연구 능력을 극대화하고 자기 절제를 촉진했다고 믿는다. 이 본보기가 된 것은 내 아버지였다. 아버지는 골초였고 평생 그렇게 살았다."[32] 빈에서 담배 남용자로 인식되었던 이들은 야콥 프로이트(Jacob Freud, 프로이트의 아버지―옮긴이) 세대의 동구 유대인들이었다.[33] 그러나 프로이트 세대의 서구 유대인들에게 경구개암은 '부자들의 암'이라 불렸다. 그 병을 일으킬 만한 양인 하루에 여송연 열다섯 대에서 스무 대를 피우는 비용이 만만치 않았기 때문이다.[34] 1980년대 미국에서 심근경색이 그러했듯이 구강암은 성공의 상징이 되었다. 그것은 더 이상 열등성의 상징이 아니라 문화변용의 상징으로 이해되었다. 이국적 유대인들의 기질로 여겨졌던 것들이 빈의 경제적 일상으로 나날이 통합되었다. 프로이트에게 암이 발견되었던 시기를 전후한 1900년부터 1930년까지 모리스 소르스비(Maurice Sorsby) 같은 유대인 과학자들은 생식기 암을 제외하고 유대인의 암 발병률이 비유대인 수준과 비슷함을 밝혀냈다.[35] 병을 앓으면서 그들은 다른 모든 사람들과 비슷해지고 있었다.

무분별함을 포함하여 흡연 관련 질병들을 앓기 쉬운 경향성은 18세기부터 19세기 초반까지 유대인의 신체 이미지를 구성한다. 과학자들은 유대인을 하나의 인종으로 정의했고, 이에 따라 종교적이고 문화적인 유대인 정체성에 실재하던 기질들이 의학적 범주로 변형되었다. 이 신화 조작의 세계는 담배를 기르고, 보

존 처리하고, 판매하고, 제조하는 유대인 개인들의 현실과 아무런 사실적 연관이 없다.□

||| 주

01. 이를 기정사실로 삼는 기록들이 많다. 예를 들어, Jerome E. Brooks, 《대단한 잎사귀:담배의 역사적 고찰(The Mighty Leaf:Tobacco through the Centuries)》(London, 1953), pp. 12-15 참조. 이는 《유대인 백과사전(The Jewish Encyclopedia)》전 12권 (New York, 1905-26), 7권, pp. 164-6의 'Tobacco' 항목에 나오는 유대인 담배 역사의 일부이다.
02. Guillermo Cabrera Infante, 《거룩한 연기(Holy Smoke)》(Woodstock, NY, 1998), pp. 6, 13.
03. 흡연의 초기 역사에 대한 가장 학술적인 논문들이 이 연관을 강조한다. Charles Singer, '담배의 초기 역사(The Early History of Tobacco)', 『계간 리뷰(Quarterly Review)』, 436 (1913. 7.), pp. 125-42.
04. Wolfgang Schivelbusch, David Jacobsen 옮김, 《낙원의 맛:향신료, 자극제, 마약의 사회사(Tastes of Paradise:A Social History of Spices, Stimulants and Intoxicants)》(New York, 1993); Jerome E. Brooks 엮음, 《담배:조지 아렌츠 주니어 도서관의 서적, 필사본, 판본들을 통해 알아본 역사(Tobacco:Its History Illustrated by Books, Manuscripts and Engravings in the Library of George Arents Jr)》, 전 5권 (New York, 1937-43) 그리고 Count [Egon Caesar] Corti, 《흡연의 역사(A Hisory of Smoking)》(London, 1931).
05. Frank Swiaczny, 《19세기 팔츠와 노르드바덴의 유대인과 담배 산업에서 그들의 경제 활동:소수자의 역사적 사회적 지형에 대하여(Die Juden in der Pfalz und in Nordbaden im 19. Jahrhundert und ihre wirtschaftliche Akitivtäten in der Tabakbranche:Zur historischen Sozialgeographie einer Minderheit)》(Mannheim, 1996).
06. Joseph von Retzer, 《1670-1783년 오스트리아의 담배 계약(Tabakpachtung in den Österreichischen Ländern von 1670-1783)》(Vienna, 1784) 그리고 Sabine Fellner, Wolfgang Bauer와 Herbert Rupp, 나쁜 만병통치약:유럽에서 500년간의 담배 경작:오스트리아 담배 박물관 전시:6. 4부터 1992. 10. 4까지(Die lasterhafte Panazee:500 Jahre Tabakkultur in Europa:Ausstellung im Österreichischen Tabakmuseum, 11 Juni bis 4. 1992. 10.) (Vienna, 1992).
07. '담배 시장과 기업들(Tobacco Trade and Industries)', 《유대 문물 백과사전(Encyclopedia Judaica)》, 전 16권 (Jerusalem, 1972), cols 1175-8. 이 항목은 유럽에서 유대인 기원의 '전설'을 무시하고 이 문제의 사회학적 측면만 강조한다.
08. Robert N. Proctor, 《나치의 담배 전쟁(The Nazi War on Tobacco)》(Princeton, NJ, 1999), p. 235.
09. Svend Larsen, 《Kortfattet beretning om tobakkens historie:fortegnelse over Tobakkens museumsgenstande》(Odense, Denmark, 1948).
10. Clemens Brentano, '유대인의 특성에 대하여(Über die Kennzeichen des Judenthums)', 이는 Heinz Härtl, '아르님과 괴테. 19세기 초반 낭만에 대한 괴테의 이해(Arnim und Goethe. Zum Coethe-Verstandnis der Romantik im ersten Jahrzehnt des 19. Jahrhunderts)', 논문, Halle (1971), pp. 471-90, 담배 경작에 대해서는, p. 474; 담배 소비에 관해서는, p. 473; 유대인 질병에 대해서는 pp. 484-6.
11. 이 주제에 대한 그의 첫번째 논문은 Jean Martin Charcot, '간헐적 절뚝거림에 대하여(Sur la claudication intermittente)', 〈생물학회 회의 보고서(Comptes rendus des séances et mémoires de la société de biologie)》(Paris, 1858), Mémoire 1859, 두번째 시리즈, 5, pp. 25-38. 이는 이 증상에 대한 최초의 설명은 아니지만, 그것을 독자적인 질병으로 이름 붙인 논문이다. Benjamin Collins Brodie, 〈병리학과 외과 처치의 다양한 주제들을 예증하는 강의 원고(Lectures Illustrative of Various Subjects in Pathology and Surgery)》(London, 1846), p. 361에서 최초로 설명됨. Brodie와 Charcot 모두 이 증상의 병인을 제공하지 않는다. M. S. Rosenbloom 등, 간헐적 절뚝거림의 자연적 경과에 영향을 미치는 위험 요소들(Risk Factors Affecting the Natural History of Intermittent Claudication)', 《외과 자료(Archive of Surgery)》, 123 (1989), pp. 867-70과 비교하라.
12. H. Higier, '샤르코의 간헐적 절뚝거림과 이른바 자연발생적 괴저 치료에 대하여(Zur Klinik der angiosklerotischen paroxysmalen Myasthenie ('claudication intermittent' Charcot's) und der sog. spontanen Gangrän)', 『독일 신경의학 잡지(Deutsche Zeitschrift fur Nervenheilkunde)』, 19 (1901), pp. 438-67.
13. Heinrich Singer, 《유대인의 일반병리학과 특수병리학(Allgemeine und spezielle Krankheitslehre der Juden)》(Leipzig, 1904), pp. 124-5.

14. Samuel Goldflam, 간헐적 절뚝거림 심화 연구(Weiteres über das intermittierende Hinken)', 《신경학 중요 파일 (Neurologisches Centralblatt)》, 20 (1901), pp. 197-213. 그의 간헐적 절뚝거림과 다리의 동맥염에 대하여(Über intermittierende Hinken ('claudication intermittent' Charcot's) und Arteritis der Beine)', 『독일 의학 주간지 (Deutsche medizinische Wochenschrift)』, 21 (1901), pp. 587-98 참조

15. Enfemiuse Herman, '새뮤얼 골드플램 Samuel Goldflam (1852-1932)', Kurt Kolle 엮음, 《Grosse Nervenartze》, 전 3권 (Stuttgart, 1963), 3권, pp. 143-9.

16. Samuel Goldflam, 간헐적 절뚝거림의 병인론과 징후학(Zur Ätiologie und Symptomatologie des intermittierenden Hinkens)', 〈Neurologisches Zentrallblatt〉, 22 (1903), pp. 994-6. 담배 오용을 질병의 일차적 원인으로 보는 견해에 대해서는, Johannes Bresler 《담배 의학:의학적 관계에서 담배 문헌 연구(Tabakologia medizinalis:Literaische Studie über den Tabak in medizinischer Beziehung)》, 전 2권 (Halle, 1911-13)의 문헌 개괄 참조

17. Toby Cohn, '유대인의 신경 질환(Nervenkrankheiten bei Juden)', 〈유대인 인구학과 통계학 잡지(Zeitschrift für Demographie und Statistik der Juden)〉, 새 시리즈, 3 (1926), pp. 76-85.

18. Kurt Mendel, '간헐적 절뚝거림(intermittierendes Hinken)', 〈신경학과 정신의학의 중요 파일(Zentralblatt für die gesamt Neurologie und Psychiatrie)〉, 27 (1922), pp. 65-95.

19. Wilhelm Erb, '"간헐적 절뚝거림"과 그밖의 신경 장애에 대하여(Über das "intermittierende Hinken" und andere nervöse Störungen in Folge von Gefässerkrankungen)', 『독일 신경학 잡지(Deutsche Zeitschrift für Nervenheikunde)』, 8 (1898), pp. 1-77.

20. Wilhelm Erb, 간헐적 절뚝거림에 대하여(Über Disbasia angiosklerotika (intermittierendes Hinken))', 『뮌헨 의학 주간지(Münchener medizinische Wochenschrift)』, 51 (1904), pp. 905-8.

21. P. C. Waller, S. A. Solomon 그리고 L. E. Ramsay, 간헐적 절뚝거림 환자들의 단조로운 운동 거리에 흡연이 미치는 심각한 영향(The Acute Effects of Cigarette Smoking on Treadmill Exercise Distances in Patients with Stable Intermittent Claudication)', 《맥관학(Angiology)》, 40 (1989), pp. 164-9를 비교

22. Hermann Oppenheim, 러시아계 유대인의 정신병리학과 질병분류학에 대하여(Zur Psychopathologie und Nosologie der russisch-jüdischen Bevölkerung)', 『심리학과 신경학 저널(Journal für Psychologie und Neurologie)』, 8 (1908), p. 7.

23. L. von Frankl-Hochwart, 《흡연자들의 신경질환(Die nervösen Erkrankungen der Tabakraucher)》(Vienna and Leipzig, 1912), pp. 30-31, 48-53.

24. R. Hofstätter, 《흡연 여성:임상적 심리적 사회적 연구(Die rauchende Frau:Eine klinishce, psychologische und soziale Studie)》(Vienna와 Leipzig, 1924), p. 179에 인용됨.

25. Fritz Lickint, 《담배와 유기체:모든 담배 흡연자들의 안내서(Tabak und Organismus:Handbuch der Gesamten Tabakkunde)》(Stuttgart, 1939), p. 284.

26. M. A. Gilbert, 니코틴 히스테리(Hystérie tabagique)', 『랜싯 프랑스(La Lancette française)』, 62 (1889), pp. 1173-4 그리고 Corti, 《흡연의 역사(A Hisory of Smoking)》, p. 260.

27. Leopold Lowenfeld, 《신경쇠약과 히스테리의 병리학과 치료법(Pathologie und Therapie der Neurasthenie und Hysterie)》(Wiesbaden, 1894), p. 46 (런던 프로이트 도서관)

28. Paul Nacke, 정신병 병인론에서 담배(Der Tabak in der Atiologie der Psychosen)', 《빈의 임상(Wiener Klinische Rundschau)》, 23 (1909), pp. 805-7, 821-4, 840-42.

29. Leopold Löwenfeld, 《히스테리 정신질환의 현대 치료법(Die moderne Behandlung der Nervenschwäche(Neurasthenie) der Hysterie und verwandten Leiden)》(Wiesbaden, 1887), p. 28 (런던 프로이트 도서관)

30. Felix Deutsch, '프로이트 100번째 생일의 회상(Reflections on Freud's One Hundredth Birthday)', 《심신의학 (Psychosomatic Medicine)》, 18 (1956), p. 279.

31. 《지그문트 프로이트의 1929-1939년의 일기:마지막 10년의 기록(The Diary of Sigmund Freud, 1929-1939:A Record of the Final Decade)》, Michael Molnar 엮고 옮김, (New York, 1992), p. 69. Molnar는 이렇게 말한다. '그의 고향 에서 멀어지고 흡연을 그만 두는 것이 똑같은 심상을 불러일으킨다는 사실은, 프로이트에게 담배 중독이 중요함을 어느 정 도 암시한다.' (p. 276)

32. Max Schur, 《프로이트:삶과 죽음(Freud:Living and Dying)》(New York, 1972), p. 86.

33. Cohn, '유대인의 신경 질환(Nervenkrankheiten bei Juden)', p. 85.

34. Sharon Romm, 《환영받지 못한 침입자:프로이트의 암과의 싸움(The Unwelcome Intruder:Freud's Struggle with Cancer)》(New York, 1983), p. 38.

35. Maurice Sorsby, 《암과 인종:유대인의 암 발병에 대한 연구(Cancer and Race:A Study of the Incidence of Cancer among Jews)》(London, 1931), p. 34 (이 주제에 대한 소르스비 최초의 저술들은 똑같은 제목으로 소라스키 (Sourasky)에서 출판되었다.)

담배를 통한 흑인의 희화화

돌로레스 미첼 | Dolores Mitchell

▪□ 19세기 미국에서는 거대 언론사, 신문의 대량 생산, 석판인쇄술, 철도의 보급, 소비경제의 확산을 토대로 미디어가 급성장했다. 이 덕택에 광고 미술은 욕망을 자극하고 시각적 의미를 빚어내는 능력을 전례 없이 발휘하게 되었다.[01] 구두약, 담배, 표백제, 비누 등 여러 제품 광고에서 아프리카계 미국인들의 이미지는 검은 빛깔 또는 그 제거를 암시했다.[02] 여송연과 궐련 광고—백인 소비자들을 주로 겨냥한—에서 그 이미지들은 노예에 의한 담배 경작 역사[03]와 관능적 쾌락을 위한 소비라는 심리적 뉘앙스를 풍긴다.

담배는 체서피크 만(Chesapeake Bay) 거주자들의 부를 보장했고, 인디고(남색 염료—옮긴이), 면화, 설탕과 함께 신세계에서 노예무역을 발달시켰다.[04] 담배는 유럽에서 매우 값이 비쌌기에 담뱃잎을 노예와 교환하는 경우도 있었다.[05] 버킹엄(J. S. Buckingham)의 《아메리카 노예 합중국(The Slave States of America)》(런던, 1842년)에 실린 그림은 같은 방에서 노예와 담배 입찰이 이루어지는 장면을 그리고 있다.

17세기 즈음의 집약적 담배 농업은 흑인 노예를 식민적으로 이용했다. 브리스틀(Bristol)과 런던의 담배 가게 간판에 등장하는 흑인 소년들은 버지니아 담뱃잎을 판매함을 뜻했다.[06] 인도 사람과 흑인의 속성을 한 인물에 동시에 표현한 간판들도 있었다. 예를 들면 흑인 소년이 '깃털이 아니라 담뱃잎 머리 장식과 치마를 입고' '한 팔에는 담배 한 묶음을, 다른 쪽 손에는 설대가 긴 파이프를' 쥐고 있는 것이다.[07] 1902년의 한 트레이딩 카드(trading card, 거래와 수집 목적으로 쓰이는 작은 카드−옮긴이)는 그 이전 시대의 원형에 가까운 카드인데 노예와 담배를 함께 표현하고 있다. 담배 화물에 앉아 있는 노예가 담배풀을 만지고 있다. 그의 멍한 표정과 거의 벗은 몸뚱이는 그와 담배가 똑같이 원자재로 취급되고 있음을 드러낸다.

19세기 마지막 4반세기는 여송연 상자 라벨의 '황금기'이고, 경쟁이 지열한 여송연 업계에서 수없이 많은 제조업자들이 '전쟁'을 치르던 시기였다. 뉴욕과 필라델피아를 필두로 한 미국 북부 대도시들은 여송연 제조와 광고의 중심지였다. 여송연은 파이프나 씹는담배나 궐련에 비해 비쌌고, 소비자들도 비교적 소수였지만 전체 담배 수입의 거의 60퍼센트를 차지했다. 여송연은 백인 남성의 부와 권력의 상징물이 되었다. 살담배, 씹는담배, 코담배의 제조와 포장은 대개 남부에서 이루어졌다. 백인 소유주들이 흑인 노동력을 부리는 것이 전형적인 방식이었다. 생산을 독점하고 있던 소수 회사들은 독특한 라벨과 포스터를 이용하여 제품의 독자성을 확립했다.[08]

대부분의 담배 제품 광고는 주로 북부 도시에 위치한 주요 석판인쇄회사들의 몫이었다. 1870년대에 수많은 독일 인쇄업자들이 필라델피아와 뉴욕으로 이민 와서, 10색 분해, 금박, 돋을새김 같은, 라벨 인쇄에 필요한 많은 기술을 제공했다.[09] 이들은 기존에 축적된 미국 상업 이미지들을 더욱 아름답게 표현해냈다. 이들은 유럽 미술의 전통, 예를 들면 브뢰헬 1세(Pieter Brugel the Elder)와 조지 스터브스(George Stubbs)의 화풍을 이어받았다. 몸을 굽히고 밭일에 열중하고 있는 몰개성한 노동자들과 주로 말을 탄 채 그들을 관리하고 있는 감독관 그림이 이 당시의 그림이었다.

백인 화가들은 백인 제조업자와 백인 담배 상인들과 거래하는 백인 인쇄회사와 주로 일했다. 이들은 특히 부유한 백인 소비자들을 겨냥한 여송연 상자 라벨에서 아프리카계 미국인들을 '상품화'하는 경향이 있었다. 더 싼 담배 제품에 들어간 그림조차 흑인 소비자들을 겨냥하여 흑인들을 품위 있게 묘사한 사례는 거

8 Oz. **Full Weight.**

SWEET SCENTED SMOKING TOBACCO,
MANUFACTURED FOR
DRAKE, HULICK & CO.,
EASTON,
PENNSYLVANIA.

- '감미로운 향기……', 컬러 인쇄된 트레이딩 카드, 드레이크 헐릭사(Drake, Hulick & Co.), 이스턴(Easton), 펜실베이니아, 1890년.

의 없었다. 남북전쟁 이전 대농장의 향수 어린 풍경 속에 흑인을 집어넣고, 그들의 피부를 담배의 색과 비교하고, 그들을 농장 가축들과 동등하게 다루고, 그들이 주인을 기쁘게 하는 장면을 묘사하는 것이 '상품화'의 방법이었다. 그 묘사들 속에서 흑인들은 자신의 욕망대로 행동하는 존재가 아니었다. 아프리카계 미국인들의 이미지는 19세기 담배 미술의 극히 일부에만 등장하지만 백인 미국인들이 해방된 흑인들과 어떠한 관계를 맺고 싶어했는지를 매우 잘 드러내준다.

1890년대에 필라델피아 인쇄회사인 조지 해리스 앤드 선스(George S. Harris & Sons)는 아프리카계 미국인들이 북부로 이주하여 다양한 산업에 종사하는 현실을 무시하고 향수 어린 대농장의 일상을 그린 이미지들을 수도 없이 만들어냈다.[10] '남부 농장주(Southern Planter)'에서 백인 농장주는 크게 앞부분을 차지하고 있고, 흑인들은 땅과 작물과 뒤섞인 채 얼굴도 안 보이도록 작게 수평선 아래를 차지하고 있다. 농장주는 허리를 꼿꼿이 편 채 앉아 있고, 그의 얼굴은 하늘과 뚜렷이 대비된다. 이는 자연을 지배하는 이성과 힘을 상징하는 전통적 구성 방식이었다. 그의 여송연 연기는 담배를 시장으로 수송하는 증기선의 연기와 비슷하다. 그러한 라벨은 잠재적 여송연 구매자들이 온순한 흑인 노동자들을 감독하는 환상을 갖게 한다. 고급 여송연을 피우며 그처럼 즐거운 공상에 빠지도록 하는 것이다. 대농장에서 행복하게 일하는 흑인들을 그림으로 묘사하고 글로 쓰는 일은 남북 전쟁 이전에 시작되었다. "노예제도에 대한 비판이 나날이 증가하자 노예를 부리는 주들에서 노예 소유주, 목사, 신문 편집자 그리고 대학 교수들이 노예제도가 좋다는 주장을 펼쳤다."[11] 이들 묘사는 노예들이 사보타주, 탈출로써 분노와 불행을 표출했던 현실을 무시했다. 당시 『하퍼스(Harper's)』같은 대표적인 문학잡지는 대농장의 삶을 낭만적으로 그리면서 흑인들을 지능이 떨어지고 백인들의 아버지 같은 지배를 필요로 하는 존재로 묘사했다.

'아바나 러디(Havana Ruddy)' 여송연 상자 라벨에서, 열대 환경과 '아바나'는 쿠바 제품임을 드러낸다. 그러나 이 라벨은 필라델피아의 해리스 인쇄회사가 미

No. 2505. $20.00 per 1000. $2.10
ALSO FURNISHED BLANK

국 제조업자를 위해 만든 것이었다. 이 미국 회사
는 쿠바 담뱃잎을 여송연 겉말이잎으로 쓰고, 담
배 속은 버지니아산을 썼다.[12] '러디(불그스레하
다는 뜻─옮긴이)'는 다양한 담배를 말렸을 때의
색이다. 화가는 흰 양복을 입은 백인 농장주를
꼿꼿한 자세로 앞에 세워놓음으로써 그의 권력을
여실히 드러냈다. 흑인 노동자는 구부린 자세, 더럽고 누

— 조지 해리스 앤드 선스사의 이
색 인쇄 여송연 상자 라벨.
1890년.

더기 같은 옷, 괭이를 집고 분부를 기다리는 옆모습으로 묘사함으로써 복종을
의미하게 했다. 그들의 역할은 뚜렷이 정의된다. 흑인 노동자는 담배를 재배하
고 백인 농장주는 자신에게 이롭게 담배를 이용하는 것이다.

　노예해방과 남부 재통합(Reconstruction) 이후 몇십 년 동안은 사회진화론이 유행

'풀 핸드', 내프사의 단색 인
쇄 라벨, 1890년.

한 때였다. 당시 아프리카계 미국인 묘사들은 인종차별적 태도를 반영할 뿐 아니라 그 형성에도 이바지한다. 1885년 하퍼스는 존 피스크(John Fiske)의 〈명백한 운명(Manifest Destiny)〉을 실었다. 튜턴족과 '아리아' 족의 필연적인 진보와, 이른바 열등 인종의 퇴보를 주장한 글이었다.[13] 미국 우생학자들에게 인기가 있던 라바터(J. C. Lavater)와 비레이스(Julien Joseph Vireys)의 유럽 이론에서는 아프리카 사람들이 진화의 낮은 단계에 위치지어지고 많은 예증을 통해 오랑우탄과 비교되었다.[14] 이와 비슷하게 '듀크 타바코(Duke Tobacco)'의 '프리미엄' 제품에는 흑인 한 사람이 드리운 그림자가 유인원을 닮아 있다.[15]

아이러니하게도 진화의 사다리에서 흑인들이 백인들보다 낮은 단을 차지한다는 생각은 1950년대에 '금발의 백치'가 자동차를 파는 데에 이상적이라고 여겨진 것처럼 특정 형태의 광고와 흑인을 잘 어울리게 했다. 화가들은 한두 가지 신체 특징들을 단순화하거나 과장하여 상품의 강조점을 부각시켰다. 아프리카계 미국인들을 '미개하고 자연과 가깝게 여긴 화가는 그들의 피부색과 담배(그 원료는 전통적으로 노예들이 재배했다) 색을 효과적으로 비교할 수 있다. '풀 핸드(A full hand)' 라벨에는 남자의 피부색과 여송연과 똑같은 갈색 잉크가 쓰인다. 환하게 웃고 있는 이 늙은 '아저씨(Uncle, 미국에서 늙은 하인을 부르던 말—옮긴이)'는 이까지 빠져 전혀 위협적이지 않은 흑인의 전형이다. 흑인들이 담배 미술에 등장하는 때는 유약한 단계, 보통 삶의 마지막 단계나 초기 단계이다. 한 라벨에서 기어다니는 아기들은 네 발 동물과 등을 굽힌 밭노동을 떠올리게 한다. 놀이를 하는 아이들은 아프리카 사람들의 유아적 본성을 암시한다.[16] 화가들은 그러한 관념을 이용하여 흑인들이 죄의식을 느끼거나 품위를 염려하지 않고 마음껏 흡연하는 모습을 묘사한다.

17세기에 이미 아프리카계 미국인들과 아메리카 원주민들은 담배 트레이딩 카드에 등장한다. 이 모습을 19세기 담배 미술에 그려진 그들의 모습과 비교해보자.[17] 흑인들이 아닌 인디언들이 유럽 사람들보다 앞서서 그들의 의지대로 담배를 경작했음은 널리 알려진 사실이다. 여송연 상자 라벨에 그려진 대부분의 아메리카 원주민 이미지는, 벤저민 웨스트(Benjamin West)의 그림이 표현하듯 예술의 '고결한 야인(noble savage, 낭만주의 문학에서 이상적인 인물상—옮긴이)' 전통을 잇고 있다. 이와 반대로 상업적 화가들은 테오도르 제리코(Theodore Gericault), 헨리 오사와 태너(Henry Ossawa Tanner), 윈슬로 호머(Winslow Homer) 등의 화가들과 달리, 품위 있는 흑인들의 묘사를 무시하고 노예제도 폐지 반대 입장에서 태평한 노예들의 캐리커처를 주로 그렸다. 1842년 처음으로 등장한 얼굴이 검은 하인은 '흑인종 인류의 괴상하고 기이하고 우스꽝스러운' 모습을 보여주었다.[18]

아프리카계 미국인은 일반적으로 노예 상태의 우스꽝스러운 인물로 묘사되었고, 아메리카 원주민들은 유목민처럼 자유로운 인물로 묘사되었다. 그러나 사실 아메리카 원주민들은 당시 보호구역에 제한되어 살았다. 아메리카 원주민들은 짐승들과 조화를 이루거나 아니면 짐승들을 다루는 모습으로 그려진다. 그러나 아프리카계 미국인들은 일단 가축으로 인식된 뒤로는 야생동물을 다룰 수 없는 존재로 그려진다. 흑인들과 동물이 함께 묘사된 많은 라벨들은 노예를 동산으로 여겼던 과거를 떠올리게 한다.[19] 짐승들이 그 크기와 공격성으로 흑인들을 압도하는 그림도 있었다. 인기 있는 '슈 플라이(Shoo Fly)' 라벨에서처럼 파리 한 마리 때문에 흑인들이 중심을 잃기도 한다. 라벨 두 개를 비교해보자. '인디언 브랜드(Indian Brand)'의 한 라벨에서 아메리카 원주민들은 전력 질주하는 말을 타고 있다. 다른 라벨에서 흑인들은 전기차와 노새가 충돌한 탓에 손도 쓰지 못하고 허공으로 튕겨져 나간다. 18세기 중반 즈음, 나무 또는 금속으로 조각한 여송연 가게 인디언(cigar-store Indians, 여송연 상점 앞에 세워놓은 인디언 형상—옮긴이)들을 어디에서나 볼 수 있었다. 인디언 조각들은 대부분 로마 선동가 같은 위엄을 인상적으로 드러냈다. 담배상인은 인디언 조각 말고 '블랙 보이(Black Boy)'를 주문할 수도 있었다. 괴상하고 지저분한 옷을 입고 여송연 묶음을 내미는 소년은 당대 북부의 길거리에서 볼 수 있는 개구쟁이 모습이었다.[20] 이 소년 조각은 존경이 아니라 웃음과 동정의 반응을 불러일으키는 것이었다.

흑인들이 담배 미술에서 어떻게 그려지지 않는지를 알아보는 일도 중요하다. 활발한 남성들, 용맹한 역사적 인물들, 매력적인 여성들, 완전한 가족, 남성들이 모여서 흡연하는 행위는 흑인들의 이미지로 묘사되지 않는다.[21] 흑인 남성이 고급 여송연을 피우는 모습은 거의 찾아볼 수 없다. 흑인 남성이 여송연을 피우는 모습이 묘사되었다면 흑인이 품위 있게 여송연을 피울 수 없음을 부각시킬 때뿐이다. 노골적인 인종차별주의자 찰스 루이스(Charles B. Lewis)는 소설 《브라더 가드너의 석회가마 클럽(Brother Gardner's Lime-Kiln Club)》에서 계급과 인종을 담배 제품과 결부시킨다. 이 책은 1880년대에 초판이 나왔고 1890년대에 재판이 발행되었다. 소설에는 여송연을 무시하는 언변이 화려하고 부패한 흑인 정치가가 나온다. 소설에 나오는 대부분의 흑인들은 파이프를 피우거나 씹는담배를 이용한다. "난 40년 동안 담배를 씹기만 했다니까. 죽을 때까지 씹는담배를 이용하겠어." '파이프를 훔쳐가는 놈은 내 돈을 훔쳐가는 거야' 와 같은 대화—백인 문화를 정복할 수 없음을 드러내려는 의도—는 글쓴이의 생각을 잘 드러낸다.[22]

아메리칸 타바코 컴퍼니의 1902년 컬러 인쇄 라벨, 듀크 믹스추어(Duke's Mixture)와 올드 버지니아 셔루트(Old Virginia Cheroots) 광고.

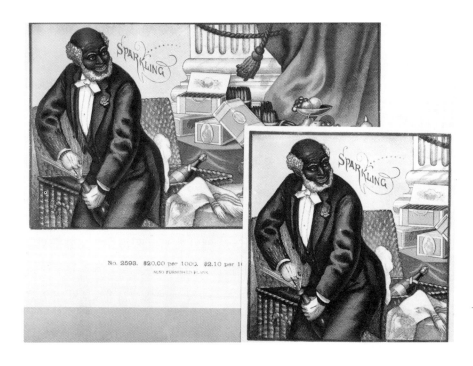

'스파클링', 조지 해리스 앤드
선스사의 컬러 인쇄 라벨,
1890년.

특히 북부에 사는 많은 흑인들은 다양한 직업에 종사하고 있었고, 일부는 부를
소유했다. 그러나 담배 미술에서 흑인들은 대개 농부, 웨이터, 하인으로서 그들
자신이 아닌 다른 주인이나 소비자에게 봉사하고 있다. 여송연 라벨에서 구석
자리에 괴상하게 묘사된 흑인 — 소년 또는 노인 — 은 낮은 지위를 암시한다. 이
는 16세기 유럽에서 자리 잡은 전통을 이어받은 것이다.[23]

'스파클링' 여송연 상자 라벨에서 웨이터가 허벅지 사이에 끼고 있는 샴페인
병에서 샴페인이 분출하는 것은 사정(射精)을 의미한다. 한쪽 구석에 그려진 하
인은 황홀한 표정을 짓고 있으며, 그뒤로 연회 테이블이 보인다. 이는 그가 노예
처럼 자신의 욕망을 자극하는 것을 소유할 수 없음을 암시한다. 1884년에서
1900년까지 미국에서는 2,500명이 넘는 흑인들이 린치를 당했다. 백인 여성을
강간했다는 혐의를 받은 경우도 자주 있었다. 그러므로 위와 같은 라벨은 흑인
섹슈얼리티의 신화를 많이 반영하고 있는 것이다. 하지만 늙은 하인은 젊은 남
자에게 덜 위협적일 것이다.[24]

토머스 제퍼슨(Thomas Jefferson)은 1784년 버지니아 연설(Notes on Virginia)에서,
흑인들이 생각보다도 감각의 영향을 더욱 크게 받는다는 믿음을 드러냈다.[25] 아프

리카 사람들은 후각과 미각이 특히 발달하고 성욕이 넘친다고 여겨졌다. 이 때문에 흑인들은 담배의 쾌락에 대한 황홀감을 표현하는 데에 잘 어울리게 되었다. 18세기 후반에서 19세기 초반 유럽의 공론가 비레이스는 이렇게 말했다. "흑인종이 이마가 들어가고 입이 튀어나온 것을 보면 생각하는 일보다 먹는 일에 더 잘 어울리는 것 같다."[26] 19세기에 사회적 지위를 진지하게 고민한 이들은 품위와 자기 절제, '음식을 먹을 때나 술을 마실 때나 소리를 내어 다른 사람들이 알도록 하지 않는'[27] 에티켓 책의 가르침에 영향을 받았다. 1890년대에 확산되었던 금주 운동은 흡연을 조롱했고, 흡연을 하면서 느끼는 관능적 쾌락을 묘사함으로써 더욱 흡연을 압박했다.[28]

'코커(Corker)'에서 흑인 웨이터의 역할은 제품에 대한 강렬한 욕망을 나타내는 것으로 백인 구매자들에게 대리만족을 준다. 웨이터는 '이드(id, 자아의 밑바탕을 이루는 본능적 충동—옮긴이)'를 대신한다. 지그시 감은 눈, 벌어진 콧구멍, 뒤로 젖힌 머리는 그의 쟁반에 놓인 여송연 상자에서 나는 냄새가 그를 욕망으로 가득 채우고 있음을 암시한다. 그러나 그는 욕망을 만족시킬 수 없다. 욕망을 만족시킬 수 있는 이는 구매자일 것이다. 당시 그러한 욕망을 겉으로 드러내는 백인은 천박하고 남자답지 못하게 받아들여진 듯하다.

- 위. '코커', 슈벤크 앤드 피츠마이어(Schwencke & Pfitz-mayer) 인쇄회사가 제작한 컬러 라벨, 뉴욕, 1890년.

- 아래. '세계 최고', 실 어브 노스 캐롤라이나(Seal of North Carolina), 마벅 브라더스(Mar-burg Bros.)사의 컬러 인쇄 트레이드 카드, 1890년.

남북전쟁 이후 인종 간의 주종적 특성은 사라지고 있었다. 그 시기에, 담배 미술에서 백인 남성 소비자들을 겨냥해서 흑인 여성들을 매력적으로 표현하는 상업적 분위기는 존재하지 않았다. 멋진 옷을 입은 흑인 여성들이 표현된 적이 거의 없고 구매자들과 잘 어울리게끔 표현되지도 않았다. 그들은 대개 흑인 남성과 함께 나온다. '세계 최고(The Best in the World)'에서 '지프 쿤(Zip Coon, 흑인 쇼에 나오는 게으르고 유치한 인물—옮긴이)'처럼 옷을 말쑥하게 입은 사내가 식모 또는 '유모'처럼 차려 입은 여인 얼굴에 연기를 뿜는다.[29] 여인은 기분 좋게 웃는

다. '황금 슬리퍼(Golden Slipper)'에서 관찰자들은 동글동글한 흑인 노부부가 잠
옷 차림으로 날아가는 모습을 보고 웃게 된다.

1890년대에 투표권과 주 규정에 대한 논쟁이 뜨겁게 달아올랐다. 나날이 더
많은 흑인들이 북부로 이주하여 일자리를 구했다. 백인들의 근심은 흑인 쇼
(minstrel show, 얼굴을 검게 칠해 흑인으로 분장하고 흑인 가곡 등을 부르는 쇼—옮긴이)
와 일부 브로드웨이 뮤지컬에서 흑인을 더욱 심하게 조롱하는 형태로 나타났
다.[30] 담배 미술에서 그 근심은 자리를 비운 주인의 여송연—권력과 남성성의 상
징—을 훔치는 흑인 하인이라는 주제로 표현되었다. 전형적인 한 라벨에서 하인
은 그의 봉사의 상징인 먼지떨이를 옆으로 치워놓고, 테이블에 다리를 올린 채
몸을 뒤로 기대고 여송연을 피운다. 상황은 권력구조를 위협하는 것이지만 우스

꽝스러운 분위기 덕택에 두려움은 진정된다. 그렇게 게으른 하인이라면 주인이 돌아왔을 때 그다지 무례하게 굴 것 같지 않다.

노예해방과 남부 재통합 이후 몇십 년 동안은 담배 미술이 번성한 시기였다. 담배 미술에서 억눌림 없이 표현된 편견은 백인들이 해방된 흑인들을 어떻게 바라보았는지를 알려준다. 가게 유리창에 전시되거나 문집에 실렸던 이와 같은 상업 미술은 라디오, 영화, 텔레비전 이전 시대에 사적인 여가의 창고였다. 하지만 그것은 박물관의 예술 작품만큼이나 큰 사회적 영향력을 지니고 있었다.□

||||주

01. 이 신문은 대학미술협회 연례 회의에 제출되었다, San Antonio, Texas, 1995. 1. 24.

02. Debra Newman Ham 엮음, 《아프리카계 아메리카인의 모자이크:흑인 역사와 문화 연구를 위한 의회 도서관 자료 안내 (The African American Mosaic:A Library of Congress Resource Guide for the Study of Black History and Culture)》 (Washinton, DC, 1993), p. 26.

03. Dan Lacy, 《미국에서 백인들의 흑인 이용(The White Use of Blacks in America)》 (New York, 1972), p. 15; "17 세기 마지막 무렵에 등장한 대규모 담배 농장과 벼농장을 흑자로 운영하기 위해 탐욕스러운 사람들은 영구하고 강제적인 노동력을 필요로 했다. 계약서도 필요 없고, 일을 계속 해달라고 아첨할 필요도 없는 노동력, 몇 년 일하면 새로운 사람을 구할 필요도 없고, 채찍으로 다스릴 수 있는 노동력을 필요로 했다."

04. 〈미술에서 담배와 흡연(Tobacco and Smoking in Art)〉, 전시 카탈로그, 노스캐롤라이나미술관, Raleigh (1960), p. 14. Benjamin Labtrobe는 낡은 의사당 부속건물의 작은 둥근 지붕을 받치는 기둥 디자인을 맡았을 때, 아칸서스 대신 담뱃잎과 꽃을 이용하기로 했다. "젊은 국가의 물질 문화를 상징하기 위해 옥수수와 담배를 선택하는 것이 특히 적절했다. 둘 모두, 인디언들이 유럽의 식생활과 문화에 전해 준 많은 식물들 가운데 가장 중요하며, 또한 우리 식민 경제의 기초를 형성했기 때문이다."

05. Joseph C. Robert, 《미국의 담배 이야기(The Story of Tobacco in America)》 (New York, 1949), p. 15.

06. David Dabydeen, 《호가트의 흑인들:18세기 영국 미술에서 흑인들의 이미지(Hogarth's Blacks:Images of Blacks in Eighteenth Century English Art)》 (Athens, GA, 1987), p. 18. "Ambrose Heal이 우리에게 상기시키듯이, '아프리카 흑인의 얼굴'……그리고 '검은 소년'과 '담배 롤'은 그러한 간판의 가장 흔한 모티프 가운데 하나였다."

07. Ellwood Perry, 《미국 미술에서 인디언과 흑인의 이미지(The Image of the Indian and the Black Man in American Art)》 (New York, 1974), p. 55.

08. Robert, 《미국의 담배 이야기(The Story of Tobacco in America)》, pp. 86-7.

09. 라벨과 담배 미술의 역사에 대한 배경에 대해서는 Tony Hyman, 《흡연과 담배의 세계(The World of Smoking and Tobacco)》(Claremont, CA, 1988); Tony Hyman, 《미국 여송연 상자 안내서(Handbook of American Cigar Boxes)》 (Elmira, NY, 1979); Joe Davidson, 《여송연 라벨의 미술(The Art of the Cigar Label)》 (Secaucus, NJ, 1989); Robert Opie, 《라벨의 미술(The Art of the Label)》 (Secaucus, NJ, 1987); Chris Mullen, 《궐련 담뱃갑 미술 (Cigarette Pack Art)》 (New York, 1979).

10. Thomas L. Morgan과 William Barlow, 《스텝댄스부터 콘서트홀까지:1895년부터 1930년까지 아프리카계 아메리카 대중음악의 역사(From Cakewalks to Concert Halls:An Illustrated History of African American Popular Music from 1895 to 1930)》 (Washington, DC, 1992), p. 10; (남북전쟁 뒤) '다양한 직종의 일자리가 흑인 노동자들에게 열렸다. 그들이 부두노동자, 대마초 생산자, 테레빈유 생산자, 증기선과 철도의 용광로 담당 선원이 되었을 때……'

11. Douglas Congdon-Martin, 《검은 이미지:150년 동안의 검은 수집품들(Images in Black:150 Years of Black Collectibles)》 (West Chester, PA, 1990), p. 5.

12. Robert, 《미국의 담배 이야기(The Story of Tobacco in America)》, pp. 86-7; "1810년에 필라델피아 여송연 노동자들

은 한 해에 여송연 3,000만 개비를 말았다. 그들은 여송연 열 개마다 하나씩 '에스파냐' 담배를 이용했다. 켄터키 속대잎을 서인도 겉말이잎으로 싼 것이다." 그림에 나오는 주인의 옷차림을 보면 20세기 초반으로 짐작되나 해리스 인쇄회사는 19세기 말에 문을 닫았다.

13. Rayford W. Logan, 《미국적 삶과 생각 속의 흑인:1877-1901년의 흑인(The Negro in American Life and Thought:The Nadi, 1877-1901)》(New York, 1954), pp. 252-3.

14. 예를 들어 Lavater의 이론의 인기 있던 그림 버전은(Julien Joseph Vireys의 삽화가 있는 《인류의 자연사(Histoire naturelle genre humaine)》에 실렸다. 파리에서 1801년 처음 출판된 이 책은 1824, 1826, 1834년에 재출간되었다. 한 그림은 아프리카 사람의 옆모습을 오랑우탄에 비교한다.

15. 듀크 타바코가 발행한 고급스러운 작은 책자 '그림자(Shadows)'에 나옴, '이 중요한 순간에(At This Critical Moment'라는 제목이 붙은 페이지, 담배 미술에 대한 의회 도서관 파일들 가운데.

16. 전형과 관련된 그러한 태도는 Sander L. Gilman, 《차이와 병리학:섹슈얼리티, 인종, 광기의 전형들(Difference and Pathology:Stereotypes of Sexuality, Race and Madness)》(Ithaca, NY, 1985); John S. Haller, 《진화의 소외자:1859-1900년의 인종적 열등성의 과학적 태도(Outcasts from Evolution:Scientific Attitudes of Racial Inferioity, 1859-1900)》(Urbana, Il, 1971); Withrop Jordan, 《백인 우월주의:1550-1812년까지 흑인에 대한 미국인의 태도(White over Black:American Attitudes toward the Negro, 1550-1812)》(New York, 1977); Kenneth W. Goings, 《유모와 엉클 모세:검은 수집품과 미국적 전형화(Mammy and Uncle Mose:Black Collectibles and American stereotyping)》(Bloomington, IN, 1994)에서 논의됨.

17. 미술에서 대조적인 표현에 대한 심도 있는 논의는 Ellwood Perry, 《미국 미술에서 인디언과 흑인의 이미지(The Image of the Indian and the Black Man in American Art)》(New York, 1974) 참조

18. 정통미술과 대중미술의 흑인 묘사에 대한 개괄을 위해서는 Huge Honour 엮음, 《서구 미술에서 흑인의 이미지:미국 혁명에서 제1차 세계대전까지(The Image of the Black in Western Art:From the American Revolution to World War I)》(Cambridge, 1989). 또 Guy McElroy, 《역사 앞에서:1710-1940까지 미국 미술의 흑인 이미지(Facing History:The Black Image in American Art, 1710-1940)》(San Francisco, 1990) 참조

19. Lacy, 《미국에서 백인들의 흑인 이용(The White Use of Blacks in America)》, "로마법처럼, 18세기 남부 식민지에서 시행된 노예 코드는 노예를 재산, 물건으로 인식했다. 그의 노동력뿐 아니라 그의 인격도 주인의 소유였다. 사적 관계가 어떻든 주인과 노예의 법적 관계는 고용주와 피고용인의 관계라기보다 소유자와 가축의 관계에 훨씬 가까웠다."

20. Patricia A. Turner, 《도기 인형 엉클과 플라스틱 인형 유모(Ceramic Uncles & Celluloid Mammies)》(New York, 1994), p. 65.

21. 내 설명은 의회도서관, 뉴욕공립도서관 아렌츠컬렉션, 뉴욕역사협회, 메트로폴리탄미술관의 담배 자료들에 실린 이미지 연구를 토대로 하고 있다. Patricia A. Turner는 물질문화 속의 흑인 이미지 연구 《도기 인형 엉클과 플라스틱 인형 유모(Ceramic Uncles & Celluloid Mammies)》(New York, 1994)에서 비슷한 결론을 내리고 있다.

22. Charles B. Lewis, 《브라더 가드너의 석회가마 클럽(Brother Gardner's Lime-Kiln Club)》, 1890년 Henneberry & Co.에서 출간된 책을 1970년 Chicago, Donohue에서 재출간. (Upper Saddle River, 1970), p. 202.

23. 유럽 전통에 대한 논의는, Jan Nederveen Pieterse, 《백인 우월주의:서구 대중문화에서 아프리카와 흑인들의 이미지(White on Black:Images of Africa and Blacks in Western Popular Culture)》(New Haven, 1992) 참조

24. 같은 책, p. 134.

25. Erskine Peters는 제퍼슨이 그뒤 미국 흑인에 대한 미국적 글쓰기와 그들의 이미지에 끼친 영향을 〈인종 개념:백인 의식 속의 흑인 이미지들. 자네트 폴크너 소장품에서 아프리카계 아메리카인의 전형과 캐리커처를 전시(Ethnic Notions:Black Images in the White Mind. An Exhibition of Afro-American Stereotypes and Caricatures from the Colleciton of Janette Faulkner)〉, 전시 카탈로그, 버클리아트센터, CA (1982)에서 논하고 있다.

26. Vireys, 《인류의 자연사(Histoire naturelle genre humaine)》, p. 92.

27. 《흑인의 상업적이고 사회적인 지식 백과사전(Collier's Cyclopedia of Commercial and Social Information)》(New York, 1883), p. 602.

28. Joseph C. Robert, 《미국의 담배 이야기(The Story of Tobacco in America)》(New York, 1949), p. 107; '아마도 1830년부터 1860년까지 니코틴의 위협을 일소하자고 선동한 이들 가운데 가장 앞장 선 세 사람은 Orin Fowler 목사, Joel Shaw 박사 그리고 George Trask일 것이다. (Fowler 목사가 말했다.) '럼주를 끊으려면 담배 씹기, 담배 피우기, 코담배 맡기를 끊어야 한다.'"

29. 이런 형식에 대한 자세한 내용은, Jack Young, 《수집할 수 있는 검은 유모와 그녀의 친구(Black Collectible mammy and her Friend)》(West Chester, PA, 1988) 참조

30. Morgan과 Barlow, 《스텝댄스부터 콘서트홀까지(From Cakewalks to Concert Halls)》, p. 16. Robert C. Toll, 《검은 공연:19세기 미국의 흑인 쇼(Blacking Up:The Ministrel Show in Nineteenth Century America)》(New York, 1974); Henry Sampson, 《흑인으로 분장한 흑인들(Blacks in Blackface)》(Metuchen, NJ, 1980).

Smoking, Gender and Ethnicity

담배 피우는 여성

돌로레스 미첼 | Dolores Mitchell

19세기에 담배 시장이 성장함에 따라 광고 예술, 풍자만화, 미술, 시, 소설 창작자들은 흡연 장면에 여성들을 나날이 더 많이 등장시켰다. 흡연자들과 잠재적 흡연자들을 유혹하는 광고인들은 매력적인 여성의 이미지를 미끼로 이용했다. 그러나 여성들이 직접 흡연하는 모습이 표현된 적은 거의 없다. 풍자만화가들은 여성 흡연자들을 추하고 비도덕적으로 묘사했다. 화가와 소설가들은 특히 현대적인 주제를 표현할 때 여성 흡연자들을 부정적인 시각으로 묘사했다. 긍정적이고 자신감 있는 여성 흡연자 이미지를 창조해낸 것은 소수의 여성 화가들과 작가들뿐이었다.

19세기 미술에 묘사된 흡연 여성들이 소수인 것은 당시 사회 관습과 일치한다. 흡연은 클럽의 흡연실이나 가정에서 남성들을 맺어주는 중요한 의례적 요소였다. 저녁을 먹은 뒤 여자들이 식탁을 떠나면 남자들은 섹스, 돈 그리고 그날의 중요한 사건들을 이야기했다. 중류계급 여성들이 남들 앞에서 흡연하는 것은 예사롭지 않은 일이었다. 이는 1846년 찰스 디킨스의 말로 증명된다. 그는 호화로운 호텔 방에 있었는데 여성들이 불을 붙이기 시작했다. "5분만에 방은 연기구름으로 뒤

덮었다.……내가 그토록 놀란 적은 없었다.……나도 이런 저런 여자들을 많이 만나 보았지만 이전에는 본 적이 없었다.……담배를 피우는 어머니나 집시를."[01]

19세기에 파이프와 담배는 어디에나 있는―그리고 남근을 상징하는―중산모만큼이나 강인한 남성성의 속성이 되었다. 은행가들의 캐리커처에는 돈가방과 여송연이 같이 등장하고 정치가들은 여송연을 뻐끔거린다. 피어오르는 연기는 그들의 활력을 상징한다. 펠리시엥 롭스(Felicien Rops) 같은 성애물 창작자들은 돌출한 담배가 본성적으로 남근과 닮았음을 강조한다. 뭉크의 1895년 에칭 〈사적인 대화(Tete-a-tete)〉에서는 한 남자와 한 여자가 마실 것을 놓고 앉아 있다. 남자의 파이프에서 나온 연기가 여자의 웃는 얼굴을 스치고 지나간다.[02]

시각예술에서는 발기한 남근과 궐련 또는 여송연의 공통점을 강조했지만, 문학에서는 남자가 피우는 담배를 대개 여성으로 묘사했다. 이는 담배가 여성으로 인격화되었던 엘리자베스 시대의 전통을 이어받은 것이다. 칼 워너(Carl Werner)의 시 '그녀(She)'는 담배를 일컫는다. "그녀를 다정하게 입술에 대네."[03] '파이프를 피우며 아내 고르기(Choosing a Wife by a Pipe of Tobacco)'에서 익명의 작가는 이렇게 썼다. "그녀의 아름다움이 변치 않게 하고 / 그녀의 숨결이 그대 숨결처럼 달콤하게 하고 / 내가 그녀에게 입 맞출 때 / 그대처럼 불타오르게 하면, 나는 더없이 행복하네."[04] 키플링(Rudyard Kipling)은 그의 아바나 여송연을 '검은 미녀 오십 명이 한 줄에 묶여 있는 규방'이라고 묘사했다.[05]

1850년에서 1870년대 즈음 궐련이 값이 더 싸고 훨씬 편리하게 이용할 수 있게 되자 모든 계급의 조금 더 많은 여성들이 흡연하기 시작했다. 여성참정권자와 '신여성들'은 사람들 앞에서 거리낌 없이 흡연하면서 '본래의' 여성다운 행동이라는 전형에 도전했다. 남성 화가들은 여성 흡연자에게서 새롭고 현대적인 주체를 발견했다. 그녀는 마네의 〈자두(The Plum)〉(1877년, 국립미술관, 워싱턴 DC), 고흐의 〈카페 탬버린의 여인(A Woman in the Café Le Tambourin)〉(1888년, 빈센트 반 고흐 재단, 암스테르담)에서처럼 지치고 절망적으로 보였을 수 있다. 그녀는 가족들을 무시하고 술집에서 담배를 피우고 술을 마신 여성참정권자일 수도 있고 돌이킬 수 없이 나쁜 길로 접어든 고급 매춘부일 수도 있다. 풍자만화가들은 사람들 앞에서―심지어 시내전차에서―남자들의 반감을 모른 체하고 뻔뻔

하게 흡연하는 '신여성'들을 조롱했다.

　20세기로 접어들면서 여성참정권자들은 투표권을 요구했고, '신여성들'은 자전거를 타고 담배를 피웠다. 당시 중류계급 여성들이 아무도 몰래 또는 흡연실에서 담배를 피우는 모습은 예술의 인기 있는 주제가 되었다. 맥스 팸버턴(Max Pemberton)의 단편 〈새로운 침입자(A New Intruder)〉가 1890년 『펀치(Punch)』(1841년에 창간된 영국의 정기 화보간행물—옮긴이)에 실렸다. 이 글에서 남편의 무시에 화가 난 어린 아내는 남자로 변장하고 남편 클럽의 흡연실로 간다. 그날 밤 늦게 남편은 문가에서 맞아주는 아내가 보이지 않자 당황한다. 날마다 문가에서 '턱에 입을 맞추며 모자와 신문을 받아들던' 아내였다. 그는 서재의 안락의자에 몸을 파묻고 음흉하게 웃음 짓는 아내를 발견한다. 클럽의 사내들처럼 그녀는 베르무트 술을 마시면서 담배를 피우고 있다. "담배 연기를 구름처럼 내뿜으며 짐짓 화가 난 표정이었다." 그녀는 클럽에서 엿들었던 이야기들을 읊는다. 남편은 클럽의 사내들이 '흡연실에서 한 얘기들을 아내에게 미주알고주알 쏟아놓는 괘씸한 짓을 했'다고 의심하고 충격을 받은 상태로 집을 나선다. 아내는 '그렇게 심한 짓을 했으니 온 런던이 곧 떠들썩하게 될까봐' 후회한다. 이야기는 양성간의 평범한 질서를 회복하고 화해하는 것으로 끝난다.

　독자적이고 교양 있는 '신여성'은 문학과 시각예술에서 인기 있는 주제였다. 여성이 피우는 담배 연기는 시드니 그런디(Sydney Grundy)의 1894년 연극 〈신여

성(The New Woman)〉의 런던 공연 포스터에서도 피어오른다. 그런디는 남성에게 여송연을 무기로 사용하게 하여 양성간의 싸움을 극화한다. 아내가 성적 평등에 관한 책을 읽는 것이 못마땅한 남편이 '마지막 장에 여송연 재를' 떨어뜨린다.[06] 한 중류계급의 미혼 여성은 '원칙에 따라'[07] 흡연하며, 여성들이 남성들처럼 열쇠를 가지고 다니며 집을 열고 닫을 수 있다고 믿는다. 한 미혼남은 이 여성에게 관심이 없다. 그는 대신 가정부였던 비흡연자인 구식 여성을 선택한다. 한 늙은 대령이 결혼 제도를 의심하고 사회의 도덕 질서를 약화시키는 모든 것을 비난하면서 이야기는 끝난다.

　1909년 초연한 볼프 페라리와 골리스차아니(Enrico Golisciani)의 오페라 〈수잔나의 비밀〉에서, 수잔나의 남편은 아내의 입에서 담배 냄새를 맡고 그녀에게 애인이 있다고 생각한다. 수잔나의 진짜 비밀은 담배를 피우는 것이었다. 이는 여성들이 남편의 여송연과 궐련을 경쟁 상대로 여기는 이전 세대 문학의 주제가 전도된 것이다. 남편과 아내는 마지막 장면에서 화해하지만 수잔나가 남편 몰래 침실로 담배를 숨겨 갖고 들어오는 설정은 앞으로 그녀가 애인과 똑같은 일을 되풀이하리라는 것을 암시한다.

　여성들이 침실에서 혼자 흡연하는 모습을 그린 19세기 캐리커처들은 여성들

- 고흐, 〈카페 탬버린의 여인〉, 1888년, 캔버스에 유화.

을 나른한 모습으로 표현함으로써 자위행위를 암시한다. 자위행위는 도덕적 신체적 타락을 낳는 난잡한 행위로 여겨졌다. 남성들 없이 여성들이 은밀한 쾌락을 추구한다는 암시는 남성들의 경각심을 일깨웠다. 20세기로 들어서는 시기의 작가 아서 시먼스(Arthur Symons)는 말했다. "여성이 자신에게 깊이 이끌릴수록 남자의 개화된 영향력에서 더 멀어지며 더욱 위험한 존재가 된다."[08]

17세기 네덜란드의 도덕적 미술은 흡연을 나쁜 아내와 나쁜 엄마의 상징으로 표현했다. 얀 스텐의 그림 〈술 취한 여인에게 연기를 뿜는 남자(A Man Blowing Smoke at a Drunken Woman)〉(1660~1665년, 국립미술관, 런던)에서는 정신을 잃은 여자가 술집에 늘어져 있다. 파이프는 가랑이 위에 놓여 있다. 그녀는 남자들의 접근을 막을 수 없음이 분명하고, 이는 가정의 안전을 위협한다. 18세기와 19세기의 흡연 반대 운동―금주 운동과 연결되기도 했던―은 여성 흡연자들을 경멸했다. 여성을 가정의 도덕성을 지키는 수호자라고 여겼기 때문이다. 코하우센 박사(J. H. Cohausen MD)는 이렇게 타일렀다. "흡연과 음주의 자유는 도덕의 자유와 함께 간다.……연기는 미덕과 아름다움을 한꺼번에 파괴한다. 그러나 그릇된 길로 간 여성들이여, 그대들이 피워야 한다면 피워라. 그것 때문에 울게 될지니. 그것이 여성의 운명이다."[09]

매춘부들, 그리제트(grisette)와 로레트(lorette)가 가면무도회와 당구장과 규방에서 남자들과 함께 흡연하는 장면이 자주 묘사되면서 담배가 위험하다는 인식이 퍼졌다. 소설 《나나(Nana)》(1880년)에서 에밀 졸라는 매춘부의 성적 충동과 흡연 습관을 연관지었다. "나나는 계속 담배를 말고, 의자에 앉아 앞뒤로 흔들거리면서 자기가 만 담배를 피웠다."[10] 나나에게서 나는 애인들의 짙은 정액과 담배 냄새는 그녀의 성적 매력을 높였다. 졸라 같은 많은 작가들 그리고 의사들은 매춘 행위―파리에서 흔한―가 '위험한 계급'의 질병을 중류계급의 가정에 전파할 위험이 있다고 경고했다. 매춘부들은 하수구 같은 악취를 뿜고 전염병을 옮기기도 한다고 알려졌다. 나나는 마지막으로 병을 앓을 때 말 그대로 악취를 풍기며 썩어간다.[11] 졸라는, 남자들이 나나에게 그들의 정자만 낭비한 것이 아니라 재산도 낭비한 것이라고 말하고 있는 듯하다. 나나 또는 다른 매춘부들의 손에 들려 있던 담배는 거세의 상징으로, 여성들이 남성의 권력을 도용함을 뜻한다. 나나

에게 남자 애인들과 여자 애인들이 모두 있다는 사실은 의미심장하다.

1890년대에 제조업자들과 상업 화가들은 상품 판매에 아름다운 여성들을 더 많이 이용하기 시작했다. 궐련과 흡연 소도구 판매도 마찬가지였다.[12] 그러나 여성들은 아직도 담배 제품에 있어서는 하찮은 시장이었다. 여성들의 흡연 인구는 조금 늘었을 뿐이었다. 여성들을 매력적으로 이용한 광고는 남성들을 겨냥한 광고였다. 오늘날처럼 당시의 광고 이미지들도 부정한 성욕을 표현했다. 여배우나 무희들이 포스터에 등장했다. 쥘 셰레(Jules Chéret)가 JOB 궐련지 광고 포스터에 그린 담배 소녀들은 담배뿐 아니라 몸뚱이도 제공하는 것 같다. 조르주 뫼니에(Georges Meunier)의 〈JOB 궐련지(Papier à JOB)〉(1894년)에는 까만 고양이가 담배 소녀의 친구로 나온다. 이는 마네의 악명 높은 1863년의 작품 〈올림피아(Olympia)〉(오르세이박물관, 파리)를 연상시킨다.

알폰세 무하(Alphonse Mucha)가 1896년에 그린 JOB 포스터에서 메두사 같은 금발 여성은 담배가 주는 오르가즘의 황홀경에 빠져 있다. 그녀의 자세—머리를 젖히고 눈을 감고 입을 벌린—는 '거의 여성들에게만 묘사되는 자세이다. 일종의 정복욕이나 권력을 드러내면서도 자기 스스로에게 푹 빠져 있는 아주 드문 경우의 묘사로써 남성들을 자극한다.'[13]고 마서 킹스베리(Martha Kingsbury)는 말했다. 담배는 여성의 대체 애인이다. 남성의 흡연 습관을 도용함으로써, 여성은 남근을 상징하는 담배를 자신의 쾌락을 위해 사용한다.

터키, 아프리카, 아메리카 인디언 그리고 에스파냐 여성들, 담배를 경작하거나 담배 제품을 생산하는 지역의 모든 여성들은 자주 광고에 그려졌다. 이처럼 여송연 상자 라벨의 여성―그 노골적 관능성을 뛰어넘는 것은 포르노 이미지뿐이었다―은 쾌락을 위해 소비되는 제품, 입에 집어넣어 '키스'하고 빠는 제품과 동일시되었다. 남자라면 이 즐거움을 자기 방에서 혼자 즐기거나 술집 또는 클럽에서 연대를 위한 의례의 일부로서 다른 남성들과 함께 공유할 수 있었다.

여송연 상자 라벨의 터키 여성들은 물담배 파이프를 곁에 두고 규방에서 빈둥거린다. 화가는 그렇게 제한된 공간에 있는 여성의 유일한 기능이 그녀를 절대적으로 지배하는 주인에게 쾌락을 주는 것임을 분명히 드러낸다. 아름다운 노예들을 경매하

- 알폰세 무하, JOB, 1896, 컬러 인쇄.

는 서구의 그림과 담배를 경매하는 서구의 그림 사이에는 비슷한 점이 있다. 고급 여송연은 욕망을 채워주는 존재로 묘사되는 규방 여성들만큼이나 특별 용기에 넣어 완벽한 조건에서 보존해야 한다. 화이트 슬레이브(White Slave) 같은 담배 라벨은 프랑스 화가 앵그르의 규방 그림도 싣고 있다.

아프리카 여성의 짙은 갈색 피부는 여송연 색깔의 비유로서 '원시적인' 흡연 경험을 암시한다. 아메리카 원주민 여성들은 자연과 조화를 이루며 사는 이상적인 존재로 묘사되었고, 이는 오늘날의 말보로 카우보이와 비슷하다.

아름다운 여성들이 담배 미술에 이용됨으로써 성적 관심과 흡연의 쾌락이 결부된다. 그러나 여성들이 흡연하는 모습으로 그려지는 경우는 드물다. 예외가 있다면 '카르멘'과 같은 에스파냐 여성이다. 대담하게 흡연과 연애에서 쾌락을 찾는 여성의 이미지를 통해 남성 구매자들은 여송연과 여성을 동시에 소유한다는 환상을 갖게 된다.

메리메의 1845년 소설 《카르멘》은 흡연을 요부의 속성으로 정착시켰다. 그러

화이트 슬레이브와 엘 물로(El
Mulo), 이색 인쇄 여송연 상자
라벨, 1890년.

나 담배를 마녀로 여성 인격화한 위협적 이미지는 16세기에 이미 등장한 것이었다.[14] 집시인 카르멘은 궐련 공장에서 일한다. 궐련 공장은 규방과 매음굴의 잡종인 듯하다. 메리메의 화자가 처음 카르멘을 만날 때, 카르멘은 자신이 '담배 냄새를 아주 좋아한다'고 말한다. 그는 카르멘에게 담배를 주며 말한다. "우리는 연기를 섞었소."[15] 카르멘의 흡연 욕망에서 독자는 카르멘의 성욕을 읽는다. 연기는 카르멘의 결정적 배반을 은유한다. 카르멘은 엄마 말에 순종하는 순진한 애인의 마음을 더럽힌다. 그가 카르멘의 중독에서부터 벗어날 수 있었던 유일한 방법은 카르멘을 찔러 죽인 것이었다.

당시 대부분의 남성 화가들과 작가들은 여성 흡연자들을 타락하고 위험하고 믿지 못할 존재로 그렸다. 그러나 소수 여성 화가들과 작가들은 흡연을 독립과 힘의 상징으로 이용했다. 대중적인 영국 소설가 마리 루이즈 드 라 라메[위다(Ouida)]는 1867년의 소설 《두 깃발 아래서(Under Two Flags)》에서 '시가레트(Cigarette)'라 불리는 용기 있는 여주인공을 창조해냈다. 시가레트는 흡연과 섹스에 대한 자유로운 태도를 메리메의 카르멘과 공유한다. '그녀는 군인들과 뒹굴고' '그들 가운데에서도 진정한 돈 후안이라 할 만한 연애담도 많았'고 한 사내의 모욕에 '연기를 내뿜는 것'[16]으로써 대답을 대신하는 여자였지만 긍정적으로 그려진다.

흡연은 사회 관습을 무시하는 그녀의 방식이다. 그녀는 "여성의 운명을 조롱하고, 술로 그것을 잊고, 그냥 웃어넘기고, 담뱃불로 태워버린다."[17] 그녀는 사랑하는 남자를 파멸시키기는커녕 그의 '전우'가 된다. 그를 겨냥하고 있는 복병에게 뛰어들어 싸우다 죽는 것이다. 위다는 대개 남성 영웅들과 관련되는 특성을 시가레트에게 부여한다. 선천적이고 도덕적인 용기, 자유 의지, 쾌락을 즐기는 능력은 흡연하는 여성에게 새로운 상징이 형성될 길을 열어주었다. 그러나 남자들이 파이프와 여송연에 불을 붙일 때, 위다 자신은 방을 나서기를 거부한다. '남자들이여, 내 어머니와 내가 방을 나선다고 생각해보라. 당신들처럼 클럽에 앉아 담배를 피우고 술을 마신다고 생각해보라. 흡연실에서 당신들이 하는 것처럼 떠들어댄다고 생각해보라.'[18]고 하면서.

19세기가 거의 끝나갈 즈음, 프랜시스 벤저민 존스턴(Frances Benjamin Johnston)과 제인 애셰(Jane Atche)는 남성 흡연자들에게 권력을 부여했던 도상법을 도용해서 여성 흡연자를 묘사한 소수 여성 예술가들이었다. 풍자적이지도 이국적이지도 않은 옷차림으로 묘사된 그들의 주인공은 당대 중류계급 여성이다. 영국 화가 윌리엄 프리스(William Frith)는 1870년 중류계급 여성이 공원에서 흡연하는 모습을 그린 뒤 "그런 주제를 표현했다는 이유로 무참히 비난받았다".[19] 존스턴과 애셰는 당시 성장하고 있는 범주의 여성들이었다. 그들은 사회에 정면으로 도전했고, 직업적 능력을 갖추어 스스로 생계를 책임질 수 있었다. 예술가로서 그들은 시각적 전형에 의문을 던지고 사회적 파장을 미치는 도상법을 만들어냈다.

사진 분야에서 상업적 성공을 거둔 최초의 미국 여성 가운데 하나인 프랜시스 벤저민은 1864년 워싱턴 DC에서 태어났다. 그녀의 아버지는 미국 재무부에서 일했다. 1883년에서 1885년까지 그녀는 일러스트레이터가 되려고 파리 줄리앙 아카데미(Academie Julian)에서 드로잉과 그림을 공부했다.[20] 워싱턴으로 돌아오자마자 곧 있으면 신문에서 사진이 일러스트레이션의 자리를 차지할 것임을 깨닫고 코닥 카메라를 구입했다. 그리고 스미소니언박물관 사진 실습실에서 수련생활을 했다. 1889년 직업인으로 출발한 그녀는 수잔 안소니(Susan B. Anthony, 미국 여성 참정권 운동의 선구자—옮긴이) 같은 유명인들을 찍었고, 도전적인 다큐멘터리 분야를 맡아 셰넌도어(Shenandoah)의 코이누르 탄광(Kohinoor Coal Mines) 내부를 찍기도 했다.

존스턴이 이 글에 실린 인상적인 자화상을 찍었을 때가 32세 무렵이었다. 이미 일곱 해 동안 자신의 분야에서 성공을 거두고 있을 때였다. 그녀는 방이 여섯 개인 스튜디오의 한 방에서 포즈를 취했다. 1894년 워싱턴의 부모님 집에 증축한 스튜디오였다. 자화상에 표현된 그녀의 모습은 상당한 재산을 지닌 여성이다. 주변의 예술품, 사진, 한 손에는 담배, 다른 손에는 오지로 만든 맥주잔을 들고 있는 모습에서 그것을 알 수 있다. 그녀는 한 쪽 다리를 다른 무릎 위에 올려놓은 자세로 당당하게 앉아 있어 종아리와 속옷이 다 보인다. 하지만 옷차림이 자극적이지도 않고 표정이 나른하지도 않다. 존스턴은 결혼하지 않았다. 그녀는 담배를 피웠고, 술을 마셨고, 사회적으로 유명한 친구들과 보헤미안들을 알고 있었다. 그녀의 담배와 맥주잔은 별 뜻 없는 소품이 아니라 그녀의 삶의 사실적 측면들을 반영한다. 보일 듯 말 듯한 미소와 당당한 태도는 그녀가 의식적으로 보수적인 관찰자들이 펄쩍 뛸 만한 행위의 세 가지 측면을 고려했음을 알려준다. 사회 관습을 무시하고 그러면서도 자신의 욕망을 그리고 중류계급 삶의 보상을 누리는 것이다. 이를 통해 그녀는 자신의 이미지와 만족을 표현했다.

1900년 『펀치』에 실린, 예술 소품들이 있는 벽난로 앞에서 '신여성'이 흡연하는 한 캐리커처는 존스턴의 자화상을 닮았다. 그러나 캐리커처의 여성은 바닥에 깐 쿠션 위에 앉아 있는 모습이다. 난로의 불길을 향해 다리를 벌린 모습은 육욕을 표현하는 전통적인 도상법이다.[21] 남자 손님 프림 박사가 이렇게 말한다. "루시 양!! 담배를 피우다니요!" 루시 양('고전적 지식을 지닌 진보적인 젊은 여성'이라고 설명됨)이 대답한다. "흡연은 고전적이고 올바르죠. '예전의 루시가 이제 담배를 피워요(Ex Lucy dare fumum).'" 이 캐리커처는 대중들의 상상 속에 '신여성'의 교육과 흡연과 성적 경향이 어떻게 연결되어 있는지를 드러낸다.

1890년대 후반 즈음 툴루즈(Toulouse)에서 태어난 제인 애셰는 여성들이 등장하는 컬러 인쇄 상업 포스터와 장식 패널로 유명해졌다. 그의 삶에 대해서 알려진 바는 거의 없다.[22] 1896년 즈음에 그린 JOB 포스터는 무하의 JOB 포스터와 극명히 대비된다. 무하의 여인은 담배를 깊이 빨아들여서 그 연기가 몸속을 가득 채울 것만 같다. 윗머리의 머리카락은 위로 솟아올라 마치 연기가 피어오르는 듯하다. 손목을 비틀어서 담배를 쥐고 있는 모습은 성적 흥분을 전해준다. 애셰의 여인은 흡연 행위에 압도당하지 않는다. 그녀의 자세, 표정, 움직임은 흡연의 세련된 즐거움을 전해준다. 애셰의 이미지는 메리 카사트(Mary Casatt)의 〈오페라에서(At the

Opera)〉(1880년, 미술박물관, 보스턴)를 떠올리게 한다. 〈오페라에서〉는 홀로 오후의 오페라를 감상하는 즐거움에 빠져 있는 여인의 옆모습을 그린 작품이다.

게일 커닝엄(Gail Cunningham)은 《신여성과 빅토리아 시대 소설(The New Woman and the Victoria Novel)》에서 다음과 같이 말한다. "신여성은 매우 성적인 존재로 여겨진다. 매춘부나 타락한 여자로 규정하고 넘어갈 수가 없기 때문에 훨씬 위험한 존재이다."[23] 물론 존스턴이나 애셰가 묘사한 흡연자들에게서 그들이 존중받을 만한 중류계급의 여성들이 결코 아님을 암시하는 실마리는 전혀 찾을 수 없다. 그들은 추파를 던지거나 도발적인 옷차림을 하지 않았다. 그들은 마르셀 프레보스트(Marcel Prevost) 같은 작가들에게 위기의식을 불러일으킨다. 프레보스트는 《이름만 처녀(Les Demi-Vierges)》(1894년)에서 여성들이 혼합된 의미를 발산할 때 사회에 미칠 위험이 어떤 것인지 드러낸다. 그는 나쁜 여자와 좋은 여자를 구별하기 어렵게 된 것을 슬퍼했다. 멋진 여성들이 타락한 여자들처럼 행동하기 때문이었다. '정숙하게 잘 자란 처녀들이 지켜야 할 기품 있는 관습들을 대놓고 경멸' 한다는 것이다.[24] 그런 여성들이 중류계급 가정에 질병과 퇴폐를 전파하리라는 두려움이 언외에 함축되어 있다.

존스턴과 애셰의 이미지들은 공통적으로 도상학에서 자제력을 드러낸다. 이는 전통적으로 남성들에게 권력을 부여할 때 이용되던 방식이었다. 옆모습은 여성 흡연자들을 관찰자로부터 거리를 두게 한다. 흡연자들은 감탄의 표정을 짓지 않는다. 무하와 풍자만화가들이 묘사한 머리가 흐트러진 흥분 상태의 여성 흡연자들과 달리 그들의 머리는 차분히 머리핀으로 고정되어 있다. 옷은 단추로 여미고 유방은 드러나지 않는다. 아무런 보석을 달지 않았지만 그들은 멋지고 옷도 고급스러워 보인다. 표정에서도 자제력이 읽힌다. 존스턴의 희미한 미소는 그녀가 사회적으로 반항적인 이미지를 표출하는 것이 즐거움을 드러낸다. 꼿꼿이 고개를 들고 있는 애셰의 여인은 세련된 파리 토박이나 관능적 쾌락의 감식자처럼 보인다.

이 여성들은 고전적인 부조의 인물들을 떠올리게 한다. 옆모습이고 좁은 평면 안에 두 팔이 자리 잡고 있고, 몸통이 잘 보이도록 자세를 잡고 있다는 점에서 그렇다. 이러한 기법은 인물들의 고전미와 품위를 살린다. 이러한 자세는 '신여성'의 교육 수준을 가늠하게도 한다. 신여성은 19세기에 대개 고전 미술과 문학 분

야에서 높은 교육을 받았기에 스스로 생각할 줄 알았다. 두 여성 예술가는 전통
적으로 남성의 초상과 관련 있는 형식적인 기법을 이용한다. 예를 들어 그들의
여인들은 팔꿈치를 앞으로 뻗은 자세를 통해 시각적으로 그들의 신체를 커 보이
게 한다. 빅토리아 미술이나 아르 누보(art nouveau)의 나른한 또는 늘어진 자세는
찾아볼 수 없다. 그들은 똑바로 앉아 있거나 존스턴의 경우에서처럼 앞으로 몸
을 내밀고 있다. 두 사람의 작품은 가치의 뚜렷한 대비, 날카로운 선을 사용한다.
연한 색감, 투명한 형태, 구불구불하며 가끔 끊어지는 선으로 여인들을 묘사한
동시대의 인물들, 예를 들어 무하와는 다르다. 애셰의 까만 망토는 존스턴이 입
은 까만 격자무늬 옷처럼 강렬한 디자인의 요소이다.

　19세기 미술 이론가들은 선의 표현 능력에 매혹되었다. 수직선은 권위 다시 말
해 남성성을 암시하는 경향이 있다. 예를 들어 쇠라의 작품에 영향을 미친 이론

가인 데이비드 수터(David Sutter)는 이렇게 말했다. "수직선은 고결함, 숭고함, 위엄, 권위의 선이다."[25] (우스갯소리로 매춘부들을 완전한 수평선이라고 했다.) 애세의 망토가 표현한 곧은 직선은 포스터에서 가장 두드러진 형식적 요소 가운데 하나이다. 존스턴의 〈자화상〉에서 수직선은 존스턴 뒤에 보인다. 인물들은 모두 화면 가운데를 차지하고 있고, 공간을 지배하는 자세이다.

위다, 존스턴, 애세는 왜 전형적인 남성 이미지들을 도용하여 여성 흡연자들의 초상에 이용하고자 했을까? 분명한 대답은 이것이다. 흡연이, 여성들을 배제시킨 삶에 대한 더 넓은 지식을 암시하기 때문이다. 여성 참정권 운동은 20세기로 전환되는 시기에 힘을 얻어 여성들의 삶을 억압하는 것들에 대한 대중적인 논쟁을 이끌어냈다. 여기에는 흡연 문제도 포함된다. 흡연에 의해, 여성은 공개적으로—위다의 여주인공 시가레트의 말을 빌자면—'그녀를 기쁘게 하는 것을 무엇이든 할 권리'[26]를 주장할 수 있다.

특히 예술가인 이 여성들에게 또 다른 가능성을 유추할 수 있다. 19세기에는 흡연이 공상과 연상을 자극함으로써 창조성을 돕는다고 알려져 있었다.(당시 담배는 더 강하고 덜 가공되었으며, 가끔 다른 약물들이 첨가되기도 했다.) 19세기 많은 화가들과 작가들은 일부 여성들을 포함하여, 분명한 흡연자들이었다. 조르주 상드도 그 한 예이다. 샤를 보들레르는 파이프를 칭송하여 작가의 위안이라 했다.[27] 찰스 루미스(Charles Lummis)는 〈내 담배(My Cigarette)〉라는 시에서 이렇게 말한다. "시인의 꿈들이 / 솟아오르는 연기 속에 있는 듯하네."[28] 익명의 지은이가 쓴 시도 있다. "담배를 피울 때 내 모든 생각들이 피어나고 / 담배를 피우지 않을 때 생각은 밑으로 가라앉고."[29] 셜록 홈스 소설은 담배가 깊은 생각을 불러일으킨다는 관념을 대중화했다. 『펀치』에 실린 수많은 캐리커처들은, 1890년대의 분위기에 영향을 받거나 그런 분위기를 기다려 왔던 수많은 화가들 또는 철학자들을 그린 것이었다. 그 가운데 90퍼센트 이상이 흡연하는 모습이다. 지평을 넓히고자 하는 여성들은 제임스 배리가 《니코틴 부인》(1895년)에서 한 말을 스스로에게 적용시켰는지도 모른다. 그는 영국에 담배가 들어오게 된 이야기를 하며 이렇게 말한다. "지금까지 집안의 자잘한 것들만 걱정하고 살았던 남자들이 입에 파이프를 물고 철학자가 되었다."[30] 위다, 프랜시스 벤저민 존스턴 그리고 제인 애세는 흡연하면서 풍부하게 사고하는 여성들을 긍정적으로 그리는 길을 선택했다. 이 여성들을 품위 있게 묘사한 것을 보면, 그들의 생각은 발전시킬 가치가 있는 것이었다.▫

||| 주

01. G. L. Apperson, 《흡연의 사회사(The Social History of Smoking)》 (London, 1914), pp. 215-15.

02. 자세한 논의는 내 글 '흡연의 도상학(The Iconology of Smoking)', 『근원(Source)』 1987년 봄, p. 29 참조

03. J. Bain, 《노래와 이야기 속의 담배(Tobacco in Song and Story)》 (New York, 1896), p. 51.

04. '파이프를 피우며 아내 고르기', 『더 젠틀맨스 매거진(The Gentleman's Magazine)』 1757. 6. p. 45.

05. Compton Mackenzie, 《최고의 담배(Sublime Tobacco)》 (London, 1957), p. 245.

06. Sydney Grundy, 《신여성(The New Woman)》 (London, 1894), pp. 51-2.

07. 같은 책, p. 102.

08. Bram Dijkstra, 《외고집의 우상들(Idols of Perversity)》 (New York, 1986), pp. 137-8.

09. J. H. Cohausen, 《Dissertatio satyrica de pica nasi》 (Amsterdam, 1716), 〈병적인 갈망:중독의 출현(Morbid Cravings:The Emergence of Addiction)〉, 전시 카탈로그, 웰컴의학역사연구소, London (1988), p. 15.

10. Emile Zola, 《나나(Nana)》, George Holden 옮김 (London, 1972), p. 57.

11. Alain Corbin, '19세기 프랑스의 성매매(Commercial Sexuality in Nineteenth Century France)', 《초상 (Representations)》, 1986년 봄, pp. 209-19.

12. Jan Thompson, '아르 누보 도상학에서 여성들의 역할(The Role of Women in the Iconography of Art Nouveau)', 『대학미술저널(College Art Journal)』, 1971-2 겨울, p. 159.

13. Martha Kingsbury, '팜므 파탈과 그 자매들(The Femme Fatale and her Sisters)', 《성적 대상물로서 여성(Woman as Sex Object)》, Thomas B. Hess와 Linda Nochlin 엮음 (New York, 1972), p. 87.

14. Jeffrey Knapp, '엘리자베스 시대의 담배(Elizabethan Tobacco)', 《신세계 발견들(New World Encounters)》, Stephen Greenblatt 엮음 (Berdekey, CA, 1993), pp. 273-312.

15. Prosper Merimee, 《콜롬바와 카르멘(Colomba and Carmen)》, Lady Mary Loyd 옮김, (New York, 19901), p. 32.

16. Marie Louise de la Ramee[Ouida], 《두 깃발 아래서(Under Two Flags)》 (1867; 재출간 London, 1912), p. 56.

17. 같은 책, p. 63.

18. Elizabeth Lee, 《위다:전기(Ouida:A Memoir)》 (London, 1914), p. 44.

19. William Powell Frith, 《자서전과 추억(My Autobiography and Reminiscences)》 (New York, 1888), p. 27.

20. Johnston에 대해서는, Anne E. Peterson, '19세기 개요:프랜시스 벤저민 존스턴의 초기 시대(Nineteenth-Century Profile:The Early Years of Frances Benjamin Johnston)', 『19세기(Nineteenth Century)』, 1980 봄, pp. 58-61.

21. 예를 들어, Francois Boucher의 〈욕실(La Toilette)〉 (1742; Museo Thyssen-Bornemisza, Madrid)에서, 한 여성은 불가에 앉아 스타킹을 신고 있다. 치맛자락은 올라가고, 무릎은 벌어져 있다.

22. Edouard-Joseph, 《전기체 사전:1910-30년의 예술가들(Dictionnaire biographique:Artistes contemporains, 1910-30)》 (Paris, 1931), p. 337.

23. Gail Cunningham, 《신여성과 빅토리아 시대 소설(The New Woman and the Victoria Novel)》 (London, 1978), p. 14.

24. Marcel Prevost, 《이름만 처녀(Les Demi-Vierges)》 (Paris, 1894), p. 20.

25. David Sutter, '시각 현상(Les Phenomenes de la vision)', 《예술(L'Art)》, 20 (1880), p. 76.

26. Ouida, 《두 깃발 아래서》, p. 469.

27. Charles Baudelaire, '파이프(The Pipe)', 《악의 꽃(The Flowers of Evil)》, Marthiel과 Jackson Mathews 엮음 (New York, 1963), p. 81.

28. J. Knight 엮음, 《파이프와 쌈지(Pipe and Pouch)》 (Boston, MA, 1895), p.35.

29. 같은 책, p. 36.

30. J. M. Barrie, 《니코틴 부인:흡연을 연구함(My Lady Nicotine)》, (Boston, MA, 1895), pp. 85-6.

Smoking, Gender and Ethnicity

동성애의 은밀한 상징, 담배

로빈 L. 쉬프먼 | Robyn L. Schiffman

■□

로살바는 그 긴 궐련 홀더에 긴 칼 같은 것을 가지고 다니는,
깡패 같은 구석이 있었다.
콤프턴 매켄지(Compton MacKenzie), 1928년[01]

장 자크 루소의 《고백(Confessions)》 2권에서 루소는 자신을 유혹하려 한 무어인을 회상한다. 특유의 정직함과 소박함을 드러내며 루소는 이렇게 쓰고 있다.

어느 날 밤 그는 나랑 자려고 했다. 나는 저항하며 내 침대가 너무 작다고 했다. 그는 몸으로 나를 내리눌렀다. 나는 또다시 거부했다. 그 구질구질한 사내는 너무 더러웠고 씹는담배 때문에 역겨운 냄새가 났다. 나는 혐오스럽기만 했다.[02]

이 일은 루소가 15세에 제네바를 떠난 뒤 1720년대 후반 어느 때에 벌어진 일이다. 그날 밤의 회상에서 루소는 그 젊은이가 무엇을 원하는지 그가 왜 그런 행동을 하는지 자신은 몰랐다고 했다. 루소가 다른 사람들에게 그 이야기를 하자 사람들은 커프스를 단 사내들(Chevaliers de la manchette)을 조심하라고 일렀다. 커프스를 단 사내들이란 표현은 18세기 초에 동성애자를 일컫던 말이었다. 그리고 사람들은 루소에게 얘기를 퍼뜨리지 말라고 주의를 주었다. 사건은 어린 루소에게 큰 영향을 미쳤다. 이 표현에서 인상적인 것은 루소가 사내에게서 나는 담배 냄새 때문에 더욱 불쾌해 했다는 점이다. 루소는 비꼬려는 뜻이 전혀 없었지만 사내의 불결함과 더불어 담배 냄새 때문에 더 역겨워졌다. 루소의 의식 속에서 담배 냄새와 기묘해 보이는 성행위는 연관성이 매우 강해진다.

루소의 사후인 1780년대에 《고백》이 출간되었다. 거기서 한 세기도 더 지난 20세기 초반, 흡연과 동성애 간의 연관은 더 강해진다. 자서전의 어느 단락에서 크리스토퍼 이셔우드(Christopher Isherwood)는 젊은 시절 베를린과 여러 곳에서 겪은 일을 묘사한다. 그는 어느 카페에 앉아 나중에 《기념비(The Memorial)》(1932년)로 출간될 소설을 쓰고 있던 때를 회상한다. 이셔우드는 자신을 삼인칭과 일인칭으로 번갈아가며 표현한다. 담배 연기 냄새가 성욕을 일으킨다고 생각하며 그는 자신의 첫사랑 부비(Bubi)라는 체코 소년을 떠올린다.

앞에 원고를, 오른쪽에 긴 유리 맥주잔을, 불붙은 담배가 놓인 재떨이를 왼쪽에 두고, 그(크리스토퍼)는 맥주를 홀짝거리며 글을 썼다가 담배를 피우고 또 글을 썼다. 맥주는 물론 독일산, 슐타이스 파첸호퍼(Schultheiss-Patzenhofer)였다. 담배는 터키에서 재배한 브랜드로 베를린에서 특히 인기 있는 살렘 알레이쿰(Salem Aleikum)이었다. 둘 다 부비가 알려준 제품이었다. 그 맥주의 맛과 그 담배의 향기는 매혹적으로 흥분을 일으켰다.[03]

부비를 기억하는 것은 흡연과 음주를 기억하는 것이다. 흡연과 음주는 구강성교를 떠올리게 한다. 흡연과 음주에 섹스를 대입하는 것은, 조금 더 지나서 부비가 이셔우드에게 섹스에 대해 알고 있는 모든 것을 가르쳐주었다는 대목을 읽을 때에 완벽해진다. 루소의 경우와는 달리 여기에는 아무런 강제가 없이 오로지 욕망의 상승만 있을 뿐이다. 이는 기억을 행복하고 자극적으로 만든다.

루소와 이셔우드 사이의 세월 동안 흡연은 특히 시를 쓸 때의 창조성 그리고 동성애와 연관되었다. 로스 체임버스(Ross Chambers)는 시인 흡연자(le poete fumeur)라는 용어를 만들어내어 유명한—그리고 조금 덜 유명한—프랑스(샤를 보들레르, 스테판 말라르메, 쥘 라포르그)와 영국 출신의 작가들〔찰스 램, 윌리엄 쿠퍼, 찰스 캘벌레이(Charles Calverley)〕을 설명한다. 이 시인들은 18세기 후반에서 19세기 독자들에게 새로운 문학 주제 다시 말해 담배, 여송연, 파이프와 흡연을 선사했다. 그러나 1890년대에 오스카 와일드가 재판에 회부되고, 래드클리프 홀(Radclyffe Hall)의 악명 높은 레즈비언 소설《고독의 우물(The Well of Loneliness)》(1928년)이 출판되자마자 금지되고 외설이라는 죄목으로 법정으로 불려간 뒤로 동성애 문화와 흡연은 이미 서로 연관되어 있었다. 흡연이라는 단순한 행위 그리고 여송연과 궐련은 래드클리프 홀이 '동성애(inversion)'라 부르고, 버지니아 울프가 남자와 여자를 구별하여 '남색(buggery)'과 '사피즘(Sapphism)'이라 일컫은 행위의 해석으로 우리를 초대한다. 이를 통해 우리는 이 글에 소개하는 20세기 초반의 작품들에 등장하는 담배를, 동성애 남성들과 여성들이 서로를 알아보기 위해 사용했던 많은 기호와 상징들 가운데 하나로 읽을 수 있다.

문학 작품에서 흡연하는 동성애 등장인물들은 많다. 흡연하는 등장인물들이 나오는 동성애 작품들도 많다. 그 인물들은 다른 인물들과 똑같이 흥미롭거나 무미건조하다. 그러나 이들을 연구함으로써 동성애 문화 속에 흡연의 역사가 있음을 알게 된다. 궐련은 특정한 시각 매체 또는 언어 매체의 문구를 동성애 의미로 드러낼 수 있다. 동성애에 대해 현대의 주관이 싹 트고, 프로이트나 허슈펠드(Magnus Hirschfeld)를 비롯한 의학계와 와일드와 홀 같은 새로운 문학계의 문제제기자들이 동성애 인구의 증가와 정체성에 새로이 눈을 돌렸을 때 이러한 변화는 새로운 물결이 되었다. 그러므로 '팩(fag)'이 담배를 뜻하면서 남성 동성애자를 경멸적으로 일컫는 동음이의어가 된 것도 놀라운 일이 아니다.

담배는 정교한 패션 소품의 일부로서 동성애 스타일과 문화를 식별하게 하는 장치가 되었다. 동성애자들은 그 장치를 통해 서로를 알아보았다. 현대 도시 동성애 문화의 시초에 대한 기념비적 연구인《게이 뉴욕(Gay New York)》에서 사학자 조지 천시(George Chauncey)는 이 식별 장치들이 무엇인지 열거한다. "초록색 양복 같은 옷차림은 매우 특이해서 그것을 입으려 하는 사람은 거의 없었다."고 그는 쓰고 있다.[04] 천시가 말한 초록색 양복은 초록 카네이션으로 변형되어 디너 재킷의 옷깃에 꽂힌다. 로버트 히첸스(Robert Hichens)가 오스카 와일드와 알프레드 더글러스(Alfred Douglas) 경에 관한 사실을 약간만 변형시킨 실화소설(roman-a-clef) 《초록 카네이션(The Green Carnation)》(1949년)에 바로 이 카네이션이 나온다. 히첸스의 소설에서 더글러스와 와일드 역인 레지널드 헤이스팅스(Reginald Hastings)와 에스메 아마린스(Esme Amarinth)가 초록 카네이션을 달고 나온다.

카네이션 말고도 소설의 다른 등장인물들이 관심과 호기심을 갖는 소품이 있다. 필터가 금색인 담배가 그것이다. 소설 머리말에서 히첸스는 더글러스와 와일드를 처음 만났을 때와 그 첫인상을 회상한다. 그는 이렇게 말한다. "나는……와일드 씨가……웃음 띤 입에 금색 필터 담배를 물고 있는 모습을 본 적이 있다."[05] 에스메 아마린스도 금색 필터 담배를 피운다. 다시 말해 담배와 카네이션은 이 문장을 동성애 의미로 표현한다.

천시는 다른 식별 장치들을 계속 설명한다. "다른 의상 소품들은……훨씬 흔한 것이었다. 20세기 초기에 이 가운데 가장 유명한 것이 빨간 넥타이였을 것이다."[06] 빨간 타이와 담배를 성적 교환 경제에서 하나의 매개체로 포섭하면서 천시는 폴 캐드머스(Paul Cadmus)의 1934년 작품 《해군들과 사람들(The Fleet's In!)》을 언급한다. 이 그림에서 한 남성 민간인은 해군 한 사람에게 담배를 건넨다. 두 남자의 얼굴 표정으로 보아 해군은 그것이 정확히 무슨 뜻인지 알고 있다. 다듬은 남자의 눈썹, 탈색한 머리, 얼굴의 붉은빛, 빨간 넥타이로 알아챌 수 있는 것이다. 담배는 관계를 만들고, 두 남자가 접촉할 수 있게 한다. 해군은 담배를 매개로 상대의 몸에서 상징들을 읽어낸다.

흡연자이면서 빨간 넥타이를 맨 등장인물들이 나오는 동성애 소설의 가장 좋은 본보기 가운데 하나는 아마도 토마스 만(Thomas Mann)의 유명한 1912년 작품 《베네치아에서 죽다(Death in Venice)》이다. 이 소설은 노년의 독일 작가 구스타프 폰 아셴바흐(Gustave von Aschenbach)가 베네치아를 여행하면서 겪은 이야기이다. 그는 폴란드 소년 타지오(Tadzio)를 만나고 소년을 사랑하게 된다. 비평가들은 오래 전부터 이 이야기의 동성애적 주제를 인식하고 있었다. 1999년 6월, 《베네치아에서 죽다》는 퍼블리싱 트라이앵글(Publishing Triangle, 미국 출판계의 동성애자

연대—옮긴이)이 뽑은 역사상 위대한 동성애 소설 100권의 리스트에서 첫번째로
꼽혔다.[07] 만의 작품에서 눈에 띄는 것은 천시가 1900년대 초에 밝힌 남성 동성
애자 상징에 부합하는 두 인물이다. 옷차림이며 행동 그리고 흡연자라는 점에서
동성애자로 확인되는 두 남자는 배에 승선한 승객과 아센바흐 자신이다. 이 다
양한 암호들이 이야기의 전개에 어떤 역할을 하는지 살펴보기로 하자. 이를 통
해 이 소설이 20세기 초반에 흡연과 동성애의 결합을 검토하는 데 있어 하나의
사례가 되는 이유가 밝혀질 것이다.

베네치아에 도착하자마자 아센바흐는 '말쑥한 황갈색 양복을 입고……빨간
크러벳(cravat, 넥타이 모양의 스카프—옮긴이)을 한……사람'을 본다.[08] 짙게 화장
하고 가발을 쓴 이 사람에게 강한 인상을 받고 매혹된 아센바흐는 그가 내민 손
에 이끌린다. '그가 내민 떨리는 손가락 사이에는 담배'가 있다.[09] 결코 이름이
밝혀지지 않은 그 남자와의 미묘한 관계는 욕망의 동일함이라는 인식에 토대를
두고 있다. 한편 아센바흐는 딱 한 번 흡연한 것으로 나온다. '재(ash)'를 연상시
키는 그의 이름은 처음부터 끝까지 이 연관성을 유지한다. 이 소설 처음에 나오
는 구절들은 그의 이름을 분명하게 밝혔다. '그가 쉰번째 생일 이후로 공식적으
로 불려온 이름인, 구스타프 아센바흐—또는 폰 아센바흐'[10]라고. 그가 흡연할

필요가 없는 이유는 이미 재가 되었기 때문이다. 타지오에 대한 사랑이 커지고 그리고 이를 자각하게 되자, 아셴바흐는 이발소로 가서 머리 모양을 바꾸기로 결심한다. 머리를 염색하고, 눈썹을 다듬고, 뺨을 불그스레하게 칠하고, 눈 화장과 입술 화장도 한다. 다시 말해 아셴바흐는 캐드머스의 그림에 나오는 인물이 되고, 블룸스베리(Bloomsbury, 버지니아 울프, 포스터, 경제학자 케인스를 비롯한 당대의 지성과 예술지상주의자들의 모임, 이에 관련된 많은 남성들이 동성애자였다─옮긴이)의 남성 동성애자 같이 된 것이다. 버지니아 울프는 1925년 자크 라베라(Jacques Raverat)에게 쓴 편지에서, '얼굴을 짙게 화장하고 분을 바른'[11] 것으로 그들을 정의했다. 아셴바흐가 이발소에서 나오자, 서술자는 이렇게 말한다. "아셴바흐는 걷기 시작했다.……빨간 넥타이를 매고."[12]

홉연자는 아니지만《베네치아에서 죽다》에는 세번째로 빨간 타이를 한 타지오가 등장한다. 아셴바흐가 그를 한눈에 알아본 것은 그의 옷차림 때문이었다. "그는 한눈에 그를 알아보았다. 가슴께에 매듭지어진 빨간 타이로 보아 확실히 알 수 있었다."[13] 이 세 남자의 동성애적 상징들의 배치를 이해함으로써 현대 동성애 문학 주체가 태어난다. 이 현대 동성애 주체는 과도하게 흡연하는 듯하다.

여성들이 흡연하는 동성애자 소설에 등장한 것은 1928년, 래드클리프 홀의《고독의 우물》과 콤프턴 매켄지의《특별한 여인들(Extraordinary Women)》이 출판되면서부터였다. 1928년 즈음 울프는《올랜도(Orlando)》를 펴내고 비타 색빌 웨스트(Vita Sackville-West)와 휴가를 떠났다. 두 사람이 처음 섹스를 한 때가 이때라고 알려져 있다. 이 즈음 동성애의 상징은 개별화되고 분화되었다. 적어도 여성들에게는 동성애의 상징이 한눈에 알아볼 수 있는 옷차림에서 탈피하여 신체에 쓰인 언어, 신체의 연장이 되었다. 홀의 소설에 등장하는 동성애자 스티븐 고든은 발레리 시모어를 찾아간다. 발레리는 나탈리 클리포드 바니(Nathalie Clifford Barney)를 흉내낸 인물이다. 스티븐을 처음 만나자마자 발레리는 말한다. "'당신을 만나게 되어 기뻐요, 고든 양. 이리 와서 편하게 앉아 담배를 피우세요.' (마지막 말은) 스티븐의 손가락을 보고 재빨리 덧붙인 것이다."[14] 발레리는 여기서 스티븐의 흡연하는 손가락을 동성애적으로 읽어낸다. 매켄지의 글에서, 여송연을 피우는 레즈비언 오로라(로리) 프리맨틀은 여송연 연기를 캔버스 삼아 그녀가 사랑하는 여인 로살바 돈산테와 사는 공상의 그림을 그린다. '그녀(로리)는 여송연 연기 속에 로살바와 함께 사는 그림을 그렸다. 그들이 사는 집, 그들이 가꾸는 정원, 로살바의 창에서 보이는 풍경 그리고 가정부들의 옷차림까지."[15] 연기는 두 여인이 함께 있을 수 있는 공상을 가능하게 하고 창조하는 것이었다.

20세기 초반의 소설에서 흡연과 특정한 패션 소품들을 이와 같이 해석하면 흡연의 역사에서 동성애가 차지하는 자리가 보인다. 이 동성애 문화와 흡연의 관계는, 여성주의와 동성애 이론의 탄생 그리고 문화 관습의 개입에 따라 변화했다. 더 이상 암호 풀이와 상징화 과정에 의지할 필요가 없는 문화, 20세기 후반의 문화는 장난기 있고 자의식이 넘치는 방식으로 이 관계를 새로 발견한다. 캐나다 레즈비언이자 채식주의자, 동물보호운동가인 컨트리 뮤지션 캐더린 던 랭(Kathryn Dawn Lang)은 〈드랙(Drag)〉이라는 장난기 넘치는 제목의 일곱번째 앨범을 냈다. 더 잘 알려진 이름으로 말하면 K. D. 랭은, 동성애와 흡연 간의 연관이 뚜렷한 사실임을 드러내며 자신을 매개로 그것을 분명히 표현했다.

기록적인 앨범이거나 베스트셀러는 아니었지만 〈드랙〉(1997년)은 주제 의식이 뚜렷한 그녀의 이전 앨범 〈네가 먹을 수 있는 모든 것(All You Can Eat)〉에 육박하는 인기를 얻었다. 앨범 커버에서, 랭은 '드랙' 이라는 말로 장난을 친다. 남자 양복(그리고 빨간 넥타이!)을 입고 담배 피우는 포즈를 취함으로써 드랙이라는 말의 뜻을 분명히 드러낸 것이다. 노래 실력, 의상, 옛날 곡조를 아우르는 음악 세계로 유명한 랭은 팬들을 실망시키지 않았다. 드랙은 흡연과 중독을 다룬 유명한 노래들 ― 페기 리(Peggy Lee)의 1948년 히트곡 〈잠자리에서 담배 피우지 마(Don't Smoke in Bed)〉를 비롯하여 ― 을 많이 수록했다. 다시 말해 이 앨범은 전 시대의 음악과 젠더를 엿볼 수 있는 음악 스타일과 장르의 팰림프세스트(palimpsest, 글자를 지우고 그 위에 글을 쓴 양피지―옮긴이)였다. 랭은 어떤 식으로든 흡연을 권하지는 않는다. 앨범의 궁극적 (그리고 평범한) 메시지는 흡연이 사랑만큼 위험하고 중독성이 있다는 것이다. 앨범 타이틀의 말장난과 더불어 흡연은 남장여자이면서, 컨트리 가수에서 대중가수로 변신하여 자신이 작곡하지 않은 노래를 부르고 녹음하는 랭 자신의 본질에 대한 관심을 은유한다.

랭이 장난치며 환기시키는 풍부한 언어 영역은 무엇인가? 드랙과 팩(fag) 같은 낱말들은 미국 속어 사전의 풀이처럼 흡연과 동성애 문화의 말뜻을 동시에 지닌다. 드랙은 14세기 후반에 처음 등장한 낱말이다. 이것이 여장남자의 뜻을 지니게 된 것은 1870년대 초반이었다.[16] 《동성애 백과사전(Encyclopedia of Homosexuality)》의 '복장도착(Transvestitism)/연극적 행동(Theatrical)' 항목은 '드랙'이 "드레스 자락을 마차의 제동장치 또는 브레이크에 비유한 '은어'에서 시작된 표현으로, 1870년대에 동성애 경향의 연극적 말투를 뜻하게 되었음"을 알 수 있다.[17] 드랙과 의상과의 관련은 다른 무엇보다도 동성애를 둘러싼 본질주의 논쟁으로 우리 세대까지 이어져왔다. 해체주의자인 듯한(아닌 듯도 하고) 루폴(RuPaul)은 '우리는 벌거숭이로 태어난다. 나머지는 드랙이다'.라는 유명한 선언을 했다.[18] 적어도 17세기에서 20세기까지 드랙이라는 말은 흡연과 연관되었다. 17세기 초반, 드랙이라는 말의 어원인 드래군(dragoon) 또는 드래곤(dragon)은 머스켓(musket) 총의 옛 이름으로 여겨졌다. 이 화기를 소지한 군인들은 드래곤스 또는 드래군스라 불렸다.[19] 1910년대가 되어서야 드랙은 흡입이라는 뜻으로도 사용되며, 담배를 피우는 행위를 뜻하기 시작했다.[20] 약물 문화가 퍼지며 속어 영역이 거대하게 발달했지만 '드래곤을 쫓다(to chase the dragon)'라는 표현이 '헤로인 연기를 마시다'라는 뜻으로 정착된 것은 1961년의 일이었다. 흡입하고 난 뒤의 연기 움직임이 중국 용의 꼬리를 닮았다고 해서 생겨난 표현이었다.[21]

패이라는 말도 이와 비슷하다. 패고트(faggot, 또는 fagot)의 줄임말인 팩은, 남성과 여성 동성애자들이 본디 경멸의 뜻이 담긴 표현들을 어떻게 새롭고 해방적인 운동 방향으로 개조하고 적용시켰는지를 보여주는 본보기이다. 퀴어(queer, '괴상한, 머리가 돈, 부정한'의 뜻이었으나 '동성애'를 가리키면서 앞의 뜻으로는 거의 쓰지 않게 되었다—옮긴이)는 가장 두드러진 사례이다. 그러나 팩의 어원을 설명한 문헌을 읽다보면 그 기원에 대해 다양한 가능성이 있음을 알 수 있다. 오늘날 남성 동성애자를 가리키는 속어인 팩이 중세와 르네상스 시대에는 여성 매춘부들을 가리키는 말이었다. 《드랙은 자동차 경주가 아니다:400개가 넘는 동성애자 낱말과 구문의 불경한 사전(When Drag Is Not a Car Race:An Irreverent Dictionary of over 400 Gay and Lesbian Words and Phrases)》의 편집자에 따르면, "1500년대에 비위에 거슬리고 맘에 안 드는 여성들을 매도하는 표현이 패고트였다."[22] 더욱 흔하게—

그리고 더욱 최근에 — 는 제1차 세계대전 동안 영국에서 궐련을 팩이라 부른 뒤로 팩은 이렇듯 여성과의 연관을 토대로 진화되었다.[23] 궐련이 여송연보다 뒤떨어지고 열등하다는 관념 때문에 궐련 흡연이 남자답지 못한 것으로 여겨졌다는 주장이 있다. 더 작은 음경을 피우는 것은 덜 남성적인 행위를 상징했다. 그러나 당시 미국식 영어는 팩을 남성 동성애자를 가리키는 속어로 만들어냈다.[24] 적어도 대서양 양쪽에서는 팩이 사물과 사람을 동시에 뜻하는 말이 되었다. 이 낱말의 기원을 달리 설명하는 주장도 많다. 위렌 요한슨(Warren Johanson)은 19세기 영국 기숙학교에서 후배들이 선배들에게 특정 의무(성적인 의무 포함)를 이행하던 관습과 전혀 관계가 없다고 한다(팩에는 '하급생이 상급생의 심부름꾼 노릇을 하다'는 뜻도 있다—옮긴이). 그리고 근세에 동성애 행위에 관한 처벌은 화형이 아니라 교수형이었으므로 패고트가 동성애자들을 화형할 때 쓰던 장작 묶음에서 비롯되었다는 말도 틀리다고 주장한다(패고트는 장작단이라는 뜻도 있다—옮긴이).[25] 팩이라는 낱말의 기원은 아직도 설명과 분석을 필요로 하지만 역사 속에서 젠더, 성행위 그리고 흡연 간의 연관성을 내포하고 있다.

흡연에서 동성애 역사를 재구성하려는 노력은 민족 언어, 문학, 예술 매체에서 널리 이루어졌다. 그리고 인터넷의 발달로 새로운 장이 새롭게 쓰이게 되었다. 마이크로소프트와 야후의 인터넷 남성 흡연 커뮤니티들을 훑어보면 흡연 남성 전용 커뮤니티 13군데 가운데에서 8군데가 남성 동성애자를 위한 커뮤니티임을 알 수 있다. 『더 뉴요커(The New Yorker)』 최근 기사 '시민의 발언(Talk of the Town)'은 CLASH(Citizens Lobbying Against Smoker Harassment, 흡연자 억압에 반대하는 시민들—옮긴이) 회원의 말을 인용하고 있다. 이 회원은 더 많은 사람들을 이 운동에 끌어들일 방법을 고민하고 있다. 그는 당당하게 다음과 같이 제안한다. "우리는……동성애자들을 끌어들여야 한다. 그들이 흡연을 많이 하니까."[26] 이 말은 옳을 수도 있고 옳지 않을 수도 있다. 그러나 시각적 문화와 언어문화에서 흡연의 역할을 포괄적으로 설명하려면 궐련, 여송연 그리고 흡연 행위가 흡연의 동성애 역사를 구성하는 과정에서 어떻게 중요한 인터텍스트(intertext, 모든 텍스트가 독자적인 텍스트라기보다는 장르의 특성을 체현하면서 외부의 텍스트와 연결되어 있다는 의미를 표현하는 용어—옮긴이)가 되는지를 고려해야만 한다.▫

01. Compton MacKenzie, 《특별한 여성들: 주제와 다양성(Extraordinary Women: Themes and Variations)》 (New York, 1928), p. 31.

02. Jean-Jacques Rousseau, 《고백(Confessions)》, Angela Scholar 옮김, (Oxford, 2000), p. 65. 프랑스 어는 이렇다. 'Un soir il voulut venir coucher avec moi; je m'y opposai disnat quemon lit étoit trop petit: il me pressa d'aller dans le sien; je le refusai encore; car ce misérable étoit si malpropre et puoit si fort le tabac mâché, qu'il me faisoit mal au coeur', Jean-Jacques Rousseau, 《장 자크 루소 전집 1: 고백, 자서전(Œuvres completes de Jean-Jacques Rousseau, 1: Les Confessions, autres textes autobiographiqes)》, Bernard Gagnebin과 Marcel Raymond 엮음 (Paris, 1959), p. 67.

03. Christopher Isherwood, 《크리스토퍼와 그의 무리 1929-1939(Christopher and his Kind, 1929-1939)》

04. George Chauncey, 《게이 뉴욕: 젠더, 도시 문화, 그리고 남성 동성애 세계의 형성, 1890-1940(Gay New York: Gender, Urban culture and the Making of the Gay Male World, 1890-1940)》 (New York, 1994), p. 52.

05. Robert Hichens, 《초록 카네이션(The Green Carnation)》 (London, 1994), p. 52.

06. Chauncey, 《게이 뉴욕》, p. 52.

07. Salon.com: http://www.salon.com/books/log/1999/06/08/100gay에 대해서 Hillel Italie의 글 참조

08. Thomas Mann, 《베네치아에서 죽다와 다른 이야기 일곱 가지(Death in Venice and Seven other Stories)》 (New York, 1989), p. 17. 이 책에 이어지는 인용에서, 독일 사람은 기호를 따른다. '연노랑의, 매우 멋진 여름 양복을 입고, 빨간 크러벳을 맨다(Einer, in hellgelbem, ubermodisch geschnittenem Sommeranzug, roter Krawatte), 베네치아에서 죽다(Der Tod in Venedig)'" Thomas Mann, 《베네치아에서 죽다와 다른 이야기들(Der Tod in Venedig und andere Erzahlungen)》 (Frankfurt am Main, 1954), p. 21.

09. 같은 책, p. 19; 'eine Zigarette zwischen den zitternden Fingern', p. 24.

10. 같은 책, p. 3; 'Gustav Aschenbach oder von Aschenbach, wie seit seinem fünfzigsten Geburstag amtlich sein Name lautete', p. 10.

11. Virginia Woolf, 《시각의 변화: 버지니아 울프의 편지들, 3권, 1923-1928년(A Change of Perspective: The Letters of Virginia Woolfe, Volume III, 1923-1928)》, Nigel Nicolson 엮음 (London, 1977), p. 155.

12. Mann, 《베네치아에서 죽다(Death in Venice)》, p. 69; 'Seine Krawatte war rot', p. 77.

13. 같은 책, p. 37; 'Der erste Blick fand ihn, die rote Masche auf seiner Brust war nicht zu verfehlen', p. 32.

14. Radclyffe Hall, 《고독의 우물(The Well of Loneliness)》 (London, 1982), p. 246.

15. MacKenzie, 《특별한 여성들(Extraordinary Woman)》, p. 51.

16. J. A. Simpson과 E. S. C. Weiner 엮음, 《옥스퍼드 영어 사전(Oxford English Dictionary)》, 두번째 판(Oxford, 1989), 4-5권, p. 1010.

17. 같은 책, p. 1318.

18. Rupaul, 《그대로 살기: 어느 자서전(Lettin' it All Hang Out: An Autobiography)》 (New York, 1995), p. 8.

19. 《옥스퍼드 영어 사전(Oxford English Dictionary)》, 4-5권, p. 1012.

20. 같은 책, p. 1009.

21. 같은 책, p. 1012.

22. Jeff Fessler와 Karen Rauch 엮음, 《드랙은 자동차 경주가 아니다: 400개가 넘는 동성애자 낱말과 구문의 불경한 사전(When Drag Is Not a Car Race: An Irreverent Dictionary of over 400 Gay and Lesbian Words and Phrases)》 (New york, 1997), p. 7.

23. 《옥스퍼드 영어 사전(Oxford English Dictionary)》, 4-5권, p. 662.

24. 같은 책, pp. 633-4.

25. Warren Johanson, '패고트(Faggot)', 《동성애 백과사전(Encyclopedia of Homosexualtiy)》, Wayne R. Dynes 엮음 (New York, 1990), p. 383.

26. Herb Allen, '연기 가득한 방: 브루클린 담배 파티(Smoke-Filled Rooms: Brooklyn Tobacco Party)', 『더 뉴요커(The New Yorker)』, 2002. 7. 29, p. 32.

흡연과 민족성

■□ "담배는 상징적인 것을 상징한다."고 자크 데리다는 1991년 그의 저서 《가짜 돈(Counterfeit Money)》에 썼다. 그에게 흡연은 의미 있는 복합적인 시스템들에서 작용하는 복합적이면서 동시적인 의미를 지닌다. 그러나 이것이 사실이라면 모두가 흡연을 하고 그것이 동시에 무한히 다른 것들을 의미한다면 우리는 우리 자신을 어떻게 정의하든 우리가 우리와 비슷하게 흡연한다고 생각되는 이들과 그저 흡연을 모방하기만 하는 이들을 구별할 필요가 있다. 구스타브 플로베르는 여송연을 피우면서 에마 보바리(Emma Bovary)의 흡연에 대해 글을 쓰고, 그녀가 행한 자유로운 행동의 그릇됨을 강조한다. "단지 사랑 때문에 보바리 부인의 품행은 변화한다. 겉모습은 더 대담해지고, 말은 점점 거침이 없다. '여봐라' 는 식으로 담배를 입에 물고 로돌프와 외출하는 부적절한 짓도 서슴지 않았다." 정체가 불확실한 사람들은 '실재하는' 사람들처럼 보이기 위해 흡연한다. 이처럼 유럽과 아시아의 '신여성' 이 남성들의 흡연을 모방했다. 엘리엇(T. S. Eliot)의 〈낸시 엘리콧(Nancy Ellicott)〉이 이와 같다. 그녀는 1915년에 "……담배를 피웠다 / 그리고 모든 현대적인 춤을 추었다 / 낸시 이모들은 기분을 뭐라 설명하기 힘들었다 / 하지만 그것이 현대적이라는 것을 알았다." 아웃사이더—흡연하는 여성들과 민족들과 식민지 백성들—의 복합적 이미지들 속에서, 흡연의 의미가 지속적으로 변화해가는 세계를 뚜렷이 느낄 수 있다. 19세기 초반에는 여성들과 민족들의 모방을 천박하게 여겼지만, 20세기 후반 즈음 그것은 라이프 스타일이 되었다. 1980년대 버지니아 슬림(Virginia Slims) 담배 광고 문구, '당신, 오랜 길을 왔군요' 는, 더욱 최근에 와서는 '이건 여자 것!' 이라는 문구와 함께 담배를 들고 있는 여성을 담은 광고에 밀려난다. 우리가 알고 있듯이 이는 분명

사실이다. 우리가 사는 세계는 여성의 폐암 발병이 남성의 그것보다 많은 세계이다. 특히 동아시아에서 비서구적 흡연은 현대적이라는 것에 새로운 의미를 부여하기 위한 사전 준비이다. 그런 흡연이 가짜일지도 모른다는 생각은 더 이상 존재하지 않는다. 다만 위험할 뿐이다. 그러나 위험은 팔리고 있다.□

1555년 브라질의 앙드레 테베(Andre Thevet)는 담배(petun)가 '몇 가지 점에서 정말 쓸모가 있다'고 썼다. 먼저 의술에 쓸모가 있다. 여기 큰 여송연 연기로 '훈증 소독'되고 있는 환자가 있다. 한 사람은, 오늘날에 와서 의료 기구라기보다 악기가 된 타마라카(tamma-raka) 또는 딸랑이를 흔들고 있다.

- 위 왼쪽. '제뉴인 아바나', 1868년 인쇄 광고.

- 위 오른쪽. 장 루이 포랭(Jean-Louis Forain), '드디어 혼자다!', 그가 펴낸 주보 『일상적인 것(Le Fifre)』에 실린 매춘부(1899년).

- 드레스덴 여송연 회사 예디케 앤드 손(Jedicke & Sohn) 점포 유리 포스터.

작가의 스튜디오에서 궐련을 든 모델, 1900년.

˚ 알제리의 물담배 파이프 흡연, 1910년.

˚ 흡연하는 파리 여인들.

- 뉴기니 멜파족 원주민, 1985년, 궐련을 피우는 모습.

- 필리핀의 한 축제에서 흡연하는 사람.

- 파이프를 피우는 사람, 인도, 1995년.

여송연을 피우는 여인, 아바나, 쿠바, 2002년.

_제4부

불붙은
흡연 논쟁

SMOKING: THE 'BURNING ISSUE'

우리는 왜
담배를
피우는가?

레슬리 이버슨 | Leslie Iversen

    ▪▫ 약물은 기대되는 어떤 효과를 얻기 위해 일부러 복용하는 화학물질이다. 복용 방법은 먹기, 주사(때로는 혈관에 직접), 눈에 떨어뜨리기, 코에 스프레이하기, 피부에 국소적으로 바르기, 폐로 흡입하기 등 여러 가지가 있다.[1] 마지막 방법인 흡입은 이로운 점이 많다. 흡입된 물질이 폐의 넓은 내부 표면에 닿아서 혈관으로 매우 빠르게 흡수되기 때문이다. 폐는 매우 많은 기관지(bronchi)가 뻗어 있고, 그 끝에 아주 작은 폐포(alveoli)들이 달려 있는 조직이다. 폐에서 산소가 흡수되고 이산화탄소가 방출된다. 사람의 폐에는 약 3억 개의 폐포가 있으며, 이 폐포의 표면적을 다 합치면 약 70제곱미터(큰 방 두 개의 바닥 면적)에 이른다. 흡입은 의학적으로 효과적인 수많은 약물을 복용하는 방법이다. 폐질환(예를 들면 천식)을 치료하는 데 쓰이는 기체 마취제와 약물도 흡입 방법을 사용한다. 흡입하는 약물은 대개 기체(예를 들어 할로세인과 일산화질소), 휘발성 액체(예를 들어 클로로포름과 에테르) 또는 가열하면 기체로 전환되는 물질(훈증 약물)이어야 한다. 그렇지 않으면 분무기에서 작은 물방울들로 분사되어 그 분사된 작은 물방울들을 흡입(예를 들면 천식 약)할 수 있어야 한다.

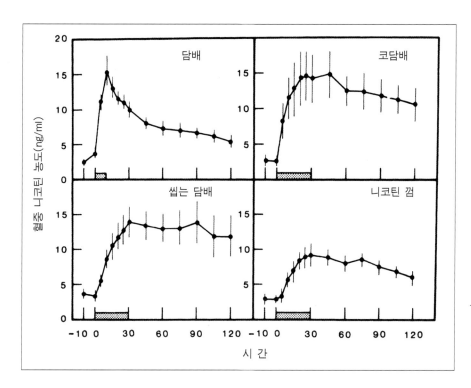

그림 1. 다양한 경로를 통한 니코틴 흡수. 여태까지는 폐의 넓은 표면에서 신속하게 흡수되는 흡연이 가장 빠른 니코틴 전달 수단이다.

이 장은 연기를 피워 흡입하는 향정신성 약물을 다루려 한다. 이렇게 흡입하는 약물은 특정한 생화학적 속성을 지니고 있다. 약성(active drug)을 함유하고 있는 식물 재료나 순수한 물질 자체를 가열하거나 태우면 연기가 발생한다. 약성은 고온(대개 200~300℃)에서 기체로 전환된다. 그 기체는 너무 뜨거워서 폐로 직접 흡입하지 못한다. 그러나 흡연 도구(파이프 또는 궐련)를 이용하면 기체가 식으면서 액체나 고체 형태로 급속히 응축된다. 이것이 바로 약성을 함유한 연기 (다시 말해 고운 입자의 분사)이다. 이 연기는 폐로 흡입되어 약물을 신속하게 혈관으로 전달한다. 헤로인과 코카인의 경우는 이 방법으로 행복감, 이른바 쾌감이 갑작스레 밀려온다. 똑같은 약물을 입으로 먹으면 혈관에 흡수되어 뇌로 전달되는 속도가 훨씬 느리다. 또 내장에서 흡수된 약물은 간을 지나면서 전체 순환계로 흡수되기 전에 약효가 제거되거나 감소될 수 있다.

모든 약물을 흡연할 수 있는 것은 아니다. 예를 들어 일반적인 형태의 코카인은 황산 파생물이다. 이는 가루 형태로 코 점막에 불어넣을 수 있지만, 흡연할 수는 없다. 열에 의해 기체로 전환되지 않기 때문이다. 코카인을 처음으로 흡연할 수 있게 만든 것이 1980년대와 1990년대의 크랙 코카인(프리 베이스 형태)이었다. 19세기 중국에서는 아편 흡연이 보편적이었지만 서구 세계에서는 아편과 합성 파생 헤로인의 흡연이 보편적이지 않았다. 서구에서는 아편을 입으로 먹는—헤로인의 경우는 주사—것이 보통 방법이었다. 그러나 더욱 최근에 더 순수한 형태의 헤로인을 구하기 쉬워지면서 흡연 또는 분사된 약물의 흡입이 더욱 일반화되었다. 후자의 방법은 '드래곤을 쫓'는다고 표현되는데, 상당한 기술이 요구된다.

헤로인 흡입 방법은 주름 접은 은박지에 가루를 놓고 가열하면서 은박지를 말아서 만든 관으로 연기를 마시는 것이다. 손이 떨리는 사람들은 성냥상자 겉껍질을 관으로 이용한다. 헤로인 흡입은 매우 정교한 기술이 필요하다. 딱 알맞게 가열해야 헤로인이 타지 않고 액체로 변해 주름을 따라 고인다. 흡입할 때는 용의 꼬리와 비슷한 증기의 줄기를 따라 관을 움직이며 흡입해야 한다. 그리고 은박지 관을 열어 연기 찌꺼기가 증발하게 해야 불순물이 적어진다. 이 방법으로 얻을 수 있는 쾌감(갑작스런 행복감)은 주사에서 얻을 수 있는 행복감과 맞먹는다. 한편 이 방법이 덜 경제적인 이유는 연기가 공기 속으로 소실되고 품질이 더 좋은 헤로인이 필요하기 때문이다.[02]

일부 약성이 연소에 의해 사라지고 일부는 공기 중에서 소실되지만, 그럼에도 불구하고 흡연은 향정신성 약물을 신속하게 전달하는 매우 효과적인 방법이다. 노련한 담배 사용자나 대마초 사용자는 몸에 흡수되어 뇌에 전달되는 약물의 양을 미세하게 조정할 줄 안다. 연기의 흡입 빈도와 흡입 강도를 변화시키고, 연기를 폐에 가두어 활성 물질의 흡수가 지속되게 하는 것이다. 서로 다른 약성(니코틴 또는 델타-9-테트라히드로칸나비놀THC)을 함유한 담배나 마리화나를 주었을 때, 담배와 대마초 흡연자들이 흡연 방식을 변화시켜 필요한 만큼의 약성을 얻으려 한다는 사실을 밝혀낸 연구들은 많다. 표 1은 흔히 흡연되는 향정신성 일부 약물의 목록이고, 그림 1은 약물 투약 경로에 따른 효과를 다른 투약 방법과 비교한 것이다.

불행히도 불붙은 식물 잎사귀에서 나는 연기를 마시는 것은 폐에 좋지 않다.

표 1. 흡연되는 약물

명칭	약성 물질	끓는 점, °C
대마초(마리화나)	THC	200
크랙 코카인	코카인	187
헤로인	디아세틸모르핀	272
아편	모르핀	252
담배	니코틴	247
스피드, 아이스	메탐페타민	약 200

담배 연기는 일산화탄소를 함유하고 있는데, 이는 불완전 연소의 부산물이다. 이 물질이 흡수되면 산소를 실어 나르는 혈액의 능력이 저하된다. 산모가 흡연을 하면 태아의 성장이 저하되어 저체중아를 낳기 쉬운 이유가 이 때문이다. 저체중아는 다양한 질병에 걸리기도 쉽다. 담배 연기에 함유된 다른 독성들은 장기 흡연자에게 훨씬 심각한 영향을 끼친다. 20여 가지나 되는 원인으로 인한 조기 사망의 위험이 증가하는데, 그 가운데에서도 폐암이 가장 흔하다.[03] 담배 관련 질병들과 사망은 흡연이 보편적인 대부분의 나라에서 유일하고도 가장 중요한 공중 보건 문제이다. 미국에서 담배 흡연은 연간 50만 건 이상의 사망 원인이다. 중국의 최근 조사에 따르면 젊은 남성 가운데 3분의 1이 흡연 관련 질병으로 젊은 나이에 끝내 사망에 이른다고 한다.[04]

흡연되는 대마초(마리화나) 연기에는 담배 연기와 똑같은 성분이 많이 들어 있다. 따라서 장기 이용자는 건강에 심각한 문제를 일으킬 수 있는 잠재적 요인을 가지고 있는 셈이다. 그러나 이를 확증할 만한 과학적 데이터는 아직 없다.[05]

| 흡연되는 약물이 뇌에 미치는 영향

사람들이 표 1의 약물들을 흡연하는 이유는 이들 모두 뇌에 매력적인 영향을 미치기 때문이다. 담배의 부드러운 자극 또는 진정 작용에서부터 대마초의 중독

성 효과 그리고 헤로인, 크랙 코카인과 '스피드' 사용자들이 체험하는 강한 행복의 '쾌감' 들이 그것이다. 체험자들은 약물을 흡연하거나 혈관에 직접 주사하면 약성이 뇌에 신속하게 전달되어 가장 강렬한 '황홀감' 을 맛보게 된다고 한다. 그러나 그 이유는 아직도 불분명하다. 뇌의 특정 부분에 있는 신경 세포들은 흡연되는 각각의 향정신성 약물을 인식한다. 뇌 표면에 특정 수용체 입자들이 있어 거기에 약물 입자들이 전달된다.[06] 약물은 신경 세포 기능을 변화시켜 약간 흥분 상태로 만들며, 뇌 활동의 경계 태세를 변화시킨다. 이러한 변화 과정을 사용자는 차례차례 황홀한 경험으로 받아들인다. 향정신성 약물은 자연스러운 뇌의 메커니즘을 '강탈' 함으로써 작용한다.[07] 뇌의 메시지는 화학적 메신저(신경전달물질)에 의해 신경 사이를 지나가서 신경 말초에 도착한다. 화학적 메신저는 신경 말초에서 생산되고 저장되며 전기 충격에 반응하여 분비된다. 분비된 신경전달물질은 신경 사이를 통과하여 반대쪽의 수용체에 들러붙는다. 그리고 그 수용체를 이루고 있는 신경 활동에 변화를 일으킨다. 자연적으로 발생하는 화학적 메신저 아세틸콜린에 정상적으로 반응하는 뇌의 수용체는 이렇게 니코틴을 인지한다. 아세틸콜린은 뇌의 경계 메커니즘에서 중요한 기능을 하는 시스템에서 사용된다. 뇌의 경계 메커니즘은 정상적 인지 기능에서 중추적인 과정이다. 엔도르핀이라는 자연적으로 발생하는 화학물질이 목표로 하는 수용체는 헤로인을 인지한다. 엔도르핀은 고통스럽거나 즐거운 경험에 대한 뇌의 민감성을 조절하는 기능에 중요한 역할을 하는 것이다. 코카인과 메탐페타민은 뇌에서 자연적으로 분비되는 화학적 메신저인 도파민의 효용성을 증대시킴으로써 작용한다. 전뇌 깊은 곳에 위치한 영역(측좌핵)에서 도파민 분비가 증가하면서 약물에 대한 갈망 — 약물에 더 많이 노출되고자 하는 바람이 커지는 듯하다. 최근의 중요한 연구는 도파민을 함유하고 있는 신경 세포에 직접 작용하는 코카인과 메탐페타민뿐 아니라 다른 약물 남용(대마초, 헤로인 그리고 니코틴) 또한 이 뇌영역에서 도파민 분비 증가를 간접적으로 이끌어낼 수 있음을 밝혀냈다.[08] 일부 과학자들은 여기서의 도파민 분비가, 다양한 약물 남용으로 활성화된 '보상' 또는 '쾌락' 회로의 최종적인 공통 경로를 드러낼 수 있다고 주장하기도 한다. 실험실 쥐들은 계속 레버를 누르며 뇌의 도파민 경로에 전기 자극을 얻으려 한다. 또 쉴 새 없이 레버를 눌러 코카인을 주입하려 한다. 코카인 또한 도파민 분비를 일으키는 물질이다. 한편 많은 약물 남용은 뇌의 오피오이드(엔도르핀) 시스템의 활동성을 증가시킬 수 있다. 이 또한 이들 약물이 제공하는 쾌락적 효과와 관계가 있을 것이다.

| 우리는 왜 계속 흡연하는가? 중독과 금단의 메커니즘

흡연이 일으키는 매우 실제적인 의학적 위험들은 익히 알려져 있다. 그런데도 사람들은 왜 계속 흡연하는가? 답은 이것이다. 니코틴이 강력한 중독성 약물이기 때문이다.[09] 담배업계는 오랫동안 이 사실을 끈질기게 부인했다. 그러나 1990년대에 미국 식품의약청 전 청장 데이비드 케슬러(David Kessler)와 다른 이들이 철저하게 조사한 내용이 밝혀지자, 담배업계도 사실을 시인할 수밖에 없었다. 이 조사를 통해 담배업계가 오랫동안 다양한 수단을 통해 체계적으로 담배의 니코틴 성분을 조작해 왔음이 또한 밝혀졌다. 담배업계는 심지어 니코틴 함유량이 눈에 띄게 높은 유전자 조작 담배 품종을 재배하기도 했다.[10]

'중독'이란 어떤 의미인가? 이 말은 오늘날 '물질 의존성'이라는 더 넓은 정의로 대체되는 경향을 보인다. 물질 의존성은 많은 징후와 함께 몇 가지 공통적 요소를 지니는 만성적 상태이다. 물질 의존성의 두 가지 핵심적인 특성은 약물을 섭취하려는 욕구와 약물을 섭취하지 못했을 때 심리적으로 때로는 신체적으로 느끼는 금단 증상이다. 약물을 계속 섭취하려는 충동은 어떤 이들에게는 매우 격렬하고—일부 심한 흡연자들은 한밤중에 깨어나 담배를 피워야 한다—또 다른 이들에게는 덜하기도 하다. 충동은 약물에 대한 '갈망'에서 비롯되며, 그것이 매우 심해져서 삶의 모든 측면을 지배하기도 한다. 약물 사용자는 자제력을 잃고 약물 복용을 통제할 수 없다. 부정적인 측면에서 '금단 증상'은 심각한 신체적 불편을 수반하기도 하는데, 심한 경우 생명을 앗아갈 수도 있다. 헤로인 중독자들은 금단 증세로 극심한 위통, 두통, 경기를 겪기도 한다. 니코틴 금단 현상은 신체 증상이 좀더 가볍다. 그러나 절망적인 기분, 불행, 짜증, 근심, 좌절, 집중력 장애와 같은 심리적 고통이 매우 뚜렷이 나타난다. 이 불쾌한 니코틴 금단 증상은 오랫동안 계속된다. 그동안 과거 흡연자의 갈망은 억누를 수 없을 만큼 크다. 니코틴과 다른 의존성 약물을 지속적으로 이용하려는 이유 가운데, 중요하게는 불쾌한 금단 현상을 피하려는 욕구도 있다.[11] 진정한 기쁨을 주는 것은 그날 첫번째로 피우는 담배뿐이라는 말도 있다. 나머지 담배는 금단 증상을 물리치기 위한 것이다. 증세가 더 심해지면, 하루 동안 '내성'이 심해져서 흡연의 만족스러운 효과가 무뎌진다. 약물 자극을 심화시키기 위해 뇌의 보상 메커니즘의 저항이 증가하기 때문이다.

하루의 흡연 사이클은 다음과 같다. 하루의 첫번째 담배는 상당한 약리적 효과가 있다. 우선적인 효과는 각성이다. 그러나 그와 동시에 내성도 커지기 시작한다. 조금 더 시간이 지난 뒤, 내성이 퇴화했음을 흡연자가 알게 될 때 두번째 담배를 피운다. 이처럼 계속 담배를 피우면서, 몸에 니코틴이 축적된다. 이에 따라 내성은 더 커지고, 다음 담배를 피울 때까지 금단 증상은 더 심해진다. 흡연 뒤에 일시적으로 뇌에서 니코틴 수치가 높아짐으로써 부분적으로 내성이 극복된다. 그러나 담배 한 개비마다 얻는 일차적 효과(행복감)는 하루 내내 감소하는 경향을 보인다. 자는 동안 담배를 피우지 않는 덕택에 니코틴 작용에 상당히 둔감해지는 것이다.[12]

담배 흡연자들에게, 적어도 하루의 첫번째 담배에 함유된 니코틴은 긍정적인 작용을 한다. 가벼운 행복감, 에너지의 증가, 고양된 각성, 스트레스와 근심의 감소, 식욕 억제까지. 이 긍정적인 효과들 때문에 니코틴을 반복적으로 투여하게 되고, 이 반복적인 투여가 궁극적으로 뇌 메커니즘을 장기적으로 적응시켜 의존을 야기하는 것으로 짐작된다.[13] 심리학자들은 이른바 이차적 강화 요인(reinforcer)도 지속적인 약물 섭취를 낳는 중요한 요소가 될 수 있다고 믿는다. 흡연되는 약물의 경우 흡연 소도구들 — 파이프, 마리화나용 물파이프, 라이터 — 이 흡연이라는 쾌락적 경험과 관련된 보상 상징이 되는 것이다. 니코틴 의존성은 대다수 흡연자들 — 아마도 흡연자의 90퍼센트 이상. 금연을 시도하는 흡연자의 10~20퍼센트만이 열두 달 이상 금연할 수 있다 — 에게 영향을 미친다. 대부분은 그보다 훨씬 일찍 원래대로 돌아간다. 약물마다 의존을 일으키는 경향성은 다른데(표 2 참조), 놀랍게 악명 높은 마취제인 헤로인과 코카인은 니코틴처럼 높은 비율의 의존을 일으키지 않는다. 대마초는 사용자들의 10퍼센트에서만 의존성을 일으킨다. 대마초 흡연자들은 또한 가끔씩만 대마초를 피운다. 하지만 담배 흡연자들은 하루에 15~30개비를 피운다.

수많은 연구가 이어졌지만 과학자들은 아직도 약물 의존성이 심화되는 동안 뇌에서 일어나는 변화의 본질을 이해하지 못하고 있다. 생물학적 시스템은 교란이 일어나면 스스로 원래 상태로 복구하게 짜여져 있다. 약물의 지속적인 투여로 뇌 화학의 균형이 흔들리면 보정 메커니즘이 작동한다. 예를 들어 도파민을 함유한 신경의 과잉 활동을 일으킨 약물은 도파민과 관련 뇌 메커니즘의 하향 조정을 유도할 수 있다. 이 경우 약물이 억제되면 도파민 신경은 부자연스럽게 활동이 저하되어 문제가 나타날 수 있다. 약물 의존성이 심화되면서 나타나는 변화들은 뇌에서 관장하는 유전자 형태의 변화를 일으킬 수도 있다. 뇌 기능과 관련된 현대의 수많은 유전자 연구 기법들은 얼마 지나지 않아 이 분야에서 중

표 2. 의존적 약물 사용자 비율[14]

약물	의존성 %
니코틴	80
헤로인	35
코카인	21
자극제	11
대마초(마리화나)	11
알코올	8

요한 실마리를 찾게 해줄 것이다.[15]

우리는 부정적인 금단 현상을 일으키는 뇌 메커니즘을 그다지 잘 알지 못한다. 최근의 동물 실험 연구는 금단 증상이 코르티코프트로핀 분비 요인(corticoptropin release factor, CRF)이라고 하는, 뇌의 특정 호르몬 분비의 증가와 관계가 있다는 중요한 사실을 밝혀냈다.[16] CRF는 스트레스에 대한 신체와 뇌의 반응에서 조정자이자 최종적 공통 경로로 작용한다고 여겨진다. 이처럼 약물 금단 현상은, 대개 스트레스를 주는 사건에 의해 격발된 몸의 응급 신호 가운데 하나를 활성화하는 것으로 보인다. 또 다른 연구는 CRF가 일으키는 많은 작용 가운데에서도 근심이 커짐을 밝혀냈다. 오늘날 뇌의 수용체에서 CRF의 작용을 차단하는 약들이 개발되고 있다. 이들은 금단현상과 관련된 일부 부정적인 신체적·심리적 증후들을 개선하는 효과도 있을지 모른다.

│ 담배를 끊으려는 이들을 어떻게 도울 수 있을까?

앞에서 이미 밝혔듯이 대부분의 담배 흡연자들에게 금연은 매우 힘든 일이다. 습관에서 벗어나려는 이들이 담배나 다른 약물에 대한 의존을 끊을 수 있는 성공적인 방법은 거의 알려진 바가 없다. 일부 흡연자들에게는 행동 처방 또는 최면이 효과가 있다. 다른 이들은 약물의 도움을 받아서 성공하기도 한다.[17] 담배 흡연자들에게 상당히 성공적임이 입증된 한 가지 방법은 담배 대신 니코틴 자체를 대용물로 이용하는 것이다. 한 가지 문제가 있다면 입으로 복용하는 경우 니코틴이 잘 흡수되지 않는다는 점이다. 이에 따라 니코틴을 전달하는 대안적 방법이 개발되어 왔다. 한 가지 방법은 껌 형태로 씹는 것이다. 입 안 환경이 약알칼리(위장이 산성인 것과 달리)여서 니코틴 흡수에 이롭다는 사실을 이용한 방법이다. 또한 씹는 속도와 강도를 변화시킴으로써 주체가 니코틴 전달 비율을 어느 만큼 조정할 수 있다. 또 다른 흔한 방법은 피부에 붙이는 접착 패치에서 지속적으로 니코틴을 공급하는 것이다. 이는 대개 흡연을 통해 니코틴이 혈액에 공급되는 현상을 흉내낼 수 있다. 그러나 흡연이 주는 순간적인 쾌감은 이 방법으로 흉내낼 수 없다. 최근에 개발된 인조 담배는 이 단점을 극복하는 데에 도움을 준다. 이 작은 플라스틱 담배는 담배와 비슷하게 생겼고, 니코틴이 함유되어 있는 카트리지가 내장되어 있다. 이 가짜 담배를 빨면 진짜 담배와 비슷한 양의 니코틴이 폐로 전달된다. 니코틴을 신속하게 전달하는 또 다른 방법은 니코틴이 함유되어 있는 코 스프레이를 사용하는 것이다. 니코틴 대용물로 성공한 사례도 있지만 성공률은 아직 그다지 높지 않다. 아무런 처방도 받지 않은 흡연자들의 90퍼센트가 열두 달 뒤 원래의 흡연 상태로 돌아가는데, 니코틴 처방을 받은 이들의 75~80퍼센트가 흡연 상태로 되돌아간다.

헤로인 중독에도 비슷한 방법이 쓰여 왔다. 많은 헤로인 중독자들이 모르핀과 비슷한 합성 물질 메타돈 처방을 받는다.[18] 메타돈은 입으로 복용하여 천천히 흡수된다. 헤로인과 같은 쾌감을 일으키지 않지만 똑같은 뇌 수용체를 차지하여 갈망 수준을 감소시키는 역할을 한다. 더 근본적인 치료법은 날트렉손(naltrexone)을 투여하는 것이다. 날트렉손은 뇌의 모르핀 수용체를 감싸서 그 기능을 차단한다. 이는 보통 헤로인이 일으키는 쾌감을 효과적으로 차단한다. 그러나 중독자들에게는 위험한 방법이다. 날트렉손이 헤로인의 작용을 갑자기 차단함으로써 극심하고도 위험한 금단 현상을 일으킬 수 있기 때문이다. 그러나 헤로인에서 성공적으로 벗어난 이들에게, 날트렉손을 지속적으로 처방하면 다시 헤로인에 중독될 가능성을 줄일 수 있다. 지금까지 대부분의 헤로인 중독자들은 이 방법을 멀리 했다. 이 방법을 쓸 수 있는 유일한 집단은 헤로인 중독 치료 경험이 있는 의사들뿐이다. 그들이 다시 헤로인 중독으로 돌아간다는 것은 의사 면허와 생계를 잃을 수 있다는 뜻이니까.

이밖에 다른 방법들도 한창 연구되고 있다. CRF 길항제를 이용하여, 금단 현상에서 일어나는 부정적인 정신적 증상을 다루는 방법은 이미 논의되고 있다. 또 다른 방법은 항우울제를 이용하여 금단 증후군에 대처하는 것이다. 이는 금단 현상에서 가장 대표적인 증상인 절망감을 경감시킨다. 최근에는 항우울제로서 개발된 부프로피온〔Bupropion, 웰부트린서방정(®Wellbutrin)〕이, 금연하려는 담

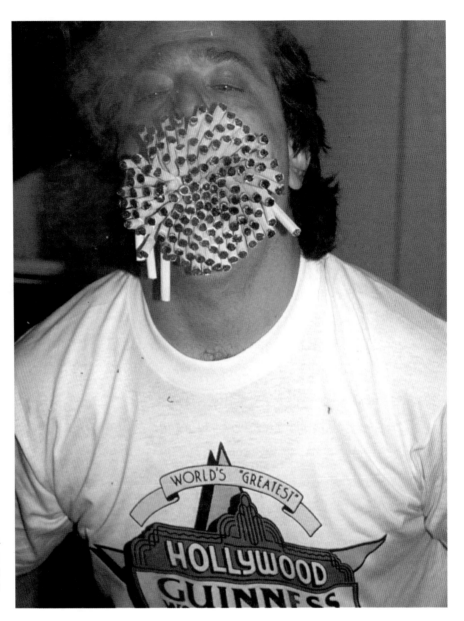

배 흡연자들에게 효과가 있음이 입증되었다.[12] 대규모 임상에서도 효과가 입증되어 그 이용이 공식적으로 승인되었다. 부프로피온은 흥미롭게도 부분적으로 뇌에서 더 많은 도파민을 생성시킴으로서 작용한다. 이 효과는 니코틴이 유발하는 것이기도 하다. 그러므로 부프로피온의 효능은 이러한 니코틴의 작용을 모방하는 능력에 있는 것인지도 모른다. 더 신형인, 또 다른 항우울제 플루옥세틴

[fluoxetine, 프로작(®Prozac)]도 금연하고자 하는 이들에게 도움을 줄 수 있다. 미래를 내다보면, 분자 구조에 대한 과학적 이해가 발전함에 따라 더욱 효과적인 치료법이 개발될 수 있다는 희망을 갖게 된다. 유전학 연구의 발전으로 약물 의존의 위험성이 큰 사람들도 식별해낼 수 있을 것이다.

| | | 주

01. L. Iversen, 《약물:아주 간단한 소개(Drugs:A Very Short Introduction)》(Oxford, 2001), pp. 20-23.

02. P. Robson, 《금지된 약물(Forbidden Drugs)》, 두번째 판(Oxford, 1999), pp. 185-6.

03. R. Peto 등, '1950년 이후 영국의 흡연, 금연 그리고 폐암:전국적 통계와 대조군 연구의 결합(Smoking, Smoking Cessation and Lung Cancer in the UK since 1950:Combination of National statistics with Two Case Control Studies)', 『브리티시 메디컬 저널(British Medical Journal)』, 321 (2000), pp. 323-9.

04. B. Q. Liu 등, '중국에 알려지고 있는 담배 위해성:사망 사례 100만 건의 사망 원인 비율(Emerging Tobacco Hazards in China:Retrospective Proportional Mortality Study of One Million Deaths)', 『브리티시 메디컬 저널(British Medical Journal)』, 317 (1998), pp. 1411-22.

05. Iversen, 《마리화나의 과학(The Science of Marijuana)》(New York, 2000), pp. 190-203.

06. J. Cooper, F. E. Bloom 그리고 R. H. Roth, 《신경약리학의 생화학적 기초(The Biochemical Basis of Neuropharmacology)》, 일곱번째 판(Oxford, 1996), pp. 82-101.

07. 같은 책, pp. 341, 386.

08. G. F. Koob, P. P. Sanna 그리고 F. E. Bloom, '중독의 신경과학(Neuroscience of Addiction)', 〈뉴런(Neuron)〉, 21 (1998), pp. 467-76.

09. G. Block과 J. March 엮음, 〈니코틴 의존의 생물학(The Biology of Nicotine Dependence)〉, CIBA 재단 심포지엄 152 (Chichester, 1990).

10. R. D. Hurt와 C. R. Robinson, 니코틴을 둘러싼 담배 산업의 비밀에 이르는 문 열기:미네소타 담배 재판(Prying Open the Door to the Tobacco Industry's Secrets about Nicotine:The Minnesota Tobacco Trial)', 『미국의학협회 저널 (Journal of the American Medical Association)』, 280 (1998), pp. 1173-81; David A. Kessler, 《목적에 대한 의문: 치명적인 산업과 미국의 대전쟁(A Question of Intent:A Great American Battle with a Deadly Industry)》(New York, 2001), pp. 191-7.

11. S. S. Watkins, G. F. Koob 그리고 A. Markou, 니코틴 중독 상태의 신경 구조:강한 긍정적 강화와 금단현상(Neural Mechanisms Underlying Nicotine Addiction:Acute Positive Reinforcement and Withdrawal)', 《니코틴과 담배 연구 (Nicotine and Tobacco Research)》, 2 (2000), pp. 19-37.

12. Neal L. Benowitz, 《니코틴 의존의 생물학(The Biology of Nicotine Dependence)》, p. 199.

13. Hurt와 Robinson, '문 열기(Prying Open the Door)'.

14. 미국 국립마약남용연구소, 마약 남용에 관한 국립가정조사소 연례 보고서 (2000).

15. Koob, Sanna 그리고 Bloom, 앞의 책, pp. 470-75.

16. F. Rodriguez de Fonseca, M. R. A. Carrera, M. Navarro, G. F. Koob 그리고 F. Weiss, 대마초 중단 동안 대뇌변 연계에서 코르티코트로핀 분비 요소의 활성화(Activation of Corticotropin-Releasing Factor in the Limbic System during Cannabinoid Withdrawal)', 『사이언스(Science)』, 276 (1997), pp. 2050-54.

17. J. R. Huge, M. G. Goldstein, R. D. Hurt 그리고 S. Shiffman, '흡연 약물치료법에서 최근의 진보(Recent Advances in the Pharmacotherapy of Smoking)', 『미국의학협회 저널(Journal of the American Medical Association)』, 281 (1999), pp. 72-6.

18. P. Robson, 《금지된 약물(Forbbiden Drug)》, 두번째 판 (Oxford, 1999), pp. 226-38.

19. Huge, Goldstein, Hurt 그리고 Shiffman, '흡연 약물치료법에서 최근의 진보'.

Smoking : The 'Burning Issue'

공공의 적, 담배

존 웰시먼 | John Welshman

▫ 2001년 8월에, 『더 타임스(The Times)』는 리처드 뵈켄(Richard Boeken)의 이야기를 실었다. 57세의 그는 폐암으로 죽어가고 있는 캘리포니아 사람이었다. 그는 말보로 회사에 1,000억 달러의 손해 배상을 청구했으나 상당히 경감된 금액인 30억 달러의 보상을 받았다.[1] 20세기 초반 이후 흡연의 문화사에서 중심 문제는 과학과 흡연의 관계라고 생각하기 쉽다. 그러나 지금부터 살펴보겠지만, 이 관계는 비교적 최근의 것이고 그것도 1950년 이후에만 적용되는 것 같다. 이 글은 흡연과 건강을 둘러싼 논쟁을 세 시기로 나누어 살펴보려 한다. 먼저 1850~1930년은 청소년 흡연에 관심이 집중된 시기였다. 1930-1980년은 흡연과 암의 연관성이 처음 확립된 시기였다. 마지막으로 그 이후의 시기는 비흡연자의 시대라고 특징지을 수 있다. 주로 영국과 미국에서 사학자들이 흡연과 과학의 관계를 어떻게 바라보았는지도 살펴보려 한다. 개인, 담배 회사 그리고 국가의 책임을 둘러싼 논쟁을 살펴보고 유행병학이 위험이라는 개념을 새로이 도출해내는 과정도 살펴보려고 한다. 또한 이 글은 최근의 연구를 검토하고 개괄하려 한다. 이는 흡연, 과학, 의학 간의 관계를 깊이 이해하는 데 도움이 될 것이다.

| 파이프 흡연자의 시대 : 절제와 저질 제품

담배 산업은 농업, 생산 기술과 산업 조직 방식의 발전을 토대로 발전해왔다. 더불어 안전성냥의 발달도 담배 산업의 발전에 한몫을 했다는 점이 꾸준히 지적되어왔다.[02] 19세기에 담배는 파이프 ― 중류계급의 경우에는 여송연 ― 를 통해 소비되었다. 이를 둘러싸고 담배와 건강을 둘러싼 논쟁이 벌어졌다. 1830~1938년의 시기에 『랜싯』의 분석을 보면 우울 발작, 정신착란, 마비, 히스테리, 구루병, 발기부진, 기억 상실과 같은 일반적인 증상과 담배가 연관성이 있다는 속설들을 주로 다루고 있다.[03] 파이프 흡연과 관련하여 제기된 문제 하나는 입술암이었다. 그러나 체계적으로 다루어진 바가 없다. 이에 비해 담배는 근육 쇠약, 황달, 설암, 사지 약화, 손 떨림, 무릎 흔들림과 계속 연관되었다. 불량 담배 제품도 관심거리 가운데 하나였다. 『더 타임스』는 설탕, 명반, 석회, 밀가루, 대황잎, 녹말, 당밀, 우엉잎, 꽃상추 잎, 빨강과 검정 염료를 담배와 섞은 저질 제품의 수많은 사례를 알려주었다.[04]

이 시기에 담배는 건강에 이로운 것으로 여겨지기도 했다. '폐결핵' 또는 결핵으로 고통 받는 흡연자들이 거의 없는 것으로 알려졌기 때문이다. 또 노동자들과 군인 계층은 담배가 스트레스를 경감시키는 효과가 있다고 알고 있었다. 그러나 1872년, 담배 연기의 성분이 니코틴, 청산염, 암모니아, 황화물임이 밝혀졌다. 보험수리사들은 흡연자와 비흡연자의 손실률을 따로 산정할 것을 제안했다.[05] 파이프에는 필터를 달기 시작했고, 대통 밑에 구멍을 뚫어 밑바닥에 깔린 담배를 건조하게 유지하고 연기 속의 기름 양을 줄이려고 했다. 그러나 『랜싯』이 우선적으로 강조한 것은 절제였다. 19세기만 해도 폐암이 드물었다. 절제된 흡연이 성인에게 해롭다고 믿는 의사는 소수였다. 『랜싯』은 1879년에 '시간과 소비량을 적절하게 절제하는 한, 우리는 와인이나 담배를 편견으로 바라보는 데에 공감하지 않는다.'고 선언했다.[06]

1880년대에 궐련 흡연이 등장하면서 이 주장이 거의 영향을 받지 않았다는 것은 놀라운 일이다. 일부 의사들은 필터를 실험하기 시작했고, 또 어떤 의사들은 연기를 직접 폐로 들이마시는 방법의 위험성을 경고했다. 그러나 파이프 흡연과 마찬가지로, 『랜싯』은 궐련의 적절한 흡연을 승인했다. 눈에 띄는 것은 이집트 담배의 저질성에 문제를 집중시키려는 경향이 있었다는 점이다. 어느 사학자의 말처럼 많은 면에서 『랜싯』의 태도는 순수했다. 남용을 걱정했을 뿐 이용 자체를 문제 삼고 흡연 철폐를 주장한 것은 아니었다.[07] 생산자들은 의학적 승인을 얻기 위해 『랜싯』에 담배를 제출했다. 1902년 『랜싯』은 이렇게 발표했다. "담배를 이성적으로 흡연하고 남용하지 않는 것이 가장 절제된 흡연 방식이라 할 수 있다. 이와 더불어 편리하고 저렴하니 담배는 큰 인기를 누릴 만하다."[08]

　영국담배반대협회(British Anti-Tobacco Society), 담배반대회(Anti-Tobacco Legion), 스코틀랜드 담배반대협회(Scottish Anti-Tobacco Society)를 비롯하여 흡연 반대 단체는 무척 많았다. 프랑스에서는 담배남용반대협회(Société Contre L'Abus du Tabac)가 설립되어 절제를 권장하고 아동 흡연을 반대했다. 『랜싯』은 이 단체들이 흡연의 위험을 과장하고 있다고 보고 1872년 '저렴한 오락의 결점을 끄집어내어 나쁜 이름표를 붙이는 것은 매우 어리석다.'[09]고 주장했다. 대부분의 단체는 지지자들을 많이 모으지 못했다. 일부 성공을 거둔 단체는 성인보다는 아동 흡연을 반대하는 목적으로 1900년대 초반에 설립된 흡연 반대 단체들이었다.[10] 영국청소년흡연반대연맹(British Lads Anti-Smoking Union), 국제담배반대연맹(International Anti-Cigarette League), 청소년흡연억제위생협회(Hygienic League and Union for the Suppression of Cigarette Smoking by Juveniles)가 그에 속한다.

　청소년 흡연 반대 운동은 1900년대 초반 흡연과 과학의 관계를 둘러싼 문화적 배경을 잘 드러낸다. 1904년 신체의 퇴보에 대한 부처간협력위원회(Inter-Departmental Comittee on Physical Deterioration)는 아동에 대한 담배 판매를 금지하고, 사탕가게에서 담배를 파는 행위를 금지하라고 의회에 권고했다. 이 제안들은 마침내 1908년 아동법으로 통과되었다. 그러나 이 법안은 이전의 담배 반대 운동과는 간접적인 관계만 있었을 뿐, 소년 노동과 '국가적 건강' 논쟁들과 더 가까운 관계가 있었다. 흡연이 아동 건강에 미치는 실제적 영향이 뚜렷이 밝혀진 적은 거의 없다. 중류계급 사회개혁가들이 볼 때 담배는 노동계급 청소년들의 정체성의 상징이었다. 흡연은 성인들의 악습인 욕설, 도박, 폭력과 결부되었다. 그 해결책으로 청소년 클럽과 국제담배반대연맹 같은 조직들은 놀이를 권장했다. 아동 흡연을 반대하는 대부분의 조직은 교회와 주일학교를 통해 설립되었고, 도시화와 신체의 퇴보를 둘러싼 더 넓은 논쟁의 장에서 근본적으로 도덕적인 목적을 띠고 있었다. 이처럼 청소년 흡연을 둘러싼 논쟁은 조금은 기회주의적인 방법으로 의학적 증거를 이용했으며, 근본적으로는 도덕성과 시민의식을 환기하려는 목적을 지녔다.[11]

| 궐련 흡연자의 시대 : 암

담배 산업은 경제와 기술 동향에 따라 성장해왔다. 궐련도 이와 마찬가지로 기업 자본, 테크놀로지, 대량 판매, 광고의 집중이라는 특성을 보여왔다. 19세기가 파이프와 여송연의 시대라면, 1950년대는 궐련의 전성기였다. 궐련은 오늘날 매우 평범해서 그것이 비교적 최근의 발명품이라는 사실을 잊기 쉽다. 궐련이 대량 생산되기 시작한 것은 1883년 본새크(Bonsack) 기계가 발명되

- 제국제품구매운동본부(Empire Marketing Board)가 발행한 영국의 판촉 포스터, 1929년.

고, 담배 회사 윌스(W. D. & H. O. Wills)가 그 기계를 채택하면서부터였다. 그 뒤 광고비용이 급속히 늘어났고 소비 또한 증가했다. 영국은 1953년에 남성의 64퍼센트와 여성의 37퍼센트가 궐련을 피웠다. 미국에서 일인당 담배 소비량은 1900년 49개비에서 1965년 4,318개비로 껑충 뛰어올랐다.[12]

궐련 흡연이 건강에 미치는 위험을 인식해온 과정은 잘 알려져 있지만, 여기서 다시 살펴보겠다. 1930년대에 보험회사가 고용한 통계학자들은 흡연과 예상 수명 감소, 암을 연관짓기 시작했다. 흡연이 1930년대 나치 독일의 과학적 연구 주제였다는 사실은 잘 알려져 있지 않다. 이들은 인종적 위생학과 신체의 순수성의 맥락에서 흡연을 연구했다. 흡연은 암과 심장병과 결부되었고, 생식작용에 미치는 영향을 우려하는 분위기가 싹텄다. 의욕적인 흡연 반대 운동이 시작되었다. 이 운동은 건강 교육, 흡연 광고 금지 그리고 공공장소에서 흡연 규제들을 선택했다.

아돌프 히틀러는 흡연에 반대했다. 이는 이른바 건강의 의무(Gesundheitspflicht)에 부합하는 것이었다. 1939년에 담배와 폐암을 최초로 연관지은 이들도 독일 과학자들이었다.[13]

이보다 앞선 절제와 저질품의 시대는 전후 시대와 공통점도 있고 다른 점도 있다. 전후 시대에는 흡연에 불리한 의학적 과학적 증거들이 밝혀졌고 그 영향력은 더욱 컸다. 제2차 세계대전이 끝날 무렵 폐암에 관한 관심이 높아졌다. 미국에서는 폐암 사망이 1935년 4,000건에서 1945년 11,000건으로 증가했다. 아르헨티나에서 에인절 로포(Angel H. Roffo)는 담배 연기에서 추출된 타르가 실험동물들에게 암을 일으킬 수 있음을 실험을 통해 밝혀냈다. 영국에서 동물 체내의 변화를 연구한 이들은 리처드 돌(Richard Doll)과 오스틴 브래드퍼드 힐(Austin Bradford Hill)이었다. 그러나 그들의 원래 가설은 자동차 소유의 증가와 길거리의 타르가 훨씬 큰 영향을 미친다는 것이었다. 궐련 흡연과 폐암과의 관계를 최초로 확립한 그들의 유명한 논문이 1950년 『브리티시 메디컬 저널(British Medical Journal)』에 실렸다. 돌과 브래드퍼드 힐은 '흡연은 폐에서 암종을 생산하는 하나의 요소이며, 중요한 요소이다.'[14]라는 결론을 내렸다. 윈더(E. L. Wynder)와 그레이엄(E. A. Graham)은 그해 미국에서 매우 비슷한 결과를 보고했다.

그 뒤로 유행병학의 과학적 패러다임과 통계적 추론이 가장 중요하다는 주장이 제기되었다. 궐련 흡연은 1950년대에도 중요한 사회 활동이었고, 흡연이 건강에 미치는 위험은 대중들에게 천천히 전해졌다. 그러나 돌과 브래드퍼드 힐의 논문에 대한 비판[예를 들면 로널드 피셔(Ronald Fisher) 경]은, 후속 연구가 밑받침되면서 점점 누그러졌다. 영국에서는 왕립의과대학(Royal College of Physicians)의 중요하고도 영향력 있는 첫번째 보고서 《흡연과 건강(Smoking and Health)》이 1962년 발간되었다. 이 보고서는 골초들이 비흡연자보다 30배나 더 폐암에 걸리기 쉽다고 밝힘으로써 분명한 입장을 드러냈다. 당시 군의관이었던 조지 갓버(George Godber) 경이 중요한 역할을 한 이 보고서는 왕립대학의 의제를 '현대화'하는 역할을 했다.[15] 이와 비슷한 미국의 사례로 1964년 미국 공중위생국장의 보고서가 있다. 이 보고서는 영국 보고서와 입장이 비슷했고, 폐암과 기관지 질환에 흡연이 공기 오염보다 더욱 큰 영향을 끼친다고 밝혔다. 그리고 행동, 위험,

건강 간의 관계에 새로운 관심을 불러일으켰다고 평가되어왔다.[16] 그러나 현실 속의 반응은 느렸다. 영국에서 텔레비전 궐련 광고는 1967년에야 금지되었고, 담뱃갑에 경고 문구가 실리게 된 것은 1971년이었다. 담뱃갑에 경고 문구를 실어야 한다는 법안이 미국에서 1965년에 통과되었고, 이후로 경고 문구는 더욱 강력해졌다.

20세기 후반기에 사학자들은 흡연, 과학, 의학 간의 관계를 다양한 방식으로 이해하려고 노력해왔다. 과학과 정책 간의 관계와[17] 국가가 흡연을 관리하려는 노력이 매우 제한적이었던 이면에 담배 기업의 권력이 숨어 있음을 밝혀내는 데에 연구를 집중했다. 정부는 직접적으로 기업을 관리하기보다 개인의 습관을 변화시키는 데에 집중해왔고, 건강 증진에 배정되는 예산도 매우 적었다고 한다.[18] 언론인 피터 테일러(Peter Taylor)가 썼듯이 "연기 고리는 지난 20년 동안 담배 기업을 보호해온 정치 경제적 이익의 고리이다."[19] 미국에서 의회의 흡연 반대 정책들은 제약이 뒤따랐지만 담배 보조금은 그대로였다.[20] 이처럼 담배가 부를 생산하기 때문에 정부와 담배 회사는 사람들이 계속 흡연하기를 바랐다. 정부와 담배 산업 간의 관계는 식품, 주류와 제약 산업의 경우와 비슷하다.

1950년대와 1960년대 영국에서 보건부(Ministry of Health)와 건강교육협의회(Central Council for Health Education) 같은 단체의 반응이 소극적이었던 배경을 연구한 학자들도 있었다. 1950년 돌과 브래드퍼드 힐의 논문이 발표되었지만, 1957년 의학연구협회(Medical Research Council)가 흡연과 폐암이 직접적인 인과관계의 연관이 있다고 선언한 보고서를 펴낼 때까지 보건부는 거의 손을 놓고 있었다. 그렇다고 해도 인과관계의 실제 의미는 여전히 의문스럽고 논쟁거리였다. 건강 증진의 책임은 지역 당국 다시 말해 국민건강보험(National Health Service)의 가장 부패한 말단기관에 위임되었다. 포스터나 선구자들을 이용한 건강교육협회의 광고는 이제 생각해보면 순진하고도 부적절해 보인다. 그런 방법으로 흡연 행위의 심각성을 드러낼 수 없었기 때문이다. 이 사학자들이 재구성한 역사는 과학적 경고, 관료적 타성, 상업적 압력, 정부 개입에 대한 경고의 이야기로 펼쳐진다. 찰스 웹스터(Charles Webster)가 썼듯이 "국민건강보험은 사람들의 건강을 지키겠다고 약속했다. 그러나 그들은 사람들의 건강에 가장 심각한 영향을 끼치는 중독에 대해 최소한으로 반응했을 뿐이다."[21]

어떤 이들은 노동당과 보수당 통치 과정의 연속성을 강조한다. 또 노동당이 보수당보다 훨씬 명예로운 역사에서 등장한다고 주장하기도 한다. 정부 수준의 조처는 부족하지만 노동당 하원의원들은 1960년대 중반에 흡연 반대 활동에 적극적이었고, 텔레비전 컬러 광고 금지 조치가 이루어지도록 영향을 미쳤다. 이 문제에 대해 파올로 팔라디노(Paolo Palladino)는 최근 자신의 견해를 밝혔다. 흡연, 건강 그리고 좋은 사회를 만드는 일에 대한 관심은 영국식 사회주의 발전에 근본적으로 중요했고 여전히 중요한 기독교 사회에 대한 열망에 뿌리를 두고 있다는 것이다. 이는 1950년대 호레이스 줄(Horace Joules)만큼이나 1990년대 토니 블레어(Tony Blair)에게도 사실이라고 팔라디노는 주장한다.[22] 매튜 힐턴(Matthew Hilton)은 흡연이 건강에 미치는 위험들이 당시 신문, 라디오, 텔레비전이라는 매체를 통해 영국 대중들에게 전달되는 방식을 고찰했다. 그는 의학적 논쟁들의 더 넓은 문화적 배경을 찾아내려고 했다. 건강 메시지들이 수용되는 방식은 전달하는 매체에 의해 다듬어진다고 그는 주장한다. 『가디언(Guardian)』은 이 문제들을 종합적으로 진지하게 다루었지만 『데일리 익스프레스(Daily Express)』는 흡연자들이 스스로 결정할 권리가 있다고 보도했고, 『더 타임스』는 정부의 개입에 반대했다. 무엇보다도 흡연과 폐암에 관한 의학 지식이 생산되어 유포되는 방식이 다양하다는 점이 매우 인상적이다. 힐턴은 "대중적인 인쇄, 청각, 시각 매체들이 흡연과 건강의 논점들을 해석하고, 수용하고, 거부하고, 그들의 관점을 확립한다. 그런데 그 방식이 매체들끼리 근본적으로 다를 때가 있다."[23]

- 흡연이 건강에 이롭다고 주장하는 1947년 노르웨이 포스터.

I GOD FORM

MAN KAN GODT
UNNE SIG EN RØIK
OG ALLIKEVEL VÆRE
I GOD FORM

FABRIKERT AV NATURLIGE
NIKOTINFATTIGE TOBAKKER
IKKE KJEMIKALIEBEHANDLET.

A·ASBJØRNSENS TOBAKSFABRIK
ETABL. 1853   CHRISTIANSSAND.S

| 비흡연자의 시대 : 간접흡연과 중독

1970년대에는 흡연 반대 입장이 의학적 토대에서 입증되고 받아들여졌다. 그러나 흡연을 즐길 권리를 위한 자유협회(Freedom Organisation for the Right to Enjoy Smoking Tobacco,

FOREST) 같은 압력단체들은 이를 거부했다. 왕립의과대학 두번째 보고서《오늘의 흡연과 건강(Smoking and Health Now)》이 1971년 간행되었다. 압력단체인 흡연과 건강을 위한 행동(Action on Smoking and Health, ASH) 또한 이 즈음 설립되었다. 당시 새로운 발전이라 할 만한 것은 거의 없었지만 두 가지 중요한 발전이 있었다. 첫째, 간접흡연의 위험성을 인식하게 되었다. 이는 위험을 바라보는 태도에 중요한 영향을 끼쳤다. 골초들의 비흡연자 아내들의 폐암 발병률을 발표한 중요한 논문이 1981년 『브리티시 메디컬 저널』에 실렸다. 미국에서는 1986년에 공중위생국장이 '옆으로 퍼지는' 연기의 위험성을 강조한 보고서를 펴냈다. 이에 따라 공공장소에서 흡연을 규제하는 지역 사회가 급속히 늘어났다. 1990년대에 거의 모든 국내 항공기 안에서 담배가 금지되었다. 둘째, 니코틴이 신체적 의존성을 일으키는 중요 인자로 밝혀짐으로써 담배를 중독성 물질로 인식하게 되었다. 이에 따라 흡연이 과연 본질적으로 자발적 행위인지를 의심하게 되었다. 앨런 브랜트(Allan Brandt)가 썼듯이 "무해한 습관이 유해한 중독이 되었다".[24] 그러나 경쟁 중단과 '피해 최소화' 주장 사이에는 갈등이 이어졌다.

담배 회사가 받은 영향은 매우 컸다. 담배가 건강에 미치는 영향을 잘 알고 있었으면서도 전후 시대에 담배 회사들이 궐련을 팔아 왔다는 증거가 나타났기 때문이다. 미국에서 수많은 소송이 줄을 이었다. 원고들은 담배 회사들이 위험을 잘 알고 있으면서도 건강에 해로운 제품을 팔아왔다고 주장했다. 이 글의 첫머리에서 리처드 뵈켄의 사례를 소개했다. 그는 필립 모리스를 상대로 벌인 소송에서 승리했다. 미국의 개별 주들은 흡연자를 위한 보건비용을 담배 회사로부터 회수하기 위해 소송을 벌였고 뵈켄처럼 승소했다. 특히 선진국의 중류계급에서는 흡연률이 떨어졌다. 서유럽에서는 흡연이 노동계급 여성들에게 집중되는 현상을 보인다. 이에 따라 담배 회사는 개발도상국으로 판매 노력을 집중하고 있다. 한 영역이 진보하더라도 다른 영역은 지체되기도 했다. 예를 들어 1998년에 영국에서,《흡연은 살인자(Smoking Kills)》라는 백서가 발간되었지만 자동차 경주의 담배 광고는 억제되지 않았다.

담배가 건강에 미치는 위험은 과학적으로 증명되어왔다. 그런데도 비교적 많은 사람들이 계속 흡연하는 이유를 역사적 고찰을 통해서 다 알아낼 수는 없다.

매튜 힐턴은 흡연이 '자아라는 자의적인 개념에 깊이 뿌리박혀 있는' 개인과 집단의 정체성에 여전히 중요했기 때문이라고 주장한다. 담배는 성인의 세계로 들어가는 통과 의례를 상징하기 때문에 계속 흡연한다. 성인들 또한 19세기 이후로 흡연을 규정하고 있는 이데올로기에 반대하고 개성을 숭배하기 때문에 계속 흡연한다. 흡연 행위가 변함없이 '대중문화에서 낭만적 지위'를 차지하게끔 하는 반동적 징후가 실제로 있다고 힐턴은 말한다.[25] 그렇지만 이러한 해석은 흡연이 나날이 교육 수준, 사회 계층, 인종에 따라 분리되고 있다는 사실을 무시하는 것이라고 앨런 브랜트는 반박한다.

1970년대 이후, 한 권위 있는 문헌은 노동계급 여성들의 사례를 포함하여 흡연과 사회 빈곤층의 관계를 다루었다. 미국에서는 백인보다 흑인의 흡연 인구가 많고, 대학을 졸업하지 않은 이들보다 대학 졸업자들의 흡연자 수가 훨씬 적었다.[26] 그러므로 개인의 책임을 강조하는 것은 일부 사회 계층이 흡연할 가능성이 더 크다는 사실을 부인하고, 흡연 행위가 단지 선택의 문제가 아닐 수 있다는 사실을 무시하는 일이다.

| 맺음말

제2차 세계대전 이전에 흡연의 위험성에 대한 주장은 흡연의 역사에서 큰 의미를 차지하지 않았다. 폐암이 상대적으로 드물고 파이프와 여송연 흡연이 흔하던 19세기에는, 절제와 저질품이 주요 관심거리였다. 1880년대에 궐련이 등장한 뒤로도 청소년 흡연과 같은 국지적인 문제에 관심이 집중되었고, 건강보다는 도덕성 문제가 더 중요하게 여겨졌다. 그러나 1950년 이후 흡연과 폐암의 연관이 밝혀진 것은 유행병학이라는 새로운 과학이 거둔 첫번째 승리였고, 이로부터 흡연, 과학, 의학의 관계가 건강과 대중의 역사에서 중심 주제로 떠올랐다. 이 주제가 흡연자에게 얼마나 중요한 것인지는 아직 의문스럽다. 사학자들은 한편으로는 흡연의 위험에 대한 의학적 지식이 증가하고 있고, 다른 한편으로는 담배의 대중적 소비가 지속되고 있는 모순을 다양한 측면에서 설명해왔다. 어떤 이들은 흡연의 자유롭고 개별적인 본질을 강조하고, 어떤 이들은 가난과 소외계층 문제

를 더 중시한다. 그러나 어떤 주장을 지지하든 담배, 과학 그리고 의학 간의 관계는 미래 흡연자들에게 여전히 중요한 주제일 듯하다.▫

| | | 주

01. '흡연자가 100만 달러 배상금에 동의하다(Smoker Agrees to $100m Damages', 『더 타임스(The Times)』, 2001. 8. 23. p. 20.

02. Allan Brandt, 담배, 위험성 그리고 미국 문화(The Cigarette, Risk and American Culture)', 『다이달로스(Daedalus)』, 119 (1990), pp. 155 76.

03. R. B. Walker, '19세기 영국에서 담배 흡연과 흡연 반대 운동의 의학적 측면(Medical Aspects of Tobacco Smoking and the Anti-Tobacco Movement in Britain in the Nineteenth Century)', 《의학 역사(Medical History)》, 24 (1980), pp. 391-402.

04. 『랜싯(Lancet)』 (1855), 2권, p. 157.

05. 『랜싯(Lancet)』 (1872), 2권, p. 789.

06. 『랜싯(Lancet)』(1879), 1권, p. 131.

07. Walker, '19세기 영국에서 담배 흡연과 흡연 반대 운동의 의학적 측면(Medical Aspects of Tobacco Smoking and the Anti-Tobacco Movement in Britain in the Nineteenth Century)', p. 394.

08. 『랜싯(Lancet)』 (1902), 1권, p. 906.

09. 『랜싯(Lancet)』 (1872), 1권, p. 770.

10. Matthew Hilton과 Simon Nightingale, "악마 형상의 병원균":1853-1908년 영국 담배반대운동에서 종교와 과학 "A Microbe of the Devil's Own Make":Religion and Science in the British Anti-Tobacco Movement, 1853-1908', 《재에서 재로:흡연과 건강의 역사(Ashes to Ashes:The History of Smoking and Health)》, S. Lock, L. A. Reynolds 그리고 E. M. Tansey 엮음 (Amsterdam, 1998), pp. 41-63.

11. Matthew Hilton, 빅토리아 후기와 에드워드 시대 영국에서 "LSD" "궐련" 그리고 "소년 노동 문제"("Tabs" "Fags" and "Boy Labour Problem" in Late Victorian and Edwardian England)', 『사회역사 저널(Journal of Social History)』, 28/3 (1995), pp. 586-607; John Welshman, 젊음의 이미지:청소년 흡연 문제, 1880-1914년(Images of Youth:The Issue of Juvenile Smoking, 1880-1914)', 《중독(Addiction)》, 91/9 (1996), pp. 1379-86.

12. Brandt, 담배, 위험성 그리고 미국 문화(The Cigarette, Risk and American Culture)', p. 157.

13. Robert N. Proctor, 《나치의 담배 전쟁(The Nazi War on Cancer)》 (Princeton, NJ, 1999), pp. 173-247.

14. Richard Doll, 흡연과 폐암에 대한 첫번째 보고서(The First Reports on Smoking and Lung Cancer)', 《재에서 재로(Ashes to Ashes)》, pp. 130-40.

15. Virginia Berridge, 과학과 정책:전후 영국의 흡연 정책 사례(Science and Policy:The Case of Postwar British Smoking Policy)', 《재에서 재로(Ashes to Ashes)》, pp. 143-62.

16. Brandt, 담배, 위험성 그리고 미국 문화(The Cigarette, Risk and American Culture)', p. 156.

17. Berridge, 과학과 정책(Science and Policy)'.

18. Lesley Doyal과 Imogen Pennell, 《건강의 정치경제(The Political Economy of Health)》 (London, 1979), p. 83.

19. Peter Taylor, 《연기 고리:담배의 정치학(Smoke Ring:The Politics of Tobacco)》 (London, 1984), p. 19.

20. Brandt, 담배, 위험성 그리고 미국 문화(The Cigarette, Risk and American Culture)', p. 166.

21. Charles Webster, 흡연 중독:국가 보건 서비스에 대한 도전(Tobacco Smoking Addiction:A Challenge to the National Health Service)', 『영국 중독 저널(British Journal of Addiction)』, 79 (1984), pp. 7-16.

22. Paolo Palladino, '흡연, 건강 그리고 공명정대한 사회의 담론들:어제, 오늘 그리고 또 어제?(Discourses of Smoking, Health and the Just Society:Yesterday, Today and the Return of the Same?)', 《의학의 사회사(Social History of Medicine)》, 14/2 (2001), pp. 313-35.

23. Matthew Hilton, 《1800-2000년, 영국 대중문화 속의 흡연:완벽한 즐거움(Smoking in British Popular Culture,1800~2000:Perfect Pleasures)》 (Manchester, 2000), pp. 202-20.

24. Brandt, 담배, 위험성 그리고 미국 문화(The Cigarette, Risk and American Culture)', p. 169.

25. Hilton, 영국 대중문화 속의 흡연(Smoking in British Popular Culture)》, p. 11.

26. Brandt, 담배, 위험성 그리고 미국 문화(The Cigarette, Risk and American Culture)', p. 172.

갈수록
정교해지는
마케팅 전략

앨런 M. 브랜트 | Allan M. Brandt

19세기에 사용되었던 타구는 2세기 미국의 도시 산업 사회에서 '근대의' 흡연 골동품, 유물이 되었다. '씹는담배는……19세기 중반에 니코틴 복용의 주요 형태였지만, 지금은 지저분하게 여겨져 움츠러들었고, 도시에서는 거의 찾아볼 수가 없다'고 경제학자 리처드 테넌트(Richard Tennant)는 1950년에 기록했다.[01] 이에 비해 궐련은 20세기 초반에 발전한 '현대' 문화의 기준과 가치에 부합했다. 벌써 1889년에『뉴욕 타임스(New York Times)』― 궐련의 초기 비판자 ― 는 이렇게 설명했다.

장점과 단점이 무엇이든 한 가지는 분명하다. 갈수록 이 마취제의 영향력에 종속되고 있다는 것이다. 우리가 살고 있는 시대의 특징인 근심, 과로, 피로의 악영향들과 맞서 싸우려면 담배의 진정 작용이 필요하다.[02]

이 특성은 제1차 세계대전 동안 군인들이 근심과 지루함을 견디기 위해 궐련을 피우면서 거듭 확인되었다.[03] 궐련은 도시 산업 사회의 미친 듯이 빠른 속도가 유발하는 현대적 근입의 해독제로도 인용되곤 했다. 1920년대와 1930년대에 흡연 장소와 때의 경계가 허물어지면서, 궐련은 새로운 소비 세계를 구성하고 있는 대중적인 도시 풍경—가게, 상점, 레스토랑, 교통수단—속에 급속히 용해되었다. 흡연자들은 공장과 사무실에서, 버스와 시가 전차에서, 손쉽게 담배에 불을 붙일 수 있었다. 단조로운 현대 노동 환경 속에, 잠깐 담배 한 대를 피우는 휴식 형태가 생겨났다. 궐련은 어디에서나—어느 때나—사용될 수 있었다. 광고인들이 널리 알린 궐련의 속성이 바로 이것이었다. '지금'이 불을 붙일 때라고 광고는 선언했다. 잠깐 동안 흡연할 수 있다는 장점은 긴장된 현대 문화의 압력 속에서 특히 필요한 것인 듯했다.

궐련 흡연의 등장을 역사적으로 평가하는 대부분의 글들은 흡연이 20세기 초반 미국의 현대적 문화 관습에 얼마나 깊이 통합되었는지를 강조한다. 현대 소비 사회의 등장, 도시적 풍요, 새로운 미디어의 승리는 모두 궐련과 깊은 관계가 있다. 대부분의 기록에 의하면 궐련은 현대성을 구현함으로써 이전 '근대' 시대의 담배 소비와 구별되는 중대한 분수령을 이루었다. 그러나 이 글은 궐련의 등장 그리고 현대 문화와의 선천적 '조화'를 서술하는 데 그치지 않고, 담배 산업이 끊임없이 문화적 변화를 조장하며 담배에서 이익을 거두려 했음을 밝히고자 한다. 담배 제품과 문화의 합일을 이루어낸 것은 특정한 그리고 가끔은 목적의식적인 경제적 산업적 사회 세력들이었다. 조화는 전통적 경계와 사회적 기대를 조정하고, 제품과 시장에 새로운 기술을 배치함으로써 이룩된 것이었다. 이의 가장 민감한 사례가 아마도 여성 흡연자들을 유혹하려는 담배 업계의 계획일 것이다. 광고와 마케팅, 홍보 그리고 포장과 디자인에서 혁신적인 도구와 전략을 효과적이고 적절하게 이용함으로써 담배업계는 돈벌이를 목적으로 문화를 재구성하는 역할을 했다. 그러므로 이 글은 궐련 소비 시대에 미국 문화의 본성의 변화와, 담배를 '성장'시키는 데 필요한 문화적 환경을 조성하려는 담배업계의 가시적인 노력을 우선적으로 검토하려고 한다. 기회에 부응하여 메시지를 변화시키는 일은 담배 광고인들의 독창성과 정교함이 발휘된 무대였다.

초기 형태의 시장은 공급과 수요의 상호관계를 중시했다. 그러나 소비문화에서 현대 광고의 중요한 역할은 필요와 욕망을 창조하는 것이다. 정부 정책입안자들

1930년대 레이놀즈의 광고.

또한 수요의 창조를 묵인하여 나라 경제에 긍정적인 영향을 미치도록 했다. 캘빈 쿨리지(Calvin Coolidge) 대통령은 1926년 국제광고협회(International Advertising Association) 연설에서 이렇게 밝혔다. "대량 생산은 대량 수요가 있는 곳에서만 가능하다. 대량 수요는 거의 광고를 통해서 창조되어 왔다."[04] 생산되는 제품의 증가는 인구 증가를 훨씬 앞질렀기 때문에 개인 소비자들로부터 수요를 이끌어내야 할 필요가 분명히 있었다.[05]

특히 궐련은 광고, 판촉 그리고 홍보 기술이 수요 자체를 형성하고 조성한다는 중요한 관념을 많은 관찰자들에게 제시했다. 체스터필드 광고인들이 1920년대에 '그들이 만족시킨다'고 투박하게 표현했을 때, 그들은 이 욕구의 심리학을 이용한 것이었다. 담배업계의 관리자들도 이를 솔직하게 인정한다. 예를 들어 1936년《광고와 판매(Advertising and Selling)》에서 한 분석가는 이렇게 설명한다.

대부분의 대중은 사실 대중이 원하는 바를 모른다. 최근에 우리는 대중의 기호에서 좋아할 것과 싫어할 것들을 새로 파악하여 판매에 이용하는 것을 과제로 삼았다. 우리는 담배의 상용 실태, 무게, 기침, 자극성, 품질, 신경과민, 담배 굽기(toasting tobacco, 담배를 노릇노릇하게 굽는 것—옮긴이), 청소년에 미치는 영향 그리고 그밖에 수많은 주제들을 연구했다. 대중들에게는 무엇을 좋아해야 하는지가 제시되어야 한다. 매우 놀랍게도, 가끔은 제정신이 아닌 이의 발명품 같아 보이는 것도 대중들에게 팔린다는 것이 영업회의에서 밝혀지기도 한다. '고객의 욕구를 알라'는 진부한 영업계의 정설은

'고객이 무엇을 필요로 해야 하는가를 파악하고, 그 필요를 고객에게 교육하라' 는 말로 변화되었다.[06]

광고인들은 담배의 '기능들' 을 신속히 정리하여 이용했다. 광고 문구를 보면, 담배는 '흥분한 신경을 누그러뜨리고' '소화를 돕고' 식욕을 촉진하고, '원기' 를 제공하고, '당신의 최고의 친구' 이고, 현대적 삶의 속도와 강제에서 벗어나는 특별한 휴식이었다. 광고는 '흥분된 신경' 과 도시 사회의 정신없는 속도에서 안정을 약속했다. "카멜 연기로 장막을 치세요. 카멜 연기의 장막이 휴식을 보장합니다." 향긋한 담배 연기 바깥에는 온갖 문제와 근심과 소란이 떠돌고 있고, 담배 연기 속에는 평화와 즐거움과 만족이 있다.[07]

담배 광고의 또 하나의 전략은 특별한 브랜드의 맛을 강조하는 것이었다. 담배 혼합비율과 가미 방법은 회사마다 일급비밀이었다. 맛은 이중적 의미를 동시에 가지고 있었는데, 그 두 가지 의미가 담배의 성공에 모두 중요했다. 우수한 맛을 지닌 제품이라고 담배 광고가 떠들 때, 그것은 개인 흡연자의 체험 이상을 암시했다. 광고는 단순히 그 브랜드 흡연자들이 '더 나은 미각' 을 지녔음을 주입하는 데에서 그치지 않는다. 그것은 이미 널리 광고되어 온 사실이다. 광고는 소비문화 구조에서 소비가 매우 의미 있는 공적 활동임을 알리려 했다. '과시적인 소비' 는 생활용품들과 자동차를 통해 이루어졌지만, 담배―광고에 따르면―는 사회 계급을 초월하는 소비를 할 수 있는 중요한 기회였다.[08]

마케팅은 유행과 기호에 반응하는 동시에 그것을 이끌어갔다. 공격적이고 성공적으로 판촉하려면 사회 변화를 이해하고 이용해야 했다. 궐련은 많은 의미를 지니고 있었다. 남성들에게는 사내다움과 힘의 상징이면서 민감함과 예리함의 상징이었다. 궐련은 남성다움을 상징했지만, 여성들이 똑같은 제품―그리고 물론 똑같은 브랜드―을 이용할 때는 여성적 아름다움과 매력 그리고 새로운 사회적·정치적 평등을 의미할 수도 있었다. 아이러니하게도 행동과 기호에서 유행과 경향을 따르는 일은 소비문화 내에서 자주권, 독립, 저항의 행위로 이해될 수 있었다. 궐련이 즐거움과 관련된 새로운 기준과 가치를 상징한다면, 그것은 단순히 빅토리아 시대의 제약을 벗어난다는 의미가 아니었다. 즐거움은 현대 소비문화 속에서 제품에 집약되어 있는 어떤 의미였다. 즐거움은 소비 과정 자체를 통해서 욕구를 만족시킨다는 의미에 갈수록 가까워졌다. 상품들은 욕구의 달성을 약속했다.

공격적인 전국적 마케팅과 광고와 판촉의 유능한 기법은 소비문화의 특성과 관련하여 중요한 의문을 제기했다. 광고, 홍보, 판촉을 둘러싸고 진행 중인 논쟁들은 소비문화의 합리성, 작용, 영향의 본질을 둘러싼 더 큰 범위의 논쟁의 일부이다.[02] 광고는 이러한 토대 위에서 자기 몫의 비판을 떠안고 있다. 소비 행동을 조작하는 데에 광고는 얼마나 큰 힘을 발휘하는가? 그러한 능력이 반사회적 목적으로 쓰인다면 어떻게 될 것인가? 영향력 있는 전국적 광고의 등장은 대중 사회에서 판촉과 반응에 관한 새로운 관심을 불러일으켰다. 그리고 대량 마케팅이라는 체계 위에서 이 소비문화의 대중적 상징이 된 궐련은, 이러한 능력에 관한 의문을 부채질했다.

많은 이들이 이 조작 능력을 우려하는 동안 광고인들은 그들 분야의 작업을 발전시키고 개선했다. 아메리칸 타바코가 고용한 앨버트 래스커(Albert Lasker)의 광고회사 로드 앤드 토머스(Lord & Thomas)는 1911년 통찰력을 드러낸 자사 광고 팸플릿에서 광고의 '전문화'를 주장했다. 이 팸플릿은 광고인의 역할을 이렇게 설명했다.

그들(구매자)이 결코 미리 예상하지 못했던 구매 목적을 향해 계획대로 행동하게끔 하는 의지와 기술—
그것이 자신의 기회를 놓치지 않는 현대 광고인의 임무이자 특권이자 능력이다.[10]

이러한 작용이, 기업과 소비자가 사회적으로 값진 관계를 맺도록 도와주는 '이타적인' 능력이 되도록 하는 것이 광고의 또 다른 목표였다. 로드 앤드 토머스는 광고되는 제품들이 소비자를 보호한다고 여겼다.

여성들을 겨냥한 한 궐련 광고의 도입부는 욕구 창조의 사례를 잘 보여준다. 19세기 후반의 미국 문화에서 여성들은 우선적인 도덕의 수호자로 여겨졌지만 이제는 소비 풍조에서 으뜸가는 세력으로 이해되었다.[11] 한 광고 심리학자는 이렇게 설명했다. "광고인, 특히 지속적으로 넓은 공간을 이용하는 광고인은 그가 특정 대중들이 갖기를 바라는 사상과 태도에 일시적으로 영향을 미칠 뿐 아니라 영구히 그것을 조작해내는 능력이 있다. 대중들은 광고라는 수단을 통해 광고인이 보여주고자 하는 멋과 아름다움의 중요성 그리고 그밖의 다른 요소들을 참고한다."[12] 담배 산업—20세기 초반부에 껑충 성장한—은 여성들이 그들의 잠재적 시장의 반을 차지하고 있음을 똑똑히 깨달았다. 제품의 새로운 수호자들을 창조하는 일에 성을 배제할 뜻이 결코 없었지만, 담배 산업은 여성들을 겨냥하는 일이 문화 영역의 논쟁 속으로 들어서는 일임을 잘 알고 있었다. 그곳은 제품과 문화적 기대가 합치되지 않는 영역이었다. 여성 흡연자들에 대한 제약은 20세기 초반까지도 계속 이어졌다.[13] 흡연이 진정한 대중적 행위가 되려면 이 영역이 변화되어야 함을 광고인들은 잘 알고 있었다. 여성 흡연의 의미를 둘러싼 초기 논쟁의 마당은 기회였고, 그들은 기회를 포착했다. 물론 여성을 겨냥한 광고가 등장하기 전에도 흡연은 여성들에게 매력적이었다. 그렇다고 해서 여성 흡연자들을 생성시키는 과정에서 마케팅 기법의 중요성이 줄어드는 것은 아니었다.[14]

1928년 아메리칸 타바코의 "사탕 대신 럭키를 집으세요." 광고를 시작으로, 여성들을 겨냥한 컬러 광고들은 멋과 아름다움을 호소했다. 담배는 아름다움을 드러내는 장신구일 뿐 아니라 멋의 상징이었고, 1920년대와 1930년대에 젠더의 사회정치학을 깊이 체화한 상징물이었다. 여성의 흡연—여성 흡연자들을 성공적으로 '생성'하고 있는 이 중요한 국면에서—은 미국 소비문화에 형성되고 있는 '멋진 삶(good life)'의 일부가 되었다. 광고의 강렬한 이미지들을 통해 담배의 상징적 의미들—멋, 아름다움, 자주성, 평등—이 형성되었다. 이러한 새로운 이미지들에 긍정적인 환경을 조성하고자 하는 홍보 광고가 보태지면서 담배 광고의 영향력이 더욱 커졌다.

광고는 소비문화를 싹 틔우는 과정에서 한 가지 방식을 만들어냈다. 예를 들어 아메리칸 타바코 사장인 조지 워싱턴 힐(George Washington Hill)은 대중 광고가 마케팅이라는 동전의 한 면일 뿐임을 이해했다. 효과적으로 마케팅하려면 홍보에서부터 공통된 디자인에 이르는 광범위한 보조 기법을 이용해야 했다. 힐은 에드워드 버네이스(Edward Bernays)의 도움을 받았다. 1891년 빈에서 태어난 버

- 1930년대 아메리칸 타바코의
  럭키 스트라이크 광고.

네이스는 지그문트 프로이트의 조카였다. 그의 가족은 1892년에 미국으로 이주했다. 코넬 대학을 졸업한 뒤 버네이스는 제1차 세계대전 동안 공보국(Committee on Public Information)에서 일했다. 그는 여기서 자신의 커뮤니케이션 기법과 여론 이론을 처음으로 발전시켰다.[15] 종전 뒤 버네이스는 새로운 심리학과 새로운 경향을 포괄하면서 선전 기법과 대중 여론을 기업자본주의의 수단으로 삼았다. 대중 여론 '과학' 분야의 선배들과 달리, 그는 자신의 역할을 '교육자'로 보지 않았다. 오히려 버네이스는 심리학적 통찰력을 이용하여 대중의 행동과 가치를 형성하려 했다.

제1차 세계대전을 겪으며 궐련이 문화의 중심 요소로 등장했듯이 홍보 또한 마찬가지였다. 버네이스는 스스로를 '홍보 분야 최초의 자문가'로 정의하고 미국과 해외의 다양한 기업에 서비스를 제공했다. 곧이어 그는 홍보 분야의 최고 선구자이자 홍보 담당자가 되었다. 그는 그것을 '집단 의식'과 '집단 반응'의 과학이라고 정의했다. 그의 관점이 말하고자 하는 핵심은 미디어 이용의 중요성이다. 버네이스가 특히 중시한 것은 '사건의 창조'였다. "홍보 자문 서비스란 새로운 가치가 무엇인지를 알아야 하는 일이며, 더 나아가 자신이 뉴스를 만들어내는 자리에 있음을 아는 일이다."[16] 중심 뉴스를 만들어내기 위해 대중적 사건을 계획하는 일은 '자문' 회사의 책임 가운데 중요한 요소이다. 버네이스는 뉴스를 만들어내는 일은 광고비가 전혀 들지 않을 뿐 아니라, 광고계 내에서 이미 제기되었던 이기주의와 조작 문제로부터 자유로운 일이라고 힘주어 말했다.[17] 우리는 미디어의 이용이라는 개념을 20세기 후반에 등장한 전자 방송과 종종 연관짓는다. 하지만 버네이스는 기업 이익과 미디어 그리고 소비문화의 중요한 연관을 일찍부터 인식하고 있었다.

여론, 흥미, 가치, 신념의 효과적인 조작은 1920년대에 소비문화에서 지배적인 현상이었다. 광고와 뉴스의 경계를 지우는 일은 새로운 마케팅 전략에서 매우 중요한 기법이었다. 그리고 그것은 20세기 내내 매우 중요한 의미를 지녔다.

"담배 피우세요?" 아메리칸 타바코의 1932년 럭키 스트라이크 광고.

전국적 광고와 전국적 '뉴스' 진행이 등장하면서 전국적 문화가 등장했다. 버네이스가 미디어의 이용을 중시한 것은 바로 미디어가 기업의 이익을 멀리—또는 숨기기—했기 때문이다. 그는 그의 숨겨진 계획들—고객을 위해 은밀히 진행되는—이 소비문화의 요소들이 토대로 삼고 있는 연약한 신뢰를 언제든지 무너뜨릴 수 있음을 이해했다. 그는 '반사회적이거나 해로운' 기업들을 거부했다. 그는 홍보 자문가는 기업 정책을 지도하는 데에 중심적인 역할을 해야 한다고 주장했다. 버네이스는 홍보 담당자들과 뚜렷하게 구별되는 홍보 자문가의 역할을 정리했다. 그러나 그의 독창성과 철학도 이 역할을 달성하지는 못했다.[18]

아메리칸 타바코를 위한 버네이스의 작업은 이 새로운 판촉 기법을 명확히 드러낸다. 1929년 그는 아메리칸 타바코를 위한 홍보 부대를 구성했다. 그가 제안한 '담배정보서비스국(Tobacco Information Service Bureau)'은 미디어에 보도자료와 정보를 제공하고, '서비스국이 가끔 발표하는 과학적 견해에 대해 과학적 근거를 제공'하는 곳이었다. 버네이스는 서비스국이 언론과 밀접한 관계를 가짐으로써 궁극적으로 아메리칸 타바코의 이익에 도움이 되는 기사를 신도록 해야 한다고 주장했다. 그는 예를 들어 '담배에 대한 국내 소득 수치를 분석하'거나 '담배가 구강의 박테리아 수를 감소시킨다고 의사들이 말했다.'는 기사가 실려야 한다고 제안했다. 이 '교육 작업'이, 힐의 광고가 당시 직면하고 있던 엄청난 비판과 흡연의 위험성에 대한 우려를 극복하는 데에 도움이 된다는 것이었다.

버네이스는 럭키 스트라이크의 '좋은 의도를 알리고 매출을 증가'시키기 위해 힐과 의견을 나누었다. 버네이스는 담배, 여성, 아름다움 그리고 흡연 도구와 관계가 있는 사진들과 뉴스를 신자고 제안했다.

패션 잡지 특집 기사에서, 단정한 옷차림의 여성들에게 어울리는 궐련 케이스와 홀더의 중요성을 다룬다. 사진도 함께 싣는다. 광고는 이야기 속에 스며들게 한다.

"당신이 이……방법을 승인하면, 우리는 필요한 조치를 취해 실행하겠습니다." 하고 그는 말을 끝냈다.[19]

한 해 뒤, 힐은 버네이스에게 첫번째 일을 맡겼다. 여성 흡연자들을 유혹하는

광고를 만드는 데 도움을 청한 것이다. 힐은 거듭 설명했다. "이건 우리 앞마당
에서 새로 금광을 파내는 일과 같소." 버네이스는 "힐은 잠재적 여성 고객이라는
큰 시장을 럭키 담배가 장악하게 하려는 계획을 갖고 있었다."고 말한다. 래스커
에서 "사탕 대신 럭키를 집으세요." 광고를 제작하고 있었고, 힐과 버네이스는
이 문구의 의미와 영향력을 이용하는 계획을 세웠다. 1920년대에 여성들의 유행
이 날씬한 것으로 옮겨가고 있다고 파악하고, 럭키 스트라이크 광고는 그들 제
품이 아름다움과 신체적 매력을 발산하는 도구라고 선언했다. 버네이스는 패션
분야를 포함하기로 하고, 호리호리한 모델들에게 파리의 최신 유행을 입혀 수많
은 사진을 찍었다. 그리고 설탕이 신체에 미치는 유해한 영향을 다룬 의학 논문
작업을 부탁했다. 그는 미디어를 효과적으로 이용하여 이와 같이 마련된 자료들
을 널리 알렸다.

　그는 자신의 역할이 광고 효과를 유지하고 소비자들의 공감을 이끌어낼 수 있
는 사회적 환경을 창조하는 것이라고 이해했다. 이 목표를 이루려면 홍보는 겉
으로 드러나는 마케팅을 뒤에서 후원하는 역할을 해야 한다는 것이 그의 주장이
었다. 그리고 그러한 마케팅을 통해 대중적인 관심과 여론이 형성된다고 했다.[20]
"럭키를 집으세요." 광고를 위해, 버네이스는―아메리칸 타바코와 자신의 관계
를 언급하지 않고서―미에 대한 현대적 이상형의 변화를 주제로 회의를 열었다.
이 회의에서 예술가들은 '날씬한 여성이 미국의 이상형(이었다)' 이라고 주장했
다. 버네이스가 택한 또 다른 방법은 조사(survey) 방법이었다. 조사란 의도를 숨
기고 사회적 태도나 관습을 알아보는 여론조사를 뜻한다. 버네이스에게, 조사란
여론을 알아보는 도구가 아니라 여론을 형성하는 기법이었다. 버네이스는 럭키
스트라이크 광고가 제시하는 현대적 인물상에 대한 지지를 백화점 관리자들에
게서 찾아냈다. '이 조사에 따르면 날씬하고 현대적인 판매직 여성들이 필요하
며, 그 여성들이 자신에게나 회사에 벌어들이는 수입이 뚱뚱한 여성들보다 많
다.' 고 버네이스의 언론 보도는 정리하고 있다.[21]

　버네이스는 아메리칸 타바코의 '사탕' 공격을 둘러싼 여론도 주도하려고 했
다. 아메리칸 타바코의 광고 때문에 사탕제조업자들이 항의하고 법적 대응을 했
다. 그는 그러한 경쟁이 소비자의 이익에 부합하는 것으로 보이도록 했다. 그는

아메리칸 타바코와 사탕회사의 싸움을 미국의 경제적 삶에서 중요하고도 시의 적절한 변화라고 정의했다. 그리고 이 논쟁을 둘러싼 새로운 환경이—놀라울 것도 없지만—침략자로 비쳐지는 그의 고객에게 유리하도록 조성해갔다. 특히 그는 '뉴스' 기사를 후원했고, 뉴스가 회사의 이익에 도움이 된다면, 그 기사를 재인쇄하여 널리 배포하도록 했다. 그는 당시 진행 중인 광고 주제에 대해 화학자들, 농업 전문가들, 의사들이 글을 쓰도록 권장했다. 그는 의사 클라렌스 리에브(Clarence Lieb)를 고용하여 '중용'을 지지하는 글을 쓰도록 했다. 리에브 박사는 아메리칸 타바코 광고를 반영하는 듯한 어조로 설명했다.

> 모든 형태의 복잡한 인간 문명에서 일할 때나 놀 때, 사회생활에서 식사를 할 때나 다른 종류의 탐닉에서 그리고 특히 간식을 먹을 때, 과잉이 예외가 아니라 법칙이 된 듯하고, 절제라는 생각은 황야에서 들리는 작은 울음소리인 것처럼 느껴진다.[22]

- 『리터러리 다이제스트(Literary Digest, 1930년 4월 5일)』에 실린 아메리칸 타바코 광고.

버네이스에게 전문가는 홍보 전문가가 고용해서 이용해야 할 상품에 지나지 않았다. 여성 흡연자들을 만들어내려는 그의 노력은 다시금 그의 새로운 기법과 이론의 실험실이 되었다.

1929년 즈음, 힐은 여성 흡연에 대한 이해를 넓히고 이 거대한 새로운 시장을 끌어들이기 위해 더욱 공격적으로 개입할 길을 찾았다. 버네이스는 이를 자세히 밝히고 있다. "힐이 나를 불렀다. '어떻게 하면 여성들이 거리에서 담배를 피우게 할 수 있겠소?' 그들은 실내에서 담배를 피우고 있소. 제길, 그들이 지금의 반만 바깥에서 지내고, 우리가 그들을 바깥에서 흡연하게 한다면, 우리 여성들 시장은 두 배가 되는 거요. 어떻게 좀 해보시오. 당장!"[23] 이에 따라 버네이스는 여성들의 공개적 흡연과 관련된 금기들을 파악하고 그를 해소할 계획을 세웠다. 그는 유명한 존스 홉킨스 정신

- 『리터러리 다이제스트(Literary Digest, 1930년 4월 5일)』에 실린 1930년 아메리칸 타바코 광고.

과 의사 브릴(A. A. Brill)의 충고를 받아들였다. 브릴은 "일부 여성들은 담배를 자유의 상징으로 받아들인다. 흡연은 구강성욕이 승화된 형태이다. 입에 담배를 물면 입 부위가 흥분된다. 여성들이 담배를 피우고 싶어하는 것은 지극히 정상적이다."[24]라고 설명한다. 프로이트의 조카인 버네이스는 그러한 시각을 이용하여 소비 패턴과 담배 소비를 변화시킨다는 것이 마음에 들었다. 브릴이 말했듯이 "오늘날 여성들의 해방은 많은 여성적 욕망을 억누른다. 많은 여성들이 현재 남자들과 똑같은 일을 하고 있다. 많은 여성들이 자녀를 출산하지 않는다. 자녀를 출산하는 여성들도 적게 낳고 있다. 여성적 특징이 가려지고 있다. 남성과 동등하게 여겨지는 담배는 자유의 횃불이 되었다".[25] 버네이스는 '자유의 횃불'이라는 표현을 포착하여 여성의 공공연한 흡연을 가로막는 전통적 금기를 타파하는 상징으로 삼았다.

버네이스는 신인 여배우들을 모아 1929년 뉴욕 시 부활절 퍼레이드에서 '자유의 횃불'을 들고 행진하게 했다. 이는 역사적으로 매우 의미 있는 홍보 기법이었다. 행사를 연출하는 것은 정당했다. 버네이스의 기록이 이를 말해 준다.

| 목적

여성들의 담배 소비를 증가시키고 럭키 스트라이크를 널리 알리기 위해서. 특히 여성들이 흡연하는 사진이 부활절 월요일 신문과 뉴스 영화에 실리도록 하기 위해서. 여성들이 처음으로 거리에서 당당하게 흡연한 이야기를 읽히는 것. 연출한 대로 정확히 행해지면 합법적인 뉴스인 이 이야기는 저절로 광고 효과를 얻게 됨.

버네이스는 여성들을 신중하게 고르라고 충고했다. "여성들을 신중하게 선택해야 한다." 그는 이 이야기가 '홍보와 다를 바 없는 뉴스로 보이도록' 연출했다. "아름다운 여성들이어야 하지만 너무 모델처럼 보여서도 안 된다." 버네이스는 수난일에 여성들과 회의를 가졌다. 그들에게 "최종 지침을 내리고……럭키 스트라이크를 나눠주기 위한 것이었다". 버네이스는 "뉴스 기자들이 좋은 사진을 얻지 못할 가능성에 대비해 직접 사진작가를 보냈다".

이 행사를 계획하는 내내 버네이스는 겉으로 드러나지 않았다. 자신의 홍보 방식에 핵심적인 원칙을 지킨 것이다. 그렇게 엄청난 자아를 가진 사람에게 이 방식은 큰 갈등을 일으켰을 것이다. 그러나 그는 행사를 열심히 준비했고, 미디어에 뉴스거리를 제공했으며, 조사 작업을 벌였다. 그 자신과 그의 고객이 전혀 드러나지 않은 채로 이 모든 일이 진행되었다. 뉴욕 시 부활절 퍼레이드 행진 초청장은 페미니스트 루스 헤일(Ruth Hale) 이름으로 보내졌다.

여성들이여!
또 다른 자유의 횃불을 밝혀라!
또 다른 성의 금기에 맞서라!

젊은 여성들이 럭키 스트라이크를 피우며 피프스 애비뉴를 행진했다. 이는 해방된 말괄량이의 상징이자 실천적인 여성 참정권자의 상징이 되기에 충분했다. 신문은 대대적으로 그들의 업적을 보도했고, 전국적인 논쟁이 불붙었다. 버네이스는 반발이 거세기를 진심으로 바랐다. "같은 신문들에서 이 문제를 주목하고 입장을 밝혀야 한다." 그는 이전의 10년 동안에도 성공적으로 논란거리를 만들어냈고, 여성의 공공연한 흡연을 둘러싼 문화적 긴장을 마케팅에 이용했다. 여성 클럽들은 공공연한 흡연의 금기가 파괴된 것을 비난했고, 페미니스트들은 사회 관습의 변화를 축하했다. '거리에서' 흡연하는 여성들의 기사는 도시에서부터 전국으로 퍼져 나갔다. '미디어 네트워크가 퍼뜨린 극적인 호소에 의해 오랜 관습도 무너질 수 있음을 나는 알았다.'[26]고 버네이스는 썼다. 버네이스는 그가 고객과 자신의 마케팅 이익을 위해 '은밀하게' 뉴스와 논란거리를 조작했다는 사실을 높이 평가했다.

1934년 버네이스는 아메리칸 타바코가 진행 중인 광고에 개입하여 여성들의 흡연율을 높였다. 힐은 여성들이 초록색 포장 때문에 럭키를 멀리한다고 생각했다. 초록색 포장은 당시의 유행과 맞지 않았다. 그는 버네이스에게 유행을 바꾸라고 주문했다. 버네이스는 이렇게 말한다. "그것은 내게 여섯 달 동안의 멋진 활동의 시작이었다. 초록색을 유행하는 색깔로 바꾸는 일."[27] 그는 넓고 원대한 계획을 세웠다. 기금 모금 무도회를 개최하여 초대 손님들이 초록색 드레스를 입고 오게 했다. '가을의 초록 유행' 오찬회에서는 패션업계가 초록색을 활용하도록 유도했다. 오찬회에서 전문가들은 '초록색'의 예술적·심리적 의미의 중요성을 발표했다. 나중에 버네이스는 이렇게 밝혔다. "나는 과학자, 학자, 전문직 남성들이 이런 행사에 열의를 가지고 참석하는 데에 놀랐다. 그들이 마음에 드는 주제를 토론할 기회를 환영하며, 그에 따른 홍보 효과를 반가워한다는 것을 알게 되었다. 커뮤니케이션 시대에 그들의 파급력은 대중적 유명도에 따라 달라지기도 했다."[28] 기업이 시키는 대로 발언하는 토론회를 제공하자 소비 시대가 선언되었다는 것을 버네이스는 알았다.

버네이스는 이들 새로운 문화 매체의 힘을 일찍부터 깨달았다. 이익이 명백하게 표현되는 광고와 달리, 그는 소비문화의 다른 능력들을 암시하는 광고를 더 좋아했다. 예를 들어 많은 사람들이 매디슨 애비뉴를 중요하게 여길 때, 그는 서쪽으로 눈을 돌려 할리우드를 바라보았다. 그는 예를 들어 영화에서 담배 이용을 권장하는 일이 중요하다는 것을 바로 깨달았다. 'PPL'이라는 용어가 마케팅과 판촉의 중요한 요소로 등장하기도 전에 버네이스는 문화적 기대와 소비 기대를 형성하는 데 있어 영화의 능력을 알아보았다. 감독과 프로듀서들에게 보내는 글에서, 버네이스—(물론) 익명으로—는 담배가 효과적인 강조에 이용될 수 있는 극적인 장면들을 정리했다. "담배는 무성영화나 유성영화에서 주요 배우가 되었다. 원래 많은 대사가 필요한 장면도 담배 한 대로 많은 것을 이야기할 수 있기 때문이다."[29]

버네이스가 작성한 영화 메모의 목표는 영화에 담배를 이용할 수 있는 범위를 열거하는 것이었다. 그는 이 특별한 장치가 다수의 인간형과 인간적 감정을 상징하게 되었다고 밝혔다.

영화에 담배가 필요한 심리학적 이유는 많다. 수줍음이 많은 주인공이 담배에 불을 붙인다. 장인이 될 사람과 만나는 자리에서 이런 식으로 자기 영향력을 확보하는 것이다. 범죄자는 성급하게 연기를 내뿜으면서 초조함을 숨기거나 양심을 위로한다. 그러나 아마도 가장 극적인 장면은 담배에 연기가 나지 않는 장면일 것이다. 몹시 불안하여 담배 조차 피울 수 없는 습관적인 흡연자는 얼마나 많은 것을 표현하는가! 카드 한 장에 마지막 천 달러를 걸었다가 끝내 잃고 만 카지노의 도박꾼. 그의 담배는 불도 붙여지지 않은 채 떨리는 손가락에서 떨어지고, 우리는 그의 원통함을 느낄 수 있다. 매정한 아내에게 속아 버림받은 남편은 담배에 손을 뻗지만 담뱃갑이 떨어진다. 그것은 그의 크나큰 상실감, 절대적인 절망감을 의미한다. 공범이 배반한 것을 안 범죄자는 분노에 차서 손으로 담배를 으스러뜨린다. 담배가 그의 믿었던 친구의 몸과 마음이기라도 한 것처럼. 그러면서 그는 복수를 다짐한다.……가장 재미난 코미디에서부터 가장 불길한 비극에 이르기까지 모든 것이 노련한 배우의 손이나 입에 있는 담배로 표현될 수 있다.

버네이스가 예측한 대로 1930년대에 담배는 영화에서 가장 중요한 소품이 되어, 등장인물에게 개성적인 의미를 입혔다.[30] 1930년대와 1940년대 명화들을 잠깐만 살펴보아도 담배가 일상생활의 사회적 의미를 이야기하는 데에 얼마나 중요한 역할을 했는지 확인할 수 있다. 영화는 문화적·사회적 기준을 반영하는

- 험프리 보가트, 흡연하는 모습.

동시에 구체화했고, 또한 멋과 유행을 창조했다.

　1948년 애틀랜틱 먼슬리(Atlantic Monthly)는 화면 또는 무대에서 담배가 소품으로서(버네이스의 이전 메모처럼) 나타낼 수 있는 정서와 감정 범위를 열거했다. 이 기사에 따르면 담배는 자신감 또는 수줍음, 근심 또는 놀람을 쉽게 표현할 수 있다. 글쓴이는 근심을 표현하는 방법을 이렇게 설명한다. "무대나 세트를 빠르게 돌아다니면서 담배 연기를 빨리 그리고 자주 내뿜는다. 반쯤 탄 담배를 내던지고 바로 다른 담배에 불을 붙인다." '극심한 고뇌'를 표현하기 위해 배우들은 '반쯤 피운 담배를 단호하게 짓뭉개'라는 주문을 받는다. 수줍음은 담배와 성냥을 만지작거리는 것으로 표현된다. 마지막으로 '숨김없는 정열'은 다음처럼 묘사될 수 있다. "담배 두 개비를 한꺼번에 문다. 두 개비에 다 불을 붙인다. 이글거리는 눈빛으로, 한 개비를 사랑하는 사람에게 건넨다." 폴 헨리드가 블록버스터 영화 〈가라, 항해자여〉(1942년)에서 베트 데이비스와의 사랑을 '완성'시키기 위해 보여준 것이 바로 이 연기였다.[31] 그리고 침실에서 두 사람이 흡연하는 장면은 막 성행위를 끝냈음을 분명히 암시하는 장치가 되었다.

　힐과 버네이스의 다양한―그리고 사악한―활동은 담배 산업이 강력한 문화 관습을 어떻게 이용해서 담배의 의미와 그 소비 이상의 의미를 확대시키려 했는지를 보여준다.[32] 그러나 여성들을 흡연자로 만드는 음흉한 작전에서 그들이 유능한 공모자였다고 바라보는 것은 그 시대의 역사를 잘못 표현하는 것이다. 다양한 경제적·사회적 세력들이 여성 흡연의 제약을 침식하고 있었고, 20세기 초반 담배 소비가 급격히 증가했음을 생각할 때, 여성들은 중요하면서도 개발되지 않은 담배 시장이었다. 힐과 버네이스―그리고 그들의 경쟁자들―는 담배의 지위를 독립적인 페미니스트의 상징으로 그리고 대담하고 아름다운 말괄량이의 상징으로 만들어내고 이를 널리 알렸다. 이를 가능하게 한 광고와 홍보는 부분적으로 인간의 행동을 이해하고 조작하는 과학적 방법으로서 홍보 산업과 심리학의 새로운 전문화를 토대로 한 것이었다. 담배는 의미를 만들어내고 소비를 조장하기 위해 이용되는 새로운 기법의 중요성을 드러냈다. 성공적으로 소비를 조장하는 밑바탕은, 문화적 변화를 인식하고 형성하는―그리고 이용하는―능력이다. 버네이스는 이것을 '동의의 조작(the engineering of consent)'이라 불렀다.

버네이스의 방식은 새로운 문화와 새로운 경제에서 소비를 증진시키는 진화된 기법의 핵심이었다.

버네이스는 전형적인 마케팅 조종자—대중적 동기의 정복자—이지만 그는 개인이 자유 선택과 능력에 대해 자신의 신념을 유지하는 것이 매우 중요함을 이해했다. 버네이스가 광고를 약간의 근심과 회의의 시각으로 바라본 것이 아마 이 이유 때문일 것이다. 결국 명백한 대중적 호소를 통해, 광고는 그가 '동의'라고 부른 것에 대한 신뢰와 사려 깊고 합리적인 개인의 선택에 대한 믿음을 침식할 수 있다. '동의의 조작'이라는 표현으로 버네이스는 소비문화의 싱향을 명쾌하게 포착했다. 그리고 홍보의 혁신으로 소비문화에 이바지했다. 그가 조작이라는 용어를 사용한 것이 인상적이다. 이 분야에서 그는 현대 직업의 유용한 전문가들을 동원했다. '동의'라는 말에서, 그는 민주주의에서는 기업의 조작 능력과 상관없이 결국 개인의 자주권이 유지됨을 암시했다. 이러한 관점에서 '동의의 조작'은 매우 아이러니하다. 소비자들이 거의 조작된 선택을 통해 유효한 자주권을 이룩함을 뜻하기 때문이다. 동의라는 이러한 착각은 소비문화의 중요한 구성요소를 나타냈다.

담배 산업은 실로 팔방미인에 가까운 제품을 만들어냈다. 담배는 '의미의 탄력성'이 매우 인상적인 제품이다. 다시 말해 담배는 선천적인 특성보다 판촉에 의해 의미가 정의된다. 담배의 성공은 매우 호화로웠다. 경제 저술가, 사회 비평가, 문화 관찰자 모두 이미 1930년대에 담배가 새로운 소비문화의 중심적 상징이 되었다는 데에 동의했다. 담배의 이용—원주민 문화와 식민지 개발까지 거슬러 올라가는—은 강력한 기업 주체들이 등장하여 이끌어가는 새로운 소비문화에서 가장 인상적이고 광범위한 형태의 소비를 이룩했다.

담배가 20세기 전반기에 등장하여 현대 문화의 의미와 문화 이상의 것에 매우 잘 '부합'했다면 이것은 우연히 이루어진 것이 아님이 확실하다. 소비문화의 작용 자체가 제품을 문화에 적응시키고, 더욱 인상적으로는 제품에 문화를 적응시키는 기법을 발견했다. 이러한 방식을 이렇게 가까이에서 관찰하고 분석할 수 있는 분야는 담배 말고는 달리 없다. 담배 산업이 이룩한 광고와 홍보의 혁신은 곧 전국적 '표준'이 되었다. 새로운 광고 형태, 새 미디어, 홍보의 이용에서 담배 산업은 소비문화라는 식민지에서 꾸준히 새 영토를 확장해왔다. 사람들의 주의를 한순간에 사로잡는 담배 산업의 작전과 작업의 결합은 다른 분야에 영향을 끼쳤다. 담배 광고의 공격성, 심리학적 정교함 그리고 유효성의 전례 없는 결합은 다른 분야에 본보기가 되었다.

소비문화가 승리를 거둔 때에도 비판은 계속되었다. 그 비판의 토대에는, 절제를 중시하고 만족을 뒤로 미루는 뿌리 깊은 미국 전통의 가치도 들어 있었다. 작용, 개성 그리고 위험의 본질을 둘러싼 깊은 모순이 소비문화에 깊이 뿌리 내리고 있었다. 20세기 후반에 흡연의 위험이 명백하게 드러나면서 이 모순도 다시 겉으로 드러났고 동시에 큰 파장을 일으켰다.

현대 궐련의 등장은 우리로 하여금 문화적 변화의 본질과 특성을 재검토하게 한다. 역사에서 가치, 신념, 관습의 변화는 물론 복잡하고 변수가 많다. 그러나 그러한 변화의 탐구에서 종종 간과되어온 것이 있다. 그것은 중요한 문화적 관습을 기업의 목표에 맞게 조작하는 막강한 경제 주체들의 방법과 과정이다. 20세기 초반에 궐련 회사의 판촉 전략을 자세히 살펴보면 문화와 그 작동 원리의 복잡한 개념이 드러난다. 또한 이 활동들은 사회 문화적 '조작'이라는 혁신적 개념을 표상한다. 21세기 첫머리에 과거를 돌아보면 수요를 창조하고자 하는 그러한 조작 방식의 목표는 평범해 보인다. 그러나 이 글이 밝혔듯이 이러한 마케팅 방식은 궐련이라는 일용품과 관련하여 '발명된' 것이었다. 문화적 기준과 기대가 장애물이 되는 경우에, 해답은 이것이었다. 문화를 변화시켜라. 그러한 방식은 '소비자 신뢰'라는 바로 그 개념에 우울한 의미를 던져준다.□

||| **주**

01. Richard B. Tennant, 《미국 담배 기업:경제 분석과 공공 정책 연구(The American Cigarette Industry:A Study in Economic Analysis and Public Policy)》예일 경제학 연구, 1 (New Haven, 1950).
02. '파이프 한 모금:담배 식물의 이용과 남용(A Whiff from the Pipe:The Uses and Abuses of the Tobacco Plant)', 『뉴욕 타임스(New York Times)』, 1889. 3. 10. p. 14.
03. 예를 들어, Edwin L. James, '전쟁부는 담배를 배급할 것이다.(War Department Will Issue Tobacco Rations)', 『뉴욕 타임스(New York Times)』, 1918. 5. 23. p. 1 참조.
04. Frank Presbrey, 《광고의 역사와 발전(The History and Development of Advertising)》(Garden City, NY, 1929), p. 598.

05. 같은 책, p. 598 Preshrey에 따르면, ; '20세기 첫번째 4반세기 동안 미국에서 생산되는 상품 가치는 400퍼센트나 증가했지만 인구는 50퍼센트만 증가했다.'

06. Peter B. B. Andrews, '담배 시장, 과거와 미래(The Cigarette Market, Past and Future)', 《광고와 매출(Advertising and Selling)》, 1936. 1. 16. p. 27.

07. T. J. Jackson Lears, 《풍요의 우화 : 미국 광고의 문화사(Fables of Abundance : A Cultural History of Advertising in America)》 (New York, 1994), p. 183.

08. Neil Harris. '소비자 욕망의 드라마(The Drama of Consumer Desire)', 《양키 기업 : 미국 생산 체제의 등장(Yankee Enterprise : The Rise of the American System of Manufactures)》 O. Mayr와 R. C. Post 엮음 (Washington, DC, 1981), pp. 189-230. 최근에는 소비 과정에 대한 중요한 분석이 이루어졌다. 이 주제에 대한 초기 분석은, Richard W. Fox와 T. J. Jackson Lears 엮음, 《소비문화 : 1880-1980년의 미국 역사에 관한 비평적 에세이(The Culture of Consumption : Critical Essays in American History, 1880-1980)》 (New York, 1983) 참조 더 최근의 분석은, Lawrence B. Glickman 엮음, 《미국 역사 속의 소비문화 : 어느 독자(Consumer Society in American History : A Reader)》 (Ithaca, NY, 1999), 특히 : '유행 : 역사적 관점에서 소비문화(Coming Up for Air : Consumer Culture in Historical Perspective)', pp. 373-97 참조.

09. Otis A. Pease, 《미국 광고의 책임 : 사적 통제와 공적인 영향력, 1920-1940(The Responsibilities of American Advertising : Private Control and Public Influence, 1920-1940)》 (New Haven, 1958).

10. Lord & Thomas, 《행위를 강요하는 문학과 관련하여(Concerning a Literature which Compels Action)》(Chicago와 New York, 1911) ; Lord & Thomas,, 《광고의 이타주의(Altruism In Advertising)》 (Chicago와 New York, 1911).

11. T. J. Jackson Lears와 Roland Marchand, 《아메리칸 드림 광고하기 : 현대화의 길(Advertising the American Dream : Making Way for Modernity)》 (Berkeley, CA, 1985).

12. Carl A. Naether, 《여성들에게 광고하기(Advertising to Women)》 (New York, 1928).

13. Cassandra Tate, 《담배 전쟁 : 작은 하얀 노예선'의 승리(The Cigarette Wars : The Triumph of 'The Little White Slaver')》 (New York, 1999) 참조

14. Michael Schudson, 《거북한 설득의 광고 : 미국 사회에 미치는 모호한 영향(Advertising the Uneasy Persuasion : Its Dubious Impact on American Society)》 (New York, 1984).

15. 사망 기사, 『뉴욕 타임스(New York Times)』, 1995. 3. 10, p. B7. Larry Tye, 《정보조작의 선구자 : 에드워드 버네이스와 홍보의 탄생(The Father of Spin : Edward L. Bernays and the Birth of Public Relations)》 (New York, 1998) 그리고 Stuart Ewen, 《홍보 정보조작의 사회사(PR! The Social History of Spin)》 (New York, 1996).

16. Richard S. Tedlow, 《기업 이미지 유지하기 : 홍보와 기업, 1900-1950(Keeping the Corporate Image : Public Relations and Business, 1900-1950)》 (Greenwich, CT, 1979), p. 43.

17. 같은 책.

18. 의회도서관 에드워드 버네이스 자료(EBMSS, LC)를 검토하면서 내가 많은 것을 느꼈던 이유는 그의 홍보 활동을 자세히 알았기 때문이 아니라, 그가 아메리칸 타바코를 위해 수없이 개입했다는 내부 비밀문서라 해야 할 자료들을 보았기 때문이었다. 자신의 은밀한 작업을 그렇게 자세히 기록으로 남긴 이유는 무엇일까? 그러한 기록만이 그의 성공을 제대로 드러내기 때문일 듯싶다. 그래야 많은 스크랩북, 메모, 갈겨 쓴 편지들을 설명할 수 있다. 이런 자료들은 미디어를 조작하려는 일관되고 강력한 사업의 목표를 뒷받침하는 이면의 활동들을 드러낸다.

19. Edward L. Bernays가 George W. Hills에게 보내는 편지, EBMSS, LC, Box 56, Folder 2 (1929년 2월 7일).

20. Edward L. Bernays, 《한 개념의 전기 : 홍보 자문가 에드워드 버네이스의 회고담(Biography of an Idea : Memoirs of Public Relations Counsel Edward L. Bernays)》 (New York, 1965), p. 383.

21. EBMSS, LC, Box 86, Folder 1.

22. EBMSS, LC, Box 89, Folder 5. (1930. 1).

23. Bernays, 《한 개념의 전기(Biography of an Idea)》, p. 386.

24. 같은 책, p. 383.

25. 같은 책, p. 386.

26. 같은 책, p. 387.

27. 같은 책, p. 390.

28. 같은 책, p. 391.

29. EBMSS, 날짜 모름, Box 86, Folder 4.

30. Richard Klein, 《담배가 최고(Cigarettes Are Sublime)》, (Durham, NC 그리고 London, 1993), pp. 53-5, 162-80, 200-01, n. 4 ; 114-15, 575, 776, 645 참조

31. Giles Playfair, '불 없는 연기(Smoke Without Fire', 『애틀랜틱 먼슬리(Atlantic Monthly)』, 1948. 4. p. 96.

32. Herbert L. Stephen, '힐의 광고가 밝혀지다(How Hill Advertises is at Last Revealed)', 《프린터스 잉크(Printers' ink)》, 1938. 11. 17, pp. 11-14, 89-103 참조

말보로맨의 몰락

패트릭 W. 코리건 | Patrick W. Corrigan

말에 올라탄 채 담배를 피우고 있는 멋진 카우보이, 말보로맨을 기억하는 가? 이 상징은 50여 년 동안 미국 광고를 주름잡으며 잠재적 흡연자들과 실제 흡연자들에게 강한 인상을 새겼다. 그의 메시지는 분명했다. 흡연하는 이들은 멋지다! 그러나 지난 10년 동안, 새로운 이미지가 등장하여 말보로맨에 도전했다. 담배를 피우며 서부인임을 자각하던 말보로맨은 이제 구취를 풍기는 침울한 사내가 되었다.

나는 오늘 아침 출근길에 시카고의 큰 도로를 달리면서 길가의 광고판을 보고 다시금 이를 확인할 수 있었다. 광고판 그림에는 오리, 개, 원숭이가 저마다 궐련을 입에 물고 있었다. "흡연하면 어리석어 보입니다."라는 글귀와 함께. 책표지, 머리띠, 단추, 열쇠고리, 음료수 통, 포스터, 티셔츠, 냉장고 자석 모두 똑같은 말을 되풀이한다.

"솔직하게 고백하라. 암배(cancerettes, 암과 담배의 합성어—옮긴이), 가래 덩어리, 구취의 원인이라고……."

"내 옆에서 담배 피우면 부끄러워질 거예요."

"당신의 연기로 나를 질식시키지 마세요."[01]

이런 이미지 가운데에서 가장 주목할 만한 것은 말보로맨에게 생긴 일을 그린 최근의 광고일 것이다. 데이비드 매클린(David McLean)이라는 모델의 아내가 남편이 흡연 때문에 죽었다며 필립 모리스를 고소한다. 매클린이 필립 모리스 광고를 찍느라 하루에 다섯 갑도 넘게 흡연해야 할 때가 있었다는 내용이 소장에 들어 있다.

이러한 흡연 반대 광고는—이들보다 앞선 흡연 찬성 광고 장르와 함께—행동을 변화시키기에는 미약한 시도라고 가볍게 생각할 수 없다. 말보로맨과 구취를 풍기는 우울한 사내 모두에게는 본래부터 인격적인 어떤 것이 있다. 두 경우 모두에서 메시지는 단순한 행위의 묘사를 넘어—'흡연은 멋지고 즐거운 것' 또는 '흡연을 하면 악취가 나고 암이 발병할 수 있습니다'—인격의 묘사로 확장된다. 말보로맨과 같은 흡연자들은 무뚝뚝한 개인주의자들이다. 또 담배에 중독된 이들은 자신의 생명을 가지고 장난치는 무지한 이들이다. 이 글의 목표는 구취를 풍기는 우울한 사내가 전파하는 메시지를 고찰하고 낙인이라는 관념을 살펴보는 것이다.

흡연자들에 대한 설명의 인격적인 특성을 생각하면, 다른 집단에게 씌워졌던 전형적인 낙인들이 떠오른다. '게으른 유색 인종'이라는 표현은 어떤 사람들이 일하는 속도 이상을 의미했다. 그것은 그 사회 집단에 대한 지독한 비방이었다. 똑같은 비난이 흡연자들에게 입혀질 수 없는 것일까? 흡연 반대 광고는 한편 야비해 보이고, 흡연자들을 모욕하는 수준을 넘어서는 듯하다. 그러나 예를 들어 미국에서 노예의 후손들이 겪는 부당함이나 제2차 세계대전 중에 강제로 일본에 보내진 한국인들이 겪은 부당함에 흡연자들의 그것을 비유하는 것은 어리석어 보인다. 그러므로 이 장은 우선 흡연자들에게 낙인이 찍혀 있는가라는 의문을 던지려 한다.

이 질문에 대답하려면 낙인의 정의를 간단히 살펴보아야 한다. 이 논의를 통해

말보로맨이 동양을 달리다.
1998년 중국.

다중적인 대답과 흥미로운 인식에 이르게 될 것이다. 다시 말해 서구 문화에서 한때 예찬되었던 한 행위(흡연)가 이제 매우 경멸당하고 있음을 알게 된다. 이러한 변화를 어떻게 설명할 수 있는가? 이 질문에 대한 대답은 마지막 단계의 질문으로 나아간다. 대부분의 서구 문화는 낙인과 편견을 가지고 있으며 이는 심각한 사회 불의이다. 이 문제가 흡연자들에게도 똑같이 적용되는가? 그들의 흡연 행위가 사회적인 무례함이라는 배역으로 탈바꿈될 수 있는가?

흡연에 낙인이 찍혀 있는가?

그리스 시대 이후로 낙인은 사회 사상가들의 관심사였다. 편견 속에서 인종과 종교가 다른 집단의 사람들, 신체적 또는 정신적 특이함을 지닌 이들 또는 결점

이 있는 개인들(예를 들어 중독자, 실직자, 범죄자)은 집단으로 분류된다. 이 과정
에서 다양한 정의가 등장하여 낙인을 설명한다. 흡연에 낙인이 찍혀 있는가를
알아보는 첫 단계로서 먼저 이 정의들을 간단히 살펴보겠다. 그리고 그에 따른
기준을 경험적 증거에 따라 확인하여 흡연자 집단이 이 정의에 부합하는지를 평
가하려고 한다.

| 낙 인 의 정 의

캘리포니아 대학 사회학자인 어빙 고프먼(Erving Goffman)은 낙인과 관련된 문
제들에 20세기 학문적 관심을 쏟은 이로 평가되곤 한다. 그의 저서[02]에서, 고프먼
은 낙인을 매우 불명예스러운 집단의 속성으로 정의했다. 그의 사고의 핵심은

불명예라는 개념이다. 낙인찍힌 집단의 구성원들은 인간보다 못하게 여겨지고, 이에 따라 모든 권리와 특권을 누릴 자격이 없어진다. 한 집단에서 그 인간성을 도둑맞은 사례는 많고도 끔찍하다. 다수는 소수를 열등하고 능력이 모자라고 위험하다고 보며 낙인찍힌 집단을 향한 분노와 증오를 이 논리로 합리화한다.[03] 다수는 이러한 느낌에 따라 소수를 차별하고, 모든 인간이 누릴 권리가 있는 정당한 기회를 강탈한다.

예를 들어 집주인은 낙인찍힌 집단에 집을 빌려주지 않으며, 고용주는 그들을 고용하지 않는다. 더욱 심한 것은 다수가 그들을 테러한다는 것이다. 남부 재통합 시대에 미국 흑인들을 린치하고, 제2차 세계대전 동안 중국 여성들을 위안부로 삼고, 중세 종교재판에서 이단자들을 고문하는 극악한 범죄를 낳은 것은 그러한 낙인이었다.

고프먼은 낙인의 원천이 개인에게 있다고 본다. 개인은 차별성의 원인을 가지고 있다. 아프리카계 미국인의 검은 피부는 편견의 원인이 된다. 신체장애의 전형은 그들이 타고 다니는 휠체어에서 비롯된 것이다. 흡연자들에 대한 낙인은 그들의 담배에서 비롯된다. 이 외적 상징이 낙인을 낳는 특성이다. 아이러니하게도, 낙인이 본질적인 속성으로부터 비롯된다고 보는 것이다. 다시 말해 편견이 비롯되는 출발 지점이 개인의 특성이라고 보는 것이다. 그렇다면 아프리카계 미국인들이 흑인이 아닐 경우 그들이 편견에서 벗어날 수 있다고 결론지을 수 있는가?

스탠퍼드 행동과학연구소(Center for Advanced Study in the Behavioral Sciences)에서 함께 일하는 에드워드 존스(Edward Jones)와 앨버트 해스토프(Albert Hastof)[04]는 이런 문제를 제기하며 낙인의 정의를 수정했다. 그들은 정의의 필수적인 부분이 꼬리표(label)를 인식하는 것임을 깨달았다. 다시 말해 다수에게 그 특징이 명백하기 때문에 낙인이라는 행위가 자연스럽게 벌어지는 것이 아니라 다수가 그 특징에 꼬리표를 붙이는 것이다. 따라서 검은 피부가 꼬리표를 낳는 것이 아니라, 검은 피부가 '열등함'을 의미한다는 유럽인의 인식이 편견을 낳는 것이다. 부당함은 관찰자의 눈에 있는 것이다. 컬럼비아 대학 유행병학자인 브루스 링크(Bruce Link)[05]는 이 논의를 네 가지 핵심 기준으로 요약했다. 이 기준들은 외(外)

집단에 낙인이 찍혔는가를 파악하는 유용한 잣대로 생각된다.

1. 사람들이 인간적 특징에 꼬리표를 단다.
2. 지배적인 문화적 신념이 꼬리표가 붙은 특징들을 부정적인 전형과 연관짓는다.
3. 꼬리표가 붙은 집단이 우리와 다른 그들로서 다수와 구별된다.
4. 꼬리표가 붙은 사람들이 지위의 상실과 차별을 겪는다.

| 흡연자들이 이 낙인의 정의와 부합하는가?

흡연은 링크의 첫번째 기준과 일치하는 듯하다. 흡연자들은 분명히 외적으로 두드러진 특징(담배를 피움)을 지니며, 다수 대중들은 여기에 꼬리표를 붙인다. 사실 대부분의 정부 보건행정과 사립 단체가 달아놓는 것이 이 꼬리표이다.[06] 예를 들어 세계보건기구는 모든 나라가 흡연을 박멸하기 위해 다층적인 목표를 지닌 방법을 개발해야 한다고 권고한다.[07] 또한 특히 서구 정부의 공식적 목표는 서민들까지 영향을 미치는 것이다. 이들 나라의 아동들 대부분이 흡연의 위험에 대해 교육받고 있으며, 궐련을 피우는 '그런' 사람들은 다른 사람들이라고 알고 있다.

두번째 기준 — 꼬리표가 부정적인 전형들과 연관되는 것 — 은 실제 경험에 기초한 연구의 지지를 받는다. 다양한 연구는 흡연자들을 부정적으로 인식하는 공통된 관념을 밝혀냈다. 헬스 캐나다(Health Canada)[08]의 한 연구는 이렇게 개괄한다. 흡연자들은 전혀 매력이 없다, 담배 흡연은 냄새가 지독하다, 사람들은 흡연자들을 얕잡아 본다, 흡연은 조기 노화를 일으킨다, 흡연은 사람을 무기력하게 만든다. 이 연구자들이 행위(흡연은 건강에 나쁘고 냄새가 지독하다)와 행위자(흡연자들에 대한 비판적이고 분노한 평가)를 몹시 혼돈하고 있음을 주목하라. 이는 내가 거듭 이야기하고자 하는 중요한 요점이다. 이러한 연구가 서구 세계에서 지속되고 있으며 개발도상국에서 더욱 흔하다는 것을 인식하는 일은 중요하다.[09]

흡연자들의 낙인이 세번째와 네번째 기준에 부합하는지는 불투명하다. 낙인의 세번째 기준은 전형들이 '우리'와 '그들'이라는 방식으로 갈린다는 것이다. 낙인찍힌 집단에 속한 이들을 다른 모든 사람들과 구별하는 집단의 지위가 있다.

SURGEON GENERAL'S WARNING:
Smoking causes hypothermia
as well as premature death.

어나더 애드버스터즈(Another Adbusters)의 대항 광고. '말보로 컨트리'가 존재하지 않음을 묘사하고 있다.

그러한 차이점은 흡연 구역이 전체 공간에서 명확히 구분되어 있는 레스토랑, 극장, 공항 그밖의 공공장소에서 뚜렷해진다. 흡연 구역은 흡연자들('그들')이 차별화된 행동을 하러 가는 곳이다. 그곳은 수치스러움의 표지가 붙기도 하는데, 이는 공공건물 앞에서 사람들이 한 시간에 한 번씩 담배 연기를 소심하게 내뿜는 모습을 생각하면 잘 알 수 있다.

그러나 우리는 흡연실의 존재가 우리 또는 그들 방식의 증거라고 생각해서는 안 된다. 오히려 제한된 흡연 공간은 사람들을 간접흡연으로부터 보호하기 위해 마련된 장소이다. 따라서 그 목표가 되는 것은 사람들 자체가 아니라 그 행위이다. '저기서' 흡연하는 이들과 비흡연자들의 차이가 참된 '우리 또는 그들'이라는 이분법을 나타내는 것이 아니라면, 마지막 기준이 일치해야만 흡연을 하나의 낙인으로 생각할 수 있다.

다시 말해 꼬리표가 붙은 흡연자들이 지위의 상실과 차별을 경험하는가? 차별은 여기서 기회의 상실, 또는 낙인찍힌 집단의 구성원이기 때문에 받는 불이익 또는 처벌로 정의된다. 분명히 흡연자들은 많은 사람들로부터 무시당하고 있고 그 때문에 고통 받는다. 대부분의 건강 관련 보험료는 흡연자들에게 비싸게 책정된다. 흡연자들은 세를 얻을 때나 여러 종류의 일자리에서 거부당할 수 있다. 흡연 행위 때문에 공적 행사에서 거부될 수도 있다. 이러한 금지의 극단적인 예를 살펴보면 흥미롭다. 예를 들어 내 사무실이 있는 주립병원에서 근무하는 직원들은 축구장만 한 운동장과 붐비는 길을 건너가서 담배를 피워야 한다. 길이 그렇게 위험하지는 않지만 흡연자들이 길을 건너기 위해 쏟는 키스톤 경찰(Keystone Cop, 무성영화 시대 코미디에 등장했던, 성실하지만 무능력한 경찰 캐릭터—옮긴이) 같은 노력은 하이 코미디로 생각되기도 한다.

이런 행위들이 흡연자들에 대한 낙인을 나타내는지 아니면 흡연이 지닌 위험을 알리는 자기보호적 전략인지는 불분명하다. 아마 둘 다를 의미할 가능성이 더 크다. 흡연이 공공장소에서 금지되는 이유는 법률이 비흡연자들을 담배 연기로부터 보호하려고 하기 때문이고, 흡연자들이 환영받지 않는 사람들이기 때문이다. 어떤 요소가 중요한 것인지—사회적 낙인인지 아니면 건강을 위한 행위인지—를 파악하는 열쇠는 부정적인 전형과 차별화된 행위와의 연관이다. 흡연자라는 꼬리표를 단 집단이 열등하고, 매력적이지 않고, 냄새가 지독하기 때문에 이러한 차별화를 지지하는 대중들이 있다면, 그들은 편견에서 비롯된 행위를 하고 있는 것이다. 거꾸로 흡연을 지지하는 시민들은 건강 문제와 관련해서만 흡연을 금지하며, 이에 따라 흡연자가 아니라 행위로서의 흡연을 공격하는 것이므로 집단에 낙인을 찍는 것은 아니다.

| 예찬되는 행위에서 비난 받는 행위로

흡연에서 더욱 흥미로운 점, 흡연에 낙인이 찍혔다는 것이 아니라 흡연의 사회적인 지위가 근본적으로 바뀌었다는 것인 듯하다. 고상함과 세련됨의 상징이었

던 행위가 지금은 어리석고 너저분한 것으로 그려진다. 영화에서 그 변화를 살펴보자. 영화와 텔레비전에서 흡연의 긍정적인 묘사는 1950년대 이후로 점점 사라졌다. 이전에는 험프리 보가트나 베트 데이비스가 담배를 극적으로 이용하며 대사를 빛낸 영화가 보편적이었다. 초기의 텔레비전에서는 스타들이 대사 중간에 연기를 내뿜는 코미디와 액션 드라마를 많이 볼 수 있었다. 부분적으로 이 유행은 흡연자들이 고상하고 신비하다는 문화적 관점을 반영한 것이었다. 또 다른 부분으로는 담배 회사가 마케팅 차원에서 텔레비전과 영화를 후원했기 때문이기도 하다. 담배 회사는 배우들이 그들의 제품을 피울 시간을 샀다.[10] 어쩌면 담배는 배우들이 어색해 보이지 않기 위해 손동작에 이용했던 소품에 불과했는지도 모른다.[11] 이유야 어찌 되었건, 흡연은 서구 미디어의 앞자리와 중심에 있었다.

그 뒤로 텔레비전과 영화의 흡연 장면은 급격히 줄어들었다. 1971년 미국 방송 매체에서 담배 광고가 금지되었다. 그 뒤 많은 나라들이 이를 본받았다.[12] 영화와 TV에서 흡연 장면을 삭제하려는 노력이 이어졌다. 일부 유명한 배우, 감독, 작가, 프로듀서들이 연기와 마케팅 도구인 흡연에 반대했고, 흡연 장면 방송의 비공식적 금지에 동참했다. 잠깐 동안 영화 스타와 텔레비전 연기자들이 담배에 불을 붙이고 대사를 읊는 모습이 사라졌다. 그러나 최근에 미디어에서 흡연 장면이 다시 늘어나고 있는 듯하다. 1990년대 이후로 여송연 흡연은 눈에 띄게 늘어났다.[13] 영화에서는, 특히 숀 펜(Sean Penn)이나 조니 뎁(Johnny Depp) 같은 '악당' 역의 연기 도구로 흡연이 재등장했다.[14]

흡연이 미디어에서 사라지는 동시에, 흡연 반대 이미지들은 어디에나 나타났다. 공공기관은 다양한 형태를 통해, 흡연은 위험하며 흡연자들은 역겹다고 부르짖었다. 또한 최근에 미국의 주요 담배 회사들과 스무 군데가 넘는 미국 주들의 소송이 마무리 단계에 오면서 막대한 양의 돈이 이 흡연 반대 운동으로 들어갔다. 다른 나라들도 이 의제를 받아들여 흡연 반대 슬로건을 알리려는 광범위한 노력을 펼쳤다.

세계보건기구는 공교육이 청소년들에게 흡연 예방 교육을 하도록 요구했다. 이 운동들이 낳은 긍정적인 결과의 증거들이 밝혀지고 있다. 예를 들어 미시건 대학에서 진행한 전국 조사에서 1990년대 십 대 청소년들이 흡연에 대해 부정적

⁻ 〈어두운 여행〉(1947년)에서 로렌 바콜.

인 이미지를 더 강하게 가지고 있으며, 이 습관을 갖지 않으려 한다는 사실이 드러났다.[15] 갤럽 조사는 레스토랑과 직장에서 흡연을 완전히 금지하기를 바라는 사람들이 1987년 20퍼센트 미만에서 2000년에 인구의 반 정도로 꾸준히 증가했음을 보여준다.

최근에 흡연 반대 운동이 폭발적으로 증가했기에 우리는 흡연에 대한 신랄한 비난이 최근의 변화상이고, 흡연자들에게 낙인이 찍힌 것이 겨우 지난 스무 해 동안의 일이라고 생각하기 쉽다. 그러나 역사를 들여다보면, 담배에 설교를 늘어놓는 변함없는 목소리가 오랜 뿌리를 지니고 있음을 알게 된다. 예를 들어 100년도 더 전에 윌리엄 매킨리(William McKinley) 대통령은 사진작가에게 자신의 흡연 장면을 찍지 말도록 요구했다. 나라의 청소년들에게 미칠 영향을 생각했기 때문이었다.[16] 19세기 영어 저작들은 당시 흡연의 역할을 맹렬히 비난했다. 그러므로 우리는 흡연에 찍힌 낙인이 새로운 발명품이라 생각해서는 안 되며, 대중 매체의 지지에 힘입어 더욱 강해졌을 뿐이라고 인식해야 한다.

역사를 살펴보면 흡연이 지난 몇십 년 동안 왜 그렇게 갑자기 비난 받게 되었는가라는 질문에서, 왜 흡연—다른 건강 문제가 아니라—이 사회적으로 매도당하는가라는 질문으로 바뀌게 된다. 흡연자들이 왜 열등하고 위험을 감수하는 이들로 인식되는가? 소파에 앉아 감자칩을 먹으며 텔레비전을 보는 사람들에게 운동 부족을 꾸짖고, 고기를 먹는 사람들에게 동맥경화증을 훈계하는 것과 다르게 비판 받는 이유가 무엇인가? 거듭 말하거니와, 흡연을 근시안적으로 바라보면 건강하지 않은 것으로 여겨지는 다른 행위들을 간과하기 쉽다. 지방질 음식 섭취, 과음, 운동 부족 모두 공중 보건 의제들이다. 또한 특정한 행위에 대한 반대는 그 행동을 하는 사람들에게 전해진다. 과체중인 사람들은 종종 편견의 대상이 되며(그들은 인격적으로 열등하다고 여겨진다[17]), 이는 금주하려고 노력하는 이들도 마찬가지이다(그들은 사회의 위험 인자인 죄인들이다[18]).

그러나 흡연자들이 겪는 편견을 악화시키는 독특한 측면이 흡연에 있다. 그것은 바로 간접흡연이다. 다른 건강 관련 낙인들과 달리 흡연은 낙인찍힌 행위가 타인에게 바로 영향을 미친다. 비흡연자들은 다른 사람의 연기가 싫다고 이야기한다. 눈에서 눈물이 나고, 목구멍이 따갑다고 한다. 같은 공간에 있으면 간접적

" 오늘날 할리우드에서 흡연 장면은 '악당'들에게 해당되는 듯하다. 조니 뎁, 1994년.

인 연기라도 역겨운 냄새를 남기며, 커튼이나 벽지가 변색된다고 한다. 연구에 따르면 이런 문제들 가운데에서 가장 심각한 것은 간접적인 연기가 심각한 건강 문제를 일으킨다는 것이다.[19]

간접흡연의 효과는 전염 또는 오염이라는 낙인과 관계된 개념을 통해 더 잘 이해될 수 있다. 이 개념은 낙인을 낳은 저주가 다른 사람에게 전해질 수 있다는 것이다.[20] 나환자촌은 이의 유서 깊은 사례이다. 사회를 보호하기 위해 나환자들은 여생을 가족, 친구, 이웃과 떨어져 살아야 했다. 그러나 우리는 나환자촌이 서구 세계에서 태고적 이야기이거나 다른 나라 이야기라고 생각해서는 안 된다. 하와이의 칼라우파파(Kalaupapa) 나환자촌은 1969년까지 사회에서 배척된 나환자들을 수용했다. 그 해에 하와이 주는 나환자의 강제 추방을 금지했다.

흡연에서도 전염에 대한 근심은 그처럼 심하다. 조사에 따르면 많은 사람들이 간접흡연을 통해 암이나 다른 질병에 걸릴까봐 걱정한다고 한다. 전염에 대한 이 근심은 직접적인 병원균에 노출될 때 이상으로 크다. 연구에 따르면 사람들은 정신질환이 있는 사람들과 접촉하는 것을 꺼린다고 한다. 정신질환에 감염될 것을 걱정하기 때문이다. 예를 들어 1981년 대학생들을 조사해보았더니, 3분의 1이 넘는 학생들이 '정신질환자들이 단체로 이용하는 수영장에서 수영하지 않겠다.'와 '정신질환자와 접촉한 뒤에 손을 씻겠다.'[21] 같은 문항에 동의한 것으로 나타났다. 오염에 대한 근심은 병원균 감염에 대한 근심을 넘어서며, 그 사람 자체의 더럽거나 손상된 어떤 것에 대한 근심을 뜻한다. 존스와 동료들은 이를 신체적 오염과 구분하여 도덕적 오염으로 인식했다. 이는 환자나 중독자와 접촉하면 그들의 죄 일부가 타인에게 옮겨간다는 관념이다.[22]

| 흡연의 낙인은 그릇된 것인가?

사회 정의를 옹호하는 사람들 대부분은 어떤 종류의 낙인도 큰 죄라고 바로 대답한다. 한 집단에게서 그들의 사회적 존중과 개인적 기회를 빼앗는 것은 어떤 것이든 이러한 부당함이 발생하는 문화가 있음을 뜻한다. 그러므로 이 질문에 대한 대답은 이렇다. 흡연에 낙인을 찍는 것은 물론 잘못이다!

- 인터프리터(The Interpreter) 세트에서 흡연하는 숀 펜, 뉴욕, 2004년.

그러나 이러한 견해의 반대자라면 고대 그리스에서 낙인의 본래 목적이 무엇이었는지를 독자들에게 상기시키려 할 것이다. 사람들에게 표시를 함으로써 (뺨에 낙인을 찍거나, 옷에 표시를 하거나, 어깨에 상처를 내는 방법으로) 그들과 접촉하면 위험하다는 것을 다른 사람들에게 알리는 것이었다. '주의!' 표시가 뜻하는 바는 이것이었다. 이 사람은 범죄자이거나 정신병자이거나 전염병을 앓고 있다. 이는 고대의 관념으로 보이지만 공개적 표시라는 관념은 서구 문화 속에 끈질기게 이어져 왔다. 미국 대부분의 주에서 성범죄자는 온라인에 등록되므로 사람들은 소아성애병자가 이웃에 살고 있는지 확인할 수 있다. 형사재판의 판사들은 음주 운전자들에게 범퍼 스티커를 붙이고 다니도록 판결하여 사람들이 그를 조심하도록 한다. 이와 같이 흡연자들과 흡연 구역을 표시하려는 노력이 공공 서비스라고 주장할 수도 있다. 사람들은 흡연자들을 피함으로써 도덕적·신체적 질병 감염에서부터 자신을 보호할 수 있기 때문이다. 따라서 흡연이라는 낙인이 옳으냐 그르냐와 같은 질문에는 긍정적인 대답과 부정적인 대답이 모두 나올 수 있는 듯하다. 도덕 심리학은 양면적인 대답이 나올 수 있는 이유를 설명하는 데 도움을 주는 패러다임이다.

흡연의 낙인과 도덕 심리학

도덕 심리학은 우선 심리학 이론의 견지에서 정의와 죄에 관한 인간의 관심을 중심으로 다룬다.[23] 도덕 심리학에서 중요한 것은, 특히 자발적인 조절과 인도주의의 관점에서 사람과 행동을 다르게 평가하는 것이다.[24] 하나의 행동이 좋냐 나쁘냐를 판단하고, 그에 따라 반응하는 것(좋은 행동은 격려하고 나쁜 행동은 처벌하는 것)은 사람과 사회 모두에 영향을 미치는 가치이다. 예를 들어 이와 같은 방법으로 아이들은 때리는 것이 나쁘고 공부 시간에 발표하는 것이 좋다는 것을 배운다. 공격적이지 않은 아이가 얌전히 자기 순서를 기다릴 때 같은 반 친구들은 이로움을 얻는다. 이와 비슷하게 건강 옹호자들은 흡연 행위를 무시하고 금연 노력을 격려함으로써 흡연 행위를 공개적으로 처벌한다. 그 결과 담배를 끊은 흡연자들은 개선된 건강에서 이로움을 얻고, 그들의 사회도 마찬가지이다.

사람들이 행동과 사람을 혼동할 때 인식론의 오류가 발생한다. 사람과 결점을 똑같은 것으로 보는 것, 이것이 낙인의 본질이다.[25] 많은 흡연 이미지들은 그 행동에 관한 설명을 넘어서서 흡연자는 존중받을 가치가 없음을 암시한다. 이것이 위에서 말한 도덕적 감염이다. 사회심리학자들의 귀인이론(attribution theory, 우리와 타인이 행하는 행동의 이유를 외적 요인이나 내적 요인으로 돌리는 행위—옮긴이) 연구를 통해, 흡연의 과실을 부도덕한 흡연자와 똑같이 바라보는 경우들을 파악할 수 있다.[26] 귀인이론은 기본적으로 개인들이 일상의 사건을 자기 나름대로 이해하려 한다는 가정에 기초한 인간의 동기 부여 모델이다. "왜 월급이 올랐지?" "어째서 공화당원들이 의회에서 축출되었지?" "저 사람은 왜 금연을 못하지?" 이러한 질문에 대답하는 열쇠는 책임의 원인에 있다. 그들의 행동에 책임이 있다고 생각되지 않는 사람들은 대개 동정과 도움을 받는다. "가엾은 해리는 암의 희생양이야. 내가 그를 의사에게 데려갈까?" 이와 반대로 어떤 행위에 책임이 있다고 여겨지는 사람들은 거부되고 응징당한다. "해리엇은 사람이 못나서 담배를 피우는 거야. 내가 그녀의 건강진단에 세금을 내줘선 안 돼." 사람들이 흡연과 그밖의 중독을 개인이 책임질 문제로 바라보느냐(흡연자가 흡연을 선택한 것) 또는 제어할 수 없는 질병을 앓는 것으로 바라보느냐(흡연자는 자신의 유전적 경향의 희생자)는 증명하기 힘든 문제이다.[27] 그러나 흡연을 선택의 문제로 바라보는 이들이 그에 따라 흡연자에게 낙인을 찍기 쉽다는 것은 분명하다.

| 맺음말

예전에 세련됨의 축도로 여겨졌던 행동이 오늘날 그 반대가 되었다. "흡연은 악취가 나고 사람을 죽인다!" 그 과정에서 흡연 행위와 관련된 부정적 속성이 그 행동의 죄를 범한 사람들에게 덧씌워졌다. 흡연자들은 악취가 나는 침울한 사람으로 신체적·도덕적 전염을 통해 사회를 위협한다. 이렇게 흡연자들은 낙인찍힌 집단이 된 듯하다. 그러나 흡연이라는 낙인이 그릇된 것인지는 흥미로운 문제이다.

사회 정의에 호소하면 대답은 '그렇다'이다. 어떠한 형태의 차별과 마찬가지로 흡연의 낙인은 사악하다. 한편 흡연자들이라는 공개적 표시는 사람들을 신체적 질병과 도덕적 전염으로부터 보호한다. 간접흡연이 야기하는 질병으로부터 사람들을 보호하는 것은 합당한 공중보건의 목표이다. 이렇게 제한된 의미에서는 낙인으로부터 비롯되는 차별이 정당해 보인다. 그러나 도덕적 감염이라는 관념을 대입하면 방정식은 더욱 모호해진다. 윤리적 문제('그들은 심약한 사람들이어서 자기 건강을 가지고 룰렛 게임을 하고 있어!') 때문에 흡연자들을 피하는 사람들은, 유색인종과 그밖에 수많은 낙인찍힌 집단에 제약을 가했던 것과 똑같은 잘못을 저지르기 쉽다. 이렇게 생각하면 차별의 도구인 낙인을 받아들이기 어렵다.▫

ⅠⅠⅠ**주**

01. 이들 문구를 자세히 알고자 하면, 웹사이트 두 군데를 참고. http://www.buttout.com과 http://www.kick-butt.com.

02. Erving Goffman, 《낙인: 훼손된 정체성의 관리에 대한 기록(Stigma: Notes on the Management of Spoiled Identity)》 (New York, 1963), p. 147.

03. Bernard Weiner, 《책임의 판단: 사회적 행위 이론의 기초(Judgements of Responsibility: A Foundation for a Theory of Social Conduct)》 (New York, 1995), p. 301.

04. Edward E. Jones 등, 《사회적 낙인: 표시된 관계의 심리학(Social Stigma: The Psychology of Marked Relationships)》 (New York, 1984), p. 347.

05. Bruce G. Link와 Jo C. Phelan, 낙인의 개념화(Conceptualizing Stigma)', 『애뉴얼 리뷰스(Annual Reviews)』, 27 (2001), pp. 363-8.

06. W. James Popham 등, 캘리포니아 1990-1991 담배 교육 미디어 캠페인의 효과(Effectiveness of the California 1990-1991 Tobacco Education Media Campaign)', 『미국 예방의학 저널(American Journal of Prevetive Medicine)』, 10/6 (1994), pp. 319-26.

07. 세계보건기구, 《담배냐 건강이냐: 세계 현실에 대한 보고서(Tobacco or Health?: A Global Status Report)》 (Geneva, 1997), p. 312.

08. Health Canada, 《흡연과 젊은 여성들의 자아 표현(Cigarette Smoking and Young Women's Presentation of Self)》 (1996), p. 94.

09. 세계보건기구, 《담배냐 건강이냐(Tobacco or Health?)》, p. 383.

10. William L. Weis와 Chauncy Burke, 미디어 콘텐트와 담배 광고: 불건강한 중독(Media Content and Tobacco Advertising: An Unhealthy Addiction)', 『커뮤니케이션 저널(Journal of Communication)』 (1986. 8.), pp. 59-69.

11. Fred Andersen, 흡연과 기업(Smoking and Business)', 〈아메리칸 헤리티지(American Heritage)〉, 1998. 7-8월, pp. 74-6.

12. 세계보건기구, 《담배냐 건강이냐》, p. 383.

13. F. Baker 등, '위험 인지와 여송연 흡연 습관(Risk Perception and Cigar Smoking Behavior)', 『미국 건강습관 저널(American Journal of Health Behavior)』, 25/2 (2001), pp. 106-14.

14. Andersen, '흡연과 기업(Smoking and Business)', p. 75.

15. L. D. Johnston 등, '십 대에서 궐련과 무연 담배 흡연의 실질적인 감소(Cigarette Use and Smokeless Tobacco Use Decline Substantially Among Teens)', 『미시건 대학 뉴스와 정보 서비스(University of Michigan News and Information Services)』 (2000), p. 76.

16. Michael E. Starr, '말보로맨:미국에서 궐련 흡연과 남성성(The Marlboro Man:Cigarette Smoking and Masculinity in America)', 『대중문화 저널(Journal of Popular Culture)』, 17/4 (1984), pp. 45-57.

17. Diane M. Quinn과 Jennifer Crocker, '이데올로기가 공격할 때:여성들의 심리적 행복감에 영향을 미치는 프로테스탄티즘 신념과 과체중의 인식(When Ideology Hurts:Effects of Belief in the Protestant Ethic and Feeling Overweight on the Psychological Well-being of Women)', 『개인과 사회 심리학 저널(Journal of Personality and Social Psychology)』, 77/2 (1999), pp. 402-14.

18. Bruce G. Link 등, '낙인과 그 영향에 대하여:정신질환과 약물남용을 동시에 진단 받은 사람들의 오랜 연구를 통한 예증(On Stigma and its Consequences:Evidence from a Longitudinal Study of Men with Dual Diagnosis of Mental Illness and Substance Abuse)', 『건강과 사회 행동 저널(Journal of Health and Social Behavior)』 38/2 (1997), pp. 177-90.

19. S. Jones 등, '일터의 간접흡연:술집과 레스토랑 직원들이 주변의 담배 연기에 노출되고, 이를 인식하고, 태도를 취하는 것(Second-hand Smoke at Work:The Exposure, Perception and Attitudes of Bar and Restaurant Workers to Environmental Tobacco Smoke)', 『오스트레일리아 뉴질랜드 공중보건 저널(Australian and New Zealand Journal of Public Health)』, 25 (2001), pp. 90-93; R. Stone, '간접흡연 연구(Study Implicates Second-hand Smoke)'. 『사이언스(Science)』, 264/5155 (1994), p. 30.

20. Jones 등, '일터의 간접흡연(Second-hand Smoke at Work)', p. 347.

21. Amerigo Farina 등, '불쾌하고 걱정스러운 사회관계의 영향(The Impact of an Unpleasant and Demeaning Social Interaction)', 『사회심리학과 임상심리학 저널(Journal of Social and Clinical Psychology)』, 10/4 (1991), pp. 351-71.

22. Jones 등, '일터의 간접흡연(Second-hand Smoke at Work)', p. 347.

23. Daniel K. Lapsley, '도덕심리학(Moral Psychology)' (Boudler, CO, 1996), p. 289.

24. B. F. Skinner, 《과학과 인간 행동(Science and Human Behavior)》(New York, 1953), p. 461; T. W. Wann 엮음, 《행동주의와 현상학:현대 심리학의 대조적 기초들(Behaviorism and Phenomenology:Contrasting Bases for Modern Psychology)》(Chicago, 1964), p. 190.

25. Susan F. Fiske, '전형화, 편견과 차별(Stereotyping, Prejudice and Discrimination)', 《사회 심리학 안내서(The Handbook of Social Psychology)》, D. T. Gilbert 등 엮음, 네번째 판 (Boston, 1998), 2권, pp. 357-411.

26. Weiner, 《책임의 판단(Judgements of Responsibility)》, p. 301.

27. Jeffrey A. Schaler, 《중독은 선택이다(Addiction is a Choice)》(Chicago, 2000), p. 179.

흡연과 광고

▪▫ 당신은 누군가에게 담배 피우고 싶은 마음이 들게 할 수 있는가? 19세기 후반에 현대 광고의 등장을 이끌어낸 중심 산업 가운데 한 분야가 담배임은 분명하다. 그런데 담배 광고는 본래부터 유해한가? 아무 의심 없는 순진한 이들을 중독과 의존의 삶으로 이끄는 것인가? 유럽 일세대 흡연자 속에서 1603년 영국 왕 제임스 1세가 되었던 스코틀랜드 왕 제임스 6세는 분명히 그렇게 믿었다. 1604년 담배에 반대하는 담화에서, 그는 사람들이 "흡연하면서……술을 안 마시면 오래 견디지 못하는 주정뱅이들처럼 담배를 절제하지 못한다."고 했다. 하지만 흡연이 만연한 시대에도 이렇게 불평하기는 어렵다. 우리가 개인의 선택권을 참견한다는 생각 때문이다. 이아고(Iago)는 비록 〈오셀로(Othello)〉에서 가장 믿을 만한 인물은 아닐지라도 제임스의 비난에 대한 답변에서 이 점을 분명히 한다. "우리 몸은 우리 밭이다. 그 밭을 가꾸는 주인은 우리 의지이다. 그러므로 우리가 쐐기풀을 심거나 또는 상추씨를 뿌리거나 박하를 심고 백리향을 뽑아내거나, 한 종류의 약초만 심거나 아니면 골고루 여러 가지를 심거나, 밭을 내버려 두어 거둘 게 없거나 또는 부지런하게 거름을 주거나 이렇게 마음대로 할 수 있는 힘과 권위는 우리 의지에 있는 것이다." (I:V:320-26) 모든 인간의 행위 가운데, 흡연은 현대 자율권이라는 것을 정의하는 듯하다. 우리는 다시 선택할 능력을 훼손하는 어떤 일을 선택하는 것인가? 또는 흡연의 유혹에 빠져서, 자율적으로 그 세계에 들어가, 명백하게 위험이 얽혀 있을지라도 또는 위험이 있기 때문에 우리에게 즐거움을 주는 그 행위를 하게 되는 것인가?

1940년대에 미국 브랜드 필립 모리스 담배 광고가 외친 승리는 건강에 이롭다는 것이다.

"흡연자들은 모두 연기를 마신다. 그러나 목은 그것을 알 필요가 없다." 대표적인 담배들을 비교한 저명한 의사들은 이렇게 보고했다. "네 가지 대표적인 인기 브랜드 제품을 흡연한 결과 다른 한 제품보다 평균 세 배 더 자극적이고, 그 자극이 다섯 배 넘게 오래 지속되었다. 이는 다른 한 제품 필립 모리스와 뚜렷이 대비되는 결과이다!"

그러자 그들의 경쟁사 체스터필드는 '흡연을 뒷받침하는 과학적 사실을 고객에게 제공하기 위해' 이를 반박했다. 책임 있는 한 자문기관은, 유능한 의사이자 직원이 연구한 체스터필드 흡연 결과를 발표한다. "실험 참가자들에게 체스터필드를 피우게 해보니 그들의 귀, 코, 목 그리고 부속 기관들이 6개월 동안 심각한 영향을 받지 않았다." 그것은 중독을 일으키지도 않고 해롭지도 않다. 오로지 즐거울 뿐이다. 1950년대에는 건강을 주장하는 광고와 더불어 즐거움에 대한 욕망을 드러낸 광고가 등장했다.

뉴 필립 모리스—현대 입맛에 맞게 순한 맛
모든 필립 모리스 소비자들이 즐겨온 것을 상징하는 세련된 새 포장—새 담배—현대 입맛에 맞게 순한 담배. 순하게 태어나, 생산 과정에서 더욱 순한 맛으로 정제되는, 뉴 필립 모리스는 현대의 입맛—현대 젊은이들의 요구에 부응합니다.

20세기 중반, 즐거움에 대한 열망 그리고 위험의 시인과 인식은 17세기에 비해 거의 변한 것이 없었다. 광고는 위험에 대한 근심에 맞서 권리에 대한 인식을 요구했다.

윈스턴 흡연자들은 흡연이 즐거움을 믿습니다. 즐거움은 진정한 맛 — 담배의 완벽하고 풍부한 맛 — 에서 오고 윈스턴은 바로 그 맛을 지니고 있습니다! 이 필터 담배는 맛이 뛰어납니다 — 담배가 지녀야 할 바로 그 맛! 윈스턴의 뛰어난 맛과 함께 제대로 된 필터를 만날 수 있습니다. 윈스턴만의 필터는 매우 훌륭합니다. 잘 빨아지고 그 맛을 그대로 즐길 수 있습니다.

그러니 즐겨라 — 위험도 또한 즐겨라! 매장의 담배 광고 — 물론 흡연을 옹호하는 광고 — 는 똑같이 설득력 있는 흡연 반대 광고의 공격을 받고 있다. 이 광고들을 꼭 담배 반대 활동으로 볼 수는 없다. 다만 흡연의 즐거움보다 위험을 강조할 뿐이니까.▫

쇼를 마친 스트립 걸과 함께 먹는 저녁. 드비어의 하이 롤러스 벌레스크(Devere's High Rollers Burlesque Co.)사 인쇄 광고, 1898년.

- '아저씨, 이랴!' 에드워드 브루
  어(Edward V. Brewer) 그림,
  크림 오브 휘트사(Cream of
  Wheat Co.), 1921년.

- 리전트(Regent) 담배 광고.

- 1932년 럭키 스트라이크 광고, 아메리칸 타바코 컴퍼니.

- 럭키 스트라이크, 1936년, 아메리칸 타바코 컴퍼니.

- 1934년 광고, 리게트 앤드 마이어즈 타바코(Liggett & Myers Tobacco)사.

- 1934년 럭키 스트라이크 광고, 아메리칸 타바코 컴퍼니.

- 1936년 광고, 리게트 앤드 마이어즈 타바코사.

- 크리스마스에 럭키 스트라이크를 피우는 산타. 1936년, 아메리칸 타바코 컴퍼니.

- '가벼운(light) 흡연', 럭키 스트라이크, 1936년, 아메리칸 타바코 컴퍼니.

YOU WANT STEADY NERVES to "hit the silk" in a paratroop attack

"JUMP" is the command that starts you on that headlong earthward plunge through space, but the real order of the hour is *steady nerves!* For these soldiers of the sky—*for every one of us!* So take a tip from the men in the front line. Their favorite is Camel—the slow-burning, mild cigarette. Make Camel your cigarette, too —starting *now!*

YOU BET I SMOKE CAMELS. THEY'RE **EXTRA MILD** AND THEY ALWAYS TASTE GREAT

★ With men in the Army, the Navy, the Marine Corps, and the Coast Guard, the favorite cigarette is Camel. (*Based on actual sales records in Post Exchanges, Sales Commissaries, Ship's Service Stores, Ship's Stores, and Canteens.*)

Important to Steady Smokers:
The smoke of slow-burning
CAMELS
contains
LESS NICOTINE
than that of the 4 other largest-selling brands tested — less than any of them — according to independent scientific tests *of the smoke itself!*

R. J. Reynolds Tobacco Company, Winston-Salem, N. C.

"I HELP MAKE THOSE PARACHUTES," says Helen V. Lynch, Pioneer Parachute Company employee, "and I can tell you 'nerves' don't go in my job. Smoke? Yes, I enjoy smoking. I smoke Camels. They have the mildness that counts and Camels don't tire my taste." Yes, for all of us—front line, factory, farm, whatever your task—this is a "war of nerves." More important than ever, now, is your choice of cigarettes. Smoke Camels.

¯ 제2차 세계대전 카멜 광고.

- 『파리 매치(Paris Match)』에 실린 광고, 1966년 6월.

- 『플레이보이』에 실린 광고, 1976년 6월.

- 『비디(bidi)』 담배 광고, 인도, 1992년.

- '살찐 여자가 노래하다.' 실크 컷(Silk Cut)사가 담배 광고의 종말을 나타냄, 영국, 2002년 2월.

- 뉴욕의 흡연 반대 포스터, 2001년.

연당의 여인〈여속도첩(女俗圖帖)〉
중에서, 신윤복, 조선, 국립중앙박
물관.

매화 앞에서는 담배를 피지 말지니

안 대 회 | 명 지 대 학 교 국 어 국 문 학 과 교 수

■ 조선 중엽에 한반도에 수입된 담배는 급속도로 퍼져 수십 년이 지나지 않아 전국적으로 남녀노소 가릴 것 없이 담배를 피우게 되었다. 기호품으로서 그렇게 빠르게 파급된 물건도 드물 것이다. 담배가 광범위하게 전파됨에 따라 사회와 문화, 산업과 경제에 큰 영향을 끼치게 되었다. 담배의 유행으로 인한 문화적 파장이 비교적 자세하게 드러나는 것이 바로 문학 저술이다. 과거의 문사들이 기록한 각종 시문에는 담배가 얼마나 광범위하게 사람들의 기호를 자극하였는지 구체적으로 보여준다. 그 가운데 독보적 위치를 차지하는 것이 바로 《연경(烟經)》이다. 이 자료를 통해서 우리는 조선시대 후기의 담배 문화의 단면을 생생하게 엿볼 수 있다.

'담배의 경전'이라는 의미를 가진 《연경》은 제목처럼 오로지 담배를 소재로 한 저작이다. 최근에 들어서 새롭게 발굴 소개된 이 책의 지은이는 이옥(李鈺, 1760~1815)으로, 18세기 후반에서 19세기 전반까지 활발하게 창작활동을 한 문인이다.

이옥의 저작 《연경》은 한평생 소품문의 창작에 전념한 작가 이옥을 이해하고, 나아가 조선 후기 소품문의 세계와 지식인의 학술적 향방을 이해하는 데 큰 도움을 주는 문학서이다. 그런데 이 책은 단순히 문학서에 그치지 않고, 담배라는

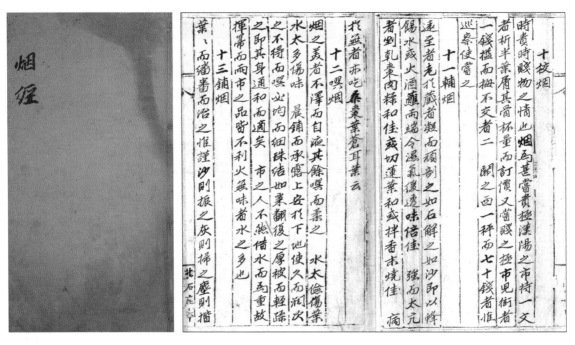

《연경》 표지와 본문.
영남대학교 중앙도서관

하나의 기호품이자 조선 후기의 문화와 산업에서 중요한 의미를 지닌 문제적인 작물을 포괄적으로 살펴본 대표적인 저작이기도 하다. 즉, 문학이기에 앞서 실용적·학술적 저작이다. 그러한 위상을 이 책을 검토함으로써 조선 후기 담배 문화의 멋과 여유를 살펴보도록 한다.

| 담배에 대한 우리나라 최초의 책

《연경》은 영남대학교 중앙도서관 소장 필사본으로, 경북대 남권희(南權熙) 교수가 기증한 장서인 남재문고(南齋文庫)에 들어가 있다. 전체 분량은 25장이고, 판의 크기는 가로 11.9센티미터, 세로 21.7센티미터이다. 판심(版心)에 '화석장본(花石庄本)'이라는 원고명이 쓰인 사란공권(絲欄空卷)에 정사하였다. 사침(四針)으로 제본하였고, 겉표지는 황지(黃紙)이다. 글씨는 이옥 친필이다. 당본(唐本) 스타일로 아담하고 세련되게 만든 책이다.

이 책은 담배의 다양한 측면을 네 부류로 나누어 상세하게 논의하였다. 첫번째 연경 1은 담배 경작의 방법과 과정을 서술하였고, 두번째 연경 2는 담배의 원산지와 전래 경로, 성질과 맛, 담배를 쌓고 자르는 방법, 태우는 방법 등에 대해 설명하였으며, 세번째 연경 3은 담배와 관련된 도구들을 소개하였고, 네번째 연경 4는 담배를 피우는 멋이나 생활과 관련한 문화를 설명하였다. 하나같이 담배와 연관되어 매우 중요한 사실들을 기록하였다. 조선시대의 담배 생산과 흡연 문화를 이해하는 데 이보다 더 자세하고 핵심적인 정보를 기록한 문서를 아직까지 보지 못했다. 담배와 관련한 기록이래야 겨우 문학작품의 일부에 불과하고 그것도 대체로 시로서, 담배를 전면적으로 언급한 자료는 많지 않다.

조선 후기 산업 전반과 경제에 대한 백과사전적인 저술인 서유구(徐有榘)의 《임원경제지(林園經濟志)》에서도 아주 소략하게 다룰 정도로 담배에 관한 정보의 집적이 없다. 이규경(李圭景)이 중국과 일본의 자료를 바탕으로 《오주연문장전산고(五洲衍文長箋散稿)》와 《시가점등(詩家點燈)》에서 흡연시와 흡연도구를 소개한 것이 그나마 가장 폭넓게 서술한 문헌에 속한다. 그런 점에서 《연경》은 조선의 담배 재배와 흡연 문화에 관한 모든 것을 담아낸 빼어난 저작이다. 담배에 관한 전문서로서 '담배의 경전'임을 밝힌 이 책은 조명할 가치가 크다.

한편, 《연경》이 이옥 외에 다른 사람이 지었다는 기록도 전하여 검토할 필요성이 있다. 다산(茶山) 정약용(丁若鏞)이 정학유(丁學遊)에게 양계를 권하는 편지 가운데 "네가 이미 닭을 치고 있다니, 백가의 서적에서 닭에 관한 기록을 초록하여 육우(陸羽)의 《다경(茶經)》이나 유득공(柳得恭)의 《연경(煙經)》처럼 《계경(鷄經)》을 편찬하는 것도 좋을 것이다. 속된 일을 하면서도 맑은 운치를 지니려면 늘 이러한 사례를 기준으로 삼을 일이다(旣養鷄矣, 須將百家書, 鈔取鷄說, 彙次作鷄經, 如陸羽茶經‧柳惠風之煙經, 亦一善也. 就俗務, 帶得淸致, 須每以此爲例.)."라고 하였다. 담배를 극히 좋아하였던 정약용은 《연경》을 읽고 그 가치를 높이 평가한 것이 분명하다. 이 기록을 놓고 보면, 유득공도 《연경》을 저술하였다는 이야기이다. 현재 유득공의 이름으로 된 《연경》은 전하지 않는다. 유득공은 이옥과 이종사촌 사이이다. 서로의 저술을 위조하거나 동시에 같은 유의 저술, 그것도 당시까지 아무도 지은 적이 없는 새로운 내용의 저술을 비슷한 시기에 지을 까닭이 없다. 더구나 유득공의 몰년은 1807년이므로 그가 《연경》을 지었다면 반드시 그 이전일 테고, 그렇다면 이옥이 《연경》을 저술한 1810년을 전후하여 유득공의 저술을 접하지 않았을 리는 만무하다. 이옥의《연경》을 접한 정약용이 유득 공의 저술로 착오를 일으킨 것이 분명하다. 이 편지의 작성 연대를 파악할 수 있 다면, 더욱 분명해지는 것이겠지만, 현재로서는 연대를 파악할 확증이 없다.

그렇다면 이옥이《연경》을 저술한 의도는 어디에 있는가? '연경서'에 편찬 의 도가 상세하게 밝혀져 있으므로 아래에 일부를 옮겨 살펴본다.

천하가 담배를 피운 역사가 오래다.《인암쇄어(蚓庵瑣語)》에서는 "숭정(崇禎, 명나라 신종의 연호) 초엽에 담배 잎이 여송(呂宋, 필리핀)으로부터 전래되었다"고 하였고, 송여상(宋荔裳)의《수구기략(綏寇紀畧)》에도 앞의 책을 인용하고서 명말(明末)에 나 타난 재앙의 하나라고 말했다. 그러니 담배가 남쪽 오랑캐 당으로부터 전래된 이후 거 의 네 번째 병자년을 맞은 것이다. 조선에서는 이식(李植)의《택당집(澤堂集)》에 「남 령초가(南靈艸歌)」가 실려 있고,《임충민가전(林忠愍家傳)》에 "금주(錦州)의 전투에 서 담배를 싣고 가서 곡식과 바꿨다"라는 기록이 있으므로, 우리 조선에 담배가 들어 온 지도 200년이 되었다.

담배를 재배하는 농부들은 기장이나 삼을 심듯이 경작하기 때문에 파종하고 재배하는 온갖 방법이 갖추어져 있다. 담배를 피우는 사람은 술을 가까이 하듯이 피우기 때문에 다듬고 만드는 공정이 갖가지로 완비되어 있다. 심지어는 품종이 점차 많아져서 명칭 과 품질이 달라지고, 지식과 솜씨가 점차 발달하여 담배를 위한 물품이 골고루 갖춰지 고 있다.

꽃이 필 때 연기를 내뿜고 달이 뜰 때 연기를 들이마시면 술이 지닌 오묘한 맛까지 겸 비하고, 파란 연기를 태우고 붉은 연기를 피워낼 때면 향기의 멋까지 갖추는 셈이다. 은으로 만든 담뱃대와 꽃을 아로새긴 담배통은 차(茶)의 풍치를 더하고, 담배의 꽃을 가꾸고 향을 말리는 일은 진귀한 열매와 이름 있는 꽃에 비교해도 부끄러울 것이 없다. 그렇다면 200여년 동안에 문자를 이용하여 기록한 책이 있을 법도 하건만, 담배에 대 해 기록한 저술가가 있다는 소문을 들은 바가 없다. 담배가 보잘것없는 물건이고, 흡연 이 중요치 않은 일이라서 군이 붓을 휘둘러 저술할 필요가 없다고 생각해서 그런 것일 까? 그렇지 않다면, 저술이 있는데도 내가 미처 보지 못했기 때문에 고루하고 비좁은 나의 지식을 부끄러워해야 할까? 그것도 아니라면, 담배가 출현한지 아무래도 오래되지 않아 기록할 시간적 여유가 아직 없었고, 그리하여 후세 사람들에게 저술할 수 있는 기회를 남겨준 것일까?

나는 담배에 대한 고질병이 심하다. 담배를 사랑하고 즐기기 때문에 남들의 비웃음을 두려워하지 않고 망령을 부려 저술을 한다. 소루하고 거칠어서 숨은 사실을 드러내고 비밀을 밝혀내기에는 참으로 부족하다. 하지만 이것을 기록하려는 의도는 위에 든 주록(酒錄)과 화보(花譜)의 부류에 가깝다고 자부하는 바이다.

경오년(庚午年, 1810) 매미가 우는 5월 하완(下浣)에 화석산인(花石山人)은 쓴다.

이 글에서 알 수 있는 바와 같이, 애연가였던 이옥은 수많은 사람들의 기호품인 담배에 관한 저술이 없다는 사실에 자극을 받아 이 책을 저술하였다. 그는 이미 32세 때 담배를 의인화하여 담배의 특징과 전파양상을 재미있게 기록한 〈남령전(南靈傳)〉을 지은 일이 있고, 또 법당 안에서 담배를 피운 사연을 소재로 하여 〈연경(烟經)〉이라는 빼어난 소품을 쓴 일이 있을 만큼 골초였다. 사실 일상에서 접하는 사소한 사건에도 붓을 놀리는 그의 성미이고 보면, 담배를 다룬 저작을 쓰지 않는다는 것은 골초인 그로서는 어울리지 않는다. 그러기에 늘 담배를 다룬 저작이 필요하다고 생각하였던 것 같다. 생활 주변의 사소한 사물들에 관한 저술이 많이 등장한 사실을 열거하면서, 그러한 사물들도 저술의 대상이 되는 상황에서 담배를 다룬 저술이 없을 수 없다고 판단하였다.

| 통쾌하고 즐거운 담배 이야기

《연경》의 내용이 일반에는 처음 소개되는 만큼 흥미로운 부분을 중심으로 하여 소개하는 것이 좋을 것이다.

《연경》에서 1, 2, 3권은 담배의 재배와 성질, 도구를 다루는 내용이다. 흡연의 문화와 관련한 문학적 내용은 4권에 집중되어 있다. 여기서는 담배의 문화를 다룬 4권을 중심으로 내용을 살펴본다. 그에 앞서 1, 2, 3권의 내용을 대략 살펴본다.

《연경》1권은 담배의 재배 과정을 비교적 상세하게 서술하였다. 그 내용을 일일이 설명하기는 어렵고 그 서문의 핵심적인 부분을 소개하면 이렇다.

나는 시골마을에서 직업적으로 담배를 심는 사람을 보아왔는데 그들은 연초 농군[艸農]이라는 이름으로 불렸다. 연초가 비록 농사라고 할 수는 없지만, 고생스럽게 일해서 이익을 얻고자 하는 점에서는 그들도 농사꾼과 한가지다. 서울 사는 귀족집 자제들은 그저 담배를 피울 줄만 알지, 담배의 씨를 뿌리고 잎을 거두며 북돋고 심는 것이 어떠한지 그 과정에 대해서는 전혀 모른다. 그러고서야 옥같이 귀한 음식을 배불리 먹으면서도 농사짓기의 어려움을 모르는 것과 다를 게 하나 없지 않은가? 나는 시골에 사는데다 담배를 많이 심어도 봤다. 그래서 늙은 농부에게 들은 내용이 적지 않다. 그래서 먼저 담배의 씨를 뿌리고 잎을 거두며 북돋고 심는 방법에 대해 기록하여 담배를 피우는 사람들로 하여금 담배를 완성하기가 쉽지 않음을 알려주려 한다.

- 담배 썰기, 〈행려풍속도병(行旅風俗圖屛)〉 중에서, 김홍도, 조선, 국립중앙박물관.

담배를 피우는 사람은 재배에 대해서도 어느 정도는 알아야 한다는 취지의 발언이다. 그런 취지에서 17가지 단계로 재배의 방법을 설명했다. 다음으로 2권에서는 "담배의 근원과 유래, 성질과 맛, 그리고 잎을 펴고, 쌓고, 말고, 써는 방법과 담배를 떠서 채우고 불을 피워 태우는 방법"을 서술하고 있다. 담배의 유래와 가공방법을 19가지 항목에 나누어 상세하게 설명하였다. 이 가운데 아주 흥미로운 내용이 많다. 그 가운데 '3. 담배의 전설(神烟)'은 이렇다.

담배를 가래를 없애는 약이라는 의미의 담파고(痰破膏)라고 쓰기도 하지만 이는 잘못이다. 남만(南蠻)에 담박귀(淡泊鬼)라는 여자가 있었다. 그녀의 남편이 병이 들었는데 치료약을 구하지 못했다. 그 여자가 남편을 따라 죽으면서 "약이 되어서 병자를 구하기 원한다"고 맹서하였다. 이것이 연제녀(烟帝女)의 화첨초(化詹艸)가 되었다.

이 내용은 당시 애연가들에게는 널리 알려진 사실이다. '6. 담배애호가(嗜烟)'에는 애연가의 사연을 기록하였다. 이 내용은 이규경도 말한 바 있다.

담배가 처음 들어왔을 때 한담(韓菼)이 매우 좋아하였다. 누군가가 그에게 질문하였다. "술과 밥, 담배 가운데 부득이 꼭 버려야 할 것이 있다면 셋 중에서 무엇을 먼저 버리겠소?" "밥을 버려야지요." 또 물었다. "부득이 이 둘 중에서 버려야 할 것이 있다면 무엇을 먼저 버리겠소?" "술을 버려야지요. 술과 밥은 없어도 되지만 담배는 하루라도 없을 수 없소."

당시의 애연가들이 얼마나 담배를 즐겼는지를 선명하게 보여준다. '7. 산지별 담배 품질 품평(品烟)'에서는

관서(關西, 평안도)산 담배는 향기롭고도 달며, 산골짜기(강원도)산 담배는 평범하면서도 깊은 맛이 있다. 호남산 담배는 부드러우면서도 온화하다. 오로지 관북(關北)산 담배는 몹시 맛이 강해 목구멍이 마르고 머리가 어질어질하다.

라고 하여 주요 산지별 담배의 특성을 소개하였고, '8. 담배의 감별(相烟)' 항목에서는

_ 모자란 흡연가는 담배를 직접 피워 보고서야 맛을 알고, 노련한 흡연가는 코로 향기를 맡아보고서 바로 맛을 안다. 재주가 좋은 흡연가는 눈으로 보기만 해도 담배맛을 안다.

_ 덮어놓은 담배갑을 열었을 때 달고 향기로운 기운이 코를 찌르면 최상품이다. 매운 맛이 풍기는 것이 그 다음 품질이고, 털을 태우는 냄새와 비릿한 풀냄새가 나는 것, 그리고 아무런 냄새가 나지 않는 것이 가장 나쁜 품질이다.

라고 하여 담배를 감별하는 수준을 흥미롭게 설명하였다. 기타 각지 담배값의 비교와 가짜 담배 감별법 등을 설명하였는데 당시 담배의 유통과 관련한 귀중한 정보가 소개되어 있다.

《연경》3권에서는 담배를 피는데 필요한 각종 도구를 설명하고 있다. 여기에도 흥미로운 내용이 적지 않다. 그중에서 '4. 연통(烟筒)'의 일부를 소개한다.

_ 연기가 오가는데 담뱃대가 연기의 통로가 된다. 담뱃대가 너무 짧으면 불에 가까워서 담배 맛이 없고, 너무 길면 방해를 많이 받는다. 게을러 보이는 것이 첫번째 이유이고, 쉽게 분질러지는 것이 두번째 이유이며, 자주 재채기가 나는 것이 세번째 이유이다.

_ 벼슬이 없는 선비나 아직 나이가 들지 않은 사내아이의 담뱃대가 제 몸길이와 같으면 남들이 도리어 부끄러운 짓이라고 한다. 아무리 길어도 네 자를 넘지 않고, 아무리 짧아도 세 치 이하가 되지 않는 것이 적절하다.

_ 꽃무늬가 있는 것이 최상품이고, 마디가 짧은 것이 그 다음이며, 검은 대가 그 다음이고, 흰 대가 최하품이다.(이하 생략)

이렇게 《연경》1, 2, 3권에 담긴 내용은 조선 후기의 담배 생산과 향유의 구체적 실상을 기록한 것이라서 보통의 문학서에서는 찾아보기 힘들다. 바로 그 점이 이 책이 지닌 귀중한 가치이다. 이 책을 결코 소홀히 볼 수 없는 이유가 여기에 있다.

다음에는 본격적으로 《연경》4권의 내용을 살펴본다.

담배의 쓰임새(烟用)

1) 밥 한 사발 배불리 먹은 후 입에 마늘내와 비린내가 남아 있을 때, 바로 한 대 피우면 위(胃)가 편해지고 비위가 회복된다.

2) 일찍 일어나 아직 양치질을 하지 않아서 목에 가래가 끓고 침이 탁할 때, 바로 한 대 피우면 씻은 듯 가신다.

3) 시름은 많고 생각은 어지러우며, 하릴없이 무료하게 지낼 때, 천천히 한 대 피우면

술을 마셔 가슴을 씻은 듯하다.

4) 술을 너무 많이 마셔 간에 열이 나고 폐가 답답할 때, 급히 한 대 피우면 답답한 기운이 그대로 풀린다.

5) 큰 추위에 얼어붙어 수염에도 얼음이 맺히고 입술이 뻣뻣할 때, 몇 대를 연거푸 피우면 뜨거운 탕을 마신 것보다 낫다.

6) 큰 비에 눅눅하여 자리와 옷에 곰팡이가 필 때, 항상 여러 대를 피우면 기분이 밝아져서 좋다.

7) 시구를 생각하느라 수염을 비비 꼬고 붓을 물어뜯을 때, 특별히 한 대 피우면 연기를 따라 시가 절로 나온다.

흡연을 금하는 것(烟忌)

1) 어른 앞에서는 안 된다.

2) 아들이나 손자가 아버지나 할아버지 앞에서는 안 된다.

3) 제자가 스승 앞에서는 안 된다.

4) 천한 자가 귀한 자 앞에서는 안 된다.

5) 어린 자가 어른 앞에서는 안 된다.

6) 제사 때는 안 된다.

7) 대중들이 모인 곳에서 혼자 피우는 것은 안 된다.

8) 다급한 때는 안 된다.

9) 곽란이 들어서 신 것을 삼킬 때는 안 된다.

10) 몹시 덥고 가물 때는 안 된다.

11) 큰 바람이 불 때는 안 된다.

12) 말 위에서는 안 된다.

13) 이불 위에서는 안 된다.

14) 화약이나 화창 가에서는 안 된다.

15) 매화 앞에서는 안 된다.

16) 기침병을 앓는 병자 앞에서는 안 된다.

_ 예절을 엄히 차려야 할 일체의 장소에서는 안 된다. 화재

- 담배침. 조선. 금속/동합금제. 서울역사박물관. 담배통(= 대꼬바리)에서 담배 찌꺼기를 긁어낼 때 사용하는 도구.

가 염려되는 곳에서는 안 되고, 연기를 금하는 곳에서는 안 되고, 재채기하거나 넘어지는 것을 금하는 곳에서는 안 된다.

_ 내가 일찍이 한 절에서 부처를 마주하고 담배를 피우니 중이 몹시 괴로워하였다.

담배가 맛있을 때(烟味)

_ 책상을 앞에 두고 글을 읽는데, 중얼중얼 반나절을 읽으면 목구멍이 타고 침이 마르는데, 먹을 것이 없다. 글 읽기를 마치고 화로를 당겨 담뱃대에 불을 붙여 한 대를 조금씩 피우면 달기가 엿과 같다.

_ 대궐의 섬돌 앞에서 임금님을 모시고 있는데, 엄숙하고도 위엄이 있다. 입을 닫은 채 오래 있다 보니 입맛이 다 떨떠름하다. 대궐문을 벗어나자마자 급히 담뱃갑을 찾아 서둘러 한 대 피우면 오장육부가 모두 향기롭다.

_ 길고 긴 겨울밤 첫 닭울음소리에 잠에서 깨었다. 이야기 나눌 사람도 없고, 할 일도 없다. 몰래 부싯돌을 두드려 단박에 불씨를 얻어 이불 속에서 느긋하게 한 대 조용히 피우면, 빈방에 봄이 피어난다.

_ 도성 안에 햇볕은 뜨겁고 길은 비좁은데, 어물전, 저잣거리, 도랑, 뒷간에서 온갖 악취가 코를 찔러 구역질이 난다. 서둘러 친구 집을 찾았더니 채 인사를 나누지도 않았는데 주인이 담배 한 대를 권한다. 갑자기 갓 목욕을 하고 나온 듯하다.

_ 산골짜기의 쓸쓸한 주막에 병든 노파가 밥을 파는데, 벌레와 모래를 섞어 찐 듯하다. 반찬은 짜고 비리며, 김치는 시어 터졌다. 그저 몸 생각하여 억지로 삼키고 토하려는 것을 참자니, 위가 얹혀 먹은 것이 내려가지 않는다. 수저를 놓자마자 바로 한 대를 피우니, 생강과 계피를 먹은 듯하다. 이 모든 경우는 당해본 자만이 알리라.

담배 피우는 것이 미울 때(烟惡)

_ 어린아이가 한 길 되는 담뱃대를 입에 문 채 서서 피다가, 또 가끔씩 이빨 사이로 침을 뱉는다. 가증스러운 놈!

_ 규방의 다홍치마를 입은 부인이 낭군을 마주한 채 유유자적 담배를 핀다. 부끄럽다.

_ 젊은 계집종이 부뚜막에 걸터앉아 안개를 토해내듯 담배를 피워댄다. 호되게 야단 맞아야 한다.

_ 시골사람이 다섯 자 길이의 백죽 담배통에 가루와 잎을 침을 뱉어 섞은 다음, 불을 당겨 몇 모금 빠니 벌써 끝이다. 화로에 침을 퉤 뱉고는 앉은자리에 재를 덮어버린다. 민망하기 짝이 없다.

_ 망가진 패랭이를 쓴 거지가 지팡이와 길이가 같은 담뱃대를 들고서, 길 가는 사람을 가로막고 한양의 종성연(鐘聲烟, 조선 후기 담배의 한 종류—옮긴이) 한 대를 달랜다. 겁나는 놈이다.

_ 대갓집 종놈이 짧지 않은 담뱃대를 가로 물고 그 비싼 서초(西草, 평안도에서 생산되는 질이 좋은 담배—옮긴이)를 마음껏 태우는데, 그 앞을 손님이 지나가도 잠시도 피우기를 쉬지 않는다. 몽둥이로 내리칠 놈!

흡연의 멋(烟趣): 5격(格) 가운데 3격(格)을 소개한다.

_ 지위가 높은 판서나 관찰사, 고을 원님은 남들의 이목을 받는 분들이라, 사령들이 그 앞에 수두룩하다. "담배를 대령하라!" 한 마디만 하면, 영리한 종놈이 어디선가 나타나 서둘러 청동 합을 열고 금빛 담배를 꺼내 관음자죽(觀音紫竹) 7척 담뱃대를 취하여 불을 붙여 중간쯤 타오면 소매를 뒤집어 담뱃대를 닦아서 허리를 굽신 구부려 올린다. 그러면 화문석에 높다랗게 기대앉아 천천히 피워댄다. 이것이 귀격(貴格)이다.

_ 연소한 낭군이 소매에서 작은 담뱃갑을 꺼내 은으로 만든 만(萬) 자를 새긴 동래배(東萊杯)를 당겨 담배를 넣는다. 왼쪽 입에 그저 물고 또 주머니에서 좋은 부싯돌을 꺼내 찰싹 하는 소리와 함께 불은 벌써 손가락에 다가온다. 불씨를 담배 중앙에 붙여 입술과 혀를 빡빡 빨아 한두 번 피우면 연기가 벌써 입에서 나온다. 이것이 묘격(妙格)이다.

_ 어리고 아리따운 미인이 님을 만나 애교를 떨다가 님의 입에서 반도 태우지 않은 은삼통(銀三筒) 만화죽(滿花竹)을 빼내어, 재가 비단 치마에 떨어지는 줄도 생각할 겨를이 없이, 침이 뚝뚝 떨어지는 것도 아랑곳하지 않고, 앵두 같은 붉은 입술에 바삐 꽂아 물고는 웃으면서 빨아댄다. 이것이 염격(艶格)이다.

담배를 피우는 온갖 상황을 염두에 둔 이러한 글을 읽으면 마치 김성탄(金聖

歡)의 〈쾌설(快說)〉을 읽은 듯한 느낌이 든다. '흡연을 금하는 것(烟忌)'의 15번째에서 매화 앞에서 담배를 피우는 것을 금한다고 한 것이 이 글이 운치 있는 글임을 말해준다. '4. 담배가 맛있을 때(烟味)' 역시 정확하게 담배의 맛을 짚어내고 있다. 그의 말대로 당해본 자는 알 만하다. '5. 담배 피우는 것이 미울 때(烟惡)'는 당시 시정생활의 모습을 선연하게 보여준다. 하나하나의 장면이 대단히 현실성을 갖고 있다. 특히 각 장면의 마지막에 붙인 "가증스러운 놈!"이라든지 "몽둥이로 내리칠 놈!"과 같은 감정적인 표현은 잡체시(雜體詩)를 패러디한 묘미가 있는 표현이다. 간혹 조선 후기의 풍속화에 담배를 피우는 장면을 묘사한 그림과 대비해 보면, 어울린다.

《연경》4권의 모든 내용은 이옥이 작심하고 쓴 문예적인 글이다. 조선 후기 사람들의 담배를 피우는 갖가지 장면의 묘사를 통해 인정물태(人情物態)가 눈앞에 선연하게 나타난다. 이 부분은 참으로 빼어난 소품문(小品文)으로 높이 평가할 만하다.《연경》이 문학적으로 성공한 작품이라는 평가는 바로《연경》4권의 부분이 있기 때문에 가능하다. 이 부분은 조선 후기의 어떠한 산문에서도 찾아보기 힘든 매력을 발산하는 산문으로, 탁월한 문학으로 자리매김할 수가 있다.

뿐만 아니라 담배가 조선 후기 우리의 생활 문화에 깊게 뿌리내리고 있었고, 단순한 기호품을 넘어 생활의 멋과 여유를 더해주는 존재로서 자리 잡았음을 충분히 미루어 짐작할 수 있게 해준다.

끝으로《연경》의 전체적인 내용을 순서대로 간략하게 정리하면 다음과 같다.

연경서(烟經序)

연경 일(一): 담배 경작의 방법과 과정
- 소서(小序): 담배 농사의 의의를 밝힌 글
  1. 수자(收子): 담배씨의 선택과 보관
  2. 산종(撒種): 담배 밭의 땅고르기와 씨의 파종
  3. 와종(窩種): 구덩이를 파고 담배씨를 심는 방법
  4. 행묘(行苗): 한 치 정도 자란 싹을 옮겨 심는 방법

5. 옹근(壅根):옮겨 심은 지 10일 된 담배의 뿌리를 북돋는 일
6. 개근(漑根):담배 줄기에 오줌을 한 차례 주는 일
7. 하약(下藥):회와 닭똥 등을 섞어 거름주기
8. 척순(剔筍):순을 쳐주기
9. 금화(禁花):꽃이 피는 것을 막는 과정
10. 제충(除蟲):해충의 제거
11. 신화(愼火):담배에 생기는 전염병인 화병(火病)의 방지책
12. 편엽(騙葉):영(影, 담뱃잎 가운데 가장 밑에 있는 것)을 제거하기
13. 채엽(采葉):담뱃잎 따기
14. 편엽(編葉):담뱃잎 엮기
15. 포엽(暴葉):햇볕 아래 담뱃잎 말리기
16. 쇄엽(曬葉):지붕 위에 이슬을 맞히며 사흘 동안 말리기
17. 엄근(罨根):담배 뿌리를 토굴 속에 보관하기

연경 이(二):담배의 원산지와 전래, 담배의 성질과 맛, 담배를 쌓고 자르는 방법, 태우는 방법 등에 대한 설명

– 위쪽. 은입사담배합(銀入絲煙草盒), 조선, 금속/철제, 서울역사박물관.

– 아래쪽. 나전칠기담배합(煙草盒), 조선, 골각패갑/나전, 서울역사박물관.

　– 소서:담배의 유래와 사용법을 알아야 할 필요성을 제기한 글
 1. 원연(原烟):담배가 필리핀에서 중국에 전래된 유래
 2. 자연(字烟):담배를 뜻하는 한자어휘
 3. 신연(神烟):담배와 관련한 전설
 4. 공연(功烟):담배의 효과
 5. 성연(性烟):담배의 성질
 6. 기연(嗜烟):애연가. 한담(韓菼)의 사례를 들었다.
 7. 품연(品烟):조선산 담배의 종류
 8. 상연(相烟):담배 품질의 감별법
 9. 변연(辨烟):모조품 담배의 변별법. 특히 평안도 산 담배의 모조품.
10. 교연(校烟):담뱃값의 비교. 관서 땅의 1칭(秤)에 70전 하는 담배는 평양감사만 맛본다고 한다.
11. 보연(輔烟):굳거나 오래 보관한 담배의 맛을 보강하는 방법
12. 손연(噀烟):담배에 수분을 가해 부드럽게 만드는 방법
13. 포연(鋪烟):담뱃잎을 펴는 방법
14. 좌연(剉烟):담뱃잎을 써는 방법
15. 저연(儲烟):담뱃잎을 보관하는 방법
16. 짐연(斟烟):갑에 담배를 채우는 방법
17. 착연(着烟):담배에 불을 붙이는 방법
18. 흡연(吸烟):담배를 피우는 법
19. 통연(洞烟):색다르게 피우는 방법인 연통연(烟洞烟)의 소개

연경 삼(三):담배와 관련된 도구들
　– 소서:담배를 피우는 도구가 필요한 이유를 설명한 글

- 백동담뱃대받침(白銅煙管臺),
  조선, 금속, 서울역사박물관.
  장죽으로 담배를 피울 때 대통
  을 받치는 기구로 담뱃대를 넣
  는 곳과 받침이 붙어 있다

1. 연도(烟刀): 담배를 써는 작두와 칼
2. 연질(烟質): 써는 데 따른 담배의 품질
3. 연배(烟杯): 담뱃대의 종류와 모양, 사치품
4. 연통(烟筒): 담뱃대의 종류와 모양, 길이
5. 연낭(烟囊): 담배 주머니의 제작법과 종류
6. 연갑(烟匣): 담뱃갑의 산지와 종류
7. 연합(烟盒): 담배를 보관하는 합(盒)
8. 화로(火爐): 담뱃불을 붙이는 데 쓰는 화로
9. 화저(火筯): 불쏘시개
10. 화도(火刀): 부쇠의 종류
11. 화용(火茸): 부쇠로 불을 붙이는 물건
12. 연대(烟臺): 담뱃재를 담는 도구

연경 사(四): 담배를 피우는 멋이나 문화
  - 소서: 담배를 피우는 데에도 사리가 있음을 원굉도(袁宏道, 중국 명나라 말기의 문학자─옮긴이)가 쓴 《상정
    (觴政)》의 사례를 들어 설명한 글
  1. 연용(烟用): 담배의 효용 7가지
  2. 연의(烟宜): 담배를 피우기 좋은 상황 16가지
  3. 연기(烟忌): 담배를 피워서는 안 되는 상황 16가지
  4. 연미(烟味): 담배 맛을 돋우는 상황 5가지
  5. 연오(烟惡): 품위 없이 담배를 피우는 모습 6가지
  6. 연후(烟候): 흡연을 통해 시간을 측정하는 방법
  7. 연벽(烟癖): 애연가
  8. 연화(烟貨): 담배의 상품과 구입
  9. 연취(烟趣): 담배를 피우는 최상의 멋들어진 장면 다섯 가지
  10. 연류(烟類): 담배를 피우는 다양한 방법

__ 이 글은 『문헌과 해석』(2003년 가을, 통권 24호)에 실린 〈이옥(李鈺)의 저술 『담배의 경전(烟經)』의 가치〉를 재구성하
  여 다시 실은 것이다.

Collamer M. Abbott, 'Tobacco, Melville and the Times', *Melville Society Extracts,* cxxi (July 2001), pp. 1, 3-6

Susan Campbell Anderson, 'A Matter of Authority:James 1 and the Tobacco War', *Comitatus:A Journal of Medieval 8 Renaissance Studies,* xxix (1998), pp. 136-63

Anon., 'From "Coffin Nails" to "Save The Kids":A History of Thinking, and Emoting, about Smoking', in *Public Perspective,* ix/5 (August-September 1998)

Anon., *Legislative History of the Comprehensive Smoking Education Act*(Washington, DC, 12 October 1984)

Eric G. Ayto, *Clay Tobacco Pipes* (Princes Risborough, 1994)

Ilene Barth, *The Smoking Life* (Columbus, MO, 1997)

Kathryn Beck, *The United States Tobacco Industry:Past, Present, Future?,* dissertation, 1995

Steven R. Belenko, *Drugs and Drug Policy in America:A Documentary History* (Westport, CT, 2000)

Virginia Berridge, *Opium and the People:Opiate Use and Drug Control Policy in Nineteenth and Early Twentieth Century England*(London, 1999)

Alan W. Bock, *Waiting to Inhale:The Politics of Medical Marijuana* (Santa Ana, CA, 2000)

Janet Brigham, *Dying To Quit:Why We Smoke and How We Stop*(Washington, DC, 1998)

Timothy Brook and Bob Tadashi Wakabayashi, *Opium Regimes:China, Britain and japan, 1839-1952*(Berkeley, CA, 2000)

John Broughton, *Puffing Up a Storm* (Dunedin, NZ, 1996)

Christopher Buckley, *Thank You for Smoking* (New York, 1994)

John C. Burnham, *Bad Habits:Drinking, Smoking, Taking Drugs, Gambling, Sexual Misbehavior and Swearing in American History* (New York, 1993)

Campaign for Tobacco-Free Kids, *Show Us The Money:A Mid-Year Update on the States' Allocation of the Tobacco Settlement Dollars* (2002)

Minja Kim Choe and Corazon Mejia-Raymundo, *Initiation of Smoking, Drinking and Drug-Use among Filipino Youth* (Cebu City, Philippines, 2001)

Philip Collins, *Sargent, Sam, Smokerama:Classic Tobacco Accoutrements* (San Francisco, 1992)

Harold V. Cordry, *Tobacco:A Reference Handbook* (Santa Barbara, CA, 2001)

Gian Luca Corradi, *Toscani:A Burning Passion* (Florence, 2001)

Egon Caesar Corti, *A History of Smoking,* trans. Paul England (London, 1931)

Robin Crole, *Pipe:The Art and Lore of a Great Tradition* (Rocklin, CA, 1999)

Peter Davey and Allan Peacey, *The Archaeology of the Clay Tobacco Pipe* (Oxford, 1996)

Mitchell Earleywine, *Understanding Marijuana:A New Look at the Scientific Evidence* (Oxford, 2002)

Rosemary Elliott, *'Destructive but Sweet':Cigarette Smoking among Women,* 1890-1990 (Elizabeth.Publication:[S.I.:s.n.], 2001)

Barbara C. Fertig, 'The Tobacco Tradition in Southern Maryland', *New Jersey Folklife,* xi (1986), pp. 8-13

Sean Gabb, *Smoking and its Enemies:A Short History of 500 Years of the Use and Prohibition of Tobacco* (London, 1990)

Iain Gately, *Tobacco:The Story of How Tobacco Seduced the World* (New York, 2001)

Carlo Ginzburg, 'On the European (Re)discovery of Shamans', *Elementa-Journal of Slavic Studies & Comparative Cultural Semiotics,* 1/1 (1993), pp. 23-39

Stanton A. Glantz, *The Cigarette Papers* (Berkeley, CA, 1996)

Ilana Belle Glass, *The International Handbook of Addiction Behaviour* (London, 1991)

Conor Goodman, *The Smoker's Handbook:Survival Guide for a Dying Breed* (Dublin, 2001)

Jordan Goodman, *Tobacco in History:The Cultures of Dependence* (London and New York, 1993)

Stephen Greenblatt, *New World Encounters* (Berkeley, CA, 1993)

Mark Hanusz, *Kretefe:The Culture and Heritage of Indonesia's Clove Cigarettes* (Tortola, bvi, 2000)

Richard Harp, 'Tobacco and Raymond Chandler', *Clues:A Journal of Detection,* ix/2 (Fall-Winter 1988), pp. 95-104

Jack Herer and Chris Conrad, *Hemp & The Marijuana Conspiracy:The Emperor Wears No Clothes:The Authoritative Historical Record of the Cannabis Plant, Hemp Prohibition, and How Marijuana Can Still Save the World* (Van Nuys, ca, 1990)

Chrystie Renee Hill, *Flaming Youth:A Cultural History of Gender, Class and the American Cigarette,* dissertation, 1999

Matthew Hilton, *Smoking in British Popular Culture, 1800-2000:*Perfect Pleasures (Manchester, 2000)

Philip J. Hilts, *Smokescreen:The Truth behind the Tobacco Industry Cover-up* (Reading, ma, 1996)

Arlene B. Hirschfelder, *A Century of Smoking & Tobacco* (Amawalk, NY,

1998)

□ —, *Encyclopedia of Smoking and Tobacco* (Phoenix, AZ, 1999)

□ Julian Holland and Neil Millington, *The World of Cigars:A Connoisseur's Guide, from History and Manufacture to Choosing and Smoking the Best Brands* (London, 1999)

□ Inter-University Consortium for Political and Social Research, National Health Interview Survey, *1985:Health Promotion and Disease Prevention (HPDP) Smoking History during Pregnancy Supplement* (Ann Arbor, mi, 1992)

□ Susan B. Iwanisziw, 'Behn's Novel Investment in Oroonoko:Kingship, Slavery and Tobacco in English Colonialism', *South Atlantic Review*, LxIII/2 (Spring 1998), pp. 75-98

□ David A. Kessler, *A Question of Intent:A Great American Battle with a Deadly Industry* (New York, 2001)

□ V. G. Kiernan, *Tobacco:A History* (London, 1991)

□ Richard Klein, *Cigarettes Are Sublime* (Durham, NC, and London, 1993)

□ Richard Kluger, *Ashes to Ashes:America's Hundred-Year Cigarette War, the Public Health and the Unabashed Triumph of Philip Morris* (New York, 1996)

□ Jeffrey Knapp, 'Elizabethan Tobacco', in *New World Encounters*, ed. Stephen Greenblatt (Berkeley, ca, 1993), pp. 273-312

□ Edward L. Koven, *Smoking: The Story behind the Haze* (New York, 1996)

□ John L. Lakatosh, 'The Pipemaker', *Pennsylvania Folklife*, xxxII/4 (Summer 1983), pp. 156-7

□ R. Alton Lee, The "Little White Slaver" in Kansas:A Century-Long Struggle against Cigarettes', in *Kansas History*, xxII/4 (Winter 1999-2000)

□ Jay A. Levenson, *Circa 1492:Art in the Age of Exploration* (Washington, DC, 1991)

□ William Luis, 'Cuban Counterpoint, Coffee and Sugar:The Emergence of a National Culture in Fernando Ortiz's Cuban Counterpoint: Tobacco and Sugar and Cirilo Villaverde's Cecilia', *Valdes Palara:Publication of the Afro-Latin/American Research Association*, II (Fall 1998), pp. 5-16

□ Patrick Matthews, *Cannabis Culture:A Journey through Disputed Territory* (London, 1999)

□ Gary E. McCuen, *Tobacco:People, Profits & Public Health* (Hudson, WI, 1997)

□ Keith McMahon, *The Fall of the God of Money:Opium Smoking in Nineteenth-Century China* (Lanham, 2002)

□ Karen Miller, *Smoking Up a Storm:Public Relations and Advertising in the*

Construction of the Cigarette Problem, 1953-1954 (Columbia, SC, 1992)

□ Barry Milligan, "The Plague Spreading and Attacking our Vitals":Opium Smoking and the Oriental Infection ofthe British Domestic Scene', *Victorian Literature & Culture*, xx (1992), pp.161-77

□ —, 'Opium Smoking and the Oriental Infection of British Identity', in *Beyond the Pleasure Dome:Writing and Addiction from the Romantics*, ed. Sue Vice, Matthew Campbell and Tim Armstrong (Sheffield, 1994), pp. 93-100

□ —, *Pleasures and Pains:Opium and the Orient in Nineteenth-Century British Culture* (Charlottesville, 1995)

□ Ev Mitchell, 'Folklore of Marijuana Smoking', *Southern Folklore Quarterly*, xxxiv (1970), pp. 127-30

□ R. K. Newman, 'Opium Smoking in Late Imperial China:A Reconsideration', *Modern Asian Studies*, xxix/4 (October 1995), pp. 765-94

□ Capper Nichols, Tobacco and the Rise of Writing in Colonial Maryland', Mississippi Quarterly, L/1 (Winter 19967), pp. 5-17

□ William Robert Nowell, *California's Anti-Smoking Media Campaign:The History and Effectiveness of an Advertising War on the Tobacco Industry* (Ann Arbor, mi, 1993)

□ Auriana Ojeda, *Smoking* (San Diego, ca, 2002)

□ Stephen Orgel, 'Tobacco and Boys:How Queer Was Marlowe?', *Glq:A Journal of lesbian & Gay Studies*, vi/4 (2000), pp. 555-76

□ Filip Palda and Patrick Basham, *The History of Tobacco Regulation: Forward to the Past* (Vancouver, 2000)

□ Mark Parascandola.'Cigarettes and the us Public Health Service in the 1950s', in *American Journal of Public Health*, xci/2 (February 2001)

□ Tara Parker-Pope, *Cigarettes:Anatomy of an Industry from Seed to Smoke* (New York, 2001)

□ Gus Parr, 'S for Smoking', *Sight & Sound*, vii/12 (December 1997), pp. 30-33

□ Christina M. Pego, Robert F. Hill, Glenn W. Solomon, Robert M. Chisholm and Suzanne E. Ivey, Tobacco, Culture and Health among American Indians:A Historical Review', *American Indian Culture & Research Journal*, xix/2 (1995), pp. 143-64

□ David Pietrusza, *Smoking* (San Diego, ca, 1997)

□ David Pollock, *Denial & Delay:The Political History of Smoking and Health, 1951-1964* (London, 1999)

□ Robert L. Rabin and Stephen D. Sugarman, *Smoking Policy:Law, Politics and Culture* (New York, 1993)

□ Benjamin Rapaport, *A Tobacco Source Book* (Long Branch, NJ, 1972)

□ —, *The Global Guide to Tobacco Literature* (Reston, VA, 1989)

□ —, David R. Wright and Tom Beaudrot, *Museum of Tobacco Art & History Guidebook* (Nashville, TN, 1996)

□ Bruc Reeves, 'Pipes and Pipe-Smoking in Great Expectations', *Dickensian*, lxii (1966), pp. 174-8

□ Jane Resnick and George W. Wieser, *International Connoisseur's Guide to Cigars:The Art of Selecting and Smoking* (New York, 1996)

□ Wendy A. Ritch, 'Strange Bedfellows:The History of Collaboration between the Massachusetts Restaurant Association and the Tobacco Industry', in *American Journal of Public Health*, xci/4 (April 2001)

□ Francis Robicsek, The Smoking Gods:Tobacco in Maya Art, History and Religion (Norman, OK, 1978)

□ Tamara L. Roleff and Mary E. Williams, Tobacco and Smoking: Opposing Viewpoints (San Diego, CA, 1998)

□ Ruth Rosenberg-Naparsteck, *The Kimball Tobacco Company and the Anti-Tobacco Movement* (Rochester, ny, 1998)

□ David Salsburg, *The Lady Tasting Tea:How Statistics Revolutionized Science in the Twentieth Century* (New York, 2001)

□ Laura R. Sauerbeck, *Smoking Cessation after Stroke:Education and its Effect on Behavior*, dissertation, 2001

□ Jeffrey A. Schaler and Magda, E. Schaler, *Smoking:Who Has the Right?* (Amherst, 1998)

□ Richard G. Schlaadt, *Tobacco & Health* (Danbury, cn, 1994,1992)

□ A. Sharp, 'The Clay Tobacco Pipe Collection in the National Museum', *Review of Scottish Culture*, 1 (1984), pp. 34-42

□ Sue Shephard, *Pickled, Potted and Canned:How the Art and Science of Food Preserving Changed the World* (New York, 2001, 2000)

□ Paul Slovic, *Smoking:Risk, Perception & Policy* (Thousand Oaks, ca, 2001)

□ Jean Stubbs, *Tobacco on the Periphery:A Case Study in Cuban Labour History, 1860-1958* (Cambridge, 1985)

□ C. W. Sullivan III, 'Tobacco U. of Tennessee P', in *Rooted in America:Foodlore of Popular Fruits and Vegetables*, ed. David Scofield Wilson and Angus Kress Gillespie (Knoxville, TN, 1999), pp. 166-87

□ Barnabas T. Suzuki, *Early 17th Century Tobacco Smoking In Japan (as Seen in the Jesuit Documents)* (Tokyo, 1993-6)

□ —, *Introduction of Tobacco & Smoking into Japan* (Tokyo, 1991)

□ Tatsuya Suzuki, *A Historical Study of Smoking Introduction into Japan* (Japan, 1999)

□ Cassandra Tate, *Cigarette Wars:The Triumph of 'The Little White Slaver'* (New York, 1999)

□ Leo Tolstoy, 'Tobacco and Alcohol in Crime and Punishment', in *Readings on Fyodor Dostoievsky*, ed. Tamara Johnson (San Diego, CA, 1998), pp. 63-6

□ Molly E. Tomlin, *Effect of Interview versus Questionnaire Data Collection on the Consistency of esponses to Cigarette Smoking History Questions*, dissertation, 1998

□ Eugene Umberger, 'George Arents and the Case of the Errant Volume', *Biblion:The Bulletin of the New York Public Library*, 1/2 (Spring 1993), pp. 168-74

□ —, *Tobacco and its Use:A Bibliography of the Periodical Literature* (Rochester, NY 1984)

□ US Department of Health and Human Services, Public Health Service, National Institutes of Health, National Cancer Institute, *Cigars:Health Effects and Trends* (Bethesda, 1998)

□ US Surgeon General, *Preventing Tobacco Use among Young People:A Report of the Surgeon General* (Washington, DC, 1994)

□ Alexander Dietrich von Gernet, *The Transculturation of the Amerindian Pipe/Tobacco/Smoking Complex and its Impact on the Intellectual Boundaries between Savagery and Civilization, 1535-1935* (Ottawa, 1991)

□ James Walton, ed., *The Faber Book of Smoking* (London, 2000)

□ J. Mclver Weatherford, *Native Roots:How the Indians Enriched America* (New York, 1991)

□ Carol Wekesser, *Smoking* (San Diego, ca, 1997)

□ Phillip Whidden, *Tobacco-Smoke Pollution:The Intolerable Poison Tolerated Too Long:An Outline of the Major Issues and Health Effects of Environmental Tobacco Smoke and a Basic Resource Tool, Based on the Scientific Literature and on History* (Edinburgh, 1993)

□ Mary E. Williams, *Smoking* (San Diego, ca, 2000)

□ Thomas D'Oyly, Charles Williamson and John Heaviside Clark *et al.*, *The European in India:From a Collection of Drawings* (New Delhi, 1995,1813)

□ Joseph C. Winter, *Tobacco Use by Native North Americans:Sacred Smoke and Silent Killer* (Norman, 2000)

□ Elizabeth Wyckoff, *Dry Drunk:The Culture of Tobacco in 17th- and 18th-Century Europe* (New York, 1997)

□ Jerry Wylie and Richard E. Fike, 'Chinese Opium Smoking Techniques and Paraphernalia', in *Hidden Heritage:Historical Archaeology of the Overseas Chinese*, ed. Priscilla Wegars (Amityville, ny, 1993), pp. 255-303

□ Xue Fucheng 'Reply to a Friend on the Banning of Opium Smoking', trans. Chiyu Chu, *Renditions*, XLI-XLII (Spring-Fall 1994), pp. 138-43

■ 앨런 브랜트 | **Allan Brandt**

□ 하버드 의대 의학역사 교수이며 하버드 대학 과학역사학과에서도 관련 분야를 강의한다. 《마법의 탄환은 없다 : 1880년 이후 미국 성병의 사회사(No Magic Bullet : A Social History of Venereal disease in the United States since 1880)》 (1987)를 쓰고 《도덕과 건강(Morality and Health)》 (1997)을 엮음. 미국에서 궐련 흡연의 사회 문화사를 집필중이다.

■ 티머시 브룩 | **Timothy Brook**

□ 토론토 대학 중국사 교수. 아시아를 다룬 12권의 책을 쓰거나 엮었으며, 케임브리지 중국사(Cambridge History of China) 기고자이다. 가장 최근의 저서로 《아편의 시대 : 중국, 영국 그리고 일본(Opium Regimes : China, Britain and Japan)》을 Bob Tadashi Wakabayashi와 공동으로 엮었다.

■ 알베르토 카스톨디 | **Alberto Castoldi**

□ 베르가모 대학 부총장. 여행담 《콜리브리의 매력 Il fascino del colibri》 (1972), 18세기에서 19세기의 소설들 《부르주아 리얼리즘 Il(realismo borghese)》 (1976), 1930년대 지성인의 역할 《프랑스 지성과 대중의 공동전선(Intellectuali e Fronte popolare in Francia)》 (1978), 《성욕 도착(Clerambault : stoffe e manichini)》 (1994), 약물 《약물에 대하여(I testo drogato)》 (1994), 백색의 개념 《백인(Bianco)》 (1988)에 관한 책들을 집필했다.

■ J. 에드워드 챔벌린 | **J. Edward Chamberlin**

□ 토론토 대학 영문학과 비교문학 교수. 저서로 《에덴의 땅 고르기 : 아메리카 원주민들에 대한 백인의 태도(The Harrowing of Eden : White Attitudes towards Native Americans)》 (1975), 《오스카 와일드 시대(Ripe Was the Drowsy Hour : The Age of Oscar Wilde)》 (1977), 《돌아오라 내 언어여 : 시와 서인도제도(Come Back to Me my Language : Poetry and the West Indies)》 (1993) 그리고 《여기가 당신 땅이라면 당신 이야기는 어디에 있나? : 공통적 배경 찾기(If This Is Your Land, Where Are your Stories? : Finding Common Ground)》 (2003). 지난 5년 동안, 구전문학과 기록문학에 대한 국제적 프로젝트를 이끌어 왔다.

■ 배리 체반스 | **Barry Chevannes**

□ 모나에 있는 서인도제도 대학 사회인류학 교수이자 사회과학부 학장. 저서 《래스터패리 : 뿌리와 이데올로기(Rastafari : Roots and Ideology)》 (1994)가 있다. 최근에는 자메이카 마리화나(Cannabis sativa) 국립위원회 의장을 맡고 있다.

■ 패트릭 W. 코리건 | **Patrick W. Corrigan**

□ 시카고 대학 정신의학 교수이자 시카고 낙인 연구 컨소시엄 의장. 최근에 《바보라고 부르지 마 : 정신 질환 낙인에 대처하기(Don't Call Me Nuts : Coping with Stigma of Mental Illness)》를 펴냈다.

■ 스티븐 코트렐 | **Stephen Cottrell**

□ 런던 대학 골드스미스 칼리지 음악 강사. 그의 학문적 관심은 서구 예술음악에 민족음악적으로 접근하는 데에 맞추어져 있다. 〈런던에서 직업적으로 음악 만들기(Professional Music-making in London)〉라는 논문이 2004년에 출간될 예정이다. 《케임브리지 오케스트라, 뮤지컬공연협회(The Cambridge Companion to the Orchestra, Musical Performance)》 그리고 《영국 민족음악학 저널(British Journal of Ethnomusicology)》과 같은 다양한 저술에도 도움을 주었다. 또 컨템포러리 뮤직을 전문으로 하는 색소포니스트로 일하고 있으며, 솔로로서 그리고 델타 색소폰 사중주단(Delta Saxophone Quartet)의 리더로서 수많은 CD를 발매했다.

■ 대니얼 길먼 | **Daniel Gilman**

□ 보스턴 대학에서 정치과학 박사 과정을 밟고 있으며, 경제·정치·문화의 관계에 관심을 두고 있다. 런던 대학 동양과 아프리카연구학회(SOAS)에서 1년 과정을 마쳤다. 블루밍턴 인디애나 대학에서 재즈 색소폰과 동아시아 언어 학위를 땄다.

■ 샌더 L. 길먼 | **Sander L. Gilman**

□ 시카고 일리노이 대학 교양과목과 의학대학 교수, 인문학연구

소 이사. 저서로 《정신이상 관찰(Seeing the Insane)》 (1982), 《유대인의 자기 혐오(Jewish Self-Hatred)》 (1986), 《인문학의 재산:새 밀레니엄에 인문학 가르치기(The Fortunes of the Humanities:Teaching the Humanities in the New Millennium)》 (2000) 그리고 《새 유럽 새 독일(A New Germany in the New Europe)》 (Todd Herzog와 함께, 2000)이 있다.

■ 마크 하누스 | **Mark Hanusz**
□ 이전 은행가. 《크레텍:인도네시아 정향담배의 문화와 유산 (Kretek:The Culture and Heritage of Indonesia's Clove Cigarettes)》 (2000) 저자.

■ 매튜 힐턴 | **Matthew Hilton**
□ 버밍엄 대학 사회사 대표 강사. 저서로 《1800-2000년의 영국 대중문화 속의 흡연(Smoking in British Popular Culture, 1800-2000)》, 《20세기 영국의 소비주의(Consumerism in Twentieth-Century Britain)》 (2003)가 있고, Martin Daunton과 함께 《소비의 정치학(The Politics of Consumption)》 (2001)을 펴냈다. 현재 세계시민사회의 소비자를 연구하고 있다.

■ 린다 허천 | **Linda Hutcheon**
□ 토론토 대학 영문학과 비교문학 교수. 마이클 허천(Michael Hutcheon)은 토론토 대학 의학교수이자, 대학 건강 네트워크에서 교육 부서 내과 부과장이다. 두 사람은 저마다 전공 분야에서 많은 저술을 발표했고, 《오페라:욕망, 질병, 죽음 (Opera:Desire, Disease, Death)》 (1996), 《신체의 매력:살아 있는 오페라(Bodily Charm:Living Opera)》 (2000)과 《오페라:죽음의 기법(Opera:The Art of Dying)》 (2004)을 공동 집필했다.

■ 노아 아이젠버그 | **Noah Isenberg**
□ 뉴욕 시티 뉴 스쿨 인문학부 대표. 저서로 《구원과 파멸 사이:독일계 유대인 모더니즘의 긴장(Between Redemption and Doom:The Strains of German-Jewish Modernism)》 (1999)이 있고, Arnold Zweig의 1920년 작품 《동구 유대인의 얼굴(The Face of Eastern Jewry)》 (2004)을 옮기고 엮었으며, 『새로운 독일 비

평(New German Critique)』, 『영화 저널(Cinema Journal)』, 『잡록(Salmagundi)』, 『파르티잔 리뷰(Partisan Review)』, 『이의 (Dissent)』, 『더 네이션(The Nation)』, 『더 뉴 리퍼블릭(The New Republic)』 그리고 『더 뉴욕 타임스 북 리뷰(The New York Times Book Reviw)』에 기고하고 있다. 현재 《영구한 우회:에드가 울머의 영화(Perennial Detour:The Cinema of Edgar G. Ulmer)』를 집필중이며 《바이마르 영화의 친구(A Companion to Weimar Cinema)》를 편집하고 있다.

■ 레슬리 이버슨 | **Leslie Iversen**
□ 런던 킹스 칼리지 울프슨(Wolfson) 연령별질병연구센터 소장. 옥스퍼드 약학과 방문 교수. 제약회사(Panos Therapeutics Ltd) 설립자. 런던 왕립학회 회원이며, 미국 국립과학아카데미 외국 회원이다. 가장 최근의 저서는 《마리화나의 과학(The Science of Marijuana)》 (2000)이 있다.

■ 이반 데이비슨 칼마르 | **Ivan Davidson Kalmar**
□ 토론토 대학에서 인류학을 가르친다. 저서 《트로츠키, 프로이트, 우디 앨런:문화의 초상(Trotsky, Freuds and Woody Allens:Portrait of a Culture)》 (1994)이 있고, 《동양주의:유대인의 차원에서(Orientalism:The Jewish Dimension)》 (2004)를 공동 편집했다.

■ 루스 만델 | **Ruth Mandel**
□ 인도 아유르베다 의사. 코임바토르에 있는 AVT 진보연구소 (AVTAR) 소장. 아유르베다 의학과 인도 의료 체계의 역사를 중심으로 많은 논문과 에세이를 발표했다.

■ 던 말런 | **Dawn Marlan**
□ 시카고 일리노이 대학 인문학연구소 부소장. 유럽 소설, 영화의 역사를 연구한다. 『PMLA』, 『모더니즘/모더니티(Modernism/Modernity)』, 『시카고 리뷰(Chicago Review)』, 『시카고 트리뷴(Chicago Tribune)』에 기사와 비평을 기고해왔다.

■ 루디 매티 | **Rudi Matthee**
□ 델라웨어 대학 역사학 교수. 저서로《사파비드 이란 시대 무역의 정치학:은 대신 비단, 1600-1730(The Politics of Trade in Safavid Iran:Silk for Silver, 1600-1730)》(1999),《쾌락의 추구:1500-1900년의 이란 역사에서 약물과 자극제(The Pursuit of Pleasure:Drugs and Stimulants in Iranian History, 1500-1900)》(근간)가 있고,《이란을 넘어서:니키 케디를 기념하는 에세이들(Iran and Beyond:Essays in Honor of Nikki R. Keddie)》(2000)과《1501-2001년의 이란과 주변 세계:문화와 정치의 상호교류(Iran and the Surrounding World, 1501-2001:Interaction of Culture and Politics)》(2002)를 공동으로 펴냈다.

■ 배리 밀리건 | **Barry Milligan**
□ 라이트 주립 대학 영어 교수. 저서로《쾌락과 고통:19세기 영국 문화에서 아편과 동양(Pleasure and Pains:Opium and the Orient in Nineteenth-Century British Culture)》(1995)이 있고, Thomas De Quincey의《영국인 아편쟁이의 고백과 그밖에 이야기들(Confessions of an English Opium-Eater and Other Writings)》(2003) 펭귄출판사 판을 엮었고,《낭만적 세대(Romantic Generations)》를 공동으로 엮었다. 19세기 영국에서 대중문화와 의료업 사이의 상호 영향에 관해 연구하고 있다.

■ 돌로레스 미첼 | **Dolores Mitchell**
□ 치코에 있는 캘리포니아 주립대학에서 미술사를 가르친다. 미술의 사회적 이용이 관심 분야이며, 담배 미술에 관한 여러 편의 글을 발표했다.

■ 타냐 폴라드 | **Tanya Pollard**
□ 뉴저지 몽클레어에 있는 몽클레어 주립대학 영어과 조교수.《셰익스피어 극:원전(Shakespeare's Theatre:A Sourcebook)》(2003)의 편집자이고《근대 영국에서 약물과 연극(Drugs and Theatre in Early Modern England)》(2004년에 간행 예정)의 저자이다. 셰익스피어 연구, 르네상스 드라마 등 다양한 주제의 저술들에서 그녀가 쓴 근대 약물, 독약, 드라마에 대한 에세이

를 볼 수 있다.

■ 벤 라파포트 | **Ben Rapaport**
□ 파이프를 무척이나 좋아하는 파이프 흡연자, 파이프 골동품 수집가, 진서 수집가. 저서로《담배 자료집(Tobacco Source Book)》(1972),《파이프 골동품 수집의 완벽한 길잡이(A Complete Guide to Collecting Antique Pipes)》(1979),《담배 문헌의 소개(The Global Guide to Tobacco Literature)》(1989),《담배 미술과 역사 박물관 안내서(Museum of Tobacco Art and History Guide Book)》(1996),《해포석 파이프 골동품 수집하기(Collecting Antique Meerschaums)》(1999)가 있다. 현재 중국의 아편 파이프와 관련 용구들의 아름다움과 기법을 살펴보는 책을 준비하고 있다.

■ 앨런 F. 로버츠 | **Allen F. Roberts**
□ 로스엔젤레스에 있는 캘리포니아 대학의 세계 미술과 문화학 교수, 제임스 콜먼 아프리카연구센터 소장, 아프리카 아트 저널 편집자. 아내 Mary Nooter Roberts와 함께《기억:루바 미술과 역사의 형성(Memory:Luba Art and the Making of History)》(1996)과《도시의 성자:수피 미술과 역사의 형성(A Saint in the City:Sufi Arts and the Making of History)》(2003)을 집필하여, 똑같은 제목의 주요 박물관 전시에 참여했다. 로버츠 부부는 사하라 이남 아프리카의 미술과 에이즈에 대한 각성, 인도양 문화권의 시각 예술을 연구하고 있다.

■ 프랜시스 로빅섹 | **Francis Robicsek**
□ 노스캐롤라이나 대학의 캐롤라이나 메디컬센터 심장연구소 흉부 및 심장 외과 과장. 샬럿에 있는 노스캐롤라이나 대학의 생체공학과 협력교수이자 인류학과 협력교수. 전공 분야에서 많은 논문을 발표했고, 중앙아메리카 인류학과 마야 역사와 문화를 다룬 책 다섯 권을 집필했다.

■ 로빈 L. 쉬프먼 | **Robyn L. Schiffman**
□ 시카고 대학 비교문학부에서 영국과 독일의 서간체 소설의 성쇠를 다룬 논문을 쓰고 있다. 찰스 디킨스와 정신분석에 대한

논문들을 이미 발표하기도 했다.

■ 티몬 스크리치 | **Timon Screech**

□ 런던 대학 동양과 아프리카연구학회(SOAS)에서 일본 미술사 부문의 교정자이다. 가장 최근의 저서로《막부시대의 그림 문화:1760-1829년의 일본에서 두려움과 창조성(The Shogun's Painted Culture:Fear and Creativity in the Japanese States, 1760-1829)》(2000)과《심장의 렌즈:에도 후기의 일본에서 서구 과학의 응시와 대중적 심상(The Lens withinn the Heart:The Western Scientific Gaze and Popular Imagery in Later Edo Japan)》(두번째 판, 2001)이 있다.

■ 장 스터브스 | **Jean Stubbs**

□ 런던 메트로폴리탄 대학 카리브 제도 역사학 교수이자 카리브 제도연구센터 소장. 저서로《주변부 담배:1860-1958년의 쿠바 노동 역사의 사례 연구(Tobacco on the Periphery:A Case Study in Cuban Labour History, 1860-1958)》(London, 1985)가 있다. 이밖에도 쿠바 담배에 관한 글을 여러 편 썼다. 최근 150년 동안의 '해외' 여송연과 쿠바 본토 아바나 여송연을 다룬 책을 집필하고 있다.

■ 바르나바스 타츠야 스즈키 | **Barnabas Tatsuya Suzuki**

□ 〈키츠엔 덴라이시노 켄큐(喫煙傳來史の研究)〉(1999)를 비롯하여 담배와 파이프 흡연 역사에 대해 많은 글을 썼다. 국제파이프아카데미, 세인트클로드파이프협회, 국제파이프클럽위원회, 일본 파이프클럽(회장), 일본 담배역사협회 회원이다.

■ 베노 템펠 | **Benno Tempel**

□ 로테르담 쿤스트할 미술관 큐레이터. 〈금기와 담배:얀 스텐에서 파블로 피카소까지 4세기 동안의 미술 속의 흡연(Taboo and Tobacco:Four Centuries of Smoking in the Arts, from Jan Steen to Pablo Picasso)〉(2003) 전시를 기획했다.

■ 조스 텐 버지 | **Jos Ten Berge**

□ 암스테르담 자유학교 미술사 조교수. 저서로《미술 속의 약물:아편에서 LSD까지, 1798-1986(Drugs in Art:From Opium to LSD, 1798-1986)》(근간)이 있다. 〈방주:이방인 예술에 대한 관점(Marginalia:Perspectives on Outsider Art)〉(2001) 그리고 오텔로에 있는 크롤러뮐러미술관의 카탈로그 두 점, 오딜롱 르동(Odilon Redon)과 빈센트 반 고흐 카탈로그도 그의 작품이다.

■ 유진 엄버거 | **Eugene Umberger**

□ 위스콘신 그린베이에서 브라운카운티의 네빌 공립미술관 임시 관장으로 있다. 담배와 흡연의 역사에 관해 여러 글을 발표했고, 이 분야의 출판목록을 실은《담배와 그 이용(Tobacco and its Use)》(두번째 판, 1996)을 집필했다.

■ 존 웰시먼 | **John Welshman**

□ 랭카스터 대학 건강연구소 공중보건 분야의 수석 강사. 저서로《의술의 지방자치:이십 세기 영국의 건강복지(Municipal Medicine:Public Health in Twentieth-Century Britain)》(2001)이 있고, 건강복지와 사회 정책의 역사를 다룬 수많은 글을 발표했다.

■ 저우 쉰 | **Zhou Xun**

□ 런던 대학 동양과 아프리카연구학회(SOAS) 경제사회연구위원회(ESRC) 연구위원. 최근의 저서로《유대인과 유대주의에 대한 중국의 인식:유대 역사(Chinese Perceptions of the Jews and Judaism:A History of Youtai)》(2000)와《유학자들의 지혜(Wisdom of Confucians)》(2001)가 있다.

■ 안대회

□ 명지대학교 국어국문학과 교수이며, 한문학을 전공하였다. 조선 후기 담배 문화를 소개한 책《연경》에 대한 논문을 이 책에 싣도록 허락해주셔서, 원서에 실린 외국의 사례와 함께 독자들에게 우리나라의 담배 문화를 조금이나마 이해할 수 있는 기회를 제공해주셨다.

□ Collection of Malek Alloula:365, 366 top; Appleton Museum of Art, Florida State University, Ocala:p. 362; photo Artothek436; reproduced with permission from Neal L. Benowitz,' The Biology of Nicotine Dependence', ed. G. Bock and J. Marsh, ciba Foundation Symposium 152 (Chichester, 1990):p. 503; photos Michael Berkowitz:pp. 448, 449, 450; photo bfi Collections:p. 408; Bibliotheque Nationale de France, Paris:p. 93; photos courtesy of Cigar Aficionado:pp. 230, 231; photo Culver Pictures:p. 433bottom left; Ken Fenske Collection:p. 173 foot; Fogg Art Museum, Cambridge, Mass, (bequest of Grenville L. Winthrop), photo ©2003 President and Fellows of Harvard College:p. 359; photos Foto Focus/Isaac:pp. 114 (except top), 117, 118, 119, 121; courtesy of Susie Freeman and Liz Lee:p. 437; collection of Dean and Beckie Gardiner:p. 174 middle and foot; photo William Bruce Hale:p. 176; photo courtesy of the artist (Maggi Hambling):p. 438; photo Michael Hoehne:p. 173 foot; Anne Jolly Collection:p. 173 top; collection of Ivan Davidson Kalmar:p. 358; photo Koninklijk Bibliotheek, The Hague:p. 100; Kunsthalle, Hamburg:p. 436; Kyesei Atami Museum, Shizuoka:p. 158; photos Michael R. Leaman/ Reaktion Books:pp. 286, 304; Library of Congress Prints and Photographs Division, Washington, DC:pp. 27 foot (Frank and Frances Carpenter Collection), 266, 269 (Gottlieb Collection), 336 (top D4-34415), 334 (USZ62-19528), 456, 458 (USZC4-3424), 477, 494 top left (USZ62-78340), 564 (USZC2-1399/USZC4-1703); London Magazine (1821):p. 206; copyright the artist (Sarah Lucas), courtesy Sadie Coles hq, London:p. 439; Mary Evans Picture Library, London:p. 472; Royal Cabinet of Paintings Mauritshuis, The Hague:pp. 342, 343 foot; Metropolitan Museum of Art, New York (Jefferson R. Burdick Collection, gift of Jefferson R. Burdick):p. 460; photos Metropolitan Opera Archives:pp. 375 left, 377, Minneapolis Institute of Arts (gift of Mr. and Mrs. Bruce B. Dayton):p. 432; collection of the Mint Museum of Art, Charlotte, North Carolina:p. 48; Musée Cantonal des Beaux-Arts, Lausanne:p. 368; ©Musée dArt et d'Histoire, Geneva (Cabinet des Dessins), photo Bettina Jacot-Descombes:p. 344; Musee d'Orsay, Paris:pp. 347, 360, 433 foot; Musee de la Publicite, Paris:pp. 473, 478; Musee de la Sieta, Paris:pp. 468, 474; Musee de lArt Moderne de la Ville de Paris:p. 434; Museo Thyssen-Bornemisza, Madrid:p. 351; photo courtesy of the National Museum of Ethnology, Leiden (inv. no. 3206):p. 107; The Navy Museum, Washington, dc:p. 486; New York Public Library (Arents Tobacco Collection):p. 375, 457, 458, 461, 462 top; New York Historical Society (Bella C. Landauer Collection):pp. 462 foot, 463; photos courtesy of the Newberry Library, Chicago:pp. 12, 15, 18, 20, 24 top, 29, 30, 31, 33, 37, 334 top, 335, 336 foot, 483; Peabody Museum, Salem, Mass.:p. 149 right; Sarunas Peckus Tobacciana Collection (photos Sarunas Peckus):pp. 170 right, 172 right, 174 top; photos Chris Pinney:pp. 114 (left top), 122, 570 foot; State Pushkin Museum of Fine Arts, Moscow:p. 433 top; Benjamin Rapaport collection (photo Gary L. Kieffer/ppi):p. 170 left;

photos Rex Features:pp. 7 (Ray Tang), 38 (Nils Jorgenson, 430142F), 235 (sipa Press), 307 (Eastlight Photo News, 232028 htk - 1332), 315 (232028 htk - 1332), 329 (David Browne, 147965D), 337 foot (Denis Cameron, 117871 DCA PIC. 22), 337 middle (Charles Sykes, 242413 rus), 337 top (Austral, 316438A), 338 (sipa Press), 403 (snap, 390897CV), 408 (usa Films/Everett 4331181), 497 (Michael Friedel, 113392), 498 top (sipa Press, 71667), 498 foot (Arild Molstad, 253854H), 499 (Alex Sudea, 436073B), 506 (Henryk T. Kaiser, 233068 htk - 22), 511 (Henryk T. Kaiser, 233068 htk), 512 (Dave Lewis, 208103A), 546 (Sinopsis, 290401F), 547 (pb, 304534B), 553 (snap, 390934DQ), 555 (Sam Teare/BSKYB, 229100A), 557 (Greg Allen, 450535AB), 571 top (Nils Jorgensen, 404087P), 571 foot (Clive Dixon, 374314AA); photos rmn:pp. 347 (Herve Landowski), 360 (Le Mage); reprinted with permission from Francis Robicsek, The Smoking Gods:Tobacco in Maya Art, History and Religion (Norman, ok, 1978):pp. 45, 47, 48, 49, 50, 51, 53, 54; collection of Bob Rogers-dba-Wick'd Ways:p. 107; photos Roger Viollet/Rex Features:pp. 10 (image 4072-15; rv -746857), 425 (FA-95528), 433 foot (RVB-03673), 495 (rv -38323), 496 top (cap 1567), 496 foot (RV-42678), 425 (FA-45528), 357 foot (rv -81-11); courtesy of the Royal Ontario Museum, Toronto:pp. 139 (gift of E. K. Brown), 140, 149 left; photos Rovang Archive:pp. '565 top, 566, 567; photos from Harrison Salisbury, China:100 Years of Revolution (New York, 1983):pp. 277, 278; Solomon R. Guggenheim Museum, New York (photo David Heald/©The Solomon R. Guggenheim Foundation, New York):p. 350; photo Chloe Stewart:p. 437; Strand Magazine (1891):p. 125; photo B. T. Suzuki:p. 81; photo Tequilagang Productions:p. 139; Tobacco and Salt Museum, Tokyo:pp. 79, 133, 135, 136, 293, 295, 297; Tokyo National Museum:p. 163; photos ©ucla Fowler Museum of Cultural History/Don Cole:pp. 75 (x2000.16.20a), 77 (top X82.1181, foot right X76.671, foot left X77.462), 78 (top X96.23.1, foot x2000.37.10), 79 (X93.8.8), 80 (X83.208), 81 (top X63.459, foot X63.405), 82 (top X68.3303, foot X85.435), 87 (X86.1057), 88 (X92.45); Eugene Umberger collection:p. 384, 387, 388, 389, 396, 393, 393, 394, 395, 396; photos courtesy of the University of Liverpool Library, the Fraser Collection, Special Collections and Archives:pp. 216, 223; Van Gogh Museum, Amsterdam (Vincent van Gogh Foundation):pp. 348, p. 470; Walters Art Museum, Baltimore:p. 369 foot; photos courtesy of Markuz Wernli<www.markuz.com>:pp. 287, 298; The World Health Organization:p. 353; courtesy of the World Health Organization Regional Office for Europe:p. 36; photo David R.Wright:p. 172 left (formerly in the collection of the Museum of Tobacco Art and History, Nashville, Tennessee).

□ pp. 572, 578 ©국립중앙박물관; pp. 581, 584, 585, 586 ©서울역사박물관

□ COVER PHOTO: Frans Jensen / Getty Images

《1848년의 살롱》415
〈JOB 궐련지〉472

ㄱ

가디너, 에드먼드 57, 60, 64~66
가르실라소 데 라 베가 320
간헐적 절뚝거림 446~448, 450, 452~453
강회제 138~139, 147, 151
〈거기 없었던 남자〉 409~410
〈거대한 담배꽁초〉 353
〈거룩한 약초 세인트 니코틴으로 가는 최고의 순례〉 215~216
《검은 아프리카의 파이프》 81, 92
《검은 우상》 189
게바우어, 폴 86
《게이 뉴욕》 484, 491
〈격노〉 406~407
고다르, 장 뤽 416, 418
《고독의 우물》 484, 487, 491
고르도, 피에르 188
《고백》 482~483, 491
고프먼, 어빙 547~548
고흐, 빈센트 반 346~347
골드플램, 새뮤얼 447~448, 453
골리스치아니, 엔리코 374
구디슨, 로나 256
〈궐련〉 415
〈규방의 욕실〉 362
〈그랑드 오달리스크〉 362
〈그랑드자트 섬의 일요일 오후〉 346
《그러므로 생각하고 흡연하라:시 한 편(17세기)》 395
기원 담배 300
쿀란 95, 97~98, 102, 106, 109~110

ㄴ

《나나》 471, 481
나이트, 조셉 385~386, 391, 389

〈네 멋대로 해라〉 416
네안데르, 요한 97
〈노래를 들으면 따라 부르게 돼〉 341~342
《노래와 이야기 속의 담배》 387~388, 390, 399
〈노래하는 바시 바조우크〉 369
노르다우, 막스 180, 450
노르망디, 조르주 325
니만, 알베르트 319
니코, 장 13, 412
니코티아나 루스티카 11, 52, 71, 76, 128
니코티아나 타바쿰 11, 52, 71, 128, 355
《니코틴 부인:흡연을 연구함》 213, 224, 386~388, 390, 399, 480~481
니티세미토 241~242

ㄷ

《담배 잎사귀:흡연자들을 위한 사실을 담은 책》 383, 399
〈담배, 와인, 회중시계가 있는 정물〉 428
《담배:그 역사, 다양성, 문화, 생산과 상업》 383, 398
《담배:그 역사와 함의……》 383~384
《담배가 최고다》 402, 413
〈담배를 위하여〉 386
담배반대협회 223, 516
《담배의 괴로움》 58, 71, 73
《담뱃잎》 390
〈대마에 대해서〉 29
데이, 에드먼드 387
도르센, 장 189, 195
《도리언 그레이의 초상》 204, 211
도일, 아서 코난 204, 207, 321, 323
《돈 후안》 413~414
돌, 리처드 36, 518~519
《동방시집》 378
《동성애 백과사전》 489, 491
동양주의 356~359, 360, 362, 364, 366~368, 371
《두 깃발 아래서》 225, 474, 481
두마파나(두마) 113, 115, 123
두파 113, 115, 121, 123
듀어, 앤 마리 259
듀포이, 로저 184~186, 188

〈드랙〉 488
드레드 언어 252, 259
들라크루아, 외젠 360~362, 366, 368, 428
〈디바 니코티나의 추구〉 215, 223
디아즈, 후안 44~47, 129
디콘, 존 58, 69~70
디킨스, 찰스 23, 25, 198, 200~201, 203~204, 211, 392, 466
디트리히, 마를레네 212, 214, 401~404, 411, 429
딕, 필립 328

ㄹ

라 예바난 284, 289
라메, 마리 루이즈 드 라 216, 474
라모스, 멜 352
라스 카사스, 바르톨로메 데 11, 13, 38, 442~443
라이벌, 네드 412
《라잔 분슈》 126, 137
라칸던족 45, 48~49, 55
라포르그, 쥘 415, 484
랄로이, 루이 194
랑, 프리츠 400, 406~408
래스터패리어니즘 246, 259, 261
랭, 캐더린 던 488
럭키 스트라이크 32~34, 311, 313, 404, 407, 532~533,
    536~537, 405, 530~531, 566~567
〈럭키 스트라이크〉 340
레비 스트로스, 클로드 332
레이, 만 347
레이놀즈, 토머스 223~224
레클뤼스, 장 81
로르, 페테르 404, 406
로바이나, 알레한드로 227
《로쿠온 니치로쿠》 128, 137
로포, 에인절 518
롤런스, 새뮤얼 386
롤리, 월터 13, 15, 396
루바족 89~90
루비 퀸 285
루소, 장 자크 482~483, 491
루이스, 찰스 460

루카스, 사라 355
《류큐 오후라이》 128, 137
리드케르크, 아르누드 183
리큐 132

ㅁ

마네, 에두아르 346~347, 432, 467, 472
〈마리오와 마법사〉 380
마야인 12, 42~53
《마약쟁이의 일기》 327
마즐리시, 무하마드 바키르 106
마티뇽, 알베르 188, 190
만테가차, 파올로 319~320
말리, 밥 246, 253
말보로맨 544~548
《메사마시소》 133~134, 137
메즈로, 메즈 267~269
모나르데스, 니콜라스 14~15, 57~58, 66~67, 72
모네, 클로드 428
모딜리아니, 아마데오 190~191, 195
〈모로코〉 402
《모르핀》 326
《목욕 가운과 미혼남과 그밖에 좋은 것들》 388, 392
몰리에르 413~414, 426
뫼니에, 조르주 472
무라드 4세 21
〈무어인의 욕실〉 364
무켄지, 칼람바 85
무하, 알폰세 472~473, 476, 478~479
《문명인》 325
《문학적 언화행위》 413, 426
《물리소식》 41, 142
뭉크, 에드바르 349, 467, 469
미초아칸 47
〈미혼남의 관점〉 391
〈미혼남의 독백〉 387
밀턴, 프랜시스 393, 396

ㅂ

《바르톨로뮤 축제》 24

《바카브 의례》 51
바클레이, 윌리엄 58, 63~66
발 티가 241~242
발데, 자코브 18, 20~21
배리, 제임스 48, 213, 386~387, 480
〈뱀을 부리는 사람〉 371
버네이스, 에드워드 33, 529~530, 532~534, 536~541, 542
버로스, 윌리엄 328
버지니아 슬림 492
《벌거벗은 점심》 328
베가스 로바이나 227
베나 리암바 84~85
베너, 토비아스 58~60, 62~66
《베네치아에서 죽다》 485, 487, 491
베논지, 지롤라 12
베이컨, 프랜시스 353
베인 주니어, 존 387~389, 390
베쳇, 시드니 265~266
벨로모르카날 304~306, 308~309, 316,
보네탱, 폴 183
보들레르, 샤를 29, 186, 189, 415, 480, 484
볼레, 앙리 182
〈부다의 중독〉 182
〈불붙은 담배를 문 해골〉 347~348
《브라더 가드너의 석회가마 클럽》 460, 465
브래스웨이트, 카마우 246
브레넌, W. A. 383
브레이스웨이트, 리처드 67, 68
브리티시-아메리칸 타바코 282, 311~312
〈블루 엔젤〉 401~402, 411, 429
〈비둘기 날개〉 246
비제, 조르주 376~377, 381
빌로트, 테오도르 450

ㅅ
《사실과 공상 속의 담배》 389~390, 399
《사카 조치인 일기》 128
사피 249~250
산토 쿄덴 160~161, 163, 165,
살몽, 앙드레 190~191

《새로 발견된 세계에서 전해지는 반가운 소식》 57, 71
〈새로운 침입자〉 468
새커리, 윌리엄 메이크피스 24
샤르코, 마르탱 446, 452
〈서부의 처녀〉 373, 375
〈선셋 대로〉 429
세그레, 디노(피티그릴리) 326
세이츠-테이 도쿠신 162~163
세파르디 유대인 443~444, 448
셴더치엔 144
소토족 86, 89
쇠라, 조르주 346, 479
〈수잔나의 비밀〉 374~375, 469
〈수퍼마켓에서 장 보는 사람〉 353
〈술 취한 여인에게 연기를 뿜는 남자〉 471
슈 플라이 459
슈비터스, 쿠르트 352
슈테른베르크, 조제프 폰 401~402, 429
《스캐너 다클리》 328
스콧, 데니스 257, 259
스타인메츠, 앤드루 393, 395
〈스테판 말라르메〉 346~347
스텐, 얀 341~342, 369, 430, 471
스트랜드 213
『스트랜드 매거진』 206~207, 209, 211
스티븐슨, 로버트 루이스 323~324, 332
스파클링 461
스포에리, 다니엘 352
『시가 아피시오나도』 230~232, 235, 237
시릴, 빅토르 324
〈시에서 풍기는 느낌:비교〉 390
〈시인〉 349~350
《신세계의 역사》 12, 15, 55
〈신여성〉 468
《신여성과 빅토리아 시대 소설》 478, 481
〈실내에서 흡연하는 약제사〉 343~344
실베스터, 조슈아 68

ㅇ
아게예프, M 325

아르토, 앙토냉 319
아메리칸 타바코 컴퍼니 28, 32, 37, 460, 528~535, 537, 543, 566~567
아바나 러더 456
《아바나 사랑해요》 397
아바나 여송연 226~237, 382, 467
〈아시아의 악습〉 182
아유르베다 112~125
〈아파트에 있는 알제의 여성들〉 360
《아편:해독 일지》 185, 187, 195
《아편》 183
아편굴 27, 180~184, 186~187, 189, 191~193, 196~211, 275, 278~279
〈아편에 대해서〉 29
〈아편의 백일몽〉 188
《아편의 아름다운 시대》 183, 185
〈아편의 연기〉 188~189
《아편의 연기》 184~185
〈아편이냐 알코올이냐〉 193
《아편중독자들:먹는 사람, 마시는 사람, 그리고 피우는 사람》 184~185
〈악의 손길〉 402, 429
『안티-타바코 저널』 223
알룰라, 말렉 367~368
〈알제의 무어 여인들〉 366, 368
암스트롱, 루이 265, 267, 269~270, 273
압바스 1세 94, 106, 108, 110
애덤스, 윌리엄 19, 41
애셰, 제인 475~476, 478~480
앵그르, 장 오귀스트 도미니크 359~360, 362, 366, 368, 473
야스나리, 가와바타 300
《약재 정보》 94, 109, 111
양시콩 140~141
《어려운 죽음》 325
〈엄마와 창녀〉 412~427
《에드윈 드루드의 비밀》 198, 201, 203~204, 211
에르브, 빌헬름 447~448
《여송연 라벨 아트》 396~397
《연기의 전파》 194
《연보》 146

《연초보》 143~144, 146, 151
《열세편》 41, 141, 151
《영국 대중문화 속의 흡연, 1800-2000:완벽한 즐거움》 284, 298~399, 523
《영국인 아편쟁이의 고백》 179, 206
《영험한 약초:담배의 역사》 382, 399
《영험한 약초와 흡연자의 해》 395~396
《영화-'예술', 영화콘, 영화 부패:영화 40년의 고찰》 405~406, 411
예멘주 141~142
《오늘의 흡연과 건강》 521
〈오달리스크〉 359
오르티스, 페르난도 229, 337
오스타데, 아드리아인 반 22, 344, 343
오츠키 겐타쿠 155~156, 162
오펜하임, 헤르만 448
올덴버그, 클래스 352~353
《올랜도》 487
올레아리우스, 아담 94, 97
와일더, 빌리 407~408, 429
와일드, 오스카 204, 207, 438, 484~485
《완전한 여송연 책:삼차원적 참고자료 길잡이》 397
왕루 145
외스타슈, 장 416~419, 425~427
〈외투〉 374
요시와라 152, 159, 162
우드바인스 219, 221
우르반 7세 21
〈우회〉 408
울프, 버지니아 484, 487, 491
웨스트폴, 글렌 229
웨슬먼, 톰 352
웰스, 오손 402, 429
웰시, 찰스 391
위고, 빅토르 321, 378
《위플렛》 395
윈스턴 104, 308, 463, 563
〈유카탄의 약초와 마법의 주문〉 51
유카텍 밀파 의식 49
육요 139, 142, 146~147

융어, 에른스트 327
《의학적 약재로서 담배론》 97, 109~110
이란 담배 저항 운동 108, 111
《이상한 나라의 앨리스》 29~30
〈이중 배상〉 407~408, 411
《이즈의 무희》 300
《인간의 무기력》 325
《인도제국의 역사》 39, 442
인디언 브랜드 459
일본담배산업주식회사(JT) 291, 295·-296, 298~301
《잉카제국실록》 320, 330

ㅈ
〈장면과 전형:방 안의 무어 여인〉 367
정향담배 238~243
제롬, 장 레옹 361~362, 364~365, 369~371,
제임스 1세 31, 34, 60~61, 65~66, 69~72, 562
제임스 뷰캐넌 '벅' 듀크 28
〈조지 다이어의 두 연구〉 353
존스턴, 프랜시스 벤저민 475~476, 478~481
존슨, 벤 22, 24, 59~60
〈좋은 여송연 향기〉 385
줄루족 75, 86~87
지탄 379~380

ㅊ
천시, 조지 484~486
첸콩 143~144, 146~147
《초록 카네이션》 485, 491
초르티족 49~50, 55
초칠족 48
초퀘족 79, 87, 93
추료 162

ㅋ
〈카르멘〉 376~377, 379
《카르멘》 415, 473
카르코, 프랜시스 189~190
카멜 349, 358, 527, 568
〈카사블랑카〉 406, 429

캐링턴, 케이트 385
커닝엄, 게일 478
커티스, 마이클 406, 429
케이스, 앤턴 405
켐퍼, 엥겔베르트 96, 98, 110
켐프, 로버트 397
《코덱스 빈도보넨시스 멕시카누스》 48
코사족 86~87
코이바 여송연 231, 237
코치 249~250
《코카의 위생적이고 의학적인 가지들》 320, 330
《코카이나》 326
《코카인, 현대의 독약》 324, 331
《코카인이 있는 소설》 325
코커 462
『코프의 타바코 플랜트』 29, 223, 225, 392~393, 399
콕토, 장 185, 187~188, 194
콘, 토비 447
콜럼버스, 크리스토퍼 5, 11, 14, 16, 23, 40, 44, 57, 92,
    228~229, 442
쿄야 덴지 163
쿠델, 로버트 167
쿠로스, 마테우스 데 128
쿠이카텍족 47
쿠퍼, 윌리엄 23, 332, 484
쿤델, J. W. 393, 395
퀸시, 토머스 드 179, 186, 195, 206, 331
크랙 코카인 36, 329
크레벨, 르네 325
크레텍 238~243
크로울리, 알레이스터 327
클라비헤로, 프란시스코 하비에르 44
클라인, 리처드 372, 402, 413~416, 424
키세루 127~128, 130~136, 155~156, 292
키어넌, V. G. 398
키요나카테이 133~134
킹슬리, 찰스 213

ㅌ
〈타락〉 181

『타바코 리프』 387
타베르니에, 장 밥티스트 98~99, 107, 109~110
타브와족 78~80, 86, 89~92,
타이츠 128, 137
테니르스, 다비드 341, 431
테베, 앙드레 13, 493
토레스, 루이스 데 11, 442~443
《특별한 여인들》 487

ㅍ

파레르, 클로드 184, 193~195, 325
《파이프와 담배:흡연과 흡연자들에 대한 이야기》 393, 395
《파이프와 쌈지, 니코틴 부인》 396
《파이프와 쌈지:흡연자의 시집》 41, 385, 390~391, 399
〈파이프와 흡연자 용품〉 168, 177
파팅턴, 윌프레드 조지 396
파피로사 305
〈판도라의 상자〉 401
팡이지 139, 142~143
패터슨, 알렉산더 219
팸버튼, 맥스 468
페라리, 볼프 373, 375, 469
페어홀트, W. 383~384
페이버, A. D. 396~397
페이비언, 요하네스 84~85
펠먼, 쇼샤너 413~414
펨버튼, 존 스타이스 321~322
폰족 86
폴-보드리, 세실 188~189
표트르 대제 22
푸엥소, 샤를 325
푸치니, 자코모 373~375
프라이어, 존 98, 100, 103
프로이트, 지그문트 33, 320~324, 330, 349, 357, 451, 453, 484, 530, 536
프린스, 리처드 353
《프린스턴 코덱스》 51
플래터, 토머스 65, 70, 73
피게로아, 돈 가르시아 실바 데 94, 108, 110
피스크, 존 458

피카소, 파블로 191~193, 195, 349~350
핀틸리에, 루시앙 379~380
필립 모리스 38~39, 306, 311~314, 521, 545, 562~563

ㅎ

〈하나뿐인 목숨〉 406
하링, 키스 340
하야시, 라잔 126
하지 자마리 238, 241
하트, P. W. W. 390
해밀턴, 월터 393
핸슨, 듀안 353
《향기로운 풀:담배에 관해 전해지는 좋은 내용들》 391
허치웨이 144
헤다, 빌렘 클레스 428
호마 113~115, 121, 123
《혼초 쇼칸》 126, 137
홀, 래드클리프 484, 487
홀, 조셉 60, 63, 68~69
홀, 톰 391
홈스, 셜록 204, 207~208, 213, 224~225, 321, 323, 349, 480
화이트 슬레이브 473~474
황금 슬리퍼 463
후카 19, 26, 30, 95, 113, 249~250, 357, 360~362, 364, 367~386
《흡연과 건강》 518
〈흡연실〉 428
《흡연은 살인자》 521
《흡연의 느낌과 노래:롤리 시대 이후 산문과 시들》 396
〈흡연자들을 위한 길잡이〉 168, 177
《흡연자를 위한 책 묶음:담배를 찬양하는 시와 패러디 묶음》 393, 399
《흡연자의 길잡이, 철학자와 친구》 393, 395
《흡연자의 몽상:파이프와 쌈지의 자매책》 391
《흡연자의 생리학》 415
히기어, H. 446
히폴리테, 켄델 261
힐, 오스틴 브래드퍼드 518~519
힐, 조지 워싱턴 32, 529, 543
힐턴, 매튜 384~385, 390, 398, 520, 522